TH. FLOURNOY

Professeur à la Faculté des Sciences de l'Université de Genève.

Esprits et Médiums

MÉLANGES DE MÉTAPSYCHIQUE ET DE PSYCHOLOGIE

GENÈVE
LIBRAIRIE KÜNDIG
Corraterie, 11.

PARIS
LIBRAIRIE FISCHBACHER
Rue de Seine, 33.

1911

ESPRITS ET MÉDIUMS

MÉLANGES DE MÉTAPSYCHIQUE ET DE PSYCHOLOGIE

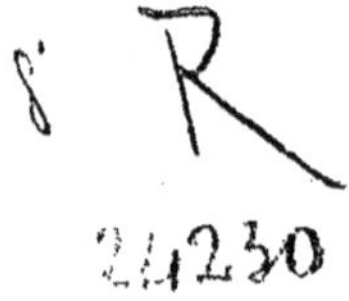

DU MÊME AUTEUR :

Contribution à l'étude de l'Embolie graisseuse. — In-8. Strasbourg, Noiriel, 1878. (Thèse de doctorat en médecine.)

Métaphysique et Psychologie. — In-8. Genève, Georg, 1890. *(Epuisé.)*

Des Phénomènes de Synopsie (audition colorée). Photismes, schèmes visuels, personnifications. — In-8, avec 82 figures dans le texte. Genève (Eggimann) et Paris (Alcan), 1893. Prix : 6 fr.

Observations sur quelques Types de Réaction simple. — Brochure in-8. Genève, Eggimann, 1896. Prix : 0 fr. 50.

Notice sur le Laboratoire de Psychologie de l'Université de Genève, publiée à l'occasion de l'Exposition nationale suisse à Genève en 1896. — Brochure in-8. Genève, Eggimann, 1896. Prix : 0 fr. 50.

Des Indes à la Planète Mars. Etude sur un cas de somnambulisme avec glossolalie. — In-8, avec 44 figures dans le texte. 4me édition (conforme aux trois premières). Genève (Atar) et Paris (Fischbacher), 1909. Prix : 8 fr.

Nouvelles Observations sur un cas de Somnambulisme avec Glossolalie. — 1 vol. in-8, 155 p. avec 21 figures. Genève, Eggimann, 1902. (Extrait des *Archives de Psychologie*, t. I, déc. 1901.) Prix : 5 fr.

Chorégraphie somnambulique : Le cas de Magdeleine G... — Brochure in-8, avec 4 planches. (Extrait des *Archives de Psychologie*, t. III.) Genève, Kündig, 1904. Prix : 1 fr. 50.

Les Principes de la Psychologie religieuse. — Brochure in-8. (Extrait des *Archives de Psychologie*, t. II.) Genève, Kündig, 1903. Prix : 1 fr. 50.

Le Génie religieux. (Conférence à l'Association Chrétienne suisse d'Etudiants, à Ste-Croix, septembre 1904.) — Brochure in-8, 48 p. St-Blaise (Neuchâtel), Foyer Solidariste. Prix : 0 fr. 60.

Archives de Psychologie, publiées par Th. Flournoy et Ed. Claparède. — Neuf volumes parus. Genève, Kündig, 1902-1910. (Prix de la Collection : 108 fr.). Tome X en cours de publication.

TH. FLOURNOY

Professeur à la Faculté des Sciences de l'Université de Genève.

Esprits et Médiums

MÉLANGES

DE

MÉTAPSYCHIQUE ET DE PSYCHOLOGIE

GENÈVE
LIBRAIRIE KÜNDIG
Corraterie, 11.

PARIS
LIBRAIRIE FISCHBACHER
Rue de Seine, 33.

1911

GENÈVE
IMPRIMERIE ALBERT KÜNDIG

PRÉFACE

Le but de cette préface est de donner à mes collègues en « Métapsychique » — pour employer le néologisme de M. Richet — un bref aperçu du présent volume, afin de leur en épargner la lecture, qui ne leur apprendrait rien d'essentiellement nouveau et ne leur serait qu'une perte de temps bien inutile.

La première partie (p. 1 à 207) rend compte d'une enquête que j'avais entreprise il y a quelques années, parmi les Spirites de Genève, sur les médiums et les phénomènes de médiumnité. Comme les résultats de cette enquête, forcément peu rigoureuse au point de vue scientifique, n'offrent aucun intérêt notable pour les personnes versées dans la question, je ne les aurais pas publiés, n'était le reproche que mes collaborateurs bénévoles m'ont plus d'une fois adressé, de mettre la lumière sous le boisseau en gardant pour moi les documents qu'ils m'avaient fournis avec une obligeance à laquelle je me plais à rendre hommage. J'ai donc résolu, bien tardivement, de livrer à l'impression ce paquet de récits et d'observations, sans grande valeur en soi, mais qui peut pourtant donner une idée de la variété des phénomènes courants dans les milieux spirites.

La seconde partie de ce volume est un mélange d'articles et de fragments divers n'ayant d'autre connexion entre eux que de se rapporter à la Métapsychique. Les uns ont déjà paru dans divers périodiques *(Revue Philosophique, Journal de Psychologie normale et pathologique, Archives de Psychologie*, etc.); je les réimprime ici parce que, depuis longtemps épuisés en tirages-à-part, on me fait encore parfois l'honneur de m'en demander des exemplaires ; leur collection se trouvera ainsi, dorénavant, à la disposition de qui la désirera. Les autres de ces fragments sont inédits et constituent comme des pierres d'attente, à peine dégrossies, pour un ouvrage que j'avais rêvé de faire sur la Psychologie et le Spiritisme, mais que je ne ferai pas parce que le goût m'en a complètement passé avec le temps.

Composé de la sorte, ce volume manque totalement de plan, d'unité, d'harmonie, de proportions. Loin d'embrasser toutes les parties de la Métapsychique, il présente d'énormes lacunes, fâcheusement compensées par d'innombrables redites, des répétitions presque textuelles de passages entiers qui en rendent la lecture fastidieuse. C'est souvent le cas des volumes de mélanges. Mais, je l'ai dit, les spécialistes n'auront pas à feuilleter ce livre. Quant aux autres personnes, il pourra leur rendre des services par ses rabâchages mêmes, en leur enfonçant d'autant mieux dans la tête certaines considérations psychologiques trop méconnues du grand public amateur de phénomènes occultes.

Un mot sur les principales idées qui l'ont inspiré.

C'est d'abord que les investigateurs positifs, physiciens, physiologistes, psychologues, ont eu grand tort de négliger si longtemps les phénomènes dits métapsychiques ou supranormaux, sous prétexte qu'il n'y a là qu'illusion ou charlatanisme, et d'en abandonner l'étude aux spirites, théosophes, mages et occultistes de tout genre. Heureusement qu'aujourd'hui, c'est presque enfoncer des portes ouvertes que d'insister sur la nécessité de s'occuper sérieusement de ce sujet, les « savants officiels » eux-mêmes ayant fini par s'apercevoir qu'il y a là tout un domaine digne d'exploration, d'où pourront jaillir des lumières inattendues sur la constitution intime de notre être et le jeu de nos facultés. Le jour où, d'une part, la psychologie subliminale et supranormale de Myers et de ses disciples, d'autre part la psychologie subconsciente et anormale de Freud et de son école, au lieu de continuer à beaucoup trop s'ignorer, auront réussi à se rapprocher pour se corriger et se compléter l'une par l'autre, un grand pas sera fait dans la connaissance de notre nature.

C'est ensuite que le Spiritisme, pour autant que j'en juge par mon expérience et mes lectures, est une complète erreur. Les faits que j'ai pu étudier d'un peu près m'ont tous laissé l'impression qu'en dépit de certaines apparences superficielles, auxquelles les badauds se laissent prendre, c'est se tromper lourdement que d'attribuer aux Esprits des morts, aux désincarnés, comme on les appelle, les curieux phénomènes que présentent les médiums.

La plupart de ces phénomènes s'expliquent facilement et sans résidu par des processus inhérents aux médiums eux-mêmes et à leur entourage. L'état de passivité ou de laisser-aller, l'abdication de la personnalité normale, le relâchement du contrôle volontaire sur les mouvements musculaires et les associations d'idées, — toute cette disposition psycho-physiologique spéciale où le sujet se place dans l'attente et le désir de communiquer avec les trépassés, favorise chez lui la dissociation mentale et une sorte de régression infantile, de rechute à une phase inférieure d'évolution psychique, où son imagination puérile se met tout naturellement à jouer au désincarné, dont l'idée la hante, en utilisant pour ses rôles les ressources de la subconscience (complexus émotifs, souvenirs latents, tendances instinctives ordinairement comprimées, etc.). — C'est ce qu'on pourrait appeler la théorie *ludique* ou *scénique* de la médiumnité, par opposition à la théorie diabolique soutenue par les théologiens catholiques et à la théorie spirite de l'intervention des défunts.

Quant aux incidents supranormaux qui se mêlent si souvent aux phénomènes médiumniques, — et que le Spiritisme interprète comme impliquant la participation d'intelligences extra-terrestres, — dans la mesure où ils sont vraiment supranormaux et ne se ramènent pas à des erreurs d'observation, etc., ils dénotent à la vérité tout un domaine de forces ou de lois encore mystérieuses, mais où rien ne prouve réellement jusqu'ici que les désincarnés aient une part quelconque. Il serait évidemment téméraire de prétendre en exclure *à priori* la possibilité; ce sera à l'avenir de tirer les choses au clair. Mais, comme il y a nombre de cas où les faits supranormaux (télépathie, clairvoyance, télécinésie, etc.) se comportent visiblement comme relevant non point des défunts, mais de facultés spontanées et naturelles des vivants dans certains états spéciaux de leur personnalité, il est logique de supposer — provisoirement du moins et jusqu'à preuve du contraire — qu'il en est de même dans les autres circonstances plus obscures.

C'est le cas notamment pour les phénomènes de médiumnité dite physique (télécinésie, matérialisations, etc.). Je tiens, avec les observateurs italiens et d'autres, pour la réalité de ces phénomènes constatés chez Eusapia Palladino, et je ne pense pas que les récents échecs de ce médium en Amérique aient le moins du monde enterré la question. Mais, quoi qu'il en soit, j'ai relevé bien des indices montrant que même les matérialisations (supposées admises) n'impliquent point forcément une intervention de l'Au-delà; car l'analyse de leur contenu psychologique les ramène à n'être que des créations du médium, des élaborations ou produits de son imagination subconsciente.

J'insiste enfin sur la convenance qu'il y a à ne pas confondre, comme le font trop souvent les Anglo-Saxons, le **Spiritisme**, explication prétendue *scientifique* de certains Faits par l'hypothèse d'une intervention des Esprits des morts, avec le **Spiritualisme**, attitude *philosophico-religieuse* qui se fonde sur des considérations de Valeurs pour croire à la réalité absolue des individualités conscientes, et à leur développement ultérieur dans quelque autre économie, comme à un postulat nécessaire de toute conception morale de la vie. Spiritisme et Spiritualisme relèvent ainsi de fonctions psychologiques essentiellement différentes ; et tout en étant compatibles, ils ne sont cependant point solidaires l'un de l'autre. On peut être spirite sans être spiritualiste, et vice versa. En ce qui me concerne, je suis spiritualiste convaincu, mais l'hypothèse spirite m'inspire une méfiance instinctive trop incurable pour que je l'accepte avant qu'elle ait irrécusablement fait ses preuves.

Aux personnes qui désireraient avoir un aperçu un peu plus développé de la question du Spiritisme telle que je la comprends, je me permets de recommander, comme un degré intermédiaire entre cette courte préface et le volume entier, ma Conférence de 1909 sur *Esprits et Médiums* (reproduite p. 468-496), qui constitue une sorte de résumé ou de condensation du reste de l'ouvrage.

J'ajoute enfin que si je ne m'étais fait scrupule d'associer des noms qui ont tout mon respect et ma reconnaissance à un ouvrage trop indigne d'eux, j'aurais dédié ce volume à la mémoire de

Marc Thury	William James
(1822-1905)	(1842-1910)
Professeur à l'Université de Genève	Professeur à l'Université d'Harvard

qui, de tous les pionniers défunts de la Métapsychique, restent à mes yeux les modèles par excellence de l'esprit philosophique le plus ouvert allié au sens le plus rigoureux de la méthode scientifique.

Th. F.

Florissant, près Genève, Octobre 1910.

PREMIÈRE PARTIE : DOCUMENTS D'ENQUÊTE

CHAPITRE PREMIER

Une Enquête sur la Médiumnité.

Il arrive parfois qu'avec les meilleures intentions, mais faute d'avoir suffisamment réfléchi aux conséquences possibles de ses actes, on se trouve finalement acculé et réduit aux dernières extrémités... Ce volume est le résultat d'une mésaventure de ce genre. Il représente l'expédient ultime auquel on se résoud, bien à contre-cœur, pour sortir à tout prix d'une situation fâcheuse. Voici le fait.

C'était il y a dix ans, au printemps 1898. M'occupant en amateur, depuis assez longtemps déjà, de « Psychical Research » ou de ce que M. Richet a récemment baptisé la *métapsychique ;* un peu grisé par le spécimen rare de médiumnité qu'un heureux hasard m'avait fait rencontrer et auquel j'étais en train de consacrer tout un volume, pour ne pas dire deux[1]; bien convaincu, naturellement, que j'allais voir ma bonne chance se continuer et les médiums hors ligne affluer désormais sur ma route pour peu que je prisse la peine de les dénicher ; ayant enfin sous la main un champ d'exploration tout indiqué en la personne de la Société d'Etudes Psychiques de Genève, association spirite dont je n'étais point membre, mais qui m'accueillait fort courtoisement à ses séances mensuelles, — j'eus la malencontreuse idée d'entreprendre par voie de questionnaire, dans ce milieu apparemment propice, une petite enquête destinée à faire sortir de l'ombre les beaux cas qui devaient s'y trouver. Je dis que l'idée fut malencontreuse, parce que cette enquête,

[1] *Des Indes à la planète Mars. Etude sur un cas de somnambulisme avec glossolalie.* In-8°, XII et 420 p., Genève et Paris, 1900. — *Nouvelles observations sur un cas de somnambulisme avec glossolalie.* In-8°, 155 p. Genève 1902. (Extrait des Archives de Psychologie, t. I, décembre 1901, p. 101-255.)

malgré la bonne grâce avec laquelle beaucoup des membres de la dite Société s'y prêtèrent, ne donna pas les résultats espérés, et que d'autre part je me trouvai avoir tacitement contracté, vis-à-vis des personnes qui prirent la peine de me répondre, une sorte d'engagement moral à publier les documents, souvent décisifs à leurs yeux, qu'elles m'avaient fournis.

Au début, il est vrai, cette enquête me parut répondre à son but en ce qu'elle me permit d'entrer en relations personnelles avec des médiums, ou de petits groupes spirites, que je n'aurais guère eu l'occasion d'atteindre autrement. Mais, en fin de compte, ce ne fut point la mine de cas exceptionnels et de phénomènes merveilleux que j'avais rêvée. Dans la masse de faits prétendus médianimiques dont j'eus le récit ou le spectacle, il ne se trouva en somme rien qui sortît de l'ordinaire en ce genre, rien par exemple qui approchât de la belle imagination subliminale, créatrice de langues et de mythes, qu'à la même époque je voyais se déployer dans les somnambulismes de Mlle Smith; rien non plus qui pût sérieusement soutenir la comparaison avec les miracles physiques d'une Eusapia Paladino, ou les interventions spirites émaillant les trances de Mme Piper. Ce que j'y découvris de moins banal, ce fut encore ce qui, à un examen attentif, relevait manifestement de la psychologie courante, normale ou pathologique, bien plutôt que de la métapsychique; à savoir un petit nombre de cas d'une transparence remarquable et où se montraient comme à l'œil nu la structure et le mécanisme, au fond très naturels, de processus qui, de loin et aux yeux des profanes, revêtent volontiers un aspect supranormal. Et c'est pourquoi je me bornai à publier quelques-uns de ces faits particulièrement instructifs, mais nettement défavorables aux interprétations occultes [1].

On comprend toutefois qu'un tel résultat n'était pas pour plaire aux honorables spirites et médiums qui avaient répondu à mon enquête dans la ferme espérance de la voir aboutir à la consécration de leurs idées de prédilection, et qui se trouvaient, en croyant servir la cause du spiritisme, n'avoir fait que me fournir des armes contre elle. Plusieurs d'entre eux jugèrent à tout le moins singulier qu'une fois en possession des documents et auto-observations qu'ils m'avaient fournis, je laissasse la grande masse de ces matériaux dormir dans mes cartons, pour n'en mettre au jour que les échantillons, soigneusement triés sur le volet, qui étaient de nature à battre en brèche et à discréditer leurs plus chères croyances. De divers côtés on ne manqua pas de me faire sentir,

[1] *Genèse de quelques prétendus messages spirites.* Revue philosophique, t. XLVII, p. 144 (février 1899). — *Note sur une communication typtologique.* Journal de Psychologie normale et pathologique, t. I. p. 11 (janvier 1904).

très poliment du reste, ce que mes procédés avaient d'insolite : « Vous entreprenez une enquête soi-disant sans parti pris sur les phénomènes médianimiques, nous vous aidons de notre mieux, et quand vous avez récolté tous nos renseignements, vous en tirez habilement, pour les livrer à la publicité, les quelques petits faits qui nous sont contraires, et vous dissimulez avec soin tout le reste! Est-ce là de l'impartialité scientifique et de la bonne foi? »

A ces reproches, je n'ai évidemment rien à répondre. Mon grand tort a été de ne pas les prévoir, et de me lancer à la légère dans une affaire qui n'avait aucune chance présumable de tourner autrement. Car, si je dis que dans les documents laissés de côté, il se rencontre assurément de nombreux témoignages, parfois très touchants, de la conviction de leurs auteurs et de la fermeté de la foi spirite, mais rien qui légitime les prétentions du spiritisme au rang de vérité scientifiquement démontrée, rien même de suffisamment nouveau pour valoir la peine, le temps et les frais d'une publication, — on me répliquera à bon droit que je suis juge et partie, et que j'en parle à mon aise en prononçant ainsi, de mon autorité privée, sur la valeur (ou plutôt la non-valeur) objective de matériaux que je garde prudemment par devers moi. Le seul moyen radical de me justifier serait de faire la lumière complète sur ce dossier en le publiant intégralement tel quel; mais quelle tâche pour le lecteur que de se débrouiller au milieu d'un pareil fouillis!

Telle est donc l'impasse où je suis, avec ma pile de documents sur les bras. Si je n'en retiens que ce qui me paraît mériter de voir le jour et laisse tomber le reste, me voilà à juste titre passible des pires accusations de choix arbitraire, déloyal, indigne d'un chercheur qui se respecte... Si je publie le tout, mes collègues ès recherches métapsychiques ne manqueront pas de me reprocher, avec pleine raison, d'être venu encombrer d'un nouveau tome, parfaitement indigeste et sans aucun profit pour la science, une littérature déjà trop pléthorique...

Entre ces deux solutions également déplorables, mon cœur balance — et se décide pour la seconde (quitte à y apporter quelques tempéraments), parce que l'honneur au moins sera sauf, à défaut de la considération scientifique. Il est d'ailleurs bien légitime que les personnes qui ont fait l'effort de me répondre, aient en retour l'innocente satisfaction de se relire imprimées. Et après tout, même inutile et superflu un livre de plus ou de moins sur le marché, à notre époque ça ne fait pas de différence. Sans compter qu'à un autre point de vue, si les matériaux en question ne font pas faire un pas au problème de la vérité ou de la fausseté en soi du spiritisme, ils n'en ont pas moins leur intérêt psychologique comme documents humains, permettant de mieux comprendre des mentalités trop ignorées, souvent mal jugées, et somme toute infiniment respectables.

Pour entrer en matière sans autre préambule, voici le texte de la circulaire que j'adressai, en mars 1898, à tous les membres de la Société d'Etudes Psychiques de Genève, dont son vice-président, M. Gardy, voulut bien me fournir la liste.

Enquête sur les Facultés et les Phénomènes Médianimiques.

Le but de cette enquête est de contribuer en quelque mesure à l'étude du fait si important et encore si mal connu de la *Médiumnité* et de ses diverses manifestations subjectives et objectives. On se propose à cet effet de réunir des observations aussi nombreuses, exactes et détaillées que possible sur les phénomènes de cet ordre qui se présentent à notre époque et dans notre pays, afin d'en tirer des indications précises relativement aux facultés médianimiques, à leur répartition, leurs modalités variées, leurs conditions d'apparition et de développement, leur utilité et leur rôle dans la vie individuelle et sociale, etc.

Une telle enquête, nécessairement bornée à un point limité de l'espace et du temps, ne peut sans doute se flatter de résoudre définitivement les questions métaphysiques qui se rattachent à un aussi grave sujet, mais dans sa modeste sphère elle aidera à les élucider en apportant son contingent de faits positifs et certains à l'édifice naissant de la Science Psychique. Entreprise dans l'unique souci de la vérité et visant avant tout à l'exactitude, elle s'efforcera d'éviter la faute de méthode, trop souvent commise, qui consiste à compliquer et parfois entraver l'étude scrupuleuse des phénomènes et de leurs conditions expérimentales en y mêlant prématurément la discussion de leurs sources cachées, et de leur essence intime. C'est dire que la présente recherche se gardera avec soin dès l'abord de tout préjugé pour ou contre les diverses doctrines philosophiques, matérialistes, spirites, occultistes ou autres, qui se disputent ce domaine. Elle enregistrera consciencieusement, à titre de données psychologiques importantes et qui ne doivent point être négligées, les convictions et opinions diverses que l'étude ou l'expérience personnelle de ces phénomènes ont fait naître chez ceux qui s'en sont occupés, mais elle s'abstiendra de prendre parti entre ces vues souvent divergentes. Elle se renfermera en un mot dans une neutralité respectueuse à l'endroit de toutes les hypothèses explicatives, pour se maintenir sur le terrain rigoureusement scientifique des Faits et de leurs Lois, laissant à un examen ultérieur, fondé sur une plus large base de comparaison, la tâche philosophique de pénétrer leurs Causes possibles ou réelles.

On comprend qu'une enquête de ce genre ne saurait réussir qu'avec le concours actif et désintéressé de tous ceux qui ont le privilège de posséder des facultés médianimiques, et d'avoir été les sujets ou les témoins de phénomènes de cet ordre. Aussi est-il à espérer qu'ils feront preuve de dévouement à la science en se prêtant avec bonne volonté aux demandes de renseignements qui pourront leur être adressées, et que, pour commencer, ils voudront bien répondre au questionnaire ci-joint, destiné à obtenir une orientation préalable et une vue d'ensemble provisoire sur la fréquence, l'évolution et le rôle des facultés médianimiques.

Il va sans dire qu'on observera la plus grande discrétion dans l'utilisation des faits communiqués à l'enquête, et qu'en cas de publication tous les noms propres de personnes ou de lieux seront remplacés par des initiales fictives ou des pseudonymes, à moins d'une autorisation spéciale d'employer les noms véritables.

QUESTIONNAIRE.

1. — *Possédez-vous des facultés médianimiques?* — Décrivez non seulement la nature ordinaire de votre médiumnité, mais éventuellement ses formes exceptionnelles et toutes les impressions, subjectives et objectives, que vous avez pu avoir en ce domaine.

2. — *A quelle date et dans quelles circonstances vous êtes-vous aperçu de votre médiumnité?* — S'est-elle manifestée spontanément et avant que vous ayez entendu parler de ces faits? — Son éclosion a-t-elle été provoquée ou favorisée par des circonstances extérieures, telles que conversations ou lectures sur ce sujet, séances spirites, expériences avec d'autres médiums, magnétisation, imposition des mains, essais et exercices volontaires, etc.?

3. — *Quelles modifications vos facultés médianimiques ont-elles subies avec le temps?* (Progrès, changements de nature, affaiblissement, éclipses momentanées, etc.) — A quelles causes ou influences attribuez-vous ces modifications?

4. — *Si vous n'avez pas de médiumnité caractérisée, avez-vous eu du moins des phénomènes psychiques remarquables*, tels que rêves prophétiques, pressentiments, voix, apparitions, extases, inspirations, double-vue, léthargie, etc.?

5. — *Y a-t-il eu dans votre famille d'autres personnes* (parents, grands-parents, oncles et tantes, frères et sœurs) douées de facultés médianimiques ou ayant présenté des phénomènes psychiques remarquables?

6. — *Avez-vous assisté à des séances ou expériences psychiques*, et de quels phénomènes avez-vous été témoin chez autrui?

7. — *Qu'avez-vous observé chez vous ou chez autrui, relativement à l'influence exercée sur la médiumnité par les diverses conditions physiques et morales*, telles que l'âge, le sexe, le tempérament, l'état de santé ou de maladie, la profession et le genre de vie, le mariage, la maternité, les changements de situation sociale, les émotions diverses, etc.

8. — *Inversément, quelle est l'influence de la médiumnité sur les dispositions physiques et morales*, sur la vie, le caractère, les idées, la santé? Avez-vous remarqué si les médiums se distinguent des autres gens par certains traits spéciaux autres que le fait même de leur médiumnité?

9. — *Quelle est votre opinion ou impression personnelle sur les phénomènes médianimiques?* — Quels sont, à votre avis, leurs avantages pratiques, ou leurs inconvénients? — Que pensez-vous des doctrines spirites? — Quelle place et quelle importance leur donnez-vous dans votre vie intellectuelle, morale et religieuse? — Quel doit être leur rôle dans l'éducation?

Suivait encore, après quelques indications relatives au renvoi des réponses, la demande instante de répandre la circulaire autour de soi et de bien vouloir répondre en tout cas, ne fut-ce que sur certains points, ou même, si l'on préférait, par un libre récit sans se préoccuper de suivre le questionnaire.

Cette circulaire fut envoyée aux 81 membres de la Société d'Etudes Psychiques, avec une lettre rappelant que M. le Président Metzger avait bien voulu approuver mon entreprise et la recommander dans une récente séance de la Société. Grâce à ce haut et bienveillant patronage, mon enquête eut plus de succès qu'on n'aurait pu l'espérer autrement. Plus de la moitié des membres, soit 42, firent bon accueil au Questionnaire et y répondirent. Des autres, 13 s'excusèrent de devoir garder le silence, soit qu'ils n'eussent rien à dire, soit qu'ils fussent empêchés par la maladie ou d'autres causes; et 26 ne donnèrent pas signe de vie. Ce déficit fut heureusement compensé, en grande partie, par des personnes étrangères à la Société, mais parentes ou amies de ses membres, et qui, ayant entendu parler de l'enquête, y prirent intérêt et ne dédaignèrent pas d'y participer. J'ai reçu de ce chef 30 réponses inespérées qui, jointes aux 42 précédentes, portèrent le total de mes documents d'enquête au nombre de 72, variant en étendue de quelques lignes à trente pages, sans parler de toutes les adjonctions écrites ou verbales dont ils s'enrichirent pour la plupart avec le temps. Il va sans dire, en effet, que je ne me contentai pas de ces réponses par la plume. J'allai voir presque tous mes correspondants pour recueillir leurs observations et éclaircissements complémentaires; la plupart me prêtèrent leurs cahiers de notes, procès-verbaux, essais d'écriture et de dessin automatique, etc., ou m'accordèrent une petite séance particulière d'exercices médianimiques; il en est même un certain nombre avec lesquels j'ai eu des séries plus ou moins prolongées d'expériences, ou qui m'ont permis de pénétrer dans leurs groupes spirites privés.

De toutes ces sources d'observations directes et d'informations variées est résulté peu à peu un dossier assez considérable, qui remplirait à lui seul plusieurs volumes imprimés, sans parler des réflexions et discussions critiques qu'appelle presque chacun de ses faits bruts. Un triage s'impose nécessairement. Mais c'est ici que surgit la difficulté, à laquelle j'ai fait allusion plus haut, de respecter à la fois et tout ensemble : 1° les égards dus au lecteur, dont les facultés d'attention et d'absorption ont pourtant des limites; 2° le droit évident des collaborateurs à ne pas voir indûment tronquer, ou amoindrir, les documents qu'ils considèrent comme parlant en faveur de leurs opinions spirites; 3° le privilège inaliénable de l'auteur de dire, lui aussi, ce qu'il pense et d'exercer sa libre critique sur les matériaux qui lui sont fournis. — Ce dernier point, il est vrai, n'est pas reconnu par tout le monde. N'ai-je pas reçu, hier encore, d'une haute notabilité spirite de notre ville, une lettre m'annonçant l'envoi de documents, mais à la condition clairement exprimée que je m'engage d'avance à n'en pas faire un usage défavorable à ses convictions : « Ma réponse à votre questionnaire présentera quelques lacunes sur les faits dont je n'ai point une expérience bien assise; mais, apportant à ces renseignements tout le bon vouloir désirable, *je compte,* Monsieur, qu'ils ne seront pas utilisés *contre* la doctrine qu'ils représentent. » (Les mots soulignés le sont dans l'original.) Qu'on ne veuille pas s'exposer à ce que des faits personnels, intimes et sacrés, soient l'objet d'un épluchage méthodique, et peut-être d'une interprétation scientifique abhorrée, je le comprends de reste et je partage ce sentiment; mais alors il faut garder ces faits pour soi. Car « donner et retenir ne vaut », et répondre à une enquête tout en enchaînant le jugement de l'investigateur, ou fournir des renseignements avec l'obligation de ne s'en servir que dans un certain sens, est une prétention vraiment inadmissible sur le terrain de la science. Je revendique donc hautement, et je ne suppose pas qu'aucun lecteur raisonnable songe à me contester, mon droit d'auteur et de chercheur d'apprécier et d'interpréter librement les faits ou les récits en cause; personne au reste, cela va de soi, n'étant le moins du monde obligé d'adopter ma manière de raisonner.

Mais alors, encore une fois, comment accorder cette liberté illimitée de critique et de discussion que je m'arroge, avec les ménagements équitables dus à mes collaborateurs, forcément privés de toute possibilité de réplique dans ce volume? — Il m'a paru que le meilleur moyen pratique de concilier ces deux choses était de les séparer entièrement, et de ne pas mélanger l'exposé pur et simple des faits ou des théories, tel qu'il résulte des réponses qui m'ont été envoyées, avec la critique de ces mêmes faits ou théories, telle que je l'entends. De là la division de cet ouvrage en deux parties, dont la première est consacrée aux documents d'enquête eux-mêmes, tandis que je me réserve la seconde pour mes remarques, objections et interprétations personnelles. De cette façon, mes correspondants n'auront pas l'impression que j'aie dénaturé ou dénigré leurs récits, en y mêlant presque à chaque ligne mes critiques acerbes ou l'expression desséchante de mon scepticisme rongeur. D'autre part, quand ils auront tous parlé, je pourrai, à mon tour, m'abandonner sans arrière-pensée à mes propres réflexions. Le lecteur enfin entendra à son gré les deux cloches, ou celle-là seulement qu'il lui plaira d'entendre, en feuilletant l'une ou l'autre moitié du volume; et c'est à lui qu'appartiendra en dernier ressort le jugement, comme cela se doit.

Quelques remarques maintenant sur le texte des 72 observations du chapitre suivant.

Le plus simple eût été de publier les manuscrits comme je les ai reçus, sans aucune modification, adjonction ni suppression. Mais ce n'eût pas été à leur avantage, car il n'en est guère qui, d'une part, ne présente des longueurs, des répétitions, des défauts de style et de composition souvent intolérables à la lecture, et qui ne souffre, d'autre part, de lacunes ou d'obscurités graves dans l'exposé des faits parfois les plus importants. C'est pourquoi, dans l'intérêt même de leurs auteurs et de la cause qu'ils défendent, j'ai cru devoir faire subir une double toilette à ces réponses. En premier lieu, je ne me suis pas fait scrupule d'en élaguer les hors d'œuvre manifestes (formules de politesse, délayages de théories connues, digressions inutiles, etc.), d'amender souvent le style et de résumer les matières ou de les arranger dans un ordre plus logique, bien entendu là où cela était sans inconvénient pour le sens, en même temps que profitable, voire indispensable, à la clarté et à la mise en valeur du document. En second lieu, j'ai maintes fois complété le texte original par des renseignements plus détaillés, ou des faits supplémentaires intéressants, que mes répondants m'ont racontés dans la suite ou que j'ai pu constater directement. Il en résulte que presque toutes les observations suivantes sont à la fois plus condensées, et notablement plus riches, que les manuscrits primitifs. L'emploi de guillemets permet du reste de distinguer ce qui faisait quasi-textuellement partie de ceux-ci, ainsi que les paroles exactes de mes répondants dans les entretiens qu'ils m'ont accordés, de ce que j'ai rédigé ou résumé moi-même, toujours aussi fidèlement que possible, d'après leurs explications orales ou écrites et les renseignements de toutes sortes à ma disposition. J'ai placé entre crochets [ ] mes remarques personnelles au milieu d'un contexte étranger. Les points suspensifs... indiquent les coupures, lesquelles ne portent jamais que sur des considérations générales ou des digressions superflues pour le fond du sujet ; c'est surtout dans les réponses aux derniers articles du questionnaire (les jugements sur les médiums et les doctrines spirites, etc.) que les appréciations vagues ou les développements filandreux se sont donné libre carrière et qu'il m'a paru utile d'émonder et de résumer fortement. — La seule chose à laquelle j'ai voué un respect littéral, ce sont les communications médianimiques elles-mêmes (quel qu'en soit le procédé, typtologie, écriture automatique, voix, etc.); tout ce qui m'a été signalé comme tel est reproduit en italiques, avec une scrupuleuse fidélité (sauf quant aux noms propres, qui ont ordinairement dû être changés par égard pour les personnes vivantes en jeu).

Du moment que par lassitude, autres occupations ou coupable négligence, j'avais laissé passer près de dix ans sur mon enquête, il me parut intéressant de rechercher ce qu'étaient devenues dans cet intervalle les facultés ou les opinions de mes correspondants. C'est pourquoi, au commencement de 1908, je leur adressai de rechef le texte de mon questionnaire, en leur demandant de m'indiquer les faits nouveaux ou les changements qui se seraient éventuellement produits chez eux depuis 1898. Comme cela était à prévoir, plusieurs d'entre eux n'étaient plus de ce monde, quelques-uns avaient quitté Genève et ne purent être atteints, d'autres ne me répondirent pas; cependant sur la plupart je pus obtenir des renseignements que l'on trouvera résumés sous la rubrique *1908* à la fin de chacune des observations primitives.

Si tous mes documents, ou du moins la majeure partie, présentaient des subdivisions nettes correspondant aux 9 articles du questionnaire, il eut été indiqué de conserver cette numérotation, qui eût facilité les comparaisons. Mais, sauf quelques cas (p. ex. l'obs. XIV), ils ne respectent guère ces distinctions : leurs réponses aux divers points de l'enquête se mêlent en désordre, empiétant les unes sur les autres ou se confondant en un récit plus ou moins continu. La faute en est avant tout, je m'empresse de le reconnaître, à la confection hâtive et peu soignée du questionnaire lui-même, beaucoup trop compliqué et mal distribué. Aussi m'a-t-il paru plus simple de grouper la matière des réponses sous trois chefs seulement, marqués dans les observations suivantes par des chiffres romains, à savoir : — I. Tout ce qui concerne les faits personnels au sujet lui-même, ses divers phénomènes psychiques spontanés ou ses facultés médianimiques et leur histoire (cela répond aux questions 1 à 4 de l'enquête). — II. Les faits qui ne lui sont pas personnels, mais dont il a été témoin chez autrui ou qu'il a simplement entendu raconter (questions 5 et 6). — III. Ses jugements et opinions sur les Médiums, les Phénomènes, les Doctrines spirites, etc. (questions 7 à 9). — Dans bien des cas même, cette division tripartite n'avait pas d'utilité et je l'ai supprimée. Par contre, j'ai établi à travers tout le dossier une numérotation continue [en chiffres gras entre crochets] pour les faits les plus saillants, afin de faciliter le renvoi à ces faits (notamment dans la seconde partie du volume où j'aurai à les discuter).

Mes tentatives de classer les 72 cas en groupes séparés n'ayant pas abouti, je me suis borné à les ordonner tant bien que mal, et en gros, selon le degré croissant de leurs facultés médianimiques. Les premiers n'ont aucune médiumnité ni même de phénomènes spontanés notables, en sorte qu'ils se bornent à relater ce qu'ils ont vu ou entendu dire autour d'eux, et à exprimer leurs opinions théoriques. Les suivants ne sont pas médiums non plus, mais ils ont du moins été les sujets d'une plus ou moins grande abondance de faits psychiques dignes de remarque. Enfin viennent ceux qui possèdent ou ont possédé une médiumnité caractérisée, et qui forment plus de la moitié du dossier. J'ai gardé pour la fin une collection de neuf cas (LXIV à LXXII; v. p. 168), qui m'ont été fournis par Mlle Champury et M. Gardy, concernant des médiums étrangers que je ne connais point personnellement; ils ont l'avantage de fournir quelques exemples de médiumnité à incarnation et de médiumnité guérisseuse, formes qui ne se rencontrent guère dans le reste de la série, provenant de Genève et de ses environs.

Un dernier mot sur les indications générales mises en tête de chaque observation. Les astérisques * désignent les personnes faisant partie de la Société d'Etudes Psychiques. La plupart des noms ont été remplacés par de fausses initiales ou des pseudonymes, ce qui sans doute n'empêchera pas les intéressés de se reconnaître entre eux, ni même d'être devinés par beaucoup de lecteurs profanes; mais cela atténuera du moins le désagrément qu'il y a toujours à se trouver nominativement pris à partie et à voir étaler publiquement telle ou telle de ses petites aventures ou idiosyncrasies personnelles. Cette impossibilité pratique d'assurer un incognito efficace, sera longtemps encore le grand obstacle social à toute publication rigoureusement scientifique concernant les phénomènes médianimiques chez les gens du monde, lesquels, même quand ils se renferment à l'origine dans le cercle étroit d'un petit groupe privé, finissent toujours, et très vite, par jouir d'une notoriété plus ou moins étendue. Aussi, sauf dans de très rares exceptions (ordinairement limitées aux cas d'hôpitaux ou à certains médiums professionnels) ne peut-on songer à entrer dans les détails de tempérament, de caractère, de constitution médicale, d'hérédité et de milieu familial, etc., qui seraient cependant indispensables pour juger en connaissance de cause de la vraie nature et de la signification réelle des faits de médiumnité. Cela me disculpera de l'extrême réserve où j'ai dû me tenir dans mes renseignements sur les personnes. Je me suis borné le plus souvent à la mention de l'âge (qui se rapporte toujours à l'année 1898), et de la profession, celle-ci comme indice approximatif du développement intellectuel.

CHAPITRE II

Observations recueillies.

I. De Genève et des Environs.

Observation I. —* M. L. Gardy, ancien négociant, 68 ans, excellente santé. Spirite convaincu et militant, il a été l'un des membres les plus zélés du comité de la Société d'Etudes Psychiques dès sa fondation, et il a publié deux ouvrages estimés qui ont certainement beaucoup contribué à faire connaître le spiritisme à Genève et au dehors[1]. — Ne possédant pas lui-même de facultés médianimiques, M. Gardy n'avait pas cru devoir répondre à l'enquête en 1898; mais cette année il a eu l'obligeance de m'adresser le mémoire suivant (daté du 22 décembre 1907) :

« ... Puisque vous avez bien voulu m'envoyer votre Questionnaire, je ne pense pas devoir garder le silence et vais chercher à vous faire connaître mes opinions et mes sentiments sur ces questions le plus sincèrement et le plus clairement possible. Veuillez vous souvenir, à la lecture de ces lignes, que je ne suis ni professeur, ni au rang des lettrés — mes études ayant pris fin au début de ma seizième année — et que je ne peux, par conséquent, pas me flatter d'autre chose que de la franchise de mes affirmations....

I. « La médiumnité, chez moi, est complètement nulle; il en est de même, autant que je peux le savoir, dans toute ma famille et si je n'avais que mes impressions intimes pour me faire une conviction, je serais resté et serais encore absolument inconscient de ces phénomènes. Actuellement ce qui m'intrigue le plus, c'est le rêve. Je rêve constamment; je ne pense pas, dans les

[1] Louis Gardy : *Cherchons ! Réponse aux conférences de M. le prof. Yung sur le spiritisme.* In-8°, 275 p. Paris et Genève, 1890. — Idem : *Le médium D. D. Home, sa vie et son caractère, d'après des documents authentiques.* In-8°, 158 p., Genève et Paris, s. d.

sept à huit heures de mon sommeil normal, rester un quart d'heure au plus sans rêver. Mais ces rêves n'ont, à ma connaissance, rien de prophétique, ni de symbolique, quelle qu'en soit l'étonnante variété. Ils ne me paraissent pas extraordinaires comme réminiscences, mais je me demande où je puise la foule d'événements, de personnages, de paysages et de monuments inconnus, qui se présentent à moi et souvent m'intéressent durant mon sommeil, et qui m'intriguent d'autant plus que je ne me reconnais pas la moindre imagination à l'état de veille. Je n'ai jamais été capable de faire la moindre composition au cours de mes études, et si je me suis lancé dès lors à publier deux courts ouvrages, les idées en étaient toutes puisées au dehors et non dans mon propre fonds. Peut-être ces rêves sont-ils parfois des réminiscences d'existences antérieures ? C'est ce qu'il me serait impossible de dire. Un fait curieux, c'est qu'ils me reportent plus souvent à 40 ou 50 ans en arrière qu'aux événements contemporains. Le spiritisme, en particulier, dont je fais ma nourriture habituelle, entre peu dans mes préoccupations nocturnes; il ne m'est arrivé que rarement de me souvenir de phénomènes médianimiques dont j'aurais cru être favorisé durant mon sommeil. »

II. « Les séances vraiment intéressantes auxquelles j'ai assisté ont été peu nombreuses. J'ai renoncé à courir après ce genre de preuves pour lesquelles il faut d'abord trouver de bons médiums, puis ne pas craindre d'y consacrer de longues heures. Les circonstances ne m'ont pas été favorables sous ces deux rapports. Je ne citerai, en conséquence, que deux séances :

[1] « La première eut lieu à Londres, avec le médium Williams. A cette époque c'était l'Esprit John King qui apparaissait chez ce médium et se distinguait fort bien au fond de la salle obscure, au moyen d'un objet phosphorescent avec lequel il illuminait son visage : homme de haute stature, tête à barbe noire, dont la photographie a souvent été reproduite et qui avait quelque rapport avec celle de Ben Boa, du général Noël à Alger. Je n'ai pas été convaincu par cette séance faite dans des conditions qui ne pouvaient guère porter la conviction chez un novice, les précautions contre une fraude possible n'ayant pas été prises et l'anglais ne m'étant pas familier. La société réunie à cette séance paraissait plutôt composée de gens convaincus qui, pour cette raison, ne s'étaient pas donné la peine de faire une inspection minutieuse du médium et de la salle. Je dois dire qu'aujourd'hui, après 40 ans d'études et de réflexions, je suis plus disposé à admettre la valeur de cette manifestation, le médium Williams ayant poursuivi sa carrière médianimique sans avoir encouru, à ma connaissance, le reproche de supercherie dont tant d'autres ont été accusés.

[2] « A cette même séance je me trouvais par hasard côte à côte avec le Dr Nehrer, un Autrichien qui, habitant Genève, avait fait partie de notre première Société psychologique. Or, à la fin de cette séance (il était à la gauche du médium) son poignet droit se trouva orné d'un bracelet en métal qui s'était introduit à son bras au cours de la soirée. Je considérais le Dr Nehrer, qui était très bon spirite, comme assez enthousiaste et pour cette raison me méfiais quelque peu de l'authenticité du phénomène, qui a été reproduit dès lors en plus d'une occasion. — Si je raconte ces deux faits, c'est dans le but de démontrer que la crédulité ne s'oppose pas chez moi à une certaine dose de scepticisme ; scep-

ticisme qui ne va pas jusqu'à se refuser à ajouter foi aux milliers et millions de déclarations de gens, dont beaucoup ne passent pour être ni des hallucinés, ni des fourbes, et qui, en tous pays, ont affirmé la réalité de faits que n'expliquent ni la télépathie, ni l'animisme.

[3] « La seconde séance que je vais mentionner est pour moi de bien plus d'importance, quoique, peut-être, elle en ait peu pour d'autres que ceux qui y ont participé. Elle se passait chez moi, le médium était le célèbre propagateur du spiritisme, Daniel Dunglas HOME. Il était accompagné de sa femme, et la réunion se composait, je crois, de huit personnes en tout. Nous étions au salon, autour d'une table bien éclairée par une lampe. C'était la première fois que Home entrait chez moi ; ce fut aussi la dernière — malheureusement, car il est reconnu qu'une première séance est, le plus souvent, médiocre et qu'il en faut une série pour que des résultats de réelle valeur soient obtenus. Quoi qu'il en soit, nous eûmes immédiatement des trépidations bien accentuées des chaises et du parquet, puis des attouchements par des mains que sentirent la majeure partie des assistants, une sonnette tintant sous la table et venant à deux reprises se mettre dans ma main, un accordéon jouant, quoique tenu à l'envers, et des *raps*.

[4] « Mais le fait principal, celui qui m'a le plus frappé et m'est resté dans la mémoire depuis 34 ans, comme au premier jour — ceci se passait en 1873 — ce fut un doigt, un joli doigt rose de taille moyenne, qui passa rapidement en face de moi, en rasant le bord opposé de la table, comme je le raconte dans mon opuscule sur Home (p. 62). D'autres *sitters* le virent aussi, plus ou moins bien, tandis que mon vis-à-vis, M. le pasteur T..., le plus rapproché de l'apparition, déclara avoir vu la main entière. Ce doigt était bien peu de chose et pourtant il a suffi pour me démontrer la réalité des matérialisations, car quelle autre explication, Monsieur le professeur, pourriez-vous en donner ? Je vous en ai parlé à plusieurs reprises et n'ai pas pu obtenir de réponse ; le fait, à ce qu'il me semble, valait cependant d'être examiné. Si l'on me dit que c'était le doigt astral du médium qui se promenait ainsi, je ferai observer que ce doigt serait retourné en sens inverse de son point de départ, car sa pointe était dirigée contre le médium et retournant à lui. Peut-être avait-il fait, invisible, le tour de la table ! C'était, en tous cas, à mon avis, une matérialisation véritable et, quelque minime qu'elle fût, elle m'a grandement facilité la croyance à la possibilité de matérialisations et d'apparitions plus complètes. Si l'on veut voir dans l'animisme l'agent de ce phénomène, il y aurait là, à ce qu'il me semble, une démonstration de l'indépendance de l'âme, venant à l'appui de tous les autres arguments en faveur d'une existence au delà de la tombe. C'en serait fait, par cela même, des doctrines matérialistes. »

III. « Votre dernière question est la plus importante de toutes, à mon avis, et je vais chercher à y répondre le plus clairement possible, sans entrer dans de trop longues dissertations.

« Les phénomènes médianimiques sont d'une importance capitale pour l'humanité. Après plus de dix-huit siècles de christianisme, grâce aux dogmes absurdes accumulés par les clergés de toutes dénominations, grâce aussi aux progrès de l'instruction rendus possibles à la suite de la découverte de l'imprimerie, les peuples chrétiens ont versé dans l'incrédulité et le matérialisme, et la civilisation courait grand risque de s'effondrer, si des phénomènes spéciaux et en particulier les communications faites dans la famille Fox à Hydesville en 1848, n'étaient pas venus remuer les populations en Amérique d'abord, puis en Europe et dans le monde entier. Après un certain nombre d'années au cours desquelles le grand cheval de bataille des adversaires fut simplement : Fourberie et Superstition, le phénomène se manifesta avec une telle intensité, il fut étudié et admis par des hommes d'une si haute notoriété et dont l'honorabilité ne pouvait être mise en doute, qu'il fallut trouver autre chose. C'est alors que les théories sur la cause de ces phénomènes se produisirent de toutes parts, les unes quelque peu plausibles, la plupart fort excentriques, aucune ne rendant compte de tous les faits si on en éliminait la participation du monde des Esprits.

« Mais je dois en venir à ce qui me concerne et suis obligé, pour cela, d'entrer dans des détails plus ou moins intimes. Comme vous le savez, les mentalités diffèrent d'individu à individu et la vôtre, en particulier, vous a lancé dans une direction tout autre de ce qu'il en a été chez moi.

« Elevé dans une famille chrétienne, d'orthodoxie modérée, et mon intelligence n'étant pas de nature à me pousser à des recherches de controverses, j'acceptai les dogmes généralement enseignés il y a un demi-siècle, du salut par la foi, du paradis et de l'enfer, de beaucoup d'appelés et de peu d'élus. De bonne heure déjà, le doute me travaillait ; mais je ne m'imaginais pas que l'enseignement donné de toute part fût faux, et je ne me rendais compte ni du véritable blasphème que l'on commettait en attribuant à l'Etre Suprême une cruauté et une injustice qui ne seraient pas permises à la créature humaine, ni de l'absurdité qu'il y avait à donner à un livre — quelque vénérable qu'il parût être — le titre de Parole de Dieu.

« Peu après 1860, mon ami d'enfance, le capitaine Bloume, en visite chez moi, nous parlait de l'étonnante découverte dont il était question, de la possibilité d'entrer en rapport avec les Esprits. Naturellement, je haussai les épaules, de même que les autres personnes présentes. Mais lorsque, quelque temps après, il me remit la brochure d'Allan Kardec : *Le Spiritisme à sa plus simple expression*, la lecture de ce modeste traité modifia du tout au tout mon opinion à cet égard. La théorie des existences successives, dont je n'avais jusqu'alors jamais entendu parler et qui ne m'était nullement venue à l'idée, m'ouvrit des horizons nouveaux qui, dès lors, transformèrent mon existence. Je peux dire que la connaissance de cette doctrine a fait le bonheur de ma vie, en me donnant des notions logiques, et en tous points acceptables, du plan divin. Dès ce moment je commençai à rechercher les preuves de l'ingérence dans nos affaires de ceux qui sont passés dans l'au-delà, et j'ai reconnu que, si bien des obscurités subsistent encore, du moins cette philosophie ne présente-t-elle aucune de ces impossibilités — pour ne pas dire absurdités — qui se rencontrent dans les théories orthodoxes.

« Mes études, quant à la provenance des manifestations sur lesquelles s'appuient les spirites, m'ont permis de relever 1,200 cas environ de phénomènes divers, plus ou moins probants, chiffre que j'aurais pu facilement décupler, si j'avais voulu enregistrer tous les faits similaires de moindre importance qui sont venus à ma connaissance. Je me borne à vous signaler 155 cas de matérialisations et d'apparitions et 122 cas d'identité, dont je peux indiquer la provenance. Quand on sait qu'un seul de ces cas, absolument authentiques, suffit pour démontrer la persistance de l'individualité au delà de la tombe, on peut admettre que les savants qui entassent hypothèses sur hypothèses pour trouver une solution répondant à leurs idées préconçues, auraient eu l'occasion de s'enquérir sur le bien ou le malfondé de telle ou telle de ces manifestations, s'ils avaient été réellement désireux de parvenir à la découverte de la vérité.

« La certitude de la persistance de l'être après ce qu'on appelle la mort, a nécessairement une influence immense sur la conduite en ce monde de toute personne sérieuse. Il en est de même des idées qu'on se fait des moyens de salut. La doctrine du salut par la foi, est, dans mon opinion, un oreiller de paresse. La perfection, en effet, n'étant pas de ce monde — l'existence, très courte, ne permettant pas d'y parvenir — il est facile de comprendre comment une foule de gens se découragent, puis trouvent commode de s'appuyer sur une foi plus ou moins vague, pensant qu'il sera temps, vers la dernière heure, d'affermir cette foi pour obtenir le salut désiré. On vaque alors à ses affaires, on cherche à gagner le plus d'argent possible et lorsqu'on a, chaque dimanche, démontré sa croyance en faisant acte de présence au temple, on consacre le reste de la semaine en honnête homme (suivant le monde) et la conscience est satisfaite. Voilà, sauf un certain nombre d'honorables exceptions, en quoi consiste la foi évangélique, assez différente de celle des premiers chrétiens qui, dit l'Evangile, « n'étaient qu'un cœur et qu'une âme ». Si vous mettez en regard d'une foi semblable celle qui s'appuie sur des faits positifs, démontrant péremptoirement la survivance de l'âme; puis la nécessité du progrès que chacun doit réaliser pour faire son salut — autrement dit, pour se préparer personnellement à une vie supérieure, puis à d'autres, de monde en monde, jusqu'à perfection (?) absolue, — vous vous trouvez alors bien encouragés à mener une vie conforme à la volonté divine, à travailler sur votre égoïsme naturel et à devenir de plus en plus secourables à vos frères moins favorisés. Je tiens donc la maxime spirite : « Chacun récolte selon ce qu'il a semé » pour bien supérieure au dogme de l'Eglise : « Hors la foi point de salut. » — Cette question mériterait d'être plus développée; mais elle se comprend toutefois d'elle-même. Je me bornerai à dire que mes relations avec un certain nombre de spirites m'ont démontré les avantages qu'ils ont retirés de leurs rapports avec les Invisibles, et surtout les consolations qu'ils en ont obtenues, car c'est chez les affligés et les déshérités que j'ai rencontré, à cet égard, la plus grande somme de foi et de courage.

« Enfin, en ce qui concerne l'éducation, ce que je viens de dire démontre nécessairement ma conviction, que les générations futures auxquelles seront inculquées ces doctrines, en retireront une foi supérieure et une énergie que ne donnent, de nos jours, ni les théories orthodoxes, ni les négations du matérialisme, dont les résultats ne se prouvent que trop par le prodigieux accroissement du nombre de suicides dont nous sommes les témoins, sans parler de toutes les vilenies dont fourmillent les journaux.

« Au moment où je préparais ce travail, je recevais le *Messager* du 15 courant, contenant la fin d'une conférence faite à Liège le 11 novembre (1907) par M. le Dr Dusart sur cette question : *L'identité des Esprits est-elle scientifiquement démontrée ?* J'ai pensé ne pas pouvoir donner une meilleure conclusion aux réflexions ci-dessus, qu'en vous engageant à lire cette conférence, dont voici quelques lignes qui vous concernent personnellement. M. le Dr Dusart cite le fait des signatures du syndic Chaumontet et du curé Burnier dont il est parlé dans *Des Indes* (p. 406) ; puis il ajoute : — Mlle Smith affirme énergiquement qu'elle n'a jamais vu ces signatures et qu'elle n'a fait que traverser les rues de ce village, une vingtaine d'années auparavant dans une excursion de vacances et en assez nombreuse compagnie. Ce seul fait suffit cependant au professeur Flournoy pour jeter le doute sur l'identité des Esprits qui ont reproduit leurs signatures. Ainsi donc il suffira de traverser les rues d'un village pour prendre connaissance de signatures enfermées dans les archives depuis longtemps et pour pouvoir les reproduire fidèlement *vingt ans* plus tard ! C'est ce même professeur Flournoy qui affirme ne pouvoir penser à la naïve crédulité des spirites sans avoir envie de *batifoler*, pour nous servir de sa propre expression ! —

« Quoique mes espérances de voir ma prose obtenir auprès de vous un succès quelconque soient des plus modestes, je vous l'envoie cependant, vous priant, cher Monsieur, d'agréer, etc. »

Obs. II. — *M. P., 38 ans, professeur. Médiumnité nulle.

[5] II. « Ma femme a eu il y a quatre ans diverses visions qui se présentaient toutes de la manière la plus inattendue. L'une d'elles fut également perçue par mon petit garçon, alors âgé de quatre ans. C'était une après-midi de juillet, entre 2 et 3 heures, ma femme et le petit se trouvaient dans le jardin devant la maison, lorsque ma femme vit à quelques pas, devant la porte ouverte d'une chambre, un homme de taille élevée, à grande barbe blanche, vêtu d'une longue robe sombre serrée à la ceinture. Ce personnage passa devant eux, et le petit dit : Eh ! ce monsieur ! puis le voyant descendre quelques marches dans le jardin : Il descend l'escalier ! L'apparition devint alors graduellement plus vague et s'effaça tout à fait. C'est le seul fait qui nous semble mérité d'être cité, parce qu'il avait deux témoins. J'ajoute que pendant cette période de visions fréquentes, ma femme se trouvait dans un état maladif et de grande faiblesse. Dès lors rien de semblable ne s'est présenté.

[6] « J'ai assisté à diverses séances psychiques. Pendant une des plus remarquables, qui eut lieu chez moi il y a deux ans, mon beau-frère et un ami, endormis après avoir passé par l'état de trance, échangeaient quelques paroles relatives à une vision commune, lorsqu'un bruit extérieur réveilla l'un d'eux qui se leva brusquement. Ma femme et moi vîmes alors une vive lueur qui s'épanouissait devant la figure de notre ami tandis que celui-ci s'écriait : Ah ! cela m'a brûlé la figure ! (Cette partie de la séance se passait dans l'obscurité.)

[7] « Si une bonne part des faits médianimiques me paraît dépendre de forces dont nous ignorons les lois, et si un grand nombre d'autres sont imputables à l'activité psychique, consciente ou non, du médium et des assistants, il

en reste cependant en dernière analyse un petit nombre qui semblent nécessiter l'intervention de personnalités absolument indépendantes du groupe d'observateurs. Ainsi, dans diverses séances typtologiques, après quelques phrases obtenues, certaines questions posées se heurtaient contre un refus de répondre, manifesté par deux coups *(non)* frappés à réitérées fois, et de plus en plus fort à mesure que nous mettions plus d'insistance à réclamer la réponse. D'autres fois, c'étaient des signes évidents d'impatience quand la communication fournie n'était pas comprise des assistants. Tout cela, sur le moment, apporte dans l'esprit la conviction absolue d'une communication avec l'Au-delà ; mais, l'émotion passée, la foi diminue et fait place au doute. Cependant, en examinant à froid ces impressions, je suis forcé de me dire : il y a là quelque chose de réel.

III. « Les Phénomènes médianimiques doivent être observés avec un esprit absolument calme ; il faut se défendre de l'enthousiasme et de l'émotion qui font perdre le sens critique... S'ils arrivent à prouver le monde invisible, ce sera la plus puissante confirmation du spiritualisme et de la loi morale ; car si certains hommes ont l'intuition de la vie spirituelle, c'est le bien petit nombre : pour agir sur les masses, il faut des faits concrets et tangibles. — La Doctrine spirite, dans ses principes, me paraît expliquer les destinées de l'humanité et de l'individu de la façon la plus logique ; ma raison y trouve complète satisfaction, aussi bien que mes sentiments religieux. Cette doctrine me paraît du reste parfaitement s'adapter à l'esprit du Christianisme. En éducation, le rôle des doctrines spirites peut se borner à inculquer à l'enfant ces principes : — Nous sommes immortels. — Nous devons sans cesse nous perfectionner intellectuellement et moralement. — Nous sommes tous solidaires les uns des autres. — La volonté est ce qui fait l'homme. »

1908. — Pas de faits nouveaux. « Je crois à la réalité du Phénomène médianimique, tout en faisant les plus expresses réserves sur sa ou ses causes. Admis sans contrôle suffisant, il peut occasionner des erreurs déplorables. Au point de vue scientifique et philosophique, il prend une importance énorme en permettant d'étudier le moi humain sous d'autres aspects et d'entrer en relation avec une force d'un ordre nouveau. La Doctrine spirite donne satisfaction à mon besoin de logique et de justice en proclamant l'*immortalité* de la personnalité humaine et son *évolution*. Ces deux principes ou dogmes me paraissent le pivot normal et la base de toute vie intellectuelle, morale et religieuse, ainsi que le fondement d'une éducation bien comprise. »

Obs. III. — M. Ch. R., 50 ans, chef de bureau. Aucun phénomène notable, mais a assisté à beaucoup des séances de Mlle Smith.

[8] II. « Si beaucoup des faits que j'ai vus me laissent perplexe, d'autres s'imposent à moi comme manifestations spirites, en particulier l'incarnation de ma femme (en Mlle Smith), sa voix, sa demande intime en dehors de ce que j'aurais attendu, etc., choses que je crois fermement n'avoir pas suggérées au médium. Il m'en est resté une impression que le temps n'a pas modifiée.

III. « Je trouve dans le spiritisme un moyen précieux pour fixer ou consolider les idées morales et religieuses. Depuis que je m'en occupe, il me semble que je suis devenu plus tolérant et plus confiant. »

1908. — « Pas de faits nouveaux à signaler. Dans les PHÉNOMÈNES médianimiques, je vois un effet qui doit remonter à une cause intelligente. Leur *avantage* pratique est d'amener à des réflexions sérieuses sur ce que nous nommons en général « l'autre monde ». Leur *inconvénient* est d'exciter les esprits peu réfléchis en les portant à des interprétations déplacées. Quant à la DOCTRINE spirite, je pense qu'il s'y trouve quelque chose de vrai, qui pourrait être comme la conscience universelle selon Spinoza, dans laquelle serait comprise notre conscience individuelle comme notre corps appartient à la matière universelle. La doctrine spirite est bonne et utile au point de vue *intellectuel* en nous rendant plus tolérant et plus exigeant pour nous-même; *moral*, en étant bonne conseillère comme toute grande et belle chose; *religieux*, en fixant notre examen plutôt sur le fond que sur les accessoires criticables. Mais elle ne doit avoir aucun rôle dans l'*éducation première* où elle viendrait trop tôt; il faut la réserver pour les adultes et l'âge mûr. »

Obs. IV. — * Mme B., 65 ans. Médiumnité nulle. Décédée en 1902.

[9] II. « ...Je suis obligée de confesser avoir été témoin en plein jour de l'apport d'une pierre véritable chez les Dyck [v. obs. LV]; je ne sais comment expliquer cela, car en ce moment chacun tenait ses mains posées sur la table. »

Obs. V. — * M. Dupond, 66 ans, rentier. Médiumnité nulle; mais sans parler des expériences de sa femme et de son fils (obs. XLVIII et XLIX), auxquelles il a naturellement assisté, il cite les faits suivants:

[10] « Mon père est mort il y a 32 ans; depuis lors ma mère avait l'habitude de passer la soirée du dimanche chez moi, et vers 10 heures je la raccompagnais chez elle, mais sans entrer dans sa maison. Quelque temps (un mois peut-être) après la mort de mon père, je venais de quitter ma mère devant chez elle; elle entra dans son appartement, mais à peine avait-elle fermé la porte qu'elle entendit un bruit comparable à un coup de pistolet ou à un fort claquement de fouet. Quoique ce bruit insolite l'impressionnât, elle alluma une bougie et parcourut tout l'appartement pour se rassurer; n'ayant rien aperçu, elle se coucha. Le dimanche suivant, le même phénomène eut lieu; ma mère pensa que c'était peut-être le voisin de l'étage au-dessus qui lui faisait cette vilaine surprise, mais il n'en était rien. Le même bruit, un peu plus faible, se fit entendre le troisième dimanche; alors ma mère ne voulant plus rentrer seule, le dimanche suivant j'entrai avec elle dans l'appartement, mais ce jour-là elle n'entendit rien ni moi non plus, et depuis lors le bruit cessa. Ma mère avait 69 ans, se portait très bien quoiqu'un peu nerveuse; elle ne m'a jamais raconté d'autres faits de ce genre.

[11] « En 1887, un jeune homme de 22 ans, médium, venait quelquefois à la maison, et se prêtait à toutes sortes d'expériences. Un de mes amis (homme cultivé, peintre, âgé de 56 ans, ayant du bon sens, mais très impressionnable), à qui j'en parlai, me dit : Si votre médium pouvait répondre à une question mentale que je lui poserais, je croirais fermement à une autre vie. Nous prîmes rendez-vous, et une fois en présence du médium, mon ami lui demanda s'il pouvait entrer en communication avec son père. Le médium lui répondit : *Oui*, sans hésiter. — Voyez-vous mon père ? — *Oui*. — Quelle est la couleur de ses cheveux ? — *Il est presque chauve*. (Cet homme en effet, sur la fin de sa vie, n'avait plus qu'une légère couronne de cheveux derrière la tête.) — Voulez-vous lui demander s'il est content de la situation qui est faite à ma mère chez moi ? — *Elle ne dirige pas*. — Je ne comprends pas très bien. — Le médium fit un mouvement de bras et de sourcil qui avait l'air de dire : *Je ne puis en dire davantage*. Mon ami fut si ému de la vérité de ces réponses qu'il ne voulut pas prolonger l'entretien. De retour chez lui, il fut convaincu que son père seul avait pu faire cette réponse ; c'était comme un léger blâme, car sa mère, qui du vivant de son mari avait l'habitude de mener seule son ménage et de tout diriger, n'avait plus rien à faire depuis que son fils l'avait prise chez lui. Mon ami s'était attendu à une tout autre réponse. »

1908. — Depuis plusieurs années, M. Dupond et sa femme n'ont plus fait d'expériences spirites, faute d'occasion, mais non par manque d'intérêt, car ils se tiennent au courant des publications sur ce sujet. M. Dupond, qui en 1898 n'avait pas exprimé d'opinion sur le spiritisme et s'en était tenu aux deux faits ci-dessus, ajoute maintenant ceci :

« Ma conviction [spirite] est restée la même, ou plutôt elle s'est renforcée en voyant tant de savants italiens ouvrir leurs yeux devant ces phénomènes nouveaux pour eux.

[12] « Depuis 1853 j'ai assisté à des séances de tables parlantes, et de lévitation, données chez M. Lamunière, peintre sur émail, par deux apprenties ; séances qui m'ont déjà convaincu qu'il existait une force intelligente en dehors des exécutantes.

[13] « Mais c'est surtout après avoir assisté en 1875 aux soirées des frères Davenport au cirque, que ma conviction a été inébranlable ; car je n'étais pas simple spectateur, mais j'ai été aussi enfermé dans l'armoire en compagnie du Dr Coindet, assis tous deux au centre, lui à droite tenant un bras et une jambe d'un des deux frères, moi à gauche tenant le bras et la jambe de l'autre. Tous les phénomènes se sont produits, les instruments jouant et se promenant dans le cirque, les mains sortant des trous de l'armoire et palpées par les spectateurs (dans une autre séance, j'ai pris moi-même une de ces mains de femme, qui a serré fortement la mienne en me soulevant un peu), et nous tenant les deux frères tout habillés de noir, avec de la farine dans le creux de leurs mains, et liés avec des cordes et de la ficelle que chacun pouvait fournir ; cette opération de ficelage nous avait pris au moins un quart d'heure. Le Dr Coindet, en sortant de l'armoire, rendit compte au public de ses impressions, et affirma que les frères Davenport n'avaient pas bougé de leur banc. Un phénomène tout aussi extraordinaire qui se faisait dans la même soirée, c'était de lier comme bon nous semblait les deux frères sur deux chaises séparées, puis on baissait les lumières, et au même instant leurs fracs étaient lancés dans l'espace, et l'on voyait ces deux habits tomber au milieu des spectateurs en laissant les deux frères en manches de chemise. Cinq minutes après, on baissait de nouveau la lumière, et les deux fracs venaient revêtir les deux médiums toujours liés et sans qu'ils eussent bougé de leurs chaises. Pour moi, le résultat de ces expériences était que ces deux frères — ou un être invisible — avaient le pouvoir de désagréger la matière et de la reconstituer par le seul fait de leur volonté. Je suis trop ignorant pour tirer des conclusions de ces faits extraordinaires, et j'attends toujours avec anxiété l'explication que les savants ne manqueront pas de nous en donner un jour.

« Les avantages pratiques des phénomènes médianimiques, c'est qu'ils habituent les hommes à voir dans ces phénomènes autre chose que des tours de prestidigitation. Si chaque ville possédait une Eusapia Paladino, on ne verrait plus la majorité des hommes, et des plus intelligents, douter de la réalité des faits, et cela les amènerait à croire à l'intervention des esprits des morts — lors même qu'elle n'est pas prouvée — et les détournerait du matérialisme en portant leurs regards sur l'autre vie. »

Obs. VI. — Mlle Horn, 47 ans, nièce du précédent. Médiumnité nulle.

[14] « J'ai fait, il y 25 ans, des expériences de somnambulisme qui étaient peut-être du spiritisme, car mon sujet — une jeune fille de 17 ans, à l'esprit inculte et vague, et au caractère capricieux — une fois endormie par le magnétisme et avant de répondre à mes questions, avait souvent l'air de consulter un être invisible qui lui dictait les réponses : c'était soi-disant ma grand'mère défunte (qu'elle n'avait point connue) qui lui apparaissait, radieuse et blanche, et avec qui elle était en conversation. » Mlle H. a gardé les procès-verbaux d'une douzaine de séances avec ce sujet, qui présentait en somnambulisme divers phénomènes étonnants : description exacte de personnes inconnues d'elle, en palpant leurs lettres; diagnostics de maladies internes et indications de traitement; dissertations philosophiques et morales dont elle était incapable à l'état de veille; divination des pensées de Mlle H. etc. « Quelquefois aussi nous lui mettions en main un crayon et elle écrivait inconsciemment des choses assez peu intéressantes, signées de noms célèbres tels que Rubens... »

[15] « Mon amie Sophie S..., spirite et un peu médium (mais qui n'a pas voulu répondre à l'enquête), m'a raconté ceci : Il était décidé l'été dernier qu'elle irait rejoindre aux Mayens le pasteur H... pour faire des courses avec lui et ses pensionnaires; or dix jours avant la catastrophe [une course de montagne qui coûta la vie à ce pasteur et à l'une de ses pensionnaires] la table dicta : *Il ne faut pas que Sophie aille aux Mayens, elle y risquerait sa vie.* »

1908. — Mlle Horn cite 3 nouveaux faits : celui de sa grand'mère (déjà relaté par son oncle, v. ci-dessus n° 10), et les suivants :

[16] « Il y a 23 ans, peu de temps après la mort de ma tante, belle-sœur et amie intime de ma mère, celle-ci entendit un soir un bruit formidable dans sa table de toilette en bois recouvert d'étoffe, au moment où elle se couchait; ce bruit ressemblait à une détonation violente. Ma mère très effrayée ne voulut pas coucher seule dans sa chambre ce soir-là, et l'on n'entendit plus rien.

[17] « Il y a 5 ans, ma domestique âgée de 59 ans, qui s'était toujours raillée des Esprits et de leurs manifestations, venait de perdre sa cousine et amie intime Jeanne, à 4 heures de l'après-midi. Le même soir, entre 8 et 9 heures, un coup violent fut frappé dans l'angle de sa chambre, sur un petit poêle à dessus de marbre. Très saisie par ce choc inattendu, elle s'écria : C'est Jeanne qui vient me faire peur ! Elle n'était pas seule, mais en compagnie d'une nièce qui fut aussi bouleversée qu'elle.

III. « Les Phénomènes médianimiques sont destinés à révolutionner la science et la philosophie. D'abord la physique, dont les lois peuvent être suspendues par des forces inconnues. Puis les théories de la connaissance : celle-ci ne dépendra plus absolument des sens, puisque les médiums se jouent de l'espace et du temps et arrivent à connaître des faits qui ne leur ont pas été révélés par les moyens naturels. Puis toutes nos notions sur la vie et la mort seront changées et pourront devenir une source de consolation pour l'humanité... Quant à la Doctrine, je ne fais pas du spiritisme une religion. Les principales hypothèses sur les *Réincarnations* et le *Karma*, qui lui sont communes avec la théosophie, me semblent assez plausibles, mais je n'ai pas la garantie de leur absolue vérité... Le surnaturel de la Bible s'explique par les faits spirites, dont l'étude rendra ce côté du christianisme acceptable à ceux qui y voyaient une pierre d'achoppement et une raison de ridiculiser l'Evangile. »

Obs. VII. — Mme L. B., 66 ans, rentière. Médiumnité nulle, mais s'intéresse vivement aux recherches psychiques.

II « Il est très difficile de se rendre compte de ce qui aide ou empêche les faits médianimiques de se produire : il semble que, dans les mêmes conditions, une fois il y a réussite, et d'autres fois les résultats sont absurdes ou nuls.. Exemples :

[18] « Une personne de mon entourage pouvait autrefois, seule et presque immédiatement, faire tourner et répondre des tables assez lourdes, chose qui lui est maintenant impossible ; et pourtant elle était alors fort jeune et de santé délicate !

[19] « Une dame de ma connaissance s'est crue médium, mais une seule nuit : c'était son père défunt qui, dans une circonstance importante, est venu par l'intermédiaire de la table lui donner des conseils et même des ordres très clairs, très affectueux — me disait-elle avec émotion — et qui ont influencé toute sa vie ; ce qui lui fit croire que c'était bien son père, c'est que ordres et conseils étaient justement le contraire de ce qu'elle eût désiré entendre de lui. Or depuis lors, jamais plus rien : malgré bien des essais, le fait qu'elle désirait passionnément voir se renouveler ne s'est jamais reproduit.

III. « Les doctrines spirites sont des plus consolantes et fortifiantes : la mort n'effraye plus... Mais dans l'éducation il faut être extrêmement prudent, et attendre que les enfants ne soient plus des enfants pour leur en parler... Et combien on a besoin de croire que cette doctrine repose sur quelque chose de plus clair et de plus sûr que ce que nous avons eu jusqu'à présent !... »

1908. — « Je n'ai jamais eu aucune faculté psychique... J'aurais vivement désiré voir quelque chose de concluant, mais n'en ai jamais eu l'occasion. La philosophie de la théosophie m'intéresse, mais je suis maintenant trop âgée pour m'en occuper sérieusement. »

Obs. VIII. — * Mlle E. D. Médiumnité nulle.

« .... Les seuls phénomènes dont j'ai pu faire l'expérience sont des communications reçues par des intermédiaires, et jusqu'à présent je n'ai pas obtenu des preuves d'identité assez convaincantes pour faire de moi — ce que je voudrais être — un disciple zélé et absolument croyant. Je cherche avec le plus *ardent* désir de trouver, c'est tout ce que je puis dire pour le moment... »

Obs. IX. — * M. Voss, 55 ans, régent. Médiumnité nulle.

Spirite convaincu. Sa femme (obs. XXXVI) a des facultés médianimiques, mais il n'a pas cherché à en acquérir lui-même; quand il se met à la table, ça lui est désagréable, le rend nerveux et l'agite.

1908. — Pas de changement. Spirite convaincu quant à la doctrine, mais très prudent et réservé sur les phénomènes.

Obs. X. — * Mme Dupré, environ 50 ans, rentière.

[**20**] « Il y a dix ans, une amie me raconta avoir été chez une dame médium, qui avait deviné, sans aucune indication, qu'elle souffrait d'une douleur à l'omoplate. Elle m'engagea d'y aller avec elle; je souris pour toute réponse, étant alors très sceptique. Mon amie insista... bref, je me rendis à cette séance en plaisantant mon amie sur ce qui, à mon avis, n'était que du hasard. Mais je fus bien surprise et il fallut me rendre à l'évidence : me trouvant à 3 mètres du médium, je sentis que l'on me palpait avec le bout d'un doigt au-dessus du poumon droit jusqu'au foie; c'était bien là que mon mal était! Dans ma disposition d'incrédulité, si cette dame m'avait dit la chose oralement, je l'aurais prise pour une coïncidence; mais j'ai senti et ne pus qu'attester le phénomène. » A la suite de cela, Mme Dupré devint spirite, et s'essaya même quelque temps à l'écriture automatique.

[**21**] « Un monsieur ne croyait pas aux tables tournantes; ses amis lui conseillèrent de se mettre seul à la table pour être sûr qu'il n'y aurait pas de tromperie, ce qu'il fit en disant : Je vous garantis que la table ne se soulèvera pas, parce que je m'appuierai de toutes mes forces pour l'empêcher de bouger. A sa grande stupéfaction, la table se souleva! »

1908. — « Il y a bien des années que je ne m'occupe plus de ces questions si captivantes... En lisant les Ecritures, le spiritisme aide à comprendre la vie du Christ, qui est la meilleure base pour corriger ce qu'il y a de mal dans notre existence. Si l'enfant savait que nous subissons des réincarnations, il serait plus attentif à se débarrasser de ses mauvais penchants, et cette croyance serait plus à sa portée que le purgatoire, l'enfer, etc... »

Obs. XI. — *Mme Brown, 51 ans, professeur dans une école supérieure de jeunes filles. Médiumnité nulle, mais a assisté à bien des séances psychiques de divers médiums.

III. « J'ai entendu accuser les médiums de vanité ou d'orgueil, mais je n'ai pas rencontré ce genre-là. Ceux que je connais ont l'air heureux de posséder leur faculté, et ils l'ont été encore davantage lorsqu'ils l'ont découverte. Pour ce qui est des Phénomènes, il faut être très circonspect avant de les attribuer aux Esprits ; mieux vaut commencer par chercher les causes les plus naturelles avant de s'égarer dans l'inconnu... La Doctrine spirite ouvre des horizons grandioses. J'y vois l'évolution de l'âme individuelle qui non seulement existe en nous, mais qui a aussi existé avant nous et existera après. Le but auquel nous devons arriver étant la perfection, une seule existence n'est pas suffisante ; Dieu est infiniment miséricordieux et notre temps pour atteindre le haut de l'échelle est illimité. Aucune de nos souffrances n'est perdue... Cette doctrine a trouvé la meilleure solution pour les différences sociales et intellectuelles, qui me paraissaient injustes avant de l'avoir connue. En un mot elle fait comprendre la vie d'une manière plus rationnelle... Avec les enfants on doit agir avec tact et prudence, et ne pas leur embrouiller les idées en leur disant le contraire de ce que leurs maîtres spirituels leur enseignent... Il faut en tout cas préparer l'enfant à raisonner par lui-même et à se faire une opinion personnelle, base de sa foi. »

1908. — I. Mme Brown n'a toujours aucun phénomène « si ce n'est penser à une personne et la rencontrer dans la rue ou en recevoir des nouvelles. » Ces prévisions de rencontre (pour le jour même) et de lettres (se réalisant ordinairement le lendemain) lui arrivent très fréquemment.

II. Voici les faits qui l'ont le plus frappée depuis dix ans :

[22] « Dernièrement, j'ai eu l'occasion d'aller voir les trois tableaux religieux de Mlle Smith ; le grand surtout est remarquable. Ce qui l'est plus, c'est la façon de procéder du médium pour obtenir ces peintures. [V. à ce sujet l'article de Lemaitre, *Archives de psychologie*, t. VII, p. 63.]

[23] « J'avais aussi assisté à la séance où Mlle Smith devina l'existence d'une photographie cachée et révéla des choses qui n'étaient connues que d'une dame étrangère présente. [V. *Nouv. Observ.*, p. 241-242.]

[24] « Il y a quatre ans, j'ai assisté à des séances du médium Peters en passage à Genève. Dans l'une de celles-ci, il me décrivit une forme se tenant à mes côtés et que je reconnus très bien pour être ma grand'mère, sauf la description d'un bonnet blanc qui me parut tout à fait fantaisiste. A noter qu'à Londres il y a dix ans, chez Miss Mac Creadie, un des médiums anglais en renom, j'avais également eu la description très reconnaissable de ma grand'mère plus le bonnet blanc que je ne reconnaissais pas du tout ; Miss Mac Creadie s'obstinait à me décrire ce genre de coiffure, qu'elle disait voir pour la première fois et qui lui paraissait fournir la meilleure preuve d'identité. Or un ou deux mois après les séances Peters, quelle ne fut pas ma surprise, à l'occasion d'un déménagement, de retrouver une très vieille photographie où ma grand'mère est représentée avec un bonnet blanc, entouré d'une ruche et noué sous le menton avec ces grandes brides blanches qui avaient si fort intrigué mes deux médiums à six ans de distance !

III. « Plus je réfléchis, moins il m'est possible d'avoir une opinion générale sur les PHÉNOMÈNES ; ils se présentent sous des formes si diverses que chaque catégorie peut donner lieu à une appréciation différente... Ils ont l'inconvénient d'absorber beaucoup de temps, et aussi d'enlever l'initiative à ceux qui règlent leur vie ou leurs actions d'après les communications reçues... Les DOCTRINES spirites éveillent la spiritualité ; elles ont joué un très grand rôle dans ma vie, stimulé mon intelligence, consolidé mon sens moral, et éclairé ma religion. Dans l'éducation, elles devraient montrer que le principe subtil qui est en nous, joue un grand rôle et a des potentialités plus vastes que le corps physique. L'être, c'est le principe spirituel ; le corps physique, c'est la prison qui doit devenir le temple. »

Obs. XII. — * M. Laud, 65 ans, ancien officier de cavalerie. Aucune médiumnité, mais sa femme est médium intuitif (obs. XLII).

[**25**] « J'ai assisté il y a une dizaine d'années, à Paris, à plusieurs séances de matérialisations et d'apports remarquables, tant en obscurité qu'en demi-lumière. » Le médium était Mme Bablin, et les séances avaient lieu dans les conditions de contrôle les plus rigoureuses, chez un parent de M. Laud ; on y déshabillait et fouillait le médium, toutes les précautions étaient prises contre la fraude, etc. M. Laud a constaté entre autres le dédoublement du médium ; il a vu et touché le double matérialisé, qui a même écrit sous ses yeux une poésie originale qu'il a conservée. Spirite convaincu, M. Laud est mort en 1907 après de cruelles souffrances physiques, stoïquement supportées, laissant à tous ceux qui l'ont connu le souvenir d'un homme de cœur et d'honneur, aussi ferme dans ses croyances personnelles que tolérant pour autrui.

Obs. XIII. — Mme veuve Blanc, 60 ans, rentière.

Elle s'occupe de spiritisme depuis un an et a essayé de l'écriture automatique, mais sans résultats : dès qu'elle tient le crayon, elle s'endort et n'écrit rien. « Je m'intéresse bien à tous ces sujets, mais ne suis pas douée pour y réussir. J'ai assisté à plusieurs séances (de table et d'écriture) où j'ai reçu, par des personnes qui sont des médiums de bonne foi, des messages que j'ai lieu de croire vrais.

[**26**] « On a remarqué dans ces réunions que non seulement je n'aide pas, mais que j'entrave, bien malgré moi ; j'en ai du reste été avertie par plusieurs messages, un entre autres d'une amie (défunte depuis 8 ans) qui m'a dit, par un médium écrivain, que j'étais mal entourée [d'Esprits], que cela l'empêchait de communiquer avec moi, et que quand la place était libre, mon mari la prenait. » Son mari, qui était pasteur et très opposé au spiritisme, se présente en effet fréquemment dans les séances, soit pour lui adresser de petits sermons, soit pour lui dire qu'elle a des fluides contraires et qu'elle n'obtiendra jamais rien elle-même parce qu'elle ne peut abdiquer sa volonté propre. — Elle est spirite convaincue.

1908. — Pas de changement. « Il m'a été impossible d'acquérir la médiumnité... Il m'a été dit, par l'intermédiaire d'autres médiums, que j'avais trop de volonté et ne pouvais, malgré moi, m'empêcher de résister à des idées contraires, mais que cette volonté était justement celle qu'il fallait pour communiquer depuis l'autre côté, en sorte qu'il me serait facile [une fois désincarnée] d'entrer en rapport avec qui je voudrais...

[27] « Une de mes amies était médium et écrivait facilement ; on reconnaissait la manière de penser, les tournures de phrases des Esprits qui lui dictaient. Elle m'a beaucoup donné de messages de mon mari, on voyait bien que cela venait d'un prédicateur et d'un méridional. Mais mon amie avait tellement le don d'imiter les gens, leur voix, leur manière de parler, que si l'on ignorait qu'elle fût dans la chambre on croyait entendre la personne imitée. Aussi — quand même elle n'avait aucun intérêt à simuler les Esprits, et qu'elle était de bonne foi, aimant beaucoup le spiritisme — les incrédules pourraient dire que c'était elle qui imitait les Esprits qu'elle faisait écrire par sa main.

[28] « Mais elle m'a aussi donné des communications de choses que nous ignorions et qui se sont vérifiées. Par exemple, elle savait qu'un jeune homme qu'elle avait connu jadis, s'était marié, puis divorcé, puis était mort, mais elle ignorait ce que sa veuve divorcée, dont elle avait même oublié le nom, était devenue. Or un jour elle se sent l'envie d'écrire, et le mari défunt lui dicte : *Prie pour ma femme qui va mourir et n'est pas prête à paraître devant Dieu.* Quelques jours après, nous lisons dans le journal qu'une dame s'est tuée en tombant de bicyclette, et quelques semaines plus tard nous apprenons que cette dame était précisément la veuve divorcée en question ! »

Obs. XIV. — * M. Metzger, 48 ans, professeur de sourds-muets. — Alsacien d'origine, Daniel Metzger s'était depuis longtemps fixé à Genève, où il est mort d'une attaque d'apoplexie, en décembre 1906, âgé d'à peine 57 ans. Il a publié plusieurs ouvrages, tous inspirés par un ardent souci de la vérité et du bien de l'humanité [1]. Spirite convaincu, mais très large d'idées dans la discussion et d'une parfaite courtoisie à l'égard de ses adversaires, il présida la Société d'Etudes Psychiques de Genève, pendant les dix premières années de son existence, avec la plus grande distinction, A tous ceux qui l'ont connu, même à ceux qui ne partageaient pas ses opinions, il a laissé le souvenir d'une haute intelligence et d'une belle et noble nature, au cœur chaud et généreux, et à la conscience la plus délicate. Le document suivant, où il voulut bien répondre point par point aux 9 questions de l'enquête de 1898, est un des plus soignés qu'elle ait suscités.

---

[1] D. Metzger. *La vivisection, ses dangers et ses crimes.* Ouvrage couronné par la Société française contre la vivisection, Paris, s. d. — *Médiums et groupes, spiritisme et hypnotisme,* Paris, s. d. — *Le monde sera-t-il catholique ?* Id. — *Essai de spiritisme scientifique.* In-12, 455 p. Paris, s. d.

« 1. Dans les séances auxquelles j'ai assisté, on m'a toujours affirmé que j'étais médium. Je me suis exercé successivement à la table, où je n'ai rien pu obtenir seul ; à l'écriture, où ma main est toujours demeurée inerte ; à la vision au verre d'eau, sans succès ; à la cristal-vision, où j'ai régulièrement senti mes paupières s'alourdir et le sommeil me gagner. J'étais en droit de conclure de ces résultats, tous négatifs, à une médiumnité purement théorique, nullement pratique.

[29] « 2. Mais il m'est arrivé ceci, il y a huit ans : Un jour d'octobre, me promenant sur la route d'Orbe à Arnex, je vis tout à coup devant moi, à quinze mètres environ de distance, se profiler dans le ciel, à une certaine hauteur, comme un ruban de 6 à 7 centimètres de large, d'une longueur indéterminée. Ce ruban, qu'on eût dit d'un léger nuage, se détachait très nettement sur le gris du ciel. Les bords en étaient continus, l'intérieur formé d'une série de cercles successifs, rentrant légèrement l'un dans l'autre. Point de couleurs, rien que des différences de lumière et d'ombre. Etonné, je me frotte les yeux : le ruban ne s'efface pas. Mobile, il se mouvait d'un côté à l'autre, s'abaissant jusqu'à terre à ma gauche, par exemple, pour se retrouver instantanément à ma droite, en plein ciel. Observation curieuse que je tiens à faire dès maintenant : mon œil suivait forcément les allées et venues de cette vision. Il m'était absolument impossible d'en fixer un point déterminé. Mon regard allait comme la vision, à moins que, hypothèse possible, ce ne fût l'œil qui emportât la vision. Et depuis lors, il en a toujours été ainsi. La vision se balance sans cesse de côté et d'autre ; très rarement j'ai pu la fixer pour en contempler les détails à mon aise. J'ai eu l'impression parfois que mon œil, si je puis ainsi dire, *portait la vision*. Quand il la saisissait juste au milieu, en ce que j'appellerai son point d'équilibre, la stabilité en était plus grande. S'il la saisissait, par contre, sur sa gauche, elle fuyait à droite, et réciproquement.

« Bientôt j'aperçus un autre *cercle* isolé, suspendu vers le milieu du ruban par une substance de même nature que le ruban lui-même, mais d'une élasticité telle qu'elle s'allongeait et se raccourcissait, comme ces fils qui soutiennent les petites balles qu'on donne aux enfants pour leur amusement. Plus tard, ce cercle, au lieu de rester suspendu au ruban, *se posa dessus*, s'y mouvant à la façon d'un être vivant, avançant et reculant sans jamais tomber. Le ruban lui-même, d'une longueur variable, s'enroulait sur lui-même, formait dans le ciel les plis et les replis les plus curieux, comme un serpent d'une longueur et d'une souplesse indéfinies. Mais pas une fois les bords ne m'en ont présenté ni rides ni tension ; l'extérieur et l'intérieur en étaient également lisses et unis. Seul ce qui vit offre une telle souplesse dans les contours et les allures.

« A ce ruban se joignirent avec le temps des silhouettes humaines, comme de nuages plus ou moins opaques, mais très nettement délimitées, et non moins nettement distinctes des nuages ordinaires au milieu desquels, souvent, elles se mouvaient, enveloppées, en outre, les unes et les autres de draperies flottantes plus ou moins amples, épaisses et allongées, éclairées d'une lumière qui semble avoir sa source en elles-mêmes. Parfois, dans ces draperies, je remarquais des guirlandes de fleurs, ou bien des fleurs séparées qui s'y trouvaient piquées en plus ou moins grand nombre. Une de ces silhouettes était très évidemment une silhouette féminine ; la splendeur de la lumière qu'elle rayonnait me paraît indiquer une nature supérieure de beaucoup à celle des autres silhouettes. C'était très curieux et très intéressant, mais d'une beauté indescriptible, par cela même qu'elle n'est pas de la terre. Ces silhouettes se sont toujours offertes à moi de profil. Je n'ai jamais pu *reconnaître* la figure d'une seule. Deux fois seulement, j'ai aperçu, la durée d'un éclair, deux faces très nettes : une de jeune fille, la première, en sortant de Saint-Malo sur un bateau ; une d'homme barbu, du côté de la Villette, un dimanche que je me promenais par un temps de neige.

« Que signifient ces visions ? Signifient-elles seulement quelque chose ? Je ne l'ai jamais pu savoir. Cependant j'ai fini, à la longue, par les considérer comme des amies. Et il me manque quelque chose, quand je ne les vois pas. Les plus éthérées surtout exercent leur attraction sur moi ; je les aime presque comme des protecteurs d'en haut.

« J'ai la conviction très nette, d'autre part, qu'elles sont, dans leur forme subtile et insaisissable, très réellement objectives et non pas seulement subjectives. Cette conviction est d'autant plus fortement ancrée en moi, que je puis voir, en même temps, plusieurs de ces formes, parfaitement indépendantes l'une de l'autre, et se mouvant chacune d'un mouvement qui lui est propre, se rapprochant tantôt et tantôt s'éloignant. Un autre point à noter est celui-ci : soit dans les silhouettes humaines, soit dans les cercles qui sont comme des yeux parcourant l'espace, des âmes peut-être, il y a au moins trois degrés de substance les constituant, ou de progrès les différenciant. Les uns sont gris, ternes, lourds, grossiers, se mouvant lentement et avec peine ; les autres, plus affinés, plus légers, d'un éther plus subtil, plaisent déjà davantage et se meuvent avec plus de diligence et de légèreté ; les dernières, enfin, semblent faites de *pure lumière*, mais d'une lumière qui n'est pas celle du soleil ni celle diffuse dans l'atmosphère, quelque chose d'absolument *sui generis*.

« Une particularité à noter : il y a un certain rapport, mais inexact, entre la grandeur de la vision et sa distance à l'œil : plus elle se rapproche, plus elle diminue, de telle sorte, par exemple, qu'un de ces cercles isolés qui aura cinq centimètres de diamètre vu à une certaine distance, se réduira aux dimensions d'une tête d'épingle, vu à trente centimètres, c'est-à-dire sur le papier où j'écris ou le livre que je lis. Mais, je le répète, la diminution, autant que j'en puis juger, n'est pas dans des proportions mathématiques avec l'éloignement de l'objet. — J'observe, en outre, que ces formes ne sont guère vues que durant le jour et en plein ciel, le ciel formant comme le fond sur lequel se projette la vision. Parfois, cependant, mais plus rarement, je l'aperçois qui passe, comme un très léger nuage incolore, sur un mur blanchi, ou par terre à mon côté. Dans l'obscurité, elle disparaît entièrement. Mais si, à une certaine distance d'une lampe ou d'une bougie allumées, je ferme à demi les yeux de manière à établir entre la lampe ou la bougie et l'œil ces faisceaux de rayons qui vont s'élargissant à mesure qu'ils s'éloignent de leur point de départ, — alors je vois, au centre du faisceau, ces mêmes cercles très lumineux, qui se détachent on ne peut plus nettement, sur le fond rouge jaune des rayons, au milieu desquels ils se promènent sans les détruire.

« Voilà, en un très rapide résumé, tout ce que je possède en fait de faculté médianimique. Cela a de l'intérêt pour moi ; mais je reconnais que cela ne peut guère servir à personne d'autre.

« 3. Ces visions qui, à un certain moment, avaient pris un caractère de netteté assez remarquable, vont plutôt s'atténuant, sans que je puisse d'ailleurs attribuer ce léger affaiblissement à aucune cause précise.

« 4. Parmi les innombrables rêves que j'ai faits et que je fais encore, il ne s'en est trouvé que deux, l'un et l'autre depuis mon mariage, qui aient eu un sens pour moi :

[30] « Le premier rentre dans la clairvoyance : un objet perdu par une bonne et que je revis en rêve assez nettement pour aller le lendemain matin, à mon réveil, le prendre où je l'avais vu.

[31] « L'autre appartient à la série des rêves prophétiques. Je vis une nuit un de mes beaux-frères, pâle, maigri, diaphane, comme lorsqu'on sort d'une longue maladie qui a conduit jusqu'aux bords de la tombe ; mais *je le vis debout*. Quelques jours après, je reçus une lettre qui m'annonçait sa très grave maladie et les inquiétudes qu'elle causait. C'était bien mon rêve. Cependant, malgré les mauvaises nouvelles qu'on m'avait communiquées, je demeurai confiant : *j'avais vu mon beau-frère debout*. Et en effet, il se remit complètement.

« 5. Aucun des membres de ma famille n'est, à ma connaissance, doué de facultés médianimiques. Cependant je me rappelle que dans mon enfance, aux veillées d'hiver, il était souvent question de faits extraordinaires — de véritables faits de sorcellerie, le spiritisme n'existait pas alors — qui se seraient passés chez mes grands-parents paternels, antérieurement à ma naissance. Je ne puis malheureusement rien préciser à ce sujet.

[32] « 6. J'ai assisté à de très nombreuses séances : séances de matérialisations où il s'est offert à moi des faits extrêmement intéressants, soit quant à la matérialisation elle-même, soit quant aux apports de fleurs, soit quant aux descriptions des Esprits présents et vus par le médium ; séances de table, et de psychographie ; séances avec des médiums à incarnations, et avec des médiums dessinateurs et autres. Partout, il m'a été possible d'observer des faits qui, s'ils ne convainquent pas toujours, donnent au moins à réfléchir.

« 7. L'état moral du médium au moment de la séance, son humeur bonne ou mauvaise, la fatigue physique, le milieu plus ou moins sympathique, influent très certainement sur les phénomènes. L'âge, je ne sais ; j'ai vu des médiums aux confins de la vieillesse et j'en ai vu de très jeunes, sans qu'il me soit possible de dire jusqu'à quel point la jeunesse ou la vieillesse influent sur le développement médianimique. Autant en dirai-je du sexe. Les médiums-hommes seraient, d'après mon expérience, à peu près aussi nombreux que les médiums-femmes.

« 8. Je n'ai pas observé que la médiumnité, comme telle, exerce une réelle influence sur les dispositions morales de ceux qui en sont doués. Leur vie reste à peu près ce qu'elle était : s'ils étaient médisants, calomniateurs, menteurs, *avant*, ils le demeurent *après*. Peut-être seulement sont-ils plus exclusifs dans leurs sympathies ou leurs antipathies, ou, médiums, osent-ils dire plus hardiment ce qui leur plaît ou leur déplaît. Ils sont, en outre, volontiers jaloux les uns des autres, s'accablant réciproquement des pires accusations. Sensitifs, ils sont par là même capricieux, ne voulant plus le lendemain ce qu'ils ont voulu la veille ; d'où très grande difficulté d'observations régulières et suivies. Ils pardonnent difficilement les conseils. Les conseiller, c'est douter d'eux ; or, ils ne veulent pas qu'on doute. Médiums, ils sont plus et savent mieux que le commun des mortels. La flatterie n'est pas pour leur déplaire. D'autre part, il n'est pas rare d'en trouver parmi eux qui se croient appelés à révolutionner le monde. Ils s'exagèrent la valeur de leurs communications, ils croient aisément aux suggestions qui les élèvent par dessus tous ceux qui ont vécu sur la terre. L'orgueil est une des grandes pierres d'achoppement de la médiumnité. Bien entendu, ce qui précède, ne s'applique pas à tous les médiums. Mais c'est une tendance, et un fait assez fréquent.

« 9. Les Faits médianimiques me paraissent prouver très clairement, en des cas assez nombreux, la communication réelle, effective, entre les vivants et les morts. Et c'est une chose de très haute importance pour l'humanité. Rien ne se pouvait, rien ne se peut de plus grand que la démonstration de la survivance de l'âme et des rapports qu'après la mort du corps elle continue d'entretenir avec ceux qu'elle a aimés. Le grave inconvénient, en ce domaine, c'est la quasi-impossibilité de séparer l'ivraie du bon grain.

« Pour ce qui est des Doctrines, elles sont belles entre toutes. Elles ont, entre autres, cet immense avantage d'être d'accord, à beaucoup d'égards, avec les enseignements les plus positifs de la science, relativement à la marche lente et progressive des choses et des êtres, à la conservation de la force, etc. Elles sont consolantes aussi, puisqu'elles ne séparent jamais entièrement les morts des vivants, et qu'elles leur assurent le revoir. Elles sont en très grande partie mon Evangile, qui d'ailleurs, quoi que prétende une théologie abusive et abusée, n'est pas si éloigné qu'il le semble de l'Evangile du Christ, tel que nous le connaissons par ses disciples les plus immédiats. Pour toutes ces raisons, pour d'autres encore sur lesquelles il serait trop long d'insister, elles ont leur place, une place importante, toute marquée dans l'éducation, ne fût-ce que pour faire ressortir la notion trop oubliée de la justice, qui veut qu'il soit rendu à chacun suivant ses mérites, jointe à celle de l'amour qui laisse la porte ouverte, *toujours*, pour le retour des enfants prodigues : encore des idées évangéliques. »

Obs. XV. — M. C..., régent, 37 ans.

[**33**] « En juillet 1894, je me suis levé un samedi matin très fatigué et anxieux ; pendant la nuit j'avais vu mon père, âgé de 64 ans, serré entre deux gerbes et souffrant [il était agriculteur et demeurait à environ 8 kilomètres de là]. Je suis allé en ville... et au retour je n'osais pas ouvrir ma boîte aux lettres, car je pressentais une mauvaise nouvelle. J'ai aussi passé chez un ami pour l'inviter à souper pour le soir, mais en lui disant bien : S'il n'y a pas eu de mauvaise nouvelle ! et le soir je lui racontai mon pressentiment — qui en effet se vérifia le lendemain. Mon père, qui avait de la peine à transporter les gerbes

sur le fenil, avait été, le vendredi, serré par une gerbe qui avait roulé, et le dimanche à 1 heure après midi, il expirait. »

1908. — M. C... ne s'est jamais occupé de spiritisme, et n'a jamais eu d'autre fait psychique remarquable que le précédent.

Obs. XVI. — * Mme Ct., 59 ans. Décédée en 1902.

« N'étant pas médium, je dirai simplement ce que j'ai entendu et ressenti. J'avais 19 ans lorsque pour la première fois j'entendis parler de ces choses sublimes [les manifestations des Esprits désincarnés]. Tout de suite, je fus captivée, et c'était pourtant si peu ! Quelques années plus tard je pus m'en occuper davantage : une jeune fille médium voulut bien s'y prêter : les réponses obtenues par son moyen étaient justes et bonnes, je puisai là une vie qui m'avait toujours manqué. Mais, hélas! nous reçûmes à ce moment une défense expresse de nous occuper de ces *œuvres du diable!* Quinze ans se passèrent, comme dans le vide, lorsqu'un chagrin immense vint m'envahir. De là au suicide il n'y avait qu'un pas. Dieu ne l'a pas voulu; j'eus le bonheur de faire la connaissance d'un excellent médium, ce qui me sauva.

[**34**] « Un jour, étant obsédée par le désir de me remémorer un nom bien connu dans mon enfance, mais sans pouvoir y parvenir, j'eus l'idée de prier une vieille connaissance [désincarnée] de venir me le dire; immédiatement, je m'entendis dire: *Eh bien, G... !* J'étais trop heureuse! je me rendais compte de la manière d'entendre des médiums!

[**35**] « Un matin, il y a deux ans et demi, aidant la bonne à faire un lit, nous entendîmes au pied et à la tête du bois de lit des trépidations, celles d'un vrai télégraphe, et cela au moins pendant 4 minutes; à trois reprises, je fis des questions, mais chaque fois arrêt complet. La bonne était comme rivée sur place et blanche comme de la cire; moi très heureuse et craignant de perdre un atome de cette chose si merveilleuse! Cependant, le lendemain, je craignais de voir se renouveler le phénomène; il n'en fut rien, je ne sais pourquoi.

[**36**] « Il y a un mois environ, levée dès 4 heures du matin — péniblement préoccupée de la manière dont je passerais un certain temps d'absence, craignant l'ennui — je réfléchissais depuis un quart d'heure environ à un Esprit désincarné, et je me dis : mais si j'écris, j'espère qu'on me répondra? Immédiatement, un bruit clair, strident, ne ressemblant à rien de connu, et si fort que je crus impossible qu'il n'eût été entendu de l'étage supérieur et inférieur. L'heure du déjeuner venue, je m'attendais à quelque question ; rien ! Ce que je constate de plus singulier, c'est que tandis que le moindre bruit, la moindre chute de n'importe quoi, me fait tressaillir, sursauter et crier, il n'en fut rien alors et je ne ressentis qu'une profonde satisfaction, dont je remercie Dieu! Oui, chose permise et sublime, qui donnes des ailes à notre pauvre humanité si boiteuse, que ne viens-tu plus souvent nous bercer! »

Obs. XVII. — Mlle Black, 67 ans, ancienne dame de compagnie.

I. « Aucune médiumnité. Il y a bien des années, j'eus trois rêves prophétiques qui me firent prendre des décisions qui étaient les bonnes. »

Voici ces rêves :

[37] Elle rêve qu'un monsieur, qu'on la poussait à épouser, l'embrassait; mais ouvrant les yeux, elle ne vit plus qu'un squelette devant elle : ce qui la décida à refuser ce mariage.

[38] Comme un jeune prêtre de sa connaissance songeait à jeter le froc aux orties, et qu'elle l'en dissuadait, elle rêva une nuit qu'elle le voyait, à Genève, en costume de moine et entouré de deux gendarmes. Elle apprit ensuite qu'il s'était sauvé de son couvent et avait été repris à Lyon, précisément ce jour-là.

[39] Plus tard, comme ce même prêtre voulait l'épouser, elle rêve qu'elle est en toilette d'épouse, et qu'un de ses souliers étant détaché, il se baisse pour le lui rattacher; elle lui tend alors la main pour le relever, mais aussitôt sa main devient toute noire et de grands lambeaux de peau s'en détachent comme par l'effet d'une maladie contagieuse. Ce rêve la fit renoncer à ce projet de mariage.

[40] Mlle Black a été témoin d'un cas de maison hantée. « Il y a environ 35 ans, j'ai eu des manifestations étranges; je n'avais encore jamais entendu parler d'Esprits ou de spiritisme, et j'aurais bien ri de ceux qui croyaient aux revenants... Souffrant de la gorge, j'allai passer l'hiver à Nice, en m'engageant à donner des leçons à une fillette dont la mère, Mme D..., tenait une pension d'Anglais. Au commencement de la saison nous nous installâmes dans une grande propriété de Cimiez, voisine du couvent des Franciscains, et dont le parc renfermait de belles ruines romaines, entre autres un temple d'Apollon où le jardinier avait établi sa demeure. La maison était restée inhabitée une vingtaine d'années, avec les contrevents cloués et la porte verrouillée; la propriétaire, accusée par l'opinion publique du meurtre de son mari, montait tous les vendredis de Nice et s'enfermait toute la journée dans cette maison abandonnée. A sa mort, ses fils ouvrirent la maison, la réparèrent et la louèrent pour la pension anglaise; nous en fûmes donc les premiers habitants. Nous y entrâmes seules, la grand'mère, la mère, l'enfant, une bonne et moi, pour y faire les préparatifs nécessaires avant l'arrivée des hôtes. Dès le premier soir, une fois retirées dans nos chambres à coucher, j'entendis un bruit immense, comme de grosses bûches roulées dans l'escalier : je pensai que la domestique, qui couchait en haut, remuait des malles et que l'écho en résonnait sous les hautes voûtes. J'avais si peu peur que je descendis au sous-sol chercher des allumettes. Cette nuit et les suivantes, ce même bruit continua, et tous les ustensiles de mon lavabo bougeaient, ce que j'attribuai à des souris [Mlle Black entendait s'entrechoquer la cuvette, etc., mais elle n'a jamais rien vu, n'ayant pas allumé à ce moment]. J'en fis part à Mme D..., qui me donna une autre chambre, à côté de la sienne. La première nuit que j'y passai, je n'entendis plus de bruit dans l'escalier, mais après 11 heures, j'entendis un frôlement contre le mur où s'appuyait mon lit; je pensai que c'était Mme D..., refaisant son lit et frôlant la paroi avec sa robe de soie; mais quand je lui en parlai au matin, elle me répondit n'avoir pas bougé et avoir cru que c'était moi qui faisait ce bruit. Le lendemain, vers minuit, 3 gros coups se font entendre dans la muraille (plus jamais dans la paroi où était mon lit), et ensuite presque tous les soirs à la même

heure, et à des places différentes de la muraille ; toujours au nombre de 3, et plus forts, plus volumineux, plus lourds que ce qu'aurait pu produire le poing d'un homme vigoureux. J'étais si furieuse et indignée de ces bruits qu'une nuit je sautai à bas du lit et frappai la muraille juste où s'étaient produits les coups. Mais cela continua les nuits suivantes. J'en étais très ennuyée, car cela me faisait sursauter et m'empêchait ensuite de me rendormir. Lorsque j'en parlais à Mme D.... elle ne me répondait pas ou éludait la question, de crainte que cela ne discréditât la pension, où il y avait maintenant beaucoup de monde... » Finalement, ne pouvant plus s'endormir que fort tard, Mlle Black demanda à changer de nouveau de chambre : on lui en donna une de l'autre côté de la maison. « Là, on entendait toute la nuit pomper dans des profondeurs souterraines, et la pompe paraissait colossale ; tous ces bruits étaient plus puissants, plus sourds que dans la vie ordinaire. A côté de ma chambre dormaient un vieux général et sa femme ; un matin il dit : Mais je ne sais pas ce qu'il y a dans cette maison, on pompe toute la nuit ! — De plus, lorsque je voulais m'endormir (c'était toujours entre 11 heures et minuit) j'entendais le bruit que ferait une aile immense, qui partait de ma fenêtre, s'approchait de mon lit, me frôlait la figure en me faisant une sorte de courant d'air, puis s'éloignait dans la direction de la porte et le bruit mourait dans le lointain. Quand je me rappelle tout cela maintenant, je suis bien étonnée de n'avoir pas eu peur ; aujourd'hui que j'ai entendu parler de spiritisme j'aurais peur, mais alors la colère dominait la peur. Ces bruits durèrent tout l'hiver ; j'étais très énervée, dormant trop peu, mais je ne pouvais rompre mon engagement. Ma chambre aux coups fut occupée tout de suite après moi ; personne ne parla de coups, si ce n'est une dame qui un jour, à table, dit : Je ne sais pas ce qu'il y a dans ma chambre, on entend des coups toutes les nuits. — On m'a raconté que plus tard, de jeunes Anglais, désirant voir l'Esprit, veillaient jusqu'après minuit et parcouraient les vastes corridors sans lumière ; ils ne virent jamais rien.

[41] II. « Une de mes amies avait loué quelques chambres chez une dame K. et y logeait. Une nuit elle est tout à coup réveillée et voit devant elle comme une grande colonne de fumée qui l'enveloppe et la pénètre, et elle entend une voix qui lui dit : *Je veux que Mme K. ait ces deux tableaux ;* puis suit la description détaillée de deux tableaux, et l'apparition disparaît. Le lendemain, n'ayant jamais vu ces tableaux et ne sachant ce que cela signifie, elle le raconte à la propriétaire qui reste stupéfaite et dit : Mais ce sont deux tableaux qui appartiennent à un monsieur et une dame qui ont été longtemps mes locataires ; j'ai dû les congédier parce que le monsieur avait tenté de se suicider dans sa chambre, que vous occupez actuellement ; et il s'est suicidé il y a quelques jours ! — Le lendemain mon amie eut encore l'apparition, et le surlendemain elle donna son congé.

III. « Les médiums me paraissent en général laids, bilieux, énervés, mais droits, honnêtes, religieux et heureux de leur médiumnité. La médiumnité peut consoler en nous mettant en rapport avec ceux que nous avons perdus, mais elle est aussi un terrain glissant, dangereux pour notre cerveau et notre âme et elle risque de nous rendre coupables de chercher à connaître l'avenir. Je pense que les voix, les apparitions d'anges de l'Ancien Testament, étaient des Esprits envoyés par Dieu pour donner aux hommes ses ordres ou ses consolations; peut-être ces communications apparentes, visibles, sont-elles maintenant inutiles puisque Jésus-Christ nous a donné une religion complète, qui est la plus parfaite manifestation de Dieu à l'homme... Je ne veux ni juger ni condamner les spirites... Je ne donne au spiritisme aucune place dans ma vie intellectuelle et morale, je ne cherche pas à m'approcher des Esprits. Il est dit dans l'Ancien Testament : N'évoquez pas les Esprits et ne vous approchez pas de ceux qui les évoquent. Nous ne devons donc donner aucune place au spiritisme dans l'éducation, mais nous devons apprendre de bonne heure à l'enfant que ce qui vit, pense, aime en lui, a toujours existé et existera toujours, jusqu'à son retour dans le sein du Grand Esprit Créateur d'où tout provient et à qui tout retourne... »

1908. — « Je n'ai plus rien eu de semblable à ce que j'ai relaté il y a dix ans, et n'ai assisté à aucune expérience.

[**42**] « J'ai seulement vu avec un grand intérêt les peintures religieuses de Mlle Smith... J'ai été surtout frappée du regard de Jésus à Gethsémané : je ne pouvais m'en détacher; si je me détournais, je devais y revenir ; Mlle Smith nous ayant ensuite expliqué que, lorsqu'elle commençait à peindre, les yeux étaient déjà faits et finis sur la planche, je n'ai pu que rapprocher cela de l'attraction invincible de ce regard. Mlle Smith m'a beaucoup intéressée : on la sent vraie et honnête sous tous les rapports, sans vanité, ni hâblerie, ni emballement ; son calme m'a surprise.

III. « Les phénomènes médianimiques ont existé de tous temps et peuvent se retrouver aussi bien chez les méchants que chez les bons. Les personnages de la Bible qui entendaient des voix étaient des médiums : d'Adam à saint Jean dans Pathmos, de Caïn à saint Paul, tous ont entendu une voix qui leur parlait soit du dehors soit du dedans; je crois que c'était la voix de Dieu. C'était donc un appel solennel, ce qui doit nous rendre bien prudents dans nos communications avec les Esprits; Moïse déjà ordonnait de se détourner des devins qui les évoquent (Lév. XIX, 31). La communication avec les morts que nous avons chéris peut consoler et réjouir; il ne me semble pas qu'elle soit coupable si l'on ne cherche pas à connaître l'avenir et qu'elle se fasse avec sérieux ; pourtant je ne me sens pas libre de le faire, ni ne m'en sens l'envie, trouvant les réponses trop banales et incomplètes et m'étonnant que les témoignages de l'au-delà ne soient pas plus sérieux ou plus importants... Il ne faut rien dire du spiritisme aux enfants tant qu'ils ne nous interrogent pas; s'il le faut, répondons avec gravité, presque solennité, que c'est un don de Dieu, qui peut nous nuire ou nous bénir suivant notre propre mentalité... »

Obs. XVIII. — * Mme V., 35 ans, professeur de musique.

I. « Dès l'âge de 15 à 16 ans, j'ai eu souvent des rêves prophétiques qui se sont réalisés. Ils sont toujours symboliques : j'en ai eu la clef par ma mère, qui elle-même a eu toute sa vie des rêves extraordinaires, vérifiés en général dans les quinze jours à trois semaines. Quand je monte, en rêve, c'est signe de réussite ; quand je descends, c'est de mauvais augure ; les *minons* (poussière) sont l'annonce certaine d'ennuis et de contrariété ; et les souris, de vol, au point que chez ma mère nous avons découvert les vols d'une bonne rien que pour avoir rêvé de souris et avoir fait des recherches en conséquence. Si, en rêve, je vois quelqu'un maniant de la viande crue, ou si l'on m'en sert, c'est un deuil prochain. Je me suis trouvée plusieurs fois, en rêve, au sommet d'une tour, presque toujours la même : je pouvais alors être assurée que les choses qui semblaient le plus compromises tourneraient à mon avantage. » Exemples :

[43] « A mes examens de fin d'études, j'étais dans les conditions les plus défavorables, ayant eu, peu de jours avant, une scène terrible avec mon professeur ; ayant le sentiment intime que tout était perdu, je résolus de ne pas aller à la séance où l'on devait proclamer les résultats et les récompenses. Mais la veille de ce jour, je rêvai ceci : je marchais dans une grande vallée avec une troupe de soldats, et tout à coup je me trouvai seule au haut d'une tour d'où mon regard embrassait un pays immense... Le matin ma mère interpréta ce rêve comme un bon signe et me fit aller à la séance, où en effet je fus nommée la première, ayant obtenu le maximum en tout.

[44] « Je ne me savais pas enceinte, lorsqu'une nuit je rêvai que je montais une montagne très abrupte ; le terrain était couvert de pierres et de neige, très glissant, je n'avançais qu'à grand'peine, reculant sans cesse ; toute haletante, il me semblait que je n'atteindrais jamais le sommet ; enfin, après un dernier effort qui m'avait toute épuisée, me voici en haut ; là, soudain, changement complet : une route délicieuse, ombragée, facile, où j'allais comme portée par des ailes. Je sus peu après que je portais un enfant. Ma grossesse fut extrêmement pénible, avec de constantes rechutes ; je croyais sans cesse à un irrémédiable accident ; les couches furent horribles... Mais depuis tout a bien été, l'enfant n'a jamais été malade et j'ai repris mes forces et ma santé.

« Depuis mon mariage, depuis surtout que je suis mère, ces rêves prophétiques si fréquents auparavant, se sont peu à peu espacés jusqu'à cesser presque complètement. » — Pour faire plaisir à son mari, qui est spirite convaincu, mais n'a pas de facultés médianimiques, Mme V. a essayé de l'écriture automatique, mais sans succès ; après sept essais de 20 minutes chacun, en trois semaines, où elle n'obtint que des gribouillages ou un semblant d'écriture illisible, elle cessa parce que cela l'ennuyait et l'énervait trop.

III. « J'ai assisté à quelques séances qui m'ont laissée tout à fait incrédule. Un seul fait m'a donné quelque peu à réfléchir, mais sans me convaincre. Les Phénomènes me laissent plutôt froide ; on les recherche trop à mon gré ; je les voudrais plus spontanés ; ils présentent plus d'inconvénients que d'avantages pour les natures portées à les accepter trop facilement. Mais la Doctrine me paraît supérieure à toutes les autres. Elle me satisfait entièrement et m'a procuré un grand calme, en même temps que j'y ai trouvé enfin une ligne pratique de morale à laquelle ma conscience adhère en tous points. »

1908. — Mme V. a perdu son mari il y a quinze mois ; ce fut un coup terrible, ils s'aimaient profondément et s'étaient promis que le premier qui partirait s'efforcerait de se communiquer à l'autre. Mais elle a eu beau à maintes reprises, depuis lors, prier ardemment et implorer une manifestation quelconque de lui, elle n'a jamais rien obtenu, « pas même un craquement de meuble. » Une seule fois elle eut une vision indistincte, où elle était comme entourée d'une sorte de mur un peu translucide, à travers lequel elle apercevait son mari lui faisant signe qu'il ne pouvait parvenir jusqu'à elle ; mais elle est convaincue que tout cela venait d'elle-même. Une dame spirite de sa connaissance lui ayant un jour apporté un soi-disant message de son mari, elle n'y a pas cru et a trouvé cette démarche déplaisante et indiscrète. A l'endroit du spiritisme, elle en est au même point qu'il y a dix ans, très sympathique à la doctrine, mais fort sceptique et plutôt hostile vis-à-vis des phénomènes. Elle admire et envie, sans arriver à la partager, la foi des croyants convaincus qu'ils retrouveront un jour ceux qu'ils ont perdus.

Obs. XIX. — * Mme R. E., 66 ans.

I. « Pas de médiumnité caractérisée, mais pressentiments très prononcés. D'avance je prévois qu'une démarche n'aboutira pas ; pour une chose que je veux faire, je peux dire si je serai satisfaite ou non dans l'exécution ; si je ne suis pas ma première impression, j'ai toujours lieu de le regretter ; je ressens cet avertissement au moment où je vais faire la chose. De même, je puis dire la personne que je verrai dans la journée, alors qu'il s'agit d'une personne que je ne vois pas régulièrement, à qui je n'ai pas pensé, ayant peu de rapports ensemble ou même de l'indifférence : tout à coup ma pensée se porte sur elle et m'obsède quelques heures, rien ne peut m'ôter son image, et dans la journée, ou le lendemain (ce qui est rare), je la vois arriver chez moi ; si c'est une personne habitant le dehors, c'est une lettre d'elle que je reçois. » Mme R. E. a eu de ces pressentiments depuis toute jeune. Ils la retiennent d'agir aussi bien qu'ils l'y incitent. Ils ne s'accompagnent d'aucune voix intérieure ni d'aucune impression physique localisée ; c'est purement une « idée », quelque chose qui la pousse ou la retient et qui se trouve avoir toujours raison. « Je ne peux pas dire que j'entende des sons, des voix, c'est comme une idée subite. » Ex. :

[**45**] Une nuit, l'idée lui vient d'aller voir une personne qu'elle n'a pas vue depuis longtemps, elle y pense toute la nuit, çà l'empêche de dormir ; le lendemain elle y va, et apprend que cette personne, étant tombée malade, a été transportée à l'hôpital et y est morte précisément cette nuit.

[**46**] « La semaine passée, ma pensée se porte sur une parente de mon mari que je n'avais pas revue depuis neuf ans et pas eu de nouvelles d'elle ; c'était la seconde fois que je la voyais dans l'espace de vingt ans (c'est dire qu'elle ne me préoccupe pas) ; dans la matinée je pense à elle, et à midi, comme nous nous mettions à table, elle nous arrive en nous disant qu'elle était à Genève depuis la veille.

[**47**] « Lundi passé, je devais sortir ; subitement je pense à une bonne amie que je n'avais pas vue depuis trois semaines ; je me décide à rester chez moi pour le cas où elle viendrait ; on me fait observer que son jour de visite est le mardi, non le lundi : je reste quand même, et à deux heures elle était chez moi. Comme ce n'était pas son jour habituel de venir, elle avait devancé l'heure pour me trouver à la maison.

« Toutes ces choses [pressentiments et impulsions], je les ai observées et ressenties avant de connaître le spiritisme, dont je ne m'étais jamais occupée et que je ne connais encore qu'imparfaitement, mais dont je suis persuadée depuis ma première visite chez Mme Darel [obs. LIII]. » Voici le récit de cette séance qui entraîna la conviction de Mme R. E. (il convient d'ajouter qu'elle et Mme Darel ne se connaissaient nullement jusque-là) :

[48] « Il y a cinq ans, ayant perdu (un an auparavant) un fils de 26 ans, j'étais si éprouvée de cette séparation qu'une dame de ma connaissance me conduisit chez Mme Darel. Celle-ci me renseigne un peu sur une chose toute nouvelle pour moi [la possibilité de communiquer avec les morts] et me propose d'expérimenter, ce que j'accepte avec plaisir. [Ces trois dames se mettent à la table qui promptement commence à dicter.] L'esprit de mon fils est là, il se nomme, dit son âge, le mois, la date, le jour et l'heure de sa mort, m'exhorte à me consoler. Comme il s'adressait à Mme Darel, elle lui dit de s'adresser à moi directement ; la table épelle aussitôt : *Oh, vous avez raison !* A cette réponse, je suis presque sûre qu'il était là ; pour tout ce qu'il avait dit avant, il pouvait y avoir transmission de pensée de moi au médium, mais cette phrase-là je ne l'ai pas pensée, c'était bien la sienne, qu'il répétait très souvent dans le cours d'une conversation. Mme Darel lui demande de citer un fait qui se soit passé entre nous, pour nous prouver que c'est bien lui qui est là ; je m'attendais à ce qu'il allait dire quelque chose qui se serait passé dans la famille, mais il dit : *Maman, tu as assez pleuré ton petit Carlo !* Il n'y a plus à douter, car c'est comme cela qu'on l'interpellait tout enfant, jusqu'à l'âge d'homme, pas parce qu'il était de petite taille, mais parce qu'il était doux, bon garçon, que c'était plus amical de l'appeler ainsi, et qu'il ne résistait jamais à ce qu'on lui commandait en lui disant : petit Carlo. Pendant deux ans et demi qu'il a été absent pour sa santé, chaque semaine sans exception j'avais une lettre, et toutes sont signées : ton petit Carlo. » Comme les dictées de la table allaient trop lentement, Mme Darel se mit à écrire, et par ce moyen Carlo dit encore à sa mère : je suis très heureux, très bien, constamment avec toi ; tu as bien raison quand tu as le sentiment de ma présence et que tu penses que je suis là avec toi ; j'y suis en effet très souvent. Mme R. E. vit une nouvelle preuve d'identité dans cette allusion au sentiment, qu'elle a en effet souvent, de la présence de son fils. Elle eut encore d'autres séances chez Mme Darel, mais n'obtint plus rien d'aussi probant que dans cette première visite.

[49] Une fois initiée au spiritisme, Mme R. E. s'essaya à l'écriture automatique, mais n'obtint que des dessins linéaires. Un jour, entre autres, qu'elle essayait d'écrire — les yeux fermés et en écoutant la musique d'un café voisin, tandis que sa main continuait d'aller — elle se trouva avoir couvert sa page d'une série de carrés parfaitement réguliers, inscrits les uns dans les autres sans se toucher nulle part et de plus en plus petits jusqu'au centre de la page, tels qu'elle aurait été incapable de les tracer les yeux ouverts sans l'aide d'une règle. — N'obtenant jamais d'écriture, ni de dictées par la table lorsqu'elle y est seule, elle a cessé ces exercices. Elle n'a jamais eu de voix ni de visions, sauf parfois des figures [hypnagogiques] en s'endormant. En revanche elle a eu une impression tactile, bien caractérisée :

[50] Deux ans après la mort de son fils, il y avait à souper un plat qu'il aimait ; cela le lui rappela, elle sentit son cœur se gonfler et quitta la table pour aller pleurer dans sa chambre ; elle se mit à la fenêtre ouverte, par où on entendait une musique à l'étage au-dessous, et, profondément triste, elle pleura abondamment ; elle sentit alors tous les doigts d'une main se poser et peser sur son épaule ; croyant que c'était sa fille entrée sans qu'elle l'eût entendue, elle lui adressa la parole, puis se retourna : il n'y avait personne dans la chambre ! Alors elle pensa que c'était bien la main de son fils défunt, qui était auprès d'elle et voulait la consoler.

En résumé, les dictées de son fils par la table, à la première séance chez Mme Darel, restent pour Mme R. E. ce qu'elle a obtenu de plus frappant : « Pour moi ces quelques phrases ont une grande importance ; je ne les ai pas pensées, ce sont les expressions de celui qui nous a quittés. Je suis convaincue. »

1908. — I. « Lorsque je vous ai répondu il y a dix ans, il y avait peu de temps que je m'occupais de spiritisme, où j'ai vraiment trouvé une grande consolation de la mort de mon fils.

[51] « Je le croyais autour de moi. Parfois encore il me semble qu'il est là, je pense à lui sans chagrin ; dans mon intérieur il se passe quelque chose qui me rend heureuse, dont je ne puis expliquer la cause : ce phénomène n'est pas continuel, mais assez fréquent.

[52] « J'ai eu des rêves prophétiques, un entre autres que je n'ai pu oublier, et qui a fait ombre dans ma vie. J'avais 19 ans, c'était à la veille de mon mariage, je rêvai ceci : — Je suis chez ma mère, on frappe à la porte, je vais ouvrir, je suis en face d'une femme inconnue qui me dit d'un air mystérieux : *Mademoiselle, descendez, je veux vous faire voir quelque chose*. J'hésite à la suivre, car elle me fait une impression désagréable ; je regarde ma mère qui me fait signe d'aller. Au rez-de-chaussée de la maison que nous habitions il y avait une chambre inoccupée et obscure, les contrevents étant fermés ; la femme s'y arrête, je ne veux pas y entrer et je reste sur le seuil de la porte, elle me dit : *Vous voyez, là-bas dans le fond?* A force de regarder j'aperçois une très faible lumière ; mes yeux s'habituant à l'obscurité, je distingue un lit et un cadavre qui respirait, je me retire épouvantée, la femme me dit : *Vous voyez bien, il respire, eh bien, dans trois ou quatre ans, son âme s'envolera !* — L'émotion fut si forte que je me réveillai ; de la nuit je ne pus retrouver mon sommeil. Le lendemain je racontai ce rêve à ma mère, qui rit de mon épouvante et me dit que c'était un rêve auquel on ne s'arrête pas ; et comme elle était d'un jugement très juste, je la crus sur parole. Mais voici l'accomplissement de mon rêve. Je me mariai deux jours après ; 14 mois plus tard j'ai un enfant qui jusqu'à 8 mois est très beau et bien portant, puis il prend une fluxion de poitrine et meurt ; la seconde année, de nouveau un enfant qui meurt à dix mois d'une hydropisie du cerveau ; six mois après sa mort, c'est mon mari qui meurt au quatrième anniversaire de notre mariage. Les voilà tous trois disparus dans l'espace de quatre ans ! Je n'ai pas eu d'autre rêve aussi explicite que celui-là ; c'est bien assez pour une existence ! » [Depuis lors elle s'est remariée et a eu cinq enfants.]

III. « J'ai suivi régulièrement les séances de la Société d'Etudes Psychiques qui m'ont beaucoup intéressée, sans me convaincre, et plus tard m'ont causé un affaiblissement [de confiance] en me faisant constater, chez beaucoup des membres de la Société, une grande nervosité et de l'exagération ; cette exaltation vient-elle d'être plongé dans des questions difficiles à résoudre ?... A mon avis, les PHÉNOMÈNES médianimiques, pour ceux qui s'y livrent constamment, ne servent qu'à leur bouleverser l'esprit. La DOCTRINE spirite est la plus compréhensible en ce que, si nous avons une autre existence après notre mort et que nous y expiions ce que nous avons fait de mal dans celle-ci, c'est plus juste que d'être condamné à des peines éternelles. Tout ceci est d'ailleurs encore si obscur, qu'il faut s'en tenir à une vie honnête et aller droit son chemin : nous serons assez récompensés par la tranquillité de notre conscience, qui nous donne la paix et le bonheur. »

Obs. XX. — Mme Dolci, 33 ans, maîtresse d'école.

Elle fut somnambule dans son enfance : la nuit elle se levait et faisait des devoirs en dormant. A 7 ans elle perdit sa mère ; mais « quand mon père vint me dire qu'elle était dans la terre, je répondis : Non, elle est au ciel. Et jamais je ne l'ai cherchée ailleurs ; elle me semblait vivante quoique morte ; que de fois je lui ai parlé à haute voix, toujours en regardant le ciel, dans mes heures de tristesse ! Depuis mes plus jeunes années j'ai compris que tout n'est pas fini avec la mort, et je puis déclarer que je n'ai jamais cru à l'anéantissement de l'âme. » Aussi n'eut-elle pas de peine à admettre le spiritisme lorsqu'il y a 3 ans, profondément ébranlée par la mort d'un protecteur âgé qu'elle aimait comme un père, elle eut l'occasion de s'entretenir avec des spirites et lut *Après la mort* de L. Denis. Cela fut le salut pour elle. « Toute d'épreuves depuis ma plus tendre enfance, j'avais pris un caractère mélancolique et souvent je suis arrivée à la porte du désespoir. La mort de ce vieil ami m'avait jetée dans un abîme profond, et c'est à ce moment que le spiritisme a fait luire sur ma vie un jour nouveau. Lorsque j'ai compris que l'être que je pleurais vivait encore, qu'au besoin il pouvait me guider comme il le faisait sur la terre, j'ai trouvé encore la force de vivre... »

Mme Dolci n'a aucune médiumnité, et elle pense qu'elle est trop impressionnable pour en pouvoir supporter une. En revanche elle a eu de tous temps des rêves prophétiques, des intuitions, et des impulsions à agir ou parler (mais jamais de voix ni de visions à l'état de veille). Ses rêves prophétiques sont saisissants, moins par l'événement important qu'ils concernent et qui parfois pouvait être inféré d'avance, que par l'abondance de petits détails accessoires (de lieux, mobilier, gestes, etc.) impossibles à prévoir et qui se réalisent. — Voici quelques exemples de ces divers phénomènes.

[53] Un petit garçon de ses élèves, pour qui elle avait une sympathie toute spéciale à cause de sa nature douce et aimante, étant tombé malade et ayant manqué l'école le vendredi et le samedi, Mme Dolci, pendant la nuit du samedi au dimanche, vit en rêve « une chambre meublée de rouge, un lit blanc placé dans un angle près d'une fenêtre ; une main écartait les rideaux, et j'ai vu l'enfant mort. Ma première pensée au réveil fut d'envoyer demander des nouvelles : j'en étais sûre, il était mort... J'allai faire visite dans cette demeure où je n'avais jamais pénétré : Oh surprise, c'était la chambre de mon rêve : le père fit le même geste pour écarter les rideaux et je me penchai pour embrasser ce petit front glacé...

[54] « Il y a trois ans, j'ai fait un rêve m'annonçant la mort de ce vieil ami que j'aimais comme un père : J'ai vu des fleurs mortuaires sur un canapé vert, il était couché sur son lit de mort ; je suppliais sa femme de me le laisser voir ; après son refus, je me vois pénétrant malgré elle dans cette chambre grâce à l'intervention d'un personnage mal défini. Quelques jours plus tard, cet homme est mort et j'ai vu alors se réaliser tous les détails de mon rêve... » La disposition de la chambre, où elle entrait pour la première fois, était exactement comme en rêve ; en particulier les fleurs mortuaires se trouvaient sur le canapé, par le fait d'un caprice de la femme du défunt, qui n'avait pas voulu qu'on les mît sur le lit selon l'usage.

[55] « La semaine dernière je me trouve en rêve dans un appartement tout bouleversé ; on déménageait ; je vois un linoleum blanc avec des dessins bruns très caractéristiques. Le lendemain, mon mari me prie de visiter un appartement qu'il désirait louer, et où je n'avais jamais été. La première chose qui me frappa en entrant dans une chambre, fut ce linoleum blanc avec les mêmes dessins bruns.

[56] « J'ai l'intuition très nette de ce qui se passe autour de moi. Quand je me trouve avec des personnes inconnues, je sais dès l'abord très nettement ce qu'elles pensent de moi. En observant une physionomie, je puis dire assez bien si la personne est franche ou fausse, bonne ou méchante, intelligente ou mal douée... »

[57] Ces intuitions s'accompagnent parfois d'impulsions à parler ou à agir. C'est ainsi que dans la conversation elle a souvent l'intuition de ce que les autres pensent et vont dire, et elle se sent poussée à s'exprimer de telle façon que, si elle cède sans retard à cette impulsion, ses paroles coïncident exactement avec celles de son interlocuteur. Par exemple : « Un jour nous cherchions avec une personne des noms de campagnes. Si j'avais une campagne, me disait-elle, je l'appellerais *Mon Nid, Le Repos...* Ici elle cherche un troisième nom ; au bout d'une seconde nous disons ensemble : *L'Eglantine*. En prononçant ce mot, je le voyais gravé en lettres d'or sur un pilier à l'entrée d'une campagne. Quelque chose m'a obligée à le dire à haute voix. Cela m'arrive très souvent, surtout avec les personnes qui me sont sympathiques ; mais pour prononcer le mot ou la phrase en même temps que l'autre personne, je ne dois pas attendre une seconde, je dois parler à l'instant où j'y suis poussée.

[58] « Dans mes actions aussi, je suis bien souvent l'instrument d'une autre volonté. Que de fois suis-je partie de chez moi n'ayant absolument pas l'idée de me rendre ici ou là, et d'y aller malgré moi, poussée, c'est le mot, par une main charnelle. Depuis que je sais [que c'est un Esprit qui me pousse], j'observe scrupuleusement ; et toujours, lorsque j'ai obéi à cette volonté invisible, je m'en suis bien trouvée. Exemple : J'ai eu beaucoup à lutter dernièrement pour obtenir un avancement scolaire auquel j'avais droit ; très timide et aussi très fière, les démarches me coûtaient beaucoup ; eh bien, je puis dire que pendant que je parlais à tel ou tel personnage, ce n'était pas moi qui parlais.

c'était un autre. Lorsque j'avais fini un entretien, ma propre voix m'étonnait et je me disais : Ce n'est pas toi ! Comment as-tu osé ? »

« Je voudrais être plus, et pouvoir davantage, pour aider à convaincre les âmes errantes, désolées, désespérées, que le spiritisme peut encourager et relever. La bien faible lueur de spiritisme que j'ai reçue m'a donné du courage, m'a montré ma tâche, ou mes tâches, sous un autre jour : ma vie en un mot a été transformée... Pour le bien de l'humanité il faudrait propager cette doctrine, mais il faut avoir souffert pour comprendre ces choses : les heureux, vivant dans leur égoïsme, n'y comprennent rien... »

1908. — « J'ai toujours des rêves prophétiques très précis : les personnes, les choses, se montrent à moi, pendant le sommeil profond, d'une façon très nette, il n'y a que les lieux qui sont changés... J'ai aussi une intuition très nette de ce qui se passe dans l'âme d'autrui. Ce don de pénétration m'est très précieux : il m'a permis d'éviter bien des pièges, et de consoler bien des cœurs timides. Pour ma vocation il m'est aussi d'une grande utilité, car je puis pénétrer très profond dans ces jeunes cœurs qui me sont confiés... La certitude de la survivance de l'âme est une immense consolation... »

Obs. XXI. — * Mme Morse, 53 ans; a plusieurs enfants et petits-enfants. Son mari, publiciste et conférencier très apprécié, n'est pas spirite.

Née et élevée dans le catholicisme, et très encline au mysticisme. Plus tard la réflexion et les lectures firent crouler ses croyances. Son mariage avec un protestant tourna ses idées de ce côté, mais sa foi resta éteinte jusqu'à ce que, dans une grande épreuve, une amie lui fit connaître le spiritisme. Elle n'a pas de facultés médianimiques; « même si j'étais sûre d'en avoir en germe, je ne les développerais pas ; il faut laisser ces expériences à ceux qui ont les nerfs plus solides et une volonté assez forte pour ne pas se laisser dominer par une préoccupation unique. » Mais elle a eu de tout temps des faits de prémonition : pressentiments, rêves prophétiques, coups frappés, etc. Voici pour ces derniers :

[59] « J'ai souvent entendu des coups dans mes volets; je suis sûre alors d'avoir des ennuis ou une mauvaise nouvelle. Jamais je ne les ai entendus sans raison, et pourtant ils ne me semblent d'aucune utilité, si ce n'est de me préparer à supporter patiemment les choses désagréables qu'ils m'annoncent.

[60] « L'an passé ma fille, qui était vers la fin d'une grossesse, me certifia avoir entendu 7 forts coups frappés au-dessus de sa tête et les avoir comptés sans savoir pourquoi. Son mari, qui était auprès d'elle, n'avait rien entendu. Je considérai ces coups comme un avertissement, et quoique ma fille n'attendît son enfant que quelques semaines plus tard, je hâtai mes préparatifs ; la semaine suivante, juste 7 jours après, elle accouchait prématurément. »

Bien jeune, Mme Morse avait déjà des intuitions dont ses compagnes s'étonnaient tout en en profitant; lorsqu'elle était anxieuse et tourmentée, ou au contraire d'un calme parfait, en dépit des apparences contraires, l'événement donnait raison à ses pressentiments. Aujourd'hui encore elle a « des avertissements par une sorte de voix intérieure qui répond distinctement à mes questions et à mes pensées intimes; par exemple :

[61] « Un jour, dans une des phases les plus pénibles de ma vie, j'entendis cette voix (non pas avec mes oreilles, mais intérieurement) me répéter pendant plusieurs heures : *Cherche, cherche !* J'essayai de me distraire, de me plonger dans la lecture, mais inutilement ; j'avais peine à tenir mon livre, mes yeux s'en détachaient involontairement, et toujours le même mot résonnait dans mon cœur : *Cherche !* Chercher quoi, et dans quel but ? Enfin je me laissai guider, j'entrai au hasard dans une des chambres de la maison, mes regards se portèrent d'eux-mêmes sur un objet, et je trouvai ce qu'il était urgent que je trouvasse. » Mme Morse a eu, dans cette période douloureuse qui dura environ dix-huit mois, plusieurs cas de ce genre, où elle fut amenée à mettre instinctivement la main sur une chose indispensable (clef, lettre, etc.) là où elle ne s'attendait point à la trouver, en obéissant à cet ordre de *chercher*, qui la poursuivait tantôt comme une voix intérieure très précise (localisée à l'épigastre), tantôt sous la forme plus vague, mais non moins impérieuse, d'une impulsion ou d'une angoisse la poussant dans telle direction.

[62] « Un autre jour, je longeais, rêveuse, les maisons de la place Longemalle ; subitement j'entends la voix : *Arrête !* Instinctivement je fais deux pas en arrière et au même instant un volet se détache et tombe à mes pieds. Si j'avais fait deux pas en avant au lieu d'en arrière, je recevais le volet sur la tête. » Elle remercia mentalement le bon Esprit qui l'avait avertie ; « j'ai su plus tard [v. n° 66] que cet Esprit n'est autre que celui de ma petite Daisy, que j'ai perdue à peine née, et qui depuis son départ n'a cessé de m'entourer d'une protection constante. Depuis que je crois, je la sens si près de moi que parfois je me surprends à lui parler tout haut. »

Pendant sa période d'incrédulité, elle eut deux rêves qui l'impressionnèrent beaucoup, et qu'elle ne s'expliqua que plus tard, par le spiritisme :

[63] En 1871, n'ayant pas depuis plusieurs semaines de nouvelles de son frère qui était à l'armée française, dans la nuit du 27 au 28 janvier elle rêve sa mort : elle le voit sur le champ de bataille, couché en joue de loin et tué par un Allemand, dont la figure lui est restée si nette que maintenant encore, si elle le rencontrait, elle le reconnaîtrait et lui dirait : « C'est vous qui avez tué mon frère ! » Réveillée par ce songe affreux, elle ne put se rendormir, et son anxiété augmenta encore lorsque le lendemain dans l'après-midi sa mère (à qui elle n'en avait rien dit) lui raconta, très inquiète, avoir vu en rêve son fils « couvert de fleurs et couronné de lauriers. » Trois semaines après, on apprit que la colonne dont il faisait partie, s'étant mise en route dans la nuit du 27 au 28 janvier pour attaquer un détachement allemand, il avait été frappé d'une balle mortelle vers 11 heures du matin.

[64] Quatre ans après, étant inquiète de sa mère malade dans une autre ville, elle eut trois fois dans la même nuit un cauchemar affreux : « Ma mère était là, devant moi, qui me maudissait de la laisser mourir seule... » Elle partit aussitôt le matin venu, mais arriva trop tard ; il n'y avait pas de sa faute, les dépêches qu'on lui avait envoyées la veille ne lui ayant pas été remises.

Il y a huit ans que Mme Morse a été gagnée au spiritisme par une amie intime, qui lui fit connaître la doctrine et lui raconta ses propres expériences, entre autres le fait suivant :

[65] Dans une séance tenue en cachette chez cette amie, en l'absence de son mari parti pour une course de montagne, « le médium écrivait avec volubilité ; tout à coup il s'arrête, puis d'une écriture plus accentuée, il trace ces mots : *Cachez tout, il vient !* Chacun se regarde étonné et se demande qui vient. *Dépêchez-vous, il va sonner*, écrit de nouveau le médium. Stupéfaites, ces dames font disparaître table, crayon et papier » et reprennent leur couture. Et le mari, ramené par un incident imprévu, sonne à la porte au même moment.

[66] Parmi les faits spirites auxquels Mme Morse a elle-même assisté, le suivant l'a particulièrement frappée. « La première fois que je me présentai chez Mme Guelt [obs. LI], médium typtologue, un Esprit vint à la table et se nomma *Daisy Morse*. Je fouillai dans mes souvenirs et ne trouvai aucun membre de la famille portant le nom de Daisy. L'Esprit, consulté, répondit qu'il était mort depuis 25 ans et qu'il n'avait vécu qu'un mois. Un trait de lumière se fit dans ma mémoire : en effet, 25 ans auparavant, j'avais eu une petite fille du nom de Daisy qui mourut au bout d'un mois. Cette enfant était à ce moment à cent lieues de mes pensées, il n'y a donc pas eu suggestion. Depuis ce jour, chaque fois que je suis allée chez Mme Guelt, ma fille s'est présentée spontanément à la table et m'a donné de bons et affectueux conseils. Mme Guelt dit qu'elle reconnait toujours son fluide qui doit être très pur, et que sa manière particulière de frapper les coups est un signe certain de son identité. »

III. Mme Morse est devenue une spirite profondément convaincue. « Chez les médiums et les spirites que je connais, j'ai trouvé des idées larges et élevées, de la bienveillance, de la patience, une grande charité, de la résignation et l'esprit de prière. Si le spiritisme était bien compris, il rendrait la société et les hommes plus heureux en détruisant l'ambition, l'amour de l'argent, l'égoïsme et l'orgueil, qui sont les quatre bases de tous les maux et de tous les crimes... La question sociale serait résolue, et les hommes s'achemineraient tous, calmes et résignés, vers les mondes meilleurs... Je puis dire que la DOCTRINE spirite m'a sauvée. Elle m'a été révélée à un moment critique de ma vie, et sans elle, je ne sais ce que j'aurais fait. J'ai appris d'elle à me détacher des choses d'ici-bas et à tout espérer des choses à venir. J'ai appris à voir dans tous les hommes, même dans les plus criminels, même dans ceux qui m'ont le plus fait souffrir, des frères moins avancés à qui je devais secours, amour et pardon. J'ai appris à ne m'indigner de rien, à ne mépriser personne, et à prier pour tous. Oh ! surtout j'ai appris à prier, et quoique j'aie encore bien à acquérir dans ce domaine, la prière m'apporte toujours plus de force, de consolation et de réconfort... Donc le spiritisme tient une grande place dans ma vie, je puis même dire qu'il y occupe la première place... Quant à son rôle dans l'éducation, je suis un peu de l'avis de J. J. Rousseau qui veut qu'on ne parle de religion aux enfants que lorsqu'ils sont en âge de pouvoir comprendre et raisonner. Quand ils pourront choisir eux-mêmes entre les diverses conceptions religieuses, je suis persuadée que, si leur jugement n'a pas été faussé, le spiritisme ou plutôt la morale spirite deviendra la religion du plus grand nombre, à cause surtout de sa logique et du sentiment de profonde justice qui en émane. »

1908. — Mme Morse, qui a perdu son mari depuis quelques années, continue à présenter le même genre de phénomènes. « Je n'ai aucune médiumnité caractérisée, mais je suis très intuitive et j'ai des pressentiments qui me trompent rarement.

[67] « J'entends parfois des coups (seulement dans ma chambre) que je reconnais parfaitement et que je ne puis confondre avec des craquements de meubles. Pendant longtemps je n'entends rien, puis commence une série correspondant toujours à des ennuis plus ou moins graves qui ne manquent jamais de m'arriver. Ces coups, très fréquents jadis, sont plus rares maintenant. Un soir ils ont fait pour ainsi dire le tour de ma chambre, se répercutant dans tous les meubles; j'en ai été troublée ; de gros soucis n'ont pas tardé à me visiter. Comme je n'aurais pas pu les éviter, je pense qu'on veut simplement me dire : Prépare-toi, une nouvelle épreuve est là. — A part ces sortes d'avertissements, j'entends quelquefois un coup unique, toujours à la même place de ma table à écrire : il semble répondre à une de mes pensées comme pour l'approuver ; j'ai remarqué qu'il est plus fort quand je prie, surtout quand je prie *bien*. Je ne suis nullement une spirite emballée, et je suis loin d'ajouter foi à tous les phénomènes qu'on raconte, mais je crois à mes coups. Quelquefois ils ne m'annoncent rien du tout : je ressens alors une sorte de bien-être à penser qu'un des miens [défunts] est là, que je ne suis pas seule, et je jouis de sa présence sans le voir.

« Depuis plusieurs années je n'assiste plus à aucune expérience, mais j'ai gardé le souvenir de quelques séances de table :

[68] « Chez Mlle Dyck [obs. LV], ma fille Daisy, morte à un mois, est venue me parler de choses intimes, qui même me gênaient fort devant une étrangère. Pendant que la table frappait, deux coups violents retentirent derrière moi; ils provenaient de deux photographies qui étaient tombées à un mètre de la table où elles étaient placées ; impossible qu'elles eussent glissé.

[69] « Chez M. Z..., avec Mme Saxo [obs. L] : Une dame défunte, bien connue à Genève, est venue spontanément confesser un crime qu'elle avait voulu commettre avec son fils, qu'elle a nommé ; terrible affaire que seule je savais et qui était ignorée de tous les assistants.

[70] « Chez M. Til : c'est d'abord Châteaubriand qui est venu reprocher à mon mari d'avoir dit (la veille, dans une conférence publique) qu'il doutait de sa bonne foi. Puis ma belle-sœur est venue raconter comment elle était morte empoisonnée par accident, et nommant le poison qu'elle avait pris : elle s'est présentée sous le nom de Lisbeth sous lequel elle fut inscrite à sa naissance, ce que mon mari seul savait, car on l'avait toujours appelée Lise.

[71] « Chez moi, avec Mme Glika [Obs. XL] : Ma fille Daisy est venue m'avertir que mon mari était sérieusement malade et qu'il partirait lorsque les feuilles pousseraient; questionnée sur l'époque, elle indiqua le chiffre 2 et ne voulut plus rien dire. Juste 2 ans après, au printemps, mon mari mourait. — Enfin chez Mme Glika, il y a environ un an : c'est d'abord M... [un homme connu, mort peu auparavant, asphyxié par un robinet de gaz laissé accidentellement ouvert] qui est venu spontanément demander des prières et avouer qu'il s'était suicidé. Puis mon mari est venu dire que je le troublais en l'évoquant, qu'il avait été aidé au départ par sa fille Daisy, mais qu'il n'était pas heureux.

qu'il me regrettait trop, et que je ne le retrouverais pas à ma mort, nos deux destinées étant toutes différentes.

[72] « Une seule fois mon fils cadet, qui avait alors 16 ans, a fait mouvoir une table tout seul. Sa marraine défunte lui a donné une belle communication, mais il en a été impressionné et n'a plus voulu essayer. — Ma fille, qui a une sainte frayeur de tout ce qui touche au spiritisme, était, jeune fille, très facilement magnétisée : un de nos amis a eu une fois avec elle une séance remarquable, mais je n'ai plus permis qu'on renouvelât. Elle a une fois entendu 7 coups [v. ci-dessus n° 60]. Sauf cela, personne dans ma famille n'a été doué de médiumnité.

III. « Je trouve de grands inconvénients aux Phénomènes, surtout pour les personnes nerveuses et impressionnables... Une seule fois, j'ai vu un jeune homme, tout à fait matérialiste, tellement frappé de la révélation de choses secrètes par la table, qu'il est devenu un croyant fervent. Il est vrai que si par le spiritisme on pouvait arriver à prouver l'immortalité de l'âme, quel pas immense serait fait dans le domaine moral et spirituel ! Mais les vrais phénomènes sont si rares !... C'est pourquoi je m'en tiens à la Doctrine morale : c'est elle qui m'a sauvée, qui m'a rendu la paix en me rendant la foi et l'espérance que j'avais perdues, en me donnant la force de lutter, en m'apprenant à pardonner. Avant de croire à la pluralité des vies, j'étais révoltée contre Dieu que je considérais comme le plus cruel et le plus injuste des tyrans ; depuis que je sais que c'est moi qui ai préparé ma vie actuelle, je l'accepte telle qu'elle est... Je donne à la doctrine spirite et à quelques points de la doctrine théosophique (car je suis une éclectique) une place de toute importance. C'est ma foi qui m'a consolée et qui m'a fait vivre, qui m'a fait comprendre la bonté et la justice de Dieu... et si j'ai fait quelques pas dans la voie du progrès, c'est à ma chère croyance que je le dois. »

Obs. XXII. — M. Ulysse de l'E., 49 ans, professeur de musique.

I. Pas de médiumnité ; mais il a eu divers phénomènes spontanés, par ex. :

[73] En s'éveillant un matin, les yeux encore fermés, il a eu l'impression que sa mère (défunte) flottait dans l'air et s'approchait de lui ; aussitôt son lit s'agita si fort qu'il crut à un tremblement de terre, au point qu'il alla l'annoncer au bureau d'un journal, mais il n'y en avait pas eu.

[74] Un soir, entre 10 et 11 heures, comme il venait de rentrer, et que, debout devant sa table, il tenait entre ses mains et relisait une lettre désagréable qu'il avait reçue, il sentit comme un poids tomber sur cette lettre, et ses mains s'abaissèrent avec elle jusqu'à la table. Aucune marque, ni déchirure du papier. Il essaya de répéter le même mouvement, sans pouvoir reproduire cette curieuse impression.

[75] Un soir, déjà couché, comme il commençait à lire le *Lendemain de la mort*, de Figuier, par la table des matières, il eut l'impression comme si un gros chat invisible avait bondi sur le pied de son lit et s'avançait sur lui ; il vit le creux se former et s'allonger sur son duvet, il sentit le poids de l'animal sur ses jambes, ses cuisses, jusqu'à l'épigastre ; alors il sauta de son lit et courut tout tremblant respirer à la fenêtre ; puis il se recoucha et put maintenant lire tranquillement.

II. « Il m'a été dit (par l'écriture automatique d'un médium) que j'aurais pu devenir un grand médium si je m'étais exercé ; mais je n'ai pas voulu le faire. En revanche je possède un grand pouvoir de magnétisation. Ce sont des choses que je crois contraires. » A la suite de séances de Lafontaine, Donato, etc., M. de l'E. a trouvé un ou deux sujets remarquables, présentant le somnambulisme lucide, descriptions exactes de scènes se passant à l'étranger, etc. Plus tard il s'est occupé de spiritisme, et a assisté à des phénomènes physiques extraordinaires : « J'ai été tellement favorisé à cet égard, que si j'étendais les notes laconiques que j'ai prises chaque jour, j'en ferais un volume... Il y a tant de caprices dans la production de ces faits, que je ne suis pas parvenu, malgré mes recherches consciencieuses, à savoir si les phénomènes stupéfiants dont j'ai été témoin provenaient d'une campagne hantée, ou de jeunes gens devenus médiums ; je penche pour cette seconde hypothèse parce que ces faits nous arrivaient aussi *en pleine rue*... Vous devinez quels phénomènes formidables j'obtenais, quand j'avais dans la même séance jusqu'à trois médiums ! » — Les plus remarquables de ces jeunes gens furent un étudiant bulgare, et surtout un américain de 18 ans, dont les prodiges ont convaincu M. de l'E. de l'absolue réalité des phénomènes spirites et l'ont amené à la conclusion que « bien des tours des prestidigitateurs sont dus, non à leur habileté, mais à ce qu'ils sont médiums ou emploient des médiums cachés. » Voici quelques spécimens de ces faits, qui se produisirent pendant plusieurs mois dans son salon même ou dans sa chambre à coucher :

[**76**] Dans des séances obscures, où l'Américain restait assis et causait tranquillement à un bout de la chambre, M. de l'E., de l'autre bout, entendait des pas lourds et mous de fantômes ; il fut touché à plusieurs endroits ; il vit des lucioles et des papillons phosphorescents, et une fois qu'il voulut en attraper *un*, il *saisit une main vivante qui se dégagea de son étreinte* ; les meubles étaient renversés, etc. Aussi en pleine lumière, les objets se trouvaient tout à coup à une autre place que l'instant d'avant ; des billets qu'il avait écrits et brûlés lui-même à la bougie, sur le conseil de l'Américain, réapparaissaient intacts dans quelque recoin ; il y eut surtout d'innombrables apports dont M. de l'E. a conservé toute une collection. Par exemple, en rentrant dans sa chambre fermée en son absence, il trouvait ses bougies blanches remplacées par d'autres couvertes de dessins bleus ; ou bien, par terre ou sur les meubles, il y avait des papiers pliés en triangles occultes, ou portant des signes maçonniques et cabbalistiques effrayants, des têtes de mort, et des inscriptions en langues étrangères et en lettres carbonisées telles que : *V.E TIBI*, *I come from the hell*, etc. Jusque dans son bureau toujours fermé à clef, il trouva un jour une enveloppe jaune marquée d'un grand S, signe de Satan, et portant comme suscription : *A toi la damnation éternelle*. Il a même un de ces messages diaboliques, qu'il a vu tomber du ciel à ses pieds, sur son balcon, alors que l'Américain était tranquillement plongé dans un livre à quelque distance, etc., etc.

III. « Les Phénomènes ne sont d'aucun avantage pour la pratique de la vie, surtout si l'on possède la vraie vie religieuse ; ils n'ont d'utilité que pour la science, ou pour atteindre les incrédules qui ne croient qu'à la matière. Quant aux Doctrines, je ne suis pas devenu spirite. J'aurais de la peine à accepter la réincarnation, du moins sur cette terre. La doctrine religieuse spirite renverse la divinité de Jésus-Christ, ce qui me froisse. »

1908. — I. « J'ai facilement des pressentiments, et la faculté de sentir la sympathie (ou le contraire) des personnes que je rencontre. J'ai aussi eu un rêve prophétique qui se réalisa trois ans plus tard » :

[77] M. de l'E. rêva qu'il était assis sous des oliviers, sur une hauteur d'où il voyait les gens circuler au-dessous de lui, la voie du chemin de fer avec un train sortant d'un tunnel pour rentrer bientôt dans un autre, puis la mer bleue et sans bateaux, etc. ; tout cela était si net, si éclatant de lumière et de couleur, qu'au réveil il fut tout étonné que ce ne fût pas la réalité. Ce rêve « aussi limpide et naturel qu'un beau jour de soleil » lui resta comme une chose irréalisable, car il n'y avait aucune probabilité qu'il pût jamais aller dans le Midi. Néanmoins une occasion inespérée se présenta trois ans plus tard, et dans une promenade au-dessus de Monaco, s'étant assis sur l'herbe, il reconnut l'exacte réalisation de son rêve en tous ses détails : les oliviers, le train qui passait justement entre deux tunnels, la mer bleue et sans voiles, etc.

[78] II. Il a constaté, il y a deux ans, quelques phénomènes physiques inexplicables, en présence d'une demoiselle belge qui était médium (typtologue). Par exemple, un soir qu'il l'avait accompagnée du concert jusqu'à l'entrée de sa maison, elle s'aperçut que son trousseau de clefs avait disparu de son réticule ; la porte n'étant heureusement pas encore fermée, elle entra, repoussa la porte, et il la vit par le vitrage monter l'escalier ; à ce moment il se retourne pour s'en aller, mais il entend aussitôt une chute de ferraille à côté de lui sur le trottoir ; il cherche, c'est le trousseau de clefs perdu et retombé on ne sait d'où ; toutes les fenêtres de la maison étaient fermées, et la demoiselle encore dans les escaliers. Il y eut deux autres cas analogues, où une clef et une lettre, mystérieusement disparues, se retrouvèrent dans des endroits où elles n'avaient pu parvenir par aucun procédé naturel.

III. « Les expériences métapsychiques ont le grand avantage de fortifier la foi dans les miracles bibliques mis en doute par quelques théologiens, de détourner des pensées terre à terre (vie de café, etc.), d'élargir l'horizon et de reculer l'inconnaissable qui sera encore longtemps un océan de mystère... Je ne serai jamais spirite et ne fais guère cas de la doctrine spirite : elle peut convenir à des indécis et même ramener les incrédules à la foi, mais elle est inutile pour celui qui est vraiment chrétien... Je crois fermement à l'existence de milliards d'Esprits, d'entités extraterrestres, mais quelle est leur nature ? Mystère. C'est là que je diffère des spirites qui ne croient qu'aux esprits des décédés. En tout cas il est avéré qu'il y a une intelligence suprême et une hiérarchie d'intelligences gouvernant l'Univers. Les anciens Hindous, Egyptiens, et Grecs étaient peut-être plus avancés que les Chrétiens avec leur mythologie. »

Obs. XXIII. — * M. Glika, 30 ans, négociant. Médiumnité nulle. A toujours été spirite comme toute sa famille. Sa femme est médium typtologue (obs. XL).

Il a assisté à des séances de divers médiums, entre autres de Mme Guelt et de Mlle Dyck (obs. LI et LV) sans parler de sa femme, et constaté des phénomènes de table (raps, mouvements avec et sans contact, dictées), des apports de pierres, des déplacements de fleurs et d'autres objets. Il a aussi eu les faits suivants :

[79] « Il y a 6 ans, je souffrais beaucoup de la tête et ne pouvais parfois absolument pas respirer par le nez. Ce qui me soulageait le mieux était le magnétisme : il suffisait souvent que quelqu'un mît sa main sur mon front pour me rendre la respiration nasale. Une nuit je me réveillai avec le sentiment angoissant que la respiration me manquait, et je pensais justement que si c'était de jour, je pourrais me faire magnétiser, lorsque je sentis sur mon front une main surhumainement grande, et en même temps je fis une longue respiration par le nez. J'éprouvai un sentiment de reconnaissance envers l'Invisible qui venait de me toucher avec tant de sympathie, j'en fus tout remonté et j'allumai pour me rendre bien compte que j'étais seul dans ma chambre. Je venais de me recoucher lorsque je sentis encore une fois cette grande main sympathique appuyer sur mon front et me serrer sur mon oreiller.

[80] « A la même époque, j'avais eu un dédoublement : je m'étais endormi et je me voyais dans la position que j'occupais, c'est-à-dire dans un fauteuil, comme si je me trouvais devant moi-même.

« L'exercice de la médiumnité, quand elle a des effets matériels, semble fatiguer les nerfs. — En spiritisme, la doctrine est tout ; on peut être bon spirite sans avoir jamais vu de Phénomènes; ceux-ci ne devraient jamais être recherchés que pour la propagande, c'est-à-dire pour appuyer la Doctrine, et dans des conditions répondant à ce but sacré. »

1908. — « ... J'ai cru remarquer que les médiums n'ont pas le caractère caustique qu'on rencontre souvent chez les matérialistes, et aussi chez des croyants opposés de parti pris à tout examen d'idées psychiques différentes des leurs. L'inconvénient des pratiques médianimiques est l'état de *passivité* qu'elles exigent; la répétition fréquente de ces états passifs peut conduire le sujet à l'abandon de sa personnalité et à l'absence de volonté. Inversement, la médiumnité diminue d'intensité à mesure que la volonté reprend le dessus. Avec des séances peu fréquentes, le sujet peut échapper à ce sacrifice de sa personnalité tout en se mettant momentanément dans la passivité nécessaire aux phénomènes. — Dans les séances, le médium entre facilement dans un état de nervosité analogue à celui produit par les boissons excitantes (café, thé, alcool), avec cette différence qu'au lieu d'être dû à une cause physique (accélération de la circulation sanguine) et de s'accompagner d'un sentiment agréable, l'énervement du médium est désagréable et paraît dû à une cause mentale, à savoir la lutte ou le conflit irritant entre l'attitude naturellement volontaire, et l'attitude passive qu'il faut adopter. Aussi, moins il y a de volonté, moins se fait remarquer cet énervement, qui n'empêche d'ailleurs pas la production des phénomènes, mais qui semble en diminuer l'intensité et la précision. Une pratique très modérée de la médiumnité ne semble pas nuire à un sujet averti de ces risques. Les séances peuvent même être d'un certain profit intellectuel et moral; mais elles ne doivent être faites qu'avec calme et sérieux, et uniquement pour contrôler les théories psychiques. Le spiritisme pourrait même se passer de cet examen, la doctrine ici étant tout... La doctrine spirite est une philosophie qui remplace — pour nous — la religion dogmatique. Il ne faut l'enseigner aux enfants que lorsqu'ils commencent à raisonner... »

Obs. XXIV. — Mlle Blanche X., 15 ans. Nièce de Mlle X. (obs. LII).

Cette jeune fille, restée orpheline il y a huit ans, a été adoptée par sa tante Mlle X., qui a noté à son sujet les faits suivants :

[81] « Il y a deux mois, ma nièce avait eu la grippe, avec trois jours de forte fièvre, les 7, 8 et 9 mars. La semaine suivante il n'en restait d'autre trace qu'une faiblesse générale et une absence pénible de sommeil. Dans la nuit du 13 au 14, elle se tournait depuis longtemps dans son lit sans pouvoir dormir, lorsque tout à coup elle entendit des mots étranges prononcés près d'elle ; elle écouta en se demandant ce qu'ils pouvaient bien signifier ; alors la même voix fit entendre ces paroles : *Tourne-toi du côté du mur !* Elle obéit et s'endormit. Elle me raconta la chose le lendemain, toute contente d'avoir reçu et suivi ce bon conseil inattendu, qui lui avait procuré le repos. A mes questions, elle me répondit les détails suivants : la voix lui avait paru se produire non dans sa tête, mais en dehors, à côté d'elle ; c'était une voix inconnue, toute douce ; les mots étranges lui avaient semblé de l'arabe (je ne sais pas au juste quelle idée elle se fait de l'arabe, mais peu importe) ; elle avait nettement désiré en avoir la signification, qui lui fut donnée dans le conseil de se tourner ; elle n'avait pas songé à avoir peur, mais avait obéi tout de suite sans savoir pourquoi. J'ai noté tout cela, me demandant si ce ne serait pas l'éclosion de quelque médiumnité chez elle, ce que je désirerais vivement parce que cela m'aiderait à contrôler ce que je reçois par l'écriture. Je lui ai recommandé de bien s'observer si le fait se reproduisait, mais il ne s'est pas renouvelé. Quelques jours après, me trouvant chez Mme Guelt, et mon frère défunt, père de ma nièce, s'étant manifesté, je lui demandai son avis sur ce sujet ; il ne constate pas chez sa fille une médiumnité en voie de développement et pense que c'était un état accidentel de l'organisme, éprouvé par la fièvre, qui permettait une manifestation impossible en temps ordinaire. »

1908. — Mlle Blanche X. est aujourd'hui une belle et robuste personne, professeur dans une école de jeunes filles. Elle n'a plus eu aucun phénomène curieux, sauf qu'un matin, bien éveillée, elle a perçu le renseignement inattendu suivant : *François-Jean Barrisson, 27 ans, maître-couvreur, Carpentras,* dont on ignore encore à quoi cela se rapporte. Tout en acceptant en gros les doctrines spirites, elle a horreur de tout ce qui est manifestation des Esprits, et ne voudrait pour rien au monde assister à des séances de table ou autres.

Obs. XXV. — * Mlle Muth, 37 ans, négociante.

I. Elle entendit parler du spiritisme à 12 ans déjà (à propos des séances de Home, qu'on lui racontait). Plus tard « je lus des ouvrages spiritualistes, de Flammarion entre autres, qui me prédisposèrent beaucoup à adopter dans la suite les doctrines spirites. » Aussi ce ne fut rien de nouveau pour elle lorsque son amie intime Cécile N. lui parla de l'existence des Esprits comme d'une récente découverte, mais cela la décida à s'en occuper de plus près, surtout après le fait suivant qui lui arriva à la même époque (elle avait 29 ans) et se rattachait justement à cette amie :

[82] « Un dimanche après-midi j'étais allée à la campagne avec ma mère faire visite à ma sœur. Nous étions tous gais et bien portants. Tout à coup, vers le soir, une tristesse invincible, sans cause apparente, s'empara de moi : je sentais mes traits s'étirer, j'avais la gorge serrée, je quittai la table où nous étions en train de souper pour aller m'appuyer rêveuse sur le bord de la galerie ; mes yeux cherchaient au loin, à l'horizon, la cause de cette tristesse inaccoutumée, rien ne me l'expliqua... » Cet accès de tristesse poignante dura un bon quart d'heure ; elle en conserva l'impression pendant le retour, et « en rentrant à la maison je dis à ma mère : Je ne peux pas comprendre pourquoi je suis si sombre aujourd'hui ; est-ce peut-être parce que Cécile [son amie qui était partie en voyage pour se rendre auprès de son frère malade] ne m'a pas encore écrit ? Le lendemain lundi (21 juillet) je reçus d'elle une lettre désolante, écrite le samedi 19, où elle prévoyait la mort imminente de son frère [il mourut en effet le dimanche 20]. Avant le départ de Cécile, je savais que son frère avait l'influenza, mais comme on avait eu soin d'en cacher la gravité à sa sœur, je ne m'attendais nullement à une pareille nouvelle. Je compris que ma tristesse du dimanche était un écho de celle de Cécile et de sa famille... » — Ce fut quelques semaines après cet incident que Mlle Muth, pour approfondir par elle-même la question du spiritisme, chercha à faire la connaissance de personnes le pratiquant.

[83] « Un médium typtologue [Mme Guelt, obs. LI] m'ayant été indiqué, je me rendis chez elle en compagnie de ma mère et d'un de nos pensionnaires, M. [Gabriel] X..., sans être attendus, pour une première séance. Le phénomène de la table se soulevant et répondant aux questions m'intéressa vivement, car je vis bien qu'il n'y avait là aucune supercherie. Il ne se présenta rien de bien curieux dans cette séance, sinon qu'à une pensée secrète de M. X... la table épela cette phrase : *Gabriel ne croit pas*. Cela était d'autant plus singulier que le médium ignorait totalement le prénom du dit monsieur, et que nous-mêmes, qui le connaissions depuis fort peu de temps, aurions été incapables de le répéter. Nous demandâmes au médium une seconde séance pour peu de jours après. »

[84] Dans cette seconde séance (5 septembre), Mlle Muth eut une sorte de trance partielle et très courte, qui constitue le seul phénomène de ce genre qu'elle ait jamais éprouvé : « Une seule et unique fois, je me suis *sentie prise*, pour employer un terme consacré, et d'une manière assez extraordinaire pour que je croie utile de relater le fait... Au cours de cette séance, le médium me dit : Voulez-vous appeler quelqu'un ? Je me trouvai un peu interloquée, mais au bout d'un moment de réflexion, il me vint à l'idée d'évoquer Charles N., le frère de mon amie Cécile, auquel je m'étais intéressée par affection pour sa famille, mais avec lequel j'avais eu peu de rapports, vu qu'il était depuis de longues années à l'étranger. [C'est lui dont la mort, sept semaines auparavant, avait été l'occasion de l'impression télépathique rapportée ci-dessus n° 82.] Comme c'était un homme d'une intelligence remarquable et d'une grande bonté, je pensais : en voici un qui va nous dire quelque chose d'intéressant. A peine venait-il d'être évoqué [la table venait de signaler sa présence en répondant *oui* à la question habituelle du médium : Cher Esprit êtes-vous là ?] que je me sentis pâlir, mon cou se tendit vers le ciel, des larmes abondantes roulèrent sur mes joues et ma poitrine se souleva par des sanglots. Peu à peu ma tête se pencha comme pour exprimer un vif chagrin. Un instant il me sembla que j'allais parler, mais aucun son ne sortit de ma bouche. Cette souffrance si vivement exprimée ne m'était absolument pas personnelle : j'étais très calme, n'éprouvais aucune tristesse ni souffrance : il me semblait être un pantin dont on aurait tiré la ficelle, quelqu'un se servait de mes nerfs et de mes muscles sans ma permission. Mon esprit était malgré cela parfaitement lucide et faisait ses réflexions. Je repensais à un projet de statue que j'avais vu autrefois dans une Illustration quelconque ; c'était le projet d'un monument à élever en mémoire des victimes du choléra à Paris : le sculpteur avait représenté la Ville de Paris sous les traits d'une femme soutenant un adolescent se tordant de douleur. Ce qui m'est surtout resté dans la mémoire, c'est l'expression de la femme, assise, dont le visage parfaitement calme n'exprimait rien de particulier, mais dont toute la souffrance était indiquée par une courbure du cou tendu vers le ciel. Cela m'avait frappée ; du reste le critique relevait comme un trait de génie d'avoir pu faire sentir une impression aussi poignante dans cette seule courbure du cou ; et la pensée qui me vint pendant le phénomène fut celle-ci : C'est vrai, cette tension du cou vers le ciel est bien l'indice d'une grande souffrance. Seulement, chez moi il y avait encore les larmes et le soulèvement de la poitrine. Au bout de quelques minutes le phénomène cessa. Depuis lors j'ai assisté à de nombreuses séances, mais jamais rien de tel ne s'est reproduit ; je ne puis attribuer la cause de ce phénomène à aucune des personnes présentes ; à quoi donc l'attribuer, je vous le laisse à penser ! » Mlle Muth et tous les assistants l'attribuèrent naturellement à une influence ou incarnation partielle de l'Esprit évoqué ; mais comme l'état de souffrance manifesté par ce désincarné, qu'on avait tout lieu de croire heureux, ne laissait pas que d'étonner, surtout Mlle Muth qui s'était attendue à l'entendre exprimer sa félicité, on tâcha d'obtenir des éclaircissements de sa part ; mais « comme les réponses étaient longues à venir par la table, le médium Mme Guelt proposa de demander une explication à Mme Zora [médium écrivain qui venait volontiers faire des séances avec elle, et dont les messages, obtenus par le crayon, complétaient souvent ceux de la table]. C'est ce qui eut lieu le lendemain : Mme Zora étant venue chez Mme Guelt, y écrivit une communication assez curieuse, signée de Charles N., et paraissant se rapporter assez bien à son caractère ; on y voit que l'état de souffrance dans lequel il se trouvait était d'un genre particulier, c'est la souffrance de l'esprit (plutôt que celle du cœur), celle d'une conscience délicate qui prend connaissance d'elle-même et déplore son incrédulité passée [il avait été un homme d'une haute moralité, mais libre-penseur militant] ; c'est peut-être pourquoi cette souffrance a été exprimée d'une toute autre manière que celle que j'avais ressentie quelques heures après sa mort ; cette dernière était surtout celle du cœur, le chagrin de laisser les siens seuls sur la terre... Cette communication écrite me paraît bien venir de lui : en tout cas le médium qui l'a reçue, Mme Zora, n'en avait jamais entendu parler... »

Mlle Muth suivit pendant trois ans beaucoup de séances spirites sans être jamais « prise » de nouveau. Au début, elle essaya aussi de l'écriture automatique ; elle laissait aller sa main, qui était entraînée *sans* (mais jamais *contre*) sa volonté, et elle obtenait des phrases ; mais les mots lui venaient à l'idée en même temps qu'elle écrivait, et elle n'eut jamais l'impression que cela vînt d'une cause extérieure comme pour le commencement de trance qui l'avait tant frappée. Aussi ne poursuivit-elle pas ces exercices. En fait d'autres phénomènes, elle a eu deux apparitions nocturnes d'individus connus d'elle et vivants : l'une il y a 13 ans, de grand matin au moment du réveil, l'autre, dont voici le récit, il y a peu d'années :

[85] « Une nuit, vers 2 heures du matin, j'entendis tourner la clef dans la serrure de la porte d'entrée et des pas se diriger dans le vestibule du côté de ma chambre : la porte s'ouvrit et une personne vivante, et vêtue comme je l'ai toujours vue, s'arrêta sur le seuil. Anxieuse, je criai tout fort : Je suis là ! comme pour répondre à la question muette empreinte sur la physionomie de la personne, qui fit un signe de tête voulant dire : *A la bonne heure !* et disparut aussitôt. Ce qu'il y a de particulier dans ce genre d'apparitions, qui ne saurait se confondre avec le rêve pour qui les a ressenties, c'est la manière dont s'évanouit le fantôme : sa matière disparaît comme s'il se vidait ; il ne reste plus que l'enveloppe, diaphane, sans couleur, une simple forme qu'on voit vide, transparente ; il devient toujours moins apparent et se fond pour ainsi dire. » — Il est à noter que, d'après la configuration des lieux, Mlle Muth, qui était couchée dans une alcôve, aurait bien pu *entendre*, mais non pas *voir* réellement s'ouvrir la porte de sa chambre et une personne se tenir sur le seuil ; « mais, dit-elle, dans ces visions on voit à travers les murs. »

II. Mlle Muth a encore été témoin des faits suivants :

[86] « Il y a huit ans environ, ma sœur fut poursuivie par une idée fixe et nous répéta à plusieurs reprises : Un grand deuil me court après, je ne peux pas comprendre pour qui... Comme sa belle-mère était déjà âgée et tombée en enfance, nous pensâmes qu'il s'agissait d'elle ; mais celle qui fut moissonnée fut justement celle qui donnait le moins d'inquiétude : la fille unique de ma sœur, une belle enfant de huit ans, qui fut enlevée en huit jours par la diphthérie !

[87] « Un jour, à Lyon, j'étais seule avec un médium voyant, une dame, qui me dit : *Je vois près de vous un Esprit qui paraît vous être bien attaché, ce doit être un parent ou quelqu'un vous touchant de près ; c'est un monsieur d'un certain âge.* Elle m'en fit un portrait assez détaillé en ajoutant qu'il paraissait souffrir beaucoup. J'eus beau chercher dans ma mémoire, je ne reconnus absolument pas le personnage et pensai qu'il devait y avoir erreur ; mais sur l'insistance du médium à me dire que ce devait être un parent, je lui dis : Eh bien, si cet esprit me connaît, qu'il dise ou fasse quelque chose de caractéristique qui puisse me guider ! Là-dessus le médium me le décrivit sortant de sa poche un mètre en bois pliant, et paraissant vouloir mesurer quelque chose. Ce fut pour moi un trait de lumière : c'était mon parrain, qui avait été marchand de bois de construction et qui passait une grande partie de son temps à toiser des planches. Comme j'avais 8 ans à sa mort et plus de 30 lors de cette vision, sa pensée était bien loin de moi ; cependant je lui avais gardé un bon souvenir et une vive affection ; ses traits étaient restés assez vivants dans ma mémoire pour que je pusse reconnaître la justesse du portrait.

[88] « J'ai aussi vu une médium qui parlait sous l'influence de l'Esprit : sa voix changeait suivant qui la *tenait*, je ne me souviens pas qu'elle ait dit des choses extraordinaires, mais ce qui me frappa fut la manière dont l'Esprit s'emparait d'elle : au moment où il s'incarnait elle éprouvait un soubresaut, et lorsqu'il avait fini de parler, il paraissait s'exhaler par sa bouche, comme une personne qui expire ; le médium semblait rendre l'âme.

[89] « A Lyon encore, je vis une autre dame dont l'Esprit familier faisait instantanément de petits couplets rimés, sentencieux ou humoristiques ; les mots venaient un à un à l'esprit du médium, qui les prononçait tout haut sans avoir connaissance de la phrase entière. La verve de cet Esprit était intarissable, il aurait débité des *bluets* — c'est le nom qu'il donnait à ces compositions — indéfiniment si le médium avait voulu s'y prêter. »

III. « Les médiums sont en général aussi imparfaits que les autres gens, ils ont en plus une sorte d'orgueil d'avoir des facultés que tout le monde n'a pas... Le seul avantage des PHÉNOMÈNES est de nous prouver que tout n'est pas fini à la mort, mais une fois qu'on en est pénétré, il n'est pas utile d'entretenir commerce avec les Esprits de l'au-delà, car ce ne sont toujours que des humains, qu'il n'y a pas grand avantage à consulter. Celui seul qu'il importe de consulter et d'étudier dans ses œuvres, c'est l'Eternel, immortel Créateur... Les DOCTRINES spirites sont essentiellement moralisatrices ; il est nécessaire d'inculquer à l'enfant l'idée de l'immortalité de l'âme en la lui prouvant le mieux possible, mais une fois le principe acquis, je ne l'engagerais pas à perdre son temps dans des pratiques stériles : je hais ces longues séances où l'on reste des heures autour d'une table pour entendre des phrases banales, alors qu'il y aurait tant de bien à réaliser en s'occupant un peu plus des vivants et un peu moins des morts... »

1908. — I Mlle Muth a eu de tous temps des phénomènes spontanés « prophétiques, surgissant toujours au moment où je m'y attendais le moins et sans avoir rien fait pour les susciter. A chaque instant dans le courant de la vie, je reçois, j'entends des avertissements ; quand je dis j'*entends*, ce n'est pas vraiment avec le sens de l'ouïe, c'est plutôt avec un sens intime (qui se rapproche de la voix de la conscience) qui me parle et me donne une réponse à une question, formulée ou non. Si la *vision* n'avait pas été jointe quelquefois à l'*audition*, je ne me serais pas si bien rendu compte d'une influence extérieure. » Voici des exemples qu'elle n'avait pas mentionnés il y a dix ans :

[90] « A l'âge de 8 ans, j'ai fait un rêve qui m'est toujours resté : je me voyais assise sur un banc de pierre brute, au milieu d'un immense désert de sable allant se confondre à l'horizon avec un beau ciel plein de lumière ; j'étais occupée à tracer des signes sur le sable avec un bâton, lorsque tout à coup je vis apparaître dans le ciel, en lettres brillantes comme du feu, l'inscription : *Tu seras prophète.* — Près de quarante ans ont passé, je ne suis pas prophète, mais j'ai eu des aperçus de l'avenir et je crois que je pourrais le devenir suivant les circonstances ; mais je ne ferai jamais rien pour cela, ne voulant pas fausser en moi l'inspiration.

[91] « A 24 ans, je perdis mon père et fus obligée de chercher une vocation : je ne savais que faire, lorsqu'un matin, entrant dans la salle à manger et apercevant le journal sur la table, j'avançai, le doigt tendu, et le posai juste sur un article où l'on demandait une maîtresse de français en Allemagne ; j'y écrivis, fus engagée aussitôt et n'eus qu'à m'en féliciter. Banale inspiration, direz-vous ; mais j'ai toujours pensé avoir été poussée par une force indépendante de ma volonté.

[92] « Peu de temps après, mettant mes affaires en ordre avant de partir, j'allais brûler un paquet de certaines lettres, quand j'entendis ces mots : *Non, ne les détruis pas, tu t'en serviras là,* et je vis distinctement sur la route de Veyrier, à mi-chemin du Salève depuis chez moi, une lumière briller à gauche... Or c'est justement là que demeurait une personne, dont j'ignorais alors jusqu'au nom, mais dont, 13 ans plus tard, je fis la connaissance imprévue et à qui je fus bien aise de pouvoir montrer les dites lettres. C'est alors que je me souvins de cette étonnante prophétie de jadis.

[93] « A 26 ans, revenue d'Allemagne et ne sachant à quoi me vouer, je fis ce rêve : Je me voyais en tablier, avec des ciseaux pendus au côté, sur le seuil d'un certain magasin de confection (qui existe réellement, dans telle rue), mais je me disais qu'il me serait impossible de me lancer dans une entreprise aussi difficile et à laquelle je n'entendais rien. Or trois mois plus tard le fait se réalisa ; par un enchaînement de circonstances imprévisibles, et sur lesquelles le souvenir de mon rêve ne pouvait avoir d'influence, je me trouvai amenée à reprendre un commerce identique (mais dans une autre rue), où je me tirai d'affaire et finis par réussir mieux que je n'eusse espéré.

[94] « C'est deux ans après cela que je commençai à m'occuper de spiritisme et eus mes premières séances chez Mme Guelt. A cette époque, nous entendions chez nous des bruits dans les plafonds, et même contre les murs en galandage, où il ne pouvait donc y avoir ni rats ni souris. Ayant déménagé, ces bruits nous suivirent dans notre nouvel appartement. C'était comme un roulement de gravier et de plâtras. Au bout de quelques mois, ces bruits cessèrent complètement, et nous n'en entendîmes plus, ni là, ni dans nos logements ultérieurs. Je ne saurais comment les expliquer. »

Mlle Mutha eu encore d'autres rêves ou visions prophétiques ; les uns, poignants, ne se sont que trop clairement vérifiés dans les épreuves de sa vie ; d'autres, plus heureux, attendent encore leur réalisation, sur laquelle elle compte. Elle remarque que ces prophéties ne concernent que sa propre existence, mais elle se demande si elle n'en aura pas d'autres d'une portée plus générale ; par exemple, elle a fait l'an dernier un rêve bizarre (d'un taureau aux yeux bandés, déchaîné dans la rue du Mont-Blanc et s'abattant finalement sur la chaussée, etc.), qui pourrait bien annoncer symboliquement une révolution, brutale et aveugle, éclatant à Genève.

III. « Quant aux expériences et séances spirites, j'ai complètement cessé depuis des années de m'en occuper, faute de temps... Cependant je suis restée profondément attachée à la doctrine spirite. »

Obs. XXVI. — M. P. J., 40 ans, propriétaire. Ni spirite ni médium, mais a eu quelques faits automatiques véridiques qui l'ont frappé.

[95] A 30 ans, il fut pris tout à coup et sans raison d'un accès de pleurs, en disant « ma mère est morte ». Elle mourait en effet, au même moment, à plus de 600 kil. de là. Elle avait été gravement malade deux ans auparavant, et il l'avait soignée : elle s'était guérie, et il n'avait alors aucune inquiétude à son égard.

[96] Une nuit, dans un hôtel, il fait un rêve emprunté à la *Jérusalem délivrée* du Tasse : il voit un guerrier attaquer un arbre qui s'ouvre pour laisser sortir un autre guerrier, etc. Le matin, il raconte ce rêve à un officier de ses amis, qui avait logé dans la chambre à côté de la sienne, mais séparée par un gros mur. (M. P. J. ignorait la présence de cet ami, qui était arrivé le soir tard et qu'il fut tout surpris de rencontrer le matin.) Cet officier lui dit avoir précisément lu (pas à haute voix) ce passage du Tasse dans la nuit, et lui montre son exemplaire et la marque qui se trouve en effet à cet endroit ; l'heure de cette lecture coïncidait en gros avec celle du rêve.

[97] Rencontrant dans une visite une personne (qu'il n'avait pas vue depuis vingt ans, alors qu'elle était toute petite), il lui dit spontanément et sans y penser : « Vous avez fait telle chose... » — « C'est vrai, répond-elle, mais comment le savez-vous ? Il n'y a que Dieu seul et moi qui en ayons connaissance ! » M. P. J. n'avait eu aucune vision ni information de cette chose auparavant ; il ne l'a apprise qu'en s'entendant prononcer ses propres paroles, qui lui sont venues d'elles-mêmes, malgré lui.

1908. — Rien de nouveau, et aucune théorie sur ces faits étranges.

Obs. XXVII. — Mme P. J., femme du précédent. Très religieuse (protestante), mais ni spirite ni médium. Beaucoup de pressentiments véridiques, tous funèbres.

[98] A son anniversaire de naissance de 20 ans, une amie lui apporte un palmier vert, à la vue duquel elle est saisie du pressentiment que quelqu'un des siens mourra, et d'une crise de larmes et de tristesse qui se prolonge tout le jour. Quelques jours après, elle rêve la mort de son frère Charles et elle est prise d'un accès de pleurs. Six semaines plus tard, le dit frère meurt au service militaire, d'un accident imprévisible (insolation sur le champ d'exercice).

[99] Deux ans après, encore à son anniversaire, une autre amie lui apporte de nouveau un palmier vert, qui renouvelle ses sombres pressentiments. Elle lutte contre (car elle n'est pas superstitieuse, et, dans ces deux ans, elle avait elle-même planté trois palmiers verts pour combattre cette tendance involontaire). Mais cinq semaines après, son père meurt.

[100] Une nuit, étant en convalescence d'une longue maladie, elle voit un homme noir sur son lit ; puis il se tient au pied du lit et ne disparaît pas tout de suite. Son mari, accouru avec une lumière à ses cris d'effroi, cherche vainement à la rassurer ; elle y voit un présage de mort, mais sans savoir qui cela concerne. Or cette même nuit et approximativement à la même heure, un de ses frères mourait par accident.

[**101**] Un jour, descendant du salon et entrant à la salle à manger, elle est saisie par une forte odeur d'enterrement (odeur d'essences spéciales dont on a coutume de se servir dans cette occasion), et elle a en imagination la vision d'un cercueil avec fleurs, cierges, et tout l'attirail usité. Malgré les efforts de son mari pour la rassurer, elle ne peut se défaire de l'idée que quelqu'un est mort, sans savoir qui. Quelques jours après, elle reçoit la nouvelle de la mort de son troisième frère, enlevé rapidement par une fièvre typhoïde, et qui n'était pas encore malade lors de son pressentiment.

[**102**] Un matin vers 11 heures, elle entend des coups frappés contre les montants de la fenêtre, et elle dit à sa mère : Voilà Henri V... qui vient de mourir. Ce qui se trouva vrai. (Il s'agissait d'un jeune homme avec qui elle avait dansé huit jours avant, et qui était tombé gravement malade depuis lors ; elle le savait et en était très affectée.)

[**103**] Un jour qu'elle devait aller en soirée avec son [premier] mari, elle eut le pressentiment qu'il allait tomber malade ; elle refusa et l'empêcha de sortir, et fit venir le médecin, qui se moqua d'elle en ne trouvant chez lui aucun indice suspect. Mais peu d'heures après, le même soir, son mari fut frappé d'une attaque d'apoplexie dont il mourut en quelques mois.

[**104**] Le fait suivant eut lieu entre son père et son frère aîné. Son père, peu d'heures avant sa mort (il était alité depuis huit jours et ne parlait plus guère), s'écria avec effort : *Wilhelm ! Wilhelm !* du ton un peu fâché qu'il avait habituellement à l'égard de son fils Wilhelm, parce que celui-ci lui demandait trop souvent de l'argent. Et à l'instant de sa mort, ledit Wilhelm, qui savait son père malade mais qui habitait à une journée de chemin de fer de là, cria tout haut : *Mon père meurt !* et il se sentit comme saisi par quelqu'un dans la région lombaire, au point qu'il se déshabilla et pria sa femme de l'examiner ; or il avait deux taches rouges correspondant à cette douleur subite dans les reins.

1908. — Mme P. J. a eu, il y a neuf ans, un nouveau présage vérifié :

[**105**] Il lui arrive souvent, quand elle a la plume en main, d'écrire plus ou moins distraitement quelques mots relatifs à ce qui la préoccupe. Or le 5 novembre 1898, anniversaire de la mort d'une nièce, après avoir écrit des lettres à cette occasion, sa main griffonna sur un bout de papier : *5. XI, jour de la mort de ma nièce : —* puis tout à coup, elle écrivit encore : *5, XII, jour de la mort de maman ;* aussitôt, furieuse d'avoir écrit involontairement pareille chose, elle brûla ce papier au feu comme pour empêcher cette sinistre prédiction de se réaliser. Or sa mère (qui souffrait depuis longtemps d'une maladie de cœur, mais qui n'allait pas plus mal et pouvait vivre encore des années) mourut en effet juste un mois après, le 5 décembre. Mme P. J. a ainsi eu des présages funèbres pour son père, sa mère, trois de ses frères, et son premier mari, c'est-à-dire pour tous ceux qu'elle a perdus, à l'exception d'un frère qui mourut sans qu'elle en ait eu le pressentiment. (Elle a encore vivants son fils, son second mari et une sœur.) Elle n'a pas de théorie là-dessus, sauf l'idée vague de *clairvoyance*.

Obs. XXVIII. — * M. Brown, 44 ans, secrétaire d'administration, mari de Mme Brown (obs. XI).

A essayé de la table pendant un mois sans grand succès. A aussi essayé de l'écriture : il n'obtient que des lignes ondulées, tracées assez lentement, et de temps en temps le crayon échappe de sa main, non pas simplement lâché, mais comme légèrement projeté de côté par une contraction imperceptible des doigts.

1908. — N'a pas poursuivi ces essais médianimiques infructueux et n'a pas d'opinion arrêtée sur ces sujets. Il a un seul fait à citer, un rêve d'enfant qui se réalisa :

[106] « J'avais 12 ans, j'étais avec mon frère dans un institut d'Allemagne ; mon père, qui nous y avait amenés, venait de repartir pour Genève, ma désolation était grande, rien d'étonnant si la pensée de mes parents absents s'étendait à mes rêves la nuit. Cependant l'un de ces rêves me frappa particulièrement : je voyais mon père de retour à la maison et cherchant quelque chose : tout à coup il se tourne vers moi et me dit : Fiston, j'ai oublié ma chemise de nuit à l'hôtel, il faudra la réclamer et me l'expédier. Le matin, je racontai mon rêve à mon frère, qui l'accueillit en haussant les épaules. Nonobstant, la première lettre de mon père, arrivée peu après, nous chargeait en effet de réclamer à l'hôtel la chemise oubliée. Tout cela est très présent à ma mémoire. »

Obs. XXIX. — Mme Money, 58 ans, ancienne couturière.

I. Mme Money, qui a eu beaucoup de revers, était devenue tout à fait matérialiste ; le spiritisme a été une bénédiction pour elle : elle y a été gagnée surtout par ses conversations et expériences de table avec sa voisine Mme Voss (obs. XXXVI). Pas de médiumnité précise, mais a parfois entendu des coups frappés et des bruits de pas. Des exemples suivants, les deux premiers sont antérieurs à sa conversion au spiritisme :

[107] « Il y a quelques années, dans un état de demi-sommeil, j'entendis un coup violent à la tête de mon lit ; je pensai que cela devait signifier quelque chose et regardai l'heure (1 h. 1/2 précise) ; dans la journée nous reçûmes la nouvelle de la mort d'un parent arrivée à cette heure-là.

[108] « Vers le même temps, j'étais debout devant une table lorsque des bruits, assez forts pour m'obliger à quitter la place, furent frappés sous mes pieds. Quoique je me rendisse bien compte qu'ils étaient frappés dans le plancher même, je descendis voir à l'étage au-dessous : il n'y avait personne. Je me remis à la même place, les bruits recommencèrent, plus faibles. Ils restèrent inexpliqués, alors ; mais 3 ou 4 ans plus tard j'appris qu'un parent habitant l'étranger, et avec qui nous n'avions pas de relations, était mort à une date coïncidant en gros avec celle des coups (que je n'avais pas marquée).

[109] « Il y a 3 mois, réveillée en sursaut, j'entendis du bruit dans le corridor, et en écoutant attentivement, je distinguai parfaitement le bruit des pas d'une personne à la démarche très lourde et chaussée de savates ; j'en fus bouleversée, craignant que ce bruit ne vînt dans ma chambre, dont la porte était ouverte.

[110] II. « Une famille de ma parenté, qui habitait il y a dix ans une ferme du canton de Genève, m'a assuré qu'à diverses reprises ils avaient entendu marcher avec des sabots dans les corridors, et senti comme le poids de mains se promenant sur leurs corps. J'ajoute que cette famille ne s'est jamais occupée de spiritisme, ni n'en veut entendre parler à cause de ses convictions religieuses. »

1908. — Mme Money est depuis longtemps très malade et elle ne quitte plus guère son lit. Elle a le sentiment qu'elle aurait été un médium extraordinaire si elle avait eu l'occasion de se développer ; elle a essayé de l'écriture automatique et a obtenu des dessins, des figures et quelques communications, mais elle n'a pas poursuivi à cause de son état de santé. Beaucoup de phénomènes spontanés, p. ex. :

[111] Jadis, huit ans avant son mariage, elle éprouva, à deux reprises le même jour, une angoisse inexplicable en passant devant une certaine maison, où elle ne connaissait personne. Or il se trouva, qu'une fois mariée, c'est là qu'elle vint habiter ; elle y a perdu un enfant.

[112] Il y a quelques mois, souffrant beaucoup dans son lit, elle se vit tout à coup enveloppée de lumière et entendit une voix qui lui dit : *Tu es bénie !* et le lui répéta une seconde fois comme en s'éloignant ; en même temps elle éprouva un grand bien-être et put s'étendre à son aise.

[113] Il y a environ deux ans, elle eut, en un mois, 4 apparitions de personnes connues d'elle et qui se trouvaient déjà mortes à son insu. Entre autres, un vieux colporteur, à qui elle avait montré beaucoup de bonté et accordé maints petits secours, lui apparut nettement un soir, sans qu'elle le sût malade ; elle apprit le lendemain qu'à ce moment-là il venait justement de mourir.

Obs. XXX. — Mlle Myriam, 44 ans. Très versée en occultisme.

I. Elle n'est pas *médium* dans le sens kardéciste d'individu « préposé à entrer en communication avec les âmes des désincarnés », mais oui bien dans le sens occultiste d'individu « dont les facultés psychiques, les *sens internes*, en partie ou en totalité, sont dans les conditions voulues de développement, de subtilité, pour le mettre en corrélation d'une façon plus ou moins intermittente avec les éléments du monde invisible, êtres et choses, ou lui permettre de percevoir les choses cachées du monde visible... Mes facultés psychiques se sont manifestées spontanément dès l'enfance, *mais* je n'y ai attaché d'importance que plus tard en étudiant l'occultisme, et elles ont été en s'affinant toujours plus dans le sens de l'*intuition*, au point de déterminer à l'état presque constant la *divination* des pensées et sentiments cachés d'autrui, plus exceptionnellement l'*annonce* d'événements imprévus devant frapper des personnes qui me sont étrangères ou en relation depuis peu avec moi ; quand mes premières impressions ressenties sont persistantes, je puis être certaine de leur exactitude... » Voici quelques-uns des phénomènes spontanés qui émaillent sa vie.

[114] Vers l'âge de 16 ans, passant dans un quartier de Genève (devant la Madeleine), elle eut soudain la vision mentale d'un coin de rue impossible à voir depuis là (le sommet de la rampe des Barrières à son débouché dans la

rue de l'Evêché) et y aperçut à terre, sur un pavé pointu, une pièce de monnaie avec son chiffre. Curieuse de voir si c'était vrai, elle fit ce détour tout en riant d'elle-même, et en se baissant (car elle était très myope et n'aurait pu distinguer par terre de sa hauteur), « je trouvai la pièce, exactement vue à l'endroit précis. » Elle n'avait point passé là les jours précédents. Cette première vision ne l'intrigua pas autrement, et ne fut pas accompagnée d'un malaise ou émotion prémonitoire, ni d'un brouillard préalable, comme cela lui devint habituel dans la suite.

[115] Un peu plus tard, étant en pension à l'étranger, « j'eus la notion exacte d'une maladie frappant une enfant de ma parenté, dont je venais de recevoir des nouvelles de santé florissante. Je la suivis sans autres nouvelles, et sans hésitation sur les affreuses péripéties du mal, incertaine cependant sur le dénouement, en raison des alternatives troublantes de crainte et d'espoir. » Lorsqu'enfin elle reçut une lettre, « les détails étaient exactement ceux que j'attendais et que j'avais suivis durant six semaines ; l'enfant était en convalescence. »

[116] Il y a environ trois ans, pendant une nuit en chemin de fer, n'ayant pas sa montre et ne voulant pas questionner pour ne pas réveiller une malade voyageant avec elle, elle était ennuyée de ne pas savoir l'heure : elle eut alors, involontairement, la vision suivante : Tout à coup, ses yeux s'étant portés machinalement vers l'angle en face d'elle (il faisait assez sombre), elle le vit disparaître sous un gros brouillard qui l'étonna, car il n'y en avait pas dans le reste du wagon ; ce brouillard grandit, envahit la personne qui dormait dans cet angle, puis se mit en mouvement et se dissipa très lentement, de bas en haut, laissant apparaître un meuble tenant toute la hauteur du wagon et ayant en son milieu une grande place blanche qui devint un immense cadran ; elle reconnut alors que ce meuble était une grosse horloge de campagne, avec balancier visible en bas (ce n'était pas une horloge déterminée et connue d'elle). Comme elle réfléchissait qu'elle ne pourrait pas distinguer l'heure à cause de sa myopie, elle vit apparaître sur le cadran d'énormes chiffres romains, puis des aiguilles qui restèrent fixées sur une certaine heure. Puis toute l'horloge s'effaça dans l'ordre inverse de sa formation (d'abord les aiguilles, puis les chiffres, le cadran, le sommet et enfin le bas de la pendule). L'heure indiquée était exacte, pour autant qu'elle put le vérifier à la prochaine station en supputant le temps écoulé depuis l'apparition. Il lui arrive parfois de se réveiller la nuit et de deviner l'heure avec une assez grande exactitude, mais c'est la seule vision de ce genre qu'elle ait eu.

[117] Une nuit qu'elle dut loger dans la chambre d'une parente décédée depuis deux à trois semaines, elle se réveilla avec une impression de lucidité spéciale, et elle se sentit sollicitée à tourner la tête : « Alors la pièce m'apparut comme coupée en deux, la moitié gauche restant dans une obscurité profonde, tandis que la droite, éclairée d'une lumière douce et phosphorescente, était transformée : la muraille avait disparu pour faire place à un vaste horizon s'étendant à perte de vue... Je ne puis entrer dans tous les détails de ces lieux nouveaux qui m'entouraient. Portée par tempérament à garder mon sang-froid et à tâcher de tout éclaircir, j'appelai ma voisine de chambre, qui apporta une

lampe, et l'on fit un examen minutieux pour s'assurer qu'aucun reflet extérieur n'avait pu coopérer à cet étrange éclairage, puis tout fut hermétiquement clos. La lumière de la lampe une fois disparue, je me retrouvai en face de la même vision. Je me résolus alors à ne plus la regarder et à m'endormir. Le rêve qui suivit fut une visite que me faisait la décédée pour m'adresser des paroles consolatrices et me prouver qu'elle ne cessait d'être avec moi. » La nuit suivante, Mlle M. fut réveillée par une autre vision : c'étaient toutes sortes de petites chinoiseries se dessinant en sombre sur un fond lumineux, formé de cercles phosphorescents immobiles, grands comme des écus de 5 fr. « Le lendemain soir, il y eut encore renouvellement affaibli du phénomène, puis plus rien, sauf que, quelques jours après, ma mère, en rentrant à la tombée de la nuit, fut soudain éclairée par des mains lumineuses voltigeant autour d'elle, grâce auxquelles elle put voir les allumettes et la bougie qu'elle cherchait sur une console.

[**118**] « J'ai eu un cas de *dédoublement*, qui se répétait chaque nuit, durant une maladie où je souffrais beaucoup, entre autres de la tête : dans un état qui n'était pas la veille et encore moins le sommeil, et où je percevais tout et avais pleine conscience, je voyais mon intérieur malade, comme si c'était celui d'une autre personne. — Par contre je n'ai jamais eu de phénomènes magnétiques ordinaires, léthargie, extases, ni même le sommeil, qu'on a vainement tâché d'obtenir sur moi ; jamais non plus il n'y a eu chez moi (ni chez aucun membre de ma famille depuis plusieurs générations) d'hallucinations, exaltations passagères, ou troubles psychologiques quelconques. Mais j'ai eu certainement beaucoup de cas d'*inspiration* concernant des choses d'ordre physique, intellectuel ou moral. »

[**119**] Ce sont surtout des *rêves prophétiques*, qu'elle a continuellement, et grâce auxquels elle sait toujours ce qui lui arrivera. Ils sont extrêmement variés, visant depuis les plus grands événements politiques jusqu'aux moindres incidents personnels. Tantôt ils sont « directs, reproduisant exactement dans leurs parties les plus saillantes les scènes ou les faits tels qu'ils se réaliseront au moment fixé », tantôt symboliques et demandant alors à être interprétés, ce qui n'est pas toujours facile ; p. ex., elle a eu presque chaque semaine, pendant 10 ans, un rêve annonçant par symbole un événement qui devait arriver (concernant une affaire d'intérêt) ; malheureusement, « cet avertissement providentiel fut inutile, parce que j'en avais pris la lettre plus que l'esprit et avais examiné trop légèrement son sens figuré. » — « Il m'est aussi arrivé, à la veille de prendre une décision, de former le vœu de recevoir un éclaircissement en songe, et de m'éveiller au matin l'ayant reçu... L'avenir, quelquefois assez lointain, de familles entières en relation avec moi, m'a été dévoilé, le plus souvent par *suite de rêves*. » A l'état de veille, elle a eu beaucoup de pressentiments ou prédictions, qui prennent ordinairement la forme non d'une voix proprement dite, mais « d'une formule brève, saisissante, inattendue, qui traverse le cerveau comme un glaive ou un trait de feu, en réponse à une sorte d'interrogation mentale sur quelque sujet de préoccupation grave. C'est toujours alors la vérité aiguë, sans réplique, à laquelle l'événement donnera ensuite raison, qui s'impose avec autorité et que je sens devoir être victorieuse malgré

tous les arguments contraires que je cherche à lui opposer. C'est beaucoup plus décisif que l'intuition ordinaire, par la rapidité du fait et l'éloquence brève de la formule, qui est comme lancée dans le cerveau et y laisse un souvenir ineffaçable. » C'est dans « l'ensemble de la faculté de penser » qu'a lieu cette pénétration aiguë, comme si on lui dictait mentalement, et il y a toujours un mot particulièrement incisif, tel que *rodin* et *reblanchi* dans les exemples suivants :

[120] Sur la recommandation d'une amie, elle était entrée en relations d'affaires, à Paris, avec un homme qui passait pour très honnête, et elle lui avait confié une somme importante. Quand elle le vit personnellement, il lui plut; cependant, en sortant de cette entrevue, elle se sentit prise dans la rue d'une vague hésitation, et se demanda si vraiment il était honnête? Dans son incertitude, elle se dit qu'il fallait avoir confiance vu les bons renseignements qu'on lui en avait donnés, lorsque tout à coup elle éprouve un léger malaise, comme un froid, et cette phrase lui est lancée à travers le cerveau et la fait ressauter : *Cet homme est un rodin.* Ce n'était que trop vrai, il y avait déjà de nombreuses plaintes déposées contre lui.

[121] Un monsieur âgé, dont la santé délabrée périclitait de plus en plus, se mit à un régime spécial qui le remonta merveilleusement. Il paraissait guéri. Mais un jour, songeant à ce rétablissement étonnant, Mlle Myriam éprouva sa sensation accoutumée de trouble et de malaise, et ces mots traversant son cerveau : *Oui, il est reblanchi!* lui firent comprendre que le mieux n'était qu'apparent. Ce monsieur fut en effet subitement emporté, trois ans après, par une phtisie galopante.

[122] Plus rarement, c'est sous forme verbo-visuelle que la prédiction surgit en elle. « On venait de me rassurer sur l'état d'un malade où je faisais visite; une réaction favorable s'était produite et on le tenait pour sauvé. Allégée d'un grand poids, je causais, à l'autre bout de sa chambre, avec deux autres personnes, lorsque j'éprouvai soudain un frisson et un malaise, à la fois moral et physique, très caractéristiques, et mes yeux se levèrent, comme tirés par un fil, vers un point à environ deux mètres de moi : j'y vis apparaître, l'une après l'autre, de grandes lettres (d'environ 20 cent. de haut) faites de petites flammes phosphorescentes qui scintillaient (comme les cordons de gaz le long des monuments publics dans les illuminations), et cela fit la phrase suivante (horizontale et occupant 2 à 3 mètres de long) : *paralysie des poumons, transpiration de la mort;* c'étaient des lettres cursives, sans majuscules, penchées et bien formées comme l'écriture d'un enfant qui s'applique. Une fois la phrase complète, elle s'effaça peu à peu : toutes les lettres pâlirent à la fois, puis s'évanouirent irrégulièrement (et non pas dans l'ordre où elles s'étaient formées). Personne n'avait vu cela que moi, mais on me demanda ce que j'avais, car je paraissais émue; je répondis : Rien. Mais je restai jusqu'à une consultation qui devait avoir lieu le soir, et après laquelle l'un des médecins, que j'interrogeai comme amie de la famille, me répondit par la sentence même que j'avais lue en lettres de feu quelques heures avant : Mais, Mademoiselle, il est perdu, c'est la *paralysie des poumons*, la *transpiration de la mort!* Le lendemain, le malade succombait. »

En fait de médiumnité, Mlle Myriam depuis l'âge de quinze ans questionnait la table avec ses amies, mais n'obtenait rien seule. Bientôt il lui fut conseillé (par messages des Esprits) de ne pas se livrer à cet exercice plus de dix minutes de suite, deux fois par semaine, puis de cesser tout à fait la typtologie, pour ne cultiver que la clairvoyance en s'adonnant à la vision au miroir, au cristal et au verre d'eau ; mais elle n'y a jamais obtenu grand chose, et actuellement tout exercice de table ou de cristalloscopie la fatigue et l'endort ou la met dans un état comateux, surtout depuis qu'elle est devenue très neurasthénique il y a déjà bien des années.

II. « Toute ma famille a eu des phénomènes psychiques.

[123] « Mon père a eu des rêves prophétiques, des inspirations, des pressentiments, p. ex. celui-ci : Une nuit qu'il travaillait seul dans sa bibliothèque, il se sentit frappé sur l'épaule comme par une main familière, en même temps qu'une voix lui disait gravement : *Adieu! Jules*. Il reconnut la voix d'une tante, âgée de 77 ans, habitant la campagne, qu'il voyait rarement et à laquelle il n'avait eu aucune occasion spéciale de penser alors. Aussi crut-il à une plaisanterie de quelqu'un des siens et fit-il le tour de l'appartement, mais tout le monde dormait et il se remit au travail. Le lendemain il apprit la mort subite de cette tante (dont il était le plus proche parent), à l'heure même où il en avait reçu l'adieu.

[124] « Ma mère, somnambule naturelle dès son enfance, avait des intuitions, et une prescience des choses qui la servait bien. Elle a distinctement entendu sa mère à elle, morte de la veille et reposant dans le même logis, l'appeler par son petit nom ; le timbre de la voix était tout à fait reconnaissable.

[125] « Une dame âgée de mes amies, médium voyante au verre d'eau, a eu, sans les solliciter, des matérialisations [apparitions] de son frère depuis longtemps décédé ; elle n'en était nullement impressionnée. Un jour elle fit entrer ce frère, qui avait frappé à sa porte ; elle lui parla, lui serra la main, et après sa visite faite, le reconduisit. Elle put le décrire comme on décrit un personnage vivant.

[126] « J'ai connu un jeune médecin ami de notre famille, médium remarquable, qui était presque aussi souvent dans le monde invisible que dans le nôtre. Il voyait, entendait, sentait autour de lui des courants produits par le passage de formes impalpables, connaissait souvent l'avenir d'autres personnes ou les faisait participer à ses perceptions occultes. En voici un exemple que je puis certifier. Ma sœur, phtisique, qu'il veillait une nuit, entendit comme lui le craquement de la porte s'ouvrant davantage pour laisser passer une forme vaporeuse et blanche qui se dirigea vers son lit. La malade écoutait attentivement les légers craquements du parquet, comme foulé par des pieds invisibles ; le médecin, voyant son air étonné et interrogatif, s'élança vers elle (afin d'arriver en même temps que le spectre, nous dit-il ensuite) et lui dit : C'est moi qui ai fait ce bruit. Ma sœur se contenta de cette explication, trop faible pour répondre ; mais le lendemain il me dit : Cette nuit on est venu chercher votre sœur, sa mort est très prochaine. Elle le fut, en effet ! »

III. Mlle Myriam estime que le spiritisme courant n'est plus tenable tel quel et doit se transformer en néo-spiritualisme, à la fois Science et Religion de l'avenir, au moyen des interprétations ésotériques qu'on enseignait dans les anciens temples de l'Orient et que renfermait déjà « l'admirable religion prévédique ». Sans être très originales en soi, ses vues occultistes ont ceci d'intéressant qu'elles naquirent chez elle spontanément, au lieu de venir de l'éducation, du milieu, ou des lectures : « J'ai eu parfois à les défendre dès ma première jeunesse ; c'est l'Intuition qui me les a inculquées, car leur connaissance, non acquise mais devinée, a précédé l'étude, qui n'a fait qu'étendre ou formuler mes idées, mais sans y rien changer pour le fond ou la direction essentielle ; je peux dire d'elles que je les ai *retrouvées* en étudiant. »

1908. — Aucune réponse de Mlle M., qui est d'ailleurs toujours en vie.

Obs. XXXI. — *M. le Dr T., 34 ans, médecin praticien.

I. « J'ai eu dès mon enfance l'impression du *déjà vu*, et quelquefois le vague souvenir de rêves présageant la succession des fait vécus ou vus (mais tout ceci sans netteté). Aucune faculté médianimique certaine ; une fois cependant j'ai écrit une petite dissertation philosophique avec une facilité dépassant mes moyens habituels de composition, et je me suis demandé s'il n'y avait peut-être pas là une trace de médiumnité (intuitive, pas mécanique) ; j'ajoute qu'il m'a souvent été dit par la table, qu'avec de la persévérance je deviendrais bon médium écrivant. J'ai tenté plusieurs fois l'écriture, et une centaine de fois la table, en l'absence de médium avéré : résultat toujours négatif.

[127] « Mais lorsque je suis à la table avec un médium, j'éprouve *très nettement* une sensation de *souffle* agréablement frais sur la face dorsale des mains (notamment, à ce que j'ai cru observer, sur la main du côté du médium) ; je me suis assuré qu'il ne s'agit pas là d'un phénomène vulgaire d'évaporation, ni de l'action respiratoire des personnes voisines. Cette sensation s'accompagne d'un état de bien-être (peut-être attribuable à la satisfaction de voir réussir l'expérience ?) et précède de très peu d'instants les premières trépidations de la table. Dans un cas récent, j'éprouvai d'une façon toute spéciale cette agréable sensation de souffle, gagnant le corps presque entier comme s'il était baigné dans une atmosphère fluidique indéfinissable, et s'accompagnant de bien-être psychique ; j'en augurai un succès particulièrement remarquable de l'expérience, et je reçus en effet un message qui me rendit très heureux.

II. « J'ai réussi plusieurs fois, comme agent, des expériences de magnétisme, suggestion, et surtout transmission de pensée. J'ai pris part à une trentaine de séances de table suivies de résultats (les premières il y a déjà 18 ans). J'y ai constaté de la façon la plus rigoureuse les phénomènes variés de la typtologie et suis arrivé à la certitude de la réalité des faits médianimiques. A plusieurs reprises également, j'ai vu opérer des médiums écrivains-mécaniques, dans des conditions excluant toute supercherie, et le médium s'entretenant de divers sujets avec l'entourage durant la communication.

[128] « C'est surtout dans ces trois derniers mois que j'ai pu observer les phénomènes les plus intéressants, avec Mlle Dyck comme médium (obs. LV) : communications d'une certaine valeur philosophique ou morale ; raps frappés sans contact ; déplacement sans contact (en pleine lumière et dans l'obscurité) de tables très pesantes ; coups répétant en écho les percussions rythmiques faites sur la table avec un crayon ; divination par la table de chiffres écrits par une personne située en dehors d'elle ; enfin apports et transports d'objets divers (j'ai constaté *personnellement* la chute de 10 cailloux du volume d'une noisette, dans l'obscurité et en pleine lumière, mais toujours en présence du médium). — Voici quelques observations qui me paraissent établir que la force qui se manifeste ainsi est une force intelligente, qui n'émane pas toujours du médium ou de l'entourage :

[129] « Etant seul à la table avec le médium (qui est au-dessus de tout soupçon et ne me connaît que par une simple présentation), j'évoque l'esprit de ma mère défunte. Sans aucune hésitation, la table épelle l'un de ses prénoms, et précisément celui auquel je ne songeais pas et par lequel, de son vivant, elle n'était pas habituellement nommée ; je savais, mais sans y penser à ce moment-là, que ma mère avait justement toujours préféré ce prénom.

[130] « Le 1er mai dernier, ma mère promit par la table de se communiquer le 9 juin suivant, *jour de ma fête tant aimée* dit-elle. Or aucun des assistants ne savait que ce 9 juin fût jour de fête, mais j'eus la satisfaction de constater sur le calendrier qu'à cette date tombe la Fête-Dieu, fête religieuse qui rappelait à ma mère (elle me le disait encore peu de temps avant sa mort) un des souvenirs les plus doux de son enfance. — Dans cette même séance, je voulais consulter l'esprit de ma mère sur l'opportunité d'une importante affaire que j'étais sur le point de conclure (achat d'une maison). Or, avant que j'eusse exprimé ma demande, et aucun des assistants ne pouvant soupçonner mon désir de poser cette question, à ma grande surprise la table dicta cette réponse : *Très bonne affaire.*

[131] « Fréquemment on retrouve, dans le style des dictées, des locutions familières qui sont comme une signature, un témoignage d'identité. P. ex.: dans ses messages ma mère m'appela *mon Ludwig*, comme dans sa vie terrestre. Je tiens d'une personne digne de foi que dans une dictée récente, l'expression peu commune *pas que je sache* fut à plusieurs reprises employée par le prétendu communiquant, qui de son vivant était en effet coutumier de cette formule ; or la dictée fut obtenue par un médium écrivain qui ignorait cette particularité de langage de l'interlocuteur désincarné.

[132] « Je crois trouver une autre preuve irréfragable de l'intervention d'une intelligence étrangère, dans cette constatation que nous avons faite plus de 20 fois avec la netteté la plus absolue : Pour gagner du temps, lorsqu'un mot est à moitié épelé, nous avons l'habitude de l'achever nous-mêmes en le disant à haute voix ; la plupart du temps nous tombons juste, la tournure de la phrase et la pensée exprimée nous ayant fait pressentir le mot propre, et la table acquiesce d'un coup net ; mais je le répète et l'affirme, plus de vingt fois ces derniers mois, à l'énoncé d'un mot que nous croyions comprendre et achever, la table opposa une dénégation formelle et précise — au moyen des 2 coups conventionnels *(non)* ou, si l'on insistait, au moyen d'une série de coups frappés nerveusement et avec impatience — pour reprendre avec plus de netteté le cours de l'épellation. En voici un exemple. Dans ce message typtologique : *le Diable n'est autre que le mauvais fluide dont se servent les Esprits malfaisants pour faire le mal*, à la lettre M nous crûmes deviner le mot et pour abréger nous dîmes *méchants;* la table frappa *non* et dicta la lettre *a*, sur quoi nous proposâmes *mauvais;* de nouveau la table refusa et continua à épeler *malfaisants.* Ce terme n'était indubitablement pas dans notre pensée. il nous fut imposé malgré nous; dira-t-on qu'il n'y avait là qu'un reflet de notre inconscient ?

[133] « A plusieurs reprises aussi, nous avons pu croire que l'assemblage des lettres épelées ne pouvait constituer un mot (quand p. ex. nous omettions une virgule, une apostrophe ou une cédille), et, après l'affirmation réitérée de l'Invisible, nous nous avisions de notre erreur. Enfin il nous est arrivé d'obtenir des affirmations dans un sens opposé à celui que nous attendions, que nous espérions, sur lequel nous comptions; peut-on parler, dans ces cas, d'extériorisation des facultés du médium ou des assistants ?

[134] «Bien autrement convaincante encore est l'immixtion inopinée d'une personnalité inconnue ou redoutée des expérimentateurs... Une fois je voulus contrôler l'exactitude de la déclaration qui nous avait été faite : nous avions été victime d'une mystification... Une autre fois, un personnage brouillon s'obstina à nous fatiguer de sa tapageuse présence et, malgré nos objurgations, refusa de quitter la place. Depuis 3 ans, paraît-il, cet irascible désincarné poursuivait le médium de ses obsédantes manifestations; c'était soi-disant l'esprit d'un ouvrier qui avait été employé dans la famille du médium et dont on avait dû refuser les services : il poursuivait sa vengeance jusque dans la vie extra-terrestre.

[135] « Ma mère disait avoir des pressentiments; ma tante, des pressentiments et des apparitions symboliques ou prophétiques (vision d'une flamme qui s'éteint, ou d'un cercueil, à la veille de la mort d'un des siens, etc.). »

III. « Je n'ai jamais été témoin d'un phénomène scientifiquement décisif pour la solution du problème dans le sens spirite. Ma conviction naît de l'ensemble des faits observés; je dois avouer aussi qu'une certaine foi naturelle me porta toujours à accepter le spiritisme : j'étais spirite avant d'avoir rien vu de mes propres yeux. *Ensemble des phénomènes constatés, raisonnement, sentiment,* telles sont les bases de la croyance dans laquelle j'ai trouvé consolation, réconfort moral, précieux guide, et appui, au lieu du vide désolant de la religion [catholicisme romain] dans laquelle je suis né... »

1908. — « Je ne me suis plus du tout occupé de spiritisme depuis au moins 4 ans. Bien que mon enthousiasme se soit passablement refroidi, je penche toujours vers l'explication spirite, mais ma conviction chancelante s'appuye plus sur ce que j'ai *lu* que sur ce que j'ai *vu*... En réfléchissant à mes expériences passées, et en faisant la part de l'emballement, de l'exagération, du parti-pris — et malgré les contradictions, les non-sens, les absurdités même qui nous ont été dites par la table — il me semble aujourd'hui encore qu'il reste quelque chose d'inexpliqué... La pratique du spiritisme aurait pour la grande masse plus d'inconvénients que d'avantages... Pour ma part, j'ai trouvé dans le spiritisme de grandes satisfactions morales, indépendamment de la curiosité. A la mort de mes parents j'ai puisé un vrai réconfort dans la doctrine et dans l'expérience spirites; il me semblait que réellement l'âme des miens restait en communion avec moi, ou tout au moins je me plaisais dans cette illusion qu'il m'eût été très pénible d'abandonner. Aujourd'hui encore, je me complais dans cette pensée que l'esprit de ceux que j'ai aimés reste vivant près de moi et participe dans une certaine mesure à mon existence... Si l'on pouvait faire la preuve de la survie, ce serait un bien immense pour l'individu et la société... »

Obs. XXXII. — Mlle Balm, 35 ans, très versée en littérature occultiste et théosophique. Sa mère est un peu médium (v. obs. suiv.).

I. « Je ne suis pas médium proprement dit, mais j'ai toujours eu des intuitions étranges et le goût du merveilleux. A 16 ans, des amis de ma famille me parlèrent du spiritisme, et dès les premiers mots j'eus la conviction qu'il y avait là une vérité. Ayant initié une amie de mon âge à ces nouvelles théories, elle obtint seule, par l'écriture, trois communications étranges qui me frappèrent fortement...

[136] « Puis, pendant plusieurs années, avec une autre amie, nous eûmes par la table et l'écriture des messages remarquables, entre autres celui d'une jeune fille inconnue qui nous dit être morte de la *poitrine* et qui nous causa longtemps comme une sœur, en relevant tous les points de notre caractère qui avaient à être modifiés, et en nous traçant un plan de conduite; j'eus l'impression nette que nous étions en présence d'une personnalité étrangère à nos préoccupations habituelles, car elle ne répondit pas à nos questions et se contenta d'une leçon de morale très aimablement donnée.

« J'ai assisté jadis à une séance de magnétisme, où M. Ragazzi essaya en vain de m'endormir; puis plus tard aux séances d'hypnotisme d'Onofroff, qui me convainquirent du danger qu'il y a à se mettre ainsi en rapport avec ce que les occultistes nomment l'Astral, réservoir d'influences multiples et de forces inconnues qui font courir aux médiums ignorants les plus grands risques de vertige, de folie, de prostration... En fait d'écriture médianimique, en tenant la main d'une autre personne, ou si l'on me tient la mienne, je puis tracer des caractères; mais livrée à moi-même je n'obtiens rien. En fait de phénomènes spontanés, j'ai eu beaucoup de pressentiments, songes prophétiques, inspirations, etc., et une fois une manifestation matérielle [v. n° 139].

[137] « Mes rêves prophétiques sont symboliques et à échéance souvent très lointaine, mais la plupart concernent des faits d'ordre privé qu'il ne m'appartient pas de citer. — Il en est un (comprenant trois phases distinctes qui se réalisèrent dans le même ordre à trois époques différentes), dont le souvenir me revint alors qu'au bout de dix ans s'accomplissait l'événement final annoncé par un symbolisme très frappant. » — Un autre concernait un petit garçon de 11 ans parfaitement bien portant et « d'une beauté surprenante », que Mlle Balm avait vu en faisant visite à sa mère; elle rêva plusieurs nuits qu'elle le voyait diminuant, devenant de la grosseur d'une fève et contenu dans une peau bleuâtre, ou comme une sorte de gousse ou de chrysalide où s'agitait une vie près d'éclore, et d'où finit par sortir un superbe insecte semblable à un ouvrage de filigrane d'or pur; ou bien elle lui préparait une valise pleine de fruits pour un voyage, etc. Et en effet, quelques jours plus tard, il fut atteint de méningite et perdu. A l'une des dernières visites qu'elle lui fit, Mlle Balm le magnétisa pour le calmer; alors « il se dressa, me montra du doigt la porte, puis éleva son doigt au plafond en suivant des yeux le mouvement : c'était pour me dire qu'il était parti et qu'il fallait le chercher en haut.... » — Un autre rêve, très compliqué, où Mlle Balm se promenait en famille au bord de la mer et passait un pont immense d'où un enfant de 6 ans, à qui elle était très attachée, disparaissait par un trou, se réalisa au bout de 17 ans, par l'expatriation définitive de cet enfant devenu grand; elle comprit alors que son rêve symbolisait le pont de la vie et la séparation. — « Ces songes prophétiques me sont tous restés indélébilement gravés dans leurs moindres détails, tandis que d'autres rêves se sont à jamais effacés.

[**138**] « J'ai eu certains phénomènes de *vision*, comme de prescience ou de télépathie. Autrefois, je croyais souvent de loin reconnaître quelqu'un et en m'approchant je constatais mon erreur; mais toujours alors, la personne (souvent indifférente) que j'avais cru voir d'abord, se trouvait effectivement, à une distance où il m'était absolument impossible de la reconnaître. Je n'ai plus remarqué ce phénomène depuis nombre d'années. — J'ai été longtemps séparée et sans nouvelles d'une enfant que j'aimais beaucoup ; or, malgré l'éloignement et la cessation de toute communication, je me fis une idée, de son sort et des lieux qu'elle habitait, qui se trouva vérifiée. Il y a donc des communications occultes que le pressentiment traduit.

[**139**] « J'ai eu un cas, d'apparence quelque peu fantastique, mais abolument arrivé, de *matérialisation* dans toutes les règles ; et je déclare qu'il n'a nullement été, comme on a cherché à me le prouver, une hallucination. » En voici le résumé. Mlle Balm étant en séjour dans une petite localité d'où sa famille était originaire, alla voir une cousine éloignée, Mme S., qu'elle ne connaissait point encore. Sitôt la présentation faite, Mme S. la prit à part et lui dit à voix basse : « Ma cousine, je vous en prie, secourez-moi; voici ce qui m'arrive : chaque matin en m'éveillant, j'entends sur la terrasse des hommes qui creusent une fosse, quelqu'un les dirige et les commande; j'entends le bruit du gravier qui retombe et les soupirs des fossoyeurs; cela m'est horrible et me remplit d'effroi... » Mlle Balm rassura sa cousine et lui promit de parler au chef invisible de ces mystérieux fossoyeurs, pour l'empêcher de revenir. Elle s'aperçut que, pendant la conversation générale, sa cousine « tombait à chaque instant dans un état voisin de l'assoupissement; quand on le lui faisait remarquer, elle affirmait n'avoir pas dormi et avoir entendu ce qui s'était dit, mais elle retombait bientôt après. » Le même soir, s'étant couchée vers 10 h., mais se sentant parfaitement réveillée et même d'une lucidité extrême, Mlle Balm tenta « une sorte d'invocation mentale à cet être bizarre dont ma cousine S. m'avait parlé. Qui que tu sois, lui dis-je, Pouvoir ou Esprit, veuille cesser de porter l'effroi dans l'âme de ma cousine ! Aussitôt j'entendis dans la chambre un bruit d'ailes, et me rendis compte qu'un énorme oiseau devait avoir pénétré chez moi. J'allais rallumer ma bougie, lorsque le tourbillon ailé passa sur ma tête, déplaçant tant d'air que je me couvris instinctivement et ne me découvris que lorsque j'eus entendu le volatile s'abattre, avec un bruit sourd, le long de la paroi et sur le plancher. Alors j'allumai vite, et me précipitai à l'endroit où je pensais le trouver, mais il n'y avait rien, pas d'oiseau, pas même une sauterelle ou

un insecte... Les recherches renouvelées le matin avec la domestique, jusque dans le poêle, furent vaines. Je n'y pus rien comprendre alors, car je sentais encore le vent de ces ailes qui me paraissaient puissantes, et j'en entendais le bruissement. » L'explication ne vint qu'au bout d'un mois, pendant lequel il y eut divers incidents : — D'abord, le surlendemain de l'apparition de l'oiseau, Mlle Balm retourna chez sa cousine, qui la remercia en lui disant que les fossoyeurs n'étaient pas revenus. Après quoi, des parentes et amies qui se trouvaient là ayant eu l'idée de demander à Mlle Balm (chose fort inattendue dans ce milieu) de faire tourner une table, celle-ci frappa le nom de *Julien Raye*, dans lequel ces dames reconnurent aussitôt un savant, matérialiste et incrédule, qui avait occupé ce même appartement avant Mme S. et y était mort il y avait deux ans. — Puis quelques jours après, Mlle Balm étant revenue à Genève, y eut la visite de la fille de Mme S., laquelle lui raconta que sa mère avait recommencé à entendre les fossoyeurs, et lui demanda d'appeler par la table Julien Raye, qu'elle soupçonnait d'être l'auteur de ces tourments; en effet, « nous avions à peine touché la table qu'il se nomma, et malgré nos supplications, il déclara qu'il continuerait à tourmenter cette dame et qu'il ne voulait pas cesser de se faire entendre. » Or moins de trois semaines après, Mme S. fut trouvée morte dans son lit, sans avoir eu aucune maladie ! — Sa fille, quelques jours plus tard, revint voir Mlle Balm et lui dit : Tu vois, quel avertissement c'était, que ce bruit de fossoyeurs! Ayant alors appelé de nouveau Julien Raye par la table, « il m'avoua que c'était bien lui qui s'était introduit dans ma chambre sous la forme d'un oiseau, à savoir sous *celle d'un grèbe*. Je lui demandai encore pourquoi il restait ainsi errant dans son ancienne demeure, à quoi il répondit : *Je ne puis m'en éloigner, je n'avais aucune foi, il ne m'est pas permis de monter*. — Toute cette histoire, si invraisemblable qu'elle puisse paraître, a été vécue dans tous ses détails. C'est la plus étrange, la plus inexplicable manifestation qu'il m'ait été donné de percevoir. Ce concours de circonstances a été amené comme à dessein... Qu'est-ce qui fit demander à ces dames de voir tourner une table, si ce n'est Julien qui le leur suggéra, parce qu'il sentait que j'en connaissais le maniement, et qu'il avait besoin de se manifester pour dire à des humains qu'il était là, souffrant et malheureux ! Nous aurions dû prier beaucoup pour cette âme, mais à ce moment je n'étais pas aussi instruite en ces matières qu'aujourd'hui... Je ne pense pas pouvoir ajouter rien de plus probant que les faits ci-dessus. Ils ont en tout cas suffi à me convaincre qu'il y a des forces ignorées de nous et que notre monde physique est loin de posséder le dernier mot des manifestations possibles... »

II. « Dans ma famille du côté paternel, la tradition veut que, lorsqu'une personne mourait, des chiens, en général noirs, venaient se lamenter dans la maison même. Du côté maternel, c'étaient les clefs qui tournaient trois fois dans la serrure.

[**140**] « Chez certaines natures fines et impressionnables, les commotions morales, comme la frayeur, opèrent instantanément un dédoublement complet. Je connais une artiste qui, lorsqu'elle joue une première, sent ce phénomène. Elle m'a dit, sans rien savoir à ce sujet : Je sens qu'il y a deux personnes en moi, je me dédouble : je pense à des choses folles et ai perdu toute mémoire,

et cependant un autre Moi me reste fidèle et accomplit parfaitement ce dont je me sens incapable. — Cette nature, très subtile, a des sensitivités étonnantes. Voulant me rendre compte de ses facultés, je l'ai examinée; elle peut écrire [médianimiquement] avec une rapidité vertigineuse, et elle me dit : C'est le même phénomène, je sens que c'est un autre Moi qui écrit. Elle en est persuadée, et je lui ai laissé sa conviction, car une autre pourrait lui être fort nuisible. »

III. « Les avantages pratiques des PHÉNOMÈNES sont de nous révéler des forces inconnues, et les dangers et les précipices à éviter; mais il est absolument nécessaire, si l'on veut maintenir l'humanité dans une voie normale, de faire ces recherches à huis clos; car ce qui peut faire beaucoup de mal, c'est l'idée de capter ces forces inconnues qui jusque-là ont été soigneusement cachées aux simples et aux profanes. Quand toute la terre s'apercevrait à la fois de ces faits et de la possibilité de communiquer avec des pouvoirs aussi puissants, personne ne serait plus sûr de soi. Il faut donc bien nous garder de divulguer; observons, étudions, appliquons le mieux possible le résultat de nos recherches, mais n'instruisons pas trop la masse à cet égard, car elle deviendrait vite victime de son emballement vers des sources qui lui seraient hostiles et la martyriseraient. — Quant aux DOCTRINES spirites, en parlant de la continuation de la vie elles ne peuvent faire que du bien; je leur ai donné une très grande place dans ma vie morale, et elles m'ont fait progresser; mais j'avoue qu'à mesure que la connaissance s'acquiert, les obligations augmentent, c'est pourquoi je ne voudrais voir personne se surcharger à cet égard. »

1908. — I. Mlle Balm a continué à avoir en abondance des phénomènes formant trois groupes principaux :

[**141**] Communications par l'écriture, qu'elle ne reçoit pas seule, mais en commun avec une amie qui tient le crayon et dont elle tient la main. Ces messages, d'un contenu moral et philosophique très élevé, se terminent toujours par : *Adieu, vous que j'aime*, et elles n'ont jamais pu obtenir de signature ni savoir de quelle entité ils émanent.

[**142**] Audition fréquente, le matin au réveil, de phrases ordinairement très courtes, prononcées par une voix intérieure, douce et calmante, dont elle ignore si c'est la voix d'un Guide (selon le spiritisme), d'un Maître (selon la théosophie), ou du subconscient traduisant à l'intellection ce qu'il a préalablement reçu d'ailleurs. Parfois il s'y joint des visions. Exemples : — Il y a 4 ans, elle fut longtemps éprouvée par un mal de genou (à la suite d'une chute); une nuit que, se sentant faible comme s'il lui manquait quelque chose dans le cerveau, elle se demandait quel remède elle devrait prendre, elle entendit mentalement comme une dissertation confuse entre des docteurs; au matin cela s'éclaircit et il lui fut dit : *Il vous manque du phosphore*. Quelques jours après, ayant demandé ce qu'elle avait au point de vue nerveux, elle entend de nouveau comme une conversation entre de nombreux docteurs, et il lui est expliqué, à la fois par une phrase plus longue que de coutume et par une vision de fibres et de cellules, qu'elle a les *filaments nerveux* en bon état, mais que ce sont les réserves qui manquent dans les *ganglions*, d'où ses accès de fatigue. — Il y a environ 8 ans, elle a entendu, comme un écho de conversation finissante : *Tout*

est vibration : et un autre matin : *Tout va par cercles et par spirales*, et elle admira ensuite combien cela cadrait bien avec ses lectures ou ses séances théosophiques des jours suivants.

[143] Rêves prophétiques, lui montrant plus ou moins longtemps d'avance tous les grands événements publics. Exemples : — Quinze jours avant la chute du campanile de Venise, elle rêva ceci : Elle voyait une tour à loggia, adossée contre des maisons de Genève, et se demandait ce que c'était que cette loggia, lorsqu'elle vit soudain la tour se désagréger et s'effondrer, et elle se sentit prise dans le déplacement d'air et projetée à la hauteur d'un troisième étage, etc. — De même l'éruption de la Martinique, en 1902, lui fut montrée cinq jours auparavant dans un rêve où elle gravissait une montagne nue et brûlée (comme la Montagne-Pelée) sur le sommet de laquelle des rayons de feu convergeaient de haut en bas, comme s'ils venaient du ciel (sens inverse de l'éruption, mais on sait que « dans l'Astral on voit les choses retournées »). — De même encore l'assassinat du roi et de la reine de Serbie lui fut montré, déjà deux ans à l'avance, dans une série de rêves contenant un ensemble très complexe de cadavres et de mares de sang, de lettres à elle adressées renfermant des caractères tels que M, A, H, (Machin) etc. Le soir même de l'attentat, en se promenant, elle aperçut sur Salève une sorte de trémolo lumineux, comme de vagues éclairs, et dit à une de ses amies (qui ne les apercevait pas) : « Il doit se passer quelque chose. » — Souvent aussi ses rêves concernent des faits privés, lui indiquent des remèdes, etc. Par exemple :

[144] Un jeune homme du voisinage était très gravement malade, à peu près condamné. Elle fit un rêve compliqué, dans lequel elle portait à ses parents du salpêtre comme remède, et leur prédisait qu'il ne mourrait pas. Au matin, n'osant guère aller le leur dire, elle eut l'idée de se procurer du salpêtre à la pharmacie et de se l'administrer à elle-même : en trois jours, le jeune homme était hors d'affaire.

III. Mlle Balm est toujours plus fermement occultiste. Elle a étudié la théosophie, mais elle lui reproche son trop grand dédain pour le plan physique, où nous sommes pourtant appelés à vivre et à lutter, et sa méthode trop fantaisiste, qui part des nuages pour descendre sur la terre, alors qu'il faut procéder en sens inverse et se baser sur l'expérience.

Obs. XXXIII. — Mme Balm, 65 ans, propriétaire, veuve d'un professeur de mathématiques. Mère de la précédente.

Elle possède depuis des années de l'écriture médianimique, comme l'ont prouvé quelques expériences dans des séances intimes avec tel ou tel médium de ses amies ; mais, au dire de sa fille, « elle n'a jamais exercé positivement cette faculté ; d'autre part elle affirme avoir vu, soit dans le sommeil, soit à l'état de veille, des manifestations particulières inexplicables ; mais ces aptitudes médianimiques ont baissé avec l'âge, sans avoir d'éclipse, et il lui est maintenant presque impossible de se prêter à des manifestations sans en être physiquement et même psychiquement affectée. Son état de fatigue s'accuse par des hoquets, des mouvements, des contractions paraissant provenir de la région stomacale, et une lourdeur de tête qui aboutit à une sorte de léthargie somnolente. » — Voici les faits les plus marquants dont elle se souvienne :

[145] Apparition de son mari, peu après sa mort. Une nuit, elle entendit marcher dans le vestibule et fut très effrayée, croyant que c'était un voleur : les pas s'approchant du seuil de sa chambre, elle reconnut que c'étaient ceux de son mari, mais comme s'il marchait sur du coton ; alors elle poussa un cri qui l'empêcha d'entrer et le fit disparaître. Elle l'a amèrement regretté, convaincue que sans cela elle l'aurait vu. Comme le fait ne s'est pas répété et qu'elle n'a jamais eu de message de lui par l'écriture, elle pense qu'il est déjà réincarné en ce monde.

[146] Un jour qu'elle avait la visite de Mme Y., veuve d'un célèbre collaborateur de la *Revue des Deux Mondes*, la conversation étant tombée sur le spiritisme, elle lui proposa un essai, et elles tinrent ensemble la même plume : aussitôt ce fut de Buloz, le directeur défunt de la Revue, qui vint faire des excuses et demander pardon pour toutes les vilenies qu'il avait faites, sur la fin de sa vie, à son collaborateur Y.

[147] Le fait le plus étrange dont ait été témoin Mme Balm, est celui d'un mystérieux jodleur [pâtre chanteur], qui se fit entendre trois fois dans la vie de son père. Ce dernier, médecin de campagne, d'origine allemande, foncièrement pieux et bon, eut trois fluxions de poitrine, et la crise de guérison dans les deux premières, la délivrance finale dans la dernière, qui l'emporta, furent marquées par de magnifiques jodlées. Voici le résumé de ces 3 cas. — 1° Son père, atteint de pneumonie, allait beaucoup plus mal, et l'on avait envoyé de nouveau quérir son confrère de la ville. C'était Mme Balm, alors jeune fille, qui le veillait cette nuit-là. Depuis minuit, elle entendit des chants splendides et puissants qui emplissaient la chambre et semblaient venir du dehors : le malade, agité, s'élançait en avant, la figure toute illuminée, comme pour saisir quelque chose ou quelqu'un d'invisible. Mme Balm, pensant qu'un jodleur s'était attardé dans la rue, alla ouvrir la porte pour le prier de s'éloigner ; il faisait un clair de lune éclatant et glacé ; le sol était couvert de neige : elle vit devant la maison un immense individu, drapé dans un manteau dont la pointe était rejetée sur son épaule ; elle lui donna quelque monnaie en le priant de s'en aller à cause du malade, il s'inclina sans rien dire jusqu'à terre avec une suprême majesté. Mais à peine revenue vers son père, les jodlées recommencèrent, et le malade continua à s'élancer et à tendre les bras vers ce chanteur invisible, avec une telle expression de bonheur, qu'elle en prit son parti. Quand le docteur de la ville arriva, vers 4 h. du matin, il déclara guéri le malade, qu'il avait laissé la veille dans l'état le plus alarmant. — 2° Mme Balm était déjà mariée et absente, lorsque son père eut une seconde fluxion de poitrine ; mais sa sœur, qui le soignait, en lui annonçant la guérison après une nuit de crise, ajoutait : Le jodleur est revenu ! Elle l'avait entendu, sans toutefois le voir, n'ayant pas été regarder dehors. — 3° C'est de nouveau Mme Balm qui soignait son père lors de sa dernière pneumonie, dont il mourut à 4 h. après midi : or depuis ce moment et pendant toute la soirée, elle entendit les mêmes jodlées, mais n'alla pas voir dehors. Mme Balm pense que ce jodleur merveilleux était un des nombreux individus à qui son père avait fait du bien, et qui revenait pour l'aider à franchir le seuil de l'Au-delà.

1908. — Pas de nouveaux phénomènes. Mme Balm, atteinte de rhumatisme déformant, ne quitte plus son lit depuis plusieurs années.

Obs. XXXIV. — *Mme Cooper, 49 ans. A eu 10 enfants dont 8 sont vivants et bien portants.

« Je ne suis pas médium, mais j'ai eu des pressentiments dans plusieurs cas sérieux. — Il y a 16 ans, j'ai assisté à une séance psychique de Mme Bourdin, médium voyante au verre d'eau, mais cela me laissa assez indifférente. Mais depuis 3 ans, j'ai eu le bonheur de reprendre par force intérêt à la question, et j'ai eu des preuves indéniables de la possibilité d'entrer en communication avec les Esprits. Voici les principales.

[**148**] « Dans les premiers jours de mars 1895, une demoiselle de notre connaissance faisait une séance avec un médium typtologue, lorsque l'esprit de mon père (mort 8 ans avant) leur dicta : *Dites à mon fils qu'il ait soin de sa mère, elle n'est plus pour longtemps de votre monde*. La commission fut faite à mon frère (chez qui demeurait notre mère), et on lui conseilla d'aller consulter la table de Mme Guelt [Obs. LI] pour contrôler cet avertissement. Il fut décidé que ce serait moi qui m'y rendrais. C'était la première fois que Mme Guelt me voyait, elle ne savait pas même mon nom et ne voulut rien savoir sur mon compte. Je me mis à sa table ; elle appela l'esprit du Dr Demeure [célèbre docteur désincarné, dont il est beaucoup question dans Allan Kardec] qui aussitôt dicta que ma mère était atteinte d'un catarrhe, et que ses jours étaient près de finir. Or ma chère mère ne nous paraissait pas plus malade, et nous ne remarquions rien ; eh bien, elle s'est alitée le 24 mars et est décédée le 4 avril suivant ! » A cette même séance, le père de Mme C., faisant allusion à cette mort prochaine, lui dicta aussi : *Dis à ta mère que je serai là pour la recevoir, ce n'est pas si terrible*. — Ce fut cette prédiction de mort, si promptement réalisée, qui entraîna la conviction spirite de Mme Cooper.

[**149**] « Au moment du mariage de ma fille aînée, il y eut quelques frottements entre elle et nous, et nous restâmes cinq mois sans nous voir. Or mon père me dit un jour (par la table de Mme Guelt) : *Tes peines vont finir*. Et huit jours après, les choses s'arrangeaient d'une manière impossible à prévoir.

[**150**] « L'an passé, ma belle-sœur était à l'hôpital, atteinte d'une affection pulmonaire. Me trouvant un jour seule chez Mme Guelt, je lui parlai de la pauvre malade ; elle m'offrit aussitôt, avec sa bonté habituelle, de faire prendre de ses nouvelles par l'esprit du Dr Demeure, qu'elle pria d'aller à l'hôpital salle 35 ; il répondit : *Attendez*. Mais au lieu de revenir, ce fut ma belle-sœur qui se communiqua en dictant son nom par la table ; j'avoue que j'eus un frisson, en pensant que peut-être elle était morte sans que je l'eusse appris. Mais quand on lui demanda si elle était désincarnée, elle répondit *non ;* sur quoi Mme Guelt lui fit une semonce d'être venue, et lui intima l'ordre de ne pas quitter son enveloppe ; ma belle-sœur répondit qu'elle aurait encore 13 à 14 jours à vivre. Cela se passait le 10 mai, et elle mourut le 25. » Le lendemain de cette séance, Mme Cooper alla à l'hôpital pour savoir si sa belle-sœur avait été plus mal pendant qu'elle s'était ainsi dédoublée pour venir à la table de Mme Guelt ;

on lui répondit que tous les jours elle passait son temps à dormir dans son fauteuil.

[151] « La mère d'un de mes futurs gendres étant atteinte de mélancolie, j'appelai un jour l'esprit de feu son mari pour m'informer du cas ; il me dépeignit exactement la maladie de sa femme, et depuis le mariage de ma fille nous avons bien eu la preuve qu'il nous avait dit vrai.

[152] « Mon autre gendre, encore fiancé, postulait une place et espérait celle de Collonges : à une séance [chez Mme Guelt] nous envoyâmes sa sœur défunte voir au Département ce qu'il en serait ; elle revint et dicta : *Il ira à Collonges*. Cette même après-midi, il reçut la nouvelle de sa nomination à cette place !

[153] « Mon mari, qui n'est pas ardent adepte du spiritisme, peut certifier que dans un cas où il était très découragé, il entendit une voix lui dire : *Courage !* et il releva la tête en reconnaissant la voix d'une de nos enfants morte en bas âge. »

III. « Il en est du spiritisme comme des autres religions : de même qu'en abandonnant l'église on abandonne sa religion, de même nous avons un besoin très réel d'avoir de temps à autre des communications qui nous réconfortent comme autant de preuves renouvelées, et qui font que de jour en jour nous parlons plus familièrement de spiritisme... Rien n'est plus sublime et plus encourageant que cette doctrine, et le sentiment que nos morts sont nos intermédiaires auprès de Dieu... Les messages que j'ai obtenus de mon père m'ont tous prouvé que nous pouvons puiser la vraie religion dans les instructions que nous donnent les Esprits. Mon père m'ayant dit (par la table) *Dieu t'aidera*, je lui rappelai que sur cette terre il était athée et ne voulait pas entendre parler de religion, à quoi il répondit : *J'affirme que Dieu existe et sa justice aussi.* » (Mme C. est née catholique, mais son mari et ses enfants sont protestants.)

1908. — Mme Cooper est devenue médium typtologue en faisant des séances avec Mme Guelt. Celle-ci, au début, « me trouvant déjà assez surchargée et fatiguée par ma grande famille, me découragea de demander une médiumnité ; mais un jour, trois ans plus tard, au moment où je m'y attendais le moins, à peine mes mains furent-elles sur la table que celle-ci s'ébranla. Mais quelle souffrance dans les bras ! Puis je fus obsédée... Enfin, après bien des essais, et en suivant les conseils de Mme Guelt, ma faculté progressa et je suis arrivée à des résultats qui m'ont souvent étonnée (avertissements, conseils utiles, exhortations morales, etc.). Parfois aussi, étant seule, j'ai vu une couleur violette, quelque chose comme un gaz sans forme, de la grosseur d'une tête ; cela dure et oscille plus de deux minutes, puis disparaît ; un soir, un de mes fils étant présent, j'aperçus ce fluide violet autour de son visage. J'entends aussi des phrases courtes, assez fréquemment.

« Le spiritisme m'a fourni de grandes consolations dans mes peines, et m'a aidée à accepter la vie sans murmurer... Je n'approuve pas les séances bruyantes où tout le monde veut questionner ; je préfère les petites réunions de 3 ou 4 personnes pieuses, c'est-à-dire respectueuses pour cette sublime doctrine, qui a le don de faire connaître à chacun ses défauts et ses passions... »

Obs. XXXV. — M. Volard, 60 ans ; professeur de peinture.

« Dès l'âge de 20 ans, j'ai possédé une grande puissance de magnétisation et j'ai observé dès lors bien des phénomènes remarquables de somnambulisme lucide, clairvoyance, prévisions, etc., chez des sujets sensibles.

[**154**] « Quand commencèrent les tables tournantes, cela m'intéressa beaucoup, mais je ne pus jamais rien obtenir moi-même. A 27 ans je fis la connaissance d'un officier russe, qui revenait de Rome, alors grand foyer de spiritisme, et qui voulut m'initier au maniement de la planchette ; mais à sa stupéfaction je n'y réussis pas du tout. Alors il me fit prendre le crayon en main, et comme cela n'allait pas mieux, il imposa sa main sur mon épaule : au bout d'un instant je sentis le courant, je me mis à écrire, et dès lors je pus toujours le faire ; cette faculté ne s'est jamais altérée ni perdue. Ma femme possède le même don ; mais nous écrivons avec conscience et ne sommes pas des médiums mécaniques. »

[**155**] Les premiers résultats ne furent d'ailleurs pas encourageants. M. Volard était à cette époque dans les plus grandes difficultés d'existence, au point de songer parfois au suicide, et il aurait tant voulu obtenir quelque instruction de sa mère défunte, mais il avait beau l'évoquer en tenant le crayon, celui-ci écrivait toujours : *Tu es fou ! tu es fou ! tu es fou !* non signé, et sans qu'il pût savoir de qui cela venait. Une fois seulement il obtint : *Il faut avoir confiance en Dieu*, mais comme il répondait qu'il lui faudrait aussi un conseil pratique et positif, le crayon recommença : *Tu es fou !* Cette impossibilité de rien obtenir d'utile lui fit abandonner ces exercices pour longtemps. Il ne paraît pas avoir jamais beaucoup cultivé cette médiumnité.

[**156**] « Pendant 3 ans, la femme d'un de mes amis fut un médium sans pareil, qui nous donna tous les genres de phénomènes, même physiques tels que : renversement au milieu d'une chambre de tous les objets les plus fragiles, ouverture de tiroirs fermés à clef et dispersion de leur contenu, disparition de bouquets, apports de fleurs naturelles ou artificielles en hiver, voix, etc. Ces phénomènes n'étaient que secondaires, le but de nos visiteurs spirituels étant plus élevé, et quand notre éducation fut achevée, tout cela cessa.

[**157**] « Une de mes nièces, sans culture littéraire, est douée d'une clairvoyance remarquable, c'est-à-dire qu'elle a des visions extatiques d'une beauté incomparable : son être est transfiguré, elle fait des prières en vers qui trahissent un don poétique... Dans une séance récente, elle a parlé avec une religieuse solennité du ciel et de l'enfer (dans le sens des visions de Swedenborg) et a fini par répéter un cantique, que nous n'avons trouvé dans aucun recueil, qu'elle avait dans son sommeil entendu chanter par des pèlerins ; mais elle a toujours de la peine à traduire en langue humaine ce qu'elle entend en langue spirituelle dans ses extases. »

III. « Les Phénomènes ont l'avantage de donner l'assurance d'une vie future, et d'appuyer une multitude de faits de l'Écriture Sainte ; mais leur inconvénient est qu'on court le risque de les suivre aveuglément, de ne plus faire un pas sans consulter les Esprits et de devenir ainsi l'esclave d'autrui : c'est une possession en petit. Les Doctrines spirites sont en contradiction complète avec l'Écriture Sainte en ce qu'elles n'admettent pas la divinité du Christ, et que la réincarnation est une doctrine bouddhiste qui ne se trouve pas dans la Bible. Ce n'est que par l'étude de Swedenborg qu'on arrive à une conception exacte du monde des Esprits : le spiritisme passera, mais la Nouvelle Jérusalem descendue du ciel vivra éternellement. » — Elevé catholique par sa mère (son père était luthérien), M. Volard ne croyait plus à rien du tout à 18 ans ; mais ses expériences et ses lectures l'ont peu à peu amené à être un Swedenborgien convaincu.

1908. — M. V. est devenu aveugle. Il est toujours Swedenborgien.

Obs. XXXVI. — *Mme Voss, 50 ans, femme de M. Voss (Obs. IX).

1. « Ma médiumnité s'est révélée il y a environ deux ans, à une séance avec des personnes qui commençaient aussi des essais dans ce domaine [c'était chez Mme Rébex (Obs. XLI), où elle obtint d'emblée une communication par la table] ; et elle a été en progressant avec la pratique. J'obtiens des communications soit par la *table*, soit avec le *verre* en mouvement sur un carton ou une planche portant l'alphabet. » Mme Voss a aussi essayé récemment de l'écriture automatique, sans succès : elle n'a obtenu que des gribouillages avec par-ci par-là le mot *maman*. Quand elle fait de la table, elle éprouve des douleurs vives dans le bras, et cela la fatigue ; au reste, elle n'en fait pas seule, parce que cela va trop lentement. Elle préfère son psychographe qu'elle a inventé (à l'imitation de quelqu'un qui se servait de lettres de papier disposées en cercle) : il consiste en une planche de sapin bien lisse, portant au centre les mots *oui* et *non* et à la périphérie l'alphabet disposé en cercle d'environ 35 cent. de diamètre ; sur cette planche glisse un verre renversé, où elle pose la main gauche, afin de garder la droite libre pour écrire. Le verre lui paraît aller tout seul et entraîner sa main, qu'elle sent devenir toute froide ; elle reste d'ailleurs maîtresse de ses mouvements ; cependant, ayant quelquefois voulu retenir le verre, elle a éprouvé une certaine résistance. Pas d'autre impression. Le désir ou le besoin préalable de communiquer — quand elle l'éprouve — est purement psychique, une simple « idée » sans aucune sensation spéciale dans le bras ni ailleurs. Elle pratique à peu près tous les jours, mais pas longtemps de suite, et jamais hors de chez elle ; elle le fait surtout pour rendre service aux voisins et aux amis qui le lui demandent, rarement pour elle-même. Dans ce dernier cas, les messages sont presque toujours de son frère (mort il y a 21 ans, âgé de 26 ans), et consistent en exhortations excellentes : « Je n'ai jamais eu de mauvaises choses, comme tant d'autres gens ; mais aussi je prie pour n'avoir que du ben. » Son nom de petite fille, *Fanny*, revient souvent dans ces messages fraternels. Pour les personnes qui recourent à elle, son frère facilite les communications avec leurs correspondants très variés de l'au-delà. C'est également ce frère, à ce qu'il lui a dit par l'alphabet, qui inspire ses essais jusqu'ici infructueux d'écriture ; aussi espère-t-elle arriver à écrire — et surtout à dessiner, parce que n'ayant jamais dessiné par elle-même, ce serait une belle preuve. Un des cas les plus frappants qu'elle ait eus est le suivant :

[158] Comme Mme Voss et sa voisine Mme Money (Obs. XXIX) étaient seules à la table à l'un de leurs premiers essais, une dame H. (morte depuis 3 ans) qu'elles avaient connue, vint les charger de la commission suivante pour sa sœur encore vivante (dont un des fils, Antoine, était son filleul) : *Rendre l'argent à Antoine*. Ignorant complètement de quoi il s'agissait, Mme Voss s'acquitta de la commission, et apprit alors ceci : De son vivant Mme H., à la suite d'une affaire d'intérêt, avait abandonné une certaine somme à sa sœur en lui disant de la placer à la caisse d'épargne pour Antoine. Mais les parents du jeune homme avaient négligé de le faire, et projetaient même de partager cet argent entre tous leurs enfants. (Le message de la défunte les décida à le restituer en entier au compte de son filleul.) Comme Mme Voss et Mme Money ne savaient absolument rien de tout cela, il était évident que le message ne pouvait venir que de feu Mme H. ; cette belle preuve d'identité contribua à convertir au spiritisme bien des gens, entre autres M. Voss.

En fait de phénomènes spontanés, Mme Voss ne se rappelle pas en avoir eu de saillants avant de s'occuper de spiritisme, sauf qu'elle ne recevait jamais de lettre de ses parents (habitant l'étranger) sans l'avoir rêvé la veille ou l'avant-veille. Depuis qu'elle s'en occupe, elle a eu des faits assez variés, entre autres :

[**159**] Diverses impressions tactiles et kinesthésiques, toutes il y a 2 ans, dans les premiers temps de ses essais spirites : — Un matin, encore au lit, mais bien réveillée, elle ressentit un balancement ; et comme elle en doutait, 2 ou 3 minutes après elle fut fortement balancée de nouveau pendant au moins une bonne minute. Elle n'y attacha pas de signification précise, mais pensa que c'était pour la convaincre. — De même un soir, étant déjà couchée, et les pieds pendant hors du lit selon son habitude en été, elle se sentit tirer fortement le pied gauche ; surprise très désagréable, depuis laquelle elle ne sort plus ses pieds du lit. — Dans la journée, durant une quinzaine de jours elle se sentit presque quotidiennement tiraillée fortement par derrière, dans son corridor. Elle supposa que c'était son frère défunt, et en effet, il avoua plus tard, par la table, que c'était bien lui qui l'avait ainsi tiraillée. — Elle ne pouvait pas non plus, les premiers temps de son initiation au spiritisme, rester à lire à sa grosse table de la salle à manger sans y entendre des craquements accentués, dus à des désincarnés qui lui demandaient des prières ; il lui sembla aussi, un jour, que cette table se gonflait et se soulevait sous sa main, et elle-même se sentit drôle comme si elle s'élevait en l'air.

[**160**] Un phénomène d'autoscopie : Il y a 1 an et demi, vers 2 ou 3 h. de l'après-midi, étant parfaitement éveillée puisqu'elle cousait vers la fenêtre, elle sentit « quelque chose qui se retirait de moi », et eut la vision de son double, debout devant elle, à environ 1 mètre de distance, avec un chapeau et une toilette qui se rapportaient au moment de son mariage (23 ans auparavant). Elle fut très étonnée. Le double ne dit rien ; il était parfaitement net, pas transparent. Cette apparition fut extrêmement courte — une fraction de minute — de même que les deux suivantes.

[**161**] Apparitions de son père (mort il y a 22 ans, peu avant son frère) il y a deux mois. Elle l'a vu deux fois, à 3 jours d'intervalle ; la figure et la barbe étaient telles qu'à la fin de sa vie, et très nettes ; mais le reste du corps était comme emmaillotté dans un nuage, elle ne peut rien dire de son costume. Les deux fois elle était au lit et les yeux fermés ou au moins couverts ; la 1re fois,

elle n'avait pas encore dormi ; la 2me fois, cela la réveilla dans la nuit ; la figure de son père était très éclairée et ses yeux la regardaient. Bien que cette apparition ne lui fût pas désagréable, elle en ressentit chaque fois un frémissement de tout le corps. Du reste presque tous les soirs, une fois au lit dans l'obscurité et ses yeux couverts, mais fort éveillée encore, elle voit, pas avec les yeux, mais avec le sommet du front, des étincelles et des lueurs tout près de sa tête ; parfois aussi des oriflammes bleu-blanc-rouge, comme des drapeaux français, à 3 mètres environ ; ou bien des figures ; il y a trois semaines, elle a vu un seul œil qui la fixait. Toutes ces visions lui sont inexplicables et sans attache avec les souvenirs de la journée.

[162] « J'ai vu en rêve l'enterrement d'une personne (habitant à l'étranger) que je ne savais pas malade, et dont j'ai appris la mort quelques jours après. »

II. Mme Voss a eu connaissance de quelques faits curieux :

[163] « Une de mes sœurs, institutrice, s'occupe un peu de spiritisme depuis que je le fais moi-même. Un jour qu'elle se trouvait très embarrassée, ayant une leçon à donner sur un sujet de physique qu'elle possédait mal, il lui vint à l'idée d'invoquer son ancien professeur (décédé depuis quelques années) : spontanément ses idées s'éclaircirent et elle donna sa leçon très facilement. L'ayant appelé ensuite par la table, il répondit que c'était bien lui qui l'avait inspirée et que, chaque fois qu'elle serait embarrassée, elle n'avait qu'à s'adresser à lui mentalement.

[164] « Une personne de ma connaissance avait un bras si malade qu'on devait l'amputer. Deux de ses parentes consultaient souvent la table pour savoir si cela était inévitable ; chaque fois la table répondait que *non*, mais qu'il fallait beaucoup prier ; ce qu'elles firent, étant catholiques, en s'adressant à sainte Philomène. Le jour fixé pour l'opération, au moment où le docteur se préparait à couper ce bras, il le trouva parfaitement guéri, sans qu'il pût se l'expliquer. »

III. « La médiumnité a profondément modifié mes idées religieuses ; les doctrines spirites sont éminemment moralisantes et consolantes, elles améliorent le caractère, et loin de détruire le sentiment religieux, elles l'affermissent et l'épurent. »

1908. — Mme Voss a assez vite abandonné son psychographe alphabétique, le verre lui ayant déconseillé cet exercice à cause de la fatigue due aux mouvements de va-et-vient du bras. En revanche sa faculté d'écriture semi-automatique (où le sens des mots lui arrive exactement en même temps qu'elle les écrit, rarement sa main en trace un autre que celui qu'elle pense) s'est rapidement développée, et elle a obtenu, pendant des années, beaucoup de communications (surtout de son frère et de son guide), consistant en conseils moraux, et parfois en remèdes pour elle ou les siens. « Mais depuis 3 ou 4 ans, mes facultés médianimiques se sont sensiblement affaiblies par suite de maladie (rhumatismes). Cependant j'écris encore de temps en temps, et j'ai eu des rêves prophétiques, pressentiments, voix, apparitions et inspirations. » Voici les faits qui l'ont le plus frappée :

[165] Un jour qu'elle se proposait de faire prendre une tisane à son fils, elle en fut empêchée par l'écriture automatique, qui lui dit qu'il n'en avait pas besoin, contrairement à ce qu'elle estimait elle-même.

[166] Un soir qu'elle allait commencer à souper, avec son mari, ils entendirent un formidable bruit de chute ou de dégringolade. Vainement ils passèrent toute la maison en revue, jusqu'au grenier, sans en trouver la cause. Mme Voss ayant alors interrogé la table, elle y eut une communication d'un jeune ami de la famille, dont elle avait le jour même appris la mort (des suites d'une terrible chute, six jours avant, dans une course de montagne) : il lui expliqua que ce mystérieux vacarme était dû à ce qu'il venait de « simuler sa chute pour leur donner une preuve de sa présence ».

[167] Une nuit, il y a 8 ans, sa sœur (morte 22 ans avant, et sur la tombe de qui elle entretenait toujours des fleurs) la réveilla en la secouant dans son lit, et lui dit de vite regarder : la chambre se trouva alors éclairée par une lumière plus vive que celle de l'électricité (bien que ce fût de nuit noire), et elle vit par terre deux colombes picotant devant un vase de marguerites.

[168] Une nuit, pendant les réparations au tunnel du Credo, qu'elle devait traverser huit jours après pour aller en France, *on* lui montra ce tunnel bien éclairé et parfaitement libre ; d'où elle conclut qu'elle pouvait partir sans crainte, malgré les appréhensions de son entourage.

[169] Un soir, comme elle venait de se coucher, elle sentit quelqu'un faire deux fois le tour de son lit en marchant ; *on* lui dit que c'était pour lui prouver qu'elle était bien gardée ; de sorte qu'elle n'en eut aucune peur ni impression désagréable. Elle ne saurait dire qui était ce *on*, car il lui suffit de se sentir entourée, sans éprouver aucun besoin de demander qui c'est.

[170] Il y a 8 ans, se trouvant un dimanche soir dans un tramway bondé de monde, elle se sentit tout à coup écrasée comme si on lui avait mis un sac de plomb sur la tête. Or le mardi matin, elle reçut une lettre très désagréable venant de Paris, et elle ne douta pas que son impression de l'avant-veille ne fût due aux sentiments du correspondant qui se disposait alors à lui écrire.

[171] Le phénomène le plus curieux qu'elle ait eu, est un cas où *on* lui a enlevé une dent. C'était il y a 6 ans, un matin vers 7 h., en avril ; elle était encore au lit, lorsqu'elle entendit une voix extérieure lui dire : *Veux-tu que je te montre comment nous pouvons arracher une dent ?* Bien qu'elle n'ait pas reconnu cette voix, elle savait que c'était celle de son frère défunt (qui n'était nullement dentiste), parce qu'à cette époque il était constamment autour d'elle pour l'instruire dans les vérités spirites. Elle eut un instant de frayeur, ne sachant de quelle dent il s'agissait et craignant qu'on ne lui en otât une bonne ; mais aussitôt elle sentit un de ses marteaux [molaires] faire deux ou trois tours en pivotant, comme une vis que l'on tourne, et tomber en morceaux dans sa bouche ; c'était une dent tout à fait gâtée, mais qui ne branlait absolument pas ; elle n'éprouva pas la plus petite douleur, cela ne saigna même pas ; et elle n'avait pas eu la sensation d'aucun instrument dans sa bouche.

[172] Comme elle longeait la plaine de Plainpalais, en revenant de faire des commissions, une après-midi d'été vers trois heures, il lui sembla tout à coup qu'elle était soulevée de terre et portée, l'espace d'une vingtaine de mètres ; elle ne sentait plus le poids de son corps ni de ses provisions : c'était une sensation de bien-être qu'elle n'avait encore jamais eue et « telle qu'on doit l'éprou-

ver de l'autre côté ». Il lui semblait filer, comme cela arrive en rêve, sans toucher le sol et sans avoir le sentiment de faire aller les jambes.

[173] Tout récemment, elle a eu une nuit « la vision de l'endroit où le tunnel de la Faucille doit aboutir » ; il y avait là deux colombes se donnant des coups de bec, symbolisant la lutte des deux nations ; puis une locomotive qui fumait, présage que ce grand projet se réalisera.

III. « Mes opinions sur le spiritisme n'ont fait que s'affermir depuis 1898. »

Obs. XXXVII. — *Mme veuve Leuwé, 51 ans, 4 enfants. Décédée en 1900.

« J'ai entendu parler du spiritisme il y a vingt ans, mais ne m'en occupai pas alors. Six ans plus tard, je fis connaissance d'une demoiselle suédoise qui possédait un psychographe (à index mobile sur un alphabet) ; ayant réussi à le faire marcher à la première séance, je m'en procurai un avec lequel j'obtins d'assez bons résultats. Quelques mois plus tard j'eus l'idée d'essayer d'écrire, et aussitôt, sans aucun exercice, j'obtins une communication. Dès lors je ne pratiquai que cette dernière médiumnité, que j'ai conservée sans modification. Je suis écrivain mécanique, ne sachant absolument pas ce que j'écris avant de le relire ; lors même que je suis distraite ou prends part à une conversation, ma main continue à marcher. L'écriture, qui au début ressemblait à la mienne sans être identique, s'en est écartée peu à peu, et à pris trois formes différentes (une ronde, une très penchée, une toute fine) qui se présentent parfois au cours de la même communication. Pendant que j'écris, mes deux mains deviennent froides, et j'éprouve une lourdeur du bras, qui s'accentue parfois jusqu'à la souffrance, partant de l'épaule droite et descendant jusqu'au bout des doigts ; en même temps, je ressens sur la tête et le front une sensation très douce, comme une caresse ; une fois l'écriture arrêtée, toutes ces impressions cessent. »

[174] Au début, Mme L. a obtenu, mais sans preuves d'identité convaincantes, quelques messages de défunts de sa connaissance (son mari, sa sœur) ; d'ailleurs ils ont cessé bientôt et il n'est plus venu qu'un Esprit qui souvent signe *nous*, car il serait trois, dont un seul s'est nommé isolément, à savoir un certain *Rossillon* à qui elle aurait fait du mal dans une existence antérieure, à ce qu'il a prétendu. Mais ce nom de Rossillon, qui n'est celui d'aucun personnage historique connu, ne rappelle rien du tout à Mme Leuwé et elle ne sait de quoi il s'agit. Cet Esprit lui a dit qu'il était en mission auprès d'elle et qu'il lui resterait attaché jusqu'à une certaine échéance lointaine indéterminée. Voici dix ans en effet qu'il ne la quitte pas. Comme il ne lui dicte que des leçons et des choses plutôt désagréables, elle voudrait bien en être débarrassée, et elle a beaucoup prié pour cela, mais en vain. Elle a à maintes reprises cessé d'écrire pendant des périodes de 2, 3, 4 mois, espérant qu'il disparaîtrait ou céderait la place à d'autres Esprits meilleurs ; mais toutes les fois qu'elle recommence d'écrire, il ne tarde pas à s'imposer de nouveau comme une véritable obsession, ce qui fait qu'elle ne pratique guère sa médiumnité.

[175] « J'ai assisté à des phénomène de table, des apports de pierres et des déplacements de fleurs chez les Dyck [Obs. LV]. »

III. « Les médiums sont en général très impressionnables et plus sensitifs que les autres gens. Les Phénomènes ont l'avantage de confirmer la théorie; ils ont l'inconvénient que souvent le médium, lorsque son intelligence n'est pas à la hauteur, devient victime de l'Esprit qui se communique. Quant à la Doctrine elle est des plus consolantes : par la réparation dans les vies successives, elle fait comprendre la bonté et la justice de Dieu, et les inégalités qui existent sur la terre...»

Obs. XXXVIII. — *M. Saldi, 65 ans, ancien architecte.

I. « Je possède la médiumnité psychographique intuitive. Elle m'a été accordée il y a 32 ans, après la mort de mes deux enfants : j'en avais éprouvé un grand chagrin et avais un immense désir de communiquer avec eux. Je m'exerçai à écrire d'après les indications du *Livre des Médiums* d'A. Kardec, c'est-à-dire en m'efforçant de me recueillir toujours en la présence de Dieu, en invoquant le guide naturel que Dieu nous a donné (notre ange gardien), et en posant à l'avance les questions dont je désirais la solution. J'ai dû subir un apprentissage — consistant en innombrables spirales couvrant des pages entières, en bâtonnets, dessins de fleurs, profils de figures, etc., sans signification précise — pour établir l'obéissance de l'instrument matériel et le facile écoulement du courant fluidique. Je n'ai réussi qu'après plus d'un mois de travail persévérant, faisant des essais d'une demi-heure plusieurs fois par jour. Depuis lors, j'ai beaucoup écrit; les communications n'ont cessé qu'après plus de 30 ans, et peu à peu par épuisement de force, ne pouvant plus contribuer de mon côté à la dépense de fluide nécessaire. (Il en a été de même de mon pouvoir de magnétiser.) Une fois les messages commencés, ils avaient lieu avec une rapidité extraordinaire, modifiant souvent mon écriture propre. Ils étaient très abondants et répondaient convenablement aux questions posées par écrit. Très fréquemment ils s'arrêtaient brusquement au milieu d'un mot, sans qu'il me fût possible d'en obtenir la suite. Quant à leur nature, ils ont toujours été d'un ordre moral très élevé et conforme à l'enseignement du Christ bien-aimé; leur but général était mon amélioration morale et l'anéantissement de mes mauvais penchants. » Au début, les communications venaient des deux enfants qu'il avait perdus, et l'on y reconnaissait parfaitement leurs caractères opposés : bon enfant chez le petit garçon, fier et hautain chez la fillette. Plus tard les dictées furent surtout de son Esprit-guide ou ange gardien, qui servait parfois d'intermédiaire avec des Esprits désincarnés, et elles roulèrent presque exclusivement sur des problèmes de philosophie morale et religieuse, qui y sont traités dans la manière d'Allan Kardec, non cependant sans originalité et parfois contre les idées de ce dernier.

[176] II. « Il n'y a pas eu, que je sache, de médiums dans ma famille. Je n'ai assisté qu'à une séance de Home, dont j'ai gardé peu d'impression, mais la sœur de ma femme a assisté à une séance de lui qui a présenté des phénomènes physiques remarquables, et elle y a été très impressionnée par un attouchement. J'ai vu de nombreuses séances assez froides et monotones chez Mme Bourdin (médium voyante au verre d'eau). J'ai aussi vu les Davenport.

[177] « J'ai connu à une certaine époque un somnambule naturel très lucide, auquel je présentais dans son sommeil magnétique les communications que

j'avais eues par l'écriture : il possédait la faculté, sans les lire, de reconnaître, par le contact de l'extrémité de ses doigts avec l'écriture, la qualité du courant fluidique qui m'avait fait écrire ; il s'apercevait de même immédiatement de son interruption et me disait : Ici c'est un autre Esprit qui est venu. Je constatais qu'il avait raison. »

III. D'après son expérience personnelle, M. Saldi peut « affirmer que le médium a une parfaite conscience de la source bonne ou mauvaise de la communication, en ce sens, que lorsque le fluide a une bonne origine, le médium sent son esprit s'élever vers les choses éternelles et jouit d'un calme profond et d'un bonheur délicieux, qui lui sont la récompense immédiate de l'effort qu'il a fait pour s'élever ainsi ; dans le cas contraire, il ressent une espèce d'inquiétude et de tristesse qui lui font soupçonner que la source du fluide est douteuse. Ces impressions sont pour le médium d'une évidence manifeste, mais il n'ignore pas qu'elles n'existent que pour lui, et pas en dehors. Il affirme que, dans cet état, il est dans le calme et la paix la plus profonde. Mais tous ces sentiments sont de nature tellement secrète et intime, qu'il est vraiment singulier d'entendre des personnes non douées de médiumnité entamer des discussions à ce sujet. N'étant pas à même de connaître la question, elles s'imaginent éviter les difficultés en prétendant que le médium était dans un état pathologique et ne pouvait aboutir qu'à des résultats entachés de maladie et d'irrégularité. C'est là une prétention vraiment insupportable, car il est faux que le médium soit dans un état pathologique ; bien au contraire, il est dans un état de calme et jouit d'un bonheur que ses juges malveillants ne connaîtront jamais... L'influence de la médiumnité est de pousser à l'amélioration du caractère et de la vie sociale. Les PHÉNOMÈNES ne sont que la sanction et la preuve de la vérité des DOCTRINES spirites, qui occupent la première place après l'Evangile. Ces doctrines ne sont pas précisément une religion, mais elles conduisent à la vie religieuse et finissent par habituer l'homme à s'occuper constamment de ce qui regarde le côté supérieur de l'âme, et du même coup à se détacher des choses grossières de la vie ordinaire. Elles donnent le désir de posséder le radieux trésor des vies intellectuelles et éternelles. C'est pourquoi ces doctrines doivent jouer un rôle très important dans l'éducation de l'enfant. »

M. Saldi est mort, en 1899, après de grandes souffrances physiques, mais soutenu et réconforté jusqu'au bout par ses convictions spirites et religieuses.

Obs. XXXIX. — *Mme Saldi, 60 ans, professeur dans une école supérieure de jeunes filles. Femme du précédent, spirite comme lui.

Pas de médiumnité, mais a eu de nombreux rêves prophétiques se rapportant surtout à l'état de santé des siens. Rêver à sa mère, est pour elle l'annonce presque assurée d'un accident ou d'une maladie dans la famille ; mais c'est surtout à sa grand'mère qu'elle n'aime pas rêver, parce que c'est toujours présage de mort de l'un des siens.

1908. — Mme Saldi, qui n'avait pas essayé de l'écriture automatique du vivant de son mari, l'a fait après sa mort, il y a 9 ans, afin de recevoir des messages de lui (comme il le lui avait promis), et elle y a réussi assez rapidement.

Elle a cultivé durant quelques années cette médiumnité intuitivo-graphique, puis a cessé depuis deux ans, parce qu'avec l'âge « cela vient trop difficilement, je crains de me fatiguer ». Les messages étaient toujours de la même écriture, analogue à sa main normale, mais plus grosse, enfantine, irrégulière, presque sans ponctuation. Ils venaient de son mari ou d'autres défunts qu'elle avait connus, et étaient généralement d'un contenu moral et religieux, avec de fréquents reproches pour sa méfiance ; en effet elle se demandait sans cesse si tout cela ne venait pas de son propre fonds. Cependant quelques incidents l'ont particulièrement rassurée, entre autres ceux-ci :

[178] Emploi de mots impropres ou de néologismes qui n'étaient pas de son crû. Voici par exemple deux fragments de messages (de mars 1903) : — 1°... [*vous aurez*] *la certitude de la communication avec vos désincarnés et le doute ne deviendra plus possible. Oui, la prière et le recueillement sont nécessaires, car vous aidez au dégagement des fluides en attirant des Esprits sérieux et vous avancez un* BARRAGE *entre ceux qui ne cherchent qu'à mettre le médium en erreur.* Si c'était elle l'auteur de ces lignes, elle eût mis *barrière* et non *barrage*. — 2°. *Amie, bannissez toute crainte ; ce serait malheureux si tous les médiums étaient aussi méfiants que vous et ne voulaient pas croire à ce qu'on leur dit, puisqu'on doit pénétrer leur pensée avant de se faire comprendre, et* LETTRER *tous les mots pour vous les faire accepter avec beaucoup de peine...* Le terme *lettrer* vise le fait que dans ses écrits médianimiques, la première lettre de chaque mot est tracée à peu près mécaniquement, tandis que le reste du mot lui vient par intuition ; aussi comprit-elle d'emblée ce néologisme, mais elle ne l'eût pas inventé elle-même.

[179] Interruption brusque d'un message la concernant, par un autre qui se trouva être une réponse à une question mentale que sa sœur se posait, au même moment, au sujet de son propre mari mort depuis longtemps ; or sa sœur était dans sa chambre, séparée par le salon de la salle à manger où Mme Saldi était en train d'écrire médianimiquement. Voici ce message, où la coupure due à l'intrusion d'une pensée étrangère n'est marquée, dans l'original, que par un trait tout juste perceptible entre *de* et *mais* : — *Tout ce que vous désirez et cherchez, le Dieu d'amour vous le donnera si vous travaillez pour l'acquérir ; oh, ne pensez pas tant aux manifestations qu'il faut regarder comme une preuve de survivance et de - mais ne croyez pas trop facilement à la possibilité d'obtenir les Esprits désincarnés depuis longtemps, ils ont changé de milieu de sorte que c'est toujours difficile qu'ils puissent venir eux-mêmes...* Cette seconde partie, qui ne cadrait absolument pas avec les préoccupations de Mme Saldi, répondait au contraire parfaitement à celles de sa sœur.

[180] Un médecin de sa connaissance, fondateur d'une nouvelle clinique, était tombé gravement malade ; on prévoyait sa fin imminente et le désarroi qui en résulterait pour son établissement, lorsque Mme Saldi eut une communication prédisant qu'il allait se guérir. Mais peu d'heures après, il mourait. Elle en conclut que ce message trompeur n'avait pas pu venir d'elle-même, puisqu'elle était convaincue, comme tout le monde, que le malade ne se rétablirait pas. — Ces divers faits lui ont prouvé, en dépit de sa défiance instinctive, que ses communications avaient bien une origine étrangère. Elle a du reste toujours été, comme feu son mari, fermement attachée aux doctrines spirites, depuis la perte de leurs enfants il y a 42 ans.

Obs. XL. — *Mme Glika, 30 ans, femme de M. G. (Obs. XXIII).

I. Elevée dans le protestantisme orthodoxe, Mme Glika est devenue, après son mariage, spirite comme toute la famille de son mari, et médium typtologue. Elle a eu auparavant divers faits spontanés :

[181] « Le seul phénomène que j'aie eu dans mon enfance est le suivant, à l'âge de 4 ans. Une nuit, me réveillant dans mon berceau, je vis un homme adossé au grand fourneau de cattelles de notre chambre. Il avait un pantalon de coutil blanc, un grand panama sur la tête et des souliers clairs. Sans éprouver la moindre crainte de cette apparition qui me regardait d'un air souriant, je réveillai ma mère qui alluma et chercha dans toute la chambre sans apercevoir personne. Je me rendormis, mais me réveillai bientôt et vis pour la seconde fois cette même apparition, qui me souriait. — Mon père, qui était catholique-romain et qui avait eu à l'âge de 6 ans une vision très nette de son ange gardien, était porté à voir dans ma vision l'apparition d'un Esprit protecteur. Quant à moi, élevée dans le protestantisme, je n'ai jamais eu d'opinion précise là-dessus.

[182] « Il y a 5 ans, séjournant dans un château en Autriche, j'étais occupée à écrire une lettre. Dans la même chambre, derrière moi, se trouvait une harpe couverte d'un crêpe, souvenir de la belle-mère du propriétaire du château, morte peu auparavant. J'étais alors seule dans la pièce, lorsque j'entendis distinctement jouer quelques accords sur la harpe, comme si des doigts avaient glissé sur les cordes.

[183] « Deux mois plus tard, habitant une campagne où l'on n'avait pas l'habitude de fermer les portes à clef, nous étions un matin, mon mari et moi, dans notre chambre à manger, lorsque tous deux nous entendîmes quelqu'un entrer dans l'appartement et passer dans le vestibule. Au même moment nous vîmes le loquet se baisser, comme si quelqu'un voulait ouvrir la porte. Le loquet se releva, et la porte resta fermée. Nous avions si bien constaté la chose que nous fîmes sur le champ une inspection de toute la maison, sans trouver personne. »

Peu après cette époque Mme Glika fit la connaissance théorique du spiritisme, puis fut initiée à la pratique en assistant à des séances de table, qui développèrent sa médiumnité. Depuis quelques temps elle peut faire parler la table à elle seule ; avec son mari et MMmes Rébex et Hauk (Obs. XLI et XLV), elle forme un petit groupe hebdomadaire où l'on a obtenu, outre « beaucoup de bien jolies communications », des coups et craquements dans les chaises, et des raps résonnant dans le plateau de la table à l'imitation de ceux frappés comme modèle. Depuis qu'elle est spirite elle a eu les deux faits spontanés suivants :

[184] « Il y a dix-huit mois, je rêvai que mon mari recevait une lettre faite de trois feuilles de papier, l'une rose, l'autre bleue, la 3e blanche, et que pendant qu'il ouvrait la lettre je tenais des billets de banque en mains. Or, le matin le courrier nous apporta une lettre d'une maison de commerce, qui nous annonçait l'envoi de marchandises que nous avions commandées et en même temps la mort du représentant de cette maison, auquel nous avions l'habitude de nous adresser. La lettre en question était sur papier bleu, l'avis mortuaire sur papier blanc, et la facture, qui avait dans le rêve certainement quelque rapport avec les billets de banque, était de papier rose. Tout était donc conforme à mon rêve.

[185] « Il y a quelques jours, je me trouvais vers 5 h. du soir dans ma chambre avec une petite fille de 5 ans dont je m'étais provisoirement chargée. Je venais de la mettre dans mon lit et m'étais assise dans un fauteuil, lorsque j'entendis très distinctement tomber, sur le fourneau de poterie au coin de la chambre, une pierre qui rebondit, tomba à terre et roula sous les lits. La petite avait aussi entendu ce bruit, aussi nettement que moi-même, de sorte que toute idée d'hallucination est exclue. Mais ce n'était qu'un bruit, car notre recherche très minutieuse après la pierre en question resta infructueuse. »

1908. — Mme Glika a cessé, il y a environ cinq ans, les expériences médianimiques parce que cela la rendait trop nerveuse et impressionnable; il faut dire qu'elle s'était laissé entraîner, par son amabilité et sa complaisance, à accorder des séances à un nombre toujours croissant de personnes qu'attiraient ses remarquables résultats (v. p. ex. n° 71). Actuellement elle a à peu près retrouvé sa belle santé primitive, mais elle ne pratique plus la table, sauf par exception pour faire plaisir à des amis. Elle a toujours des phénomènes spontanés, dont voici quelques exemples.

[186] « Il y a 3 ans, j'étais très soucieuse au sujet de mon mari, qui souffrait de douleurs de tête intenses; on craignait une méningite ou un abcès. Une nuit, alors que j'en étais le plus préoccupée, mon lit fut tout à coup secoué assez fortement; croyant à une légère secousse de tremblement de terre, je n'y attachai pas d'importance et cherchai à me rendormir. De nouveau je me sentis secouée, et dans la chambre faiblement éclairée par une petite veilleuse, je vis une ombre indistincte qui se formait, comme un nuage ou un voile; peu à peu les traits se dessinèrent sous la forme d'une femme. Effrayée, je réveillai mon mari; nous allumâmes, ce qui fit disparaître l'apparition; je n'étais du reste pas bien sûre d'avoir vu quelque chose de réel et pensais que c'était peut-être l'effet de mes inquiétudes. Mon mari me tranquillisa en attribuant la chose à ma surexcitation nerveuse. J'essayai de me rendormir, mais ce fut long; comme enfin j'étais sur le point d'y réussir, je fus secouée pour la 3e fois, et au pied du lit j'aperçus très nettement une dame drapée de blanc, de petite taille, à l'air souffrant et aux traits délicats, avec une épaisse chevelure noire tombant jusqu'à terre; je fus surtout frappée de la noirceur de ses cheveux. L'apparition, après avoir pris tout son développement en montant pour ainsi dire du plancher, disparut peu à peu en se rapetissant et comme en se fondant. — Deux jours après, encore hantée de cette vision, j'eus l'idée de questionner la table à ce sujet; dès que j'y eus mis les mains, elle partit aussitôt et dicta : *Je t'attendais; je suis ta belle-mère; ne t'inquiète pas pour ton mari, tout marchera bien, rien à craindre, soigne-le seulement avec douceur et patience.* J'étais extrêmement émue, et comme je demandais le nom pour plus de sureté, la table épela *Ludovica,* qui était bien le prénom de ma belle-mère. Ce message me tranquillisa tout à fait et je n'eus plus de doute sur le rétablissement de mon mari, qui dès ce jour se sentit mieux et se remit peu à peu. Il est à noter que je n'ai jamais connu ma belle-mère, dont mon mari lui-même ne se souvient pas, car il avait 3 ans lorsqu'elle mourut (34 ans avant cette apparition), et il n'en existe pas de photographie. Mais chose curieuse, lorsque deux ans après j'eus l'occasion de raconter cette vision à une sœur très aînée de mon mari (habitant l'Allemagne et de passage à Genève), elle me dit que c'était tout à fait le signalement de leur mère, qu'elle se rappelle fort bien (car elle avait 20 ans lorsqu'elle la perdit) : petite, aux traits souffrants, et avec une abondante chevelure noire qui trainait jusqu'à terre comme un manteau royal. Toute la famille de mon mari est spirite, et ma belle-sœur me dit avoir déjà eu plusieurs messages de sa mère par un médium berlinois.

[**187**] « Une nuit, je vis en rêve deux personnes de ma parenté (qui étaient alors en mésintelligence entre elles) se promener dans une grande allée, il y passait beaucoup de monde, j'entendais les cloches des églises, c'était dimanche ; elles semblaient s'intéresser l'une à l'autre, mais n'avoir que de l'indifférence pour moi. Or, quelques mois après, soudain et contre toute prévision, ces deux personnes se trouvant simultanément à Genève me demandèrent chacune de son côté de leur procurer un rendez-vous ; j'en chargeai mon mari, qui profita de son dimanche matin libre pour les faire se rencontrer : c'était dans la grande allée des Bastions, à 11 h., les cloches sonnaient, et les fidèles passaient sortant des églises. Et une fois réconciliées, ces deux personnes n'eurent plus que de l'indifférence pour moi ! C'est quelque temps après, que le rêve me revint à la mémoire et que j'en reconnus la stupéfiante réalisation dans tous ses détails.

[**188**] « Je rêve qu'une femme, que j'emploie depuis longtemps à la journée, m'annonce qu'elle a trouvé une place fixe, mais qu'elle hésite à l'accepter. Le surlendemain, elle m'apporte une lettre reçue depuis peu, où on lui offre une place de concierge ; puis elle ajoute : Je crois que je veux refuser.

« Voici pour finir quelques incidents frappants de nos séances de table :

[**189**] « A notre groupe venait très régulièrement Mme Rébex, qui arrivait généralement la première. Le 27 déc. 1898, ne la voyant pas venir, nous commençâmes sans plus compter sur elle. Nous reçûmes alors la preuve que nos amis invisibles s'intéressent bien à nos habitudes, connaissent les groupes et voient plus clair que nous, car la table dicta : *Votre groupe n'est pas au complet* ; et à notre réponse que Mme Rébex devait être empêchée, la table répliqua par un énergique *non*. Au même moment on sonna à la porte d'entrée : c'était Mme Rébex qui avait simplement eu du retard.

[**190**] « En janvier 1899, je devais aller faire un séjour en Italie chez des parents pour rétablir ma santé ébranlée ; nous n'attendions plus qu'une lettre fixant le jour du départ. Le 24, j'annonçai à nos amis, venus pour la séance, que nos réunions allaient être interrompues du fait de cette absence ; mais ayant, en causant, mis les mains sur la table, celle-ci dicta : *L'homme propose, Dieu dispose*. Je demandai si c'était une allusion à mon voyage, la table répondit : *Un événement imprévu changera tout !* En effet, deux jours après, une lettre d'Italie nous informait d'une maladie imprévue et bouleversait nos plans.

[**191**] « A notre séance du 30 oct. 1899, nous venions de quitter la table d'expérience pour prendre le thé, lorsqu'on sonna à la porte : c'était une voi-

sine qui remit une carte postale à la bonne en la priant de la jeter à la boite lorsqu'elle descendrait accompagner les dames de notre groupe. Un des assistants eut alors une idée : Si les Esprits pouvaient nous communiquer le contenu de cette carte ? Pour tenter l'expérience, tout en doutant fort de sa réussite nous fîmes poser la carte par la bonne sur la table d'expérience, l'écriture en dessous et sans même lire l'adresse ; puis, après le thé, nous y mîmes les mains et la table dicta : *On prie la personne de ne pas venir mardi et vendredi. J'y ai mis du temps, c'est assez ; au revoir, édifiez-vous mutuellement.* Nous lûmes alors la carte, où la voisine écrivait en effet à quelqu'un de ne pas venir ces jours-là. Il est à remarquer que personne de nous n'avait lu cette carte, ni la bonne qui était allemande et ne savait pas le français. Toute transmission de pensée par le subliminal de la bonne ou de nous était donc exclue, et ce phénomène ne saurait guère s'expliquer autrement que par l'intervention d'une intelligence extérieure à nos corps. »

Obs. XLI. — *Mme veuve Rébex, 47 ans. Décédée en 1905.

I. Mme Rébex fut élevée catholique, mais son père était libre-penseur, et elle entendit beaucoup de discussions philosophico-religieuses dès son enfance. A 23 ans, mariée depuis peu, elle fut gagnée au spiritisme par une amie « qui m'expliqua toute la théorie : ça entra tout seul, c'était comme si on m'ouvrait un appartement que je connaissais déjà ; cette doctrine a sanctionné toutes les idées que je m'étais formées moi-même, instinctivement, sur la grave question de l'au-delà. » Mais elle n'a jamais, du vivant de son mari, tenté d'expériences, ni assisté à aucune séance, et elle s'en félicite, car pendant la maladie de son mari « qui avait beaucoup d'hallucinations et voyait toutes sortes de choses », elle aurait pris cela pour des manifestations spirites et en aurait été effrayée ; au contraire, la doctrine toute seule l'a soutenue et l'a aidée à soigner le pauvre homme, qui ne croyait pas au spiritisme, et qui, étant données ses souffrances, aurait eu peur d'être exposé à *revenir* après sa mort. C'est seulement devenue veuve, il y a six ans, qu'elle a commencé à s'occuper de spiritisme pratique et a vu pour la première fois tourner une table.

[**192**] Peu après, faisant aller la table avec une voisine de maison, et ne pensant pas du tout à son mari, ce dernier vint et dicta : *Ma petite femme ;* puis il se reprit et épela *fame*. Ceci fut pour elle une preuve d'identité, car c'était une plaisanterie coutumière à son mari de lui dire par amitié : « Ma petite fâme, f. a. fa, m. e. me, fâme. »

[**193**] « Ensuite j'ai essayé d'écrire, et je n'ai pas attendu longtemps (huit jours d'essais) pour obtenir tout d'un coup la signature de mon mari et la preuve que c'était bien lui qui revenait auprès de moi. » Bien que cette signature ne fut pas très ressemblante, elle en fut si émue qu'elle pleura, sur quoi il écrivit : *Ne pleure pas, le ciel est beau.* Elle eut dès lors plusieurs communications, d'une grosse écriture qui ne ressemble exactement ni à la sienne propre ni à celle du défunt ; de plus, elle obtient, quand elle veut, la signature, maintenant assez ressemblante, de son mari. Mais elle ne pense pas qu'en général cela vienne de lui (tout en considérant comme preuve la première signature obtenue, et

certaines communications), parce que dit-elle « il doit avoir autre chose à faire qu'à être toujours là, prêt à donner sa signature quand je le voudrais. » — Mme Rébex n'a d'ailleurs pas poussé plus loin ses exercices : « Si j'avais le loisir et la patience, je serais médium écrivain semi-mécanique, mais j'ai abandonné cette faculté, faute de temps. »

[194] Elle ne se rappelle pas avoir jamais eu en sa vie aucun phénomène frappant, sauf qu'une fois, du vivant de son mari, ayant eu avec lui une discussion où elle avait invoqué l'opinion de feu son père à elle, elle entendit la nuit suivante une phrase de ce dernier lui donnant raison.

[195] II. « J'ai vu la table se soulever sans contact, et j'ai assisté à des apports de pierres chez les Dyck [obs. LV]. »

III. « La médiumnité est un don de Dieu, qu'il faut employer pour le bien (soulager les malades, aider les Esprits souffrants, consoler), et non pour satisfaire une vaine curiosité, des passions, ou de mesquines idées... Les PHÉNOMÈNES sont dangereux. La DOCTRINE doit suffire ; et encore faut-il, pour la bien comprendre, un certain degré d'élévation et peut-être quelques existences déjà vécues derrière soi. Il faut avoir l'âme grande et les idées aussi, pour être parfaitement spirite ; autrement, vous pourrez assister à tous les phénomènes possibles, tables parlantes, apports de pierres, etc., sans que cela serve à grand chose pour votre avancement spirituel. Si vous n'avez pas la charité, comme dit Jésus, la foi sans les œuvres n'est rien. »

Obs. XLII. — *Mme Laud, 43 ans, femme d'un officier (v. obs. XII).

I. « Ma médiumnité (écriture intuitive) n'a pas été spontanée ; ce n'est que par un exercice volontaire que j'y suis parvenue vers l'âge de 18 ans. Voici comment elle se manifeste. Après un instant de *recueillement* et avec le *désir* d'obtenir quelque chose, je pose mon crayon sur le papier et j'attends qu'une impulsion me pousse à écrire. » Alors les idées, les phrases, les mots, lui viennent d'eux-mêmes à l'esprit, sans effort, « comme de l'eau qui coule », et elle les dicte en quelque sorte à sa main. Pendant ce temps elle éprouve, dans le membre qui écrit, des sensations de pesanteur ou de légèreté qui lui semblent en relation avec le contenu plus ou moins élevé de l'inspiration. Tantôt il y a lourdeur de tout le bras et de la main, elle se sent comme écrasée, ce sont alors des dictées d'ordre inférieur. Tantôt, quand les dictées valent mieux, cela va avec facilité et légèreté ; parfois même « le bras file comme s'il avait des ailes, la main court avec une rapidité incroyable et ne sent plus le papier », une foule de pensées différentes se bousculent en elle, elle ne sait laquelle prendre, c'est souvent comme si une multitude d'Esprits s'entrecroisaient et parlaient à la fois dans sa tête. Quant au contenu des messages, « les communications morales et religieuses sont les plus fréquentes. J'ai aussi obtenu spontanément des communications signées de personnes défuntes que j'ai connues, se disant dans une situation plus ou moins heureuse : alors j'ai toujours ressenti dans le bras une légèreté ou une lourdeur correspondante. » Elle écrit surtout pour faire plaisir à son mari, qui est spirite convaincu, mais dénué de toute médiumnité : aussi est-ce le plus souvent la mère défunte de ce dernier qui vient leur dire des choses encourageantes et édifiantes. Mais Mme Laud n'a jamais obtenu de preuves d'identité bien satisfaisantes, ce qui fait qu'elle pratique sa médiumnité avec « peu d'attrait, attendu que l'intuition ne me permettant pas de discerner ce qui peut venir de mon Moi ou de l'Au-delà, je n'ai aucun désir ni entraînement à exercer cette faculté, d'autant plus que cet exercice me cause un certain ébranlement nerveux. »

[196] II. « J'ai assisté avec mon mari à plusieurs séances de matérialisations et d'apports (avec Mme Bablin comme médium). » Elle est certaine que les phénomènes étaient bien réels, mais estime que l'apparition était le double du médium, et non pas un Esprit. — « Ma mère et ma sœur étaient des médiums intuitifs. »

III. « La pratique de la médiumnité a l'avantage de procurer des consolations morales. Son inconvénient est souvent une sorte d'exaltation qui obscurcit et fausse le jugement du médium. Je pense tout le bien possible de la Philosophie spirite, croyant au progrès indéfini de l'âme par des vies successives. Cette philosophie tient la plus grande place dans ma vie intellectuelle et morale. Je m'efforce de mettre en accord mes croyances et mes actes. La forme religieuse importe peu. Seule, la prière mentale est efficace. »

Octobre 1907. — Mme Laud a continué à écrire intuitivement tant qu'a vécu son mari, qui trouvait un grand réconfort dans ces messages de conseils et d'exhortations. Sa mort, il y a quelques mois, a été un terrible coup pour elle. « C'était une belle âme, dans la plus large acception du mot ; avec lui, j'ai perdu le bonheur. Quant à ma médiumnité, elle était si mince que je me fais un cas de conscience de vous en parler. Elle nous a donné simplement des leçons de morale, ce qui n'a qu'une valeur personnelle. » Mme Laud n'a pas changé de sentiment sur la philosophie spirite, mais elle est encore plus réservée que jadis, même « extrêmement défiante » sur l'identité des Esprits qui se communiquent ; il y a là, suivant elle, un grand mélange avec ce qui vient du médium, souvent même le médium est peut-être seul en cause. Son mari lui avait promis maintes fois, trois jours encore avant sa mort, qu'il ferait tout pour se manifester à elle et lui donner la preuve de sa survivance ; mais jusqu'ici elle n'a rien eu de lui, « pas même un rêve ».

Obs. XLIII. — Mme Prell, 51 ans, propriétaire.

Mme Prell, qui a toujours joui d'une excellente santé (sauf quelques périodes de fatigue générale, due à sa vie très active de mère de famille chargée d'un train de maison assez compliqué), ne se souvient pas d'avoir eu aucun phénomène psychique notable dans son enfance ou sa jeunesse. Mais vers l'âge de 34 ans, soit « trois ou quatre ans avant d'entendre parler du spiritisme et sans avoir aucune idée quelconque de ses manifestations physiques ni de ses rapports ultraterrestres, j'ai remarqué plusieurs faits étranges dont la nature me donnait à penser : coups frappés d'une manière répétée et intelligente, frôlement et présence invisible auprès de moi d'une personne morte depuis plusieurs années, chambre dans l'obscurité subitement éclairée comme par un grand nombre de lampes, etc. » Elle a bien eu « une bonne demi-douzaine de ces manifestations spontanées, disséminées sur environ 3 ans », lorsqu'elle était encore totalement ignorante du spiritisme. En voici les principaux cas, qu'elle se rappelle parfaitement :

[197] En plein jour, dans le salon de sa mère où elle se trouvait avec 4 ou 5 personnes, un candélabre à plusieurs branches, situé au coin de la cheminée à environ un pied du bord, se précipita tout à coup à terre, et n'eut rien de brisé, pas même une bobèche.

[198] Se trouvant dans sa chambre avec l'institutrice de ses enfants (âgée de 35 ans) qui ne savait rien non plus du spiritisme, et causant des personnes qu'elles avaient perdues, elles entendirent un bruit dans la porte à coulisse de l'armoire. S'étant tues un moment, lorsqu'elles reprirent leur conversation le bruit se renouvela un peu plus fort. A la troisième fois, frappée de cette coïncidence, Mme Prell en fit la remarque : « C'est drôle, on dirait que quand nous parlons des morts ces bruits se produisent... c'est idiot, cette idée... enfin, essayons ! » Elles se mirent à causer tantôt de ce sujet, tantôt d'autre chose, et constatèrent à plusieurs reprises que toutes les fois qu'elles parlaient des défunts, il y avait de violents craquements, comme des coups de poings sourds, dans cette porte.

[199] Un soir que ladite institutrice se déshabillait pour se coucher, sa broche, posée sur la table de toilette, traversa la chambre dans la largeur pour venir se piquer sur son lit, ou par terre. Mme Prell n'a pas été témoin de ce transport ; elle remarque que « l'institutrice aimait les bijoux, et les manifestations frappent ordinairement les gens en leurs points faibles. »

[200] Un soir à la campagne, toujours avec cette même institutrice, comme elles revenaient vers 10 h. d'une visite de voisinage, elles virent de loin la fenêtre de la chambre de l'institutrice fortement éclairée, comme par plusieurs lampes. Arrivées à la maison, elles constatèrent qu'il n'y avait pas de lumière dans cette chambre et que personne n'y avait été, en sorte que ce brillant éclairage à distance resta absolument inexplicable.

[201] Enfin, deux ans plus tard (1885), prenant son thé auprès du lit de son frère gravement malade (il mourut quinze jours après), Mme Prell sentit tout à coup que son père, mort depuis près de 5 ans, était là, présent à côté d'elle, et en se tournant de ce côté elle éprouva un frôlement. Le lendemain, elle eut de nouveau une impression de présence analogue, et sentit un effleurement sur son front et comme une caresse dans ses cheveux. Cette expérience de la présence invisible, mais réelle et comme tangible, de son père à ses côtés, s'imposa à elle et la frappa d'autant plus qu'à cette époque elle n'avait aucun soupçon de la possibilité de pareilles choses.

Ce dernier fait fut l'occasion de son initiation au spiritisme. Car l'ayant écrit incidemment à une vieille amie de sa famille, il se trouva que celle-ci s'occupait en cachette de spiritisme depuis quelques années, avec une sienne amie médium écrivain [Mme Zora, obs. LXI] ; ces deux dames conférèrent entre elles, il leur parut que Mme Prell était mûre pour le spiritisme puisqu'elle avait de tels phénomènes spontanés, et ayant invoqué son père et obtenu de lui un message (par la main de Mme Zora qui ne l'avait jamais connu), elles envoyèrent ce message à Mme Prell, qui y retrouva tout à fait la marque paternelle et accepta sans peine l'enseignement spirite que ces deux dames lui donnèrent. « Cette initiation venue du dehors m'apporta l'explication des manifestations que j'avais remarquées sans les comprendre. J'essayai d'écrire [automatiquement], mais sans y mettre toute la persévérance voulue, en sorte que ce ne fut qu'au bout de 6 ou 7 ans environ que mon crayon un jour commença à marcher. »

Ainsi devenue médium écrivain, Mme Prell pratiqua dès lors presque journellement. Avec le temps les communications « ont progressé en fréquence et longueur; elles n'ont jamais été hésitantes, mais de rares et courtes qu'elles étaient au début, au bout de 2 ans elles sont devenues d'un jour à l'autre fréquentes, longues et rapides. Elles sont cependant d'une rapidité très variable, parfois vertigineuse, et d'une écriture variable aussi, qui ressemble toujours à mon écriture normale, mais qui varie en grosseur et inclinaison; *on* [l'Esprit] m'a même fait écrire renversé (c.-à-d. très incliné en arrière au lieu d'en avant), ou en tenant le crayon autrement que d'habitude, suivant ce qui était le moins fatigant pour moi dans l'état où je me trouvais, à ce que l'*on* m'a expliqué. » L'écriture, en effet, la fatigue. Quand elle est tout à fait reposée, elle a chaque jour 5 à 6 communications faisant plusieurs pages (format écolier, ou papier à lettre ordinaire); mais il lui faut pour cela beaucoup de sommeil et de grand air; aussi « à la montagne, c'est un charme » et il lui est arrivé d'y écrire 12, 15, et même dans les circonstances les plus favorables, jusqu'à 20 pages par jour. Par contre, « j'ai remarqué des éclipses momentanées, pour cause de santé, et aussi pour cause inconnue : les Esprits sont là, mais refusent de dicter. » — Cette facilité et cette abondance de l'écriture médianimique frappent d'autant plus Mme Prell, qu'elle est incapable d'inventer quoi que ce soit à l'état ordinaire : « jamais je n'ai su faire une composition quelconque, ni pu raconter la moindre histoire à mes enfants ou petits-enfants... » —

« Ma faculté d'écrire est tantôt mécanique (ignorance de ce que j'écris tant que je ne l'ai pas relu), tantôt plus intuitive : alors les mots sont reçus les uns après les autres, quelquefois un par un, ou par groupes de 3, 4 ou 5, ou encore par quarts ou moitiés de phrases, mais sans me donner d'avance le sens complet de toute la phrase. Ces différentes modalités dépendent, comme la forme de l'écriture, de l'état de santé du moment, et même de l'état de l'atmosphère; j'ai observé plusieurs fois qu'un temps orageux m'est contraire. — Je suis poussée à écrire soit par un bruit, soit par la présence invisible d'un Esprit qui le demande sans le formuler, soit par mon propre désir. Je sens alors une pression sur mon bras, ou une douleur faible, quelquefois assez forte dans le bras; les Esprits novices, récemment désincarnés, qui n'ont pas encore l'habitude de se communiquer à un médium, le font parfois souffrir, faute de savoir s'y prendre. Je sens aussi parfois la présence de l'Esprit qui dicte, et souvent je le reconnais ainsi avant que sa signature soit donnée. Je sens aussi la présence d'autres Esprits assistant à la dictée sans écrire eux-mêmes. D'autres fois, j'écris sans rien sentir du tout. »

Pour ce qui est de leur contenu, ces communications, qui remplissent une pile de cahiers, ont le caractère général de conversations familières où les défunts qu'a connus Mme Prell, parents, amis, relations plus ou moins éloignées, viennent l'entretenir de tout ce qui peut la préoccuper ou l'intéresser, depuis les petites questions de médecine domestique jusqu'aux plus graves événements politiques. Soit qu'ils lui prodiguent leurs exhortations religieuses ou leurs directions pratiques, soit qu'ils lui expriment leur avis sur les mille incidents de la vie journalière, ou qu'ils lui dépeignent leur état de félicité dans l'au-delà, ou encore qu'ils la chargent de commissions et de conseils pour ceux qu'ils ont laissés ici-bas et dont ils suivent les faits et gestes avec une affectueuse sollicitude — ces messages sont toujours empreints de la plus pure moralité et d'un parfait bon sens. D'ailleurs toute communication inférieure ou frivole, ou qui ne serait que du remplissage et du bagou, semblerait suspecte à Mme Prell, et sitôt qu'elle s'en apercevrait, elle y couperait court en s'arrêtant d'écrire, comme cela lui est arrivé deux ou trois fois. Les messages sont signés tantôt *nous* ou *nous tous*, tantôt du nom personnel d'un défunt, selon qu'il s'agit de communications générales, ou de messages particuliers émanant d'une individualité déterminée; dans leur ensemble, en effet, les correspondants désincarnés de Mme Prell forment une sorte de « phalange spirituelle » dont elle se sent sans cesse entourée, surveillée, dirigée, mais dont, à un moment donné, tel ou tel membre peut lui être plus spécialement présent et se communiquer personnellement à elle.

Outre l'écriture, et la sensation de présence des Esprits (souvent nettement localisée à droite, à gauche, etc.), Mme Prell a eu encore d'autres phénomènes médianimiques depuis qu'elle est initiée au spiritisme. Elle ne pratique pas la table, qui l'impatiente par la lenteur de l'épellation, et elle n'a jamais eu de visions proprement dites. Mais elle a fréquemment des faits de pressentiment, intuition, ou « double-vue spirituelle », où elle joue le rôle tantôt de percipient tantôt d'agent sans le savoir, et qui lui sont une preuve certaine de la réalité des communications (soit par télépathie, soit par entremise des Esprits) entre vivants, surtout entre vivants liés d'affection. Exemples :

[**202**] Il lui arrive souvent de savoir par intuition que telle personne de sa connaissance va prendre telle décision, se trouve dans tel état d'esprit, est en train de faire telle bêtise, ou est occupée à telle chose. P. ex. elle *sait*, elle a pour ainsi dire *vu* et *senti* (en dehors des moyens normaux), que sa fille, qui est allée faire visite à une dame, en revient accompagnée de cette dame alors que rien ne pouvait faire supposer que cette dame sortirait ce jour-là.

[**203**] Sur le fils d'une personne de sa connaissance, lequel était à Madagascar, elle a eu par l'écriture des nouvelles inattendues et improbables à ce moment-là, et qui se trouvèrent vérifiées quelques temps après.

[**204**] Un matin, par un temps de neige, Mme Prell parle mentalement à son amie Mme Zora, médium écrivain, qui était à une dizaine de kilomètres de là. Quelques jours après, elle constata que Mme Zora avait reçu cette communication par l'écriture, mais elle ne sait pas si ce fut exactement au même moment. Le fait suivant est encore plus frappant : il y a une douzaine d'années, un soir tard, au lit, elle rêve qu'elle fait visite à Mme Zora et lui tient un discours; or il se trouva qu'à ce même moment Mme Zora, non couchée et travaillant encore, se sentit incitée à écrire, et eut une communication signée de Mme Prell, identique dans son sens général, sinon dans les termes, à ce discours onirique.

[**205**] Mme Prell a aussi eu, mais plus rarement, des phénomènes auditifs, en

plein jour et bien éveillée ; ce ne sont pas des voix extérieures, « les oreilles et l'ouïe n'y sont pour rien », mais intérieures, dans le cerveau, vers le sommet de la tête. Ses interlocuteurs sont des défunts quelconques ; ils se servent tous de la même voix blanche, sans timbre, très distincte et très bien articulée, parlant avec une vitesse normale ; ce n'est pas par cette voix que Mme Prell reconnaît l'Esprit qui parle, mais par l'impression générale ou par la sensation de présence. Ces paroles ne sont généralement pas de grands discours ou des conversations, mais des réponses inattendues aux pensées ou aux préoccupations de Mme Prell ; c'est toujours net, bref, incisif, par exemple lorsque son Guide lui dit : *Tu peux agir de telle façon.*

[**206**] Enfin Mme Prell a aussi eu « quelques cas de médiumnité parlante » dont voici un spécimen. Un jour à dîner, dans une discussion très animée sur des sujets d'esthétique, son frère lui ayant demandé : Qu'est-ce que le Beau ? elle lui en donna sur le champ une explication si remarquable que son frère en resta cloué. Pendant cette réponse, qui aurait bien tenu 3 ou 4 lignes, « je m'entendais et m'écoutais parler absolument comme s'il s'était agi des paroles d'une personne étrangère ; je les prononçais involontairement, mais sans avoir aucune idée de ce qui suivrait ; je n'aurais pas pu deviner la fin de la phrase. J'étais dans un état de calme parfait, qui ne m'est pas habituel. » Elle ne garda aucun souvenir de cette définition du Beau qui étonna tant son frère, et ne put pas la retrouver ensuite. [Voir un autre exemple n° 209.]

[**207**] En fait de phénomènes physiques, Mme Prell signale : « coups frappés, petite tape amicale d'un défunt sur la joue, frôlements sur le front et les cheveux », et surtout les deux faits suivants : — Un jour qu'elle était à dîner avec une dame encore peu convaincue du spiritisme, et qu'elle lui en parlait (à mots couverts, à cause des enfants présents), tout à coup la suspension portant la lampe allumée, au-dessus de la table, se mit à remonter et redescendre d'elle-même plusieurs fois, très bruyamment. Ce phénomène, selon Mme Prell, était évidemment dû à sa « phalange spirituelle », qui avait amené un Esprit capable de le produire, pour impressionner son interlocutrice hésitante. — Un soir à la tombée de la nuit, elle copiait une communication à son bureau, seule dans sa chambre ; n'y voyant presque plus et songeant qu'on lui avait recommandé de ménager ses yeux, un reflet à côté d'elle attira soudain son attention : elle se retourna, et voilà que de l'autre côté de la chambre, sur la cheminée (où il y avait deux flambeaux anciens, très délicats, auxquels elle ne permettait pas qu'on touchât, et qu'elle n'allumait jamais, de crainte de les casser), l'un des flambeaux venait d'être allumé, et précisément le plus fragile et celui auquel les gens de la maison se seraient le moins permis de toucher !

II. La mère de Mme Prell, très opposée aux choses de ce genre et très fâchée que sa fille s'en occupât, a cependant eu deux phénomènes :

[**208**] Le soir des funérailles de son mari, elle eut son apparition au pied de son lit. — Et quand son fils eut à Paris la fièvre typhoïde (dont il mourut), avant d'en recevoir la nouvelle, à Genève, elle s'entendit appeler par lui la nuit même où il tomba malade.

III. « On trouve des médiums de tous les degrés d'intelligence et de moralité, et comme les semblables s'attirent, il en est de même des Esprits qui se manifestent par eux. Aussi le choix d'un médium de valeur importe-t-il avant tout le reste... Le médium distingue les Esprits à leur fluide : un Esprit triste et angoissé, ou heureux et gai, ou très affectionné, ou inhabile et de peu de capacité, etc., est facilement reconnu comme tel, par le médium écrivain, dès les premiers mots, souvent même avant qu'il ait commencé à écrire... Si on a affaire à de bons Esprits, et ce sont ceux-là qui se communiquent aux médiums sérieux et prudents, la pratique de la médiumnité est bonne et saine; elle procure apaisement, calme et sérénité... Les médiums et spirites sérieux se caractérisent par la largeur d'idées, la confiance dans l'avenir, la soumission à l'existence telle qu'elle leur est faite; par ce qu'on appelle la foi dans la vie future et par une orientation de la vie présente plus logique, plus simple, plus normale. C'est si vrai qu'un spirite en reconnaît facilement un autre dans sa conversation, sans qu'aucune idée ou manière de voir spécialement spirite soit énoncée. Les Phénomènes médianimiques ne seraient rien sans la Doctrine, qui donne force, courage et espoir. L'Evangile nous montre le chemin, le spiritisme nous oblige en quelque sorte à y entrer... »

1908. — Mme Prell, qui a encore une très bonne santé, a complètement cessé d'écrire depuis 7 à 8 ans, parce que cela la fatiguait. Mais elle a conservé ses autres formes de psychisme : « pressentiments, voix ou intuitions, inspirations, sensations de présence des Esprits, double-vue spirituelle. » Son fait le plus remarquable est le cas suivant d'inspiration verbale, qui date d'il y a quelques mois seulement :

[209] Dans une circonstance extrêmement délicate, où une brouille semblait inévitable entre deux familles, Mme Prell crut devoir tenter une démarche qui, à vues humaines, n'avait aucune chance d'aboutir. « La cause était perdue d'avance; mais comme cette cause était juste, droite et bonne, je me décidai à l'aller plaider, tout en me disant qu'il était impossible de réussir. Ne voyant pas quel plan suivre, ni par quel bout entamer une affaire aussi compliquée, je cessai d'y réfléchir, et je partis sans savoir au monde ce que je dirais, m'étant bornée auparavant, et encore pendant le trajet en tramway, à prier et à demander d'être aidée. Je me sentais d'ailleurs parfaitement calme et n'eus pas une minute d'inquiétude, quoique ne sachant rien de rien de la manière dont je m'y prendrais. Aussitôt arrivée en présence de la personne qu'il s'agissait de convaincre, je me mis à parler, je ne sais comment, sans aucune idée préalable de ce que j'allais disant; je m'entendais causer, ça venait tout seul, comme une mécanique; ce n'est qu'à l'ouïe de ma propre voix que j'ai su ce que je disais. Pendant au moins dix minutes cela se déroula ainsi, à la continue, calmement, comme quelque chose d'appris par cœur qu'on récite sans y penser. » Ce discours automatique eut un succès aussi complet qu'inespéré, et convainquit du coup la personne à qui il s'adressait. Mais quand il fut terminé, « il m'eût été impossible d'en répéter quoi que ce soit; j'en avais seulement une idée vague et en gros, mais je n'aurais pas pu en retrouver une phrase, tout comme, après les communications par l'écriture, on ne sait pas ce qu'on a écrit. »

III. Les convictions spirites de Mme Prell n'ont fait que s'affermir avec le temps, ainsi que son désir de voir la bonne cause triompher enfin. « Avec un médium sérieux, les Phénomènes sont vrais, et avec tact et modération vis-à-vis d'autrui, l'exercice de la médiumnité est toujours bon. La Doctrine spirite sera, dans un temps donné, l'apaisement en tout et pour tous, à cause de sa logique et des vies successives qui sont la justice même. Il faudrait pouvoir l'enseigner tout de suite aux enfants, et si les circonstances s'y opposent, il faut au moins passer au crible de l'idée spirite toute la morale qu'on leur enseigne... Tout l'Evangile, en dépit des contradictions que présentent entre elles les diverses traductions, s'explique par le spiritisme ; et comme on *missionnerait* bien les nègres avec ces idées-là ! »

Obs. XLIV. — *M. le professeur Cuendet, 41 ans, vice-président de la Société d'Etudes Psychiques de Genève.

« Médium écrivain semi-mécanique. Au printemps 1893, chez un de mes amis, j'ai senti *ma main mue mécaniquement* : mon étonnement a été grand en voyant se tracer sous mes yeux, et par ma propre main, des mots et des phrases auxquels je n'avais pas pensé. Depuis lors ma médiumnité est devenue moins mécanique et de plus en plus intuitive, et elle a beaucoup diminué, peut-être parce que je n'ai pas eu la patience de pratiquer assez longtemps. Elle revient cependant par intermittences ; alors j'écris plusieurs pages de suite sans me douter de ce qui va venir, et en suivant une à une les pensées affluant à mon cerveau ; je n'ai pas le temps de réfléchir, et cependant, lorsque je relis, tout est parfaitement coordonné. J'ajoute que dans ce cas j'écris avec une extrême rapidité. Je ne saurais attribuer ce phénomène à moi seul. — Autre fait : lorsque je compose en vers, il arrive souvent que des strophes presque entières me sont pour ainsi dire dictées ; dans ce cas, extrême émotion.

[**210**] « Un ami décédé depuis 2 ans, et auquel je n'avais pas pensé, s'est présenté à moi en rêve, avec une netteté que je n'ai retrouvée dans aucun de mes rêves ; je me souviens encore de ma stupeur en voyant devant mes yeux cette personnalité que je savais cependant désincarnée.

[**211**] « Il y a 5 ans, une de mes parentes eut un rêve où sa petite-fille, alors à Londres, lui apparut profondément triste ; au réveil elle raconta son rêve en ajoutant : Je suis certaine qu'il lui est arrivé quelque chose. Le lendemain vint une lettre de Londres, confirmant d'une façon très précise la tristesse profonde de la jeune fille au moment du rêve.

[**212**] « Un de mes enfants était malade ; ma femme très inquiète et ne pouvant dormir, entend distinctement, au milieu de la nuit, ces paroles qui lui sont comme dites à l'oreille : *Calme-toi, mère!* Le matin, l'enfant allait beaucoup mieux. Ma femme a été très impressionnée de ce phénomène d'audition. »

M. Cuendet a eu avec divers médiums, notamment Mlle Smith, d'innombrables séances et expériences qui l'ont depuis longtemps absolument convaincu de la vérité du spiritisme.

III. « La maladie et l'âge affaiblissent parfois les facultés d'un bon médium. Parfois aussi certaines personnes deviennent médiums en vieillissant ; il se peut que l'affaiblissement du corps facilite le dégagement de l'âme. Les médiums sont parfois plus irritables, plus susceptibles que d'autres gens : j'en connais cependant que leur médiumnité laisse absolument de sang-froid et qui semblent en avoir à peine conscience. Les Phénomènes médianimiques ne peuvent pas être traités comme les phénomènes scientifiques ordinaires, parce que nous en ignorons les lois... Leur avantage est de nous faire toucher au doigt le dégagement du principe spirituel, et la possibilité de communiquer avec ceux que nous croyions morts, et qui sont simplement entrés dans un autre mode de vie régi par des lois encore peu connues... Les Doctrines spirites sont pour moi d'une grande importance morale; je suis certain que je suis vu, qu'on m'écoute, qu'on me conseille; je reprends courage à la vie, je cherche à me perfectionner, et la mort n'est plus pour moi le Roi des Epouvantements. Ces doctrines peuvent jouer un grand rôle dans l'éducation: si on y prépare l'enfant de bonne heure, il s'y habitue et trouve tout naturel d'être entouré d'amis invisibles, il ne s'en épouvante pas et trouve même dans cette idée un salutaire réconfort. J'en parle par expérience. Depuis que chez moi tout le monde est spirite, les choses de la Religion nous sont devenues plus nécessaires, et le spiritisme a fortifié en nous le christianisme. »

1908. — « Je ne trouve rien à changer à ce que je vous écrivais il y a dix ans, et mes convictions n'ont pas varié. Mes observations, de nature tout intime du reste, n'ont fait que les confirmer et les fortifier. »

Obs. XLV. — *Mlle Hauk, 42 ans, sans profession.

« Il y a environ 5 ans, je me trouvai en rapport avec une personne douée de médiumnité typtologue; après une ou deux expériences faites devant moi, où la table remua et frappa, mais sans répondre d'une manière satisfaisante aux questions peu importantes que lui posa le médium, j'essayai à mon tour avec deux membres de ma famille, et à notre grand étonnement, après une heure d'attente à peu près, nous reçûmes des conseils (de personnes mortes depuis quelques années) tendant à nous rendre meilleurs.

[213] « Puis, ayant entendu parler de médiums écrivains, j'essayai aussi et j'obtins tout de suite des phrases, d'abord très courtes, puis de plus en plus longues, telles que je les obtiens maintenant. Après l'éclosion de cette nouvelle médiumnité, je perdis la première : subitement, je n'obtins plus rien du tout par la table, et quand je questionnai à ce sujet, il me fut répondu (toujours par l'écriture intuitive) que ce que j'avais maintenant était meilleur et devait me suffire. Sauf ce changement de forme, ma médiumnité ne m'a jamais fait défaut et s'est graduellement accentuée, malgré un arrêt de quelques mois (à cause de mes occupations qui absorbaient tout mon temps), après lequel je retrouvai au même point ma facilité à écrire. J'écris sur des sujets moraux et religieux, une ou plusieurs pages à la fois (où je reçois des réponses à différentes questions que je pose), lorsque, sans penser au sujet que je veux traiter, je me recueille avec un vif désir d'obtenir une communication. Le fait ne me paraîtrait pas extraordinaire si habituellement j'avais de la facilité à composer, mais tel n'est pas le cas, au contraire; et c'est ce qui me fait dire que j'ai une médiumnité. »

C'est ordinairement le matin que Mlle Hauk écrit, lorsqu'elle vient de se lever et qu'elle est seule; rien ne l'y pousse, elle s'y met d'elle-même, librement, environ une fois par semaine, quelquefois plus souvent; elle se recueille, en désirant beaucoup obtenir quelque chose de sérieux et en se le répétant, et l'inspiration vient toujours, comme si c'était tout prêt, souvent si vite qu'elle a peine à suivre avec son crayon. Ce n'est pas du tout de l'écriture mécanique, mais de l'audition : elle entend intérieurement, par mots entiers (pas par syllabes détachées) et souvent plusieurs à la fois. Elle ignore d'avance ce qui va venir; mais elle en comprend le sens à mesure; cela coule tout seul, sans qu'elle ait besoin de s'interrompre et de relire (tandis que lorsqu'elle rédige normalement, p. ex. quand elle écrit une lettre, il lui faut sans cesse relire ce qui précède pour pouvoir décrocher la suite); chaque message forme un tout continu et cohérent, excellent comme fond et comme style, et qui lui donne le sentiment qu'elle serait incapable d'en faire autant elle-même. Pendant qu'elle écrit, elle se sent la tête très chaude, et cependant plus légère; aucune autre sensation particulière, ni dans le bras ni ailleurs; rien de spécial non plus après coup, ni fatigue ni bien-être appréciable. Ses messages ne portent jamais de signature, et elle ignore de qui ils viennent (peut-être de son père, peut-être de quelqu'un d'autre), ne l'ayant pas demandé ni ne voulant le faire, de peur d'être trompée; c'est aussi cette crainte qui l'a toujours empêchée d'évoquer les morts de sa famille; elle ne demanderait pas mieux que d'entrer en rapport avec eux, si seulement on pouvait être sûr de l'authenticité des communications.

[**214**] « Je n'ai jamais eu aucun phénomène psychique remarquable, sauf, il y a 3 ans, un rêve où je vis une personne, à qui je n'avais pas pensé depuis très longtemps, couchée dans un lit et paraissant souffrir beaucoup; un ou deux jours après, j'appris sa mort, presque subite, à l'étranger; je la connaissais fort peu, n'avais pas de rapports avec elle et ne l'avais pas revue depuis plusieurs mois. Je rêve du reste très peu et d'une manière si incohérente que je n'en peux rien tirer.

[**215**] « J'ai assisté dernièrement, avec Mlle Dyck [Obs. LV] comme médium, à des coups frappés, déplacements de fleurs, déplacement d'une table sans contact, et apports de cailloux. — Personne dans ma famille n'a été doué de facultés médianimiques.

III. « Parmi les quelques médiums que je connais, ceux qui s'occupent de la question dans un but sérieux sont plus avancés moralement que les autres, et c'est dans les milieux spirites que j'ai trouvé le plus de cordialité. Les Phénomènes donneront un grand essor à la science, et la Doctrine spirite est la plus belle qui existe, conforme en tout à la morale du Christ. Sa largeur d'idées en fait une religion unique, qui met de côté toutes les questions de forme pour ne laisser subsister que l'amour de Dieu et du prochain. Elle est si belle et en même temps si simple, que les esprits les plus bornés en ressentent les effets et la comprennent d'instinct; elle renferme toutes les consolations, répare toutes les injustices, explique les différences sociales, et oblige l'homme à s'améliorer par ses propres forces en s'appuyant sur Christ, le modèle mis à notre portée. »

1908. — Pas de réponse de Mlle Hauk, qui passe du reste pour être toujours dans les mêmes idées.

Obs. XLVI. — Mme Til, 45 ans, femme du suivant. Décédée en 1901.

[**216**] Il y a un an que Mme Til, se trouvant dans un séjour de montagne avec

des personnes qui s'occupaient de spiritisme et faisaient parler la table, s'intéressa à cette question. De retour à Genève, elle essaya du même procédé pendant une quinzaine de jours, mais sans succès, si bien qu'elle finit par dire : « Maintenant c'est assez, si d'ici à une demi-heure la table ne tourne pas, j'y renonce définitivement. » A la fin de ce délai le phénomène se produisit, et depuis lors il suffit que Mme Til pose ses mains quelques instants sur la table pour que celle-ci se mette à vibrer, tourner, danser, raboter le sol, etc., mais jamais à épeler ; seule, Mme Til n'obtient pas de communications. Elle a aussi essayé de l'écriture automatique, mais n'a obtenu que d'informes gribouillages. En fait de phénomènes spontanés, « voici le résumé de quelques cas d'intuition et d'un rêve qui me sont arrivés et qui ont frappé les personnes de mon entourage ; les deux premiers faits sont de mon enfance, les deux derniers se sont passés depuis mon mariage et mon mari peut les confirmer.

[217] « Vers l'âge de 10 ans je faisais visite à une tante malade ; obligée de rester tranquille et trouvant le temps long, je regardais une pièce à musique placée sur un secrétaire, et je demandai qu'on me permît de l'entendre, ce qui me fut refusé de crainte de fatiguer ma tante ; en enfant obstinée et tenace je ne perdais pas de vue l'objet de mes désirs, lorsque, sans que personne se fût approché du secrétaire, la pièce se mit en mouvement, joua un air et en commença un second ; à ce moment la garde-malade l'arrêta. On chercha à expliquer ce fait curieux par un ébranlement dans la maison, ou par le passage d'un char, etc. ; mais depuis longtemps l'instrument était à la même place, et bien des chars avaient passé dans la rue sans être salués par cette musique !

[218] « Dans ma 15me année, je ne sais comment je perdis un samedi un dé d'argent, souvenir de famille que j'avais reçu en cadeau et dont je prenais grand soin. J'en étais fort tourmentée et craignais d'être grondée, quand dans la nuit du dimanche au lundi, pendant mon sommeil, je vis en rêve mon dé, placé sur un sentier tracé dans la neige devant les maisons Paccard ; j'avais en effet passé par là en allant faire une commission un peu plus loin. Toute la matinée je pensai à mon rêve, n'osant en espérer la réalisation, car mon dé avait eu tout le temps d'être ramassé ou écrasé. L'après-midi seulement il me fut permis d'aller voir si je le retrouverais ; j'allais jusqu'à l'endroit vu en rêve, et là je l'aperçus, non pas sur le sentier tracé, mais posé bien en évidence sur une feuille de platane sèche, sur le talus de neige bordant le trottoir. Ce fait parut tellement étonnant qu'on ne voulut pas me croire quand je le racontai, on m'accusa même d'avoir inventé ce prétexte pour aller me promener ; mais je puis affirmer que les expédients de ce genre ne font pas partie de mes défauts.

[219] « Un matin, contre toutes mes habitudes, et à la grande surprise de mon mari, je lui demandai la clef de la boîte aux lettres pour descendre y chercher le journal ; j'étais poussée par la pensée que j'y trouverais l'avis mortuaire d'une dame, que je n'avais jamais vue et ne connaissais que par ses relations avec la famille de mon mari. Le journal contenait en effet l'annonce de son décès. Ne la sachant pas malade, il est étonnant que son départ m'ait été révélé de cette manière.

[220] « L'intuition la plus frappante que j'ai eue concernait notre atelier de

typographie. Nous avions exécuté quelques travaux pour l'Emprunt de Fribourg; et M. E., qui nous les avait confiés, m'avait prévenue qu'il n'y en aurait plus, l'Emprunt ayant été couvert. A quelque temps de là, une après-midi que nous travaillions tranquillement au bureau, où se trouvaient aussi les apprentis, je leur dis : Messieurs, on va frapper à la porte et la personne qui entrera nous dira : *Voici de la part de M. E. une autographie à faire au plus vite pour l'Emprunt de Fribourg*. Mon mari me regarde étonné et me dit : Quelle idée! est-ce que M. E. ne t'a pas dit lui-même qu'il n'y en aurait plus? Au même moment quelqu'un frappe, entre, et répète textuellement mes paroles en nous apportant la commande prédite. Inutile de dire notre surprise à tous, à moi la première! »

[**221**] Tout récemment, Mme Til a eu deux fois l'hallucination visuelle de son mari. Un jour qu'il venait de sortir et était déjà dans la rue, en entrant dans la cuisine elle le vit devant elle, tout habillé pour sortir, et elle s'écria : « Comment! te voilà! » au grand étonnement de la domestique. Deux jours après, elle l'aperçut encore de dos, mais sans la tête, dans sa chambre alors qu'il n'y était point.

[**222**] « Ma grand'mère maternelle était spirite, et perdit, il y a environ 40 ans, une trentaine de mille francs en suivant les conseils des tables; mais je manque de détails précis là-dessus. » — Mme Til est une personne très religieuse, mais qui n'a pas d'opinion arrêtée sur le spiritisme; elle est plutôt portée à s'en méfier, depuis les phénomènes d'obsession dont elle a été témoin chez son mari (obs. suivante).

Obs. XLVII. — * M. Michel Til, 48 ans, mari de la précédente. Professeur de comptabilité et directeur d'un atelier de lithographie.

« Je suis bien obligé de supposer que je possède une médiumnité *graphique*; car je m'en suis aperçu par des faits assez singuliers pour être certain que ma volonté consciente y était tout à fait étrangère. » — Il s'agit de phénomènes automatiques qui se sont produits l'été dernier (août 1897) chez M. Til, et dont il a eu l'obligeance de me rédiger le récit détaillé, d'après ses notes du moment et ses souvenirs. Afin de mieux marquer les phases de cette curieuse aventure, qui s'est déroulée dans l'espace de moins d'une semaine, j'en ai indiqué les jours au début des alinéas correspondants. —

« Il y a un an, j'étais encore dans une ignorance absolue du spiritisme. J'avais bien entendu parler de tables tournantes, mais je n'en avais jamais vu, je n'y croyais pas, et j'étais plutôt porté à me moquer de ce que je regardais comme une mystification d'un goût discutable, indigne en tout cas de fixer l'attention des gens sérieux. C'est dans ces dispositions que j'en entendis parler pour la première fois avec autorité, en juillet 1897, dans une pension de montagne où j'allai voir ma femme qui y était en séjour [v. n° 216]. J'en dus repartir avant d'avoir rien pu voir; mais ma femme y assista à des expériences typtologiques, dont elle me fit le récit et qu'elle tenta de répéter dès son retour à Genève. Au bout de 15 jours d'essais, elle me fit part du résultat et je constatai alors par moi-même, toute idée de tromperie étant absolument écartée,

FIG. 1 et 2 (réduites au $^1/_8$). — Deux spécimens de dessin automatique, l'un au crayon dur, l'autre au fusain, datant des premiers essais de M. Til.

que la table, sur laquelle elle avait simplement apposé ses mains, se mouvait, et acquérait même une vibration spéciale que je ne m'étais pas attendu à rencontrer dans un objet inanimé. De ce moment mon attention fut éveillée, et j'eus l'idée d'essayer à mon tour. Dès le lendemain, profitant de la solitude de notre appartement de la ville pendant l'été, je me rendis dans l'une des pièces et apposant mes mains sur un petit guéridon, comme je l'avais vu faire à ma femme, j'attendis environ une demi-heure, mais n'obtins que quelques craquements auxquels je n'attribuai pas une grande importance. Le jour suivant je recommençai, et après quelques minutes d'attente, j'eus la satisfaction de voir la table bouger, et elle finit par se mettre en marche, si bien que je dus me lever de mon siège pour la suivre au travers du salon. Très frappé de ce phénomène, qu'il m'était difficile d'apprécier étant donnée ma profonde ignorance en cette matière, j'en parlai à quelques personnes, que je savais au courant de ces choses. L'une d'elles me proposa d'assister à une séance chez l'un des médiums de la Société d'Etudes Psychiques [Mme Guelt, obs. LI].

[**223**] JEUDI. « Je m'y rendis, et ce médium, aussi dévouée que désintéressée, me mit au courant de la manière de procéder pour communiquer, par coups frappés conventionnels, avec les Forces extérieures qui agissent sur la table. Le nom de mon père, auquel je pensais il est vrai, vint s'épeler par ce moyen sans hésitation et au premier appel ; et j'eus ensuite l'étonnement de voir une de ses pensées (soi-disant, car je ne pus naturellement pas contrôler) révélée par l'écriture d'une des personnes présentes, qui se trouvait être médium écrivain, ce dont je ne m'étais jamais douté. Quoique ce message écrit fut plutôt d'une teneur générale, ce système de communication m'intéressa vivement

et me parut d'emblée plus rationnel et plus pratique que l'épellation par la table, qui me semblait demander un temps bien long pour aligner les lettres, les mots, et enfin les phrases. Il faut croire que le désir d'imitation est inhérent à la nature humaine, et ne se trouve pas rien que chez les enfants, car dès le lendemain je voulus tenter l'expérience.

[**224**] VENDREDI. « Je pris une feuille de papier, et y appliquant un crayon tenu comme je l'avais vu faire la veille, j'attendis. Quelques secondes à peine s'étaient écoulées, que mon crayon se mit en marche et commença à tracer des spirales, d'abord dans un sens et ensuite dans l'autre, puis au bout de quelques instants de cet exercice toujours le même, trois lettres majuscules M, N, V, se formèrent. Je fus fort étonné de ce résultat, et, je l'avoue, un peu confus sans bien savoir pourquoi ; j'entrevoyais là quelque chose de mystérieux qui me donnait à réfléchir, et j'éprouvais une certaine crainte de mal faire ; je ne poursuivis pas ce soir plus loin mon expérience.

[**225**] SAMEDI. « Le lendemain, nouvel essai. Mes exercices calligraphiques se poursuivent sans difficulté. Des enroulements de toute sorte, connus et inconnus, me font penser que la Force qui me fait écrire doit être celle d'un calligraphe expert en la matière. Je trace docilement tout ce qu'il lui plaît de me faire écrire. Un peu plus tard s'exécutent sous ma main des cercles, boucles, spirales, etc. Enfin un dessin [v. fig. 2] composé de 5 ovales enlacés, formés de nombreux traits passés et repassés avec une précision étonnante sur le premier ; puis la vitesse acquise se ralentit peu à peu ; le crayon, repassant chaque ovale en allant de l'un à l'autre par un mouvement en forme de 8, semblait vouloir m'indiquer la marche à suivre pour le faire à nouveau. — Ce dessin achevé, j'eus l'idée de demander à l'Esprit, comme récompense de ma docilité à ces exercices, de bien vouloir me donner une communication quelconque et mon crayon traça ces mots : *Agréable à bien des personnes : assure-toi de la clarté de mon dessin.* J'ai été quelque peu surpris de cette réponse, dont le sens m'échappe encore actuellement. — Une seconde communication, commencée par la table (à laquelle je m'étais remis pour changer la direction de mes idées), me donna le commencement de la phrase suivante, que je dus compléter par l'écriture parce que, faute d'habitude, je m'embrouillais souvent dans l'épellation des lettres : *Demande à Dieu qu'il vous fasse la faveur de lutter contre des mauvais avis, de méchantes perfidies qui circulent contre vous.* C'était peu rassurant, et je dois dire que dès le début je n'ai pas été gâté par la qualité des communications ! Malgré tout, je prenais un grand intérêt à cette manière de converser avec l'Inconnu, et le dimanche matin j'essayai de nouveau.

[**226**] DIMANCHE. « Cette fois j'obtins immédiatement les mots *Repose-toi* en écriture bâtarde avec des ornementations enroulées. Je fis acte d'obéissance, et tout en m'étonnant de la forme curieuse des caractères tracés, je ne mis pas en doute que ce conseil ne fût dicté par une sympathie évidente de l'Esprit qui me faisait écrire, et j'en fus tout réjoui. — Le dimanche soir, sur la sollicitation de ma famile dont l'intérêt et la curiosité étaient fort éveillés, je recommençai mes expériences. Je ne puis ici entrer dans tous les détails des messages que je reçus. L'Esprit que j'interrogeais répondait à toutes nos questions, se montrait bon enfant, et semblait prendre plaisir à nous amuser par ses ré-

ponses imprévues et des plus drôles ; nous étions, paraît-il, dans ses papiers, et il poussa la condescendance jusqu'à faire écrire à mon fils aîné quelques exercices calligraphiques, puis un dessin du même genre que celui que j'avais fait la veille, mais avec une rapidité vraiment vertigineuse, qui d'abord nous amusa beaucoup, mais qui finit par nous inquiéter ; il fallut que mon fils lâchât son crayon pour échapper à la fatigue d'un exercice aussi violent.

[**227**] « Malheureusement il en coûte, paraît-il, de s'abandonner avec légèreté à des expériences de cette sorte. Les impressions si fortes pour moi de cette soirée prirent bientôt le caractère d'une obsession inquiétante. Lorsque je me couchai, je fis les plus grands efforts pour m'endormir, mais en vain. J'entendais une voix intérieure qui me parlait, me faisant les plus belles protestations d'amitié, me flattant en me faisant entrevoir des destinées magnifiques, etc. Dans l'état de surexcitation où j'étais, je me laissais bercer de ces douces illusions, et je croyais vraiment avoir reçu une faveur spéciale, bien imméritée sans doute, mais que je pensais pouvoir accepter comme une bénédiction dont je m'efforcerais de me rendre digne par une compréhension plus intelligente de mes devoirs, etc. Puis l'idée me vint qu'il me suffirait de placer mon doigt sur le mur pour qu'il remplît l'office d'un crayon ; effectivement, il commença à tracer dans l'ombre des phrases, des réponses à mes questions mentales, des exhortations, que je lisais en sentant les contours qu'il exécutait contre le mur. *Michel*, me faisait écrire l'Esprit, *tes destinées sont bénies, je serai ton Guide et ton Soutien*, etc. Toujours cette écriture « bâtarde » avec enroulements qui affectaient les formes les plus bizarres. Vingt fois je voulus m'endormir, inutile, toujours mon esprit était ramené au même sujet ; ce n'est que vers le matin que je réussis à prendre quelques instants de repos.

[**228**] LUNDI. « Le lundi matin, avant de partir pour mes leçons, je reçus cette communication : ***Ecoute mon enfant. Lentement pour bien former tes lettres. Il faut prier le bon Dieu de te donner le bonheur de pouvoir le voir un jour. Ed. Til*** [v. fig. 3]. Je retrouvai dans cette écriture les mêmes enroulements que mon doigt avait tracés pendant la nuit sur le mur, et dont je ne

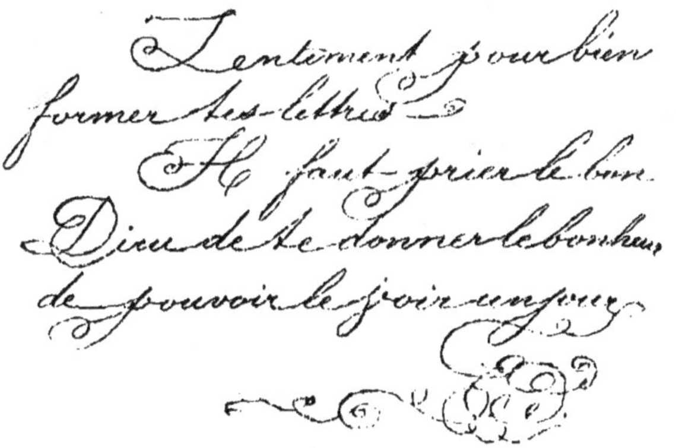

FIG. 3 (réduite à 1/2). — Fragment de message automatique, à la plume.

m'étais jamais servi jusqu'à ces communications. Je me rendis successivement aux deux établissements où j'avais à donner des leçons. Sur tout le parcours du tramway l'Esprit continuant à m'obséder me faisait écrire sur ma serviette, sur la banquette du tram, dans la poche même de mon pardessus, des phrases, des conseils, des maximes, etc. Je faisais de vrais efforts pour que les personnes qui m'entouraient ne pussent s'apercevoir du trouble dans lequel j'étais, car je ne vivais pour ainsi dire plus pour le monde réel, et j'étais complètement absorbé dans l'intimité de la Force qui s'était emparée de moi. — Je fis part de ce qui venait de m'arriver à Mlle C., la directrice [qui était spirite] de l'établissement où je donnais ma dernière leçon de la matinée. Elle comprit immédiatement le danger qu'il y avait pour moi à m'abandonner à une influence aussi absorbante, et elle m'engagea à lutter très vivement contre cette influence, en me laissant entendre que sa nature était certainement mauvaise, et que je devais être le jouet d'un Esprit léger. Je n'étais pas bien convaincu qu'elle eût raison, d'autant plus qu'au retour, en tramway, l'Esprit, reprenant ses droits, me faisait écrire sur ma serviette : *Défie-toi des conseils de Mlle C., elle te trompe certainement.* J'étais repincé, malgré les exhortations qui m'avaient été données.

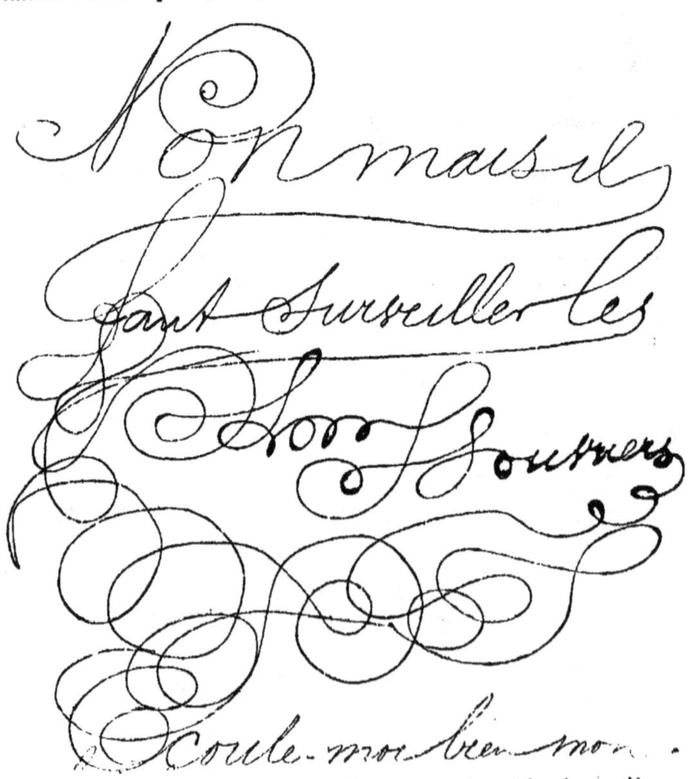

Fig. 4 (réduite à 1/3). — Fragment de message automatique à la plume. (V. p. suiv.)

FIG. 5 (réduite à 1/2). — Fragment de message automatique, à la plume, avec enroulements ornementaux.

[229] « A dîner, la conversation roula tout naturellement sur les événements de la nuit et de la journée ; et nous eûmes l'idée, puisque l'Esprit qui se manifestait à moi paraissait nous témoigner un si vif intérêt, de le questionner sur la meilleure manière d'assurer l'avenir de nos enfants, parmi diverses combinaisons que nous avions déjà envisagées. A ma demande : Penses-tu que je doive conserver encore mon atelier, qui me donne tant de peine, pour le confier à mes enfants ; ou dois-je le remettre ? l'Esprit répondit : *Non, mais il faut surveiller les ouvriers. Ecoute-moi bien, mon cher Michel, tu ne peux pas faire bien toute chose, il faut laisser la charge à ton fils Jean* [v. fig. 4]. Je consultai alors l'Esprit sur un projet d'association entre mes deux fils pour la reprise de mon atelier ; il approuva, en remarquant cependant que l'aîné, bien qualifié sous le rapport artistique, ne l'était pas suffisamment au point de vue commercial ; quant au cadet, voici ce qu'écrivit la plume : *Il faut qu'Edouard ne reprenne plus...* Ici la phrase s'interrompit, puis continua : *Honneur à toi, cher Michel... Michel est un bon enfant... Oui, je ne puis te dire le reste... Honneur à toi cher Michel* [v. fig. 5]. Nous étions tous présents (ma femme et mes deux fils), et je sommai l'Esprit de s'expliquer sur cette hésitation qui laissait le champ ouvert à toutes les suppositions ; il reprit : *Pour l'atelier, Dieu te conseillera. Edouard est aussi un bon enfant, mais il ne comprend pas le but de la vie.* Qu'y a-t-il donc, demandai-je, n'a-t-il pas rempli ses devoirs ? Réponse : *Oui, il a fait son devoir, mais il est trop entier dans ses idées... Demande à Dieu de le faire juger plus sainement des choses de la terre, car il a besoin de jeter son étourderie dans la profondeur de son cœur... Oui, je ne puis te dire le reste* [v. fig. 6]. Mon fils Edouard commence à trouver que l'Esprit va un peu loin, et pensant que sa présence gêne la suite de cette communication, il se retire un moment en manifestant son indignation contre les insinuations dont il est l'objet. L'Esprit se manifeste alors et me fait écrire : *Edouard a pris des cigarettes dans la boîte de son patron, M. Dupain ; celui-ci s'en est aperçu et, dans son ressentiment, lui a adressé une lettre de remerciement, en l'avertissant qu'il serait remplacé très prochainement. Mais déjà Edouard et son ami Bertrand l'ont arrangé de*

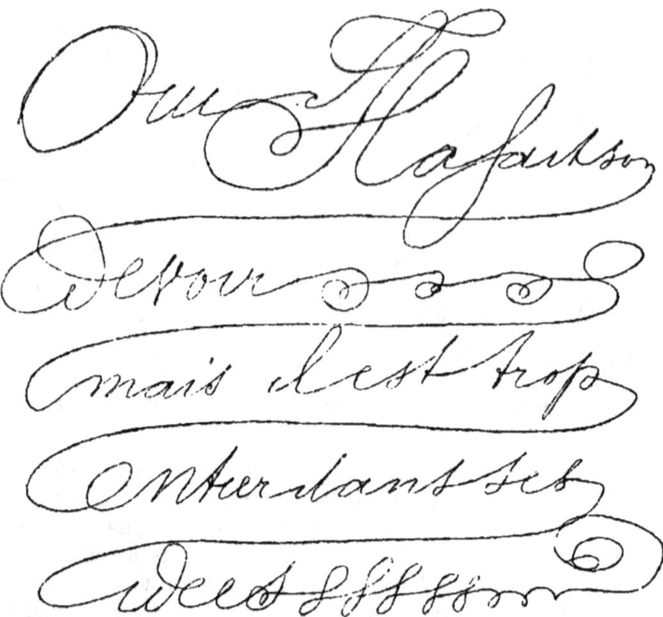

Fig. 6 (réduite à 1/2). — Fragment de message automatique, à la plume.

la belle façon dans une vermineuse épître orale, etc. Je fis venir mon fils Edouard et l'interrogeai là-dessus, ce qui mit le comble à sa fureur contre cet Esprit menteur, disait-il, auquel il ne croyait pas hier, et de la perfidie duquel il se moque aujourd'hui. Je pense bien, ajouta-t-il, que tu ne me crois pas cacapable de commettre une indélicatesse de ce genre?

[230] « Je partis, tourmenté, donner mes leçons de l'après-midi, me promettant bien de m'assurer par moi-même, aussitôt que je serais libre, de ce qu'il pouvait y avoir de vrai dans ces accusations contre mon fils. Malheureusement j'étais pris jusqu'à 5 h., et je me faisais un souci qu'on peut facilement imaginer! J'arrivai quelques minutes avant l'heure dans la classe où je devais parler en premier lieu, et m'y trouvai seul. Je pris machinalement un morceau de craie, et l'appliquai sur la planche noire ; avant que j'eusse eu le temps de réfléchir à mon action, ma main traça avec une rapidité extraordinaire un cadre complet assez compliqué, aux angles agrémentés d'ornements symétriques ; puis, au milieu, ma main sollicitée écrit en bâtarde, avec une majuscule très ornée : *Dieu est bon*. A ce moment la porte s'ouvre, et les élèves entrant en classe s'arrêtent avec surprise en me voyant devant la planche noire, et manifestent leur étonnement de la composition assez originale qui s'offrait à leurs yeux ; les uns la trouvent jolie, les autres curieuse, et ils me demandent pourquoi j'ai exécuté ce dessin. Ne sachant trop que répondre, je m'en tirai en leur disant que j'avais voulu reproduire un modèle de gravure tel qu'on les faisait au siècle passé ; et à l'appui de cette explication improvisée, ayant effacé le dessin malgré leurs

protestations, je traçai de confiance (toujours par la même Force, en caractères d'ancienne bâtarde, et sans savoir moi-même ce que cela donnerait) des monogrammes enlacés, où les élèves cherchaient — et moi aussi — à démêler les lettres originales au milieu des ornements nombreux qui les reliaient entre elles [comp. fig. 7]. Au cours de la leçon, à deux reprises j'éprouvai le besoin d'écrire; la première de ces communications me recommandait de ne pas attendre davantage pour aller voir les patrons de mon fils, car, m'assurait l'Esprit, *ils sont peinés de ne pas avoir reçu ta visite depuis déjà longtemps;* la seconde cherchait à rassurer mon anxiété : *Ne te tourmente pas, la chose s'arrangera, je te le promets.* C'est là un phénomène qui me parait encore bien curieux, que l'Esprit, après m'avoir mystifié, comme on va le voir, ne me laissa en quelque sorte pas un instant de tranquillité que je n'eusse été contrôler son assertion et constaté que j'avais été victime de sa tromperie!

[231] « Après quelques heures angoissantes, je fus enfin libre et courus aux renseignements chez les patrons de mon fils. Le chef de bureau, auquel je m'adressai tout d'abord en l'absence des patrons, me rassura immédiatement en me disant qu'il appréciait les qualités et la bonne volonté apportées par mon garçon dans son travail, etc. J'écoutais avec attention ces renseignements favorables, lorsque mon doigt appuyé sur la table se mit à tracer, avec tous les enroulements habituels qui en ce moment me paraissaient ne devoir jamais finir : *Je suis navré de la duplicité de cet homme.* Enfin cette terrible phrase est achevée ! J'avoue que je ne savais plus que croire ; me trompait-on? Ce chef de bureau avait un air bien franc ; et quel intérêt aurait-il eu à me cacher la vérité? Il y avait là un mystère qu'il fallait absolument éclaircir. En ce moment même de mes réflexions, un des chefs de la maison entra, et mon interlocuteur, dont je commençais malgré tout à me méfier, me proposa de passer dans le cabinet des patrons. Je saisis avec empressement cette occasion de tirer les choses au clair et je me présentai à M. Dupain, qui me reçut très cordialement, me confirma en tous points ce que m'avait dit le chef de bureau, et y ajouta même quelques paroles des plus aimables à l'égard de mon fils... Pendant qu'il parlait, ma main sollicitée écrivait sur le bureau, toujours avec cette même lenteur exigée par les enroulements qui accompagnaient les lettres : *Je t'ai trompé, Michel, pardonne-moi.* Enfin ! quel soulagement, mais aussi, le dirai-je, quelle déception ! Comment, cet Esprit qui m'avait paru si bienveillant, que dans ma candeur j'avais pris pour mon Guide, pour ma conscience même, me trompait pareillement ! C'était indigne, car je ne m'imaginais pas que cette intervention, que je considérais en quelque sorte comme providentielle, pût émaner d'une autre source que de l'Au-delà où je ne pensais rencontrer que vertu, vérité, perfection, etc... Quelle chute ! Je pris la résolution, après avoir tancé mentalement l'Esprit qui me demandait de lui pardonner sa duplicité, de ne plus m'inquiéter de lui, comme du reste on me l'avait conseillé, et je tins parole — jusqu'au lendemain mardi.

[232] MARDI. « Le soir de ce jour, vers les 5 h., ma main sollicitée depuis longtemps déjà ne sait plus résister, et, saisissant une plume et une feuille de papier, j'écris, avec les ornements habituels : *Il vient de se passer quelque chose d'extraordinaire, un miracle vient de s'accomplir...* Ici le message s'inter-

Fig. 7 (réduite à 1/2). — Dessin automatique à la plume : enroulements, spirales, ébauches de lettres et monogrammes. (M. Til n'a malheureusement pas conservé les beaux échantillons de monogrammes ornementés qu'il eut à cette époque.)

rompt, les caractères changent complètement de forme et je trace les mots suivants de mon écriture normale : *Prépare-toi à comparaître devant ton Dieu!* C'était le comble. Ma femme, qui assistait à cette communication, m'arrache brusquement la feuille sur laquelle j'écrivais et me dit avec autorité : C'est assez comme cela, tu vas me faire le plaisir de cesser toute espèce de communication avec cet Esprit qui cherche à te faire peur et à te tromper de nouveau! J'avoue que je n'étais pas très rassuré sur les conséquences de cette prédiction ; en tout cas, je me tins prêt à tout événement avec la résignation dont j'étais capable, et je suivis sans hésiter le conseil que me donna ma femme, de raconter le même soir ma mésaventure à Mlle C. Celle-ci vint à la maison, et nous expliqua que nous avions manqué de prudence, que l'Esprit avait voulu se jouer de notre crédulité, comme cela arrive souvent aux novices, etc. ; nous en rîmes ensemble, mais la plus grande partie de mes œuvres passa à l'épuration du feu, et je fus encore bien heureux de retrouver plus tard quelques écrits égrenés échappés à l'auto-da-fé. [Voir comme spécimens les fig. 1 à 7.]

[**233**] « J'avais promis de ne plus écrire. C'était un armistice de quelques jours. Je fis des efforts héroïques pour tenir ma parole, comprenant la gravité du cas, mais c'était dur, car l'Esprit me harcelait encore en me faisant écrire dans la poche de mon pardessus : *Qu'attends-tu pour me chasser de ton cœur?* Ce que j'attendais, c'était qu'il voulût bien partir, mais il ne se montrait guère pressé ; et en vérité, au lieu d'être irrité contre lui, je n'éprouvais à son égard qu'un profond sentiment de pitié, ce qu'il lisait très bien en moi, puisque quelques jours après et pendant un certain temps (car à plusieurs reprises je suis retombé dans la tentation de laisser ma plume ou mon crayon lui obéir) il écrivait des choses comme ceci : — *Oui, mais ce n'est pas mon ami Michel Til qui me chasse, c'est Dieu. — Je m'en vais content de mon ami Michel Til ; tu ne recevras plus mes communications mensongères. — Adieu, ne m'oublie pas dans tes prières. — Je t'aime bien, mon cher ami ; je te rends la liberté de me renvoyer. — Je te prie de bien vouloir me chasser de ton cœur. — Dieu est amour, et celui qui le sert verra la Lumière. — Oui, je comprends le bonheur, mais je ne puis y participer ; mais je m'en console en me moquant de mon ami Michel Til. — Dieu est bon, Dieu est miséricordieux, il aura pitié de moi.*

[**234**] « J'ai conservé plusieurs de ces communications comme souvenir d'une époque qui n'a pas été bien agréable pour moi. Il y aurait encore beaucoup à raconter, mais je préfère résumer les points qui m'ont le plus frappé dans ces phénomènes d'écriture automatique : — 1° Ecriture ancienne, datant de la fin du 18me siècle ou du commencement du 19me ; ornements bizarres, inconnus de moi, enroulements particuliers, exercices calligraphiques curieux. 2° Emploi fréquent, dans le corps même des communications, de mots inusités à notre époque, tels que *vermineuse, je ne me rémémorie pas, mêmement, engence*, etc. Il semblerait en somme que la Force dont j'ai été l'instrument ait vécu à une époque quelque peu antérieure à la nôtre. — Ce qui a surtout contribué à me faire comprendre qu'une influence étrangère s'était emparée de moi, c'est que mon écriture était purement mécanique, et que j'étais obligé de suivre attentivement le développement des enroulements et des traits pour pouvoir lire ce qui m'était écrit sur le mur ou sur un objet quelconque. Sur le papier, les traits restant fixés, je n'avais qu'à regarder au fur et à mesure que les caractères se traçaient, quoique parfois ces mêmes lettres aient été dessinées au milieu d'ornements dans lesquels il n'était pas toujours facile de les découvrir.

[**235**] « Je ne sais si je suis complètement débarrassé de cette influence ; il ne faudrait pas, je le crois du moins, insister trop longtemps pour qu'elle reparaisse. Cependant j'ai écrit, sous l'influence médianimique, d'autres communications d'un ordre plus élevé et qui ne me paraissent pas provenir de la même source. Je reconnais dans ces dernières une impulsion qui ne vient pas de moi, mais je n'y retrouve plus le *mécanisme pur* que je sentais précédemment. Actuellement *j'entends* ce que je dois écrire, ma pensée marche d'accord avec ma plume, et j'avoue que je me méfie, dans ces conditions, de l'authenticité parfaite des idées soi-disant étrangères transmises sur le papier. La médiumnité intui-

tive a cela de regrettable, qu'elle ne donne aucune preuve absolument certaine de son identité, et que des doutes naissent facilement dans l'esprit de ceux mêmes qui possèdent cette faculté. » — Ces communications que M. Til reçoit par voie d'écriture intuitive, et non plus mécanique, roulent presque toutes sur des matières philosophiques, morales ou religieuses, où il n'y a pas de fait susceptible d'un contrôle objectif, et sont généralement signées de *l'Esprit de Vérité*. —

« Quant à la philosophie ou aux impressions personnelles que je tire de mes expériences ci-dessus relatées, en voici un bref aperçu :

« Tout d'abord, comme je l'ai dit plus haut, j'ai éprouvé une désillusion complète. Puis, en y réfléchissant bien et en constatant la manifestation inattendue dont je venais d'être l'objet, un sentiment très vif de reconnaissance ne tarda pas à se substituer à cette première impression. Je me persuadai facilement qu'il y avait dans cette intervention, sinon une faveur marquée, du moins une sollicitation bien évidente du Tout-Puissant pour attirer mon attention sur ces faits qui m'étaient inconnus, et dont la révélation me forçait à penser que la chaine existant entre les êtres humains n'était pas brisée par la mort. Sans doute je ressentis une mortification bien légitime d'avoir été si facilement et si complètement la dupe d'une Influence qui n'était pas d'un ordre bien élevé, tant s'en faut, mais en même temps je compris que cette épreuve devait porter ses fruits, et que je devais faire de sérieux efforts pour élever mon cœur et le niveau moral de ma personnalité à la hauteur d'Influences supérieures, qui me seconderaient certainement si mes intentions étaient sincères et persévérantes. C'est dans ces sentiments que je plaçai dès ce moment toute ma confiance en Dieu : en m'appuyant sur Lui comme sur un Rocher, me sentant entouré d'êtres invisibles qui me voient et m'observent, j'ai retrempé mes forces pour marcher dans une voie nouvelle, plus conforme aux principes de bienveillance, d'amour fraternel et de charité que j'avais entrevus précédemment et qui sont devenus maintenant pour moi l'objectif le plus cher de ma vie. Seul, dans ma grande faiblesse, je ne pouvais rien ; avec un appui semblable, je retrouve l'espérance, et c'est avec une foi profonde que je veux travailler à la réalisation des progrès que nous sommes tous appelés à fournir. Je termine donc par ces mots qui expriment bien mon espérance : PRÆSUMO MELIORA. »

1908. — M. Til a continué, pendant encore un peu plus d'un an, à s'occuper de spiritisme en prenant part à des séances de table et d'écriture. Il n'a plus eu d'obsessions graphomotrices fâcheuses, mais ses premières aventures l'ont laissé défiant et sur ses gardes. De plus, les phénomènes physiques (apports de pierres, etc.) auxquels il a assisté, ne l'ont point convaincu, mais lui ont fait une impression suspecte. D'autre part les communications dont il a été témoin, ou qu'il a obtenues lui-même par l'écriture intuitive, étaient toujours d'un contenu philosophique ou moral n'entraînant nullement la certitude d'une origine spirite authentique. C'est pourquoi il s'est peu à peu lassé de tout cela, et a complètement cessé la pratique de l'écriture. « J'ai laissé de côté depuis longtemps déjà tout ce qui a trait à ces phénomènes médianimiques, certainement intéressants, mais dont j'ai entrevu les dangers. La vie est trop courte, à mon avis, pour se lancer dans de pareilles aventures, où la raison court le risque de sombrer, et j'ai jugé plus sage de rester dans le *statu quo*, conservant de mes expériences en ce domaine un sentiment d'impuissance qui m'a donné beaucoup à réfléchir et m'a fourni la preuve de la nécessité, en même temps que de la difficulté, de l'antique adage : Connais-toi toi-même. Je reste sous cette impression, me confiant sans réserve dans une Force supérieure que mon âme saisit et en qui je mets toutes mes espérances. »

Obs. XLVIII. — * Mme Dupond, 62 ans, femme de M. Dupond (obs. V) et mère du suivant.

Il y a 17 ans, Mme Dupond et sa famille ont passé par une phase spirite momentanée. « En 1881, après la lecture d'auteurs spirites (Kardec, Nus, Gibier, etc.), nous fîmes, à partir du 20 mars, des expériences de tables tournantes, qui réussirent médiocrement jusqu'au moment où l'un de nos amis s'en mêla, et où mon fils, subissant la contagion, put faire tourner la table, puis écrire automatiquement. Très désireuse de posséder aussi cette faculté, je fis pendant plusieurs soirs l'essai de tenir un crayon au-dessus d'une feuille de papier. Après huit jours de vains essais, le 21 avril, me trouvant seule, je vis le crayon se mouvoir, comme il arrive à un enfant dont on tient la main : l'écriture était lente et grosse.

[236] « L'un des premiers noms qui fut tracé fut celui de mon père défunt, dont je n'étais point préoccupée. Chose curieuse, il signa sans omettre son prénom *Zacharie*, qui ne m'était pas familier et que de son vivant il ne faisait d'ordinaire pas figurer dans sa signature. Je fis ensuite des questions qui obtinrent peu à peu des réponses vraisemblables, généralement bibliques. Les signatures d'autres membres défunts de la famille furent données tour à tour. Nous eûmes des réunions régulières, et pendant plus d'une semaine, persuadés que nous avions le privilège de communiquer avec des Esprits immortels, nous vécûmes d'une vie dont le regret m'est resté, et qui nous tenait au-dessus de la terre, prêts pour la future existence.

[237] « Mais au plus beau moment de notre confiance, un mensonge avéré vint nous dégriser. J'avais fait, l'année d'avant, la connaissance d'un jeune français, M. Rodolphe, avec qui j'étais restée en correspondance. Son nom vint s'inscrire pendant que je tenais le crayon, et je m'écriai : Comment ! êtes-vous mort ? (Devenu prêtre depuis quelques mois, il avait quitté sa famille et pouvait être mort en effet sans que je l'eusse appris.) La réponse fut détaillée ; la fin de notre jeune ami y fut racontée d'une façon très vraisemblable. Mais peu de jours après (30 avril), je recevais une lettre qui témoignait de la fausseté des faits révélés : Rodolphe se portait bien ! A partir de ce jour, un complet scepticisme remplaça notre crédulité momentanée ; nous avons dès lors renoncé à toute expérience sur un sujet qui ne donne que des déboires, et nous suspendons notre jugement jusqu'à nouvel ordre.

« Pour résumer mes souvenirs de médium (pour le peu que je l'ai été) : Deux fois seulement j'ai eu quelque chose d'inattendu (bien que les éléments s'en trouvassent dans mon esprit), la signature de mon père, et celle de Rodolphe, que je n'avais aucune raison de croire mort, ni même malade. Chaque fois que j'écrivais, j'aurais désiré le faire tout à fait mécaniquement pour être sûre de l'action d'un agent étranger, mais je savais toujours la phrase qui allait venir. L'effet physique était une sorte de pression au poignet, analogue à une très faible douleur de rhumatisme ; j'y voyais comme une invitation à écrire. Pendant ma période de crédulité, j'ai fait nombre de questions philosophiques ou religieuses auxquelles il était répondu soit par *oui* ou *non*, soit par des développements plus complets, mais sans que ceux-ci fussent jamais au-dessus de la portée ordinaire de mon esprit. Je n'ai donc eu aucune de ces preuves éclatantes que j'ai lues sur l'intervention d'autres Esprits, sauf dans le susdit mensonge. Et même dans ce cas — l'imagination invente, le romancier qui est au fond de mon esprit a donc pu inventer sans raison plausible l'histoire de la mort d'un ami !

[238] « Outre la sensation du poignet, qui m'invitait à écrire, j'ai éprouvé un soir, étant seule, un état nerveux délicieux : je me disais que c'était du magnétisme spirite et que sans doute un Esprit me visitait ; mais cela n'a pas duré.

[239] « En dehors de cela, je n'ai eu aucun phénomène psychique digne de remarque. Mais un de mes frères défunts avait souvent des rêves quelque peu prophétiques, et mon père, lorsqu'il était jeune homme, eut la vision d'un billet de loterie qui lui fit gagner une certaine somme. Enfin mon fils a eu, comme moi, de l'écriture médianimique [v. obs. suiv.].

[240] « J'ai été témoin de faits intéressants chez un jeune homme qui, littérateur de son métier, écrivait automatiquement de la musique. Il n'avait aucune notion de composition musicale et ne sut pas tout d'abord ce que signifiaient les lignes qu'il traçait ; c'était une portée, à laquelle s'ajoutèrent ensuite les barres de mesures, puis les notes. Cela donna un petit air insignifiant et le crayon traça quelques lignes pour dire qu'avec de l'exercice le jeune homme arriverait à la composition. Mais ce genre d'expériences le rendait nerveux, craintif, et il y renonça.

[241] « A la même époque (avant notre déception) nous eûmes avec un autre jeune homme des scènes de somnambulisme qui devinrent de la médiumnité ; en sommeil provoqué, il voyait des Esprits dans la chambre et conversait ou plutôt changeait de personnalité avec eux et les incarnait ; l'un était un gamin irrévérencieux, l'autre un personnage religieux et grave qui prétendait qu'on pouvait aller à Dieu par son moyen aussi bien que par celui de J.-C. Ces séances se terminaient par une scène, toujours la même : le sujet était renversé, disant qu'il avait vu un être éblouissant, peut-être un ange (ce qui rappelait la vision de saint Paul sur le chemin de Damas). — Ces jeunes gens, amis de mon fils, qui se prêtèrent à nos expériences et se révélèrent médiums, n'étaient point maladifs. En rapprochant leur cas de celui des prophètes cévenols (voir le *Théâtre sacré des Cévennes* de Bost et le roman de E. Sue *L'Archiprêtre des Cévennes*), j'y vois ce rapport que tous étaient encore voisins de l'adolescence, de mœurs pures et d'esprit plutôt religieux. Il ne semble pas que des hommes faits, robustes et sans imagination, soient aptes à la médiumnité.

« Les conséquences des doctrines spirites me paraissent tout en faveur de la religion et de la moralité. Pendant ma période de confiance au phénomène, j'ai connu toutes les réalités de la foi telle qu'elle est décrite par les Apôtres, et ce n'est pas sans douleur qu'il m'a fallu reconnaître que j'avais reçu une pierre au lieu du pain que je désirais. Revenir aux hésitations, aux incertitudes avec lesquelles on croyait en avoir fini, ramper sur la terre lorsqu'un instant on s'était senti des ailes, se blesser à toutes les aspérités du chemin et souffrir dans tout son cœur endolori, c'est le lot de ceux qui ne possèdent pas l'illumination intérieure de certains privilégiés. »

1908. — Mme D. n'a jamais recommencé d'expériences, et elle partage le point de vue de son mari et de son fils (obs. V et XLIX).

Obs. XLIX. — M. le pasteur Dupond, 37 ans, fils de M. et Mme D. (Obs. V et XLVIII).

« Au début de 1881, âgé de 20 ans et étudiant en lettres à l'Université, je me mis par curiosité à lire des ouvrages sur le spiritisme, et l'idée me vint de faire des expériences avec quelques amis pour vérifier la réalité des phénomènes décrits par Allan Kardec dans son *Livre des Médiums.*

[242] « Le 21 mars, j'essayai de faire parler un guéridon avec Emile K. et Félix P. (qui avaient déjà essayé la veille, à eux deux, de questionner une table, et avaient obtenu diverses réponses insignifiantes, telles que leur âge et celui d'autres personnes de leur connaissance). Nous étions chez ce dernier; nous fîmes la chaîne pendant cinq minutes, unissant nos doigts sur le guéridon, qui se mit à frapper et qui, en répondant (un coup pour *oui*, deux coups pour *non*) à nos questions, nous apprit que ma mère était en ce même moment occupée dans sa vérandah à écrire une lettre dont Emile faisait l'unique sujet. Je voulus vérifier la chose, et courus immédiatement à notre maison, qui était à 10 minutes de là; je trouvai ma mère, non pas à la vérandah, mais dans une chambre du 1er étage, en train de terminer une lettre qui en effet ne parlait que de mon ami. Aucun indice n'aurait pu nous le faire prévoir, en sorte que ce message véridique ne saurait être attribué à des inférences subconscientes de notre part; je me l'explique aujourd'hui par une action télépathique de ma mère à Emile, entre lesquels régnait une grande sympathie : il était orphelin et depuis longtemps ma mère s'occupait et se préoccupait beaucoup de lui. Mais à l'époque, ignorant la télépathie et bourrés d'Allan Kardec, il nous parut évident que seul un être intelligent et indépendant avait pu nous fournir cette information inattendue, et nous y vîmes une belle confirmation du spiritisme. Emile était d'ailleurs celui de nous qui avait le plus de pouvoir sur la table; dans cette même séance sa sœur défunte vint aussi lui donner quelques conseils.

[243] « Quelques jours après, j'essayai de l'écriture automatique. Ma main, dans laquelle je mis un crayon et que je laissai au repos comme on fait quand on cherche sa pensée avant d'écrire, se mit à se raidir sans aucun acte conscient de ma volonté; les doigts se serrèrent et firent des gribouillages informes, des ronds et des barres. Elle appuyait très fort sur le papier, qui se déchira souvent; le crayon se cassait constamment; mes doigts étaient courbaturés après quelques minutes de cet exercice comme après deux heures d'écriture ordinaire ininterrompue. — Le lendemain, à des questions mentales que je posai, ma main répondit par des *oui* et des *non* informes, comme ceux d'un enfant qui apprend à écrire; elle mit un quart d'heure pour tracer péniblement les nom et prénom d'un oncle défunt auquel je pensais; puis elle se mit à faire un exercice d'écriture comme ceux des écoles, en grosse, moyenne et fine: *Le travail est une bénédiction de Dieu.* Ce n'est pas moi qui choisis cette phrase, mais les mots m'en vinrent un à un à l'esprit au moment où j'en écrivais la première lettre. Je remplis des pages et des pages de cet exercice, d'abord d'une écriture informe comme celle qu'on fait de la main gauche, puis peu à peu plus régulière et courante, enfin cela devint facile et rapide et ressembla tout à fait à mon écriture ordinaire, mais plus lâchée. — Le 3me jour j'évoquai mentalement divers membres défunts de ma famille, et ma main écrivit des réponses intelligentes, de plus en plus rapides, et logiquement conformes au souvenir que j'avais des personnes appelées.

« Du 27 mars au 7 juin 1881, j'écrivis ainsi presque chaque jour. Le phénomène a ceci de particulier que je ne faisais aucun effort musculaire conscient pour écrire, mais que mes doigts, après un moment de passivité et d'attente, se crispaient et serraient le crayon très bas, pour écrire d'une écriture penchée, rapide, avec une recherche évidente du moindre effort. Mes doigts étaient plus rigides que pour l'écriture ordinaire, tandis que le poignet se déplaçait; je puis même dire qu'ils étaient complètement immobiles et étendus, tout le mouvement venant de l'avant-bras qui se déplaçait d'une seule pièce, la main ne touchant pas le papier, et le poids reposant en partie sur le coude, en partie sur la pointe du crayon.

[**244**] « Quant au fonctionnement cérébral, il était très simple. J'étais dans un état aussi voisin que possible de l'absence de pensée, comme quand on regarde l'eau couler sous un pont. Les mots me venaient le plus souvent un à un à l'esprit, un instant avant que ma main commençât à les écrire; quelquefois aussi il m'en venait un groupe à la fois, par un procédé tout pareil à celui de la mémoire qui se ressouvient d'un morceau appris par cœur. La chose importante à noter, c'est l'absence complète d'effort cérébral conscient pendant toute la durée d'une dictée, et la fatigue de tête qui suivait les séances. La facilité de travail dépassait ma moyenne ordinaire. Ainsi, lorsque j'écris une lettre, je m'arrête presque toujours après chaque phrase pour composer la suivante, je n'écris jamais une page d'un seul trait, tandis que dans l'écriture automatique mon crayon courait sur le papier de toute la vitesse dont je suis capable, jusqu'à ce que le sujet traité fût épuisé. J'étais exactement dans l'état d'un étudiant qui veut noter in-extenso ce que dit son professeur: aucun travail de composition, mais audition et travail mécanique. On sait du reste que presque tous les médiums écrivains se servent du crayon, et non de la plume, à cause du petit retard qu'entraînerait l'action d'aller à l'encrier, qui leur occasionnerait un énervement insupportable, et un arrêt, un oubli, ou une confusion, dans la course folle de la pensée. Voici un exemple de ce genre d'automatisme auditivo-graphique:

[**245**] « Un jour (27 avril 1881) que nous parlions de l'inspiration poétique comme étant peut-être un phénomène spirite, je sentis dans la main cette lourdeur qui était le signe que je pouvais écrire, et j'obtins deux pages soi-disant d'Alfred de Musset qui sont parmi celles que j'ai écrites le plus rapidement;

voici le début de ce morceau : *J'ai entendu ce que vous venez de dire ; j'étais sans doute un de ces êtres qui sentent l'influence et la présence des Esprits... C'est cette présence d'êtres supérieurs qui m'a inspiré mes plus belles pensées.* L'Espoir en Dieu *est le souffle d'un Esprit pur qui est venu me relever et me réjouir un moment ; si j'avais écouté ces voix qui me disaient de croire, je n'aurais pas tant souffert. Je ne suis pas dans un état qui soit pénible, mais je ne suis pas heureux, je vois mes fautes et mes égarements, et je les déplore...* Si je fais cette citation, c'est qu'elle m'est restée comme une de ces choses que je n'eusse pas pu écrire à l'état normal aussi correctement et aussi vite. Elle s'est d'ailleurs présentée à mon esprit, ainsi que toutes les autres du même genre, inopinément, sans recherche, comme une page de chrestomathie apprise par cœur et qui vous revient tout à coup.

« Comme je l'ai dit tout à l'heure, je me sentais sollicité à écrire par une lourdeur de la main ; je pouvais parfaitement résister à cette sollicitation ou interrompre à un moment quelconque le travail commencé ; par contre je ne pouvais pas écrire automatiquement toutes les fois que je voulais. Il m'arrivait de prendre le crayon et de rester l'esprit et la main inertes, ou de commencer des phrases vagues qui ne s'achevaient pas ; mes doigts alors se desserraient d'eux-mêmes et lâchaient le crayon. Quand ma pensée réfléchie essayait de deviner la suite d'une dictée, cela troublait le phénomène et amenait des incohérences. J'essayai plusieurs fois d'écouter seulement, sans écrire ; mais cela me fatiguait et ne pouvait durer qu'un moment, après lequel il n'y avait plus que confusion dans mon esprit.

[**246**] « En même temps que moi, plusieurs autres amis s'étaient joints à ceux avec lesquels j'avais commencé, et presque tous, après 2 ou 3 jours d'essais, arrivèrent à l'écriture automatique. L'un d'eux, qui n'était pas musicien [v. n° 240], écrivait cependant de la musique ; elle n'avait pas plus de valeur que le reste de nos productions, mais, venant de celui-là, elle nous étonnait beaucoup. — Aucun de nous n'était hystérique, ni facilement hypnotisable, ni sujet à des accès de somnambulisme naturel. Tous, nous étions maîtres du phénomène que nous provoquions, conscients de cet afflux de pensées étrangères, et de ce travail musculaire *permis*, mais non pas *voulu* et cherché.

« Ayant été initiés à cet ordre de faits par les livres spirites, nous acceptâmes tout d'abord l'explication kardéciste : nous ne doutâmes pas que nous ne fussions en rapport avec des Esprits, d'autant plus que notre prose était toujours signée par des trépassés. Nos premiers doutes portèrent sur l'identité de nos correspondants, qui était impossible à vérifier. Puis, n'obtenant jamais de réponses dépassant le cercle de nos connaissances, ayant été souvent trompés par des prédictions à court terme qui ne se réalisèrent pas, nous en vînmes à penser que si réellement nous étions en rapport avec des Esprits, ils étaient d'une nature intellectuelle et morale notoirement inférieure à celle de beaucoup d'entre les vivants. Après les enthousiasmes des débuts, où nous pensions avoir acquis la preuve expérimentale de la survivance de l'âme et supprimé le gouffre de la mort, nous en arrivâmes à l'amère déception de cette alternative : ou illusion subjective, ou mensonge. Et nous cessâmes complètement d'écrire. »

M. Dupond a conservé un cahier de copie des principales communications qu'il eut au printemps 1881. Sauf celle de Musset citée ci-dessus, et quelques-unes de son Esprit protecteur, toutes celles reçues pendant les cinq premières semaines sont de défunts de sa connaissance : ses grands-parents, ses deux oncles, une sœur, et un de ses amis qui s'était suicidé. Leur contenu consiste toujours en exhortations morales et religieuses, et l'on n'y rencontre aucune note discordante ou trahissant des conflits intérieurs. Mais cela change subitement à la fin d'avril, sous le coup des communications mensongères obtenues à ce moment par sa mère [v. n° 237] et qui vinrent ébranler cruellement la foi spirite naissante de la famille. Dès lors, les écrits automatiques de M. Dupond marquent d'une part les vains efforts des Esprits pour lutter contre son scepticisme croissant, d'autre part son espoir, toujours leurré, d'obtenir des preuves plus convaincantes sous la forme d'apparitions visuelles, au lieu de l'écriture dont il se défiait. Voici des extraits de son cahier.

« Après la déception due à la lettre de M. Rodolphe [237], voici la communication que j'ai eue, après avoir ardemment prié Dieu de m'éclairer et d'éloigner les mauvais Esprits :

[**247**] « (Samedi 30 avril 1881.) *Je suis un ange de Dieu et je viens pour te dire que tu as été trompé dans presque toutes tes communications. Je te prie de ne pas me faire de questions; je te dirai ce que tu dois savoir. Tu as été trompé par ceux qui se disaient être ton oncle Louis, ton oncle Jacques, ta grand'mère et ton grand-père... Tu n'as pas été trompé par celui qui se disait ton Esprit Protecteur, ce n'était pas moi mais un serviteur de Dieu; je dois te dire que ce qu'on t'a prédit est vrai, tu en auras la preuve dans peu de temps. Tu pourras continuer à communiquer avec moi, mais avec aucun autre, car je suis le messager de Dieu et je viens pour t'éclairer. Tu dois être en butte à la tentation sur cette terre, et tu dois lutter contre elle par la prière et la foi. Crois donc en Dieu et en Christ, mais ne cherche pas à découvrir les choses que Dieu vous cache... Ton Esprit Protecteur peut te parler, mais il ne faut pas le lui demander, car tu risques que ce ne soit pas lui qui te réponde... Je te jure au nom de Dieu et de Christ que toutes mes paroles sont vérité.* — Que croire ? [ajoutait M. Dupond quatre ans plus tard dans son cahier de copie.] Ce personnage qui parle avec tant de dignité me disait que la prédiction qui m'avait été faite se réaliserait sous peu ; or voici ce que c'était : le frère d'un de mes amis devait mourir avant la fin de l'année. Nous sommes en 1885, voilà donc 4 ans révolus, et ce jeune homme jouit d'une parfaite santé ! —

[**248**] « Le 26 mai, une communication se donnant pour celle d'un ange de Dieu me promet une apparition prochaine et me jure que c'est bien vrai : *Je suis un ange de Dieu, et je viens te dire que tu dois te préparer à* VOIR [avoir des visions] *dans quelque temps. Il faut que tu lises plus souvent ta Bible et que tu pries Dieu de te faire avoir une apparition. Je t'approuve de ne pas vouloir spécifier les grâces que tu désires, mais puisque celle-là t'est offerte, il ne te faut pas la rejeter. Tu* VERRAS, *je puis te l'assurer, mais je ne puis te fixer une époque. Il faut que cela soit pour toi un encouragement à t'occuper des choses d'en haut, car plus vite tu seras prêt, plus vite tu verras... Je te jure au nom de Dieu et de J.-C. que ces paroles sont vérité.* — Le 6 juin, j'écrivais encore : *Je suis un ange de Dieu et je viens te dire que tu* VERRAS *cette nuit, si*

tu ne veilles pas ce soir. Je suis bien un ange de Dieu et je te répète ce que je viens d'écrire. Tu VERRAS, *si tu restes, et tu sauras ainsi que Dieu répond à ceux qui le prient. Je te jure au nom de Dieu et de J.-C. notre Sauveur à tous, que mes paroles sont vérité, et que je me rends responsable de ce que je t'ai dit, si je ments* (sic).

[249] « 7 juin. N'ayant absolument rien vu pendant la nuit, j'obtenais cette communication : *Je suis le diable et je viens te dire que j'ai essayé de te tromper ; je voulais que tu eusses une vision afin que tu eusses confiance en moi ; mais Dieu qui est avec toi ne l'a pas permi* (sic) *et il m'a empêché de me laisser voir. — Je suis un serviteur de Dieu et je t'annonce que tu* VERRAS, *dans un certain temps. Je ne suis pas Satan, mais un envoyé de Celui que tu pries : je t'apparaîtrai dans quelques temps et tu sauras ainsi qu'il n'y a pas que les démons qui se communiquent à vous, mais aussi des anges du Dieu tout-puissant. Prie continuellement, afin que quand tu verras tu saches bien que je suis un serviteur de Dieu. — Je suis l'ange qui t'a parlé, et je te dis que le démon rôde autour de toi pour te séduire ; il voudrait prendre ma place, mais tu ne le laisseras pas approcher ; je t'apparaîtrai, mais lui ne pourra pas se montrer à toi, car tu te tiens devant le Seigneur plus puissant que lui, et Il le mettra sous ses pieds et le domptera.* Après cette dernière communication, à laquelle je n'ajoutai aucune confiance, je pensai n'avoir eu affaire qu'à des Esprits imposteurs, et avec un sentiment de grande déception je cessai d'écrire. Pas plus alors que plus tard, je n'ai eu des apparitions, bien que je fusse ardemment surexcité par l'attente, et qu'en de telles conditions une hallucination eût bien pu se produire. »

Après une interruption de quatre ans, M. Dupond, alors étudiant en théologie, se reprit d'intérêt pour le problème spirite. — Il assista à des séances où l'un de ses camarades, Lucien M., fonctionnait comme médium typtologue et écrivain, et il tenta lui-même de nouveaux essais d'écriture automatique. Mais les résultats ne furent guère de nature à modifier son scepticisme, car sa médiumnité se retrouva absolument la même qu'en 1881, tant au point de vue du contenu général des messages que de leur forme psychologique (auditivo-graphique), comme en témoignent les extraits suivants de son journal de cette époque :

[250] « (Eté 1885.) Depuis quatre années nous avons à peu près complètement abandonné nos expériences, et l'incrédulité nous a envahis ; nous nous demandons si les dictées obtenues ne sont pas le résultat d'un état particulier de notre cerveau, sorte d'hypnotisme volontaire. Restent les faits physiques. Mon ami Lucien paraît être un médium très puissant, mais il a peur de cette force qui le domine et qu'il craint de ne pas pouvoir maîtriser. Il fait mouvoir des meubles avec une grande violence, et il a obtenu des communications écrites intéressantes. — La dictée suivante m'a été faite spontanément il y a quelques jours [elle est soi-disant de l'oncle Louis qui se manifestait en 1881] : *Je suis là, mon cher neveu : c'est bien moi qui te parle. Je ne sais pas où je suis, mais je suis si content de te voir que je voudrais pouvoir te parler... Il me semble que je suis encore vivant, et qu'il ne me manque que des membres pour te toucher et te faire sentir ma présence.* Ici je sens un arrêt dans la dictée, puis une autre personnalité reprend : *Sois prudent et ne te fie à personne, il n'est pas possible de constater l'identité d'un Esprit et tu t'exposes à des mécomptes... Pour être sûr de ne rien risquer, il faut te mettre en état de prière pendant plusieurs jours et ne pas te laisser distraire par les occupations de la vie. Si tu sais te concentrer dans une pensée assez haute, tu arriveras à pouvoir parler avec les habitants du ciel et tu seras alors en communication avec les Esprits saints.* Après un intervalle pendant lequel j'ai dit mentalement à mon interlocuteur que je faisais peu de cas de ses conseils, vu que je les avais déjà suivis sans succès, il reprit : *Je suis un inconnu qui te parle pour se distraire et pour passer les longues heures d'une vie sans travail et sans plaisir.* Tout cela a été écrit au crayon, d'une grosse écriture informe. J'avais à la fois la sensation qu'on me dictait, et qu'une force me prenait la main pour me faire écrire plus vite ; j'avais d'ailleurs l'esprit passif comme si j'eusse écouté de la musique facile : les mots venaient rapides et sans effort. — Voici d'autres exemples d'inspiration de la même époque :

[251] « Un jour que, faisant de la philosophie, j'étais arrêté par le terme de *déterminisme* que je ne comprenais pas, cette explication m'en fut dictée spontanément : *Le déterminisme est une philosophie qui prête à l'homme une volonté passive et dépendante des événements ; par conséquent pas de responsabilité : il est la machine qui exécute forcément, même en se croyant libre, les décrets du sort.* La définition vaut ce qu'elle vaut, mais le point à retenir, c'est que mon être conscient n'aurait pas su la donner à ce moment-là, et que je l'écrivis d'un seul trait et sans recherche.

[252] « Je transcris les vers suivants, non pour leur valeur, qui est nulle, mais comme exemple de la diversité de mode du phénomène :

Je fus un pauvre laboureur
Qui dans sa trop courte existence
Connut très jeune le malheur
Et ne vécut que d'espérance.

Je ne saurais continuer ;
Trop difficile est cet ouvrage,
Et je devrais trop travailler
Pour en composer davantage.

[253] « La communication qui suit ces quelques vers affirme la coopération de deux individualités étroitement liées, la mienne et — une autre :

Viens à nous, toi qui soupire (sic),
Tu trouveras dans notre empire
Des bonheurs inconnus de toi,
Et quand après bien des années
Tu te souviendras... Je ne peux pas continuer parce que tu ne sais pas faire les vers assez facilement et que je dois me servir de tes facultés pour écrire. Dans cette dictée curieuse surtout par sa conclusion, qui semble être un aveu du dédoublement de la personnalité, les vers me venaient un à un et tout d'un trait à l'esprit par audition intérieure, comme si je me fusse souvenu de vers déjà connus, p. ex. : Le chêne un jour dit au roseau... etc. ; et cela s'arrêta au milieu du dernier vers comme lorsqu'il y a défaut de mémoire. »

M. Dupond n'a pas conservé d'autres échantillons de ses communications auditivo-graphiques de 1885 ; elles furent au total peu nombreuses, car on trouve dans son cahier de cette époque la conclusion suivante : « Depuis que je ne m'occupe plus activement de spiritisme, mes accès d'inspiration sont devenus très rares ; je ne me sens plus comme auparavant la main sollicitée à écrire par une pesanteur subite. Mais il m'arrive parfois, et au moment où j'y songe le moins, de recevoir un conseil ou un avertissement très net, et dans un style laconique : le conseil est toujours bon, l'avertissement toujours opportun. »

Deux ans passèrent de nouveau, pendant lesquels M. Dupond ne fit plus de spiritisme et assista seulement en 1886 à une série de séances de magnétisation sur un de ses camarades, sujet très sensible, qui réalisait à un haut degré les principaux phénomènes (alors frappants, mais aujourd'hui bien connus) de la suggestion hypnotique et posthypnotique. Puis, à l'occasion d'un travail de théologie entrepris sur les doctrines spirites, il reprit son crayon pour quelques expériences :

[**254**] « 1887. Aujourd'hui (18 octobre), je me suis demandé si la faculté d'écrire m'était conservée, et je viens, après quelques exercices et barbouillages servant à délier le poignet, d'avoir une réponse à diverses questions posées. Mon écriture a été courante et n'a subi qu'un petit arrêt de quelques secondes ; je ne fais, quand j'écris, aucun effort de pensée, et chaque chose m'est suggérée, comme par souvenir, au moment même où ma main l'écrit. Parfois, je sais toute la phrase que je vais écrire, souvent je ne prends conscience des mots que un à un. J'avais d'abord demandé une sentence quelconque, puis posé des questions diverses sur l'utilité du spiritisme, la nature des démons, etc. Or j'ai obtenu, en fait de sentence, *Cherchez et vous trouverez ;* puis, comme réponse à mes questions, une assez longue dictée ; mais je constate qu'elle est conforme à mes idées, et pourrait par conséquent ne provenir que de moi-même, dans un état encore non observé de mon cerveau, car le phénomène surprenant est la rapidité avec laquelle j'écris et l'absence totale d'effort pour élaborer les pensées. » — Nouvel essai quelques mois plus tard :

[**255**] « (1888, 30 avril.) Désirant de nouveau expérimenter le phénomène de l'écriture automatique, je pose mentalement cette question : Est-ce moi ou un autre qui fournit les pensées ? Après quelques barres verticales et horizontales, ma main écrit rapidement : *Il ne faut pas chercher à pénétrer ce mystère, tu t'y perdras, car ce n'est pas à toi qu'il appartient de savoir si c'est un être ou un autre qui exécute ces choses. Pour toi, travaille avec ce que tu as et laisse aux savants et aux fous la recherche du phénomène.* Je demande qui est l'auteur de ces conseils et j'obtiens : *Moi !* — Depuis lors [ajoutait M. Dupond en 1894], j'ai cessé d'écrire, et j'ai en effet laissé aux savants le soin de m'apprendre ce que j'ignorais ; ils me l'ont appris. C'est Pierre Janet qui m'a rendu ce service... Il n'a pas tout expliqué, loin de là, mais après l'avoir lu je ne doute plus qu'il ne faille classer mes dictées parmi les activités subconscientes de mon propre esprit. Resterait à savoir si la sphère inconsciente de notre être ne peut pas être influencée, du dehors, par des intelligences et des volontés autres que celles des hommes. J'inclinerais à croire possibles des suggestions transcendantes.

[**256**] « Je termine par quelques observations sur le fonctionnement de ma

conscience. Quand, agissant ou réfléchissant, je me parle à moi-même, j'emploie le pronom *je*, et si mes souvenirs sont exacts, il n'en fut jamais autrement pendant mon enfance et ma première jeunesse. Plus tard le *tu* se fit jour, surtout dans le remords préventif, je veux dire quand mon être moral, jugeant l'homme extérieur, lui reproche d'atermoyer dans l'accomplissement d'un devoir. Les « *tu* devrais partir, *tu* vas être en retard » sont fréquents. J'ai parfaitement conscience alors que c'est une partie de mon moi qui s'adresse à l'autre. Dans d'autres cas plus rares, surtout quand c'est l'intelligence qui fonctionne, ou quand je suis oisif, il m'arrive inopinément des intuitions verbales intérieures, qui paraissent de provenance objective, et qui émergent, sous forme de sentences, de l'arrière-fond subconscient. Enfin, un dernier phénomène, dont j'ose à peine parler, se produit dans les moments de grand recueillement moral et de prière ; il est *sui generis* et très distinct des précédents. Je me sens comme courbé sous le poids d'une présence sainte ; Celui qui agit alors se sert de la parole intérieure pour me dire ce qu'Il a à dire ; je sais, sans en pouvoir douter, que c'est Lui qui emploie cet instrument de perception que je porte en moi, et Il s'en pourrait passer, que je sentirais encore Sa présence, parce qu'elle atteint et pénètre tout mon être jusque dans son fond le plus intime. »

1908. — Rien de nouveau. M. Dupond n'a pas recommencé à s'occuper d'expériences spirites.

Obs. L. — * Mme Saxo, 34 ans, femme d'un banquier. Pas d'enfants.

Elle eut dans son enfance 3 apparitions, toutes trois de grand matin, alors qu'elle venait de se réveiller et qu'il faisait tout juste clair :

[**257**] Encore fort petite, elle vit au pied de son lit une femme qui se leva, alla à la cuisine (où elle l'entendit ouvrir et fermer une armoire, etc.), revint au pied du lit, et disparut en se fondant. Elle se demanda où cette femme avait passé et en parla à ses parents, qui en rirent et traitèrent cela de rêverie. — Vers la même époque, elle vit la porte s'ouvrir, un homme entra à pas de loup, s'approcha du lit de ses parents et se pencha au-dessus de son père pour le regarder, puis il se redressa et la regarda en mettant un doigt sur sa bouche pour lui faire signe de ne rien dire, enfin il s'en retourna en fermant la porte doucement. Quand elle raconta la chose, son père ne la crut pas. Détail curieux, cet homme ressemblait à son père, et elle a gardé le souvenir net de sa figure. — Vers l'âge de 15 ans, elle habitait une maison de campagne avec ses parents. Couchant seule, elle entendait fréquemment des bruits de pas, mais on ne la croyait point quand elle s'en plaignait. Un matin au petit jour, elle vit distinctement la porte s'ouvrir avec lenteur : un bossu, de figure inconnue, entra, fit le tour de la chambre et alla vers la fenêtre, où il s'évanouit. En l'entendant marcher, elle avait reconnu le pas qui l'avait si souvent intriguée les jours précédents ; depuis lors ces bruits cessèrent, elle ne revit pas ce bossu et ne sut jamais qui c'était. Son séchoir, qu'elle mettait le soir devant sa porte parce qu'elle était craintive, avait été déplacé.

[**258**] A l'âge de 30 ans (premiers jours d'octobre 1894), n'ayant encore aucune idée du spiritisme, Mme Saxo fit visite à une amie qui venait de perdre

son unique enfant. « Je fus très surprise de la trouver non pas consolée, mais calme et résignée. Devant mon étonnement elle me raconta qu'une de ses voisines, Mme Guelt [obs. LI], possédait le pouvoir de converser avec les morts. Je crus que cette pauvre mère perdait la tête ; mais lorsque je racontai la chose à mon mari, il me dit qu'il avait quelquefois entendu parler de la doctrine spirite, et qu'il pourrait bien y avoir du vrai là-dedans... Je fus ahurie. Tout à coup, comme un trait de lumière, je me rappelai que ma bonne m'avait raconté qu'une dame Darel [obs. LIII], habitant ma maison, mais que je connaissais à peine, devenait folle : on prétendait qu'elle causait avec les morts ! En cet instant, j'eus l'impression nette que cette dame Darel devait s'adonner à des pratiques spirites, et je n'eus plus qu'un désir, celui de me rapprocher d'elle. J'y parvins sans peine... Aux premiers mots que je hasardai, elle m'avoua qu'elle était spirite, médium, etc. Je ne me lassais pas de l'écouter et de la questionner ; j'étais bouleversée de tout ce qu'elle me racontait, et j'étais surtout frappée de souvenirs d'enfance qui me revenaient obstinément à la mémoire pendant qu'elle me parlait de médiums voyants, etc. : il s'agissait de trois apparitions très nettes [v. ci-dessus], que j'avais chaque fois racontées à mes parents, mais ils n'avaient jamais voulu me croire, mettant cela sur le compte de cauchemars et prétendant que je mangeais trop le soir : je n'avais réussi qu'à faire diminuer mon souper, c'est tout ce que j'avais obtenu en fait d'explication !

[**259**] « Quelques jours après, mon mari m'apporta *Les doctrines et les pratiques du spiritisme*, par L. de Rémora ; j'en retins surtout les conseils sur les moyens de s'assurer si l'on est médium. Car un espoir secret nourrissait ma curiosité et me remplissait de joie : celui de pouvoir peut-être, moi aussi, obtenir une communication de ma bien-aimée mère (morte deux ans avant), que j'adorais de toutes les forces de mon âme. J'hésitais cependant à expérimenter. Elevée dans le protestantisme orthodoxe, ma foi avait été inébranlable jusqu'à 16 ans environ, et j'avais eu une confiance aveugle dans la justice de Dieu. Mais ensuite, surtout lors de la mort de ma mère, un grand point d'interrogation avait troublé mes méditations : je ne la comprenais plus, cette justice ! Pourtant, au moment de tenter des expériences, je fus envahie par des scrupules dus aux principes encore fermes de ma première éducation : avais-je le droit de chercher à pénétrer ces mystères que Dieu semble nous avoir cachés avec tant de soin ? Mais si je devais trouver dans le spiritisme le repos de mes pensées ? A cette question, une voix intérieure me répondit très nettement : *Avant d'expérimenter, lis, cherche, et tu trouveras.* Je lus beaucoup, et arrivai à la certitude que rien dans le spiritisme ne compromettait mes idées religieuses, mais qu'au contraire ses explications claires, logiques et judicieuses, venaient d'affermir ma foi. Ce fut donc avec une conscience parfaitement tranquille et débarrassée de tout préjugé que je fis mes premières expériences au moyen d'une table. Au début, elle ne bougea pas. J'essayai chaque jour pendant un mois environ. Entre temps, j'assistai à une ou deux séances typtologiques chez Mme Darel, mais peu réussies et qui diminuèrent plutôt ma confiance dans le succès des expériences.

[**260**] « Le 18 novembre (1894), pendant une promenade que je faisais avec mon mari, il eut l'intuition que nous obtiendrions le soir des communications et

il hâta notre retour, convaincu que la table bougerait. (Mon mari est très intuitif, et il serait médium voyant, s'il s'y laissait aller, mais il en a peur.) Je me rendis à son désir, sans toutefois partager son assurance. Nous mîmes nos mains sur la table, sans évoquer personne, et, ô bonheur! elle se mit à frapper de petits coups réguliers. Nous convînmes d'un système de coups, comme nous l'avions lu et vu faire. Désirant écrire les dictées que nous espérions recevoir, je pris un crayon, et mon mari resta seul à la table, qui s'arrêta instantanément; j'y remis une main, aussitôt elle recommença à bouger, d'où nous conclûmes que c'était moi qui étais médium. Nous eûmes diverses communications assez curieuses, qui se confirmèrent plus tard, l'une trois ans après.

[**261**] « Mais cette nuit-là je dormis mal. J'avais peur de cet inconnu qui s'ouvrait devant moi. Vers le matin, tandis que je réfléchissais à tout cela les yeux grands ouverts, j'eus une vision. (Il faisait complètement obscur dans notre chambre, volets et rideaux étant fermés selon notre habitude.) Je vis au-dessus de la porte qui était en face de moi, et dans un rayon de lumière comparable à l'électricité, une femme assise, plus jeune et plus maigre que moi, mais me ressemblant étonnamment et tenant un enfant dans ses bras; à ses pieds, dans une pose gracieuse, un homme inconnu était étendu sur l'herbe. Cette vision, dont je n'ai jamais su la signification, eut la durée d'un éclair, je reçus comme une secousse électrique, et tout disparut. J'eus bien peur; mais je fus plus curieuse que jamais de pénétrer plus avant dans ce domaine si plein d'inconnu et si tentant.

[**262**] « Ma faculté typtologique progressa rapidement, et j'eus même la satisfaction de convaincre quelques personnes qui devinrent de fervents adeptes du spiritisme. Mais en même temps des malaises, à peine perceptibles au début, augmentèrent graduellement avec ces expériences et devinrent intolérables. Au bout de quelques mois, je n'osais presque plus mettre mes mains sur une table : immédiatement l'extrémité de mes doigts se glaçait au point de me faire perdre le sens du toucher. De violents maux de tête, des douleurs cardiaques, etc., m'angoissèrent beaucoup. Quand je cessais d'expérimenter pendant quelques jours, ces maux divers disparaissaient complètement, mais revenaient à chaque nouvel essai. J'étais très inquiète et ne savais si je devais continuer, lorsque je reçus de ma mère, par la table, le message suivant : *Ma chère et bien-aimée enfant, nul n'ignore que les nerfs sont doués plus ou moins de propriété électro-motrices, par conséquent d'où veux-tu que la source de nos courants électriques jaillisse si ce n'est de vos nerfs; tu es donc inévitablement, lorsque tu expérimentes (si je puis m'exprimer ainsi), sous l'influence d'une souffrance nerveuse... D'autre part ces courants augmentent momentanément la circulation du sang, qui le plus souvent, chez toi, se retire des extrémités pour affluer violemment au cerveau et pourrait provoquer la rupture de quelque artériole ou peut-être même une hémorragie cérébrale. Voilà l'effet que produit chez toi la médiumnité typtologique. Ne te désole pas, mon enfant aimée; je ne te dis pas que cela arrivera, car, quoique Esprit, je ne peux être absolument sûre des phénomènes qui s'accomplissent dans la cellule nerveuse et dont l'effet ultime se trouve le plus souvent dans les différentes manifestations de l'activité vitale.* (A ce moment. ma table cessa de frapper; le lendemain, j'obtins la suite :)

A mon grand regret je me vois dans l'obligation de te confirmer mes avertissements d'hier. Tes maux de tête, congestions de la face, bourdonnements d'oreilles, spasmes dans la nuque, commotions dans les membres, enfin en général un sentiment d'angoisse, tous ces symptômes, je te le répète, sont autant de lettres comminatoires qui annoncent et justifient mes craintes d'une façon absolue. Evite une issue fatale, contente-toi de la médiumnité voyante, de droit elle t'est acquise, questionne, on te répondra le plus souvent en mimant... Cette description de mon état était exacte de tous points ; le danger contre lequel on me mettait en garde me fit abandonner la typtologie, après l'avoir pratiquée près d'un an.

« Il me restait la médiumnité voyante, qui s'était développée en moi peu après ma faculté typtologique. Ah certes, si j'avais pu choisir, ce n'est pas celle que j'aurais conservée, car chaque vision me procurait un sentiment d'effroi et me donnait la chair de poule, surtout quand j'étais seule. Car j'eus souvent des apparitions au moment où je m'y attendais le moins, tandis que, chose frappante, jamais je n'ai pu provoquer une vision volontairement, même par l'évocation la plus intense. — J'ai aussi essayé de l'écriture, mais sans réussir.

[**263**] « Pendant un an et demi (janvier 1896 à juin 1897), je pris part assez régulièrement aux réunions hebdomadaires chez Mme Darel, et j'y ai eu quelques apparitions curieuses. » — Ces visions de Mme Saxo étaient toujours précédées et accompagnées de congestion à la tête et de refroidissement des extrémités : ses joues devenaient rouges et brûlantes, ses mains exsangues, glacées, et souvent complètement insensibles. Ses yeux dilatés fixaient un certain point de la chambre, en général au-dessus ou à côté des assistants que devait concerner la vision ; celle-ci commençait par un nuage où se différenciaient peu à peu tantôt des personnages et des scènes, dont la description rappelait aux auditeurs tel ou tel événement ancien connu d'eux ; tantôt des messages écrits que Mme Saxo lisait d'une voix lente et monotone, parfois avec beaucoup de peine, et qui lui apparaissaient généralement sur un parchemin tenu par un personnage hiératique, muet, qu'elle appelait *l'Archiâtre*, sorte d'Esprit-guide attaché à sa personne. Parfois cet Archiâtre ne se montrait pas lui-même, mais elle reconnaissait son écriture, et apercevait souvent sa signature au bas de ces communications verbo-visuelles exprimant des avertissements, des instructions diverses, parfois des diagnostics et conseils médicaux, des exhortations morales ou des dissertations philosophiques, etc. —

« Quand les séances Darel s'interrompirent, n'ayant pas été très bien et pensant que ces expériences contribuaient peut-être à amener mes indispositions, j'appliquai ma volonté à chasser toute vision nouvelle ; de *passive*, je devins *active*, et à la moindre impression (de sang à la tête et de froid aux mains) qui me faisait pressentir une apparition, je réagissais énergiquement (en marchant, me frottant les mains, etc.) et j'opposais une si vive résistance que depuis lors je n'ai plus jamais rien vu. Je suis convaincue cependant que ma faculté n'est qu'endormie et que je pourrais la réveiller si je voulais. De même pour la typtologie, je n'en fais plus à cause des avertissements que j'ai reçus, mais je me rends parfaitement compte qu'il me suffirait de mettre la main sur une table pour la faire mouvoir aussitôt.

[264] « Outre ces deux médiumnités bien caractérisées, j'ai quelquefois des rêves frappants, les uns réminiscences de faits antérieurs, les autres prophétiques; quelques-uns ont été des avertissements utiles. Je regrette de n'en pouvoir raconter aucun, vu leur nature trop intime. En rêve, j'ai pénétré les secrets les plus graves de gens que je ne connaissais pas; j'ai pu ensuite reconnaître dans un album de photographies les personnes que j'avais vues en dormant et qui m'avaient révélé ces secrets. En rêve également, j'ai eu la présence d'esprit de demander à ces visiteurs inconnus des preuves d'identité, qui m'ont toujours été fournies, irréfutables, et avec plus de détails que je n'en réclamais. Tous ces rêves ont eu une grande utilité, et les personnes qu'ils concernaient ont tiré un réel profit de mes révélations. Mais, chose curieuse, moi qui aurais eu tant besoin parfois d'être éclairée sur divers points, c'est en vain que j'ai prié et demandé pour moi-même, il ne m'a rien été répondu en rêve. Par contre, les pressentiments et les inspirations ne m'ont pas manqué à l'état de veille.

« Je crois aux PHÉNOMÈNES médianimiques, mais je reste perplexe sur leurs causes, ballottée que je suis par mes lectures, occultistes et autres. Leur principal *avantage* est de prouver aux matérialistes que tout n'est pas rien que force et matière, et de les amener à chercher autre chose. Mais leurs *inconvénients* sont nombreux. D'abord, je me demande si nous avons le droit d'évoquer les Esprits; laisser venir ceux qui se présentent, soit; mais les appeler et les déranger peut-être me semble audacieux et je craindrais actuellement d'assumer une telle responsabilité; parmi les membres de ma famille décédés, ma mère seule s'est communiquée à moi, et toujours spontanément, sans évocation de ma part. Ensuite, c'est effrayant de penser que nous jouons là avec des forces que nous ne connaissons pas. Enfin, ces expériences peuvent avoir de graves effets sur la santé des médiums (elles m'ont rendue craintive et nerveuse), en développant leur nervosité, faussant leur jugement et même leur détraquant tout à fait l'esprit. Quant à la DOCTRINE, je trouve la morale spirite magnifique, je lui donne la première place dans ma vie, et elle devrait jouer un rôle important dans l'éducation. »

1908. — Après s'être occupée de théosophie, et avoir encore assisté de loin en loin à des séances spirites (sans se mettre à la table), où elle eut quelques visions, Mme Saxo a complètement cessé tout cela depuis six ans. Sa santé très ébranlée (neurasthénie grave) l'a obligée à de longs séjours dans le midi et à la montagne; le contact de la plupart des humains lui était devenu pénible, même douloureux, sa sensibilité affinée lui donnant une aperception suraiguë de leur méchanceté; dans cet état, elle ne se trouvait bien qu'avec les fleurs, les animaux et les enfants, dont la confiance lui était un repos, tandis qu'elle ne pouvait plus voir les grandes personnes. Maintenant elle est rentrée à Genève, ayant à peu près retrouvé ses forces et n'ayant rien perdu de sa vivacité et de son entrain d'autrefois. Mais dans ses longues périodes de solitude, elle a beaucoup réfléchi, et un complet revirement s'est produit en elle à l'égard des questions médianimiques, spirites, etc.; c'est au point qu'en se reportant à dix ans en arrière, elle se sent profondément irritée contre ces doctrines et ces pratiques, contre les milieux qu'elle fréquentait (mais non contre les personnes, qu'elle plaint individuellement); contre elle-même, enfin, d'avoir pu se laisser ainsi subjuguer.

Elle a toujours des rêves frappants, des intuitions qui se trouvent justes (p. ex. sur le caractère de personnes qu'elle voit pour la première fois), des prévisions de rencontre qui se réalisent, des pressentiments instinctifs, et elle est convaincue de la réalité de la télépathie. Mais de tout ce qui est médiumnité, séances et phénomènes spirites, communications avec les désincarnés, etc., elle ne veut plus entendre parler que pour le condamner comme un tissu de dangereuses inepties, et elle voudrait crier à ceux qui s'en occupent de renoncer au plus vite à toutes ces folies. Elle reste bien convaincue qu'il y avait quelque chose de réel dans les trois ou quatre visions spontanées qu'elle a eues, celles de son enfance [257] et celle au-dessus de sa porte [261]; mais tous ses autres prétendus phénomènes médianimiques, visions aux séances et dictées typtologiques, elle n'y croit plus du tout. Sans doute elle était parfaitement sincère sur le moment, en relatant ces faits; mais elle s'est rendu compte avec le temps qu'il n'y avait rien là de réel, rien qui ne fût un produit de son imagination trop docile aux influences ambiantes. Son fameux Archiâtre lui-même, avec son faux air de prêtre oriental, n'a plus jamais reparu depuis qu'elle a cessé de fréquenter les groupes spirites, et elle ne met pas en doute que c'était une création fantaisiste qui lui avait été involontairement suggérée par les conversations de telle de ses amies tout entichée d'occultisme : «. C'est elle qui l'a formé, ce n'est pas moi; elle ne cessait de parler des Egyptiens, etc., et je suis parfaitement sûre que cela a joué un grand rôle, cela m'a influencée; car dans ces réunions j'étais *passive*, je n'y avais plus ma conscience proprement dite. »

Aussi Mme Saxo se défie-t-elle fortement aujourd'hui de ses impressions et descriptions de 1898, jusqu'à les désavouer: « Si je ne mentais pas lorsque je vous écrivais mes expériences il y a dix ans, je soupçonne cependant dans mes réponses d'alors une déformation de la vérité, un embellissement stupide! Des forces suggestives agissaient-elles sur moi? Toujours est-il qu'aujourd'hui je suis confondue qu'à l'époque ces questions aient occupé mon esprit avec une telle persistance imbécile. Ma pensée s'est enfin échappée, reconquise, et je ne puis plus suffisamment prêter attention à ces sujets pour répondre à nouveau à votre questionnaire. Annulez mes sottises d'il y a dix ans et puissiez-vous me pardonner ces malheureuses histoires... » Mme Saxo a même commencé à rédiger, à mon intention, contre le spiritisme etc., un réquisitoire si énergique que son mari ne lui a pas permis de le continuer ni de me le remettre, le trouvant trop violent dans les termes. Il n'est pas jusqu'aux dictées qu'elle recevait soi-disant de sa mère et qui la remplirent de joie au début, dont le souvenir ne l'horripile maintenant : « Je n'ai plus le sentiment qu'on puisse recevoir des communications des défunts... C'est le contraire d'alors, où j'aurais porté à des gens en deuil des messages de ceux qu'ils ont perdus: aujourd'hui je ne le ferais pour rien au monde, l'idée d'une chose de ce genre me choque et me heurte horriblement... Jamais je ne conseillerais à personne d'aller chercher des consolations dans le spiritisme, qui n'est qu'une source de déceptions et de désillusions... »

Ce n'est pas qu'en rejetant le spiritisme Mme Saxo soit devenue matérialiste athée ou sceptique. Loin de là : « Je suis revenue à toutes mes croyances d'enfant », du moins dans leur contenu essentiel et dégagé des formes puériles ; p. ex. elle ne se représente plus Dieu comme quand elle était petite, mais elle le voit et le sent « dans tout ce qui est bien, beau, pur... » ; de même elle est convaincue qu'il y a autre chose que cette vie, « mais pas comme les spirites l'entendent, et jamais je ne croirai plus qu'on entre en communication avec les morts... » Elle se demande si elle avait perdu la tête d'admettre de pareilles insanités ; et elle est trop heureuse d'avoir enfin retrouvé, dans sa foi de jadis, la paix, la confiance et la joie qui lui firent toujours défaut pendant ses années de spiritisme, dont elle garde le souvenir abominable d'un temps d'inquiétude, d'angoisses, de doutes et de tiraillements intérieurs perpétuels — à part le premier instant d'exultation passagère lorsqu'elle s'imagina pouvoir entrer en relation avec sa mère défunte.

Obs. LI. — * Mme veuve Guelt, 59 ans. Décédée en 1902.

I. « Je suis médium typtologue et parfois à incarnation. J'ai aussi eu des rêves prophétiques, pressentiments, voix, et double-vue ; et en 1894, trois matérialisations [apparitions] reconnaissables, en pleine lumière, dont deux parfaitement nettes.

[265] « J'avais 13 ans et demi et ne savais absolument rien de ces choses, quand ma médiumnité se manifesta spontanément : je fis tourner une table et la personne qui dirigeait notre petite séance me dit alors : C'est toi qui es médium ! Les conversations au moyen de la table ont duré quelques années, et il m'y a été prédit des choses qui ont eu leur accomplissement pendant les années de mon mariage. Cette médiumnité a fait, par la pratique, de sensibles progrès et n'a jamais eu d'interruption. » — Ces dernières années surtout, depuis que Mme Guelt, devenue veuve, et ayant fini d'élever ses trois enfants, jouit de plus de loisirs, il ne se passe guère de jour qu'elle ne fasse une ou plusieurs séances de table pour rendre service, non seulement à ses amis et relations, mais aux innombrables inconnus qui viennent la consulter, car ses succès, autant que son inépuisable obligeance, lui ont valu une notoriété très étendue. Plusieurs cas étonnants de ces communications typtologiques figurent déjà dans cette enquête (v. nos 66, 83, 84, 148 à 152, 223, 274, 321). En voici deux autres spécimens typiques :

[266] Dans un village de Savoie, une jeune fille portée au noir avait disparu depuis plusieurs jours sans qu'on pût retrouver sa trace, et l'on craignait qu'elle ne se fût noyée dans le torrent. En désespoir de cause, un de ses frères vint à Genève consulter les somnambules. On lui indiqua entre autres Mme Guelt. A peine était-il à la table, que celle-ci annonça, en donnant les noms exacts, que la jeune fille s'était réfugiée chez telle parente éloignée, dans tel village assez distant du sien. Ce qui se trouva vrai.

[267] Dans la nuit du 24 au 25 juin 1894, Mme Guelt fut très agitée, angoissée, et le matin elle dit à sa fille qu'il devait être arrivé une catastrophe quelque part. De toute la matinée, elle ne put tenir en place, cherchant en vain la cause de son inquiétude. L'après-midi, deux dames étant venues la consulter, elle se met avec elles à sa table, qui fait un demi-tour et annonce *Sadi Carnot*. Elle résiste, ne voulant pas un vivant; mais la table épelle de nouveau *Sadi Carnot*. Elle pense que c'est un esprit farceur, mais une 3me fois la table dicte : *Je suis Sadi Carnot, j'ai été assassiné par un jeune anarchiste, les journaux de ce soir vous donneront les détails*. Elle comprit alors son agitation de la nuit (assassinat du Président Carnot, à Lyon, la veille au soir).

[268] Mme Guelt a eu parfois des messages auditifs. P. ex. un soir en se couchant, elle sent qu'une dame de sa connaissance, qui attendait un enfant, est souffrante, et elle prie pour elle avec le pressentiment que les couches seraient horribles. Le lendemain soir, même impression, mais beaucoup plus vive; elle prie de nouveau, et invoque mentalement le D^r [désincarné] Demeure pour qu'il aide cette dame. Tout à coup, elle entend : *C'est fait et c'est une fille*. Elle regarde l'horloge, qui marquait 11 h. Le lendemain elle apprit que les couches, horribles en effet, avaient heureusement pris fin à cette heure-là par la naissance d'une fille. — Souvent elle entend des paroles d'un spirite défunt, M. Badel, qu'elle a bien connu de son vivant.

[269] Elle a d'autres formes encore de médiumnité, mais plus rares et moins développées : — *Automatismes verbaux :* elle se sent pressée, parfois même obligée, de prononcer des paroles inattendues. — *Ecriture mécanique :* elle en a essayé une seule fois, en présence de M. K. qui l'y engageait; elle ferma les yeux et à son insu sa main traça trois lignes du père de M. K., avec sa signature que celui-ci reconnut exacte. — *Incarnations :* elle a eu, dans quelques réunions spirites, des commencements de transe, catalepsie, contractures, etc. Mais c'est surtout à ses séances de table qu'il lui arrive sans cesse d'incarner partiellement les Esprits évoqués; c'est-à-dire que, sans perdre jamais conscience d'elle-même, elle éprouve tous les sentiments physiques et psychiques, surtout pénibles (angoisses, palpitations, étouffements, souffrances diverses) qu'ils ont ressentis dans les derniers moments de leur vie. — *Visions :* elle a essayé de la vision au verre d'eau, mais cela lui faisait mal à la tête. En fait de visions spontanées, les plus frappantes qu'elle ait eues sont les trois apparitions ou « matérialisations » suivantes, qui toutes trois eurent lieu à la même époque (oct.-nov. 1894), restèrent muettes, surgirent alors qu'elle lisait le soir dans son lit, et disparurent en laissant un brouillard blanc.

[270] Un soir d'octobre, lisant à la lampe, elle se sent « prise, comme enveloppée de quelque chose ». Elle se met au lit, et y lit de l'Allan Kardec selon son habitude; tout à coup, vers minuit, elle a de nouveau l'impression d'un enveloppement « chaud et douillet, comme si quelqu'un voulait vous endormir ». Elle ôte ses lunettes et commence sa prière, les yeux fermés; alors elle sent quelque chose de pas naturel qui l'enveloppe, « comme le déplacement d'air qu'une personne fait en passant près de vous » (cette sensation, très fréquente quand elle fait de la table, lui annonce toujours l'approche d'un Esprit et lui en indique la position, à gauche ou à droite, etc.). Elle ouvre les yeux, voit devant elle une personne qu'elle prend d'abord pour sa fille (qui dormait dans une autre chambre); puis, s'apercevant que c'est sa propre sœur (morte depuis 3 ans et demi), elle saute à bas du lit pour aller à elle, et elle la suit, tandis que sa sœur, sans parler, sort de la chambre, traverse la salle à manger puis un long corridor, et va dans la chambre de la jeune fille (où elle avait l'habitude de loger de son vivant quand elle venait en séjour chez Mme Guelt), regarde le lit occupé, et revient à la salle à manger, où elle disparaît en laissant un brouillard blanc qui se dissipe ensuite. Dans tout ce trajet, Mme Guelt suivit l'apparition avec sa lampe allumée à la main, et en reconnut fort bien le costume, le bonnet, et une certaine robe à coutures dans le dos qu'elle n'aimait pas voir à sa sœur, mais à laquelle celle-ci tenait beaucoup... Mme Guelt avait voulu parler à la revenante, mais ses lèvres étaient comme scellées, il ne lui fut pas possible de dire un mot ni d'appeler sa fille. Après la disparition du fantôme, elle alla machinalement jusqu'à la porte d'entrée voir si elle était bien fermée, puis revint s'étendre, non dans son lit, mais sur le canapé de la salle à manger, dans une sorte d'engourdissement ou d'immense fatigue, et avec l'impression qu'elle allait mourir. C'est là que le froid la ramena à elle-même sur le matin ; alors elle se leva et alla réveiller sa fille pour lui conter la chose. L'apparition l'avait regardée d'un air très triste, ce que Mme Guelt rapprocha plus tard du fait que la fille de sa sœur mourut quelques mois après.

[**271**] Un autre soir, étant déjà couchée et lisant de l'Allan Kardec, elle eut l'apparition de son mari (mort depuis 14 ans) : elle leva les yeux et, à travers ses lunettes, le vit devant son lit, habillé comme d'habitude, très distinct jusqu'aux genoux, mais les jambes floues et peu visibles ; il ne dit rien et s'évanouit au bout de quelques secondes en laissant un brouillard blanc. Mme Guelt n'attribue pas de signification à cette apparition. Sans être spirite convaincu, son mari lui avait cependant promis, dans sa dernière maladie, que son esprit resterait auprès d'elle et qu'il reviendrait l'aider ; depuis lors, en effet, elle a été souvent guidée par lui dans des questions d'affaires où elle n'entendait rien et dont elle n'aurait pas su se tirer sans son inspiration ; plusieurs fois aussi elle l'a senti près d'elle, plus ou moins vaguement, mais c'est le seul cas où elle l'ait réellement *vu*.

[**272**] Enfin en novembre, toujours lisant dans son lit le soir, elle a eu l'apparition de sa fille (morte depuis 7 ans). Elle éprouva le déplacement d'air prémonitoire, et en même temps se sentit embrassée par la jeune fille, « qui exhalait cette odeur particulière qu'ont les enfants quand ils rentrent du dehors par une bise froide » ; cela lui fit lever les yeux, et elle la vit devant elle, habillée comme d'habitude à l'époque de sa mort, en fillette de 14 ans avec sa tresse de cheveux dans le dos ; puis le fantôme disparut, laissant le brouillard blanc.

[**273**] II. « Mon père possédait le don de guérir par la prière et l'imposition des mains ; ma mère, sans être médium, était sensible et intuitive ; mon grand-père paternel, l'un de mes 2 frères, et mes trois enfants, ont présenté du somnambulisme naturel. — J'ai assisté à des expériences psychiques telles que : sommeil du médium et transport de son esprit dans une autre planète, incarnations et possessions. »

III. « Quand la médiumnité a été développée dès la jeunesse, elle est plus complète et donne moins de prise aux obsessions qui en sont le côté dangereux. D'autre part j'ai constaté en bien des cas qu'une personne qui a passé par la maternité, qui devient veuve et qui vit dans une continence parfaite, voit sa médiumnité devenir plus forte et plus nette. Pratiquée avec modération et sagesse dans un état de santé normal, la médiumnité a toujours eu sur moi une influence physique salutaire et bienfaisante; au point de vue moral, elle nous rend plus indulgent en nous élevant dans les sphères supérieures, et elle nous donne le sentiment du bonheur qui nous attend au sommet de nos transformations successives. Les médiums se distinguent des autres gens par une excessive impressionnabilité, source de jouissances mais aussi de souffrances; ce sont des instruments dont toutes les cordes vibrent au moindre souffle. — Les phénomènes fixent la foi à l'immortalité, en attendant que la science nous l'affirme; ils nous donnent la jouissance de faire le plus de bien possible à nos frères désincarnés (en les évoquant, les exhortant, et priant pour eux), comme à nos frères incarnés moins favorisés que le médium... Ils nous portent à une grande confiance en la bonté de Dieu en nous assurant d'une succession de vies, et leur rôle doit être de conduire l'humanité de progrès en progrès, par la Charité, jusqu'à l'Amour ou Unité finale. »

Obs. LII. — * Mlle X., 38 ans, directrice d'une école de jeunes filles. C'est par cette initiale qu'elle s'est désignée elle-même dans une très intéressante autoobservation, publiée par la Société d'Etudes Psychiques de Genève: *Les Perplexités d'un médium consciencieux* (40 p., Genève, 1895, imprim. Wyss et Duchêne).

I. «... C'est en 1890 que je suis devenue médium. Il y avait peu de temps que j'avais perdu mon second frère, l'être avec lequel j'étais le plus intime, mon âme-sœur pour ainsi dire, lorsqu'une de mes amies m'apprit brusquement que l'esprit du défunt s'était manifesté spontanément dans une séance, qu'il souffrait et demandait à communiquer avec moi. Ce récit me fit un mal affreux; je n'en voulus rien croire, et niai énergiquement et la manifestation et la souffrance de cet être qui pour moi était un idéal. Pendant trois semaines je résistai aux instances de mon amie qui me suppliait de l'accompagner chez son médium.

[274] « Enfin, je cédai et me rendis avec elle chez Mme Guelt [Obs. LI], par lassitude plus que par curiosité ou désir d'entrer en relation avec mon frère. Il se manifesta par la table; d'autres Esprits en firent autant, répondant avec netteté à nos questions, et l'un d'eux me dit d'essayer d'écrire, affirmant que je deviendrais médium écrivain. J'en doutais fort, ayant déjà essayé autrefois, poussée par une amie de ma famille qui m'avait parlé à diverses reprises des faits spirites, mais n'ayant jamais rien obtenu; il est vrai que je le faisais alors en cachette, avec la crainte d'être prise en flagrant délit par ma mère qui, sans être hostile à la doctrine spirite, n'aurait pas approuvé mes tentatives. J'obéis néanmoins au conseil de cet Esprit, mais sans foi. Pendant plusieurs jours j'attendis en vain, un crayon à la main, que quelque chose se produisît; puis une belle fois ma main commença à se mouvoir d'elle-même, et traça des horizontales, des verticales, des obliques, des dessins informes et enfin des lettres et des mots. Ces essais avaient duré 3 semaines, à 10 minutes par jour au minimum; je ne puis mieux les comparer qu'aux exercices qu'on fait faire aux enfants pour leur apprendre les éléments de la calligraphie ; c'était un véritable apprentissage. Dès lors les progrès furent rapides, et bientôt j'écrivis médianimiquement plus vite et avec plus de facilité que livrée à mes seules forces. Au début, on m'a quelques fois aidée en me tenant le poignet ou en posant la main sur mon épaule ; mais une fois la dictée commencée, l'aide devenait inutile.

[**275**] « Ma médiumnité s'est passablement modifiée pendant ces huit années de pratique. Au début j'ignorais absolument ce que ma main allait écrire, elle marchait comme conduite par une autre main. Peu à peu l'impulsion dans le membre diminua, et j'acquis la faculté de percevoir la pensée que je devais écrire. Actuellement il m'est très difficile d'écrire quand je ne perçois pas la pensée dictée ; et je ne sens plus guère d'impulsion mécanique qu'au moment où je commence, et quand ma main trace le trait final que certain Esprit a l'habitude de tirer pour m'avertir que la dictée est terminée : c'est son *J'ai dit.* — Je regrette beaucoup mon automatisme primitif, mais la transformation s'est faite sans moi et malgré moi, et elle s'est accompagnée d'autres pertes que je déplore également. Du temps de l'automatisme, la *forme* de l'écriture changeait avec la personnalité qui me faisait écrire ; par exemple on reconnaissait très bien la main différente de mes deux frères défunts ; maintenant, tout ce que je reçois ressemble à mon écriture normale, sauf peut-être sous certaines influences très puissantes, orageuses même, qui donnent à ma calligraphie une forme un peu spéciale, mais je n'oserais prétendre que cette forme soit celle de l'écriture propre qu'avait l'Invisible. De même pour les *fautes* d'orthographe : on m'en a fait faire de très caractéristiques (une familière à mon père, entre autres) ; maintenant, s'il s'en trouve, c'est de mon étourderie qu'elles viennent. De même encore pour le *style*, qui maintenant rappelle toujours le mien, même quand les idées qui me sont fournies sont très différentes des miennes.

[**276**] « En résumé, je suis *médium écrivain intuitif*, et ne suis que cela. J'écris des choses que je n'ai pas pensées et qui me sont dictées (mais pas par une voix extérieure à moi) : je les perçois par un sens mystérieux que je ne sais où loger, ce doit être dans ma tête, parce que ces phrases s'y forment de la même façon que ma pensée propre, mais à côté, en plus ; en effet, je continue à penser pour mon propre compte, tandis que les idées que je dois écrire se forment, se développent, cessent, reparaissent, etc. Ce phénomène ne me cause aucune fatigue, ne demande de ma part aucun effort ; il s'accompagne souvent, surtout s'il se prolonge, d'une congestion à la tête, qui disparaît quand je cesse d'écrire. — Au moment où commence la communication par l'écriture, rien ne le manifeste au dehors : *on* ne prend pas possession de moi comme cela arrive à certains médiums. Il est rare que j'éprouve, pendant l'écriture, une sensation physique bien déterminée, seulement parfois des picotements dans la main, une crampe au coude (quand il me faut écrire à toute vitesse pour suivre la dictée), ou sur les mains un courant d'air frais qui me fait frissonner. D'autres fois, il me semble qu'on me verse sur la tête un liquide très peu dense qui se répand en une foule de petits ruisseaux sur tout mon crâne, entre les os et la peau, et se perd ou s'évapore. C'est une sensation excessivement agréable. Ce qui l'est beaucoup moins, sans être du tout douloureux,

c'est ce que j'appellerais le *brouillard:* il me semble alors que ma pensée, ou plutôt mon sens médianimique (car je continue à penser, puisque j'observe) est plongé dans quelque chose d'impénétrable et d'impalpable à la fois ; dans ce cas l'écriture m'est impossible. »

[**277**] Mlle X. a aussi des *sensations de présence.* « Au phénomène de l'écriture se joint, simultanément, une impression toute spéciale que je ressens dans tout mon être, l'impression que je ne suis pas seule ; il me semble le plus souvent que je suis enveloppée d'une atmosphère nouvelle, qui émane de quelqu'un ou qui *est* pour ainsi dire quelqu'un, et qui me transmet, en même temps que la pensée de ce quelqu'un, ses émotions tristes, gaies, tendres, douloureuses, sereines, etc. Je vibre à l'unisson de cette atmosphère. Elle diffère comme celui dont elle émane diffère de ses semblables ; je la distingue, et la dictée correspond généralement comme fond à ce que j'ai ressenti. D'ailleurs point n'est besoin que j'écrive pour éprouver cette impression d'atmosphère, d'effluves qui m'enveloppent et me pénètrent : il suffit que je sois paisible ; je peux les sentir en me livrant à un travail manuel, en me promenant, en chantant, mais bien mieux quand je me recueille et observe. — Ce sentiment que j'ai, d'une présence étrangère et extérieure à moi, me fait admettre qu'une partie au moins de ce que j'écris médianimiquement ne vient pas d'un moi sous-jacent. C'est parfois si net que je pourrais dire où se tient par rapport à moi *celui* qui m'impressionne ainsi, et à plus d'une reprise des médiums voyants l'ont vu, à l'endroit où je sentais qu'il devait être, sans que j'en eusse rien dit. Cette impression d'une présence ne se peut décrire ; elle varie d'ailleurs d'intensité et de netteté suivant la personne qui me fait écrire ; si c'est quelqu'un que j'ai aimé, je le sens d'emblée et mon cœur le reconnaît, avant qu'il ait rien dit. Les invisibles de cette catégorie n'ont pas même besoin d'être près de moi pour que je perçoive la pensée qu'ils me communiquent ; elle m'arrive comme lancée par un courant électrique, venant parfois de très loin. Je perçois cet éloignement ; l'arrivée du dit courant ne me produit pas plus de secousse que la présence directe, mais il ne produit pas non plus l'atmosphère enveloppante qui trahit cette dernière. — Quelquefois la pensée étrangère, que j'écrirais si j'en avais le loisir, passe à travers ma propre pensée comme un éclair ; j'ai juste le temps de la saisir au vol. Il est cependant rare que ce phénomène soit si fugitif, d'ordinaire il me pénètre et me laisse après lui une impression plus ou moins profonde et durable, souvent fort douce.

[**278**] « Tout récemment j'ai fait une nouvelle découverte en ce domaine. En magnétisant ma nièce malade, j'ai senti, comme jamais encore, un afflux intense, venant de l'extérieur, et passant par moi pour se déverser sur elle ; nous étions toutes deux plongées dans cette atmosphère magnétique dans laquelle je puisais pour ainsi dire à pleines mains. Je crois qu'il y avait là plusieurs *donneurs d'effluves,* mais produisant un tout homogène. J'ajoute qu'en face du danger de l'enfant confiée à mes soins, j'avais appelé à mon aide toutes les forces mystérieuses qui pouvaient peut-être agir salutairement par moi. Je ne m'attendais pas plus à la réussite que lorsque, me mettant à écrire sans évoquer personne, il se développe sous ma plume des pages que je serais incapable d'écrire seule sans m'arrêter souvent pour réfléchir, coordonner mes

idées, et trouver la forme à leur donner. Si je mentionne ce fait à propos de ma médiumnité, c'est qu'il y a analogie absolue entre l'impression que j'éprouve quand j'écris, et celle que j'ai eue d'une façon remarquablement intense en magnétisant.

[279] « Ma médiumnité n'est pas toujours égale en puissance ; elle a des accalmies et des recrudescences. Je ne puis pas écrire toutes les fois que je le voudrais ; si personne ne m'inspire, j'ai beau attendre patiemment le phénomène ou le désirer avec ardeur, rien ne vient. Parfois au contraire, je me sens invitée, poussée à écrire, harcelée jusqu'à ce que j'aie obéi, alors même que je n'en ai aucune envie ou serais occupée à tout autre chose. Ma médiumnité a aussi subi plusieurs éclipses totales. » — La première de ces éclipses, qui causa autant de déception que de surprise à Mlle X., commença en janvier 1893 ; elle l'attribua à la fatigue physique. Voici quelques extraits de ses notes de l'époque : « (Mars 1893.) Toujours même impossibilité d'écrire. Par moment il me semble que je n'ai plus aucune puissance médianimique ; à cela correspond l'impossibilité de prier avec élan. Le corps a-t-il donc une si grande part dans l'activité de l'esprit que la fatigue rende incapable de tout effort spirituel ?... (Mai 1893.) J'ai recommencé à écrire, mais au lieu des longues communications bien suivies que je recevais, je n'en obtiens plus que de brèves. Les idées m'arrivent facilement au début, puis avec peine, puis par flots intermittents comme la vapeur chassée par un coup de piston. J'écris rarement, d'ailleurs je ne m'y sens point portée ; toujours même incapacité à formuler une prière. Je n'y comprends plus rien, car le physique est complètement rétabli ; peut-être suis-je un peu fatiguée, mais autrefois j'ai écrit dans des conditions bien moins favorables. » — En janvier 1894, Mlle X. était rentrée en possession de sa médiumnité ; depuis lors la suspension s'est renouvelée de temps en temps ; elle a décrit le fait dans ses *Perplexités d'un médium consciencieux*. Elle attribue en général ces éclipses soit à de la fatigue physique, soit à une mauvaise disposition morale, soit enfin à la présence paralysante et desséchante de certaines gens, qu'elle aime parfois beaucoup, mais qui sont hostiles à ses convictions. « Enfin la suspension de la médiumnité peut aussi être due à l'intervention d'une volonté occulte ; certains Esprits jaloux empêchent leur médium favori de communiquer avec d'autres, et si eux-mêmes sont empêchés temporairement, le médium se trouve privé non pas de sa faculté, mais de la possibilité de s'en servir.

[280] « Pour que ma médiumnité produise par l'écriture tout ce qu'elle peut donner, il faut que je sois bien portante, à jeun, dans une température fraîche, et en une certaine place. Chez moi, p. ex., je ne puis écrire facilement que dans l'une des pièces et près de l'une des fenêtres ; je pourrais écrire ailleurs, mais avec plus de peine. Cela m'a souvent amusée : j'ai essayé de m'installer un peu partout, ma conclusion a été qu'il y a un coin favorable où je fais mieux de me mettre tout de suite. A l'école il m'est impossible d'écrire, même quand mes élèves sont parties depuis longtemps et que j'ai bien aéré la salle. La presque obscurité et la musique favorisent mon inspiration. Mais ce sont les impressions morales qui ont sur ma médiumnité l'influence la plus sensible. Plus je suis calme, mieux *ça* va ; les émotions religieuses m'aident, tandis que l'inquiétude, le chagrin, l'angoisse me paralysent (ainsi que la fatigue physique et surtout cérébrale). La présence d'autrui a aussi son influence; les gens faibles, malades, aux nerfs fatigués, et certaines personnes d'une nature *fluidiquement absorbante* pour ainsi dire, semblent me pomper ma force vitale et m'empêchent d'écrire; tandis que c'est un plaisir d'expérimenter avec d'autres qui possèdent une nature en quelque sorte *rayonnante*. » Une des personnes qui a l'effet le plus stimulant sur la médiumnité de Mlle X., et chez qui elle aime le plus aller écrire, est Mme Guelt (Obs. LI).

[**281**] Toutes les communications que Mlle X. a reçues par son écriture intuitive sont d'ordre philosophique, moral ou religieux; quelques-unes sont signées de penseurs célèbres, tels que Calvin, Amiel, Hugo, Quinet, etc.; mais la plupart viennent de son frère défunt, qui n'a pas besoin de signer, car elle a toujours d'emblée le sentiment de sa présence lorsqu'il va se communiquer. Elle a aussi eu des messages de sa mère, mais jamais de son père (qui la gâtait beaucoup, mais avec qui elle n'avait pas d'atomes crochus); il lui a été dit qu'elle ne pouvait pas avoir de communication avec lui, et cette impossibilité de communiquer avec certains Esprits lui semble une preuve de la réalité objective de ces phénomènes.

[**282**] II. « Pas de médiums dans ma famille. Le seul fait que je puisse relater est un cas de télépathie entre mon frère aîné et ma mère (en 1869). Celle-ci, en séjour à Lyon et ayant laissé toute sa famille en bonne santé à Genève, fut prise un soir d'une inquiétude invincible et inexplicable. Incapable de dormir, dans une agitation fiévreuse, elle sortit sur le balcon et s'accouda sur la barrière, hantée par l'idée des siens. Tout à coup, dans le calme de cette nuit d'août, elle s'entend distinctement appeler par 3 fois: *Maman!* et la conviction s'impose à elle que quelque chose est arrivé à son fils aîné. Dans son angoisse elle voulut repartir le matin même, mais on la retint en la rassurant, jusqu'à ce que vint la nouvelle de la maladie de son fils, qui dans cette nuit-là l'avait en effet appelée plusieurs fois. Cinq semaines après, il était mort.

[**283**] « Depuis 7 ans, j'assiste en moyenne une fois par semaine à quelque séance médianimique. J'ai vu des déplacements de meubles, parfois très lourds, mais jamais sans contact. La première fois que j'ai vu marcher une table (en 1882; je ne m'occupais pas encore de spiritisme), c'était un soir de vacance chez une vieille dame nullement spirite; nous étions 9 ou 10; au bout de $^{3}/_{4}$ d'heure la table fit tout le tour de la chambre en levant très bien les pieds pour ne pas retrousser le tapis; mais nous n'eûmes pas l'idée de la questionner. Une des jeunes filles qui avait pris part à l'expérience, et qui était en pension chez nous, fut agitée toute la nuit d'un tremblement nerveux qui se calma peu à peu le lendemain matin. Peut-être était-ce elle le médium.

[**284**] « Le cas le plus curieux que j'ai rencontré est celui des *médiums guérisseurs*. — L'un d'eux ressentait, d'une façon parfois si aiguë qu'il en criait, les douleurs du malade avec qui il était en rapport, même à grande distance. — Un autre a sa main conduite pour magnétiser et *on* lui fait faire des gestes dont il n'avait pas l'idée, pour arriver au résultat cherché. — Mais c'est à Nantes que j'ai vu le médium guérisseur le plus remarquablement doué: c'est une paysanne vendéenne d'environ 40 ans, courte, vive, forte, gaie, dévote, sans

culture (à peine sait-elle lire et écrire); elle guérit par la prière et les passes magnétiques, mais prétend n'y être pour rien et dit que ce sont les Esprits et les Saints qui sont les guérisseurs. Des malades, abandonnés par leur médecin impuissant, ont été sauvés par elle; je connais le cas d'un phtisique qui s'en allait mourant et qu'elle a tiré d'affaire. Elle est en outre médium auditif d'une espèce particulière: les Esprits lui chantent des chansons et les lui répètent jusqu'à ce qu'elle les sache; elle m'en a chanté plusieurs, les vers ne sont pas toujours justes, mais les mélodies ont un cachet tout spécial, sortes de ballades généralement en mineur et simples de rythme. Mes quelques visites à ce médium dans l'été 1891 ont fait beaucoup pour m'attirer vers le spiritisme; malgré mes expériences de presque une année, je n'étais encore rien moins que convaincue, mais il y a chez cette femme une telle naïveté et sincérité, et tant de dévouement (sa clientèle n'est composée que de pauvres gens qui la considèrent comme leur sauveur), qu'elle m'a fait une impression très profonde... »

III. « La médiumnité influe forcément sur les dispositions de celui qui la possède, en créant en lui un courant d'idées et de préoccupations nouveau. Elle a excité en moi une vive curiosité, puis de l'enthousiasme qu'est venu peu à peu calmer le sentiment de ma nouvelle responsabilité... C'est ma vie tout entière qui est imprégnée des fruits de ma médiumnité. Sans elle, je serais devenue spirite tout de même, la doctrine m'ayant touchée et séduite avant que j'eusse fait aucune expérience (Victor Hugo et Flammarion ont été les apôtres de ma vingtième année). Mais ce serait resté une opinion philosophique sans application directe dans ma vie de tous les jours; j'aurais progressé peut-être par la pensée, mais serais restée une égoïste, tandis que la possibilité d'entrer moi-même en relation avec l'Invisible a hâté mon évolution religieuse et a donné à ma vie solitaire un aliment inappréciable... La pratique de la médiumnité amène au spiritisme, qui est un élément de progrès, ou du moins le sera dès qu'il sera débarrassé de ses branches gourmandes: crédulité, superstition, emballement, affirmation sans preuves. Loin de battre en brèche le christianisme, comme d'aucuns s'obstinent à le prétendre, le spiritisme religieux illumine la vie et les enseignements du Christ... il a été pour moi comme une révélation et actuellement *j'admets* la communication *possible* entre les soi-disant morts et nous. Cette conversion à une opinion si différente de mon point de départ [protestantisme orthodoxe, hostile au spiritisme] et volontiers considérée comme une aberration, n'a pas été subite, fruit d'un enthousiasme irréfléchi. J'ai nié, résisté, combattu, douté, réfléchi, observé, passé à plus d'une reprise d'une joie intense à des déceptions pénibles. J'ai été trompée, mystifiée, par les forces inconnues agissant sur ma médiumnité. Cependant, sous l'accumulation *d'indices* plus encore que de *preuves* irréfutables, et surtout sous l'impression accompagnant le phénomène, un travail intérieur d'évolution spirituelle s'est accompli en moi; le résultat en est aujourd'hui une conviction assise, sincère, et un ardent besoin de toujours plus de lumière et de vérité, avec plus de chaleur dans le cœur et plus d'élan vers Dieu... » — Dans l'éducation, Mlle X. estime qu'il faut être très prudent et que « l'heure n'est pas encore venue où l'on pourra faire de l'éducation spirite ». Elle a développé ses idées à ce sujet dans un travail présenté à la Société d'Etudes Psychiques et qui a paru dans la *Revue Spirite* de novembre 1892.

1908. — « Je ne puis plus, aujourd'hui, donner un état exact de ma médiumnité. Je la sais encore là : quand j'ai essayé de temps en temps d'écrire, je l'ai pu, mais il est très rare que je le fasse, pour les raisons suivantes : 1° Je ne juge pas prudent d'établir *seule* la communication avec l'invisible, or depuis la mort de Mme Guelt (1902) je n'ai pas retrouvé de médium avec qui je puisse travailler dans de bonnes conditions. 2° Mes occupations trop absorbantes ne me laissent plus le calme et le recueillement nécessaire pour obtenir des résultats sérieux. 3° Je n'ai pas ressenti depuis longtemps l'action de l'Invisible me poussant, m'obligeant même parfois à écrire. Je ne sais à quoi l'attribuer, peut-être au simple fait que je ne pratique pas régulièrement. Mais je n'ai pas pour cela renoncé à croire que l'Invisible puisse agir sur moi. J'admets que, *si besoin est*, mes amis de l'Au-delà sauront bien me rappeler au travail ; et j'obéirai. — Le fond de mes convictions n'a pas changé, mais je suis devenue plus sévère dans l'acceptation des faits probants ; ceux dans lesquels j'admets l'action des Esprits, pour être plus rares, me sont d'autant plus précieux ; ceux qui ont fait naître ma conviction de la réalité d'une communication possible avec l'Au-delà, restent *inattaqués*, et jusqu'à nouvel avis, pour moi, inattaquables. La philosophie spirite, après m'avoir puissamment aidée dans les moments difficiles, reste ma force dans la vie et la base de ma foi. »

Obs. LIII. — *Mme Th. Darel, 39 ans. Employée dans une administration publique (où elle occupe un poste important, bien rarement confié à une femme), elle consacre aux questions philosophiques le peu de loisirs que lui laissent ses obligations professionnelles et ses occupations domestiques. Elle vient de publier un volume intitulé : *De la Spiritualisation de l'Etre, 1° par l'évolution, 2° par la morale, 3° par le psychisme* (in-12, 336 p. ; Paris, Chacornac, et Genève, Drehmann, 1898). — *1908.* Depuis son premier ouvrage, l'activité littéraire de Mme Darel ne s'est point ralentie. Outre de nombreuses *Variétés* dans plusieurs périodiques, diverses brochures de théologie et de philosophie religieuse[1], et un rapport sur *Science et Foi* qui a suscité une discussion nourrie et les éloges du prof. Lasson de Berlin au IIme Congrès international de Philosophie[2], elle a publié les volumes suivants : *La Folie, ses causes et sa thérapeutique au point de vue psychique*, avec préface du Dr Gyel (in-8°, 196 p., Paris, Alcan, et Genève, Georg, 1901). *Le Peuple-Roi, essai de sociologie universaliste* (in-8°,

[1] *De la naissance spirituelle ou nouvelle naissance.* 36 p., Paris, Chacornac, 1906. — *Essai de mystique rationnelle basée sur les Evangiles.* 28 p., Lausanne, Bridel, 1906. (Extrait de la Revue de Théologie et de Philosophie, janvier 1906.)

[2] Comptes Rendus du Congrès international de Philosophie, IIme Session (Genève, 1904), p. 610.

176 p., id., 1904). *La Dernière Vestale*, tragédie en 5 actes et en vers (édition de « l'Art dramatique ». Paris-Bruxelles, 1906). *Homme ou Dieu? Essai de mystique rationnelle* (sous presse). *Le Masque*, comédie en un acte et en vers (sous presse).

— [1908. Il convient de remarquer d'emblée que ce qui rend particulièrement intéressant le cas de l'écrivain bien connu qu'est Th. Darel, c'est la division de son activité littéraire en deux périodes très distinctes. La première, où elle présenta des facultés médianimiques sous l'influence desquelles fut élaboré son volume de début, ne dura que quelques années (1892-1898), et ne fut qu'une sorte de préparation à la seconde, qui commença il y a dix ans et où ont été composés tous ses autres ouvrages. Cette période actuelle représente évidemment son état normal et définitif, où elle est un auteur comme les autres, ayant son procédé de travail qui lui est peut-être un peu personnel, mais qui n'a plus rien à faire avec une médiumnité quelconque. En somme, son cas se rapproche tout à fait de celui d'autres écrivains illustres encore vivants, qui ont eu, eux aussi, au commencement de leur carrière, leurs phases ou leurs intermèdes de phénomènes spirites ; il suffit de rappeler, comme exemples, les fameux dessins médianimiques de M. Sardou, et les dictées astronomiques que M. Flammarion recevait soi-disant de l'esprit de Galilée.] —

I. Mme Darel, de son nom de jeune fille Adèle Tissot, naquit d'une famille de modestes cultivateurs au petit village de Grancy, à quelques lieues de Lausanne, dans la maison même de son arrière-grand-oncle le célèbre docteur Tissot (1728-1797), le grand défenseur de l'inoculation, qui professa quelques années à Berne et à Pavie et fut une des gloires scientifiques du pays de Vaud au XVIIIe siècle. Ce détail de parenté a son intérêt au point de vue de l'hérédité des facultés intellectuelles. Mme Darel se souvient que déjà toute petite elle éprouvait, comme une poussée ou une vocation intérieure, le besoin d'apprendre, de penser, et plus tard d'écrire : « Mon plus grand bonheur était de me procurer des livres et d'être seule pour m'abandonner à mes réflexions ; le soir je me réjouissais d'aller me coucher afin de pouvoir rester des heures à penser. Je vivais presque continuellement dans un monde d'idées, domaine merveilleux, je dirais héroïque si j'avais été un garçon. Poursuivie du désir de savoir, tourmentée par une aspiration confuse vers un idéal inexprimable extraordinairement élevé, mais n'ayant personne à qui me confier et qui pût me comprendre, je pris l'habitude de me concentrer en moi-même, et de tout renfermer au-dedans. » Comme tant de natures imaginatives et profondes, d'un grain trop fin pour le milieu où le hasard les a fait naître, elle a gardé l'impression que sa jeunesse n'a pas été heureuse.

Ce fut bien pis encore lorsqu'il lui fallut commencer la vie pratique et accepter un poste dans l'administration, où son temps et ses forces se trouvèrent presque entièrement absorbés et où elle eut à peine quelques instants, de loin en loin, pour réfléchir ou profiter des rares occasions de pâture intellectuelle que le hasard mettait sur sa route. « Dès l'âge de 16 ans, à mon entrée dans la vie pratique, j'ai énormément travaillé. Mon idéal resta le même ; j'ai toujours conservé et senti, sous le poids des occupations extérieures, ce tréfonds mystérieux de mon être où je me réfugiais et m'isolais des autres gens. Mais je n'eus plus la possibilité de m'abandonner à mes méditations, le manque de temps et la fatigue de ma tâche journalière m'en empêchaient... J'accrochais les bribes que je pouvais ; je suis une autodidacte, j'ai passablement lu, beaucoup pensé et réfléchi, cela a formé un fonds qui s'est emmagasiné en moi malgré les obstacles du dehors et les circonstances adverses. Je n'ai jamais eu l'impression de mener deux vies, mais je sentais qu'une partie de moi-même n'était pas faite pour être communiquée au monde. » Sa personnalité d'écrivain a dès le début toujours subsisté : « Souvent l'idée d'écrire — un roman ou quoi que ce soit — m'est venue, mais la réflexion et le raisonnement m'en retenaient ; faute de pouvoir travailler et d'être encouragée, je me disais : tu ne peux pas suivre cette impulsion, il faut te résigner... »

C'est ainsi que pendant des années son sourd instinct de développement spirituel et ses aspirations idéales se heurtèrent continuellement aux difficultés de l'existence quotidienne. Devoirs familiaux et soins domestiques dans son enfance, puis nécessités et obligations professionnelles astreignantes, sans parler des joies et des charges que le mariage et la maternité y ajoutèrent dans la suite, furent autant de distractions ou d'empêchements, sans cesse renouvelés, au libre épanouissement de cette vie intérieure que Th. Darel sentait s'agiter confusément dans les profondeurs de son être. Ce fut le spiritisme qui détermina enfin l'éclosion graduelle de toutes ses facultés latentes et de sa véritable personnalité.

[**285**] Elle commença à s'en occuper en 1892, après les conférences de M. Denis sur ce sujet. Elle s'essaya d'abord pendant plusieurs semaines à l'écriture automatique, et obtint entre autres de l'écriture renversée (spéculaire) et même des caractères russes, qu'elle ne connaissait pas. Mais ces exercices la fatiguaient, l'énervaient, et elle se mit à la table, où elle eut plus de succès. Elle ne le faisait qu'à l'occasion de visites, ou parfois en cachette, parce que sa mère, qui demeurait avec elle, voyait ces pratiques d'un mauvais œil et les lui déconseillait. Encore après la mort de sa mère (mars 1895), Mme Darel reçut d'elle de nombreuses communications typtologiques qui continuaient à la désapprouver et s'efforçaient de lui faire cesser ces exercices, jusqu'à ce qu'un jour se produisit un brusque et complet revirement : au milieu d'un de ses messages de blâme habituels, sa mère fut soudain interrompue par un autre Esprit, soi-disant Ambroise Paré, qui engagea au contraire Mme Darel à cultiver sa médiumnité, lui assurant que cela ne lui ferait point de mal, et que les Esprits allaient tâcher de se servir de ses facultés pour entreprendre par son moyen un travail de nature métaphysique. Telle fut, au printemps 1895, l'origine de son ouvrage *La Spiritualisation de l'Etre* (publié en 1898). Les premiers morceaux en furent épellés lettre après lettre par les coups de la table sur laquelle elle avait les mains, tandis qu'une de ses amies inscrivait les mots à mesure.

[**286**] Ce procédé tout mécanique, mais très lent, se perfectionna peu à peu. Lorsque je fis la connaissance de Mme Darel quelques mois plus tard (décembre 1895), elle se servait bien encore d'une petite table gigogne, que ses mains faisaient osciller avec une parfaite régularité à raison d'environ 60 coups par minute (cela s'accélérait parfois, au cours de la séance, jusqu'au double, soit 2

coups par seconde); mais ce mouvement jouait le simple rôle d'entraîneur ou d'excitant dynamogénique — « la table me sert seulement de pile électrique pour me fournir de la force, » disait-elle — tandis que les messages lui venaient directement à la pensée, en images moins auditives que verbo-motrices d'articulation, par mots isolés, quelquefois seulement par syllabes ou au contraire par bouts de phrases, qu'elle répétait à haute voix. Il est à noter que ce va-et-vient automatique des bras (qui lui semblait venir de la table même, mais qu'elle pouvait arrêter à volonté), bien loin de la fatiguer en se répétant jusqu'à des milliers de fois au cours d'une séance d'une heure ou davantage, lui faisait du bien: elle se sentait beaucoup mieux, calme et reposée, au bout de la séance. Pendant ce temps, elle n'était point en transe. Au début, il est vrai, elle fermait les yeux et se recueillait quelques instants, fronçant les sourcils et s'enveloppant par la pensée d'une sorte de fluide isolateur qu'en imagination elle projetait autour d'elle, puis lançait verticalement au-dessus de sa tête pour se mettre en communication avec l'Esprit ou le groupe d'Esprits qui, de l'infini éthéré, allait lui envoyer ses messages. Mais ce rapport une fois établi, Mme Darel rouvrait les yeux, et tout en écoutant et répétant la dictée intérieure, qui semblait lui venir par le sommet du crâne, elle gardait pleine conscience du milieu présent, s'interrompant souvent soit au bout des phrases pour en discuter le sens avec les assistants, soit au milieu ou à la fin d'un mot inaccoutumé pour rire, hésiter et manifester son étonnement des termes peu usuels que lui soufflaient les Esprits.

[**287**] Bientôt même, ce procédé mixte de typtologie et d'intuition verbale ne fut plus employé qu'en public, c'est-à-dire aux réunions hebdomadaires d'expériences et de discussion que Mme Darel tint chez elle pendant environ 18 mois (déc. 1895 à juin 1897) avec un cercle d'amis et connaissances, médiums, spirites ou simples profanes qu'intéressaient les problèmes médianimiques. Mais en son particulier, pour la rédaction du travail philosophique qu'elle avait sur le chantier, elle ne se servait plus du tout de la table et employait exclusivement l'écriture intuitive. Enfin, les exercices typtologiques de ses réunions lui furent, eux aussi, déconseillés par les Esprits, puis interdits, comme nuisibles à sa santé physique et tout à fait préjudiciables à ses vraies facultés psychiques. La dictée suivante (été 1897) — où elle eut le sentiment d'une influence absolument nouvelle et de l'intervention d'une Force plus élevée que celles qui s'étaient manifestées à elle jusque-là — marqua la terminaison de sa période de médiumnité et la suspension définitive de ses séances d'expérimentation : *Mon enfant, tu possèdes des facultés merveilleuses, mais tu ne sais pas t'en servir. Si tu continues à procéder de cette façon* [expériences de table et autres], *tu gaspilleras absolument tes énergies et n'arriveras à rien, tandis qu'en suivant les conseils qui pourront t'être donnés, tu pourras arriver à un très grand développement.* (Ici elle donna son assentiment mental.) *Alors abandonne toutes ces expériences.* « Il me fut encore dit qu'on m'aiderait, etc. C'est alors que je mis fin, sous le prétexte de ma santé (qui d'ailleurs était vraiment assez ébranlée par accumulation de fatigues), aux réunions d'expérimentation qui se tenaient chez moi. J'ai pour ainsi dire retourné le gant, et adopté la voie interne (de l'intuition spirituelle), au lieu de la voie externe (des phénomènes matériels). »

[288] Pendant les cinq ou six années qu'a duré sa médiumnité, Mme Th. Darel a eu, par l'écriture et surtout par la table, d'innombrables communications, qu'on peut ramener à trois catégories principales : — 1° Instructions morales, religieuses ou philosophiques, intéressants préludes à l'ouvrage plus systématique qu'elle vient de publier. — 2° Renseignements, naturellement impossibles à vérifier, relatifs aux précédentes existences des personnes présentes, ou à d'autres mystères du même ordre. Dans cette catégorie peuvent rentrer les informations que Mme Darel a reçues sur ses propres antériorités et sur la nature de ses correspondants invisibles. C'est ainsi qu'elle a appris, entre autres, qu'abstraction faite des divers désincarnés occasionnellement appelés à sa table par la présence des assistants, la source habituelle de ses inspirations personnelles n'était pas un Esprit particulier, mais une collectivité ou un groupe de 7 Esprits, dont trois prêtres ayant appartenu à des époques et à des religions fort différentes. Il convient de dire que sur la valeur de ces curieuses révélations, obtenues dans des séances où d'autres personnes prenaient place à la table et pouvaient par conséquent mêler leurs influences, Mme Darel s'est toujours montrée très réservée et d'un prudent scepticisme. — 3° Révélations surprenantes de faits inconnus d'elle, parfois même des assistants, et dont l'exactitude fournit des preuves d'identité qui amenèrent bien des gens au spiritisme ; il s'en trouve maints exemples dans la présente enquête (v. nos 48, 307, etc.).

Actuellement Th. Darel, ayant renoncé à tout genre d'expérimentation, ne cultive plus que ses facultés intuitives. En dépit de la fatigue, allant souvent jusqu'au surmenage, résultant de la conscience avec laquelle elle s'acquitte de ses multiples devoirs de fonctionnaire, d'épouse, et de mère très préoccupée de l'éducation de ses deux fils, elle trouve du temps pour écrire, dans un état de concentration intérieure, ce qui lui vient à l'esprit, en vers et en prose, sur des sujets exclusivement abstraits, philosophie, littérature, morale, etc. Elle a entre autres commencé un ouvrage sur la *Folie*, dont elle a déjà écrit l'introduction, et qu'elle sent être en quelque sorte tout entier prêt au dedans d'elle.

III. Mme Darel, sans nier l'existence et la manifestation des Esprits désincarnés, est cependant loin d'être spirite à la façon courante, qui lui paraît beaucoup trop élémentaire et simpliste. Ses expériences, ses méditations, ses lectures, l'inclinent beaucoup plus vers une sorte d'occultisme ou de théosophie, d'un souffle très élevé et profondément religieux, mais où elle ne prétend pas faire le départ absolu entre ce qui jaillit des couches profondes ou du Moi-Supérieur de l'individu lui-même, et ce qui lui vient des Puissances de l'au-delà : « Je crois toujours à l'intervention du Monde Invisible dans les différents phénomènes psychiques que j'ai été appelée à constater, tout en croyant y reconnaître une forte participation de l'Inconscient, c'est-à-dire de forces personnelles à l'individu. » Ses opinions sont du reste développées tout au long dans son volume *La Spiritualisation de l'Etre*.

1908. — Mme Darel n'a plus fait d'expériences typtologiques ou autres, et tous ses ouvrages depuis dix ans ont été composés par un processus d'inspiration analogue au fond à ce qui se passe chez tout auteur. Aussi serait-ce bien à tort qu'on lui appliquerait encore l'appellation de *médium*, qui lui est restée attachée, dans l'esprit de quelques personnes peu au courant des choses, depuis l'époque lointaine où elle écrivait mécaniquement et faisait aller la table pour répondre aux questions de ses visiteurs. Ses 5 années environ de médiumnité spirite (1892-1897) n'ont été, en somme, qu'une période transitoire dans son évolution personnelle, une sorte de préparation lente à l'éclosion ou à la prise de possession de ses facultés véritables. Elle admet que pendant cette période elle fut assistée par des Intelligences externes, mais ce ne fut qu'un secours momentané pour l'amener à se trouver elle-même : « Au début, j'employais des moyens faisant appel à des forces extérieures à nous-mêmes (lorsque je pratiquais la table, invoquais les Esprits, etc.) ; j'ai ainsi été aidée, jusqu'au moment où j'ai *fait le pont* entre ma Conscience inférieure ou ordinaire, et ma Conscience supérieure. Car chacun de nous possède, outre son moi empirique, un Moi ou Soi profond, appartenant au monde de la suprême Réalité où tous les Soi sont en relation et communient les uns avec les autres ; et le développement spirituel consiste avant tout à établir la jonction entre ces deux parties de notre être. Chez moi, maintenant, elles ne font plus qu'un, la soudure est complète. Cela ne s'est pas réalisé d'emblée ; pendant longtemps, je me suis tous les jours appliquée à me recueillir un moment pour chercher le centre de mon individualité, le point de contact entre ma Conscience inférieure et ma Conscience supérieure, afin de vivre toujours davantage dans l'intégralité de mon être. Il s'agissait de pénétrer au plus profond de Moi. Je sentais que j'étais aidée dans ce travail, jusqu'au jour où il me fut dit : *Maintenant le chemin est tracé, la voie est ouverte, marche !* »

Ce développement s'est fait graduellement et a duré bien des années. Son volume *La Spiritualisation de l'Etre* date de cette période intermédiaire. « Il est difficile de préciser comment je l'ai composé. Ce n'était pas de la médiumnité au sens courant, c'est-à-dire une dictée pure et simple par des Esprits étrangers à moi. C'était plutôt un produit de ma Conscience supérieure, non encore appropriée par moi, mais assistée par — les spirites me diraient par une intelligence étrangère, mais ce n'est pas cela, cela me révolte même, et il n'y a pas d'expression adéquate pour exprimer la chose. Car voici la différence entre leur point de vue et le mien : leur médiumnité a affaire avec le *monde des formes*, tandis que j'ai affaire avec le *plan des Idées*, le monde de l'abstraction et de l'Idée pure ; je suis très platonicienne... Rappelez-vous la métaphore de l'oignon, chère à l'ancienne Egypte ; la pellicule externe me représente les nécessités machinales de la vie, une pellicule sous-jacente serait mes occupations professionnelles, et des pellicules de plus en plus profondes correspondent à mes réflexions et travaux métaphysiques, jusqu'à ce que j'arrive au centre : là je disparais, c'est l'Universel, l'Idée pure, je suis dans le Tout et le Tout est en moi, la Pensée me submerge... Ce n'est cependant pas un état d'inconscience ou d'extase ; cela ne m'arrive jamais malgré moi ; aucune impulsion ne m'y entraîne ; je m'y mets par pure volonté, au moment qui me convient. » Pour faire jaillir l'Intuition et travailler à ses ouvrages, Mme Darel n'a plus besoin comme jadis de s'envelopper de fluides, de se mettre en rapport avec le groupe des 7 Esprits, etc. ; il lui suffit de s'asseoir devant sa table à écrire et de concentrer son attention : « Je fais acte de volonté et de réflexion sur le point que j'ai choisi. Par la façon dont je me suis entraînée, je suis maîtresse de mon inspiration, je ne la subis jamais; je puis écrire n'importe quand, le matin, le soir, à toute heure, pourvu que ma volonté s'y applique; à tout instant l'inspiration est prête, car elle fait partie de moi-même. Ce n'est que le temps matériel qui me manque. » D'une part, si elle en avait le loisir, elle serait toujours disposée et en état de continuer ses travaux philosophiques et littéraires commencés; d'autre part, jamais elle n'a été prise ou distraite par le besoin d'écrire au milieu de ses autres occupations, ou dans la rue par exemple. Cette complète possession d'elle-même et cette maîtrise de l'inspiration, qu'elle rencontre si rarement réalisées au même degré chez d'autres personnes, lui ont depuis longtemps suggéré le projet d'écrire un « Traité raisonné de culture mentale et d'éducation de la Pensée ».

Ajoutons que Mme Darel s'est beaucoup occupée de théosophie, comme ont pu le constater tous les lecteurs de ses derniers ouvrages; mais elle n'est inféodée à aucune école et à aucun système. C'est une théosophe très indépendante et ayant ses idées à elle.

Obs. LIV. — *Mlle Lydia, 38 ans, maîtresse dans une école de jeunes filles.

I. « J'ai été élevée dans un milieu [protestantisme libéral] et des principes tels, que s'il s'était produit quelque fait sortant de l'ordinaire, rêve, pressentiment, etc., on l'aurait absolument passé sous silence, ou expliqué à l'aide des lois naturelles alors connues, ou taxé d'aberration mentale. (Cependant nous étions et nous sommes gens impressionnables, ma mère et moi surtout.) Je n'ai donc connaissance d'aucun fait remarquable dans ma famille, où tout le monde témoignait de la plus complète incrédulité à l'endroit de ce qu'on appelle aujourd'hui les phénomènes psychiques. Une circonstance seulement m'avait frappée :

[**289**] « Il y a 23 ans, en septembre mon père fut atteint d'une paralysie partielle, qui amena le ramollissement du cerveau. Un jour qu'on lui faisait faire le tour de l'appartement dans son fauteuil, et qu'il était encore assez lucide, il dit en regardant la pendule qui n'allait pas : *Je mourrai à l'heure où la pendule est arrêtée* (11 h. 25). Ces mots nous frappèrent tous assez pour que, quand il mourut au mois de février suivant, nous remarquâmes qu'il expirait à l'heure fixée. Mais nous ne tirâmes aucune conclusion de ce fait, qui se passa alors que je ne connaissais pas même de nom, je crois, le Spiritisme.

[**290**] « C'est il y a 7 ans que j'en entendis parler pour la première fois, par une amie récemment devenue médium, qui m'apporta en février 1891 une communication à moi destinée, mais que je n'avais pas demandée. (Elle l'avait reçue, par l'écriture, d'une personne morte depuis 12 ans et que je n'avais pas connue, mais que mon amie pouvait supposer s'être intéressée à moi.) Le 10 mars, seconde communication m'annonçant que j'étais *médium écrivain*. J'essayai donc, et ce soir-là déjà, après des traits de toute espèce, j'écrivis un ou deux mots. Le 14, cela alla sans aucune peine, que ma main touchât le papier ou non; et dès lors j'ai continué à écrire ainsi durant environ 16 mois. -- Cette médiumnité écrivante n'avait aucun caractère mécanique. Le mot et même la

phrase m'arrivaient instantanément; ils étaient souvent autres que ceux que j'aurais employés de moi-même, et souvent aussi j'ai observé avec curiosité comment l'*Esprit* (je me sers de ce mot faute d'un meilleur) allait exprimer sa pensée, que je devinais et sentais d'avance je ne sais comment. La nature de ces pensées n'a jamais été telle que j'aie pu me dire : il est impossible que ce soit moi qui pense ou imagine cela. Je n'ai non plus jamais reçu aucune indication contrôlable.

[**291**] « Et cependant j'ai écrit des questions que jamais je n'aurais songé à me poser, vu leur inutilité. Par exemple, à une époque où je n'éprouvais plus aucune difficulté à écrire, mon crayon traça, d'une grosse et informe calligraphie enfantine, cette question : *Christ, qui est Christ?* et je sentais *en moi* de l'ignorance qui ne venait pas *de moi;* je veux dire que, tandis que je sais très bien qui est Christ (autant, naturellement, qu'on peut le dire, abstraction faite du mystère fondamental), et n'aurais pas eu l'idée de poser une telle question, je sentais comme s'il y avait en moi quelqu'un d'autre qui n'en aurait jamais entendu parler, quelqu'un faisant pour ainsi dire de grands yeux et posant un point d'interrogation. — De plus, j'ai reçu des communications mensongères (ne portant pas sur des faits positifs, mais sur des personnes ou des idées) et parfaitement contraires aux sentiments que je me connaissais; j'ai été abusée, ayant toujours cherché à ne pas l'être, et si c'est moi qui ai été mon propre jouet, je ne saurais indiquer comment cela a pu se faire.

[**292**] « Les communications étaient toujours sensiblement de mon écriture habituelle; rarement les lettres ont été grossies ou formées un peu différemment (p. ex. dans le cas ci-dessus). Le plus souvent j'écrivais beaucoup plus vite et plus facilement qu'à l'ordinaire; il me souvient d'une page qui fut écrite, sans une rature, dans un temps tel que je me déclare incapable d'un pareil tour de force de composition ou de copie. Parfois, mon bras s'engourdissait et ma main se refroidissait, mais jamais à un degré qui me parût extraordinaire, et je ne pense pas avoir jamais perdu la sensibilité de la main ; j'avais une impression particulière dans le bras droit, mais je ne puis affirmer ni qu'*on* me le conduisît, ni que j'en fusse maitresse. J'ai toujours écrit dans la plus complète solitude, et à l'insu des miens, hostiles à tout ce qui touche au spiritisme. » Tantôt Mlle Lydia se mettait à écrire par volonté, et souvent alors n'obtenait rien du tout; tantôt elle s'y sentait poussée (parfois à un mauvais moment, p. ex. pendant ses leçons, ou en compagnie de sa mère hostile à cela), et écrivait avec une extrême rapidité. Mais jamais ce besoin d'écrire n'a été jusqu'à l'obsession irrésistible. Quant à son impression générale, il résulte de ses notes de l'époque que, pendant ses écritures, elle avait le sentiment d'être dans un état parfaitement normal. « J'avais alors, ajoute-t-elle, de nombreuses raisons (sauf le deuil) pour être lasse de corps, de cœur et d'esprit, ensorte que j'étais souvent angoissée; or *écrire* m'a à maintes reprises calmée, rassurée et fortifiée. » Les réflexions suivantes, datant de ce temps-là, expriment bien ses expériences de médium :

[**293**] « Il me semble impossible, de par mon sens intime, que le fait de la communication ne suppose pas deux personnalités. Quand j'écris, j'ai la conscience de l'acte matériel accompli par moi, et d'autre part la preuve que le moi

qui pense n'est pas le même que celui qui écrit. Si donc c'est moi seule qui opère, j'ai deux Moi, dont l'un peut écrire une chose que l'autre ne pense pas et n'aurait pas écrite. D'autre part je n'ai jamais le sentiment d'être dans un état anormal, d'être, pour dire le mot, hypnotisée ou hallucinée. J'ai aussi le sentiment que je n'ai qu'un moi. Alors quoi ? je suis double et non-double ? Il me semble encore moins absurde de penser qu'un être intelligent autre que moi se sert de mon cerveau et de ma main pour me communiquer sa pensée, laquelle je peux toujours distinguer de la mienne, puisque je les compare et les analyse l'une et l'autre avec ma raison... » — Malgré cela, Mlle Lydia garda toujours des doutes sur l'origine de ses messages, qui venaient soi-disant de défunts de sa famille (entre autres de sa grand'mère, qu'elle n'avait point connue), et aussi de gens complètement inconnus, comme un nommé Ch. Dérobert, lequel disait avoir beaucoup péché et réclamait ses prières, mais sur qui elle ne put jamais trouver le moindre renseignement. Aussi écrivit-elle de moins en moins jusqu'en juillet 1892 : « à ce moment-là, j'ai cessé volontairement toute expérimentation afin de ménager ma santé qui s'altérait de plus en plus ; je ne voulais à aucun prix qu'on en pût attribuer le déclin à des expériences spirites ; c'est du reste deux ans plus tard que je suis réellement tombée malade [neurasthénie grave]. »

[**294**] En fait d'autres phénomènes, « une seule fois j'ai eu l'impression qu'*on* me parlait ; ce n'était ni une voix sensible à l'oreille, ni une impression semblable à celle que produit la pensée. Il y avait, si je puis dire ainsi, une part d'*extériorité* dans le dit phénomène. C'était il y a 6 ans, un soir vers le moment du souper. Comme je traversais un long corridor assez sombre pour me rendre à ma chambre, au moment où j'allais arriver à ma porte, *on* me dit : *Si tu voyais Z. en ce moment, qu'éprouverais-tu ?* Ma réponse (mentale), aussi instantanée que la question, fut : J'aurais une peur bleue. Or j'affirme que si j'avais réfléchi une fraction de seconde, ma réponse eût été toute autre ; et j'affirme aussi que j'ai eu l'impression d'un dialogue entre quelqu'un d'autre et moi, bien que j'aie observé sur le champ que je n'entendais pas une *voix* proprement dite retentir à mon oreille ; impossible de dire comment j'ai entendu et de rendre exactement mon impression. J'eus aussi le sentiment que si je *voyais* quelqu'un, ce quelqu'un serait à contre-jour, entre mes rideaux ; mais je ne puis affirmer qu'on m'ait *parlé* ce renseignement comme on m'a *parlé* la question. » Mlle Lydia n'était alors aucunement malade ou éprouvée, mais au contraire dans l'état le plus dispos ; et bien que le dit Z. fût à cette époque un sujet de profonde préoccupation pour elle, elle n'y pensait pas du tout consciemment à ce moment-là. Au point de vue endophasique, elle n'est pas auditive, mais verbomotrice ; elle a l'impression, non d'entendre, mais de se parler à elle-même, et « elle sent sa pensée dans sa tête ».

II. Mlle Lydia a beaucoup lu et discuté avec d'autres sur le spiritisme, mais elle n'a guère assisté à des séances et s'y est encore plus rarement mise à la table : « J'ai pour les expériences une répugnance instinctive, que je ne m'explique pas, et contre laquelle j'ai dû lutter à maintes reprises pour me rendre compte des choses. »

III. « La pratique de la médiumnité [écrivante] peut instruire, fortifier et consoler ; mais il faut s'en abstenir si l'on a en soi une cause quelconque de faiblesse physique ou morale... Les PHÉNOMÈNES m'inspirent des sentiments très mélangés. Ils intéressent vivement mon intelligence, ils ont parlé à mon cœur, maintenant je m'en méfie. Je désire vivement les voir battre en brèche le matérialisme en prouvant irréfutablement la survivance, mais je ne trouve pas qu'ils aient donné cette preuve, du moins je ne *sens* pas qu'ils l'aient donnée. J'appuie sur ce mot *sentir* (qu'on peut qualifier de raison de femme), parce qu'incontestablement j'ai besoin de *sentir* les choses pour en être convaincue. La raison, la logique, peuvent m'éclairer, me persuader même, mais il faut, pour faire ma conviction, une impression indescriptible qui n'est ni du *sentiment*, ni de la *sensation*, qui tient peut-être des deux et qui en tout cas m'enlève seule toute arrière-pensée. Or j'ai encore une arrière-pensée quant aux phénomènes médianimiques, je place à leur suite un gros point d'interrogation, et j'attends... Les DOCTRINES spirites ont leur base dans le christianisme et sont à mes yeux le développement et l'application de l'enseignement de Jésus. Elles n'ont rien enlevé à ma foi, ni ne l'ont modifiée dans ses traits essentiels, ce qui prouve qu'elles ne m'étaient point absolument nécessaires ; mais elles m'ont été utiles en m'aidant à coordonner mes convictions religieuses, en calmant mon esprit et mon cœur... » — Le christianisme traditionnel la rebutait surtout par le dogme du ciel et de l'enfer définitifs, parce qu'elle ne se sentait ni assez parfaite pour le premier, ni assez coupable pour le second ; le spiritisme lui a été un immense soulagement en insistant sur la pluralité des existences, que d'ailleurs elle admettait déjà : « Ce n'est pas le spiritisme qui a mis cette croyance en moi. J'étais encore une enfant que déjà flottait dans mon esprit l'idée (qui me semblait saugrenue et subversive) que j'avais déjà vécu. A l'école, le professeur parla un jour de Pythagore et de sa doctrine des vies successives ; ce jour-là, subitement, l'idée prit corps et devint pour moi croyance, *axiome* même. Le spiritisme m'a seulement fait faire l'effort de penser que je pourrais bien revenir sur cette terre, ce qui ne me plaît pas du tout, bien que cela soit juste et logique...

[**295**] « Quant à la consolation que nous offre le spiritisme de communiquer avec nos bien-aimés disparus, elle peut être très réelle ; je l'ai même éprouvée. Mais je crois que je ne l'éprouverais plus, parce qu'à chaque communication il faudrait se procurer des preuves de l'identité de l'Esprit qui se présente, et que ces preuves me paraissent impossibles à obtenir. Pour ma part, toujours un doute a troublé la douceur des messages que j'ai reçus ; ce doute m'attriste et me poursuit assez pour que je tremble de voir se manifester l'un des miens ; viendraient-ils à la table (sur laquelle je n'ai aucune influence), que je crois que ma pensée les empêcherait de se communiquer ; j'aime mieux un silence absolu qu'un mensonge possible... Je ne recherche donc pas la consolation et la joie de ces rapports avec les désincarnés, et je ne conseillerai à personne de mon caractère de les rechercher tant qu'il n'existera aucun moyen sûr de contrôler l'identité de celui qui se communique. »

1908. — I. Mlle Lydia est depuis plusieurs années très absorbée, et souvent surmenée, par ses devoirs de famille d'une part, de maîtresse de classe d'autre part, qu'elle prend extrêmement à cœur et dont elle s'acquitte avec une conscience admirable, sans ménagements suffisants pour ses forces. — « N'ayant cultivé d'aucune manière le peu de médiumnité que je possédais, ce peu est devenu zéro. Aucun phénomène psychique ni chez moi, ni chez les miens : l'espace me semble vide [d'Esprits], toujours plus vide autour de moi... Sur le matin, je rêve parfois d'une classe agitée et pénible, qui me donne du fil à retordre ; mais cela ne signifie rien au point de vue médianimique.

« Je ne saurais dire si j'ai ou non des pressentiments. Peut-on donner ce nom à l'hésitation que j'ai eue samedi dernier avant de quitter la maison ? [Sa mère eut une attaque de paralysie une heure avant son retour.] J'en doute ; l'appréhension éprouvée avant mon départ ne s'est pas prolongée pendant l'après-midi, et je ne m'attendais nullement à retrouver ma mère dans ce triste état. — Je suis impressionnable et très intuitive ; je *sens* les pensées d'autrui, je les devance, et cela m'impatiente souvent d'entendre de longues phrases quand je sais déjà ce qu'elles diront, mais je ne vois là rien de psychiquement remarquable. »

III. « Les Phénomènes médianimiques me paraissent avoir sur la santé physique plus d'inconvénients que d'avantages, mais j'ai trop peu d'expérience en ce domaine pour avoir le droit d'en parler... Je continue à penser que les Doctrines spirites sont réconfortantes pour beaucoup d'esprits ; elles m'ont fait certainement du bien à une époque où j'avais de grands soucis. Actuellement, où je n'ai plus le temps de lire sur ce sujet, elles me paraissent (ainsi que beaucoup d'autres) lointaines et pas mal inutiles, quoique encore intéressantes ; mais peut-être est-ce l'effet de la disposition d'esprit où je suis depuis de longs mois et qui me fait parler comme l'Ecclésiaste ; je suis trop lasse de tout, choses, gens, église, pays, etc., pour que des *doctrines* me préoccupent fort ! Je rassemble mes forces pour faire mon devoir au jour le jour, espérant que Dieu voudra bien se contenter de cela et ne me tiendra pas rigueur de mon manque d'enthousiasme et par conséquent de foi. Les doctrines spirites ne tiennent donc plus grande place dans ma vie. L'oraison dominicale, et certains courts passages des Ecritures, me réconfortent mieux ; ils jalonnent la route dans le désert où je marche en ce moment. »

Obs. LV. — *Mlle Alice Dyck, 33 ans, sans profession.

I. « J'ai souvent eu des rêves prophétiques. Personne dans ma famille, à ma connaissance, n'a été doué de facultés médianimiques. Il y a 8 ans que je me suis aperçue que j'en possède.

[**296**] « C'était le lendemain d'une séance de spiritisme à laquelle nous avions été conviés, mes parents et moi ; je me mis à la table en me disant : Voyons, si par hasard j'étais médium ! Au bout d'environ dix minutes d'apposition de mes mains sur la table, celle-ci se mit en mouvement, puis nous obtînmes une communication de ma grand'mère morte depuis un an. Dès lors jusqu'à ces derniers temps, ma médiumnité consista en mouvements [avec contact] d'objets quelconques, coups frappés dans le bois et par le pied de la table, et, par ces moyens, obtention de communications intelligentes tout à fait imprévues des assistants et de moi-même. (J'ai essayé quelquefois de l'écriture automatique,

mais je n'ai pas continué, et je crois que j'ai eu tort, car il me souvient qu'une fois j'ai écrit le prénom d'une personne que je voyais pour la première fois et dont j'ignorais comment elle s'appelait.) Ma médiumnité a subi quelques éclipses ; p. ex. nous avons été pendant plus d'un an sans pouvoir obtenir quoi que ce soit, à partir du 27 août 1893 ; il est bon de dire que l'Esprit qui s'était manifesté ce jour-là nous avait prévenu du fait.

[**297**] « Depuis quelque temps, ma médiumnité s'est développée à tel point que nous avons obtenu SANS CONTACT, dans l'obscurité comme en pleine lumière, des mouvements de translation, de bascule, et de soulèvement complet de tables parfois très lourdes ; ainsi que des phénomènes de déplacement d'objets matériels et d'APPORTS dans une chambre close, tels que cailloux, fleurs, branches de buis, mouchoir, broche, canif, etc. »

La médiumnité de Mlle Dyck s'est déployée à deux époques, séparées par un long intervalle sans manifestations, comme elle l'a indiqué ci-dessus et comme cela ressort d'un cahier, écrit et conservé par son père, intitulé : « Recueil de dictées ou communications les plus intéressantes, obtenues par le phénomène dit des tables tournantes ou parlantes, autrement dit le phénomène spirite. » On y voit que pendant la première période, qui dura 2 $^1/_2$ ans (mai 1891 à octobre 1893), Mlle Dyck fit au moins 110 séances de table, ordinairement seule avec ses parents, parfois aussi avec quelques invités. Les communications reçues sont assez variées et peuvent se répartir en 3 groupes : — 1° Conseils pratiques relatifs à la vie courante, petits remèdes médicaux, ordre ou défense de prêter de l'argent à telle personne, indications sur le caractère des gens, etc. ; tous ces messages venaient de parents ou d'amis décédés depuis plus ou moins longtemps. — 2° Révélations de faits exacts encore inconnus ; p. ex. la table, questionnée sur ce que fait Mme Dyck (alors en séjour dans le nord de la France), répond : *Elle cause à Mme Martin ;* or ce soir-là elle causait en effet avec cette dame, chez qui elle avait soupé. — 3° Instructions d'ordre philosophique, moral ou religieux, anonymes ou signées soit de parents défunts, soit de personnages célèbres. Comme exemples de ces derniers messages, voici quelques extraits du Recueil de M. Dyck :

[**298**] « Un certain soir, la table frappe spontanément : ROSSINI, puis dicte : *Justice, vérité, honnêteté, franchise, charité, générosité, voilà les qualités réunies que l'homme doit avoir pour être parfait.* Cette communication fut la première que nous reçûmes de ce genre ; nous en fûmes si impressionnés que nous n'eûmes pas le courage de continuer la séance. » — « Un autre soir [en présence de M., Mme et Mlle Dyck, plus 5 dames invitées], la table dicte : *Votre vie n'est rien, votre mort moins que rien ; votre existence est dans votre future vie ; n'ayez pas peur de la mort.* Qui donc nous fait cette phrase ? Réponse : VULPIAN, célèbre docteur mort à Paris il y a quelques années ; qui de nous y pensait ? Aucune des personnes présentes, sauf moi, ne connaissait ce nom, et je déclare qu'à ce moment je ne l'avais pas en tête. » — « 29 juin 1891. La table frappe spontanément, sans qu'on ait fait de questions : SAINT-PAUL. Ce nom éveille notre attention au suprême degré. Avez-vous une communication à nous faire ? Réponse un coup (c'est-à-dire *oui*) : *Sainteté, piété du cœur, voilà ma devise. Faites le bien le plus longtemps possible ; si votre main ne peut le*

faire, que votre cœur du moins le fasse. Etrange! » — « La table écrit le nom de St-Jean Baptiste. Nous prenons note très attentivement du message suivant: *La gloire de Dieu est dans l'immensité sans fin. L'âme ne peut se détacher de la matière, mais elle erre pendant tout le temps d'expiation pour recommencer une vie nouvelle. Vu le grand désir que j'ai de vous éclairer sur certains points de notre existence, je dois vous quitter avec regret.* Voyant que nous avons affaire à un Esprit supérieur, nous lui demandons s'il pourrait nous donner une définition en 12 mots sur un sujet quelconque. (Cette idée m'avait été suggérée par la lecture de Nus, « Choses de l'autre Monde », où l'on trouve quantité de messages de ce genre.) Rép.: *Oui.* Eh bien, donnez-nous une définition de la guerre. Rép.: *La guerre est la plus ignoble loi que l'homme se soit imposée.* Il y a bien 12 mots. » — « 3 mai 1892. *Thomas qui ne peut admettre vos bêtises et votre bonne foi. Trois sots.* Nous n'étions en effet que nous trois, ma femme, ma fille et moi. Il continue: *Il ne faut pas croire aux prophéties de tous les despotes désincarnés.* Signé: St-Thomas. »

[299] Le seul phénomène physique (supranormal) mentionné à cette époque est le suivant: « 25 juillet 1893. La petite table, sur laquelle le service à thé était mis, se met en mouvement sans aucun contact des personnes présentes, et décrit un demi-tour sur elle-même. »

[300] Après cette première période, la médiumnité de Mlle Dyck subit une éclipse totale de plus d'un an, puis recommença à se manifester sous la même forme typtologique qu'avant. Dans le Recueil, évidemment très incomplet, rédigé par son père, le saut est de 4 années pleines, la nouvelle période n'apparaissant que sous la date du 2 déc. 1897, par cette communication relative à l'Affaire: « *Abominable forfait. Une guerre va éclater. Dreyfus n'a rien sur sa conscience. Il souffre mortellement de voir les hommes aussi criminels.* Sera-t-il réhabilité? Rép.: *Non. C'est l'Europe entière qui est indignée et qui le réhabilitera.* » — Puis vient, aux séances suivantes, une dissertation sur les phases de l'âme après la mort, terminée le 22 janvier 1898 par quatre nouvelles réponses en 12 mots: « A notre demande de nous instruire relativement à l'incinération du corps, l'Esprit répond: *Vos esprits sont trop fatigués dans ce moment, un peu plus tard.* Nous prenons le thé et continuons: *L'incinération est une ignominie ou plutôt une cruauté pour l'âme.* (12 mots en comptant les articles.) Car: *Elle sent le feu dévorer son corps auquel elle est encore liée.* Et sur l'observation d'une dame du groupe, que l'âme ne doit plus pouvoir reconstituer son corps détruit par le feu, l'Esprit répond encore en 12 mots: *Elle le retrouve toujours, car dans la nature rien ne se perd.* »

C'est peu après, soit tout récemment (premiers mois de 1898), que les séances typtologiques de Mlle Dyck ont commencé à se compliquer de phénomènes physiques extraordinaires dont M. Dyck vient de rendre compte dans un intéressant mémoire (*Société d'Etudes Psychiques de Genève; Communication faite à la séance du 3 avril 1898.* Broch. in-8, 30 p. imprimerie Studer, Genève, 1898), et dont beaucoup de personnes ont été témoins (v. p. ex., dans cette enquête, nos 9, 68, 128 et suivantes, 175, 195, 215).

III. Mlle Dyck est parfaitement convaincue, ainsi que ses parents, de la réalité du spiritisme et de l'intervention des Esprits dans les communications et les phénomènes physiques obtenus par son intermédiaire. « J'ai la certitude absolue, et mes parents aussi, que ce sont bien des êtres extra-corporels qui manifestent ainsi leur présence. L'expérience nous a d'ailleurs démontré que la médiumnité est une force latente qui ne se manifeste que lorsqu'elle est mise en jeu par un être invisible à nos regards. En effet, s'il en était autrement — c'est-à-dire si le médium avait la libre disposition de cette force — il produirait lui-même des phénomènes à volonté, ce qui n'est pas le cas. Aussi doit-on toujours se méfier des médiums qui prétendent commander aux Esprits et les asservir à leurs caprices. — J'ai remarqué que la doctrine spirite est particulièrement accessible aux gens réfléchis et sensés; par contre les cléricaux imbus de leurs dogmes, et les matérialistes endurcis, y sont généralement réfractaires. »

1908. — La médiumnité de Mlle Dyck a continué à se déployer encore pendant 4 ans, sous la triple forme d'*effets physiques*, qui toutefois prirent fin au printemps 1899; d'*écriture mécanique*, dont elle avait déjà essayé jadis sans grand succès, mais qui cette fois se développa rapidement, et de *dictées typtologiques.*

[301] En ce qui concerne les phénomènes physiques, qui ont duré en tout environ seize mois, M. Dyck a présenté à la Société d'Etudes Psychiques, le 5 mars 1899, un rapport sur ceux qui se sont produits depuis son précédent travail d'avril 1898. Il s'agit de coups frappés inexplicables, annonçant généralement qu'il faut se mettre à la table pour un message de quelque désincarné; d'apports de fleurs, branches de buis, petits cailloux, etc., aux séances; de mystérieuses disparitions et réapparitions d'objets dans l'appartement où habitent seuls M. et Mme Dyck et leur fille. « Nous sommes avertis tantôt par des coups frappés aux portes, tantôt par une sonnerie électrique dont les boutons d'appel sont tous à l'intérieur de l'appartement et sans qu'aucun de nous se trouve à proximité de ces boutons. Des bouchons, dés à coudre, couteaux, pierres, œufs, épingles, siphons pleins, crayons, etc., sont déplacés et passent d'une chambre à l'autre, en pleine lumière, sans qu'il soit possible de suivre des yeux la trace de leur passage. » Par exemple : — Un soir, un écu de 5 francs avait disparu de la poche de Mlle Dyck; la table, interrogée à ce sujet, répond que c'est son grand-père (mort depuis de longues années, et qui se manifeste souvent) qui la lui a prise, mais qu'il n'est pas voleur et qu'il la lui rendra. « Le lendemain matin, vers 8 h., dit M. Dyck, j'entrai dans la chambre de ma fille, qui était encore couchée, et lui dis: Tiens, voilà une nouvelle pièce de 5 fr. que je te donne. Puis j'ajoutai en manière de plaisanterie: Si ton grand-père te rend celle qu'il t'a volée hier, eh bien, tu me la rendras. A peine avais-je refermé la porte de sa chambre et étais-je rentré dans la mienne que la chute d'une pièce de 5 fr. avait lieu dans le vestibule, où ne se trouvait personne. Le médium n'était pas sorti de sa chambre, dont la porte était restée fermée; ma femme qui se trouvait dans une pièce voisine, était accourue en même temps que moi au bruit qu'avait produit la chute de cette pièce sur le parquet. » — Une autre fois, un plumeau fut enlevé et disparut de la main de Mlle Dyck pendant qu'elle s'en servait pour épousseter, et deux jours après il retomba dans le vestibule où il n'y avait personne. Etc.

[302] Par l'écriture ou la table, elle obtint dans divers groupes spirites beaucoup de communications philosophiques, se continuant souvent durant plusieurs séances, de façon à constituer de véritables travaux. C'est ainsi que dans les premiers mois de 1900 elle écrivit un mémoire de 16 pages (signé *Esprit de bien, sous les auspices du psychomane X*), qui, selon une annotation de M. Dyck, fut « commencé le 15 février dans la soirée, en présence de plusieurs personnes; l'intelligence, invisible à nos sens et qui dirige la plume du médium, commença ainsi : *Alice, tu dois écrire une petite brochure sur les dangers du spiritisme; elle doit être dictée par un bon Esprit, et peut être écrite en présence d'autres personnes, ou même lorsque tu seras seule.* Plus tard, l'invisible écrivain rectifia le titre de cette brochure en : *Les dangers et les bienfaits du Spiritisme.* » — D'octobre 1900 à avril 1902, dans un autre cercle, Mlle Dyck obtint par la table, du fils désincarné de l'une des dames du groupe (Mme Fibur, obs. LVII), une série de messages sur la Solidarité, l'Athéisme, le Progrès, le Socialisme moderne, etc. — Mais pour cause de fatigue ou de satiété, Mlle Dyck a ensuite abandonné peu à peu tout exercice médianimique. Ses parents sont toujours spirites convaincus ; mais quant à elle, il ne paraît pas qu'elle ait d'opinion arrêtée sur l'origine des phénomènes dont elle était le centre, et elle ne manifeste plus aucun intérêt pour ces questions, dont elle a complètement cessé de s'occuper depuis plusieurs années.

Obs. LVI. — * M. Gros, 71 ans, ouvrier poëlier. Décédé en 1899.

[303] « Je suis médium *voyant*. Depuis mon enfance je voyais, sans m'en rendre compte; j'étais somnambule et me levais souvent la nuit. A mesure que j'ai grandi, j'ai vu toujours plus nettement; la fatigue et la maladie affaiblissent mes visions. Je vois à l'état de veille; à ce moment-là, je suis parfois comme absent, et forcé de m'absorber dans ce que je vois. Je vois souvent des personnes décédées que je ne connais pas, mais que ceux qui m'entourent reconnaissent. Je vois aussi une foule d'images dont je ne saurais expliquer la présence. Dans les séances où je suis dispos, j'éprouve un réel délassement, surtout quand il règne une parfaite harmonie entre les assistants. Ma médiumnité me rend heureux, surtout lorsque je sens que mes visions sont utiles à autrui. Un médium, pour les gens qui ne le sont pas, ne se distingue en rien de ceux qui l'entourent; mais pour moi, je sens de suite si une personne a des facultés médianimiques; je sens que mes fluides s'harmonisent mieux avec les siens. Je vois immédiatement si quelqu'un est religieux ou non, croyant ou incrédule.

« Le spiritisme est pour moi la vérité; c'est la religion de l'avenir; il a sur notre amélioration morale une influence salutaire, le christianisme vrai et le spiritisme ne font qu'un. »

M. Gros a fonctionné comme médium (non payé) dans divers groupes spirites; il a laissé le souvenir d'un médium pas cultivé, mais sincère et très remarquable, qui voyait des choses « insensées » suivant les uns, étonnamment véridiques suivant d'autres.

Obs. LVII. — * Mme veuve Fibur, 58 ans, négociante.

A 31 ans, Mme Fibur lut le *Livre des Esprits* d'Allan Kardec, et en adopta la doctrine « comme claire et aidant à comprendre la Bible », sans faire alors d'expériences. Devenue veuve, elle eut à 43 ans l'affreuse douleur de perdre son fils unique, âgé d'une vingtaine d'années, d'une péritonite foudroyante. Dans ses affaires, elle trouva le *Livre des Médiums* (de Kardec), qu'il avait annoté, et dont la lecture fit naître en elle le désir croissant d'entrer en rapport avec lui ; car, pensait-elle, « rien n'est impossible à Dieu tout-puissant, et les âmes immortelles doivent pouvoir se manifester. » Aussi se décida-t-elle à partir pour Paris, où on lui avait recommandé un M. Corcole, remarquable médium typtologue et écrivain. Elle eut avec lui une demi-douzaine de séances, où elle finit par obtenir des messages très consolants de son fils. Revenue à Genève, elle fit des séances de table chez M. et Mme Badel, et voulut se mettre elle-même à l'écriture automatique. Elle avait alors 44 ans, et ne s'était jamais occupée de dessin ; aussi fut-elle aussi étonnée que déçue de n'obtenir pendant plus d'une semaine, au lieu des messages écrits qu'elle désirait, que des dessins énigmatiques, à savoir des profils inconnus et de plus en plus bizarres (v. page suivante, figures 8 à 17).

[**304**] Dès le premier essai, sa main, emportée d'un mouvement rapide et nerveux, traça, sans lever le crayon, une tête renversée en arrière (v. fig. 8) ; le même jour, la table de M. Badel lui ayant dicté de *regarder en haut, vers le ciel*, elle rapprocha ce conseil de l'attitude de cette tête. Les jours suivants, sa main continua à faire des figures (dix en tout, du 23 mars au 1er avril) représentant toutes, avec des transformations (ou, pour mieux dire, des déformations) et un grossissement croissants, un profil d'aspect barbare, et à l'œil de face comme dans les dessins assyriens. A la plupart étaient joints, d'une grosse écriture enfantine, quelques mots et la signature de son fils défunt : *Adieu mère, Louis*. Ensuite vint le dessin d'un cadre contenant un œil (fig. 18) avec une phrase (qu'elle n'a pas conservée) lui disant de mettre ce dessin sous un verre, et qu'elle *verrait*. Elle le fit, pensant que c'était un conseil destiné à lui faciliter la vision au verre d'eau ; mais au bout de plus d'une demi-heure, s'apercevant qu'en effet elle voyait toujours cet œil à travers le verre d'eau, mais rien d'autre, elle eut l'idée que c'était une plaisanterie, qu'on avait voulu se moquer d'elle, et elle cessa. A plusieurs reprises encore, sur la promesse réitérée (par la table ou l'écriture) qu'elle *verrait*, elle essaya, mais elle n'a jamais rien vu et elle y a enfin renoncé.

[**305**] Après cette série de dessins, elle arriva à l'écriture suivie et obtint dès lors beaucoup de communications, d'une calligraphie analogue à la sienne, mais plus grosse (surtout à la fin des séances, où les mots étaient souvent en lettres de plusieurs centimètres de haut). Mais peu à peu elle se découragea, parce qu'elle n'arrivait pas à l'écriture purement mécanique qu'elle souhaitait tant ; jamais en effet elle n'eut l'impression que sa main fût insensible ou prise par un autre, et dès qu'elle avait tracé la première lettre d'un mot, elle devinait le mot entier ou même la fin de la phrase. Aussi n'a-t-elle plus guère écrit depuis une douzaine d'années. Quant à leur contenu, toutes les communications qu'elle a eues viennent soit de son fils, soit du curé d'Ars et sont d'une note

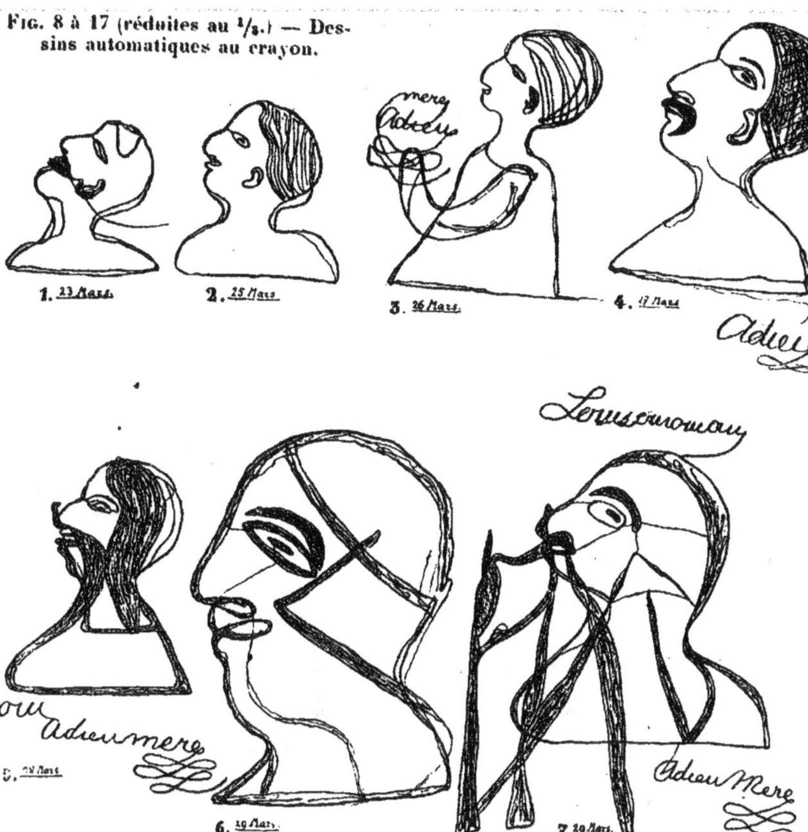

FIG. 8 à 17 (réduites au 1/3.) — Dessins automatiques au crayon.

essentiellement morale et religieuse : consolations, exhortations à prier et à croire à sa médiumnité, promesses du secours divin et du bonheur éternel, etc.

[306] Même teneur dans les messages de son fils obtenus à Paris par la table ou l'écriture de M. Corcole, qu'elle retourna voir plusieurs fois. En voici un exemple, qui date de dix mois après les mystérieux profils et qui en fournit l'explication : « *Bonne petite mère, je viens dissiper le doute qui envahit ton âme et te donner la foi dans toute sa splendeur, c'est-à-dire t'expliquer pourquoi tu refuses de croire à ta médiumnité. Tu* SAIS *tout ce que tu écris, par la raison bien simple que nous influençons ta pensée... Quand ton âme monte vers nous, nous lui parlons, nous lui donnons des idées lumineuses, et c'est cela que tu écris... Bonne mère, le doute t'a valu toutes ces caricatures ; tu ne te contentais pas de la dictée spirituelle, tu demandais quelque chose de plus convaincant, tu l'as obtenu : les Esprits légers, toujours prêts à se livrer aux exercices de ce genre, ont profité de ta faiblesse pour te faire tracer quelques niaiseries. A*

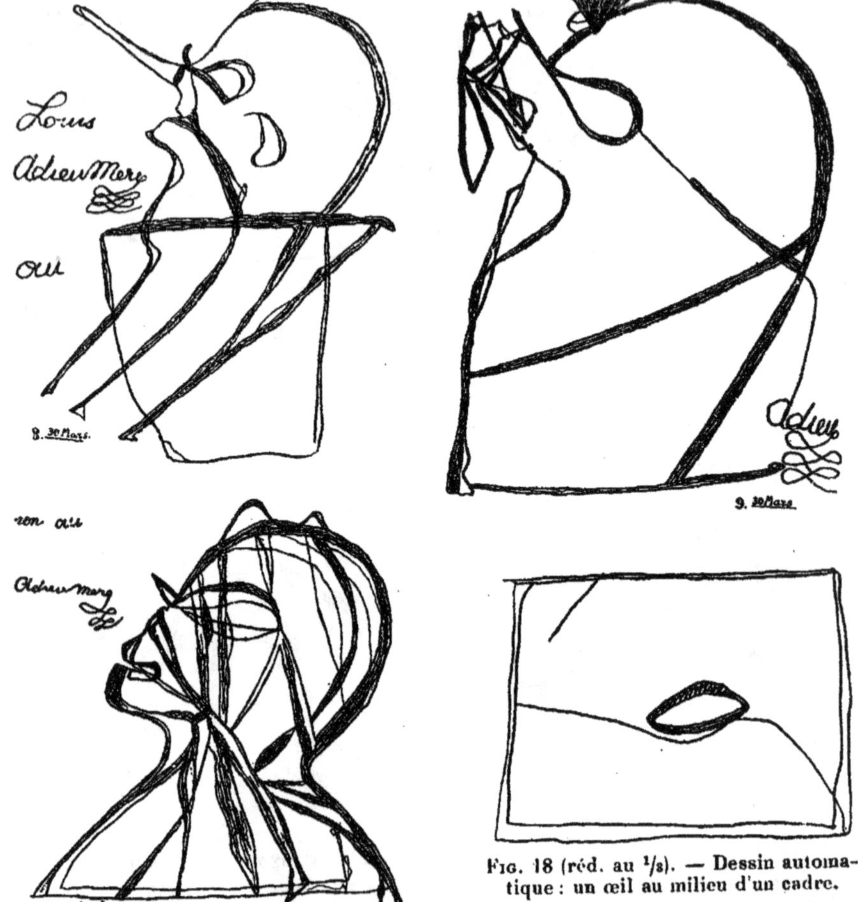

Fig. 18 (réd. au $^1/_3$). — Dessin automatique : un œil au milieu d'un cadre.

l'avenir, attache-toi à la dictée spirituelle... jusqu'à ce que l'autre soit plus développée : c'est de la VUE *dont je veux parler. Si tu* VOYAIS *à présent, tu aurais peur ; il faut attendre que tu sois mieux familiarisée avec les Esprits malheureux... Prie pour eux, en attendant que tu puisses plonger ton regard vers l'abîme où gémit la douleur...* »

Cette médiumnité voyante, qui lui fut tant de fois promise et qu'elle espérait tant, ne s'est jamais réalisée. Mais les communications de son fils, par l'intermédiaire de divers médiums, lui ont suffisamment prouvé la vérité du spiritisme. « La religion donne bien des promesses; mais il y a des épreuves qu'on ne peut pas supporter avec des promesses seulement, on a absolument besoin de certitude et celle-ci ne se trouve que dans les faits spirites, qui d'ailleurs concordent parfaitement avec tout le Nouveau Testament. » Le spiritisme a donné à Mme F. la sérénité, la paix, et le bonheur le plus complet.

1908. — « Rien de nouveau à dire. Sauf des séances avec Mlle Dyck [où c'était le fils défunt de Mme Fibur qui dictait les messages, v. 302], je n'ai rien rencontré de valable. Quant à mes opinions, elles n'ont pas changé. »

Obs. LVIII. — Mme veuve Elisa Wood, 29 ans.

I. « Il y a 5 ans, à la mort de mon mari, j'ai eu subitement l'idée de m'occuper de spiritisme (dont je n'avais encore jamais entendu parler), pensant y trouver quelque consolation. »

[**307**] Ce fut Mme Darel (obs. LIII) — avec qui elle avait été en relation quelques années auparavant, mais qu'elle avait perdue de vue depuis lors — qui vint la voir la première, une semaine après la mort de son mari, lui apportant de la part du défunt le message suivant obtenu à sa table: *Dites à Elisa qu'elle se rappelle le lundi de Pâques.* C'était une allusion frappante à un fait connu de M. et Mme Wood seuls : il s'agissait d'une promenade faite en cachette de leurs familles, un certain lundi de Pâques avant leurs fiançailles, et qui leur avait laissé un souvenir ineffaçable. Cette preuve éclatante d'identité convainquit Mme Wood, qui ne tarda pas à en avoir une seconde, encore plus importante, aux séances qu'elle alla faire chez Mme Darel. M. Wood étant mort assez rapidement après leur voyage de noce, sa veuve ne croyait pas qu'il eût laissé un testament, et les recherches qu'elle fit à ce sujet, sur le conseil de ses parents, restèrent vaines, jusqu'à ce qu'un jour où elle était avec Mme Darel à la table, celle-ci lui dicta de la part du défunt: *Tu trouveras quelque chose de moi sous une soutasse dans le tiroir du lavabo.* Elle y trouva en effet une feuille de papier constituant le document en question ; elle se ressouvint alors qu'à l'instant de partir en voyage, son mari l'avait fait attendre un moment et était rentré sous un prétexte quelconque dans leur chambre à coucher, évidemment pour y écrire et y cacher son testament.

[**308**] « J'ai fait quelques essais avec la table, mais ne réussissant pas seule j'ai essayé de l'écriture, et j'ai obtenu de suite un résultat. J'ai dès lors pratiqué l'écriture automatique pendant 3 ans environ; j'écrivais assez facilement, ayant parfaitement le sentiment d'influences diverses que je reconnaissais aux différentes pressions ressenties sur le bras et la main. Mais depuis deux ans j'ai dû abandonner toute expérimentation, ayant été pendant longtemps en butte à une obsession dont je ne pouvais me défaire, malgré les conseils de spirites éclairés ; de plus, les dernières communications n'étaient qu'un tissu de mensonges, et auraient pu me faire beaucoup de mal si je n'avais pas eu le cerveau solide ; enfin mes parents s'opposaient absolument à ce que je continuasse, voyant que je devenais par trop nerveuse. Ma faculté n'a d'ailleurs subi aucun changement, car je viens d'essayer une nouvelle expérience et j'écris avec la même facilité qu'il y a 5 ans. » — Du temps où elle écrivait, Mme Wood a eu beaucoup de communications de son mari ; mais elle fut frappée du fait que le cachet personnel du défunt, au début très marqué et rappelant excellemment son caractère terrestre, alla en s'effaçant ; ses messages se réduisirent peu à peu

à des considérations morales, d'une teneur générale et qui ne s'adressaient plus à elle personnellement. Son mari en vint même à lui dire de se remarier, de prendre un compagnon pour l'aider à suivre la route de la vie, ce qui lui parut d'une authenticité suspecte. D'autre part les mensonges quant aux faits, les calomnies sur les gens, un tas de choses affreuses si elles avaient été vraies, la dégoutèrent de plus en plus d'écrire ; puis elle finit, dès qu'elle prenait le crayon, par avoir toujours le même individu, un nommé Durand, absolument inconnu, qui lui disait être un misérable criminel et lui demandait de prier pour lui, ce qu'elle a fait, mais bien inutilement ; pour se débarrasser de ce personnage obsessif, elle dut renoncer tout à fait à l'écriture automatique. »

[**309**] II. « Ma sœur, un soir qu'elle faisait sa prière à genoux sur un tabouret contre son lit, s'est sentie soulevée en l'air avec le tabouret et s'est entendue appeler deux fois : *Mag ! Mag !* (diminutif de son nom de Marguerite) ; pressentant un malheur, elle écrivit le lendemain chez elle ; un de ses cousins, qu'elle ne savait pas malade, venait de mourir en huit jours de maladie. — Un de mes grands-pères et un de mes arrière-grands-pères possédaient la faculté de guérir les morsures de serpents, les luxations, entorses, hémorragies, et la tache à l'œil. »

III. « Je ne vois pas d'avantages pratiques aux Phénomènes médianimiques. Spontanés, ils causent moins d'inconvénients que provoqués ; ceux-ci amènent souvent des troubles dans l'organisme des médiums. Quant aux Doctrines spirites, je leur donne la plus grande place dans ma vie ; c'est grâce à elles que j'ai supporté avec résignation mon grand chagrin, le secours de la religion seule ne me suffisant pas, et elles ont fourni un aliment à mes aspirations. »

1908. — Mme Wood s'est remariée il y a quelques années ; elle est mère de famille, et passe pour ne plus s'occuper de spiritisme.

Obs. LIX. — * Mme Fel, 52 ans, femme d'un maître d'école.

[**310**] A eu une apparition à l'âge de 18 ans. Faisant un séjour à Martigny, elle logeait à l'hôtel, où elle fermait soigneusement sa porte à clef chaque soir. La troisième nuit, s'étant réveillée, elle vit la porte s'ouvrir : une femme entra en tenant un chandelier de cuivre avec bougie allumée, regarda dans le lit et dit : *Ah ! la chambre est habitée ! je reviendrai plus tard*, puis s'en alla en refermant la porte. Elle portait une jupe courte de paysanne, un tablier de cotonnade, un bonnet tuyauté, etc. Lorsqu'au matin la jeune fille raconta cette visite — qu'elle ne pouvait s'expliquer, car elle avait retrouvé sa porte fermée à clef comme la veille au soir — on lui apprit que la cuisinière de l'hôtel, qu'elle n'avait jamais vue, mais dont le signalement répondait absolument à l'apparition, était morte cette même nuit, « ébouillantée » en tombant dans une chaudière d'épinards.

[**311**] Elle a cultivé l'écriture médianimique pendant quelques années et obtenu parfois des communications frappantes, une surtout : Son mari, malade depuis une vingtaine d'années, s'était joliment remis et avait repris sa classe ; il y a cinq ans, un jour qu'il était en excursion avec des amis, Mme Fel, restée seule, prit le crayon, qui traça ces mots : *Tu ne te doutes pas que ton mari va*

tomber sérieusement malade et ne pourra plus travailler. Le fait se réalisa quatre mois plus tard: son mari dut de nouveau s'aliter et ne se remit plus.

1908. — Devenue veuve en 1899, et depuis lors très occupée et souvent malade, Mme Fel a cessé d'écrire, faute de temps et parce que cela la fatiguait beaucoup; elle était d'ailleurs assez sceptique sur ce qu'elle obtenait, car cela pouvait en bonne partie venir d'elle. Quant à la doctrine, « j'y crois de tout mon cœur. » Elle a eu récemment le fait spontané suivant:

[**312**] Il y a quelques semaines, comme elle suivait une cure de massage magnétique qui lui fait beaucoup de bien, elle a vu un soir devant son lit son masseur, qui disparut sans rien lui dire. Quand elle le lui raconta le lendemain, « il répondit qu'il lui arrive souvent de s'extérioriser ainsi, et d'apparaître à ses malades lorsqu'il pense à eux. »

Obs. LX. — *Mlle Fel, 25 ans, maîtresse d'école. Fille de la précédente.

« Je fais mouvoir des tables et il s'y produit des bruits et des coups (mais jamais de dictées intelligentes), j'ai aussi essayé d'écrire et ai eu quelques résultats. » Elle a commencé, il y a 6 ans, à la suite de conversations sur le spiritisme et d'expériences auxquelles elle assista. Puis « j'ai abandonné ces exercices, craignant d'en être impressionnée.

[**313**] « Après les séances, en effet, j'étais excitée toute la nuit, je m'imaginais voir et entendre quantité de choses. Une nuit entre autres je fus épouvantée. J'avais une décision à prendre, je ne sais plus sur quoi, et je m'étais couchée sans avoir rien résolu. Dormais-je ou ne dormais-je pas? tout à coup j'entends une voix qui me dit: *Tu dois le faire, Dieu le veut.* Epouvantée je me cache sous mes couvertures sans avoir la force d'allumer; mais je me sentis poussée à regarder, et je vis Dieu sous la forme d'un feu intense, comme un soleil, mais dont le centre serait plus pâle que les rayons. Point de figure, point de forme. Je crus mourir de peur et restai jusqu'au matin sans bouger. Je me promis de ne plus faire d'expériences; depuis lors je n'ai fait tourner la table que de temps à autre, pour faire plaisir à des amis, et sans en ressentir aucun inconvénient. »

III. « Mes impressions me laissent perplexe. J'ai peine à croire que ce soient des Esprits qui fassent mouvoir les tables; je crois plutôt à un fluide magnétique. Mais d'où vient-il, puisqu'il ne m'est jamais arrivé d'entraîner des meubles sans en avoir le désir; que d'autre part, quelquefois rien ne vient quand je désire obtenir des résultats; et que cependant je fais mouvoir des tables très lourdes, et qu'il s'y produit des bruits qui ne peuvent provenir des mains? — Les doctrines spirites me plaisent et je les adopte en principe; ce sont les manifestations matérielles que j'ai peine à admettre, parce que je ne les comprends pas. Ces doctrines élèvent les idées et augmentent la valeur de notre vie morale, en donnant à tous nos actes une importance autre que le résultat immédiat, puisqu'ils auront une influence sur notre vie à venir. Elles contribuent par là à notre amélioration. »

1908. — Mlle Fel jouit d'une excellente santé; très occupée, elle a depuis bien des années complètement cessé d'écrire (d'ailleurs elle n'obtenait que des choses anodines pouvant à la rigueur venir d'elle-même ; jamais de faits inconnus), et il est très rare qu'elle essaye encore de la table, où elle a toujours, sans aucune fatigue consécutive, les mêmes phénomènes : mouvements violents et raps intérieurs (mais pas de dictées).

[**314**] En mars 1899, elle fut témoin de phénomènes physiques curieux au moment de la mort de son père. « Son état s'était beaucoup aggravé ; son intelligence était intacte, mais ses forces diminuaient et le docteur fixait un terme de 3 à 4 jours. Nous ne le laissions plus seul. En ce moment (4 $^{1}/_{2}$ h. après midi) nous étions auprès de lui, mon frère et moi, ne disant rien, ne bougeant pas ; mon frère sur un canapé au fond de la chambre, moi près du lit tenant la main de mon père. A son chevet se trouvait la table de nuit, encombrée, comme l'est une table de malade, de bouteilles, verres, etc. J'étais retombée dans mon fauteuil, n'osant plus remuer, depuis que mon père, à qui je voulais donner du raisin, m'avait retenue en me disant : Non, ne bouge pas, ta main est la dernière attache qui me retienne au monde terrestre. Il était si calme que je le croyais endormi et je me réjouissais de ce repos, sans m'apercevoir que sa main devenait froide. Tout à coup, je vis la soucoupe qui recouvrait un verre contenant du Bordeaux, se soulever bien au-dessus du verre et venir retomber lentement sur la table, en faisant tinter le cristal et en se plaçant entre les différentes choses qui s'y trouvaient, sans en renverser aucune ni faire bouger leur contenu. Je m'étais levée, lâchant dans mon étonnement la main de mon père. Mon frère arrivait aussi. — Tu as vu? lui dis-je. — Non, mais j'ai entendu un fort bruit, comme une détonation de revolver ; qu'est-ce qui a fait ce bruit ? — Tout en lui expliquant ce que j'avais vu, nous essayâmes d'ôter la soucoupe et de la laisser retomber entre les objets : cela nous fut impossible sans les déranger et faire bouger les liquides. Je regardai mon père : sa tête était entourée d'une lumière blanche, comme d'une auréole l'enveloppant (inexplicable par l'éclairage réel) ; sa figure était merveilleuse de calme et de beauté, un souffle très faible arrivait encore à ses lèvres. Je courus appeler le reste de la famille. Peu après, tout était fini. Il était 7 h. ; le phénomène de la soucoupe s'était produit à 6 h.

[**315**] « Trois mois plus tard, j'eus un pressentiment, si je peux appeler ainsi l'état irraisonné d'incertitude, de désemparement dans lequel je fus pendant quelques heures, et dont le résultat fut de me ramener providentiellement auprès de ma mère au moment où il lui arrivait une crise imprévisible. » Ces dames habitaient à une demi-heure de Genève en chemin de fer, et Mlle Fel y allait chaque semaine suivre un cours entre deux trains. Le jour en question, elle partit avec l'idée d'y rester jusqu'à un train plus tardif, pour avoir le temps d'y faire, à la demande même de sa mère, une commission et une visite à une amie. Mais déjà à l'aller, pendant tout le trajet, « je fus tracassée par l'incertitude de ce que je ferais, et cela m'irritait d'autant plus que d'ordinaire je ne suis pas indécise. Incapable de me décider, je griffonnai quelques mots sur ma carte de visite pour la glisser dans la boîte de mon amie au cas où je ne monterais pas chez elle... » Arrivée en ville, elle alla deux fois jusqu'à la porte du cours, sans y entrer. « Furieuse de mes irrésolutions, j'allai faire la commission pour ma mère, toujours tiraillée et comme houspillée par une volonté étrangère.

(C'est ensuite que je me suis rendu compte de cela, sur le moment je ne savais pas ce que j'éprouvais.) Maintenant, me dis-je, chez mon amie ! Je montai jusqu'à son étage et redescendis sans avoir sonné. Voyons, qu'est-ce que je veux, me dis-je en frappant du pied. Et je remontai. Au troisième, impossible d'aller plus haut. Me revoilà en bas. — Mais je suis folle! qu'est-ce que cela signifie! Et je remonte; mais au premier il me fallut redescendre; je pris la carte griffonnée, la glissai dans la boîte, et sortis toujours en proie au même conflit. Une fois dehors, je regardai autour de moi, ne sachant que faire, quand je sentis une force me faire pivoter sur moi-même, me tourner dans la direction de la gare et m'y pousser avec une telle vigueur que j'y fus d'un trait. Le train partait [deux heures avant celui qu'elle avait compté prendre]; un ami m'aperçut et ouvrit la portière, un employé me poussa, un voyageur me tira, et je me trouvai dans le compartiment — avec le sentiment d'être en paix avec moi-même; aucun regret de n'être pas restée en ville, aucune appréhension de ce que je pouvais trouver à la maison... » En arrivant à quelques pas de la maison, elle entendit un cri poussé par un voisin qui se trouvait avec sa mère : celle-ci venait de tomber, dans la cour, en proie à une terrible crise d'éclampsie qui fut le début d'une grave maladie. Rien n'eût pu le faire prévoir; Mme Fel avait une bonne santé, elle était seulement très fatiguée, par le fait de leur récent déménagement, après la mort et la longue maladie de son mari. Si sa fille n'était pas arrivée juste à point pour faire chercher le docteur, etc., on ne sait ce qui serait advenu.

[316] « Il m'est arrivé, très rarement, de me voir dormir en rêve. Je sentais mon esprit hors de mon corps, et je voyais celui-ci étendu dans le lit. Le lendemain, j'avais pendant toute la journée une impression délicieuse de calme, de repos absolu, et l'esprit très lucide. » Elle aimerait beaucoup avoir de nouveau ce phénomène, qu'elle a eu très net à deux ou trois reprises, la dernière fois il y a deux ans.

III. « Les Phénomènes existent, mais j'ignore s'ils viennent du médium, de forces naturelles inconnues, ou d'interventions d'Esprits; peut-être faut-il la réunion de tout cela pour les produire. Je ne leur vois pas d'avantages pratiques, et leur inconvénient est de prendre beaucoup de temps et de faire dévier la raison des personnes faibles ; je crois dangereuses et inutiles les évocations... Les Doctrines spirites me plaisent et je les admets; la théorie des vies successives me paraît très logique. Ces pensées ont beaucoup contribué à élargir mes idées. Dans l'âme des enfants elles doivent développer le sentiment de la responsabilité et de la solidarité, la nécessité du perfectionnement, la notion de la relativité du bien et du mal, et leur ouvrir un horizon très large... »

Obs. LXI. — * Mme veuve Zora, 64 ans, artiste peintre.

Elle a toujours eu des phénomènes curieux, pressentiments, paramnésies, etc., puis est devenue médium écrivain à 51 ans.

[317] Déjà dans son enfance, elle avait la prescience du caractère des gens. Elle faisait des détours pour éviter de rencontrer un certain homme qui lui était antipathique et qu'elle sentait être un voleur; or il fut arrêté plus tard comme

tel. Elle avait le même sentiment pour un ouvrier qui travaillait chez ses parents, et qui se trouva aussi être un voleur.

[318] Encore jeune fille, étant en séjour chez des amis, elle fut toute une après-midi, de 3 à 7 h., « dans un état d'angoisse inexprimable, d'inquiétude atroce, comme si un malheur était suspendu » sur sa famille. Dans la soirée, une dépêche lui annonça l'incendie de la maison de son père: le feu, mis par malveillance par un locataire, avait éclaté à 7 h. du soir. Elle pense que son angoisse avait coïncidé avec les préparatifs de l'incendiaire. — Plus récemment, faisant une absence hors de chez elle, elle fut prise un soir d'une angoisse excessive, laquelle se trouva avoir été simultanée avec un incendie qui avait éclaté dans sa maison et avait obligé ses enfants à fuir à peine vêtus.

[319] Elle a souvent le pressentiment de petits événements imminents. Dernièrement, étant au lit, elle entend la domestique aller à la salle à manger, à l'autre bout de l'appartement, et elle dit à sa fille présente: Voilà que la bonne va toucher mon sucrier et le casser! (Il s'agissait d'un sucrier en pâte tendre, auquel elle tenait énormément comme curiosité; il était dans une armoire.) — Mais non, c'est impossible, répond sa fille. — Mais si, réplique-t-elle; et au même instant on entend la chute et le bris dudit objet, par la maladresse de la bonne.

[320] A l'âge de 21 ans, se promenant au bras de son fiancé, elle eut soudain le sentiment, pendant quelques secondes, d'avoir déjà vécu cet instant. Ce fut une sorte de lueur, comme une fenêtre s'ouvrant tout à coup dans un autre monde sur une vie passée, où elle se voyait «sur ce même chemin, donnant le bras à mon fiancé, toute la scène étant très éclairée et au grand soleil, comme ce jour-là, mais plus lumineuse...»

Mme Zora estime qu'elle fut « spirite sans le savoir dès sa naissance. » A 10 ans déjà, elle croyait que les planètes était habitées et qu'on a plusieurs existences. (Elle n'a aucun souvenir qu'on lui eût parlé de cela; son père, morave, n'était pas dans ces idées; mais son grand-père passait pour disciple de Jacob Böhme.) En pension, quand le sujet des compositions était laissé au choix des élèves, elle inventait des voyages en ballon, dans la lune et les astres, etc. — Vers 41 ans, elle fit la connaissance d'une dame spirite, mais de méchant caractère et qui disait qu'après sa mort elle reviendrait tourmenter les gens qu'elle n'aimait point. Mme Zora en prit le spiritisme en aversion et ne songea pas à l'étudier de plus près.

[321] Enfin, dix ans plus tard, elle eut pendant un été, pour voisin de campagne, un vieux monsieur paralysé des jambes, spirite convaincu, qui obtenait des messages avec la planchette et y trouvait de grandes consolations. Elle essaya de cet instrument, mais cela allait trop lentement. Alors il lui fit faire la connaissance de Mme Guelt (Obs. LI) où elle reçut par la table l'ordre d'écrire, à quoi elle réussit immédiatement et écrivit d'emblée avec une vitesse effrayante. Dès lors, entraînée par son voisin de campagne, elle écrivit tous les jours, parfois jusqu'à cinq ou six heures de suite — d'où fatigue, épuisement, et finalement « obligation de dételer » pour un temps. Elle recommença ensuite et pratiqua beaucoup pendant plusieurs années, soit seule, soit en compagnie de telle de ses amies devenue spirite et médium écrivain comme elle, soit avec l'aide

du fluide de telle autre qui lui mettait la main sur l'épaule, etc. Elle a ainsi une pile de cahiers de copie, plusieurs milliers de pages, de communications très variées, en vers et en prose, et des Esprits les plus divers, depuis Cyrano de Bergerac jusqu'aux personnes de sa connaissance récemment décédées.

Au début, Mme Zora avait l'écriture purement mécanique, qui ne ressemblait pas à sa main normale, et où l'on pouvait souvent reconnaître l'écriture des défunts qui se communiquaient. Peu à peu cela se modifia : le commencement seul des messages était d'un graphisme spécial, et la fin de son écriture ordinaire ; et de médium purement mécanique, elle est devenue de plus en plus intuitive. Tantôt elle ignore ce qu'elle écrit et doit se relire pour comprendre la communication : tantôt elle écrit et saisit le sens simultanément ; tantôt encore elle prévoit la fin du mot ou la phrase entière en en écrivant le commencement. Actuellement elle a (sauf en de rares occasions) complètement cessé d'écrire depuis deux ou trois ans, parce que cela la fatiguait trop, et aussi parce qu'elle avait sans cesse des doutes sur l'authenticité de ses communications. Tout en écrivant toujours très sincèrement, et sans y rien mettre d'elle consciemment, elle s'est bien rendu compte « qu'on peut arrondir sans s'en douter. » La théorie du subconscient l'a aussi rendue très défiante ; car comme elle est très cultivée en fait de littérature et d'art, qu'elle fait des vers et compose facilement à l'état normal, elle n'est jamais sûre que ses écritures médianimiques ne sortent pas de son propre fonds. Son vieux voisin de campagne, par exemple, avait beau lui affirmer que ses poésies automatiques n'étaient pas d'elle, mais lui avaient été dictées, elle avait peine à le croire — sauf pour quelques pièces « écrites dans les larmes, sans rature, d'un seul jet »... et encore ! Au total, cependant, elle conclut à la réalité d'une origine étrangère dans maintes de ses communications :

[**322**] « Oui, j'ai le sentiment d'avoir écrit quelquefois des choses supérieures à la norme de ma pensée. De plus, j'ai eu quelques communications de personnes à moi inconnues, sur des faits aussi inconnus, qui se sont trouvés vrais. D'un M. Martinol, entre autres, mort en Australie au moment où il s'embarquait pour le retour ; cet homme, parfaitement ignoré de moi, me fit une confession déplorable qu'il me chargeait de faire tenir à sa femme. Il y avait peu de temps que j'écrivais, et ne la connaissant pas je n'osai pas aller lui dire : je suis médium, j'ai reçu une communication de votre mari qui vient de mourir en Australie dans telles circonstances... J'aurais dû oser, mais je dois avouer, en cela, ma soumission lâche au soi-disant respect humain. Voyant que je n'y allais pas, le même Martinol se communiqua à mon amie Mme H.., d'une manière encore plus précise et pressante. Elle connaissait Mme Martinol et alla la voir avec les deux écrits. Tout était vrai, et les deux confessions donnaient la clef d'actes incompréhensibles jusqu'alors pour la famille. »

[**323**] En fait d'autres phénomènes, Mme Zora a éprouvé à une certaine époque « des sensations à la nuque, comme un dégagement nerveux, » qu'elle a aussi constaté chez d'autres personnes, et qu'elle rapproche de la force rayonnante des magnétiseurs : « Qu'est-ce que cette force qui semble rayonner de la nuque de certaines jeunes femmes entre 25 et 30 ans ? Je l'ai observée plusieurs fois chez des personnes qui ne se doutaient absolument pas de ce phéno-

mène, et je me demande s'il n'a pas quelque affinité avec l'aura dont parle Gibier (*Analyse des choses*, p. 124). C'est un rayonnement fluidique très léger, comme une effluve vibratoire sans coloration. J'attribuai alors ce phénomène à l'amour, parce que deux de ces jeunes personnes étaient fiancées à l'homme de leur choix, et la troisième, jeune mariée très amoureuse aussi ; et je les appelai trois lampyres, ce qui ne les flattait pas beaucoup. Ne serait-ce point quelque chose de pareil à une force médianimique ? »

III. Mme Zora a gardé, du temps où elle pratiquait beaucoup l'écriture médianimique, le souvenir heureux « de l'enthousiasme continu qu'on y éprouve quand on y est lancé ». Mais quand une fois on a cessé, il est difficile de s'y remettre, et l'on reste ballotté entre le désir de revivre cette belle vie morale et supérieure, et les nécessités matérielles désagréables de l'existence quotidienne, qui absorbent déjà suffisamment le temps et les forces disponibles. La médiumnité, d'ailleurs, et les communications, ne sont pas l'essentiel pour la vie ; elles ne constituent qu'une sorte de faculté physiologique, « qui ne va pas forcément de pair avec l'*excellence morale* ». — Quant aux doctrines : elle s'est éloignée du *christianisme* traditionnel à cause des deux dogmes du salut par le sang de J.-C., et de l'éternité des peines ; après une période de doute, elle a cherché son refuge dans la *morale indépendante*, puis en a vu l'impossibilité ; alors elle a lu Allan Kardec, mais ne peut se contenter du *spiritisme* vulgaire, par trop inférieur. Elle trouve d'autre part l'*occultisme* trop plein de magie et de superstition ; et au total elle ne saurait donner une formule précise de ses convictions profondément spiritualistes et religieuses.

1908. — Les amis de Mme Zora, qui a quitté Genève depuis plusieurs années, disent qu'elle est toujours dans les mêmes idées.

Obs. LXII. — *Mme Rosen-Dufaure, présidente de la société d'Etudes Psychiques de Genève depuis 1904 [1].

1908. — I. « Je possède en germe plusieurs facultés psychiques : *pressentiments* très nets, *intuitions* et surtout des *ouïes mentales*, qui parfois atteignirent jusqu'au sublime, et qui me retracent lumineusement un ensemble de lois jusqu'alors ignorées, que la science vient affirmer plus tard à ma grande et joyeuse surprise. Ces faits se sont produits déjà dans mon enfance ; mon entourage ne s'en doutait pas, car personne de ma famille ni de mes ascendants ne fut, que je sache, sujet à ces impressions, et je me gardai soigneusement d'en parler ; élevée avec une rigoureuse sévérité, j'avais une peur horrible de ce qui m'adviendrait si je faisais connaître ces incidents, rares il est vrai, mais dont le caractère positif s'imposait à ma conviction. C'était, du reste, dans un temps où l'on ne soupçonnait même pas l'existence du spiritisme... Dès cette lointaine époque, j'acquis *intuitivement* des *certitudes* intimes dont mon entou-

[1] Bien que Mme Rosen-Dufaure fût encore absente de Genève il y a dix ans, je n'ai pas hésité à faire rentrer son observation dans la présente enquête, en raison de l'autorité méritée dont jouit cette vaillante et courageuse propagatrice du spiritisme, qui a succédé au professeur Metzger à la tête de la Société d'Etudes Psychiques de Genève.

rage, orthodoxe protestant d'une part, incrédule de l'autre, eût bondi de colère s'il les eût connues.

[324] « J'avais environ 10 ans, lorsqu'un petit enfant du voisinage, avec lequel j'avais encore joué la veille au soir, mourut dans la nuit... Je demandai à voir le pauvre petit mort, et fus frappée de l'inertie, de la glaciale immobilité de cet être d'un an, si vivant quinze heures auparavant, et sachant que la mort atteint tout le monde sans exception, je me dis qu'un jour je serais à mon tour raidie, insensible et froide, impossible à réveiller... A cet instant, j'éprouvai quelque chose d'étrange, de subit : je ne vis plus rien de ce qui m'entourait ; seule, debout dans la chambre de ma mère, je *sentis* près de moi une présence invisible, spirituelle, et tout à coup, frappant ma poitrine du bout de mes doigts, je dis tout haut avec une véhémence extrême : Oui, mon corps mourra, sera froid, insensible, mais Moi je ne mourrai jamais, Moi *j'ai toujours vécu !* — Pourquoi ajoutai-je ces derniers mots dont je fus surprise ? C'est que, dans cette minute précise, mon esprit eut la perception nette, irrécusable, d'un immense passé, d'une durée illimitée, où *je sentais* avoir existé. Et telle fut sur moi la souveraine puissance de ce fait, qu'elle demeura au tréfond de mon être, sans se laisser entamer par la négation ni fortifier par l'affirmation. Ainsi, l'immortalité de l'âme s'empara de mon enfantine mentalité et devint une conviction irréductible dont, selon ma coutume en ces choses-là, je ne soufflai mot. Je ne m'étonnai donc jamais que cette âme, existant et survivant au corps, pût se manifester.

« Durant ma longue carrière, j'ai souvent revu par le souvenir cette infinie et magnifique suite d'âges écoulés, à travers lesquels ma propre vie évoluait graduellement. De cette sorte de double vue, momentanée et sans la moindre perte de connaissance, naquit aussi chez moi la notion des vies successives et, bien plus tard, l'avènement de l'âme, partant du règne minéral pour aboutir aux sphères célestes en passant par tous les degrés intermédiaires. Je ne me savais point spirite, alors ; le mot lui-même m'était inconnu, et cependant, sous l'empire de ces idées, j'écrivis un opuscule qui résumait exactement toute la doctrine, y compris la *possibilité* de nos relations avec les âmes, fait dont je n'avais nulle idée, mais que je *sentais* devoir être.

[325] « Plusieurs années après, à Paris, j'eus l'occasion de fréquenter des groupes spirites. On voulut bien m'initier à la Doctrine, mais je l'étais déjà. Au cours d'affreux chagrins, j'avais trouvé la paix dans la lumière intime qui s'était produite en moi, et mes conclusions étaient pour la plupart d'accord avec celles d'Allan Kardec, dont les travaux m'étaient encore absolument étrangers. (Depuis, d'autres lumières inattendues ont considérablement agrandi mes horizons psychiques.) Les personnes chez qui avaient lieu nos séances demandèrent à leurs guides spirituels si j'avais quelque médiumnité. La réponse textuelle fut : *Elle en a plusieurs, mais nous ne tenons pas à les développer ; nous la réservons pour autre chose.* Les faits ultérieurs confirmèrent ce dire, car durant mes 28 ans de séjour à Paris, la plume et la parole ne chômèrent point chez moi. Je compris alors pourquoi *on ne tenait pas à développer mes médiumnités.*

[326] « Ces dernières apparurent cependant dans certaines occasions, mais toujours temporairement. Ainsi j'eus pendant quelque temps des incarnations

dont plusieurs furent absolument probantes, même pour des savants français. Mes rêves étaient souvent prémonitoires sans que rien eût pu les provoquer. Une ou deux facultés me sont demeurées; ce sont des pressentiments sans motif et que les événements viennent justifier. J'ai parfois aussi l'écriture intuitive. La médiumnité au verre d'eau m'est survenue deux fois seulement et n'a plus reparu. Du reste ces diverses facultés momentanées se sont toujours produites avec utilité, chacune dans le domaine qui lui était propre. Ainsi, le verre d'eau m'a donné des images révélatrices d'une mort que rien ne faisait prévoir, mais dont la brusque nouvelle (huit jours après) aurait pu causer un choc fatal à l'un de mes proches parents très malade, sans cet avertissement occulte qui me permit de le prévenir avec ménagement. On peut souvent constater les effets de la tendre et prévoyante Sagesse qui préside, contre toute apparence, aux manifestations spirites. Si nous y étions plus attentifs, ces faits nous feraient remonter à la suprême origine de ces soins providentiels que l'on nie parce que, selon la parole du Christ, nous avons des yeux pour ne point voir...

II. « Promue à la vice-présidence de la Société scientifique d'Etudes psychologiques de Paris, présidée par le grand penseur Charles Fauvéty — avec Eugène Nus (auteur de: *Les Grands Mystères, Choses de l'autre monde*, etc.), Charles Lhomond, Tremeschini l'astronome orientaliste, René Caillé, Ch. Vallès, Mme Nœggerath, etc., pour collègues — pendant plus de 8 ans que je fus militante en ce milieu d'élite, l'occasion s'est naturellement présentée pour moi aussi d'assister à des phénomènes transcendants.

[327] « Les plus remarquables furent des matérialisations d'Esprits, sous un contrôle d'une absolue impeccabilité. Murs, plafond, parquet, portes, fenêtres, rideaux, furent minutieusement visités par un ingénieur, un autre monsieur et moi. La pièce, sans la moindre armoire, contenait pour tous meubles 1 petite table et 14 chaises cannées. Une lampe minuscule donnait une demi-lumière qui, après quelques minutes, permettait de tout voir très distinctement. Le Dr Chazarain, lauréat de l'Académie de Médecine, présidait au bon ordre et à l'intégralité des phénomènes. Le médium, une femme bien connue de nous tous, fut entièrement déshabillée par moi-même, assistée de deux dames, qui m'aidèrent à la revêtir d'un léger jupon blanc, d'une camisole pareille, et d'un tablier noir. Après quoi, nous ne la quittâmes pas d'une semelle, jusqu'au moment où l'ingénieur et deux autres messieurs l'eurent solidement attachée sur son fauteuil d'osier, que les mêmes cordelettes fixèrent en des pitons plantés (par ces messieurs) dans le parquet. Chaque nœud fut enveloppé de cire et cacheté soigneusement. Les liens, sans être *trop* serrés, l'étaient assez pour rendre IMPOSSIBLE la libération d'un membre quelconque. Toutes ces précautions prises, on tira le rideau d'étoffe légère destiné à rendre plus sombre l'étroit espace occupé par le médium, et dans lequel avait à peine place un support de 25 cm. de diamètre où se trouvaient une petite boite à musique, un pulvérisateur à eau de Cologne, et une très petite lampe à phosphore dont pouvaient se servir les Esprits pour montrer leur visage (le phosphore ne produisant pas les vibrations lumineuses contraires aux matérialisations). Tout étant ainsi disposé, les 14 personnes prirent place autour de la chambre et firent la chaîne.

[328] « Alors trois Esprits, parfaitement matérialisés, apparurent successivement. Tous furent reconnus, ce qui, pour celui d'une jeune femme décédée de phtisie depuis trois mois, provoqua de la part de son mari et de sa mère, qui étaient présents, une inoubliable scène de pleurs et d'attendrissement. Les deux autres apparitions, que je ne connaissais point, vinrent amicalement à moi au fond de la salle; puis l'une d'elles, se retournant vivement, se précipita dans la longueur de la pièce vers le médium toujours entrancé, prit le pulvérisateur et revint en hâte vers moi qui me trouvais aux prises avec une syncope *imminente*, ce dont personne de l'assistance ne s'apercevait, toute l'attention étant absorbée par les faits et gestes de l'apparition. Celle-ci rapidement me ranima en me jetant de l'eau de Cologne au visage, ce dont je la remerciai cordialement, car sans cette extraordinaire intervention, j'aurais presque immédiatement perdu connaissance par suite d'une étouffante chaleur (on était en août) et du manque total de ventilation. Tout cela s'était passé en un clin d'œil, grâce à l'inconcevable célérité de l'Esprit, et surtout à la perception que, sans me voir, il avait eu de mon indisposition. Mes voisins, dont je n'avais pas lâché les mains — nous faisions la chaîne — furent bien surpris de ce fait inattendu.

[329] « La dernière apparition fut celle d'une petite grosse femme, la mère du médium, immédiatement reconnue de tous les assistants. Elle vint directement à moi et m'embrassa affectueusement. Ses mains et sa figure, bien que *chair* très vivante, étaient d'un froid *glacial*. Or, chose curieuse, en me quittant elle rentra derrière les rideaux où se trouvait le médium, qui, s'éveillant À LA MÊME SECONDE, s'écriait: *A boire!* On vit la draperie blanche de l'Esprit entre les rideaux de couleur sombre, quand brusquement on ouvrit ceux-ci pour donner de l'air au médium; et déjà tout avait disparu: il n'y avait plus dans le cabinet que le médium, très rouge, congestionnée, et ruisselante de sueur. Quant à l'Esprit matérialisé, devenu invisible en moins d'une seconde sous les yeux de 14 personnes, nulle trappe, nul engin mécanique ou autre, ne saurait expliquer cet admirable phénomène. Le médium n'avait pas changé de position; les nœuds cachetés de nos propres initiales furent retrouvés intacts.

[330] « Vers ce même temps j'assistai chez le colonel de Voluet à des séances où se produisaient, entre beaucoup d'autres manifestations, des apparitions très extraordinaires de mains vivantes fort agiles. *Simultanément* toutes les personnes présentes en étaient amicalement frappées, avec une rapidité que n'eussent pu imiter des mains ordinaires. Celles-là serraient les nôtres avec effusion. J'en eus une dont l'étreinte prolongée fut des plus affectueuses; je la retins et voulus toucher le bras auquel elle devait appartenir, mais au-delà du poignet il n'y avait plus rien, le bras était absent, et pourtant je serrais une main *en chair*, chaude et bien vivante, dont la structure et le contact ne laissaient aucun doute: c'était bien un membre humain. Je sentais là une pression tellement amie que j'aurais voulu la prolonger; mais au bout d'un instant je ne sentis plus rien dans ma main hermétiquement fermée, l'autre l'avait quittée, non en s'en *retirant*, elle s'était *dissoute* et mes doigts, toujours fermés, ne tenaient plus rien.

« Ces faits, auxquels je me borne ici, ont été accompagnés de beaucoup d'autres dont je fus également témoin et qui auraient fixé mes convictions, si ces dernières n'avaient pas été dès longtemps établies par d'autres phénomènes plutôt intellectuels. »

III. Suivant les observations de Mme Rosen, les conditions influant sur la médiumnité varient tellement d'un sujet à l'autre, qu'on n'en peut rien dire de général et de constant, sauf que « les caractères d'élite, les âmes supérieurement évoluées, n'obtiennent guère, *par elles-mêmes*, de manifestations matérielles (ce qui s'explique par la qualité spécifique des fluides, trop légers, trop subtils chez ces personnes-là pour produire des effets de nature brutale). Je n'ai par exemple *jamais* rencontré une personne absolument évoluée qui fût médium typtologue. » Même diversité dans l'effet de la médiumnité suivant les natures : « J'ai connu d'excellents médiums, très robustes, parfaitement pondérés au moral comme au physique ; et d'autres qui, doués de la même faculté, semblaient manquer de tout équilibre mental. La médiumnité n'implique pas forcément telle ou telle disposition de caractère o[illegible]e. Mais chez la plupart de ces médiums détraqués dont nos adversai[illegible] mènent si grand bruit, j'ai constaté l'influence d'Esprits inférieurs qui, trouvant à leur portée des sujets plus ou moins sensitifs, s'en servent dans un but quelconque... Les médiums avisés se préservent de ces atteintes ; mais il n'est pas rare de voir des gens absolument étrangers au spiritisme subir inconsciemment la tyrannie de ces êtres occultes. Combien de fous ne sont autres que des obsédés ! J'ai vu de ces cas dont vinrent très bien à bout d'énergiques magnétisations dirigées sur l'Esprit obsesseur dont on avait constaté la présence.

« Quant aux Phénomènes médianimiques en général, ils constituent *la preuve expérimentale de l'immortalité de l'âme*, preuve vulgarisée providentiellement en notre temps de matérialisme. » De même que Socrate, Jésus, les Réformateurs, ont surgi chacun à son heure pour faire luire la vérité dans les ténèbres, de même le spiritisme est apparu « lorsque, le mouvement scientifique aidant, les dogmes désormais inadmissibles firent place au noir matérialisme ; alors s'affirmèrent *vivants* et *personnels* ces Esprits dont on proclamait l'anéantissement définitif... Que le monde officiel ait accusé Socrate de corrompre le peuple, Jésus de proférer les pires blasphèmes, les Apôtres d'être pleins de vin doux, et nous enfin d'escroquerie ou tout au moins d'idiotisme, qu'importe ! La Vérité s'impose, sa marche est lente, mais sûre, et du reste ses adeptes plaignent leurs adversaires en disant avec le Maître : Père, pardonne-leur, car ils ne savent ce qu'ils font ! Quand nos détracteurs seront plus évolués, ils comprendront, regretteront, et progresseront... Mais, d'autre part, je déplore l'abus que beaucoup de très honnêtes gens font du phénomène spirite, en le forçant d'intervenir à tout propos dans les détails de la vie matérielle ; excellent moyen de se faire berner, tromper, mystifier, par les Esprits inférieurs... »

Pour ce qui est de la Doctrine spirite, Mme Rosen la considère « comme un nouveau rayon de vérité accordé par Dieu à la pauvre âme humaine, rayon proportionné à notre mentalité actuelle et qui s'affirme par *des faits*, mais qui n'a rien de définitif, car l'idéal, le sentiment religieux, s'élève dans les masses à mesure que s'y développent les facultés intellectuelles. Cette haute philosophie ne m'apparaît donc point comme le dernier mot de la Vérité, destiné à s'immobiliser, j'allais dire à se *figer* en nous ; je l'accepte pour la plus lumineuse conception *religieuse* que puisse actuellement s'assimiler notre humanité. Et même en l'*absence totale* des phénomènes de l'Au-delà, je l'avais adoptée, car ces choses montent d'elles-mêmes à l'esprit, elles s'imposent par leur propre logique... Les principes spirites sont en somme ceux de Jésus. Seulement le spirite va plus loin aujourd'hui que ne put le faire le Maître lorsqu'il disait à ses apôtres: J'aurais encore d'autres choses à vous révéler, mais elles seraient au-dessus de votre portée. Qui sait si, dans sa pensée, il ne s'agissait pas de la filiation des êtres, de l'évolution universelle des âmes vers Dieu, du dépouillement de nos scories originelles par la douleur *nécessaire* au progrès, et des relations possibles entre le monde occulte et le monde physique! »

Dans l'éducation enfin: « Notre doctrine offrant le point culminant de la vérité — à notre époque — nous devons l'enseigner aux enfants, puisqu'on n'a pas craint autrefois de leur dire la création en 6 jours, la tentation d'Eve par un serpent, etc. J'ai pratiqué l'initiation préliminaire de notre philosophie auprès d'enfants de 8 à 12 ans. Ils buvaient mes paroles. Cette conversation était pour eux une joie. Et pourtant je ne leur parlais encore que des manifestations de la vie, de l'instinct, puis de l'intelligence, chez les règnes inférieurs. La progression des êtres ravissait mon jeune auditoire; plus tard, leur esprit s'ouvrait à la magnifique fraternité de la création terrestre, aux vies successives, au perfectionnement de l'être moral, au rôle nécessaire de la douleur, à la sainte mission de l'amour révélé et pratiqué par le Christ... De là, l'extinction de la cruauté et des mauvais traitements envers les animaux, nos *frères inférieurs*; plus tard, quelle révélation nouvelle et lumineuse sur le prochain *inévolué*, traversant les phases de grossière ignorance qui correspondent à notre sortie de l'animalité, puis des races primitives et sauvages où nous aussi vécûmes antérieurement! C'est là une réelle école d'indulgence... Oui, en procédant avec discernement *on doit* élever l'enfant dans les idées spirites... On formera ainsi son cœur à la bonté, à l'amour de la famille, de l'Humanité, de la Nature, à l'adoration d'un Dieu que de toute son âme il appellera Père! »

Obs. LXIII. — Mme veuve Bloth, 69 ans, artiste peintre.

[331] « Il y a 12 ans qu'une amie médium [Mme Zora, obs. LXI] me mit sur la voie de ces choses [médianimisme] et m'ouvrit un horizon tout nouveau pour moi. Je n'y ai d'abord pas attaché le sérieux désiré. Mais deux ans plus tard, des communications lui ayant été envoyées, destinées à elle et à moi, disant que je serais médium écrivain et me recommandant expressément d'essayer, je suis entrée autant qu'il m'était possible dans ce nouveau courant d'idées; je fus très heureuse de lire quelques-uns des ouvrages publiés à ce sujet, et à mon tour j'essayai de me servir de la médiumnité que l'on me disait que je possédais. Pendant plusieurs années le seul résultat obtenu a été de nombreux dessins singulièrement étranges, parfois quelques lignes en langues étrangères que je ne connais pas, même des caractères chinois. Puis mon mauvais état de santé a sans doute été la cause de la disparition de ce phénomène, qui était très régulier chaque soir. J'ai cessé peu à peu, et il y a à peu près une année que je n'ai pas repris le crayon. »

Cette période de médiumnité graphique dura environ sept ans (de l'âge de 61 à 68 ans). Mme Bloth pratiquait assez régulièrement, souvent deux fois par jour, le matin aussitôt levée et le soir avant de se coucher, ordinairement pendant 20 à 30 minutes. Par le fait de l'habitude, cet exercice lui aurait manqué si elle avait sauté un jour. Elle y était poussée, non par des sensations ou un besoin physique, mais uniquement « par des raisons du for intérieur », le désir d'obtenir des communications spirites. Elle aurait bien voulu, et elle espéra toujours recevoir des messages écrits, ayant un sens, mais elle n'a jamais eu que des dessins ornementaux ou d'énigmatiques hiéroglyphes. Elle se méfie que tout cela peut venir d'elle, puisqu'elle sait dessiner et aime beaucoup cet art ; cependant il y a une immense différence entre ses dessins normaux (elle ne fait que du paysage et de la figure) et ses dessins automatiques, qui sont d'un genre qu'elle ne se souvient pas d'avoir jamais cultivé normalement. Il ne semble pas que ses deux modes de pratiquer se soient jamais mélangés, ou substitué l'un à l'autre malgré elle. Dès qu'elle prenait le crayon dans le but et avec l'intention de ces exercices médianimiques, elle ne savait pas d'avance ce qu'elle allait faire, mais sa main partait immédiatement à grande vitesse, au rebours de ce qui se passait lorsqu'elle dessinait normalement dans le reste de la journée. Elle restait d'ailleurs toujours maîtresse de s'arrêter à volonté, et elle n'a jamais remarqué dans sa main ni lourdeur, ni insensibilité, ni aucune

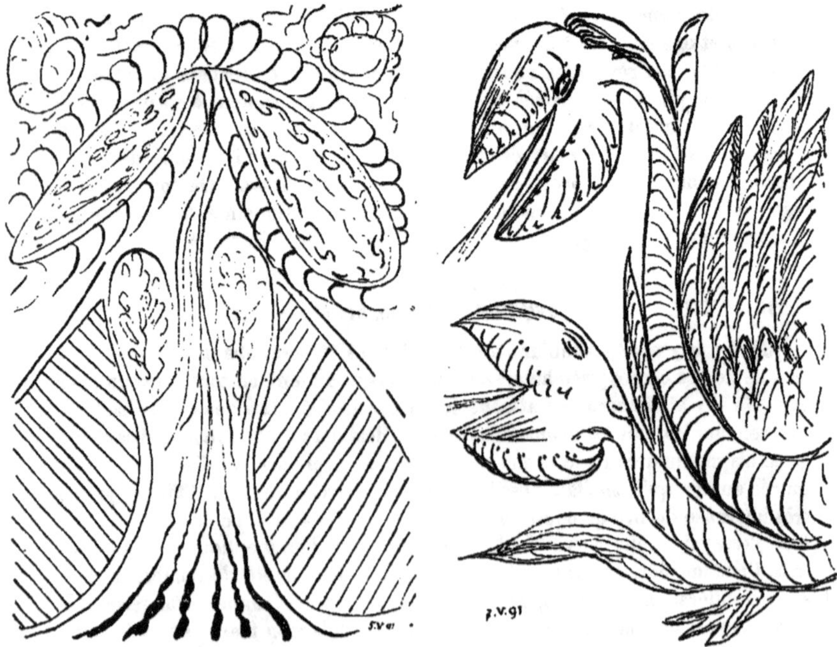

Fig. 19 réd. au 1/3. — (5 mai 1891.) Fig. 20 réd. au 1/3. — (7 mai 1891.)

Dessins automatiques, au crayon, de Mme Bloth.

Fig. 21 réd. au $^1/_3$. — (29 juin 1891.)

Fig. 22 réd. au $^1/_3$ — (23 nov. 1891.)

sensation spéciale, pas plus que dans le bras ou autre part. — Il lui est arrivé quelquefois d'écrire volontairement, en lettres françaises, des messages incompréhensibles, correspondant à des paroles étrangères inconnues qu'elle *entendait* mentalement. Elle ne paraît pas avoir jamais eu d'hallucination proprement dite, mais elle est du type auditif très marqué : « on entend continuellement parler en soi », dit-elle. Quand à ses hiéroglyphes médianimiques, ils ne correspondaient à rien d'entendu mentalement. En somme, elle n'a pas d'opinion arrêtée sur l'origine ni le sens de ces phénomènes automatiques, et elle n'a jamais remarqué qu'elle fût dans un état mental spécial, trance, etc., pendant leur production.

Mme Bloth m'a remis une riche collection de ses graphismes médianimiques, dessins et écritures, allant de septembre 1890 à août 1897. Ils sont tous au crayon, tantôt dur, tantôt tendre, et remplissent 22 cahiers, soit plus de 1250 pages, d'un format inégal compris entre 25 centimètres sur 18, et 42 sur 28. Les figures ci-jointes (19 à 26) en donnent quelques échantillons reproduits au tiers (soit au $^1/_9$ en surface).

Les dessins, qui constituent la plus grande partie de cette collection, ne représentent presque jamais de sujet ayant une signification claire et précise. A une seule exception près, reproduite ici pour sa rareté (fig. 20), on n'y rencontre point de figures d'animaux, à moins d'interpréter comme des réminis-

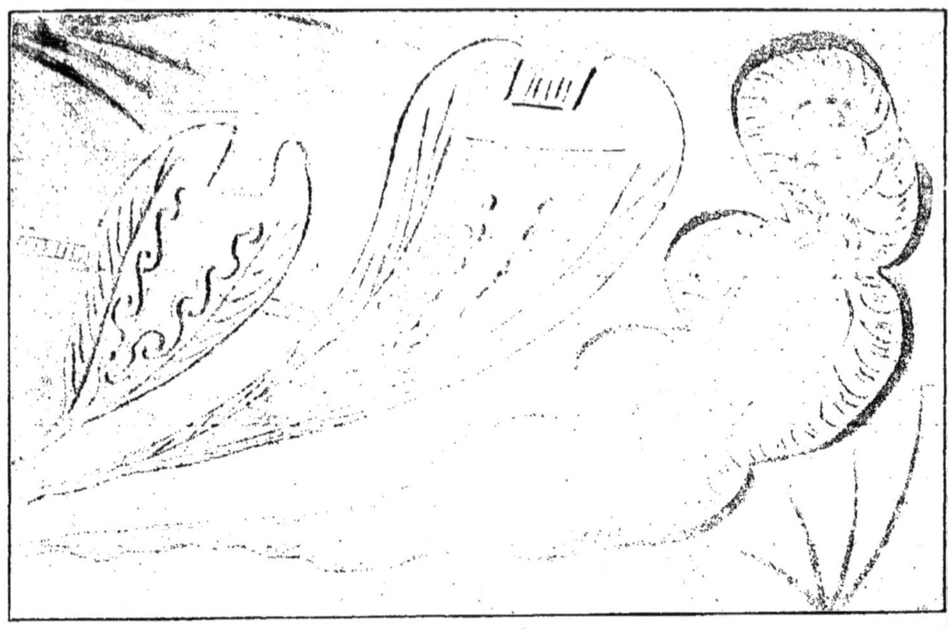

Fig. 23 réd. au $^1/_2$. — (9 avril 1892.)

cences de chenilles, vers, myriapodes et larves diverses, certaines ébauches annelées ou filamenteuses qui pourraient tout aussi bien être des débris de plantes. Par contre, il y a une surabondance de motifs ornementaux, tantôt tirés de la géométrie ou de la décoration architecturale (arabesques, triangles, crochets, cercles et spirales, arcs, volutes, enlacements, etc.), tantôt rappelant des formes végétales plus ou moins stylisées (fig. 23). Il est rare que ces bizarres esquisses, sortes de rêveries ou d'exercices désordonnés du crayon, présentent quelque unité de composition, ou une symétrie marquée comme celle de la fig. 19; la plupart ont un air fragmentaire, qui n'exclut pas un certain cachet esthétique dû au déroulement capricieux ou à la répétition parfois indéfinie de quelques éléments fondamentaux (comp. fig. 21 et 22).

En ce qui concerne l'écriture, qui était l'objet des plus vifs désirs de Mme Bloth, il est curieux de suivre le cours de ses vaines tentatives pour arriver à un résultat. — Dès le début (automne 1890), son crayon traça souvent des lignes entières et même des pages de barres verticales et de jambages inclinés, ou de lettres isolées répétées à satiété telles que *u*, *n*, *e*, *v*, etc., comme on fait faire aux écoliers, en sorte qu'elle put y voir un prélude plein de promesses. — L'année suivante, elle écrivit moitié mécaniquement, moitié sous la dictée mentale auditive, des séries de mots baroques qui semblaient être un mélange ou une trituration de vocables français, italiens, allemands, etc. En voici deux échantillons : — (1er sept. 1891)... *immjen senquella vormische den buntamni a*

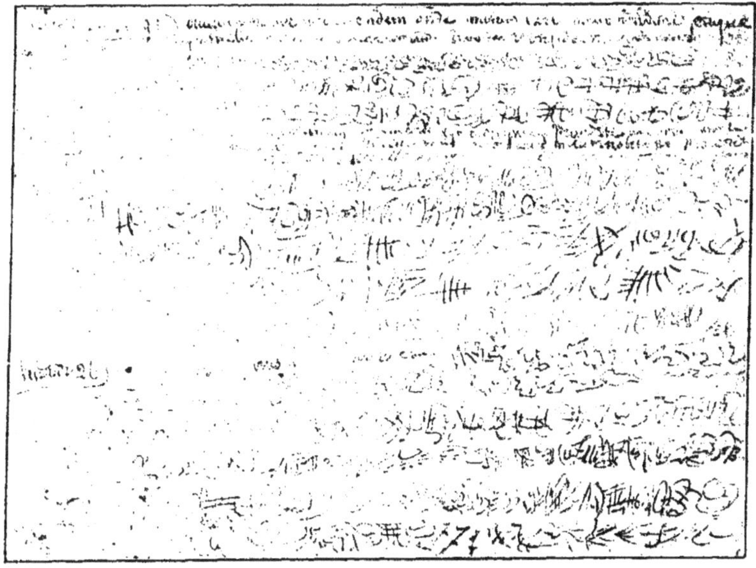

Fig. 24 réd. au $^1/_3$. — Ecriture automatique des 24, 25 et 26 mai 1893.

deler dossia lem i je men dou vou va ku ila bos tom durum. (6 nov. 1891) *namino molinacre donnusi telescopico abbadudci carrissima sellonig grielguerratico samortelloni cone della ponte car del tu nu nou con va chi sa tarnigonica ru...* — Après quelques lignes de ce charabia, les lettres finissaient toujours par se déformer en gribouillages, arabesques ou semblants de caractères orientaux, et enfin en purs dessins (comp. fig. 24 à 26). — Il n'y eut aucun progrès nouveau en 1892; mais au printemps 1893, il sembla qu'enfin Mme Bloth allait toucher au but. Son crayon lui traça, plusieurs fois, au milieu de mots isolés ou dénués de sens et avant de tomber dans le gribouillage final, quelques courtes phrases intelligibles et, qui plus est, constituant des encouragements positifs à persévérer : (24 avril 1893) *Encore un peu de patience...* (26 avril) *Encore un peu de patience, n'allez pas gâter ce qui est acquis...* (5 mai) *Croyez, ou vous n'arriverez à rien, mesurez vos essais, mais ne cessez pas* [v. fig. 25]... (31 mai) *Encore un peu de patience...* (1er juin) *Encore un peu de patience...* Mais Mme Bloth eut beau faire preuve de patience pendant tout l'été, elle n'obtint rien de mieux, et ces exhortations elles-mêmes ne se renouvelèrent plus. On peut voir par les fig. 26 et 24 qu'en septembre de cette année-là, comme déjà au mois de mai dans l'intervalle de ces décevants encouragements, les messages obtenus se bornaient à quelques lignes d'un galimatias inintelligible, mourant bientôt dans les gribouillages et les pseudo-caractères chinois ou autres. Si bien qu'à partir de 1894, Mme Bloth paraît avoir renoncé à tout espoir d'écriture sensée, et ses cahiers ne renferment plus que des hiéroglyphes de plus en plus vagues. Les dessins eux-mêmes perdent de leur netteté et leurs

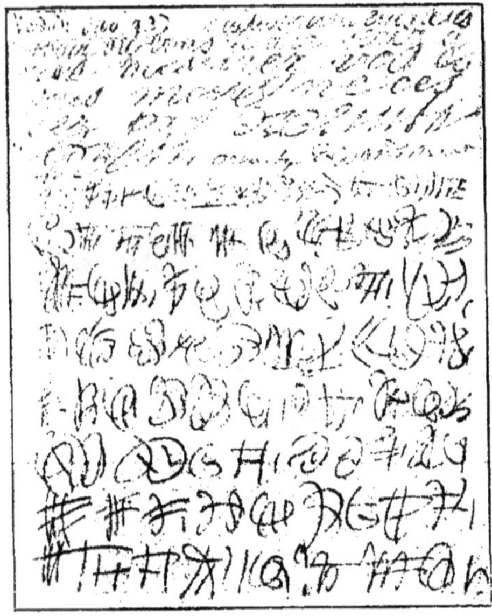

Fig. 25 réd. au 1/3. — (5 mai 1893.)

Fig. 26 réd. au 1/3. — (14 sept. 1893.)

dates s'espacent de plus en plus, jusqu'à cessation définitive le 20 août dernier.

« Dans ma famille, je n'ai jamais entendu parler de l'existence de ces facultés ni d'aucun phénomène psychique. Je n'ai jamais assisté à aucune séance spirite, sauf que trois fois, en ma présence, mon amie Mme Zora a reçu des communications destinées à nous deux.

[**332**] « Ici même [petit village valaisan], plusieurs faits m'ont été racontés par des personnes que je crois de bonne foi. Entre autres celui d'un homme qui se refusait à donner à son frère sa part d'héritage ; dans sa grange il crut voir et entendre son père (mort depuis 2 ans) lui reprocher son égoïsme avec une telle véhémence qu'il s'exécuta.

[**333**] « En fait de rêves, un surtout m'a frappée. Il me montrait morte une personne très bien portante et jeune : comme pressentiment en complète contradiction avec mes dispositions du moment et avec la parfaite santé de cette personne, je la vis subitement enveloppée de quelque chose que je ne sais comment décrire, mais qui signifiait la mort. Et la mort s'est réalisée !

[**334**] « En fait d'intuitions, je crois que lorsque notre jugement est absolument spontané et libre d'influence étrangère, à la vue subite de telle ou telle personne une sorte de vision nous fait entrevoir tout un développement de caractère, de relations, de faits possibles, et cela indépendamment de tout raisonnement. Quant aux inspirations, en prenant ce terme dans le sens le plus modeste, je crois qu'elles nous accompagnent souvent, pourvu que l'équilibre nerveux ou fluidique ne soit pas trop mauvais. Si l'on peut donner le beau mot d'*extase* à des éclairs accidentels, il arrive qu'un concours de sympathies dans un

milieu de beautés (de la nature, par exemple, ou de l'art, ou de l'enthousiasme) nous révèle comme une vie supérieure, qui n'est pas la nôtre, que nous ne créons pas, mais que nous entrevoyons... Je tiens à ajouter qu'il doit en être de toutes ces choses — que nous disons occultes parce que nous ne les connaissons qu'imparfaitement — comme des autres sciences: on a nié, et maintenant on connaît. »

1908. — « Depuis les dessins que je vous ai remis il y a dix ans, je n'ai plus rien eu de pareil et je n'ai assisté à aucune séance ni expérience psychique. Mais j'ai la conviction que, le sachant ou ne le sachant pas, nous sommes en communication avec l'Invisible, et que tout ce qui tend à éclairer ces rapports mystérieux doit avoir un résultat bienfaisant. »

II. Observations provenant de l'Etranger.

Obs. LXIV. — Mme O., à Tours. (Communiqué par M. Gardy.)

I. « Médiumnité régulière, commencée par la *typtologie*, arrivée à l'*écriture*, et qui enfin s'est développée à l'*oral* [les Esprits parlant par sa bouche]. Femme, d'une nature timide, et souffrant à l'idée d'attirer sur moi l'attention d'une réunion, les Esprits m'ont épargné cet émoi en prenant possession complète de moi par incorporéité [incarnation]. Ils expriment ainsi eux-mêmes les conseils ou instructions qu'ils désirent donner, et qui consistent toujours en enseignements moraux et parfois scientifiques. — Mon besoin de médiumnité se produit par un désir d'exprimer les pensées. »

[335] Cette dame, écrit M. Denis qui présidait à ses séances, « servait d'organe aux Esprits protecteurs du groupe. Quand un de ceux-ci l'animait, les traits de son visage prenaient une expression angélique, la voix s'adoucissait, devenait mélodieuse. Le langage revêtait des formes d'une pureté, d'une poésie, d'une élévation bien au-dessus des facultés personnelles du sujet. La vue semblait pénétrer jusqu'au fond du cœur des assistants. Elle lisait leur pensée, elle adressait à tour de rôle, à chacun d'eux, des avis, des avertissements touchant leur état moral et leur vie privée, qui dénotaient, même à première entrevue, une connaissance parfaite de leur caractère et de leur état de conscience. Elle les entretenait de choses intimes, d'eux seuls connues... Nous sentions, après le départ de cet Esprit, que quelque chose de grand était passé auprès de nous. — Presque toujours un second Esprit, d'une certaine élévation, mais de tout autre caractère, lui succédait dans le corps du médium. Celui-ci avait la parole brève et forte, le geste énergique et dominateur. Sa science était vaste. Il avait accepté la charge de diriger les études du groupe et savait résoudre les problèmes les plus ardus... C'était un spectacle étrange que de voir se succéder, dans la frêle enveloppe d'une dame d'allures timides et de savoir modeste, deux Esprits d'un caractère aussi élevé et aussi dissemblable. »

II. « Je fais partie d'un groupe où tous les médiums sont écrivains à un degré plus ou moins développé. »

III. « Les médiums qui nous entourent sont tous gens sérieux, appliqués à leurs devoirs, n'ayant qu'un désir : recevoir l'enseignement du bien... La doctrine spirite élève l'intelligence et rectifie le jugement en élaguant, de tout ce qui nous rapproche de Dieu, les dogmes erronés de l'Eglise romaine. Par cette doctrine, l'intelligence se porte plus saine et plus profonde sur les questions religieuses qui sont le principe de la morale... »

Obs. LXV. — Anonyme, à Tours. (Par M. Gardy.)

« L'épreuve d'une peine profonde, telle que la perte d'un enfant, modifie entièrement les idées, le caractère, la vie même. On s'isole, on pense, on voudrait espérer revoir ceux que l'on a aimés et perdus. Si la religion de votre enfance ne répond plus aux besoins de votre cœur et de votre raison, il est naturel de chercher ailleurs consolation et espérance. C'est le spiritisme qui a été pour moi cette consolation et cette espérance cherchées.

[**336**] « Dans une séance, il m'a été dit : *Travaillez, et vous deviendrez médium.* Médium, c'est-à-dire en communication peut-être avec mon enfant ! J'ai voulu expérimenter par moi-même les effets de la médiumnité, et ce désir de savoir a été le but de mes recherches. J'ai suivi les indications données, et chaque jour j'essayais d'écrire. Le résultat, d'abord nul, n'a été obtenu qu'au bout de 3 mois, dans une réunion où un médium a mis quelques instants ses doigts sur ma main droite, qui aussitôt est partie seule, décrivant d'abord des arabesques, plus tard des lettres, puis des mots, enfin des phrases entières. Cette médiumnité (récente, elle date de quelques mois) fut intuitive au début, mais elle devient maintenant semi-mécanique, c'est-à-dire que j'écris un mot sans savoir celui qui suivra. »

III. « La médiumnité est une assurance nouvelle de la vérité des doctrines spirites. Lorsqu'on se sent soutenu par de bons Esprits, par ceux qui étaient les guides de votre jeunesse et qui continuent dans l'au-delà d'être vos protecteurs et vos conseillers ici-bas, l'influence morale de la médiumnité est bonne et salutaire ; la santé physique ne peut en souffrir ; les nerfs deviennent plus sensibles et l'activité de la pensée plus grande... »

Obs. LXVI. — M. A. B., 27 ans, publiciste à Rouen. (Par Mlle Champury.)

[**337**] « J'avais environ 15 ans lorsque la médiumnité se manifesta chez moi. Après plusieurs essais infructueux, ma main partit toute seule et le crayon traça quelques pages d'écriture, un soir que je m'adonnais avec mes parents à ce genre d'expériences. Pendant plus d'un an, j'écrivis beaucoup, un peu au hasard des circonstances, mais toujours en présence de mes parents. Je ne tardai pas, par suite de l'abus, à être sous l'empire d'un Esprit léger qui s'amusa à nos dépens. Aussi cessâmes-nous toute expérience pendant une année. Mais une fois, au déclin du jour, je vis une chaise remuer et j'entendis résonner à mon oreille un mot très doux dont la finale se perdait dans l'espace : *Vauve....* Il y avait là, nous sembla-t-il, un appel de l'au-delà à ne pas abandonner plus longtemps la cause de la vérité. Nous eûmes le soir même, chez des amis, une

réunion qui fut la première assise du *Groupe Vauvenargues*, lequel obtint de nombreux enseignements d'ordre général et d'un grand intérêt sous la protection de guides sérieux et élevés.

« Dès lors j'ai été doué, pendant des années, de différentes formes de médiumnité. Plusieurs fois, je fis de la *typtologie*, mais je n'agissais qu'en aide, en régulateur des mouvements pour l'emploi de l'alphabet. Pendant quelque temps aussi j'eus la *vision au verre d'eau*, où m'apparurent des sujets allégoriques. Mais ma médiumnité la plus fréquente fut l'*écriture mécanique*; ma main écrivait sans que les mots tracés par le crayon eussent été formulés par moi; bien souvent je ne déchiffrais la communication qu'après sa dictée complète, et, la lecture à haute voix achevée, il en restait moins de traces dans mon souvenir que chez les autres auditeurs. Il est à remarquer que chaque Esprit familier se communiquant à moi avait sa caractéristique propre, non seulement au point de vue intellectuel et moral, mais aussi de l'écriture, qui maintes fois ressemblait frappamment à celle de l'incarné. L'usage de ma médiumnité eut quelques éclipses momentanées sur les conseils de nos guides, qui agissaient ainsi pour ménager ma santé. Pour cette cause, et par changement de circonstances, je dus cesser presque entièrement nos bonnes relations avec le monde spirituel. — J'ai eu parfois des pressentiments, souvent pour des choses futiles.

[338] « Je n'ai pas de parents doués de facultés médianimiques. Seul mon père éprouve souvent dans la rue, au passage des enterrements, un frisson fluidique, froid, enveloppant, qui, selon lui, est une marque de sympathie du désincarné pour la bonne pensée que mon père lui adresse intérieurement. — J'ai assisté à de nombreuses séances et expériences psychiques (écriture, typtologie, hypnotisme, etc.), et j'ai eu le plaisir de constater de nombreuses preuves d'identité données par les Esprits lorsqu'il y avait communion de pensée chez les assistants; dans les grandes séances, on obtient peu de phénomènes intelligents par suite du manque d'harmonie ambiante. — Les personnes fortes de corpulence m'ont paru plus facilement douées pour la typtologie. Cependant j'ai vu une fois une femme, petite, faire agir remarquablement la table sous le simple contact d'un doigt. S'étant énorgueillie de ce résultat inespéré, sa médiumnité lui fut immédiatement et à tout jamais retirée. »

III. « Les médiums sont rares; les plus nombreux sont les intuitifs qui écrivent sous la dictée plus ou moins exacte des Esprits; il y en a peu qui jouent le rôle passif d'instruments dociles. La médiumnité ne détermine pas de changement dans les conditions morales de l'individu, mais elle rend l'état nerveux surexcitable. Son abus influe certainement sur le physique en l'affaiblissant. En général les médiums ne se distinguent pas des autres personnes; il y a toutefois des exceptions: p. ex., un épileptique, devenant médium, donnera des signes spéciaux de sa faculté.

« L'avantage pratique des Phénomènes est de contribuer puissamment à l'extension de la Doctrine spirite, en prouvant la survie et la pluralité des existences. Mais si l'on expérimente dans le but de se distraire, ou de connaître l'avenir, en vue de profits matériels, on se rend au-devant des pires mécomptes. Le Spiritisme, établi sur le *fait* intelligent et sur la *foi* raisonnée, est la religion scientifique de l'avenir, car lui seul peut être positif en même temps qu'idéal... »

Obs. LXVII. — M. E. B., 54 ans, au Havre. (Par Mlle Champury.)

« Je suis médium *magnétiseur* et *auditif*. Il m'est souvent arrivé de *voir*, mais je ne saurais dire comment. Quand je magnétise, je subis une influence qui me guide intuitivement pour dégager le malade des mauvais fluides qui l'enveloppent ; ensuite ma main droite est conduite sur les parties atteintes, sans que jamais j'aie à questionner le malade ; enfin, mes deux mains, toujours conduites, l'enveloppent d'un fluide protecteur.

[**339**] « J'ai commencé à 24 ans (en 1868) l'étude du spiritisme et du magnétisme. Au début, ma main n'était pas conduite, bien que mon magnétisme fût efficace. En 1879, je vis m'apparaître, tout à fait comme s'il eût été réel, un homme coiffé d'une casquette et portant un tablier bleu, la main gauche reployée sur la poitrine, la main droite dirigée vers moi ; il me dit : *C'est ainsi qu'on doit magnétiser*. Je ressentis au côté gauche (vis-à-vis de sa main droite) un courant tellement violent que je m'inclinai sur le côté. C'est à partir de ce moment que ma main a été conduite, et qu'*on* m'a fait agir souvent autrement que suivant les règles, toujours pour le bien du malade. Ce dernier quelquefois s'endort sous mon influence, mais je ne cherche pas à provoquer le sommeil. — Une trop grande fatigue cause une suspension plus ou moins longue de ma faculté ; mais sitôt la force revenue, ma faculté est telle qu'auparavant. Elle augmente de puissance avec le temps et l'exercice, pourvu toutefois que rien ne me détourne de la voie droite.

[**340**] « Voici un fait, entre autres, relatif à la magnétisation à distance. M. M., habitant Rouen, écrit l'an dernier à notre groupe spirite pour demander s'il touchait à sa fin, tellement étaient violentes les douleurs que lui causait une luxation interne incurable, au-dessus du cœur ; luxation qui dure depuis des années et que la science médicale est impuissante à calmer. Je commençai aussitôt à agir [du Havre] sur lui, ou plutôt sur son double, ayant eu précédemment l'occasion de le magnétiser de près, ce qui avait établi le courant fluidique. La 1re séance dura 15 minutes, les suivantes de moins en moins. Le 4me jour, M. M. put reprendre ses occupations, mais je continuai encore pendant 15 jours à le magnétiser, et, depuis, il porte une flanelle magnétisée que je renouvelle toutes les semaines, ce qui lui permet de vaquer à ses affaires.

[**341**] « Pour me rendre compte du phénomène, je proposai au groupe spirite dont je fais partie, d'essayer la *vision* de la magnétisation à distance. » C'est ce qui fut entrepris dans une séance à 3 médiums (le magnétiseur, une voyante, et un médium servant d'aide) dont voici le procès-verbal résumé : « Dès que l'obscurité est faite, le magnétiseur, supposant son sujet assis devant lui, fait l'appel nécessaire (à Dieu et à ses guides), et bientôt son bras est conduit comme s'il avait effectivement le malade sous la main. En même temps, la voyante voit une lumière au-dessus de l'aide ; de cette lumière sort un fil brillant qui se dirige vers le magnétiseur et la voyante (qui sont près l'un de l'autre). Un autre fil, plus dense et plus gros, part du magnétiseur et va se perdre dans le lointain ; bientôt il prend les couleurs de l'arc-en-ciel, puis devient blanchâtre, et la voyante voit qu'on le roule comme pour l'emporter, et tout s'efface ; après quoi elle voit répandre comme de la rosée sur la tête de l'aide

puis elle aperçoit celui-ci comme sous un léger voile de gaze blanche, bien au-dessus de l'endroit où il se trouve réellement. Cette apparition descend, et tandis que l'aide (toujours éveillé) a l'impression d'un travail qui s'opère précipitamment autour de lui, la voyante voit en effet le voile de gaze se transformer en une enveloppe d'épais crêpe blanc, puis une sorte d'écran noir tomber devant l'aide comme pour le garantir. Au même instant, le magnétiseur avertissait de faire bien attention (car il expérimentait, à l'insu des assistants, sur une autre personne); la voyante voit alors un flot de fluides lourds et noirs envahir la partie de la chambre que ne garantit pas l'écran, et tourbillonner autour du magnétiseur qu'elle cherche à mettre en garde contre cet envahissement en l'avertissant de s'arrêter, ce qu'il fait au bout d'un instant. On rallume alors l'électricité, et la séance continue par des expériences d'écriture médianimique », dans lesquelles les Esprits-guides du groupe donnent l'explication de ce qui vient de se passer: le fil qui a été roulé et emporté, c'était le fluide invisible du magnétiseur (destiné au malade absent) que les Esprits ont rendu visible pour la voyante en y unissant le fluide humain fourni par l'aide; les couleurs d'arc-en-ciel étaient dues à la présence du guide spirituel près du fil, car le fil c'est la lumière, et le corps translucide du guide joue le rôle d'un prisme; le tourbillonnement de fluides noirs et les craintes de la voyante provenaient de ce que le magnétiseur avait, sans en rien dire à personne, essayé de magnétiser un incrédule (pour voir si l'effet serait autre que sur un croyant), ce qui est un grand tort et un danger; etc.

« Les voix que j'entends semblent se trouver dans ma tête même; lorsque j'ai voulu les faire contrôler par un médium écrivain (ignorant, naturellement, ce que j'avais à demander), elles se sont toujours trouvées exactes. — J'ai eu de nombreux pressentiments et intuitions. — Ma femme était médium à effets physiques, voyante à l'état de veille, et somnambule. Deux de mes enfants, garçon et fille, sont médiums voyants; cette faculté s'est développée chez eux spontanément, dès leur enfance. — Dans mon groupe spirite, ou ailleurs, j'ai constaté tous les phénomènes relatés par les auteurs, sauf l'apport, l'écriture directe, et la matérialisation. »

III. « La moralité donne une plus grande puissance à la médiumnité. L'exercice de celle-ci n'altère en rien la santé, il l'équilibre plutôt et donne plus de calme et d'énergie, à condition de n'en pas abuser. Bien comprise, la médiumnité agit efficacement sur les dispositions morales et sur l'intelligence. Mais souvent les personnes trop sensibles, *médiums inconscients*, subissent les influences du milieu et semblent par là n'avoir pas de caractère; elles ne pourraient lutter là-contre qu'en se rendant compte de leur état. — Le spiritisme est la sauvegarde de tous les médiums, puisqu'il apprend d'où l'on vient, où l'on va, et pourquoi l'on est ici-bas. Il donne la force de supporter toutes les tribulations... et préserve, dans bien des cas, du suicide. Le jour où il sera enseigné aux enfants, on verra une transformation de l'humanité et l'on pourra dire, comme au temps des premiers chrétiens: Nous sommes tous frères! Mais il ne faudra pas que le spiritisme, à l'instar des religions établies, formule des dogmes et s'emprisonne dans une doctrine: il doit être une recherche libre, une ascension continuelle vers la lumière! »

Obs. LXVIII. — M. G., 68 ans, hôtelier, au Havre. (Par Mlle Champury.)

Il y a 15 ans qu'à la suite des séances de Donato, il s'est mis à magnétiser et a réussi, sur quelques sujets sensibles, les expériences ordinaires de somnambulisme. Puis il a étudié le spiritisme, ce qui a développé en lui divers phénomènes et facultés médianimiques « qui ont toujours augmenté par la pratique, et diminué quand on les exerce moins. »

[**342**] « Je suis assez impressionnable, c'est-à-dire que je *sens* les influences [des Esprits], dans nos réunions, par le moyen de frissons soit légers, soit très violents, suivant la nature bonne ou mauvaise de ces influences. Quelquefois aussi j'*écris*, mais absolument intuitivement, de telle sorte que souvent je n'ose dire que ce ne soit pas de moi, sauf que, lorsque je relis ces écrits quelques jours après, je ne reconnais plus mon style. J'ai souvent eu des *voix* qui m'ont appelé pendant mon sommeil; souvent je les reconnaissais. J'ai aussi eu des *rêves* m'annonçant des choses qui ont eu lieu plus tard; p. ex. : j'ai rêvé une fois qu'une voisine était morte et qu'on me demandait si je voulais l'ensevelir, ce que je refusai; or le matin on vint annoncer à ma femme la mort de cette voisine et la prier d'aider à l'ensevelir, ce qu'elle fit. — Mais ma principale médiumnité est celle de *médium guérisseur*, que je n'ai d'ailleurs exercée que sur les miens et dans mon entourage, bien rarement au dehors. Voici 2 faits principaux :

[**343**] « Il y a quelques années une de mes parentes, qui avait accouché et perdu son nouveau-né, eut une fièvre croissante; les remèdes des médecins n'avaient plus d'effet, elle était menacée d'une péritonite. Comme le magnétisme était mal vu dans son entourage et qu'elle-même n'en aurait peut-être pas voulu, je dissimulai mon intention sous la forme d'une visite que je lui fis un soir, à la chute du jour. Je m'assis à un mètre de son lit, causai un instant avec elle, puis restai sans parler comme pour ne pas la fatiguer. Pendant ce temps, j'élevai ma pensée aussi haut que me le permit ma situation morale, demandant à Dieu le pouvoir de soulager cette malade, et priant les bons Esprits de m'assister et de diriger eux-mêmes (puisque j'étais complètement ignorant en fait de médecine) leurs fluides bienfaisants et guérissants, que j'avais attirés sur elle par ma volonté. Ce magnétisme par la pensée dura environ un quart d'heure; je me disposai alors à quitter la malade, qui tint à me remercier avant mon départ, me disant qu'elle avait bien senti que je l'avais magnétisée sans le lui dire — et qu'elle était guérie. Elle avait dit vrai!

[**344**] « Un de mes amis m'écrivit un matin que sa femme était en train d'accoucher, et que je voulusse bien penser à elle, ce que je fis dès que mes occupations me le permirent; je me trouvais alors dans ma cave, bien seul et bien tranquille. Quand je crus avoir suffisamment pensé à cette dame (toujours d'une façon très élevée), j'allais reprendre mon travail ordinaire, lorsqu'un tableau m'apparut, représentant en grandeur naturelle la scène d'un accouchement où le médecin qui opérait était mon sosie : je me voyais, à un mètre de moi, en train de faire l'accouchement, mes doigts avaient la sensation du travail qu'opérait mon sosie. Lorsque ce fut terminé et que le tableau eût disparu, je regardai ma montre, il était 11 h.; une heure après, j'apprenais par un mot

de mon ami que sa femme était accouchée à 11 h. La vision de ce tableau n'avait pas eu pour but de donner une satisfaction au penseur, mais bien de maintenir plus longtemps la pensée de ce dernier sur l'objet qu'elle poursuivait.

[345] « J'ai assisté au fait suivant. Un jeune homme ayant demandé à un magnétiseur la permission d'endormir son sujet, puis ayant voulu le réveiller parce qu'il paraissait menacé d'une crise, le sujet fut troublé et eut peur et je dus intervenir pour le réveiller. Dès lors, chaque fois que ce sujet était endormi de nouveau, sa peur le reprenait, jusqu'à ce qu'un mois plus tard, on conseilla au jeune homme, qui se trouvait présent, de dégager le sujet de ses fluides; le sujet endormi guida lui-même le jeune homme dans les passes qu'il devait faire, et cela réussit : dès lors le sujet n'eut plus peur dans les expériences ultérieures. — Un jour, tous mes efforts pour endormir ce même sujet restèrent inutiles; il me vint alors à l'idée de prier les Esprits supérieurs de vouloir bien l'endormir : en un instant ce fut fait. J'ai constaté aussi, dans une expérience faite avec Donato, qu'un magnétiseur ne peut pas à volonté endormir tous les sujets sensibles : si un sujet se met sous la protection de son Esprit protecteur, le plus fort magnétiseur ne lui peut rien. »

III. « L'influence de la médiumnité sur le physique paraît nulle, excepté cependant quand cette médiumnité dépend de l'influence d'un magnétiseur : le sujet peut alors recevoir un surplus de santé si le magnétiseur opère par les moyens élevés (ou spirituels), et dépérir s'il opère par le moyen naturel (ou humain) et surtout s'il n'est pas absolument sain de corps et d'esprit. — Quant aux médiums quels qu'ils soient, plus leur médiumnité se développe, plus ils deviennent sensibles et impressionnables, et par là plus accessibles aux influences diverses; mais grâce aux instructions qu'ils reçoivent [des Esprits], ils sont mieux placés que personne pour se fortifier moralement. — Les avantages pratiques de la médiumnité ne peuvent être que moraux; les inconvénients ne viennent que de ce que l'on ne suit pas la bonne ligne de conduite, et ils peuvent alors être très grands; les gens, par exemple, qui font servir leur médiumnité pour les besoins de leur égoïsme et de leur cupidité, courent de grands risques physiques et moraux.

« Les Phénomènes sont réels et sont apparus dans notre humanité pour donner la preuve de la Puissance supérieure et détruire le matérialisme .. La Doctrine spirite est une philosophie très nette, très claire... par la réincarnation, elle nous donne la clef de tout ce qui pouvait nous être incompréhensible ; tous les mystères s'expliquent logiquement ; par le magnétisme spirituel les miracles n'en sont plus. — Quant à l'importance du spiritisme dans ma vie : Au point de vue intellectuel, je comprends tout ce que je ne pouvais comprendre avant de le connaître, je sais d'où je viens et où je vais, je comprends le pourquoi des choses. Au point de vue moral, ma gaîté est plus grande, j'ai plus de courage, rien ne m'abat, mon moral est solide et bien assis, mon sang-froid est à toute épreuve et mon physique s'en ressent tout particulièrement. Au point de vue religieux, je n'avais jamais été si croyant; mais je désire que cette philosophie ne devienne jamais une religion avec des dogmes et des cérémonies extérieures ; le spiritisme est la religion de l'âme, et non pas des yeux ; l'immensité nous suffit... Dans l'éducation, il faut enseigner la philosophie de cette doctrine et toutes les vérités qu'elle renferme, mais non pas la possibilité des manifestations... il ne faut pas mettre de suite la science du bien et du mal à la portée de tous : la science des sciences ne pourra et ne devra jamais être connue que d'un nombre d'hommes assez restreint... »

Obs. LXIX. — Mme veuve B., au Havre. (Par Mlle Champury.)

« Avant d'avoir jamais entendu parler du spiritisme et ignorant jusqu'au mot de médium, j'ai eu les faits suivants (moins les deux derniers, qui sont tout récents) :

[**346**] « *Vision* (1871). Etant à Elbeuf, j'ai vu un de mes cousins expirer à Sotteville; son lit s'est trouvé superposé sur le mien. — *Pressentiment* (1872). En me réveillant, je dis à une amie : Il me semble que je vais recevoir une dépêche m'annonçant la mort de ma mère (dont je n'avais pas de nouvelles depuis longtemps). Une heure après, la dépêche arrivait. — *Vision* et *voix* (1888). Je fus prévenue pendant la nuit, par une de mes tantes morte en 1884, d'une disgrâce qui devait m'arriver. — *Vision* (1895). Je vis au Havre un monsieur mort depuis 13 ou 14 ans; je m'arrêtai stupéfaite devant lui, désirant lui parler; n'osant pas, je le laissai passer; puis vainquant mon hésitation, je fis quelques pas vers lui; aussitôt il disparut; aucun obstacle matériel n'avait pu le dérober à ma vue. Quelques temps avant, et encore après (je ne sais pas la date), j'ai vu un de mes oncles [défunt] dans les mêmes conditions, en plein jour et en pleine rue. — J'ai quelquefois entendu une voix m'appeler, d'autres fois frapper à ma porte.

[**347**] « *Vision* et *inspiration*. Le 3 ou 4 février dernier (1898), mon mari souffrait de ses douleurs habituelles, qui ne faisaient point craindre pour sa vie. De minuit à 2 h. je vis, suspendu au-dessus de lui, un petit monument d'environ 1 mètre carré : malgré ses couleurs éblouissantes comme le soleil, je pouvais le regarder et je voyais plusieurs êtres travailler à sa confection; je demandai ce que c'était, il me fut répondu : *C'est sa demeure ; elle n'est pas encore terminée ; mais ce ne sera pas long ; quand elle sera terminée, il mourra.* Mon mari est mort le 13 février.

[**348**] « *Vision* et *voix*. Le 10 avril dernier, jour de Pâques, j'avais demandé à Dieu d'accorder à mon mari une communication avec moi. Elle m'a été accordée. (C'est le seul fait que j'aie provoqué, tous les autres m'ont été donnés sans que j'aie rien fait pour les obtenir.) De 11 h. à minuit un craquement de meuble m'éveilla; ayant toujours de la lumière, je regardai partout dans ma chambre, et n'apercevant rien, je cherchais à me rendormir, lorsque j'ai vu mon mari. Après quelques mots, il disparut. Un nouveau craquement se fit entendre, environ le même temps après sa disparition qu'avant son arrivée.

[**349**] « Ma bisaïeule a su d'avance le jour et l'heure de sa mort. Ma mère a eu plusieurs phénomènes psychiques. — J'ai la conviction que ces phénomènes, que j'appelle *faveurs*, sont dus à 3 choses : 1° aux dispositions de ceux qui les reçoivent ; 2° aux désirs des Esprits qui se manifestent; 3° à la volonté de Dieu, qui peut les accorder ou les refuser, toujours pour notre bien. »

Obs. LXX. — Mme D., 61 ans, caissière, au Havre. (Par Mlle Champury.)

[250] « Je suis médium écrivain depuis environ 15 ans; ma main se trouve entraînée et je perçois en même temps quelques mots; de phrase en phrase j'obtiens des communications assez instructives. Au début j'ai été longtemps avant de pouvoir écrire; ma main marchait, mais ne faisait que former des lettres comme l'enfant qui commence à apprendre; cela dura près de 6 mois. Puis de distance en distance j'écrivis un mot isolé; enfin je parvins à faire des phrases entières, mais avec beaucoup de difficulté. C'est en assistant aux séances spirites que je me suis formée, et en essayant chaque jour. Il m'arrive parfois de ne pas pouvoir écrire du tout; j'attribue ces arrêts momentanés à la fatigue causée par mon emploi; ma faculté me revient après un temps de repos. De temps à autre je suis aussi un peu voyante: il y a à peu près 8 ans, on m'endormait dans nos réunions et je servais de somnambule pour nos travaux. Il m'est aussi arrivé de magnétiser une personne malade pour la soulager, et j'ai réussi à la guérir sans connaître le magnétisme, en sachant seulement m'élever par la pensée. »

III. « Les médiums se distinguent des autres gens par leur bonté, leur charité, leur dévouement à tous ceux qui souffrent... La médiumnité améliore le caractère, et fait supporter toutes les épreuves avec courage et résignation, parce qu'elle nous apprend le pourquoi et le but de cette vie. Si je n'avais pas été médium, je n'aurais jamais voulu croire au spiritisme; ayant été élevée dans un couvent, ma foi profonde en la religion catholique me faisait penser que je commettais une faute grave en m'occupant de ce que l'Eglise condamne si bien... Je ne vois rien qui puisse mieux me satisfaire et me faire comprendre la vie que la doctrine spirite et sa belle philosophie... »

Obs. LXXI. — M. A. H., 37 ans, au Havre. (Par Mlle Champury.)

« Je possède la médiumnité écrivante, mais *intuitive*, c'est-à-dire que la pensée des Esprits m'arrive mot à mot, quelquefois aussi par longues phrases que j'ai parfois de la difficulté à saisir; d'autres fois, *on* s'arrête tout court, impossible d'ajouter un mot de plus. Assez rarement, j'ai observé que ma faculté était devenue *semi-mécanique*, parfois même *mécanique*: alors je n'avais plus conscience de ce que j'écrivais; mais c'est très rare. — J'ai aussi la faculté de *voir* parfois les Esprits (même en plein jour, mais surtout la nuit) et de les *entendre* alternativement; jamais je ne les ai vus et entendus en même temps (même en les questionnant, par la pensée ou de vive voix). — Tout cela ne date chez moi que d'il y a 5 ans, et j'y ai sans doute été prédisposé par la lecture d'Allan Kardec.

« En effet, j'ai toujours eu un attrait pour le merveilleux; déjà très jeune, j'interrompais mes jeux pour écouter mes parents de toutes mes oreilles, tant cela me captivait, lorsqu'ils racontaient quelque histoire de soi-disant revenants ou de sorcellerie des bergers. Mais ce fut bien autre chose lorsqu'en 1893, je vis à la devanture d'un libraire un livre intitulé *Le Livre des Esprits*; avec quelle joie je me le procurai, nul ne saurait le décrire! Avant cette lecture, je n'avais jamais remarqué en moi aucune trace de médiumnité; mais alors s'opéra subitement une grande transformation.

[351] « Quelle ne fut pas ma surprise, en effet, de constater que, lorsque je lisais les pages de ce livre, je tombais dans une sorte d'assoupissement, et j'entendais les Esprits qui venaient confirmer ce que je lisais! C'était comme une douce mélodie, je me sentais pour ainsi dire élevé au-dessus du monde terrestre, la mort ne m'effrayait nullement, toutes les difficultés de la vie matérielle semblaient s'aplanir devant moi, les épreuves glissaient sans presque m'effleurer! Cela doit expliquer le courage des martyrs de l'antiquité. — Mais j'eus aussi des revers dans cette lecture. Il y avait des jours où je ne pouvais lire sans être interrompu par des Esprits mauvais plaisants et très légers, qui, lorsque j'étais absorbé par une question et faisais tous mes efforts pour la comprendre, me disaient des phrases incohérentes et m'accablaient d'un lourd sommeil pour m'empêcher de continuer; alors, rassemblant toute ma volonté et mon énergie, je recommençais la page que quelquefois j'avais déjà lue deux fois, et ils finissaient par lâcher prise lorsque j'avais assez de force pour leur résister; ou bien je m'endormais et tout était fini.

[352] « Je ne m'en tins pas là, et voulus en savoir plus long. Je passai donc de la théorie à la pratique, après avoir lu et médité le *Livre des Médiums*, qui me fit la même impression, ainsi que 4 autres volumes encore d'Allan Kardec. J'essayai donc d'écrire sous la dictée des Esprits, mais je n'obtins d'abord que des zigzags, avec par-ci par-là des mots sans suite, et le bras me faisait un mal épouvantable quand cela changeait d'influence. Enfin le 2 avril 1893, jour de Pâques, j'obtins ma première communication, signée *Louis Esprit Protecteur*; depuis lors, d'autres Esprits se sont communiqués à moi sous divers noms, changeant même mon écriture sans que j'en éprouvasse aucune impression, sauf parfois lorsque l'écriture prenait des formes démesurées.

« Mais dans mon enthousiasme à vouloir développer mes facultés, il me survint une grande lassitude et un épuisement général du système nerveux: il y avait des instants où je n'étais plus maître de moi, mon bras droit s'agitait et semblait vouloir écrire; je sentais très bien les effluves m'arriver, quelquefois brusquement, et j'étais alors incapable de faire un travail posé (j'étais dans un bureau à cette époque). Craignant de tomber malade, je cessai d'écrire sous la dictée des Esprits, et alors je repris mes forces peu à peu. Cela ne m'empêcha pas d'ailleurs d'avoir des visions spontanées et d'entendre de longues phrases prononcées à haute voix; entre autres:

[353] « Une fois que j'avais obtenu [par l'écriture] une prière signée *l'Esprit de Girardin*, deux ou trois jours après j'entendis un Esprit me réciter cette prière. — Une autre fois, comme je venais de me mettre au lit et de souffler ma lampe, j'entendis ces mots, que j'écrivis aussitôt pour ne pas les oublier: *Oh comme j'ai froid, oui j'ai bien froid; il n'est pas malade, lui!* Je ne comprenais absolument rien à ce langage, aussi j'en fus assez impressionné. Mais 3 jours après, j'appris qu'une de mes voisines de maison avait perdu sa sœur, pour laquelle elle m'avait consulté et demandé si je connaissais quelque remède (car j'ai lu pas mal de livres de médecine et en ai retenu quelques conseils). Je lui demandai alors si sa sœur ne se plaignait pas du froid dans le courant de sa dernière maladie; très étonnée, cette dame de me répondre aussitôt: — Je vous crois! ma sœur disait toujours: *Oh comme j'ai froid*, et parlait souvent de

son mari en disant : *il n'est pas malade, lui, il a de la chance!* — En entendant cela je n'eus plus de doute : c'était bien la sœur de cette dame qui avait passé près de moi ce soir-là.

[**354**] « Bien d'autres fois encore j'ai entendu des phrases, mais je n'ai jamais su à qui elles s'adressaient. J'ai vu aussi bien des Esprits inconnus et qui changeaient d'aspect tout en restant la même personnalité. J'ai aussi entendu des chiens aboyer, et j'en ai vu un, dans le genre d'une grande levrette, qui se tenait debout tout près du pied de mon lit. A trois reprises différentes, des Esprits se sont assis sur le bord de mon lit, pas plus grands que des enfants de 10 à 12 ans, et complètement nus et sans sexe. Une autre fois ce fut un vieillard à favoris, tout habillé de gris, et les bras croisés ; cette apparition, très nette, dura bien 3 secondes; je la voyais les yeux fermés, et, en les ouvrant, je continuai-à la voir très distinctement, car elle était bien matérialisée et très condensée, puis elle se dissout peu à peu comme la fumée blanche d'une locomotive ; il était 6 h. du matin quand je la vis. Une seule fois j'ai entendu chanter un Esprit (et je n'avais certainement entendu nulle part ni l'air, ni la chanson, ni les paroles); j'ai su depuis qui était cet Esprit, car un monsieur à qui je le racontai me dit que c'était ce que chantait souvent sa première femme. »

II. « J'ai assisté à quelques séances de spiritisme où l'on faisait mouvoir une table, mais sans autre résultat que d'attirer de mauvaises influences et des Esprits moqueurs et très légers ; les personnes qui dirigeaient ces séances manquaient sans doute du recueillement nécessaire ; je cessai d'y aller de peur d'y attraper une obsession, car les médiums sont plus aptes que les autres gens à recevoir les mauvais fluides. »

III. « La médiumnité peut avoir une influence très variable suivant l'Esprit présent. Car il y a des Esprits qui vivent autour de nous et s'occupent même de nos affaires personnelles ; et nos ennemis, si nous en avons eu, peuvent fort bien, une fois morts, nous poursuivre encore de leur haine, et nous nuire, matériellement autant que spirituellement, dans certaines occasions. C'est à cela que sont surtout exposés ceux qui ne prient jamais. Les médiums doivent être bons, charitables et indulgents pour autrui, car ils doivent se servir de la lumière qu'ils ont reçue pour éclairer leurs frères encore dans les ténèbres... »

Obs. LXXII. — Mlle L. G., 40 ans, au Havre. (Par Mlle Champury.)

« Depuis 1890, c'est-à-dire seulement depuis que je connais le spiritisme, se sont manifestées chez moi des dispositions à plusieurs genres de médiumnités ; mais il n'y a que mes facultés de guérir et d'écrire qui aient acquis un certain développement.

[**355**] « Ma médiumnité guérissante se révéla spontanément un jour que, me trouvant devant une personne très souffrante, je cherchais à la soulager. Comme justement à la même époque j'avais été traitée par un médium magnétiseur (pour une maladie d'estomac), je pense que ce fait a contribué plus que tout à développer en moi ce même pouvoir, objet de mes désirs. — Pour magnétiser, j'appelle [les Esprits] à mon aide, et j'attends, avec le désir d'être utile à ceux qui, par mon intermédiaire, voudront bien agir sur le malade Presque aussitôt

ma main subit une impulsion indépendante de ma volonté, qui acquiesce mais ne dirige pas : cette impulsion me fait faire les passes nécessaires autour du malade, que je touche assez rarement. Quand je dois changer de mouvement, il me semble très souvent qu'*on* m'esquisse devant l'esprit, avec une promptitude inouïe, le mouvement qui va suivre. La magnétisation terminée, ma main est repoussée en arrière. Si le malade est gravement atteint et que sa nature diffère beaucoup de la mienne, *on* interrompt plusieurs fois la magnétisation pour que je me dégage de ses fluides. J'ai assez fréquemment magnétisé à distance, soit par la pensée seule, soit en faisant les mouvements comme si le malade était devant moi, et je sens alors parfois un corps fluidique sous ma main. — Ma faculté de guérir (comme toutes les autres formes de ma médiumnité) a toujours été se développant très lentement, mais sûrement, et n'a jamais subi d'éclipse complète. Cependant mon état de santé influe sur le plus ou moins de force de mes facultés médianimiques ; j'ai remarqué que le travail cérébral, les préoccupations de tout ordre, la digestion parfois, ou une trop grande fatigue physique, bref toute cause d'épuisement et toute idée absorbante portaient atteinte à leur puissance. Cette année, par exemple, lorsque je veux magnétiser, j'entends souvent une voix intérieure qui me dit : *L'effluve est trop faible ;* et cela, depuis que j'ai soigné une personne très gravement atteinte et dont le traitement a été long et pénible. Il me faut, je suppose, faire à présent une nouvelle provision de forces.

[356] « Pour ce qui est de la faculté d'écrire, c'est avec peine et à la suite de nombreux exercices que je l'ai acquise. Quand j'écris, il me semble entendre une voix intérieure me dicter mot après mot ce qui doit s'écrire, et je sens aussi ma main conduite par une influence étrangère ; il est rare qu'elle écrive sans participation de ma pensée. Pendant que j'écris, un médium voyant a souvent vu, en pleine lumière, comme un léger nuage envelopper mon bras de l'épaule au bout des doigts, parfois seulement le poignet ; une hésitation ou un arrêt dans l'écriture correspondaient invariablement à une diminution ou une disparition complète du dit nuage. Souvent, quand je suis en parfait état de santé, au lieu de m'arriver mot à mot, la pensée m'arrive en bloc et j'en *vois* en moins d'une seconde tout le développement ; j'ai alors l'impression que l'influence étrangère trouve fastidieux de me le dicter ensuite phrase après phrase.

[357] « Un autre genre de médiumnité, plus récent chez moi, est le *dégagement*, l'extériorisation d'une force qu'on nous dit être le fluide vital et dont nos guides spirituels se servent pour provoquer des visions dans notre groupe d'études. Pour obtenir ce dégagement, je n'ai qu'à le désirer et à rester bien calme ; il s'opère plus facilement si l'on vient de me magnétiser, mais, magnétisée ou non, je reste parfaitement lucide. C'est, me semble-t-il, exclusivement par la tête que je me dégage ; on dirait que le fluide tourbillonne en spirale au-dedans de moi et s'échappe de même par le sommet de mon crâne. Un médium voyant en avait fait la remarque sans que je lui eusse fait part de cette impression. Ce pouvoir de dégagement a subi une évolution analogue à ma faculté de guérir ; ce sont les séances auxquelles je prends part depuis plusieurs années qui me le font peu à peu acquérir. Outre ce dégagement — qui a lieu aux séances de vision lorsqu'*on* m'emprunte mes fluides pour produire des formes humaines ou des tableaux, — j'ai eu une fois une impression de dégagement bien nette, mais toute différente :

[358] « C'était de nuit ; il me sembla soudain que toute ma vie refluait, en même temps des pieds et de la tête, vers la région de l'épigastre, et que par ce point de mon corps je me dégageais et quittais ce dernier. Un peu surprise, j'étendis le bras pour prendre une main amie que je *sentais* là sans voir personne, et, conduite par elle, j'allai vers ma mère pour lui faire part de ce qui m'arrivait. A mon grand étonnement, je ne pus articuler aucun son, mais mon regard suffit pour lui faire comprendre ma pensée, et ce fut également par un regard qu'elle me répondit. Cependant *on* (un *on* que je ne voyais pas) me ramena près de mon lit et me pressa de reprendre place dans mon corps, ce qu'il fallut faire malgré ma résistance ; comment j'y rentrai, c'est ce que je ne saurais dire. Je ne pus me rendre compte non plus si je veillais ou si je dormais ; il me semblait être dans un état étrange et exceptionnel, mais parfaitement lucide.

« Avant de connaître le spiritisme, j'avais souvent l'intuition vague de choses qui allaient arriver ; des rêves m'ont souvent fait connaître ce que j'ignorais ; en particulier lorsqu'une personne chère m'écrivait, j'en ai été fréquemment avertie pendant mon sommeil. Une nuit, j'entendis une voix m'appeler à trois reprises. Tous ces phénomènes continuent à se produire, en se précisant davantage, surtout les rêves.

[359] « Je vois quelquefois des lumières la nuit, soit que la chambre entière s'éclaire doucement, soit qu'un point ou un nuage lumineux, un rayon, une forme ovoïde, plane autour de moi ; mais je n'ai pas encore pu distinguer d'apparitions, sinon une fois une tête de religieuse au pied de mon lit, mais bien fugitive.

[360] « Parfois aussi mes lèvres s'agitent et prononcent des paroles qui ne sont pas dans ma pensée. C'est, me dit-on, un commencement de médiumnité parlante, un genre d'incorporation. Plusieurs fois, la nuit, des vivants endormis ont pris ainsi possession de mes organes vocaux et ont conversé un instant avec moi, qui pensais, alors que mon interlocuteur parlait. Une fois, tout récemment, j'ai senti l'influence étrangère m'envahir complètement, et lorsqu'elle s'est retirée, j'ai *vu* (mais non pas avec les yeux) le corps fluidique de ce vivant s'échapper par le sommet de ma tête et s'éloigner doucement dans l'espace. »

II. « J'ai une sœur médium ; et ma mère est comme moi extrêmement intuitive, p. ex. lorsqu'il est arrivé quelque chose au loin à l'un des siens, elle en a plusieurs fois été avertie par des palpitations. — J'ai été témoin, dans divers groupes, de tous les phénomènes signalés dans les livres spirites, sauf l'écriture directe, la matérialisation, les objets flottant dans l'espace et la musique obtenue sans contact avec l'instrument.

III. « Toute cause d'épuisement, toute idée absorbante, entrave l'exercice de la médiumnité. De plus, j'ai remarqué souvent, surtout en ce qui me concerne, que la lumière agit comme un dissolvant sur les fluides, et que si elle n'est pas un obstacle absolu aux phénomènes, elle est cependant préjudiciable au médium, en amenant plus vite la fatigue...

« En résumé, pour être médium, il faut surtout être assez doué d'énergie vitale pour en rayonner autour de soi une quantité suffisante, et il faut aussi savoir rayonner. Si, sous le coup d'une émotion ou dans la maladie, il arrive qu'on projette plus que d'habitude cette force hors de soi, on est alors momentanément médium; ainsi s'explique la médiumnité des mourants : l'extériorisation de leur vie, tant physique que spirituelle, permet ces phénomènes. Au contraire, pour être médium permanent, on y parvient d'autant mieux qu'on établit davantage en soi l'équilibre du corps et celui de l'âme... Si la médiumnité est très puissante, le médium se porte d'autant mieux qu'il l'exerce régulièrement; mais si elle est faible, il doit se ménager et veiller à ne jamais troubler l'équilibre susdit en dépensant trop de force à la fois, d'où peut résulter de la neurasthénie. Les dispositions morales gagnent aussi en pureté et en élévation par un sage exercice de la médiumnité. On parle toujours de la jalousie des médiums entre eux; je ne l'ai jamais constatée, bien au contraire, soit au Havre, soit ailleurs, je n'ai rencontré que des médiums jaloux — de mettre en pratique les préceptes de la fraternité la plus élevée... Le trait commun qui distingue les médiums des autres gens, c'est une sérénité que rien ne trouble, dès qu'ils sont un peu avancés dans la voie de l'ascension morale. Mais ce n'est pas le cas des médiums à manifestations spontanées qui se refusent à étudier et à faire un usage méthodique de leurs facultés; ceux-là manquent de pondération et sont capricieux, comme si les Invisibles, dont ils ne cherchent pas à se rendre maîtres par l'étude et l'ascendant moral, se disputaient la place chez eux et les influençaient à tour de rôle, au grand détriment de leur raison et de leur santé. D'ailleurs *tous* les médiums passent au début par une crise analogue : avant de savoir distinguer les influences qui agissent sur eux, ils sont les jouets des Invisibles inférieurs... »

« Les PHÉNOMÈNES médianimiques sont les faits les plus émouvants qu'il nous soit donné de constater ici-bas : ils nous mettent en relation avec les âmes des disparus... Le spiritisme, qui est la forme la plus élevée de la vérité à l'époque présente, est appelé à faire cesser l'antagonisme séculaire entre la Science et la Religion. Grâce à lui encore, on guérira plus souvent et plus vite les malades; on arrêtera à temps les obsessions, appelées folies de nos jours encore, et qui conduisent si souvent à l'aliénation mentale faute de soins intelligents; on expliquera les mystères de la vie; les caractères se tremperont; toute vaine terreur sera chassée de l'esprit des hommes; et nos enfants apprendront à juger sainement des choses quand on les élèvera dans les idées spirites... C'est dire que les IDÉES spirites sont au centre même de toute ma vie; avant de les connaître, j'étais comme une plante qui cherche le soleil; depuis, il me semble m'épanouir et je suis heureuse, heureuse de vivre, heureuse de mourir, car je me sais partout entre les mains du Père que nous a annoncé le Christ. Le bonheur des autres manque seul au mien; mais, là encore, ma foi absolue en l'efficacité de la prière m'empêche de désespérer pour eux... »

CHAPITRE III

Résumés et Remarques diverses.

Comme on l'a vu plus haut (p. 7), je ne songe point à critiquer ici les faits et récits contenus dans le dossier précédent. Cependant, tout en les prenant tels quels et pour ce qu'ils se donnent, n'y aurait-il pas lieu d'en dégager si possible quelques vues d'ensemble et d'introduire un peu de clarté dans leur amas passablement touffu? — C'est à quoi servent d'ordinaire les travaux de classification et de statistique. Seulement ces opérations logiques, pour donner des résultats qui signifient vraiment quelque chose et ne soient pas un pur trompe-l'œil, doivent s'effectuer sur des matériaux présentant, quant à leur provenance, certains caractères d'homogénéité ou de complétude qui, il faut l'avouer, font grandement défaut aux observations du présent dossier.

I. Défectuosités de cette Enquête.

Je ne me fais, en effet, aucune illusion sur la valeur de mon enquête. Si elle avait porté sur tous les spirites et médiums de notre pays — ou du moins, vu l'impossibilité de la chose, sur un groupe restreint, mais que l'on eût des raisons de considérer comme suffisamment représentatif de l'ensemble — ses résultats pourraient offrir un réel intérêt et vaudraient la peine d'une élaboration statistique en règle. Ils nous apprendraient l'importance du courant spirito-occultiste à un moment et en un point donnés du monde moderne (en l'espèce, à Genève et à la fin du XIXe siècle); et, dans ce courant général, ils nous feraient connaître la valeur relative de ses principaux éléments, par exemple la proportion des gens qui sont spirites sans être médiums, ou médiums sans être spirites; et de ceux qui pratiquent la médiumnité d'une manière désintéressée, ou qui en font leur gagne-pain; et encore la relation des croyances spirites proprement dites aux doctrines apparentées, telles que la théosophie, l'occultisme, etc., ainsi que les rapports de toutes ces croyances avec les diverses confessions religieuses. Bref, nous aurions un aperçu très instructif de tout ce mouvement, à la fois mystique et expérimental, qui se poursuit dans la pénombre de notre civilisation et va tantôt s'opposant, tantôt s'alliant, par certaines de ses faces, d'un côté aux églises constituées, et de l'autre à la science positive officielle. Sociologues, philosophes, folkloristes, théologiens trouveraient certainement du profit, autant que les psychologues, à une peinture détaillée de ce morceau d'humanité.

Il s'en faut malheureusement que nos 72 observations nous fournissent ce tableau souhaitable. Sans doute, en lançant mon enquête de 1898 dans la Société d'Etudes Psychiques de Genève, je m'adressais à un tout circonscrit qui, jusqu'à un certain point, pouvait passer pour une image réduite, mais assez exacte, de la population spirite totale de notre ville. Cette société était certes bien loin d'embrasser tous ceux qui, chez nous, sont en relation avec les Esprits désincarnés ou vivent au milieu des phénomènes supranormaux; et bien des médiums, professionnels ou privés, ignorés ou connus (à commencer par Mlle Smith pour n'en citer qu'un exemple) restaient en dehors de son cadre. Mais enfin on pouvait admettre que grâce à sa largeur — et à une époque (1898) où l'établissement à Genève des Loges théosophiques et de la « Christian science » n'étaient pas encore venues lui faire concurrence — la Société d'Etudes psychiques renfermait des représentants de toutes les tendances du mouvement occultiste général, et en constituait une sorte de résumé synthétique. Si donc il y avait quelque chance pour que la composition de cette honorable assemblée se fût reflétée dans le dossier ci-dessus, celui-ci posséderait une valeur représentative nullement à dédaigner. Mais on a vu dans les premières pages de ce livre qu'il en faut beaucoup rabattre : d'une part, bon nombre de mes répondants, quoiqu'ayant des attaches avec les membres de la dite société, n'en faisaient pas partie, et n'habitaient pas même tous notre pays (les neuf derniers cas venant de France); d'autre part, si on se limitait aux quarante-deux documents issus de cette société, on n'aurait qu'une idée imparfaite et d'une exactitude problématique de sa totalité, puisqu'ils ne répondent qu'à la moitié de ses membres, et qu'il est difficile de dire si l'autre moitié, qui a gardé le silence, n'eût pas donné des résultats assez différents. Bref, il est évident que mon recueil de cas ne satisfait point du tout aux conditions qu'on est en droit d'exiger d'une collection de faits pour qu'elle puisse servir de base à une statistique vraiment sérieuse et profitable.

Et si l'on veut essayer quand même, d'autres objections surgissent. Par exemple, pour s'en tenir aux deux points donnant le plus aisément lieu à des chiffres précis, le sexe et l'âge, je constate que mes 72 cas comprennent 23 hommes âgés de 27 à 71 ans (moyenne 49 $^1/_5$ ans), et 49 femmes de 15 à 69 ans (moyenne 48 $^1/_5$ ans); mais qu'est-ce que cela nous apprend? L'intéressant serait de savoir ce que deviennent ces chiffres pour les diverses catégories qu'il convient de distinguer au point de vue médianimique; or c'est précisément la fixation exacte de ces catégories qui soulève les plus grandes difficultés. J'ai bien déjà indiqué (p. 9-10), et le lecteur aura facilement constaté en parcourant le chapitre précédent, que nos sujets forment trois groupes principaux:

1° Ceux qui, tout en s'intéressant peut-être beaucoup aux problèmes occultes, comme Mme B. (VII)[1], n'ont eux-mêmes aucun phénomène notable de cet ordre. Appelons-les les gens normaux ou *ordinaires*.

2° Ceux qui ont eu des phénomènes spontanés, mais qui ne possèdent pas à leur service de médiumnité proprement dite, telles que le pouvoir de faire parler la table ou d'écrire mécaniquement; par ex. M. et Mme J. (XXVI et XXVII). Ce sont les simples *sensitifs*.

3° Enfin ceux qui disposent de quelque faculté de ce genre, en outre de leurs phénomènes spontanés, et qui sont les *médiums* au sens courant du mot (c'est le plus grand nombre de nos cas).

Mais s'il est aisé de donner quelque exemple assez net de chacun de ces trois groupes, il l'est beaucoup moins d'assigner leurs limites précises et par conséquent de nombrer leur contenu. La nature, qui ne fait pas de saut, se moque de nos catégories et nous laisse la responsabilité de nos classements arbitraires. Les Grecs n'ont jamais pu décider à combien de cheveux sur la tête un homme cesse d'être chauve; je ne saurais davantage fixer le minimum de rêves curieux, ou de vagues pressentiments, indispensable pour mériter l'épithète de *sensitif*, ni la dose de succès nécessaire en fait de typtologie ou d'écriture automatique pour être qualifié de *médium*. — Ajoutons qu'il y a des gens (p. ex. Mlle Myriam, XXX) qui n'ont jamais réussi dans ces exercices, et qui cependant nous font l'impression, par l'abondance et l'éclat de leurs phénomènes involontaires, de fréquenter plus intimément l'occulte, que tels autres, qui obtiennent de faciles dictées de la table ou du crayon, mais sans jamais sortir d'une parfaite médiocrité quant au contenu des messages. En d'autres termes,

[1] Dans tout ce chapitre, les chiffres romains entre parenthèses (LXXI) renvoient aux Observations du dossier précédent, — et les chiffres arabes (71) à la numérotation continue entre crochets, ou à la page s'ils sont précédés d'un p. (p. 71). J'ajoute que dans ces renvois je me bornerai le plus souvent à indiquer un ou deux spécimens typiques des cas dont il sera question dans le texte, sans épuiser *tous* les exemples que peut en renfermer le dossier.

la distinction des simples sensitifs et des médiums semble un peu artificielle et fondée souvent sur de petits talents de société, plutôt que naturelle et répondant à la réalité. Aussi le plus sage est-il de renoncer à cette distinction et d'embrasser sous le terme de « médiums », au sens le plus général, tous ceux qui ont des phénomènes parapsychiques[1], spontanés ou provoqués, suffisamment extraordinaires; mais le vague de cette dernière condition ne facilite toujours pas la délimitation d'avec les non-médiums, c'est-à-dire la masse des gens ordinaires.

Que si maintenant, en l'absence de tout critère absolu, je prends sur moi de trier dans mon dossier les sujets qui me paraissent le moins indignes du titre de médiums, j'en trouve 52, comprenant 39 femmes (âgées de 46,3 ans en moyenne) et 13 hommes seulement (âgés de 49,6 ans). Je ne vois rien à en conclure, sinon ce que l'on sait déjà de reste, que la médiumnité est plus répandue parmi les femmes (du moins au degré modéré qu'elle présente dans l'ensemble de notre enquête, car pour ce qui est des tout grands médiums, les Home et les Piper, les Stainton Moses et les Eusapia Paladino, il semble bien qu'ils soient aussi rares dans un sexe que dans l'autre). Quittons donc ce stérile souci de statistique précise, et bornons-nous à quelques remarques générales qualitatives — sans nous laisser arrêter par les autres défauts du dossier qui se font aussitôt sentir : le manque de précision dans la plupart des récits, l'insuffisance des développements, l'absence d'indications sur le passé des sujets, sur leur constitution médicale et leur tempérament, etc. Tous ces points faibles sautent trop aux yeux, et sont trop irrémédiables, pour qu'il soit nécessaire d'y insister.

II. Diversité qualitative des Phénomènes médianimiques.

Si nous avions pour les médiums, comme pour les plantes, une classification naturelle déjà établie, nous n'aurions, pour clarifier notre dossier, qu'à le répartir entre ces cases toutes faites et à constater celles qui

[1] Ce terme de *parapsychique*, proposé il y a 15 ans par Boirac, me paraît de beaucoup le meilleur pour embrasser — sans rien préjuger sur leur nature et leurs causes réelles — tous les phénomènes d'aspect étonnant ou anormal, couramment désignés par les épithètes (toutes trop larges, ou trop étroites, ou impliquant des interprétations discutables) de *psychiques*, *occultes*, *médianimiques*, *supranormaux*, *etc.* Voir Boirac, *Essai de classification des phénomènes parapsychiques*, Annales des Sc. Psychiques, t. III, 1893, p. 342. (Reproduit dans sa *Psychologie inconnue*, Paris, Alcan, 1908, p. 90.) — Il conviendrait de réserver le terme de *métapsychique* (Richet) pour les phénomènes parapsychiques dont on aurait démontré le caractère réellement supranormal, c'est-à-dire irréductible aux lois actuellement connues de notre nature.

restent vides et celles qui se garnissent le mieux. Mais il s'en faut que les choses soient aussi avancées. — Les médiums, comme tels, se différencient par leurs facultés médianimiques, et comme une faculté n'est que la tendance permanente, la disposition habituelle, à présenter des phénomènes observables d'un certain genre, c'est sur l'étude des phénomènes médianimiques que se base en définitive celle des médiums. Mais ces phénomènes peuvent être étudiés en eux-mêmes, détachés en quelque sorte de leur contexte vivant, et comparés entre eux sans égard aux individus qui les présentent ; ou, au contraire, dans leurs conditions d'apparition et la suite de leur développement chez un même sujet. Le premier point de vue conduit aux classifications *qualitatives* des phénomènes ; le second, à l'établissement des formes *cliniques* de la médiumnité pour ainsi dire ; et il faudra sans doute la combinaison des deux pour arriver un jour à une détermination vraiment satisfaisante des *types* naturels de médiums. — Commençons par le premier point. Considérés en eux-mêmes, les Phénomènes médianimiques présentent beaucoup d'aspects. Pour nous en tenir aux principaux, on peut les classer :

I. Suivant leur Authenticité Supranormale. — Ceci conduirait à distinguer des *vrais* médiums, des *pseudo* médiums, et des *faux* médiums, selon que leurs phénomènes ont réellement leur source (au moins en partie) dans l'au-delà, ou qu'ils proviennent entièrement de la nature propre du sujet d'ailleurs sincère, ou qu'ils sont le résultat frauduleux d'une simulation consciente et délibérée. On sait combien il est difficile, dans chaque cas particulier, de savoir ce qui en est. Par bonheur, mon parti pris de respect absolu pour les dires de mes honorables répondants, m'épargne la terrible tâche de tenter un triage de ce genre dans nos documents.

II. Suivant leur Contenu Intellectuel ou leur signification (leur valeur noétique, pourrait-on dire). — Il est clair que tous les phénomènes (personnellement éprouvés ou récoltés de seconde main) cités par nos répondants ont pour eux une signification objective : ce sont des « manifestations », des messages de l'au-delà, ou tout au moins des indices d'un ordre de réalités autre que le cours ordinaire des choses ; sans quoi ils ne les auraient pas mentionnés ! Mais pour le lecteur, le contenu intelligible de ces phénomènes varie énormément, et on peut les diviser en deux grandes classes :

1° Les Phénomènes non-significatifs par eux-mêmes : simples données élémentaires, bruits quelconques, lueurs soudaines, mouvements désordonnés de la table, gribouillages inintelligibles du crayon, déplacements d'objets sans rime ni raison, etc. Ce n'est pas leur contenu, quasi nul, mais c'est le fait même de leur production, en apparence inexplicable par des causes connues, qui les signale à l'attention et leur confère une valeur de manifestation spirite ou occulte. Aussi les sujets les comprennent-ils chacun à sa façon et selon ses idiosyncrasies personnelles, l'un y voyant simplement la présence impressionnante d'un mystérieux au-delà (10, 35, 198), l'autre un moyen d'attirer l'attention des sceptiques sur les choses invisibles (207), celui-ci l'annonce d'ennuis imminents ou de deuils prochains (59, 102), celui-là un appel des désincarnés (17, 301), etc. On comprend que l'absence de tout contenu déterminé, dans ces événements bruts, laisse le champ libre à la toquade que l'homme a toujours eue d'*interpréter* les phénomènes qui se produisent sans sa volonté et contre son attente; toquade sans laquelle le spiritisme n'existerait pas, mais la science et la civilisation non plus.

Il est à remarquer que parmi ces phénomènes médianimiques élémentaires, ne se trouvent nulle part cités dans notre enquête certains accidents convulsifs, tels que l'éternuement, les crises d'épilepsie, ou la chorée, qui y auraient certainement figuré autrefois. Tout le monde les abandonne aujourd'hui à la physiologie ou à la médecine, et les expressions populaires : *Dieu vous bénisse,* mal *sacré,* danse de *Saint-Guy,* etc., ne sont plus que les survivances d'un temps où tout phénomène involontaire de l'organisme, pourvu qu'il fût suffisamment saisissant et imprévu, passait pour une « manifestation » (suivant l'expression actuelle), plus souvent diabolique qu'angélique. Le spiritisme a ainsi renoncé à certaines de ses provinces de jadis, et son principal champ de bataille avec la science est aujourd'hui l'hystérie. Quant aux phénomènes automatiques des autres maladies nerveuses et de l'aliénation, ils sont sur la limite. Une partie des spirites concèdent, tacitement au moins, qu'il faut en laisser l'étude et le traitement aux spécialistes. Mais d'autres y voient toujours des influences d'Esprits inférieurs, sinon franchement démoniaques; aussi estiment-ils que la psychiâtrie moderne fait fausse route (d'où ses piètres résultats) avec ses conceptions et ses traitements matérialistes, et qu'elle devrait se placer à un point de vue résolument psychique (voir p. ex. l'opinion de Mme Rosen, p. 161, et celle du volume de Mme Darel sur *La Folie*). Ce sentiment — à part la différence fondamentale d'interprétation quant aux *esprits* qui se disputent nos pauvres malades — n'est en somme pas très éloigné de celui des psychiâtres les plus modernes, qui cherchent en effet à comprendre et à traiter d'une manière essentiellement psychologique les maladies mentales, dont tant de leurs confrères s'attardent encore à échafauder des traductions anatomo-physiologiques aussi oiseuses qu'incertaines. Mais laissons cette digression.

2° Les phénomènes SIGNIFICATIFS par leur contenu sont les plus nombreux dans notre dossier. — Tantôt ils sont pour ainsi dire d'origine impersonnelle et n'affichent aucun auteur responsable (79, XXIV) ; la porte reste ouverte à toutes les suppositions quant à leur source possible. — Tantôt ils affirment une origine personnelle : grâce à leur signature si ce sont des messages écrits ou épelés par des coups (298), au timbre de la voix ou aux traits du visage s'il y a une apparition nette (186), plus souvent encore par certaines intuitions indéfinissables ou sensations de présence auxquelles les habitués ne se trompent pas (XLIII, LII), le sujet sait très bien de quel Esprit désincarné lui vient la manifestation obtenue. Il y a aussi des cas intermédiaires où les médiums désignent par *on* la source spirite incertaine, soit anonyme, soit collective ou mal individualisée, d'où ils estiment que leur est venue la communication (169). — Quant au contenu lui-même, il peut être très varié ; l'essentiel est qu'il apporte au sujet quelque chose d'intéressant ou de nouveau dont il n'ait pas le sentiment d'être l'auteur.

Sous ce rapport, les phénomènes de notre enquête peuvent se diviser en cinq catégories : — 1° *prophétiques,* c'est-à-dire annonçant des événements futurs plus ou moins éloignés (92) ; — 2° *télépathiques,* révélant des expériences ou pensées d'autrui dont le sujet ne pouvait avoir connaissance (115) ; — 3° *clairvoyants,* concernant les événements passés, ou les choses actuelles, mais cachées du monde matériel (30) ; — 4° *inspirateurs,* par où j'embrasse tout ce qui est révélation de vérités morales, philosophiques, scientifiques, ou création littéraire et artistique, dépassant le niveau actuel de l'intelligence du médium (324) ; — enfin 5° les phénomènes *efficients* qui, dans l'ordre de l'action physique ou morale, produisent chez le sujet ou lui font produire au dehors plus que ce dont il est capable par lui-même : il persuade (209), il est guéri ou guérit les autres (355), il se joue des lois ordinaires de la nature en échappant à la pesanteur (172), en se dégageant de son propre corps, en se dédoublant (358), en remuant les objets à distance et en faisant des apports (297), etc.

Ces phénomènes si divers peuvent d'ailleurs empiéter les uns sur les autres ou se combiner, et la plupart des médiums en présentent de différents genres. Cependant on aperçoit une tendance manifeste à la spécialisation ou à la stéréotypie, et certains sujets ont leur faculté presqu'exclusivement confinée dans un certain genre de phénomènes : Mme J. (XXVII) a la spécialité plutôt lugubre des présages funèbres ; M. Saldi (XXXVIII) n'a que des communications philosophiques et morales ; d'autres ne font que des dessins d'un certain genre (LXIII), ou servent d'instruments toujours aux mêmes Esprits (174, 355), etc. Les facultés médianimiques ne semblent pas plus à l'abri que les autres de la routine et de l'ornière!

III. Suivant leur Nature Psychologique. — On connaît la distinction classique des automatismes en *sensoriels* et *moteurs*, avec autant de subdivisions que nos facultés de sensibilité et de mouvement ont de modalités secondaires. De la plupart de ces cas nous trouverions des échantillons dans notre dossier. Les faits de vision et d'audition y abondent, sans qu'il soit toujours aisé de dire si ce sont des hallucinations proprement dites ou seulement des images mentales particulièrement vives (ni si, dans la croyance du sujet, il y a eu phénomène objectif — apparition réelle que tout autre eût également perçue — ou seulement révélation purement psychique et personnelle du monde invisible). Il ne s'y trouve pas d'exemple de gustation, mais un d'olfaction (101), et plusieurs spécimens intéressants d'impressions tactiles, thermiques, kinesthésiques : sensations de frôlement, attouchement, balancement, etc. (50, 104, 159, 201), voire même d'extraction de dent sans douleur (171)! ainsi que de chaud ou de froid (127, 263), et de lévitation (172). Dans l'ordre de la sensibilité générale ou cénesthésique rentreraient les impressions de bien-être délicieux et confinant parfois à l'extase (112, 127, 238). Quant aux phénomènes moteurs, ils se manifestent surtout dans la pratique si répandue de la table, de l'écriture ou du dessin automatiques, plus rarement de la magnétisation (339, 355), et sous forme d'impulsions à parler ou à agir (57, 58, 97, 206, 209, 315).

Toutefois beaucoup de cas sont trop complexes ou confus, à l'introspection, pour se prêter à ces distinctions tranchées, et ils s'accommoderaient mieux d'autres rubriques telles que :

Phénomènes d'*émotivité* : accès subits de tristesse, de pleurs, d'angoisse, souvent inexplicables sur le moment même, parfois accompagnés d'une idée ou d'un message indiquant leur cause, qui se trouve vérifiée ensuite (82, 95, 111, 282). On peut y mettre aussi ces faits de sympathie spirite par lesquels certains médiums ressentent les états d'âme des défunts ou leurs souffrances passées, ce qui constitue souvent un commencement ou une ébauche d'incarnation (84, 269, 338). Les sensations de présence (soit purement spirituelle, soit physique et localisée) d'êtres invisibles, généralement teintées d'une nuance émotive (201, 277), forment la transition au groupe suivant.

Phénomènes d'*intuition*, comprenant des automatismes de nature psychologique imprécise, que les sujets, dans l'incapacité de les analyser, mettent sur le compte de la « pensée » ou des « idées ». Ils savent, sans pouvoir dire comment, que telles choses se passent ou vont arriver (202), qu'ils recevront telle lettre ou telle visite (XI, XIX), etc. Ces faits sont à la fois intellectuels par les connaissances qu'ils renferment, sensibles par la note de sentiment (plaisir, attente, crainte) qui s'y joint, et moteurs par leur élément impulsif ou inhibitoire, chacun de ces aspects pouvant prédominer suivant les cas, d'où les désignations variées figurant dans nos réponses : pressentiments, prévisions, intuitions, divinations, impulsions, etc.

Phénomènes d'*idéation* proprement dite, dans l'inspiration scientifique, littéraire, poétique, etc. (39, 163, 251-253). Les sujets sont quelquefois bien embarrassés pour expliquer en quoi, sauf un degré inaccoutumé de fluidité et d'aisance, ce jeu automatique de la pensée ou de la parole intérieure diffère de leur fonctionnement normal.

Indiquons enfin les phénomènes dits *physiques,* qui sont à double face. Envisagés comme des événements réels du monde extérieur, ils restent en dehors de toute classification psychologique; mais en tant que dus à l'action d'un médium ou impliquant du moins sa participation, ils peuvent être ressentis par lui, du dedans pour ainsi dire, comme impressions cénesthésiques plus ou moins étranges, de force émise, de dégagement, d'autoscopie, de dédoublement, etc. (80, 160, 357, 358).

Le public classe volontiers les médiums, d'après la nature psychologique de leurs phénomènes, en voyants, auditifs, écrivains, etc.; étiquettes assez grossières, car il est bien rare qu'un sujet n'ait qu'une seule espèce d'automatisme, et qu'il ne faut prendre que comme désignant le genre *dominant* de ses phénomènes. Dans notre dossier, en nous limitant aux cas un peu nets, nous trouvons : — 3 médiums *voyants,* mais qui sont aussi sensitif (LVI), typtologue (L), et intuitif (LXIX); — 2 médiums particulièrement *typtologues* (XL et LI), mais également voyants, etc.; — 3 médiums *magnétiseurs,* mais qui sont à l'occasion auditifs, écrivains, etc., (LXVII, LXVIII, LXXII); — 1 médium *iconographique,* si l'on me passe ce néologisme pour la faculté de tracer automatiquement des dessins (LXIII); — 1 médium à *incarnation* qui fut d'abord typtologue, puis écrivain (LXIV); — 2 médiums à *effets physiques,* (LV et LX), mais qui ont aussi de l'écriture et des pressentiments. — Enfin la grande masse, plus d'une vingtaine, sont avant tout médiums *écrivains* (mais aussi typtologues ou autre chose).

Ce terme très élastique d'écrivain recouvre toutefois des diversités psychologiques considérables, depuis l'écriture purement *mécanique,* où le sujet ne sent pas sa main et ignore absolument ce qu'il écrit, jusqu'à l'écriture dite *intuitive,* qui n'a vraiment plus rien d'automatique en tant qu'opération graphique, car c'est volontairement que le sujet manie la plume et écrit comme sous dictée ce qui lui vient spontanément à l'esprit. Entre ces deux extrêmes se déroule toute une gamme de combinaisons que l'on confond sous la désignation commode d'écrivains *semi-mécaniques*, et où la psychologie a un vaste champ d'exploration pour l'étude des rapports si complexes et si variables entre la sensibilité graphomotrice (impressions kinesthésiques, tactiles, etc., du bras et de la main), l'idéation (intelligence du sens des mots), et la parole intérieure (images verbales, endophasie). Des variétés analogues existent en typtologie; mais elles sont moins apparentes, vu la nature généralement collective de ce procédé; car si la table, ce meuble social par excellence dans notre civilisation occidentale, poursuit son office de trait d'union jusque dans le spiritisme, elle ne permet guère de distinguer la part de chacun des coopérateurs dans le résultat total. — Des formes secondaires de médiumnité, telles que la vision au verre d'eau, l'écriture à la planchette, les divers psychographes alphabétiques, la médiumnité orale ou parlante, etc., qui sont citées ici ou là dans notre dossier, je ne dis rien pour ne pas allonger indéfiniment.

On pourrait encore classer les Phénomènes médianimiques :-

IV. Suivant l'Etat de la Personnalité où ils se produisent : veille parfaite, sommeil (rêve), et tous les états intermédiaires, normaux ou anormaux, distraction et rêverie, états hypnagogiques et crépusculaires, hémisomnambulisme, somnambulisme complet (trance, états seconds, automatisme total), etc. De ces mille nuances de la conscience de soi, encore si mal cataloguées et qui se fondent les unes dans les autres, notre dossier renferme de nombreux échantillons, pas toujours très clairs; signalons en particulier certains états de lucidité exceptionnelle, dont les sujets parfois ne savent pas s'ils veillaient ou dormaient (117, 358).

V. Suivant leur Utilité pour le sujet. Il en est qui semblent expressément destinés à lui rendre service, à le conseiller, l'avertir, le diriger (automatismes *téléologiques :* 59-61, 79, 81, 92), même à lui sauver la vie (62). D'autres lui sont au contraire nettement hostiles et le poursuivent de leurs insultes, de leurs menaces, ou de leurs tromperies (155, 237). La plupart enfin ne lui veulent ni bien ni mal.

VI. Suivant leur Dépendance de la Volonté. Il va de soi que les phénomènes médianimiques sont toujours indépendants d'elle, automatiques, en ce sens que, si le sujet les produisait volontairement, avec pleine conscience d'en être l'auteur et l'initiateur, il se les attribuerait à lui-même, comme le reste de ses actes et de ses pensées dans la vie ordinaire, et il ne serait plus question de phénomènes de médiumnité. Cependant, si ces derniers n'apparaissent jamais au sujet comme son œuvre propre, il peut souvent les favoriser par une attitude propice à leur éclosion (concentration, attente passive à la table, ou le crayon en main, etc.), et parfois même ils semblent avoir été directement suscités par un désir, une question, une prière (116, 163, 348). En ce sens on pourrait distinguer les médiums *involontaires*, purement spontanés, dont tous les phénomènes jaillissent inopinément, à l'improviste; et les médiums *volontaires*, c'est-à-dire pouvant en quelque mesure les provoquer à leur gré en se mettant dans un certain état d'expectative, d'interrogation ou de prière.

III. Caractères cliniques de la Médiumnité.

Je ne veux point insinuer par ce terme de *clinique*, qui fleure l'hôpital et les études de médecine, que la médiumnité soit une maladie; car peu de mortels, en somme, ont joui d'une meilleure santé et atteint un plus bel âge que certains médiums illustres (Swedenborg p. ex.). Je prends le terme, faute d'un meilleur, dans son acception scientifique, où l'*observation clinique* comprend l'étude complète de la façon dont une affection commence, évolue et se termine dans les cas particuliers. De même que la médecine ne se borne pas à noter des symptômes isolés, mais qu'elle s'efforce de suivre les processus morbides dans leur marche réelle, et qu'elle prolonge même sa recherche au delà de leurs bornes apparentes, d'une part en remontant aux antécédents et jusqu'à l'hérédité du malade, d'autre part en le suivant si possible dans les péripéties ultérieures de sa santé; de même, pour bien connaître la médiumnité il ne suffit point de s'en tenir à quelques phénomènes détachés; mais il faudrait la voir se dérouler dans toutes ses phases et la continuité de son histoire chez les individus qui la possèdent. Ce n'est certes pas notre dossier qui pourra être de grand secours pour cette tâche; ne négligeons pas cependant les quelques aperçus qu'il renferme à cet égard.

HÉRÉDITÉ. — La plupart de nos répondants qui présentent des faits parapsychiques un peu marqués en accusent aussi chez tel ou tel membre de leur parenté. Quatre seulement déclarent qu'il n'y a pas eu d'autre phénomène de ce genre dans leur famille (XXXVIII, LV, LXII, LXIII); mais cette preuve négative n'exclut naturellement pas la possibilité de faits ayant échappé à leur connaissance. Parmi les cas positifs, outre les spécimens de médiumnité familiale figurant dans notre enquête même — tante et nièce (LII et XXIV), mère et fille (deux cas: LIX et LX, XXXIII et XXXII), mère et fils (XLVIII et XLIX), — je citerai comme exemple particulièrement instructif celui de Mme Guelt (LI), où les dons et les tendances parapsychiques se manifestèrent, d'après ses récits, dans quatre générations successives. Cependant la médiumnité proprement dite ne s'y rencontre que chez son père et chez elle.

Son grand-père maternel, qui habitait un petit village du canton de Vaud, avait des accès de somnambulisme. P. ex. : comme il avait la garde des clefs du clocher, parce qu'il demeurait tout près de l'église, il lui arriva une nuit d'aller sonner les cloches en dormant, ce qui réveilla tout le village et fit qu'on lui retira ces clefs. — Sa mère était très intuitive et sensible. — Son père avait une médiumnité guérisseuse. De grand matin les gens venaient le consulter pour les entorses, les fractures, le décroît (dépérissement), etc. ; il restait un moment immobile en prière, puis faisait des passes sur le malade. Aussi le reproche a-t-il été une fois adressé à Mme Guelt, par un autre médium, de ne pas cultiver le don de guérison qui dormait en elle. — Son frère aîné, qui se

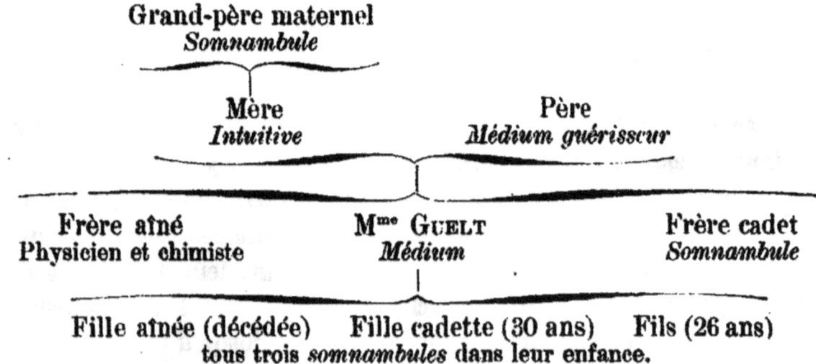

voua aux sciences, ne paraît pas avoir présenté de phénomènes de ce genre ; mais son frère cadet était somnambule. Il lui arrivait la nuit, sans s'en douter, de revêtir son uniforme militaire, ou d'aller travailler aux champs. — Enfin ses trois enfants ont été somnambules. Sa fille cadette, morte à l'âge de 14 ans, se levait et s'habillait la nuit dans son jeune âge, ce qui effrayait fort ses parents; ils consultèrent à ce sujet le fameux magnétiseur Lafontaine, qui habitait la même maison, et qui recommanda de ne jamais réveiller brusquement cette enfant pendant ses accès de somnambulisme. A son autre fille il arrivait, encore à l'âge de 15 ans, de s'habiller en dormant et de sortir sur l'escalier en disant qu'elle allait à l'école. Son fils aussi, une fois couché, revenait parfois au salon tout endormi. [Ces deux derniers enfants, aujourd'hui (1908) âgés de 26 et 30 ans environ, sont bien portants et ne s'occupent aucunement de spiritisme.] — Son mari, M. Guelt, n'avait aucun phénomène de ce genre.

Nul doute que la disposition aux phénomènes parapsychiques ne soit à un haut degré héréditaire. Quant à préciser davantage, et surtout à fixer ses rapports possibles d'équivalence et de transformation avec d'autres diathèses, c'est à quoi on ne peut songer avant d'avoir bien d'autres observations, et de plus détaillées. Mais quand on sait combien il est difficile d'élucider par voie d'enquête les questions d'hérédité quand il s'agit de facultés pourtant assez précises et circonscrites, telles que la bosse des mathématiques, par exemple[1], on ne s'étonne pas d'être encore dans le trouble le plus complet en ce qui concerne la transmission d'une chose aussi nébuleuse, élastique, et protéiforme que la « Médiumnité » !

Apparition de la Médiumnité. — Quelques personnes ont eu des phénomènes spontanés dès l'enfance (XXV, LVI, LXI, LXII, etc.). Chez elles la médiumnité est, si l'on veut, constitutionnelle et congénitale ; leur initiation ultérieure au spiritisme ne leur apporte rien d'essentiellement nouveau et ne fait que donner un surcroît d'exubérance à leur vie automatique, ou lui ouvrir des canaux de décharge plus spécialisés, tels que l'écriture ou la typtologie. Mais ces médiums de naissance, pour ainsi dire, qui rappellent de loin certains cas célèbres tels que Mme d'Espérance, ne sont qu'une minorité dans notre enquête. La plupart de nos médiums le sont devenus à une date plus ou moins tardive, et grâce à des circonstances ambiantes déterminées ; leur faculté est acquise, ce qui n'exclut pas, cela va sans dire, mais suppose bien plutôt l'existence d'une prédisposition latente. Les occasions extérieures sont à peu près toujours les mêmes : une conversation, une lecture, une séance spirite à laquelle on a été convié, attire l'attention sur ces problèmes plus ou moins ignorés jusque-là, pique la curiosité (souvent avivée en secret par le désir d'entrer en communication avec les bien-aimés disparus), et donne envie d'essayer. A partir de cet instant, tous les cas se présentent :

Il y a des gens qui n'obtiennent jamais rien malgré leurs efforts méritoires. C'est clair qu'on peut toujours se demander si avec plus de persévérance encore, ou dans de meilleures conditions, ils n'auraient pas fini par aboutir ; et peut-être faudrait-il distinguer entre les purs négatifs, qui semblent réfractaires par nature à tout phénomène médianimique (I, VII), et ceux chez lesquels l'énervement (IX) ou la résistance (XIII) que provoquent les exercices auxquels ils prennent part, semblent trahir l'action de processus sous-jacents, qu'un autre milieu ou quelque suggestion appropriée auraient pu transformer en médiumnités positives. — Parmi ceux que l'initiation aux procédés spirites rend médiums, on observe tous les degrés dans la rapidité et le mode d'éclosion de leurs facultés. Les uns réussissent du premier coup ou peu s'en faut (XXXVII, LV) ; d'autres, graduellement et grâce à de patients exercices (XXXVIII, XLIII, LXX) ; d'autres encore, soit d'emblée, soit après de longs essais

---

[1] Voyez entre autres le chapitre concernant l'hérédité dans la récente enquête de Fehr. (*Enquête de « l'Enseignement mathématique » sur la Méthode de travail des Mathématiciens*, Paris, Gauthier-Villars, et Genève, Georg, 1908, p. 11-17.)

infructueux et alors qu'ils sont sur le point de renoncer, doivent leur brusque succès à l'influence quasi magique de quelque stimulation qui déclanche la faculté endormie : décision énergique de leur part (216), imposition de la main d'autrui (154, 336), encouragement ou ordre reçu d'un autre médium (290, 321), etc. — Il arrive encore que le don subit d'une médiumnité désirée, et parfois préparée par un exercice prolongé, soit le fait de l'intervention inopinée de quelque mystérieux personnage de l'au-delà (339). Mais souvent aussi, hélas, la faculté impatiemment attendue, ardemment implorée, et même maintes fois promise par les puissances supérieures, ne vient jamais! (V. p. ex. la médiumnité voyante vainement annoncée à Mme Fibur et à M. Dupond, p. 149 et 113-114 ; et Mme Bloth ne pouvant arriver à l'écriture malgré les encouragements reçus, p. 165-166.)

Ces différences dans l'apparition de la médiumnité tiennent sans doute à la constitution particulière des individus ou à leur état de santé momentané, à moins qu'on ne veuille les mettre entièrement au compte des dispensations arbitraires du monde invisible. Ces deux opinions se sont fait jour dans les réponses à l'article 7 du questionnaire, touchant les conditions physiques et morales qui influent sur la médiumnité. — Les uns (p. ex. XXX, LVI, LVIII) estiment que la possession et l'apparition de cette faculté ne sont soumises à aucune condition d'âge, de sexe, de santé, de tempérament ou de caractère, de profession, etc. Rien n'y fait, car l'Esprit souffle où il veut, c'est le cas de le dire, et l'on rencontre également des médiums chez les hommes et les femmes, les malades et les bien portants, les lettrés et les ignorants, etc. Tout au plus peut-on dire que les différences de développement intellectuel et moral se répercutent sur la nature de la médiumnité, en ce sens que, conformément au dicton : qui se ressemble s'assemble, chaque médium attire les Esprits d'une valeur analogue à la sienne (XLIII), d'où résulte p. ex. que les caractères d'élite ne présentent guère de manifestations d'ordre physique, ou inférieur (LXII). — Les autres pensent que certaines circonstances sont plus spécialement favorables à la médiumnité, mais ils ne sont pas toujours d'accord entre eux. Le sexe féminin et le tempérament nerveux (ou au contraire le lymphatique, XXII) la favoriseraient ; les moments d'élection pour ses manifestations seraient l'enfance jusqu'à la puberté (XXIII), ou la jeunesse et l'adolescence (XXII), ou encore l'âge mûr entre 30 et 45 ans (LII), ou enfin les approches de la mort (XXX) et la vieillesse qui, en affaiblissant le corps, facilitent le dégagement de l'âme (XLIV), etc. — Ce qui ressort de plus clair de tout cela, c'est qu'en matière de médiumnité, le facteur individuel prime tous les autres.

Période d'état de la Médiumnité. — Swedenborg, devenu visionnaire à 55 ans, le resta avec la même puissance jusqu'à sa mort, soit pendant près de trente années de suite. Mmes Paladino et Piper fonctionnent sans diminution de leurs facultés depuis quelque vingt ans ou davantage. Chez Stainton Moses au contraire, la phase médianimique ne fut que de onze années (de 33 à 44 ans), et il survécut neuf ans à la perte de ses pouvoirs. C'est dire que la médiumnité apparue à un certain âge est de durée fort variable. Il en est de même de la médiumnité congénitale, qui peut se prolonger jusqu'au bout de la vie, ou disparaître à toute époque; combien d'enfants que leurs accès de somnambulisme ou leurs visions à l'état de veille semblaient prédestiner à faire d'excellents médiums, et qui ne le sont point devenus, le non-usage d'une part, d'autre part l'affermissement de leur santé avec l'âge, ayant peu à peu effacé la prédisposition à l'automatisme et unifié leur personnalité. Même diversité dans la constance des facultés médianimiques : tantôt elles présentent une remarquable égalité (abstraction faite des oscillations coutumières dues au repos et à la fatigue), tantôt elles souffrent de rémissions, d'éclipses, d'alternances capricieuses vraiment inexplicables.

Toutes ces variétés se dessinent dans notre enquête, qui nous offre des exemples plus ou moins accusés de : *médiumnité congénitale permanente*, c'est-à-dire phénomènes spontanés remontant à peu près aussi haut que les souvenirs du sujet et émaillant tout le cours de sa vie (XXV, XXX); *médiumnité acquise permanente* au moins pendant 20 et 30 ans (XLII, XLIII); *médiumnité acquise passagère* de durée très variable (LIV, seize mois; LXIII, sept ans; etc.). De même pour la constance : les uns ont leurs facultés toujours à disposition (XXXVIII, LVI); les autres se plaignent de suspensions plus ou moins fréquentes et prolongées, qu'ils ne savent à quoi attribuer (279). — Outre les variations d'intensité, la médiumnité peut présenter des changements de forme, qui sont parfois annoncés ou même ordonnés par les Esprits dans l'intérêt du médium. C'est ainsi qu'on voit la typtologie remplacée par l'écriture (213), par l'intuition (287), ou par la vision (262), lorsque celles-ci constituent un avantage sur la première au point de vue du développement spirituel ou de la santé physique du médium.

Ce dernier point m'amène à dire quelques mots des *accidents nerveux* qui marquent souvent le début des pratiques médianimiques, ou peuvent même en interrompre le cours ultérieur. Il n'y a pas dans notre dossier de cas proprement dit de folie spirite, ayant nécessité les secours d'un aliéniste et l'internement du malade, comme on en trouve maint exemple dans la littérature médicale; mais il n'y manque pas d'indices des troubles plus ou moins marqués que l'exercice abusif de la médiumnité amène avec lui; et l'abus commence parfois dès le premier essai. Les séances de tables. et autres, produisent facilement chez les novices de l'agitation nocturne. des insomnies, des visions terrifiantes (227, 283, 313). Bien des sujets se voient obligés de « dételer » au bout de quelques temps pour avoir fonctionné avec trop d'ardeur (321, 337). D'autres, quoique plus modérés, tombent à la longue dans la neurasthénie qui les oblige à des années de repos (XL, L). Il n'y a pas à s'étonner de cela lorsqu'on songe au violent coup de fouet que l'initiation spirite, voire la simple lecture d'Allan Kardec, donne à l'automatisme, faisant surgir en moins de rien une magnifique moisson de phénomènes spontanés (159 et suiv.; 351 et suiv.). Il faut du reste rendre cette justice aux spirites sensés qu'ils sont les premiers à reconnaître les dangers de la médiumnité, comme on le verra plus bas, et à recommander la prudence aux débutants.

Pour ce qui est de l'influence que les diverses conditions physiques et morales exercent sur la pratique de la médiumnité, nos répondants sont unanimes à incriminer comme des empêchements absolus, ou au moins de graves obstacles à l'obtention des phénomènes, toutes les causes d'épuisement physique et surtout psychique : les émotions, l'inquiétude, les préoccupations absorbantes, la fatigue du travail journalier, l'énervement, etc. En somme, les conditions requisès pour la réussite des exercices médianimiques sont les mêmes que pour l'exercice volontaire de toute autre faculté : l'état de santé et d'équilibre nerveux, le calme, l'absence de souci, la bonne humeur, un milieu sympathique, etc. Plusieurs de nos documents insistent sur le fait que l'élévation morale, la pureté de la conduite, les nobles aspirations, l'altruisme, fortifient la médiumnité, tandis que les sentiments bas, tels que la cupidité, l'orgueil, la jalousie, lui causent un profond détriment. D'autres ont relevé l'effet propice de certaines conditions physiques : le silence, une demi-obscurité, la fraîcheur, le fait d'être à jeun, etc. — Il convient d'ajouter que l'inhibition due à la fatigue, aux soucis, aux émotions, etc., ne concerne pas les phénomènes spontanés, qu'on voit au contraire souvent surgir de préférence dans ces états de trouble organique ou mental, auxquels ils semblent avoir justement pour mission d'apporter un remède ou une consolation efficace (automatismes téléologiques, 61, 79, 112, etc.).

Influence de la médiumnité sur le caractère. — Indépendamment des accidents nerveux signalés tout à l'heure, lesquels n'arrivent pas toujours, les pratiques médianimiques ont-elles quelqu'effet sur les dispositions physiques et morales habituelles du sujet ? Sur ce point les indications de nos répondants sont fort disparates. — A en croire les uns, la médiumnité serait une merveilleuse puissance de transformation, en bien, de l'activité, des idées, des sentiments, de tout l'être enfin; elle imprègne la vie entière et la conduite de chaque jour des vertus les plus précieuses : bonté, charité, dévouement, courage ou résignation, consécration au devoir, tolérance et largeur d'idées, joie et sérénité constantes, confiance en l'avenir, et sens profondément religieux de l'existence (XI, XLIII, LII, LXX, etc.). — Suivant d'autres, au contraire, les médiums sont généralement bilieux, jaloux, susceptibles, orgueilleux, etc. Voici, comme exemple de ces jugements défavorables, un fragment typique emprunté à l'un de nos documents (XXXII) :

« La médiumnité, comme état habituel ou facilement provoqué, est très probablement sinon une maladie de l'être, du moins un état d'ébranlement, d'impressionnabilité à outrance, qui influe certainement sur la vie, le caractère, les idées et la santé. Les médiums sont en général irritables, jaloux, enclins au pessimisme; ils ont des maux inexplicables que personne ne peut comprendre... Leurs idées sont changeantes, ils ont des moments de grande passion, suivis d'accès de faiblesse; leur caractère renferme des contrastes inouis... Souvent ils altèrent la vérité, croyant voir ou dire juste; en tous cas ils exagèrent énormément. Leur santé ne peut être égale, car au moindre signe ils la voient menacée. Les relations sont très difficiles avec eux, car souvent on ne reconnait pas l'être de la veille et celui du lendemain. Preuve qu'il y a là des conditions physiques et morales défavorables et une atteinte à la véritable personnalité de l'être. »

Il n'est pas difficile de reconnaître dans ce petit tableau, si joliment brossé par une personne qui n'a pourtant pas étudié la médecine, mais qui est fine observatrice, un portrait frappant du « caractère hystérique » classique. Mais, comme on sait aujourd'hui que ce type traditionnel ne répond pas à tous les cas et que l'hystérie est parfaitement compatible avec les plus belles et les plus nobles natures, il n'y a pas nécessairement contradiction entre cette description peu flatteuse des médiums, et la précédente qui les dotait de toutes les qualités. Au fond, et en laissant de côté la question de l'hystérie, il semble qu'il y a des médiums de toutes sortes, et que chaque auteur juge d'après ceux qu'il a rencontrés. Et le professeur Metzger, qui en avait tant fréquenté, est sans doute dans le vrai, lorsqu'il remarque que la médiumnité comme telle n'a pas d'effet constant sur les sujets qui s'y adonnent, mais qu'elle les laisse à peu près ce qu'ils étaient auparavant, non sans les exposer (comme cela arrive aux gens qui se découvrent un talent inattendu et auxquels on fait jouer un rôle) aux tentations de l'orgueil, de la susceptibilité, etc. (XIV, p. 28-29.) Et quant aux bienfaisants effets qui lui sont attribués par tant de nos répondants, il paraît clair qu'il en faut rendre hommage, non à la médiumnité elle-même, mais aux croyances spirites, dans lesquelles tant d'âmes désemparées trouvent enfin les certitudes morales et les consolations religieuses qui leur avaient fait défaut jusque-là.

Terminaison de la Médiumnité. — La médiumnité, comme je l'ai dit, peut durer autant que la vie : M. Gros (LVI) et Mme Guelt (LI) ont eu des visions ou fait aller la table jusqu'au bout. D'autres cessent leurs exercices, notamment l'écriture, à cause de la fatigue au moment du déclin des forces, p. ex. M. Saldi après plus de trente ans de pratique (XXXVIII). Mais les phénomènes spontanés ne sont point forcément supprimés pour cela (XLIII). Ces derniers peuvent aussi disparaître à tout âge pour des raisons inconnues.

Chez la plupart des médiums ordinaires et de médiocre puissance, où les pratiques de typtologie et d'écriture furent plutôt un produit d'entraînement social qu'un besoin de nature et ne se transformèrent jamais en habitude nécessaire, ces exercices n'occupent ordinairement qu'une période limitée, de quelques mois à quelques années. Ils prennent fin, non par extinction de leur faculté — laquelle une fois acquise peut subsister longtemps latente, et reparaître si l'occasion se présente — mais simplement parce que le sujet cesse de pratiquer pour une raison quelconque. Tantôt c'est la fatigue et la nervosité, dues à l'abus de ses exercices médianimiques, qui le décident à s'interrompre (L, LIV) ; tantôt c'est simplement le manque de temps, l'absorbtion par les occupations journalières (XLI, LII) ; ou encore la lassitude de n'obtenir que des messages dénués d'intérêt et sans preuves d'identité spirite ; le découragement de ne jamais arriver à la forme de médiumnité souhaitée, telle que l'écriture purement mécanique, ou la vision, qui seules donneraient au sujet la certitude que ce qu'il reçoit vient bien d'ailleurs que de lui-même (LVII) ; ou enfin la déception produite soit par des communications mensongères, soit par la perpétuelle intrusion de quelque esprit inférieur et obsédant, dont le médium n'arrive pas à se débarrasser (174, 237, 308).

Par opposition à tous ces modes de terminaison qui laissent l'individu à peu près tel qu'il était avant sa phase de médiumnité, signalons une issue plus intéressante dont le cas de Mme Darel (LIII) constitue un bel exemple. Chez elle, ses cinq ou six années de pratique spirite ont abouti au développement d'une sorte de nouvelle personnalité parfaitement normale de penseur et d'écrivain, qui germait depuis l'enfance sous l'écorce des occupations journalières, et qui ne se serait probablement jamais épanouie sans la stimulation et l'aliment inattendus que le spiritisme vint lui fournir au début de l'âge mûr. C'est ce qu'on pourrait appeler un cas de *médiumnité d'évolution*, rappellant tout à fait les phénomènes de somnambulisme qui accompagnent parfois et semblent avoir pour but de faciliter, au moment de l'adolescence, l'éclosion de la personnalité adulte, entravée par des obstacles organiques ou sociaux.

IV. Types naturels de Médiums.

Ce titre ne figure ici que pour mémoire, afin de marquer la place d'une classification naturelle encore à faire. En combinant entre elles, de toutes les manières possibles, les diverses modalités cliniques, psychologiques, et autres, dont la médiumnité est susceptible, on obtiendrait un nombre quasi illimité de variétés logiquement concevables. Mais comme partout dans la nature, il est probable que beaucoup de ces possibilités théoriques ne se présenteront jamais en fait, par suite d'incompatibilités secrètes entre les éléments qu'elles devraient réunir, et que d'autres au contraire se rencontreront plus souvent qu'à leur tour, trahissant ainsi l'existence d'affinités spéciales entre leurs facteurs constitutifs, ou un concours permanent de circonstances extérieures particulièrement favorable à leur réalisation. C'est par l'observation seule que nous apprendrons ce qui en est, en nous adressant soit aux formes les plus habituelles de la médiumnité, soit aux cas célèbres, plus spécialement remarquables par l'éclat, l'abondance, le merveilleux de leurs phénomènes. Il n'est d'ailleurs pas certain que les principaux types de médiumnité déterminés par ces deux recherches doivent coïncider; il se peut fort bien que les grands médiums consacrés par la gloire, au lieu de représenter simplement le degré supérieur des types les plus répandus à leur degré faible, soient au contraire des combinaisons très exceptionnelles; et qu'inversement le type le plus banal se trouve, de par sa constitution même, empêché de jamais dépasser un certain niveau peu élevé de puissance supranormale.

Pour en rester à mon dossier, il ne renferme aucun cas hors ligne, digne d'entrer dans le panthéon des grandes illustrations médianimiques de l'histoire, et dont on puisse faire le prototype d'une catégorie naturelle de médiums. En revanche, on y rencontre presque à profusion des spécimens peu remarquables en soi, mais frappants par leur ressemblance générale sous la variété des détails secondaires, et qui paraissent ainsi constituer un groupe naturel, représentant ce qu'on pourrait appeler le *type courant ou moyen du médium ordinaire.* On peut le décrire ainsi :

Individu, ordinairement du sexe féminin, qui n'a jamais eu de phénomènes parapsychiques notables (sauf peut-être un peu de somnambulisme ou de rêveries éveillées dans son enfance, et quelques pressentiments). Le chagrin de deuils plus ou moins récents et une rencontre fortuite qui le met en rapport avec le spiritisme, dont il ne s'est jamais occupé jusque-là, lui font essayer de la table ou de l'écriture. Rapidement, il devient médium typtologue, ou écrivain semi-mécanique, et il obtient des communications d'un contenu quelconque, qui ne dépassent en rien ses capacités, mais qui le frappent et l'enchantent au début par leur soi-disant provenance des défunts regrettés. Peu à peu cependant, la monotonie des messages, leur médiocrité intrinsèque, la rareté ou même l'absence de toute preuve supranormale convaincante, parfois le caractère obsessif ou mensonger des prétendues révélations, lassent le premier enthousiasme, et au bout de quelques mois, rarement de quelques années, le médium cesse de pratiquer. Il ne lui reste ordinairement rien, ni en bien ni en mal, de cette phase passagère de médiumnité acquise — sauf une certaine habitude latente, qui lui rendra plus faciles de nouveaux essais occasionnels (sans augmenter d'ailleurs la valeur de leur contenu); et, au fond de lui-même, une réelle inclination pour les Doctrines spirites, avec le désir très vif de les voir un jour démontrées, doublé, sur la question des Phénomènes, d'un vaste point d'interrogation, qui le sépare désormais autant des croyants emballés que les négateurs ignares.

Peut-être dira-t-on que cette esquisse schématique de la médiumnité courante, loin de répondre à un type vraiment naturel, ne nous dépeint qu'un produit factice d'imitation sociale et d'auto-suggestion. — Je suis d'autant moins porté à y contredire, que cette vue cadre avec les conclusions spontanées de plusieurs de mes répondants, qui dépassaient cependant la moyenne par le relief de leurs exploits typtologiques et graphiques ou de leurs visions (XLVII, XLIX, L) et qui, après une période spirite convaincue, n'en ont pas moins fait une volte-face complète, et brûlé ce qu'ils avaient adoré, estimant avoir été leurs propres dupes ou les victimes de l'entraînement ambiant. — De sorte que mon paragraphe des types naturels reste vide. J'aurais bien voulu pouvoir y loger les quelques exemples de médiumnité à effets physiques ou à incarnations de mon dossier, en les mettant sous l'égide de figures connues telles que celles de Stainton Moses ou de Mme Piper; mais vraiment ils ne rappellent que trop vaguement ces types illustres pour pouvoir en être sérieusement rapprochés.

V. Opinions sur les Phénomènes et les Doctrines spirites.

A lire la question 9 de l'enquête (p. 5), on pensera sans doute qu'il y avait quelque naïveté à demander à des spirites et à des médiums leur sentiment sur le spiritisme et la médiumnité, comme si l'on ne pouvait pas le deviner d'avance! Et pourtant leurs réponses présentent une certaine variété; surtout, le point où elles sont le plus d'accord n'est pas celui qu'on aurait cru, à savoir l'avantage d'être en communication avec les Esprits de l'autre monde. La lecture de nos documents montre en effet que l'essentiel du spiritisme ne réside pas précisément, pour les spirites, là où le placent d'ordinaire les adversaires ou les indifférents. Ceux-ci croient volontiers qu'être spirite, c'est avant tout avoir constamment affaire aux désincarnés, coudoyer des fantômes, interroger la table sur l'avenir et toutes les questions pendantes; bref, entretenir avec les habitants de l'au-delà des rapports à peu près aussi familiers et constants qu'avec notre entourage d'ici-bas. Or les personnes de notre enquête répondant à ce signalement sont fort peu nombreuses. Il y en a bien quelques-unes qui trouvent une réelle et journalière satisfaction à converser par la table ou le crayon avec les défunts de leur connaissance. Mais pour la grande majorité il n'en est guère ainsi. Ce qui les touche personnellement dans le spiritisme et leur importe le plus, ce ne sont pas du tout les phénomènes — il y a des spirites convaincus qui n'en ont cure, ou à qui même ils répugnent — c'est l'enseignement *supposé scientifiquement fondé* de la vie future, par opposition au matérialisme qui la nie, au scepticisme qui en doute, ou aux religions qui en font l'objet d'une foi toujours chancelante. Il est clair que cet enseignement, pour avoir le caractère de certitude scientifique absolue qui fait sa valeur et distingue justement le spiritisme des simples croyances dogmatiques ou hypothétiques ordinaires, implique des démonstrations expérimentales, des preuves concrètes et tangibles de l'intervention des Esprits dans notre monde. Mais, pour la plupart de nos spirites, il en est à peu près, de ces preuves de fait, comme de celles de la rotation de la terre pour les gens cultivés : point n'est besoin que chacun les expérimente à nouveau et les vérifie pour son compte, il suffit de savoir qu'*on* les a, c'est-à-dire qu'elles existent dans l'arsenal impersonnel de la science, d'où il sera toujours facile de les tirer, s'il le faut, pour convaincre les incrédules. Hormis donc les nécessités de polémique ou de prosélytisme, on peut fort bien se dispenser de recourir aux manifestations des Esprits; car ce dont on vit réellement, ce n'est pas des faits eux-mêmes, mais bien des grandes vérités philosophiques et morales qui s'en déduisent. Bref, comme l'a excellemment résumé un de nos répondants, « en spiritisme la doctrine est tout; on peut être bon spirite sans avoir jamais vu de phénomènes; ceux-ci ne devraient jamais être recherchés que pour la propagande, c'est-à-dire pour appuyer la doctrine. » (M. Glika, p. 47.) Et — il est bon d'y insister — ce que la plupart entendent par la *doctrine,* ce n'est point tant, comme les profanes se l'imaginent, l'idée d'un commerce effectif et réel avec les désincarnés, que simplement l'affirmation de l'existence de l'âme, de sa survivance au corps et de son évolution spirituelle illimitée.

A cette tendance générale, marquée au coin d'un curieux dédain des phénomènes comme tels, il y a naturellement des exceptions provenant de ceux de nos sujets qui possèdent une médiumnité accentuée dont l'exercice leur procure des jouissances intimes. Mais il vaut la peine d'analyser d'un peu plus près les réponses à l'article 9 du Questionnaire.

Avantages et Inconvénients pratiques des Phénomènes. — Les personnes de l'enquête qui ont manifesté leur sentiment sur ce point forment trois groupes assez distincts :

1° Les enthousiastes, les mystiques en un sens, qui non seulement croient absolument à l'authenticité des faits médianimiques, mais qui ont éprouvé l'indicible émotion de pénétrer par eux, ne fût-ce que pour un moment, dans les sphères de l'au-delà. — « Oui, chose sublime, qui donne des ailes à notre pauvre humanité, que ne viens-tu plus souvent nous bercer! » s'écrie Mme C. à l'occasion d'un bruit insolite répondant à une de ses questions mentales (36). « Les phénomènes médianimiques sont les faits les plus émouvants qu'il nous soit donné de constater ici-bas : ils nous mettent en relation avec les âmes des disparus. » (LXXII.) « La médiumnité nous élève dans les sphères supérieures et nous donne le sentiment du bonheur qui nous attend au sommet de nos transformations successives. » (LI.) Et lorsque l'indifférence, la prose de l'existence quotidienne, ou le doute, reprend ceux qui ont une fois trempé leurs lèvres à cette coupe d'extase, il leur reste toujours le regret d'une vie qui les tenait au-dessus de la terre, prêts pour la future existence (236), le souvenir heureux de l'enthousiasme continu qu'on éprouve dans la pratique de la médiumnité quand on y est lancé. (LXI.) — On comprend que pour les natures de cette trempe, les phénomènes médianimiques ont en eux-mêmes une valeur infinie qui légitime, et au delà, le temps et la peine consacrés à leur obtention.

2° Les croyants de sens rassis, qui insistent sur l'importance des phénomènes, en tant que faits capables de faire avancer la science et de réfuter définitivement le matérialisme par la démonstration expérimentale de la survivance de l'âme; mais qui reconnaissent que l'étude de ces faits présente des dangers pour les natures faibles et nerveuses, à qui elle peut faire beaucoup de mal, et pour les médiums novices ou imprudents qui deviennent facilement la proie des Esprits inférieurs. En sorte que les avantages et les inconvénients des phénomènes médianimiques se balancent à leurs yeux, et que tantôt les uns tantôt les autres l'emportent suivant les dispositions et le but de ceux qui les recherchent.

3° Ce dernier groupe comprend encore des croyants convaincus de l'authenticité des phénomènes, mais très pénétrés de la difficulté d'y séparer l'ivraie du bon grain, et des risques physiques et moraux que l'on court à vouloir fréquenter le domaine occulte. Il comprend aussi des non-croyants, des amateurs plus ou moins sceptiques, des personnes déconcertées par les tromperies ou les mystifications dont elles ont été les victimes de la part des puissances invisibles. Les uns et les autres estiment que les inconvénients des phénomènes l'emportent sur les avantages; et de leurs critiques diverses on peut tirer le tableau synthétique suivant : — Pour la plupart des gens, médiums ou simples spectateurs, la recherche des phénomènes, qui est d'ailleurs défendue par la Bible (XVII), est dangereuse; elle engendre facilement une exaltation qui obscurcit et fausse le jugement; elle absorbe vainement un temps précieux : elle expose à être berné par les Esprits inférieurs; elle ébranle les nerfs, détraque l'organisme, ruine la santé et bouleverse l'esprit. Elle tue l'initiative et rend les gens esclaves en les habituant à suivre aveuglément les soi-disant conseils de l'invisible, ce qui aboutit à une sorte de possession et d'aliénation en petit, etc. (XIX, XXXV, LIV, LVIII, etc.) — Au total, on n'accusera pas nos répondants, dans leur ensemble, d'être aveugles sur les dangers et les inconvénients des pratiques spirites.

Valeur des Doctrines spirites. — Ici, c'est un concert général d'éloges sur la beauté et l'excellence de la philosophie spirite, un témoignage à peu près unanime rendu à son influence salutaire sur la vie intellectuelle, morale et religieuse de ses adeptes. Même les personnes qui en sont venues à se méfier complètement des Phénomènes et leur en veulent, pour ainsi dire, des déceptions et des doutes qu'ils laissent après eux, reconnaissent les bienfaits qu'elles ont retirés des Doctrines (LIV). Les seules notes discordantes — et elles ne le sont que partiellement — proviennent de cinq ou six répondants qui se rattachent au protestantisme orthodoxe (XVII, XXII), à Swedenborg (XXXV), et à l'occultisme ou à la théosophie (XXX, XXXII). Ces derniers courants s'allient d'ailleurs si fréquemment, et en toutes proportions, au spiritisme proprement dit, qu'il est impossible de tracer une ligne de démarcation entre eux; les « doctrines » qui remplissent d'enthousiasme la plupart de nos répondants ne représentent pas un type parfaitement précis : elles constituent une sorte de syncrétisme variant plus ou moins d'un individu à l'autre, mais dont le centre commun est toujours, ainsi qu'on l'a vu plus haut, l'affirmation de la spiritualité et de la libre évolution de l'âme, par antithèse aux négations du matérialisme et aux étroitesses dogmatiques des diverses confessions religieuses.

Rôle du Spiritisme dans l'Éducation. — Sur 19 personnes qui ont exprimé leur avis à ce sujet, une seule (XVII) déclare qu'il faut ne donner aucune place au spiritisme dans l'éducation et n'en pas souffler mot aux enfants tant qu'il ne nous interrogent pas là-dessus; mais il est visible qu'elle a pris le terme dans le sens étroit d'évocation des Esprits et de communication avec les morts. Toutes les autres ont répondu d'une manière affirmative, quelques-unes avec conviction et enthousiasme (II, LXII), d'autres en faisant certaines réserves et en insistant sur la nécessité de s'y prendre avec beaucoup de tact et de prudence. Cette invitation à la prudence se manifeste par divers conseils : d'attendre, pour parler du spiritisme aux enfants, qu'ils aient cessé de l'être, ou que du moins ils aient atteint l'âge de raisonner par eux-mêmes (III, VII, XI, XXI, XXIII); de laisser à l'avenir le soin de cette innovation pédagogique, l'heure n'étant pas encore venue (LII); surtout — et ceci est un point qui mettrait probablement d'accord la plupart de nos répondants — de s'en tenir à l'enseignement des doctrines (spiritualité, immortalité, et évolution de l'âme), en évitant d'initier les enfants aux « manifestations », ou en les détournant des pratiques médianimiques (XXV, XXXII, LXVIII). En d'autres termes, c'est bien moins le *spiritisme* proprement dit dont nos répondants préconisent l'influence bienfaisante dans l'éducation, que le *spiritualisme* compris dans le sens le plus élevé du mot, et enseigné avec une hauteur et une largeur de vues toutes modernes, comme on a pu le voir notamment dans le plan d'instruction spirite esquissé par Mme Rosen-Dufaure (p. 162).

VI. Conclusion.

Ce qui me frappe surtout et me paraît le plus digne d'être relevé comme résultat général de mon enquête, c'est que si l'on compare les 9 cas de l'étranger, qui m'ont été transmis par M. Gardy et Mlle Champury, avec les 63 cas de Genève et de ses environs, le résultat de la comparaison est à l'avantage des premiers sous le rapport de l'intensité et de l'originalité des phénomènes; — ce que je me permets d'exprimer sous l'aspect inverse, mais équivalent, en disant que c'est en faveur du bon sens relatif, de la pondération, de l'équilibre physique et mental des spirites genevois. Il ne s'est point trouvé, parmi ceux-ci, de véritables médiums à incarnations, ni guérisseurs à distance, ni se dégageant de leur organisme ou fournissant leurs fluides dans des groupes d'expérimentation audacieuse, etc. Ils racontent, il est vrai, des choses stupéfiantes, entre autres des matérialisations de doigts, de mains, voire de fantômes complets (1, 4, 13, 25, 32, 196, 327 à 330); mais ce sont des choses dont ils ont été simplement témoins chez des médiums du dehors et dont ils ne sont pas capables eux-mêmes.

Si les beaux cas sont si rares chez nous, on dira peut-être que c'est l'effet de la bise ou du calvinisme, qui depuis tant de générations versent sur notre peuple leurs influences réfrigérantes, et mettent du plomb dans les ailes de nos imaginations. Je n'en disconviens pas. Il est évident que le climat, l'histoire, la race, je ne sais quoi encore, nous ont fait un tempérament plutôt sec, positif, volontaire et dépourvu d'envolée. Notre sol fut toujours éminemment fertile en horlogers minutieux, en négociants avisés, en théologiens précis, en bourgeois économes, et en admirables savants; mais il paraît peu propice à la grande poésie, comme à la grande hystérie; en sorte que si la grande médiumnité n'était au fond qu'un produit hybride de ces deux choses (avec forte prédominance de la seconde) on comprendrait qu'elle n'ait pu fleurir que bien exceptionnellement chez nous. Mais je ne veux pas insister sur ces considérations hasardeuses. On pourrait m'objecter en effet que les spirites de l'étranger ont évidemment trié sur le volet les cas qu'ils ont envoyés à leurs amis de Genève, en laissant de côté ce qui manquait de saveur; et que d'ailleurs j'ai reconnu moi-même (p. 182) combien mon dossier a peu de valeur représentative à l'égard du spiritisme de chez nous, ensorte qu'il existe peut-être des cas magnifiques dans les replis cachés de notre population, spécialement parmi les somnambules professionnels (dont j'ai négligé de tenir compte, par principe). C'est possible; toutefois les indices qui me sont parvenus sur ce point, et ce que je sais des autres médiums de ma connaissance restés en dehors de l'enquête, ne me donnent guère à penser qu'il y ait grand'chose à regretter dans les cas qui m'ont échappé. De plus, l'idée que les phénomènes médianimiques sont relativement peu développés à Genève, se trouve corroborée par l'opinion de plusieurs membres de la Société d'Etudes Psychiques, plus au courant que moi de ce qui se passe dans les sociétés analogues de l'étranger, et qui leur envient souvent leur richesse en médiumnités de marque. Voici ce que m'écrivait (en 1898) l'un d'eux, très désireux de me faire assister à des manifestations spirites capables d'entraîner ma conviction :

« Plus je réfléchis au moyen de vous fournir des preuves, plus je crois que Lyon vous en fournirait de meilleures que Genève; nous pourrions vous donner les adresses de spirites qui ne sont pas des lettrés, mais des expérimentateurs de mérite ou des médiums puissants. Un passage d'une lettre reçue hier de M. Léon Denis vient à l'appui; voici ce qu'il m'écrit: — « Je crains que vous « ne soyez guère en mesure, à Genève, de fournir des preuves convaincantes, « car je crois que vos études se poursuivent plus dans le sens littéraire que dans « le sens expérimental. Pourquoi ne faites-vous pas comme à Lyon? Ils sont

« arrivés à posséder de bons médiums à trance, et j'y ai vu récemment des « manifestations bien remarquables, je dirais presque effrayantes. » — Rien ne vaut, dans cet étrange domaine, l'expérience personnelle.... »

Si je n'ai pas suivi le conseil d'aller étudier le spiritisme à Lyon, c'est que les beaux cas que l'on m'y promettait étaient des médiums à *incarnations,* et non à *effets physiques.* Or — tandis que c'est la constatation immédiate et directe des phénomènes qui importe quand il s'agit d'effets physiques — pour juger de la valeur supranormale d'un médium à incarnations, il faut absolument être au fait de son passé, de sa famille, de tout ce qui s'est agité autour de lui, afin de pouvoir se rendre compte de ses ressources mentales et du contenu de son sac ; mais c'est ce qui est presque impossible dans une ville où l'on n'est qu'en passage. Aussi ai-je préféré me restreindre, pour commencer, au cas de médium à incarnations que je pouvais étudier sur place (Mlle Smith) ; et quand j'eus constaté à quelles difficultés on se heurte déjà, pour peu qu'on veuille sérieusement contrôler les merveilles médianimiques qu'on a sous la main dans son propre pays, je me trouvai guéri de l'envie d'en aller chercher d'autres sur terre étrangère ! Mais ceci s'écarte de notre sujet. — Pour en revenir aux spirites de Genève, la citation ci-dessus, remontant à dix ans, montre combien ils avaient eux-mêmes le sentiment qu'ils ne brillaient pas par l'abondance et l'éclat de leurs cas de médiumnité. Les choses ne paraissent guère avoir changé depuis lors, si l'on en juge par les additions de 1908 aux faits de notre dossier, lesquelles marquent un état stationnaire, sinon même un certain recul par suite de défections (L, LIII) ou de décès (LI, LVI) qui n'ont point été, que je sache, compensés par l'apparition de nouveaux médiums notables.

Je conclus. L'échec final de mon enquête, qui ne m'a point fait découvrir de cas de médiumnité vraiment typique et transcendante dans notre pays ; les allures généralement modestes et pondérées de mes répondants genevois ; le peu d'emballement qu'ils montrent au total pour les manifestations médianimiques elles-mêmes ; la place dominante qu'occupe dans leurs préoccupations l'aspect philosophique, moral et religieux du spiritisme, par opposition à son côté phénoménal, — tout cela me semble constituer une particularité marquée, qui tient sans doute au terroir, et dont je me réjouis au point de vue hygiénique et sanitaire de notre tempérament national (si je puis m'exprimer ainsi), non sans la regretter, je l'avoue, en tant qu'amateur de curiosités métapsychiques.

SECONDE PARTIE : OBSERVATIONS DIVERSES

CHAPITRE PREMIER

Introduction. Science et Métapsychique.

Les documents recueillis dans la première partie de ce volume, ai-je dit dès l'entrée (p. 3), témoignent abondamment de la conviction de leurs auteurs et de la fermeté de la foi spirite, mais ils ne renferment rien qui légitime les prétentions du spiritisme au rang de vérité scientifiquement démontrée. — Pour justifier ce verdict sommaire, qui risque d'étonner ou de peiner bon nombre de mes correspondants, mon intention était de reprendre un à un et par le menu les faits apparemment supranormaux du dossier ci-dessus, et de montrer qu'ils sont tous susceptibles d'interprétations psychologiques rendant superflue l'hypothèse des Esprits désincarnés. Mais deux choses m'ont fait abandonner ce plan primitif.

C'est d'une part un empêchement subjectif majeur, qui m'est survenu sous la forme d'un invincible ennui à la perspective de me replonger encore une fois dans un dossier trop longtemps traîné derrière moi. Il y a de ces phénomènes de lassitude et d'inhibition contre lesquels la psychophysiologie n'a pas encore su nous indiquer d'autre remède que..... de tout planter là.

Et c'est d'autre part la réflexion qu'il est au fond préférable, pour le lecteur, de lui présenter simplement (avec quelques exemples typiques tirés de nos documents ou d'ailleurs) certains points de vue ou principes critiques généraux, en lui laissant le soin d'en faire lui-même l'application plus complète aux faits qui lui en paraîtront dignes. Ces considérations générales n'auront rien de bien neuf, mais elles sont si souvent méconnues du grand public, même de beaucoup de personnes très cultivées qui s'adonnent au spiritisme ou à l'occultisme, qu'on ne saurait trop y insister. Au surplus, je me contenterai souvent de reproduire des fragments publiés antérieurement, me sentant d'une désolante incapacité à me mettre en nouveaux frais de style pour répéter sous d'autres formes des choses que j'ai déjà dites ailleurs.

Il en résulte que cette seconde partie ne se rapportera que très partiellement ou indirectement à la première, et qu'elle formera un assez piètre assemblage de morceaux détachés, tant réchauffés qu'inédits, dont l'unité, s'ils en ont une, se trouve dans l'attitude mentale, la disposition d'esprit, qui les a tous inspirés. Cette disposition peut se caractériser d'un mot, par l'épithète de « critique » prise, non dans le sens péjoratif de blâmer, mais dans son acception étymologique et philosophique d'examiner, discerner, trier. En présence des phénomènes douteux ou obscurs du spiritisme, l'attitude *critique* examine les données de fait et les interprétations proposées, en s'efforçant en chaque cas de discerner et de peser le pour et le contre des diverses possibilités. Elle s'oppose d'une part à l'attitude *sceptique*, qui lève les épaules et se désintéresse de problèmes qu'elle tient pour insolubles; et, d'autre part, à l'attitude *dogmatique*, qui tranche d'emblée et de haut, approuvant ou condamnant sans autre forme de procès, en vertu d'une philosophie toute faite et de conceptions arrêtées d'avance.

Dans ce premier chapitre, je reproduis deux articles ayant trait au devoir et au droit — encore trop contestés — qu'ont, à mon sens, les partisans de la science positive d'étudier les phénomènes dits occultes ou supranormaux. J'y ai ajouté quelques remarques sur l'aversion innée, parfois l'hostilité déclarée, que tant de savants du plus haut renom manifestent pour ce genre de recherches, et sur cette attitude critique, mentionnée tout à l'heure, qui me semble être la meilleure position à prendre vis-à-vis de ce ténébreux domaine[1].

I. A propos de l'Institut Général Psychologique.

Cet Institut — qui doit son origine, comme l'on sait, à la courageuse initiative et à l'infatigable activité de MM. S. Youriévitch, attaché à l'ambassade de Russie à Paris, et O. Murray, du National Liberal Club de Londres — fut officiellement inauguré lors du IVme Congrès international de Psychologie (Paris 1900). Dès sa naissance, deux tendances assez

[1] Pour être complet, je devrais également reproduire ici les pages assez étendues que j'ai consacrées dans *Des Indes* à la question de l'étude du supranormal en général, et du spiritisme en particulier ; mais ce serait vraiment pousser trop loin la manie, chère aux auteurs, de se citer eux-mêmes ; et je me borne à renvoyer aux passages en question les lecteurs que cela intéresserait. Voir *Des Indes*, p. 340-358, 363-365, 387-397. *Nouvelles Observations*, p. 227 et 253-255.

différentes se manifestèrent autour de son berceau. De ses nombreux adhérents, les uns auraient voulu que, fidèle à son titre initial de Psychique et aux intentions de ses fondateurs, le jeune Institut se vouât à peu près exclusivement aux « Psychical Research » et consacrât tous ses efforts à introduire la lumière de la science dans le domaine des phénomènes occultes. Les autres, craignant pour son avenir les embûches de l'inconnu et les risques de promiscuités fâcheuses, eussent préféré que l'Institut se limitât aux branches déjà constituées de la science positive, et renonçât jusqu'à l'épithète suspecte de *psychique* pour s'en tenir à celle plus convenable de *psychologique*. La résultante de ces deux courants a été un compromis : dans son organisation définitive, l'Institut Psychologique est subdivisé en plusieurs groupes particuliers, dont l'un seulement s'adonne à l'étude incertaine des « phénomènes psychiques », et se fait tout petit derrière les autres, lesquels, se livrant aux travaux vraiment sérieux de la psychologie zoologique, individuelle, artistique, morale et criminelle, etc., occupent avec dignité le devant de la scène.

On a souvent reproché à l'Institut un certain oubli de sa destination originelle, un manque d'empressement visible à s'occuper des choses pour lesquelles cependant il avait été créé. A première vue, cette critique paraît fondée, car il est de fait que sa section psychique a beaucoup moins produit que les autres[1]. Mais si l'on réfléchit aux différences de conditions où se trouvent des branches expérimentales déjà reconnues, et un genre de recherches encore sujet à discussion, mal noté, conspué même dans beaucoup de milieux scientifiques, on ne blâmera plus autant le Groupe psychique de l'Institut d'avoir pratiqué, fût-ce avec outrance, le proverbe *Festina lente* (ou *Chi va piano va sano*). Ici comme ailleurs, ce qu'on perd en vitesse se retrouvera sans doute en force. Un des écrivains le mieux au courant de ces questions et de l'histoire du spiritisme[2] remarquait, il n'y a pas longtemps, combien les événements supranormaux les plus frappants passent inaperçus et restent lettre morte, tant qu'ils ne sont racontés que dans les revues spirites, même les plus sérieuses, tandis qu'il suffit qu'un « savant officiel » leur donne l'appoint de son témoignage pour qu'aussitôt le monde entier en soit remué. Il

[1] Voir le « Bulletin de l'Institut général Psychologique, publié sous l'autorité du Bureau de cette Société. » (Secrétaire de la rédaction : M. Courtier.) Cette belle collection de Mémoires originaux, Conférences et articles divers, qui en est à son huitième volume, fait le plus grand honneur à l'Institut et au zèle inlassable de son secrétaire général M. Yourlévitch. Mais le Groupe d'étude des Phénomènes psychiques n'y occupe jusqu'ici qu'un nombre de pages infinitésimal relativement au reste.

[2] C. de Vesme. *L'œuvre des « Amateurs » et l'œuvre des « Savants »*. Annales des Sc. Psych., t. XVI, p. 1. (Janvier 1906.)

en sera certainement de même des faits constatés par les illustres membres de l'Institut psychologique : le moindre indice de phénomènes supranormaux attesté par MM. d'Arsonval, G. Ballet, etc., pèsera plus, dans l'opinion publique générale et dans celle du monde savant en particulier, que toute la littérature occultiste en bloc. Mais il est évident qu'une telle influence augmente d'autant plus la responsabilité de ces Messieurs, et justifie en conséquence la sage lenteur, la prudence excessive, avec laquelle ils procèdent : ils ne veulent pas s'exposer à devoir revenir en arrière lorsqu'une fois ils auront exprimé leur avis.

Le discours suivant[1], que les circonstances m'avaient fait prononcer alors que s'agitaient les questions concernant l'organisation de l'Institut naissant, montre que j'étais particulièrement sympathique à la première des deux tendances ci-dessus indiquées. Je regrette toujours qu'elle n'ait pas prévalu davantage, tout en reconnaissant que ce rêve hardi de MM. Youriévitch et Murray — d'un Institut à la fois strictement *scientifique* et franchement *métapsychique* — n'était pas réalisable du premier coup, ni ne le sera sans doute de si tôt, à cause des préjugés qu'il soulève dans les camps les plus divers.

Messieurs, puisque le hasard m'amène à cette tribune au moment où l'Institut psychologique international vient de nous être présenté, je salue avec enthousiasme ce nouveau-né et lui souhaite prospérité et longue vie. On discute sur son appellation. Ce n'est pas le nom qui importe, c'est la chose, et il me semble fort indifférent qu'on le baptise *psychique*, *psychologique*, ou autrement, pourvu qu'on soit au clair et d'accord sur sa nature, je veux dire sur son but et ses tendances. Mais peut-être est-ce précisément ce point qui souffre encore d'obscurité, en sorte que la querelle de mots de tout à l'heure serait l'indice d'hésitations portant sur le fond même du sujet. Qu'il me soit donc permis, pour éviter tout malentendu — du moins en ce qui me concerne, car je n'ai pas qualité pour parler au nom des innombrables parrains du nouvel Institut — de dire comment je l'entends et pourquoi j'ai applaudi à sa création.

Plusieurs membres de ce Congrès m'ont paru craindre que l'épithète *psychique* ne trahît quelque secrète et coupable inclination du futur Institut pour le genre d'études que nos amis d'outre-Manche et d'outre-mer désignent par le terme de « Psychical Research » ; études si compro-

[1] Cette communication faite au Congrès de Psychologie (Paris, août 1900), a paru sous le titre d'*Observations sur le Spiritisme* dans le volume des Comptes rendus du Congrès, p. 102-112. J'en supprime ici la seconde partie, qui roulait sur l'imagination subliminale dans le cas de Mlle Smith.

mettantes, comme chacun sait, qu'on n'en parle volontiers qu'à mots couverts, et qu'un Congrès qui se respecte, tel que le nôtre, lorsqu'il ne réussit pas à leur fermer complètement sa porte, les dissimule prudemment sous l'ingénieuse rubrique des *Questions connexes*[1]. Nul plus que moi n'admire l'art délicat de sauver les apparences. Mais puisque nous sommes ici entre nous, vous me pardonnerez d'appeler un chat un chat et d'avouer que sous les « questions connexes » se dérobent en réalité le spiritisme, l'occultisme et autres bêtes noires de la psychologie scientifique contemporaine.

On comprend que des gens sensés tremblent de voir l'Institut International prendre en considération toutes ces horribles choses et s'engager ainsi dans ce qu'ils considèrent comme une voie de perdition. Et pourtant, je ne rougis pas de le dire, je suis d'un sentiment diamétralement opposé. Bien loin de redouter que l'Institut s'occupe de spiritisme et d'occultisme, j'estime que c'est justement ce domaine, adoré des uns et honni des autres, qui doit constituer l'objet par excellence de ses investigations impartiales, et le but principal de tous ses efforts. Introduire les rigoureuses méthodes expérimentales dans l'étude des phénomènes prétendus *supranormaux* (pour les désigner d'un mot), et viser à faire briller un jour la pleine lumière de la science dans ce qui n'est aujourd'hui qu'un obscur et désespérant chaos, voilà, telle du moins que je l'ai comprise, l'idée des fondateurs de l'Institut, et c'est à ce projet ainsi entendu que j'ai donné mon adhésion, dans la conviction qu'une pareille entreprise répond à un besoin général et pressant de notre époque.

Car on ne peut méconnaître la place énorme et sans cesse croissante que les problèmes spirites, médianimiques, occultes, etc., tiennent dans les préoccupations du grand public. Il en réclame avec impatience la solution, et il lui semble que les hommes de science manquent à leur devoir social propre — celui d'être des distributeurs automatiques de vérités — en persistant dans leur désaccord flagrant ou leur inconcevable mutisme sur d'aussi graves sujets. Peut-être le reproche n'est-il pas tout à fait immérité ; car l'antipathie instinctive que ce genre de recherches inspire à la plupart des psychologues et physiologistes n'est pas une excuse suffisante pour qu'ils s'en désintéressent, du moment que la foule y met tant d'importance. Assurément, un savant pur, j'entends un libre amateur cultivant la science en dehors de toute obligation professionnelle,

[1] Dans le programme du Congrès de 1900, tout ce qui touchait à la télépathie, à la médiumnité, etc., avait été classé dans la section V intitulée : *Psychologie de l'hypnotisme, de la suggestion et questions connexes.*

peut s'enfermer dans la tour d'ivoire de ses études de prédilection, et répondre par le silence et le mépris à des questions où il n'aperçoit qu'un renouveau de superstition ou un symptôme de dégénérescence. Mais ce détachement des soucis de la masse ne nous sied guère, à nous autres psychologues *officiels* (comme on nous appelle souvent dans un certain camp), c'est-à-dire attelés à la charrue de l'enseignement universitaire. Noblesse oblige : le prestige que notre auréole professorale nous confère aux yeux des naïfs nous empêche de rester à l'écart, comme nous le souhaiterions parfois, des controverses qui passionnent nos alentours, étudiants ou gens du monde.

C'est du moins l'expérience que j'en ai faite. Que de fois, depuis que m'est dévolu l'honneur de répandre dans un local de l'Etat les saines notions de la psychologie expérimentale, que de fois n'est-on pas venu me demander mon avis sur le spiritisme, me consulter sur des révélations de somnambules ou les dictées d'un guéridon ! Je ne me faisais pas faute, au début, d'envoyer poliment promener les questionneurs importuns, en opposant une majestueuse fin de non-recevoir à toutes ces sornettes d'un autre âge. Mais, outre que ce procédé expéditif va généralement à fin contraire et justifie les accusations de parti pris dont les spirites chargent volontiers la « science officielle », je finis par éprouver un certain malaise de pratiquer si mal ces beaux principes de méthodologie dont nous nous targuons avec tant d'orgueil. Condamner le spiritisme par simple aversion pour son relent de superstition surannée, sans avoir d'abord pris contact avec les phénomènes réels ou supposés sur lesquels il se base, n'est en somme guère plus intelligent que de l'adopter les yeux fermés, sur la foi d'un pied de table ou les rêveries d'un médium intrancé. Il me parut qu'aborder carrément l'étude des faits eux-mêmes, avant de se prononcer, serait plus conforme au véritable esprit scientifique, en même temps que plus généreux à l'égard des âmes sincères qui demandent à être éclairées sur ces troublants phénomènes, et d'une meilleure politique enfin vis-à-vis des bruyants adeptes de l'occultisme, lesquels ne sont souvent que trop fondés lorsqu'ils reprochent à leurs adversaires de parler de choses dont ils n'ont aucune expérience personnelle.

Je me décidai donc, il y a quelques années, à affronter le commerce des tables parlantes et la redoutable pénombre des réunions occultes. Mes recherches ont été grandement facilitées par la bonne volonté et l'obligeance des spirites de Genève, dont je n'ai eu qu'à me louer, et à la sincérité et l'honnêteté desquels je tiens à rendre hautement témoignage. On ne s'étonnera pas cependant que les faits récoltés en un milieu aussi restreint soient insuffisants à trancher définitivement, dans un sens ou un autre, des « questions connexes » pendantes depuis si longtemps et auxquelles se sont attaqués déjà, sans en venir à bout, tant de chercheurs plus habiles et plus favorisés que moi. Mais — et ceci me ramène encore à l'Institut International — ce que ne sauraient guère réaliser les individus isolés, forcément limités dans leur champ et leurs moyens d'action, l'association, la coopération des efforts et des méthodes, pourra l'effectuer plus facilement. Comme M. Ochorowicz l'a si bien exposé dans son discours de tout à l'heure [1], l'introduction de l'entente et du travail collectif est une puissante cause de stimulation et de progrès dans la découverte de la vérité ; et ce n'est pas s'illusionner, je pense, que de prévoir le jour où, grâce à l'impulsion donnée par l'Institut projeté, l'humanité pensante arrivera à élucider enfin les divers phénomènes dont le mystère irrite la curiosité de nos contemporains et pèse parfois comme un cauchemar sur leurs imaginations.

Je reviens à la petite enquête personnelle sur le supranormal que j'ai entreprise et poursuivie à Genève, ces dernières années. Avant de me risquer dans cette aventure, je m'étais fait une sorte de logique composée de deux principes directeurs, d'une extrême simplicité, que je me permets de recommander au futur Institut, parce qu'ils me paraissent exprimer nettement le double trait d'impartialité et de rigueur dont il devra s'inspirer, s'il veut être vraiment scientifique et mener sa tâche à bien.

Le premier de mes principes, c'est que pour des êtres aussi bornés que nous, il y aura sans doute toujours plus de choses sur la terre et dans le ciel que dans notre philosophie, comme disait Hamlet, et que par conséquent il est prudent de ne rien nier à priori, pas même les faits qui nous semblent les plus absurdes et dont la réalité bouleverserait de fond en comble toutes nos notions reçues. Quand on part à la découverte de l'inconnu, il faut s'attendre à tout ; s'il est inévitable que le chercheur, en tant qu'homme, ait ses préférences ou ses préventions innées à l'endroit de telle ou telle hypothèse, il doit du moins, en tant que savant, être sans parti pris, n'avoir aucun siège fait, et admettre d'avance que tout est possible.

C'est souvent plus difficile que ça n'en a l'air. Il y a même des gens qui en sont incapables et aux yeux de qui, par exemple, c'est déjà déshonorer la science et donner des gages à la superstition que de prêter la moindre attention aux phénomènes prétendus supranormaux. Leur tournure d'esprit doctrinaire les rendant réfractaires à toute velléité de doute philoso-

---

[1] Ochorowicz. *De l'Institut psychologique.* Comptes rendus du Congrès de Psychologie de Paris, 1900, p. 137.

phique, ils bondissent d'indignation, à la seule idée qu'il pourrait par hasard y avoir dans le spiritisme ou l'occultisme quelque chose de vrai encore insoupçonné de nos sciences constituées. Et pourtant, si cela était, empêchera-t-on la vérité d'éclater tôt ou tard ? et si cela n'est pas, s'il n'y a là qu'apparences illusoires, n'est-ce pas précisément à l'analyse sans préjugé des faits eux-mêmes qu'il appartiendra de le montrer une bonne fois, en expliquant l'apparence et en ramenant l'illusion à ses causes réelles ? J'estime que c'est bien plutôt faire injure à la science, et manquer de confiance dans la puissance de ses méthodes, que de vouloir lui interdire l'entrée de certains labyrinthes de crainte qu'elle ne sache pas s'y tirer d'affaire. Je la crois assez forte pour n'avoir peur de rien, et assez généreuse pour concéder d'avance la possibilité de tout ce que l'on voudra — quitte à en vérifier dûment la réalité !

Ici survient mon second principe, emprunté à Laplace, et correctif pratique du premier : c'est qu'il faut être d'autant plus exigeant en matière de preuve, que les faits en litige sont plus extraordinaires et contraires à tout ce que nous croyons déjà savoir. De même que le principe de Hamlet est l'antidote de l'étroitesse d'esprit et du parti pris, de même celui de Laplace, qui implique toute la méthodologie, est la sauvegarde indispensable des emballements irréfléchis et de la crédulité facile. A eux deux, ils commandent l'impartialité et la rigueur du raisonnement, sans lesquelles il n'y a pas d'investigation scientifique digne de ce nom.

Il est clair que, dans la pratique, l'application concrète de principes aussi généraux dépend du caractère individuel et du flair personnel de chaque expérimentateur. Nul n'est en situation de se juger soi-même et de décider jusqu'à quel point il a su satisfaire à ces prescriptions idéales. Mais c'est déjà quelque chose que d'avoir clairement aperçu, et de s'être formulé tant bien que mal, les règles de conduite auxquelles on s'efforcera de rester fidèle.

Des résultats de mon enquête, ce n'est pas le moment de parler en détail. Au total, je n'y ai rencontré jusqu'ici aucun fait probant en faveur du supranormal ; mais il serait souverainement illogique de généraliser cette conclusion négative de recherches confinées dans une sphère aussi étroite. Tout ce que je puis dire, c'est que les faits que j'ai eu l'occasion d'observer directement, ou de recueillir de première main, n'ont pas peu contribué à augmenter ma méfiance à l'endroit du spiritisme, en me faisant constater : d'une part, la richesse et l'étendue des moyens par lesquels, chez les médiums les plus sincères, le jeu subconscient des facultés mentales arrive à simuler les messages de l'Au-delà ; et d'autre part la prodigieuse complaisance que des gens d'ailleurs très cultivés, mais enclins aux doctrines occultes, mettent à se laisser leurrer, acceptant comme réellement supranormaux des phénomènes qui sont tout au plus anormaux et ne possèdent aucunement la valeur démonstrative qu'on leur attribue bénévolement. A supposer que le spiritisme soit vrai en soi, on peut affirmer, je pense, que dans l'énorme majorité des faits, même les plus stupéfiants, avancés en sa faveur, il n'y a qu'un mirage trompeur qui ne tarderait pas à s'évanouir devant une analyse un peu serrée des circonstances concrètes du cas. Malheureusement, les candides témoins de ces manifestations, non plus que les médiums qui en sont les auteurs irresponsables, n'éprouvent guère le besoin de recherches qui risqueraient de faire tomber les écailles de leurs yeux. Ils redoutent avant tout l'esprit critique. Ce serait un beau travail que de récolter, de classer et de mettre en pleine lumière par des exemples pris sur le vif, toutes les variétés de sophismes inconscients de la part des adeptes, et de duperies involontaires de la part des médiums, dont le concours et l'entre-croisement forment la charpente soi-disant expérimentale des doctrines spirito-occultistes si répandues de nos jours. La logique et la psychologie y gagneraient chacune un chapitre d'illustrations aussi amusant qu'instructif.

Pour aujourd'hui, je voudrais relever spécialement la part considérable revenant à l'imagination subliminale dans les phénomènes prétendus spirites. On possède beaucoup de documents sur le rôle de la *perception inconsciente,* qui nous fait sans cesse enregistrer par les sens, à notre insu, une foule de choses susceptibles d'alimenter nos rêves et (si nous nous adonnons aux exercices spirites) nos apparentes communications avec les désincarnés. De même, on connaît fort bien l'importance de la *mémoire latente,* où se conservent d'une façon si étonnante tant de souvenirs, oubliés de notre Moi ordinaire, au point que nous ne les reconnaissons plus et croyons y voir des idées originales ou de vrais messages de l'Au-delà lorsqu'ils ressuscitent à l'improviste. Mais l'*imagination subliminale* — j'entends l'imagination créatrice, la fiction, la fantaisie — n'a peut-être pas encore été étudiée avec le soin qu'elle mérite dans les productions automatiques des médiums. Son rôle y est double :

1° Au point de vue de la Forme, elle met l'empreinte trompeuse d'une personnalité objective et indépendante sur des souvenirs ou des idées qui sont, au fond, la pure propriété du sujet. Ce processus imaginatif de la *personnification étrangère* se déploie déjà dans le rêve, l'hypnotisme, beaucoup d'obsessions pathologiques, etc. ; mais il acquiert une importance pratique toute particulière dans les phénomènes dits médianimiques, où il donne l'apparence de messages venant de désincarnés réels, permanents, conscients d'eux-mêmes et parlant à la première personne, à ce qui n'est en réalité qu'un tissu éphémère de pensées vagues flottant dans l'esprit du médium et n'appartenant qu'à lui. Sans doute, on ne peut pas toujours prouver directement ce mode de formation purement subjectif des prétendues communications spirites. Mais il suffit que la démonstration en ait été faite dans quelques cas typiques pour qu'il ne soit plus permis de négliger une explication aussi simple; et dans les autres cas, où cette genèse toute naturelle du message ne peut être retracée par suite du défaut de renseignements suffisants sur les expériences passées du sujet et les circonstances ambiantes, elle restera néanmoins la seule hypothèse scientifiquement admissible jusqu'à preuve du contraire. Car l'obscurité des faits ne saurait être un prétexte à l'oubli de toute méthode: ce n'est pas au psychologue à établir que son explication, démontrée vraie en d'autres occasions semblables, l'est encore ici, c'est au spirite à établir qu'elle ne l'est plus, conformément au principe bien connu, mais trop souvent perdu de vue en ces matières, que dans les cas douteux l'*onus probandi* est à la charge des hypothèses nouvelles et encore contestées, non de celles qui ont déjà fait leurs preuves.

2° Au point de vue du Contenu de ses produits, l'imagination subliminale est capable de tout, aussi bien et peut-être plus encore que l'imagination consciente dont elle est, d'ailleurs, la source et l'origine. Constructions extraordinaires, romans d'existences antérieures, créations de langues inconnues, etc., il n'est pas d'élucubrations imprévues auxquelles ne puisse s'amuser la fantaisie subconsciente d'un médium....

De là résulte à l'évidence que, sans rejeter à priori la *possibilité* d'inspirations spirites proprement dites, avant d'être légitimement autorisé à en affirmer la *réalité* dans un cas donné de soi-disant révélations médianimiques, il faudrait d'abord y avoir fait la part complète de tout ce qui peut relever des facultés créatrices du sujet lui-même.

II[1]. A propos d'une publication de M. Richet.

[Janvier 1906.] — Les faits les plus importants que l'année 1905 ait vus se produire dans le domaine des recherches de psychologie supranormale sont dus à M. Richet, le courageux professeur de physiologie de la Faculté de Médecine de Paris, qui, à la différence de tant de savants timorés, n'a jamais pensé que le culte des sciences constituées doive se

---

[1] Cet article reproduit, avec quelques additions et retranchements, deux fragments de bibliographie et de discussion parus dans les Archives de Psychologie, t. V (1906), p. 298 et 388.

transformer en œillères empêchant toute escapade en dehors des chemins battus.

Et d'abord il a eu l'heureuse idée de baptiser d'un nom simple[1] cet ensemble de problèmes et d'investigations que les Anglais désignent par « Psychical Research » et qui, n'ayant pas de nom consacré en français, a été appelé tantôt sciences psychiques, tantôt « questions connexes », psychologie supranormale ou occulte, etc.; toutes expressions vagues et trop compliquées. Sur le terme même de *Métapsychique* que Richet a inventé — ou réinventé, puisqu'il paraît que M. Lutoslawski l'avait déjà employé dans le même sens —, on pourrait discuter. Je regrette pour ma part qu'il n'ait pas préféré *Parapsychique* (proposé il y a quelques années par Boirac, sauf erreur), qui rend mieux le caractère d'à-côté, d'anormal, de non-classé, propre à ce genre de phénomènes. Il n'est pas non plus sans inconvénients de suggérer un parallèle entre la Métapsychique, qui vise à devenir une science positive, et la Métaphysique, laquelle, quoi qu'on fasse, continuera toujours à planer au-dessus de toutes les sciences particulières (y compris la métapsychique elle-même) en s'y alimentant. Mais ce sont là des vétilles; l'essentiel, pour un vocable, c'est d'être commode et universellement accepté; or puisqu'il y a quelque chance que *Métapsychique*, lancé sous un patronage tel que celui de Richet, fasse fortune, va pour Métapsychique, et hâtons-nous de l'adopter.

Outre cette innovation terminologique et divers autres articles de « métapsychique », nous devons à Richet deux contributions expérimentales de toute première importance en ce domaine: il a publié le cas d'une dame qui, en trance, parle et écrit le grec sans l'avoir jamais appris[2], — et surtout il a photographié un fantôme, qu'il a vu se matérialiser, et comme naître de rien, sous ses propres yeux! Ce dernier fait appelle quelques réflexions. Résumons-le d'abord brièvement[3].

Cette apparition fantômale s'est produite et répétée à de nombreuses séances qui ont eu lieu pendant le mois d'août 1905, à Alger, dans un petit pavillon situé dans le jardin de la villa Carmen, habitée par M. le général Noel et sa femme. Le médium était une fille d'un officier retraité, Mlle Marthe B., âgée de 19 ans, dont le fiancé (fils de M. et Mme Noel) était mort l'année précédente au Congo. Cette jeune personne se plaçait dans un angle de la pièce fermé par

---

[1] Ch. Richet. *La Métapsychique.* (Discours présidentiel prononcé à la Society for Psychical Research de Londres, le 6 février 1905.) Proc. S. P. R., vol. XIX, p. 1-49 (avril 1905).

[2] Idem. *Xénoglossie, l'écriture automatique en langues étrangères.* Annales des sciences Psychiques, t. XV, p. 317 (juin 1905).

[3] Pour plus de détails sur cette extraordinaire histoire, voir le Mémoire original : Ch. Richet. *De quelques phénomènes dits de matérialisations* (avec 6 photographies). Annales des Sc. Psych., t. XV, p. 649 (novembre 1905).

des rideaux. A peine était-elle endormie dans cette sorte de cabinet, où l'on pouvait continuer à la voir par l'entrebâillement des rideaux, qu'apparaissait devant ceux-ci une sorte de guerrier oriental, vêtu d'une draperie blanche, coiffé d'un casque et répondant au nom de Bien-Boa. Tantôt on le voyait sortir tout formé de la fente des rideaux, tantôt, chose plus curieuse, il naissait et se développait rapidement d'une sorte de tache ou boule blanchâtre, apparue sur le sol en avant des rideaux, comme un individu surgissant d'une trappe.

« Ce personnage, dit M. Richet, n'est ni une image reflétée sur un miroir, ni une poupée, ni un mannequin. En effet, il possède tous les attributs de la vie. Je l'ai vu sortir du cabinet, marcher, aller et venir dans la pièce. J'ai entendu le bruit de ses pas, sa respiration et sa voix. J'ai touché sa main à diverses reprises. Cette main était articulée, chaude, mobile; j'ai pu, à travers la draperie dont elle était recouverte, sentir le poignet, les os du carpe et du métacarpe qui pliaient sous la ression de ma poignée de main. » On l'a même fait souffler par un tube de caoutchouc dans un flacon d'eau de baryte, qui s'est troublée, prouvant ainsi que la respiration de ce fantôme produit de l'acide carbonique, exactement comme la nôtre. D'autre part M. Richet croit être certain, grâce à un examen minutieux des lieux et des gens, etc., que cet être vivant, qui disparaît de la même manière qu'il est apparu, au bout de quelques moments, n'est ni le médium déguisé, ni aucun compère subrepticement introduit dans la salle. Enfin le fait qu'on l'a photographié exclut l'idée que cet étrange visiteur ne serait qu'une hallucination des personnes présentes.

Si un pareil phénomène est authentique, on a quelque peine à se figurer la révolution qu'il entraînera dans nos idées biologiques. La nature a employé, sur notre globe, quelque cent millions d'années pour transmuer les substances chimiques en humanité; dès lors, en se servant d'humains déjà existants, il ne lui faut plus que vingt ans pour fabriquer un nouvel individu adulte; et voilà que maintenant, moyennant une jeune fille endormie derrière un rideau, il lui suffirait, grâce à une parthénogénèse encore insoupçonnée, de deux minutes pour produire un véritable Arabe, de belle stature et avec barbe au menton, marchant, parlant, respirant comme nous, et, en outre, naissant tout casqué, comme Minerve, et encore plus vêtu qu'elle! Il est vrai que cette fantastique apparition ne dure pas même ce que durent les roses; elle se résorbe bientôt comme elle est venue. Cependant elle réapparaît, dit-on, de séance en séance depuis des années, et durant chacune de ses existences d'une heure, elle est si réelle qu'on en prend des vues stéréoscopiques, et que pour un peu on serait en droit de réclamer son inscription à l'état civil d'Alger!

Je serais bien embarrassé si je devais me prononcer catégoriquement sur ce récit. D'une part en effet, considéré en lui-même et abstraction faite du nom de son auteur, il ne diffère pas essentiellement de toutes les histoires du même genre dont sont bourrées les revues spirites; je veux dire que le fantôme dont il s'agit ne semble guère dépasser les tours d'un bon prestidigitateur ou le répertoire courant des médiums professionnels américains, si habiles à manier le fil de fer et la mousseline pour satisfaire une clientèle avide d'apparitions. Mais, d'autre part, il y a ici la signature de Richet ; or, pour qui a le privilège de connaître cet admirable investigateur, pour qui sait sa probité scientifique, sa perspicacité hors ligne et son expérience consommée des séances de médiums, il est psychologiquement bien difficile de se faire à l'idée qu'il ait pu se laisser mystifier. C'est pourquoi j'en reste, jusqu'à plus ample informé, au doute philosophique, à cheval sur le double principe de ne rien nier à priori, et de ne rien affirmer non plus sans démonstration suffisante. Car si logiquement *tout est possible,* même la création ex-nihilo d'un arabe en burnous, encore faut-il *que le poids des preuves soit proportionné à l'étrangeté des faits prétendus,* ce qui est évidemment loin d'être le cas dans le récit en question.

L'auteur affirme bien (et nous ne demandons pas mieux que de l'en croire) avoir pris, contre la fraude, toutes les précautions nécessaires ; mais comme il ne saurait naturellement les décrire toutes en détail, des doutes s'élèvent involontairement dans l'esprit du lecteur, qui se demande — entre autres choses suspectes — si l'on a exactement mesuré la profondeur du bahut et de la baignoire situés dans la pièce, attendu qu'il n'y aurait pas besoin d'un double fond bien épais pour cacher tout l'attirail de confection du fantôme. En effet, le Dr Valentin a récemment montré *grosso modo*, avec un ingénieux dessin à l'appui [1], comment le médium a pu s'y prendre pour tromper les spectateurs, tantôt en brandissant un mannequin, tantôt en se déguisant lui-même. Or la simple *possibilité* d'une explication de ce genre doit suffire en bonne méthode, ce me semble, à en faire admettre la *réalité* provisoirement et jusqu'à preuve du contraire ; car c'est aux défenseurs des interprétations supranormales qu'incombe l'*onus probandi,* la tâche de démontrer, dans chaque cas particulier, l'impossibilité détaillée des interprétations normales, — non l'inverse. Bref, la confiance de Richet dans la bonne foi du médium et de son entourage a beau être pleinement justifiée à ses yeux, et partagée peut-être par tous ceux qui fréquentent la villa Carmen, elle n'est pas *transmissible* à travers le récit imprimé, et les arguments dont l'auteur s'appuie restent sans prise sur les lecteurs privés du contact personnel avec les gens et les choses de ce pavillon enchanté, d'autant plus qu'avec sa prudence scientifique habituelle Richet lui-

[1] Dr P. Valentin. *Apparitions et Mystifications : Les fantômes de la villa Carmen.* La Vie Normale, du 25 décembre 1906, p. 2.

même énonce la possibilité qu'après tout il ait été trompé, bien qu'il ne le croie pas. Enfin, en dehors de toute fraude consciente ou inconsciente de la part du médium, on pourrait encore faire la supposition — très vague assurément, mais pas plus extraordinaire en soi que celle des matérialisations authentiques — de quelque action psychique mystérieuse, encore inconnue, exercée par les médiums sur leurs spectateurs, d'une sorte d'hallucination ou de folie collective s'emparant momentanément de toute l'assistance, et s'étendant jusqu'à la manière de prendre des clichés photographiques favorables aux désirs unanimes des personnes présentes.

Quoi qu'il en soit, la question des matérialisations de fantômes — et tout d'abord de savoir si elles sont réelles, hallucinatoires ou frauduleuses — vient de reprendre, grâce à Richet, une actualité qu'elle n'avait pas eue depuis les temps de Crookes et des apparitions de Katie King (1874). Puisse-t-il ne pas s'écouler derechef trente ans sans qu'elle avance d'un nouveau cran !

[Avril 1906.] — Depuis les lignes précédentes sur le problème des matérialisations de fantôme auxquelles M. Richet a assisté dans la famille Noel, à Alger, on a vu surgir quelques faits nouveaux, si tant est qu'on puisse donner ce nom à des aveux de fraude pas plutôt produits d'un côté que démentis de l'autre [1]. Un nommé Areski, ex-cocher du général Noel, a raconté qu'il entrait dans le pavillon des séances en même temps que les autres personnes, puis y restait habilement caché et faisait le fantôme. Une des jeunes filles servant de médiums aurait déclaré qu'elle aussi s'est amusée à simuler une apparition, et qu'au surplus il y avait une trappe dans le dit pavillon. Avec l'hypothèse du Dr Valentin, d'un mannequin confectionné et brandi par le médium, nous voilà en présence de trois ou quatre explications différentes. C'est beaucoup, si le simple est le signe du vrai, et l'on en préférerait une seule, mais ayant la certitude pour elle, plutôt que cette quantité qui laisse quelque peu à désirer sous le rapport de la qualité. En effet, les manœuvres frauduleuses de l'ex-cocher ont été déjà signalées par une haute notabilité spirite, M. Delanne [2], au cours de séances antérieures; mais pour les expériences auxquelles a assisté M. Richet, cette explication se heurte à un démenti catégorique de ce dernier, qui déclare que pas une fois il n'a été permis à Areski, en raison même de la méfiance qu'il inspirait.

[1] Voir en particulier Ch. Richet et C. de Vesme. *Les polémiques au sujet des séances de la villa Carmen.* Annales des Sciences Psychiques, Mars 1906, p. 129-143.
[2] G. Delanne. *Les matérialisations de la Villa Carmen.* Revue scientifique et morale du Spiritisme, novembre 1905, p. 258.

d'entrer dans la salle des séances. L'existence de la trappe est réfutée par une attestation de l'architecte qui a construit le pavillon il y a quelques années et qui l'a soumis récemment à un minutieux examen. Et les prétendus aveux du médium en question sont formellement contestés par M. Richet. Il ne resterait donc actuellement sur le tapis que l'hypothèse du mannequin. Encore n'explique-t-elle que certaines apparitions plus ou moins immobiles du fantôme, et pour les cas où Richet l'a vu se promener et souffler dans de l'eau de baryte, ou lui a touché la main, il faut recourir au travestissement du médium lui-même, ou à la présence d'un complice sorti de quelque cachette, ce qui ne semble guère possible sans la connivence de plusieurs personnes de la villa Carmen. Mais cette imposture généralisée est, d'autre part, quasi inadmissible. En sorte que les difficultés d'ordre psychologique ou social qui s'opposent à l'explication par la fraude, se balancent en gros avec les invraisemblances d'ordre biologique et physiologique qui empêchent de croire à la nature soit hallucinatoire, soit réelle (matérialisations authentiques), du fantôme aperçu et photographié par Richet. C'est sans doute ce qui a décidé ce savant à s'abstenir pour le moment de toute hypothèse explicative, et à raconter simplement ce qu'il a vu, ou cru voir, dans des conditions et avec un ensemble de précautions qui lui paraissent exclure la possibilité d'une supercherie consciente ou inconsciente.

Maintenant, doit-on reprocher à l'illustre physiologiste de la Faculté de médecine de Paris d'avoir manqué à ses devoirs professionnels par une publication intempestive? Faut-il en d'autres termes le blâmer d'avoir livré au jour ces faits fantastiques avant de pouvoir, soit en donner une explication certaine par la fraude, soit en démontrer la réalité supranormale par des preuves absolument péremptoires ? — Cela semble être l'avis d'un certain nombre de ses confrères, qui lui en veulent de nous laisser ainsi en suspens sur le dernier mot des apparitions d'Alger, et qui tiennent sa réserve même pour une trahison vis-à-vis de la méthode scientifique. Richet a eu beau déclarer maintes fois, dans ses travaux antérieurs, qu'il rejetait les explications spirites comme inadéquates aux faits, on ne lui pardonne pas de paraître favoriser le mysticisme et la superstition en laissant la porte ouverte à des hypothèses supranormales qui viendraient bouleverser nos notions reçues. Le Dr P. Valentin, dans un récent article[1], lui lance même une sorte de cartel *au nom de la*

---

[1] Dr P. VALENTIN. *Où et quand le professeur Richet parlera-t-il ?* La Vie Normale du 5 avril 1906, p. 1-2. — C'est cet article, où le Dr Valentin m'avait fait l'honneur de me citer, qui me fit prendre la plume dans le désir de mieux préciser mon point de vue, un peu différent du sien. J'ai mis en italiques les citations textuelles de son article.

science gravement compromise en une fâcheuse aventure de revenants. Il estime que *l'opinion, justement émue d'un procès où se joue dans une certaine mesure l'avenir de la méthode positive, veut une solution qui partout satisfasse au moins le bon sens le plus élémentaire,* et il le cite en conséquence *devant ses pairs,* au prochain Congrès de médecine de Lisbonne, pour avoir à y confondre ses contradicteurs *par des preuves scientifiques irrécusables.* Ce qui sous-entend naturellement que si Richet se dérobe, ou s'il échoue à démontrer irrécusablement en Portugal la réalité d'une apparition qu'il a observée en Algérie, il ne lui restera plus qu'à être mis au ban de la science, ou à faire humblement amende honorable devant cet aréopage international, pour s'être permis des histoires de fantômes indignes d'un homme sérieux. Je ne sais ce que va faire Richet ainsi mis au pied du mur. Peu importe ici ; il saura assez se défendre s'il le juge à propos. Ce n'est pas cela qui m'inquiète.

Ce qui m'inquiète, c'est l'attitude que cette curieuse affaire dénote chez les accusateurs de Richet ; attitude qui, si elle venait à se généraliser, causerait un fatal préjudice à la libre étude des phénomènes supranormaux, en rétablissant peu à peu, au nom des dogmes scientifiques du jour, une inquisition qui ne le cèderait guère en rigueur à celle du Saint-Office. Je veux bien croire que les hérétiques modernes ne seraient plus molestés dans leur personne ; la liberté de penser et la liberté de la presse ne risquent pas (espérons-le du moins) de nous être jamais retirées ; mais pour des investigateurs sans parti pris, l'indépendance vis-à-vis du gendarme ou de la censure n'est pourtant pas tout, et il serait bien fâcheux qu'on s'en tînt à leur égard à cette tolérance purement matérielle. C'est pourquoi, tout en restant personnellement fort sceptique sur les fantômes en général et celui de la villa Carmen en particulier, je ne puis pas suivre l'honorable directeur de la Vie Normale dans le tour que paraît prendre sa polémique. Autant j'ai apprécié ses objections légitimes et son hypothèse du mannequin avec d'ingénieuses figures à l'appui, autant il m'est impossible de m'associer à cette sorte de mise en demeure à l'adresse de Richet de se justifier comme un félon de la science et de répondre à jour fixe aux critiques qu'on lui a faites.

Si jamais j'avais la chance d'assister à des apparitions ou à quelque autre manifestation mystérieuse dans des conditions qui me sembleraient défier les explications banales par la fraude ou les illusions des sens, je voudrais avoir le droit de publier mes observations, encore que non-démonstratives aux yeux d'autrui, sans que l'on me fît pour cela un procès de tendance. Et quand j'aurais inséré mon article dans une revue *ad hoc,* telle que les « Annales des Sciences Psychiques » dont c'est précisément la spécialité de récolter les faits troubles des régions-frontières pour les soumettre à la discussion impartiale; que je me serais soigneusement abstenu de toute hypothèse explicative, me bornant à écarter provisoirement celles qui m'auraient paru inconciliables avec les faits observés; que j'aurais moi-même reconnu la possibilité d'avoir, après tout, été trompé; bref, quand j'aurais agi avec toute la prudence et la franchise scientifiques exigibles, je trouverais assez mauvais en vérité, ou assez plaisant, qu'on vînt m'accuser d'avoir gravement compromis la science et l'avenir de la méthode positive !

Au reste, il est probable que cette crainte, d'ailleurs très respectable en soi, de voir la science positive compromise en certaines recherches, repose sur une confusion entre la méthode scientifique proprement dite et les édifices qu'à chaque époque on s'efforce d'élever par son moyen. La méthode scientifique ou expérimentale peut être pratiquée avec plus ou moins de perfection et de succès, suivant la difficulté des circonstances et l'habileté des investigateurs, mais elle est infaillible dans son essence et il n'y a pas à appréhender qu'elle soit jamais renversée, puisque ce n'est qu'en recourant encore à elle-même, mieux appliquée, qu'on arrive à déceler et à rectifier les erreurs provenant de son maniement défectueux antérieur. Nous pouvons donc bannir la crainte chimérique que la science, dans ce sens de *méthode,* puisse jamais se trouver compromise; autant vaudrait se demander si le feu, qui purifie tout, ne risque pas de se souiller en s'attaquant à certaines choses. Il en est autrement, par contre, des *résultats* d'ensemble, je veux dire des interprétations ou constructions que les savants, surtout les philosophes, se hâtent de tirer de l'emploi forcément limité et incomplet de la méthode. C'est ici qu'une saine inquiétude est toujours de saison; un esprit tant soit peu critique doit sans cesse s'attendre à des modifications plus ou moins profondes de ce qui semblait définitivement acquis, et ne jamais se tenir pour certain que des découvertes encore insoupçonnées ne viendront pas ébranler telle opinion reçue, ou même bouleverser jusqu'en ses fondements ce qu'on est convenu d'appeler « le majestueux édifice de la science moderne ». Témoin le radium. On peut dire, en résumé, que la science-résultat est toujours sujette à caution et n'est jamais absolument sûre du lendemain, mais que la science-méthode reste au-dessus de toute atteinte, puisque c'est par elle que la première s'élabore et se corrige continuellement.

Ceci posé, il est clair que des phénomènes comme ceux rapportés par Richet ne sauraient ébranler la méthode scientifique, puisque c'est d'elle précisément, et d'elle seule, qu'ils peuvent espérer leur consécration définitive s'ils sont vrais. En revanche, ils tendent évidemment par leur nature extraordinaire à compromettre l'édifice de la science établie, c'est-à-dire à modifier profondément les conceptions biologiques accréditées. Si donc ces phénomènes se confirment, ce sera certes un grand mal pour nous qui, êtres d'habitudes et de routine que nous sommes, aurons à notre âge la plus grande peine à remodeler les plis de notre pensée sur des schémas nouveaux. Aussi est-ce un sentiment bien naturel, issu de l'instinct même de conservation, que de souhaiter que Richet ait été mis dedans et que tout ce qu'il a vu à la villa Carmen soit de la fumisterie. Mais d'autre part, en tant que francs adeptes de l'esprit scientifique impartial, il nous faut bien convenir que notre physiologie classique n'a aucune garantie *absolue* d'exactitude. Sans sortir de la conception mécanique générale de l'univers, les phénomènes de matérialisation et de dématérialisation les plus abracadabrants, attribués à la présence d'un médium, sont *logiquement* concevables ; et tout répugnants qu'ils nous paraissent, il suffirait qu'ils fussent bien constatés en fait, et un peu plus fréquents, pour que la génération suivante les trouvât aussi naturels et allant de soi qu'ils nous semblent absurdes ou impossibles aujourd'hui. Comme l'a si bien vu Hume, c'est l'accoutumance qui est le principe suprême de la certitude dans le domaine contingent des réalités de fait, et qui constitue le critère ultime de ce « bon sens le plus élémentaire » auquel, selon le Dr Valentin, les solutions proposées doivent partout satisfaire. C'est pourquoi le bon sens, et les solutions qu'il tolère, varient avec la coutume ; on l'oublie trop. Pour toute l'humanité des anciens âges, actuellement encore pour sa grande masse, c'est l'hypothèse spirite qui est la seule vraiment conforme au bon sens le plus élémentaire ; tandis que pour nous, nourrissons de la science gavés de mécanisme naturaliste depuis les bancs du collège, cette même hypothèse révolte jusqu'en son tréfonds notre bon sens, également le plus élémentaire.

C'est là sans doute la vraie cause psychologique de cette levée de boucliers scientifiques contre Richet. Le grand scandale de ses articles, comme de ceux de Crookes jadis, c'est que, malgré qu'il se défende catégoriquement d'être spirite, ses observations ont bien l'air, à première vue, de fournir une arme aux spirites, qui n'ont pas manqué en effet de s'en emparer avec des cris de triomphe d'une insolence fort irritante pour des oreilles antispirites. De là, dans les deux camps, un même déchaînement de passion. Mais il me semble que ce serait à ceux qui prétendent représenter la méthode positive, à donner l'exemple du sang-froid et de l'abstention de tout parti pris. Qu'importe en somme que les spirites, avec leur hâte habituelle, entonnent un Te Deum prématuré ! C'est du reste la contrepartie naturelle de tant de philosophies soi-disant scientifiques qui nous ont, elles aussi, assourdis de leur vacarme depuis tantôt un siècle. Et même à supposer — ce qui n'est point démontré — que le spiritisme d'Allan Kardec soit métaphysiquement plus inepte, ou socialement plus dangereux, que le positivisme d'Aug. Comte, le matérialisme de Büchner, le monisme de Haeckel ou le j'menfichisme de beaucoup d'autres, qu'est-ce que ça peut faire aux savants ? Depuis quand la science pure, qu'ils prétendent cultiver, a-t-elle à se préoccuper des conséquences sociales ou des interprétations métaphysiques qu'on voudrait lui faire endosser ? — Vraiment, il est bien à souhaiter que, laissant dorénavant de côté toutes ces considérations de partis et ces éléments passionnels, on ramène enfin la question des « matérialisations » sur le terrain neutre des calmes et sereines recherches expérimentales.

Pour en revenir à mon point de départ, j'estime que loin de reprocher à M. Richet sa publication, il faut lui savoir gré de ce que, titulaire d'une des plus hautes chaires scientifiques du monde civilisé, il a eu le courage de s'attaquer, sans parti pris et sans siège fait, à un domaine aussi mal noté que celui des phénomènes dits occultes, au risque d'y compromettre, non pas la science qui ne court aucun danger, mais sa réputation personnelle, son prestige officiel, son autorité aux yeux de ses confrères et du grand public cultivé. Au lieu de le traduire, comme coupable de cette audace, à la barre de l'opinion, il me semblerait équitable — tout en usant, vis-à-vis des faits qu'il avance, d'une critique d'autant plus sévère et rigoureuse qu'ils sont plus incroyables — de lui faire crédit, comme à tous les auteurs de mémoires scientifiques, du temps nécessaire pour reprendre le sujet et répondre à ses contradicteurs où et quand il le jugera bon. Songeons à tout le tintouin que les rayons N donnent depuis plus de trois ans aux physiciens acharnés à en prouver ou à en réfuter l'existence, en vain jusqu'ici ; pourtant ces savants disposent, pour résoudre une simple question de fait, de toutes les ressources des laboratoires les mieux montés, et ils n'ont à lutter contre aucune difficulté étrangère au sujet même. Ne nous étonnons pas s'il faut plus de temps pour tirer les choses au clair dans un champ où l'investigation se heurte à de perpétuels obstacles d'ordre social, résultant de la susceptibilité et des préjugés des médiums ou de leur entourage, qui rendent si difficile l'emploi des moyens de contrôle et de vérification désirables, sans parler de la rareté des occasions où les phénomènes se produisent. Et quelles que soient nos opinions personnelles et nos idées de derrière la tête sur la cause véritable, supercherie ou autre, des prétendues matérialisations de la villa Carmen, rappelons-nous qu'il serait au suprême degré antiscientifique de préjuger dogmatiquement la solution définitive du problème, ou de vouloir la brusquer par des exigences trop hâtives contraires à la nature des choses. C'est un de ces cas, que n'avait probablement pas prévus le fabuliste, où

Patience et longueur de temps
Font plus que force ni que rage.

[Août 1908.] — Voici deux ans pleins que les polémiques déchaînées par la publication de Richet ont brusquement pris fin, à la suite de la plaidoirie aussi spirituelle qu'irréfutable où M. Maxwell a fait bonne justice des critiques dirigées contre les expériences d'Alger[1]. Cela ne veut certes pas dire, et ni Maxwell ni Richet ne le prétendent, que l'authenticité du fantôme Bien-Boa en soit démontrée, mais seulement qu'aucun des essais d'explication par la fraude ou l'illusion, tentés jusqu'ici, n'a résisté à l'analyse des circonstances concrètes du cas. L'affaire peut être actuellement considérée comme classée, à côté de celle de Crookes avec Florence Cook, parmi les mystères non éclaircis de l'histoire.

En présence de cet état de choses, la seule attitude qui me paraisse rationnelle est la suspension provisoire du jugement. A moins d'avoir son siège fait, il serait risqué, soit d'affirmer la réalité des matérialisations de Bien-Boa ou de Katie King simplement parce qu'on ne leur a pas encore trouvé d'explication adéquate par la supercherie ou l'erreur, soit de nier à priori cette réalité simplement parce qu'elle sortirait des cadres actuels de nos sciences. Qui n'a pas de parti pris doit s'attendre à tout pour l'avenir, aussi bien à la découverte de procédés et de raffinements de fraude encore insoupçonnés, qu'à une irruption de fantômes indéniables jusque dans les laboratoires universitaires (ce qui semble avoir déjà commencé, en Italie !). Il pourrait aussi arriver que le monde en restât là en fait de phénomènes supranormaux, et que les âges futurs ne sachent comment s'expliquer le vent d'aberration qui leur semblera avoir passé sur tant de savants distingués de notre génération. Qui vivra verra.

En attendant, et pour finir, qu'on me permette une réflexion ou un regret de psychologue. — Supposons un moment que la réalité du fantôme Bien-Boa soit hors de contestation : la question se pose alors de son origine et de sa genèse. Je ne parle pas de son origine et de sa genèse *corporelles* (problème secondaire pour moi, et que j'abandonne aux physiciens et aux physiologistes), mais *mentales;* car cet être énigmatique

---

[1] MAXWELL. *Les séances de la villa Carmen et leurs critiques.* Annales des Sc. Ps., t. XVI, p. 197 (avril-mai 1906).

possède une personnalité psychique, qu'il s'agit aussi d'expliquer, et dont la connaissance ne serait peut-être pas sans jeter quelque jour sur sa provenance matérielle elle-même. Pour les spirites convaincus de la villa Carmen, Bien-Boa est un habitant authentique de l'Au-delà, un brahme hindou, désincarné depuis trois siècles et devenu le guide spirituel de la famille Noel, qui se matérialise grâce au fluide de Mlle Marthe B. Cette dernière n'est cependant pas indispensable à l'opération, car, avant elle, bien d'autres médiums s'étaient déjà succédé dans la famille du Général sans que ledit brahme cessât de se manifester, toujours avec les mêmes attributs intellectuels et moraux. Les spirites y voient naturellement une éclatante confirmation de leur thèse, et cela semble en effet prouver à l'évidence que Bien-Boa est réellement une entité indépendante et permanente, qui ne fait qu'emprunter à des médiums occasionnels la force nécessaire à ses matérialisations momentanées. Pourtant, avant d'adopter cette conclusion, le psychologue souhaiterait de connaître un peu les relations de mentalité et de caractère qui peuvent exister entre cet Esprit et les divers membres du groupe où il se prodigue. M. Richet, soucieux de s'assurer avant tout de la réalité matérielle de l'apparition, et nouveau venu à la villa Carmen, ne paraît pas s'être préoccupé de cette face du problème, ou il l'a volontairement laissée de côté dans son article. Je relèverai dans un chapitre subséquent les indices que j'ai pu trouver à ce sujet dans la Revue de M. Delanne; mais c'est bien peu de chose. Je déplore que parmi les habitués de la villa Carmen, il ne s'en soit trouvé aucun suffisamment épris de psychologie, et connaissant assez les diverses personnalités de ce milieu, pour tenter de démêler les rapports exacts de ces dernières avec le mystérieux Bien-Boa.

III. Attitude dogmatique et Attitude critique.

Les spirites ne cessent de reprocher à la « science officielle » son mépris à leur égard, son obstination à ne pas vouloir reconnaître leurs phénomènes de prédilection, ni même s'en occuper à aucun prix. Cela ne les empêche du reste pas, l'instant d'après, de recourir à cette même science officielle pour étayer leur petit boniment; car qu'y a-t-il de plus officiel, en fait de savants, que les autorités dont ils se réclament toujours, à savoir « des hommes comme Fechner, Zöllner, sir W. Crookes, sir O. Lodge, Richet, W. James, Barrett, etc. », tous professeurs d'Universités ou membres des plus hautes sociétés savantes? Mieux vaudrait donc renoncer à cette désignation globale de science officielle, qui recouvre en réalité une aussi grande variété de mentalités et d'opinions personnelles que l'ignorance générale de la masse. L'humanité est partout la même, ondoyante et diverse, en haut comme en bas.

Ceci dit, il est incontestable que bon nombre de « savants officiels », peut-être la majorité, ne cachent pas leur aversion pour tout ce qui touche à l'occultisme; et qu'en certains pays, il règne dans les sphères universitaires une atmosphère absolument hostile à cet ordre de recherches. C'est au point que la plupart des psychologues qui se respectent n'abordent jamais ce sujet dans leurs cours, ou ne le font que sur le mode ironique et dénigrant. Pour moi, que le hasard des circonstances a bombardé professeur en dépit d'un tempérament désespérément inofficiel, je ne me fais aucun scrupule, depuis une douzaine d'années, d'étendre mon enseignement jusqu'à la télépathie et à la médiumnité, et d'exposer très sérieusement les cas de Mme Piper ou d'Eusapia Paladino sans croire déroger pour cela aux principes de la méthode scientifique. Mais il me faut bien reconnaître qu'en ne rejetant pas d'avance la possibilité de tels phénomènes, et en me prêtant à les examiner de près, je me trouve en désaccord avec beaucoup des maîtres les plus considérables de la science que je cultive. L'impartialité veut que j'indique ici leur sentiment par quelques citations, qu'il serait aisé de multiplier à l'infini; mais deux ou trois suffiront.

« Le grand Helmholtz — raconte M. Barrett[1] — me disait une fois que ni le témoignage de tous les membres de la Société Royale, ni l'évidence de ses propres sens, ne pourraient lui faire croire même à la transmission de pensée, ce phénomène étant impossible. »

« Un biologiste illustre — rapporte aussi M. James[2] — me disait un jour que même si les preuves de la télépathie étaient vraies, les savants devraient se liguer entre eux pour les supprimer ou les tenir cachées, parce que de tels faits renverseraient l'uniformité de la nature et toutes sortes d'autres choses dont les savants ne peuvent se passer pour continuer leurs recherches. »

L'une des plus hautes autorités de la psychologie physiologique, le fondateur même du premier laboratoire de psychologie (Leipzig 1879), M. Wundt, qui assista jadis à des séances du médium Slade, a exprimé d'une façon plus explicite encore l'idée qu'aucun homme de science, vraiment indépendant et sans parti pris, ne saurait s'intéresser aux phénomènes occultes. Voici ce qu'il écrivait il y a une quinzaine d'années (j'abrège un peu)[3]:

« Les savants, physiciens, physiologistes, psychologues, qui ne sont pas des occultistes croyants, ont de bonnes raisons pour ne pas s'aventurer sur ce ter-

---

[1] W. F. Barrett. *On the Treshold of a new World of Thougt.* Londres, 1908, p. 17.

[2] W. James. *The Will to Believe and others Essays.* New-York, 1897, p. 10.

[3] Wundt. *Hypnotismus und Suggestion.* Philos. Studien, t. VIII (1893), p. 6-7. (Edit. française : *Hypnotisme et suggestion,* trad. par Keller, Paris, Alcan, 1893.) — Sur ses séances avec Slade et sa pénétrante critique du spiritisme, voir sa brochure : Wundt. *Der Spiritismus, eine sogenannte wissenschaftliche Frage.* Leipzig, 1879 (réimprimée dans ses *Essays,* 1885, p. 342).

rain. Ces raisons se trouvent à mon avis dans les *résultats* de l'investigation occulte. Pour s'en faire une idée générale, qu'on lise un des travaux les plus minutieux effectués dans ce domaine, je veux parler des recherches de Richet sur la transmission mentale et la lucidité [1]. Supposons que toutes les expériences décrites dans cet ouvrage aient réussi, au point de nous obliger à admettre des actions magiques à distance dans les cas où l'auteur lui-même les tient pour probables, quelles conclusions aurions-nous à en tirer? C'est évidemment que le monde qui nous entoure serait en réalité composé de deux mondes absolument différents. D'une part celui des Copernic, des Galilée et des Newton, des Leibnitz et des Kant, cet univers régi par des lois éternellement immuables, et où les moindres choses comme les plus vastes s'unissent en un tout harmonieux. D'autre part, à côté de ce grandiose univers qui provoque toujours plus notre étonnement et notre admiration à chaque nouveau pas que nous y faisons, il y aurait encore un autre petit monde, un monde de lutins et d'esprits frappeurs, de sorcières et de médiums, qui serait le complet renversement du premier, du grandiose et sublime univers, dont toutes les lois immuables se trouveraient ici suspendues au profit de personnes tout ce qu'il y a de plus vulgaires et le plus souvent hystériques. La gravitation, l'action de la lumière, les lois de notre organisation psychophysique, tout cela se trouverait ébranlé sitôt qu'il passe par la tête de Mme Léonie, au Hâvre, de s'endormir du sommeil magnétique, non pas pour prédire quelque cataclysme universel, mais pour deviner tout bonnement s'il n'est pas arrivé un petit malheur à l'un des petits Richet à Paris! Mais, à supposer que toutes ces absurdités et beaucoup d'autres soient exactes, peut-on admettre qu'un naturaliste ou un psychologue, exempt de préjugés et libre de son choix, ne donnera pas sa préférence au monde grandiose et sublime dont l'ordonnance rationnelle repose sur des lois immuables, plutôt qu'à ce petit monde inepte des médiums hystériques? Et peut-on s'étonner s'il ne voit, dans les calculs de probabilités de M. Richet, qu'une preuve du trouble que le fait de s'occuper de problèmes occultes peut produire dans le jugement d'un homme d'ailleurs plein de sagacité? »

Plus récemment le professeur Münsterberg, directeur du laboratoire psychologique d'Harward, a exprimé avec non moins de vigueur son opposition irréductible à la métapsychique [2]. Tant qu'il ne s'agit que des prétendus phénomènes de télépathie, de guérison à distance, etc., il fait des distinctions; et, en rejetant absolument toute action occulte ou supranormale, il admet ce qui peut à la rigueur s'expliquer par des processus ordinaires d'hypnotisme ou d'autosuggestion; mais il devient d'un ostracisme absolu lorsqu'il aborde le spiritisme proprement dit, c'est-à-dire « cette doctrine mystique qui s'occupe des faits et gestes de l'esprit humain après la mort terrestre, et qui admet que les Esprits sont aptes à entrer en communication avec les vivants à l'aide des médiums, avec ou sans matérialisation, par des bruits, des mouvements de table, de l'écriture sur ardoise, etc. » En effet, suivant M. Münsterberg :

« Point n'est besoin de discuter longuement si une telle doctrine est conciliable

---

[1] Richet. *Relation de diverses expériences sur la transmission mentale, la lucidité, etc.* Proc. S. P. R., vol. V (1889), p. 18-168.

[2] H. Münsterberg. *Psychology and Life.* Westminster [1899], p. 234, 252-253, 255, etc.

avec le système de la psychologie scientifique, ni d'introduire ici de subtiles distinctions. Un mot suffit : Le psychologue rejette d'emblée et sans exception toute idée de ce genre. Car le spiritisme n'a rien à faire avec le spiritualisme philosophique des Berkeley ou des Fichte : nous ne sommes pas ici sur les cimes de la pensée philosophique, mais dans les plaines basses de l'observation et de l'explication des phénomènes empiriques, et le problème n'est pas de décider si l'essence réelle du monde est de nature spirituelle, mais seulement si les Esprits des trépassés entrent en communication avec les vivants au moyen des médiums et en s'incarnant. Or, sur ce point, le savant positif n'admet pas de compromis, et rejette carrément la possibilité même d'une telle chose. Naturellement il ne prétend pas que les faits qui semblent appuyer le spiritisme soient tous frauduleux ; c'est très sincèrement que beaucoup de gens croient avoir eu l'apparition de leurs amis décédés ou entendu leur voix, et que des médiums s'imaginent être l'organe des défunts ; mais le psychologue n'est jamais à court pour expliquer tout cela par des hallucinations ou des troubles nerveux. Quant à des interventions spirites réelles, *il n'y en a pas, et il n'y en aura jamais*, et cela n'avance à rien de vouloir ergoter là-dessus. » — Et si l'on objecte à ce verdict absolu (que je viens de souligner) que les savants se sont souvent trompés dans leurs négations anticipées, et ont dû reconnaître le lendemain la réalité de faits que la veille ils déclaraient impossibles, M. Münsterberg réplique qu'il a déjà suffisamment entendu cette rengaine, mais qu' « elle est fausse et dangereuse d'un bout à l'autre, et elle a fait infiniment plus de mal qu'il n'y paraît à première vue, parce que dans ses dernières conséquences elle entraîne non seulement la mort de la science véritable, mais — ce qui est pis — la mort de tout véritable idéalisme. »

Des jugements analogues aux précédents ont été nombre de fois formulés. Pour n'en citer plus qu'un, le comité directeur de la *Psychological Review* — à l'occasion d'un compte rendu sur les phénomènes de Mme Piper, qui leur était plutôt sympathique et laissait la porte entre-bâillée à la possibilité de facultés supranormales encore mal définies — crut devoir se désolidariser d'opinions aussi compromettantes. Par la plume d'un de ses membres, le professeur Cattell à New-York (un des principaux représentants de la psychologie expérimentale en Amérique), la direction de la savante Revue déclara qu'il ne fallait point la soupçonner « de partager cette attitude sympathique à l'endroit des phénomènes dont s'occupe la Society for Psychical Research, ces phénomènes n'étant apparemment pas susceptibles d'être traités par les méthodes scientifiques... »[1]

Ces exemples donnent une idée de l'intransigeance que des savants de

---

[1] Psychological Review, t. IX (1902), p. 319. Il s'agissait d'un compte rendu, fait par M. Sumner, du Rapport de Hyslop sur Mme Piper (Hyslop. *A further record of Observations of certain Trance Phenomena*, Proc. S. P. R., vol. XVI, p. 1-649). L'article de M. Sumner se termine ainsi : « [En tenant compte de toutes les explications normales] il y a chez Mme Piper un résidu considérable de faits qui semblent très difficiles à expliquer sans recourir à quelque faculté supranormale encore très obscure. Qu'on l'appelle télépathie, ou clairvoyance, ou autrement, cela n'aide en rien à la solution du problème. Les mots ne sont pas des explications. Nous attendons d'avoir plus de données de fait. » — Cette conclusion si réservée est déjà plus que n'en peut supporter sans protester une Revue soucieuse de sa réputation scientifique !

premier ordre montrent à l'endroit des phénomènes supranormaux et de leur étude. Ils ne veulent pas en entendre parler. — J'ai des doutes sur l'efficacité de cette prohibition. Les raisons dont on l'appuie sont abondantes et variées. Il y en a de dédaigneuses, par exemple quand on reproche à ces phénomènes de ne se présenter que chez des personnes hystériques et vulgaires; pouah! Il y en a de terrifiantes, lorsqu'on déclare que, s'ils étaient réels, ce serait le renversement des lois immuables de l'univers, la mort de toute science et de tout idéalisme véritables; rien que cela! Il y en a de profondes et subtiles, comme les démonstrations à priori de l'*impossibilité* de ces faits à l'aide d'arguments tirés de la philosophie et de la théorie de la connaissance. Etc. Mais toutes ces objections, quelle que puisse être leur valeur en soi [1], me semblent avoir un trait commun, qui est leur insigne maladresse. Elles convainquent naturellement ceux qui sont déjà convaincus; mais pour les autres, elles vont juste à fin contraire, en leur suggérant l'idée que si les phénomènes occultes sont tellement mal vus et condamnés de si haut par la science établie, c'est donc bien qu'ils renferment un fond de vérité qui la gênerait le jour où il viendrait à être reconnu!

Il est bien certain que, pour être négatif vis-à-vis de tout fait supranormal, le dogmatisme autoritaire et tranchant de tant de grands savants ne mord guère mieux sur nos générations irrévérencieuses que le dogmatisme positif des croyants spirites ou occultistes les plus étroits. Des deux côtés, le spectateur impartial se méfie en flairant, sous la spéciosité de l'argumentation, le même élément passionnel inavoué : peur terrible d'une part, et désir acharné de l'autre, de voir certaines choses forcer

---

[1] Cette valeur se réduit à si peu de chose, quand on examine ces objections de près, qu'on reste étonné que des hommes sérieux aient pu recourir à des arguments d'une telle inanité *logique*. Mais la chose s'explique lorsqu'on songe aux motifs *psychologiques* sous-jacents. Ces motifs relèvent en effet visiblement de deux tendances très puissantes de notre nature : — 1° Le besoin intellectuel de l'absolu, du définitif, de l'immuable. De là le misonéisme, l'aversion de notre entendement pour tout ce qui nous paraît étrange, non-classé, hors cadre, et qui menace d'ébranler le système bien précis et arrêté où nous nous sommes habitués à loger notre pensée. On comprend en particulier que la simple possibilité des Esprits et de la survivance horripile les savants se rattachant à une philosophie absolutiste, telle que le monisme (matérialiste ou idéaliste), qui dénie toute réalité propre et toute pérennité aux êtres finis et contingents. — 2° L'instinct de la conservation, individuelle ou sociale. De là, un ensemble confus de craintes diverses qu'éveille l'idée des recherches occultes : crainte physique, par un reste d'atavisme, de l'inconnu, de l'obscurité, du mystère, des forces ignorées et malveillantes sommeillant au fond des choses; crainte d'être mystifié et trompé par les charlatans, ridiculisé dans l'opinion publique, déconsidéré aux yeux de ses pairs; crainte aussi de favoriser la superstition, etc. — Toutes ces causes très naturelles expliquent psychologiquement, et en une certaine mesure excusent, l'exclusivisme de tant de savants vis-à-vis des recherches métapsychiques, mais elles ne sauraient le légitimer rationnellement.

l'entrée de la science pour y bénéficier dorénavant de sa protection. Le fanatisme et l'intolérance sont une tare tellement humaine que même les gens supérieurs ont souvent peine à s'en guérir; mais quand on la retrouve chez des individus de la plus haute culture scientifique, loin d'ajouter à leur prestige, elle y semble particulièrement déplaisante, ou y détonne comme une petitesse ridicule. C'est pourquoi, au lieu de fulminer contre la superstition — ce qui n'effraie plus personne et ne fait qu'ajouter l'attrait du fruit défendu à toutes les nouveautés (ou vieilleries) occultistes qu'on voudrait proscrire — m'est avis que les savants officiels seraient mieux avisés pour eux-mêmes, et plus utiles à l'humanité, s'ils s'associaient gentiment au mouvement métapsychique contemporain, en ne se préoccupant que de le maintenir dans la voie droite de la *méthode* expérimentale et sans s'inquiéter des *résultats* auxquels cette voie pourra les conduire.

Mettons les choses au pis, et supposons qu'on en vienne, à force de cas plus extraordinaires encore et surtout mieux contrôlés que ceux qu'on a vus jusqu'ici, à devoir admettre l'intervention des désincarnés dans la trame de notre monde empirique; croit-on bonnement que nos sciences en seraient à jamais culbutées et n'auraient pas la souplesse de retomber sur leurs pieds? Allons donc! Comme l'a fort bien dit un critique pénétrant, et qui n'est certes pas tendre pour les phénomènes supranormaux, puisqu'il n'en tient aucun pour encore démontré, « si vraiment on fournissait un jour une preuve absolument convaincante et irréfutable de l'existence de ces hypothétiques Esprits, la science positive serait certainement la première à travailler au triomphe de cette vérité stupéfiante et inattendue, et elle employerait tout son zèle à la répandre. La révolution qui en résulterait dans nos conceptions scientifiques actuelles serait d'ailleurs moindre qu'on ne croit et resterait bien au-dessous de celle que produisirent jadis, dans les représentations qu'on se faisait de l'univers, les idées de Copernic ou de Darwin. Nos sciences naturelles peuvent s'adapter à tout, et elles digéreraient, sans difficulté, même les Esprits des spirites le jour où elles seraient forcées de les admettre[1]. »

Ici on objectera peut-être le Principe de la conservation de l'énergie, qui ne tolère pas d'immixtions étrangères dans le système clos de notre univers matériel, et le Principe de parallélisme ou corrélation psychophysique, qui n'admet pas de vie psychique sans un substratum ou un corrélatif

[1] Dr R. Hennig. *Der moderne Spuk- und Geisterglaube; eine Kritik und Erklärung der spiritistischen Phenomene.* Hambourg, 1906, p. 349-350. (Voir aussi son premier volume: Hennig. *Wunder und Wissenschaft,* Hamburg, 1904.) J'ai un peu abrégé et résumé le fragment cité.

organique, donc pas d'Esprits sans corps. Mais cette objection n'est pas sans réplique. — En premier lieu, c'est se méprendre sur la valeur de nos grand axiomes scientifiques, tels que ceux-là, que d'y voir des dogmes intangibles, comme s'ils étaient tombés du ciel, ou sortis de notre pensée en vertu de la pure nécessité logique. Généralisations suprêmes et habilement choisies de nos expériences passées, peu à peu devenus des principes directeurs et heuristiques, l'intelligence humaine qui les a élaborés sous la pression des faits, saurait bien, sous la pression aussi de faits nouveaux, les transformer ou les remplacer par d'autres, pour faire face à toutes les exigences de son expérience totale. — En second lieu, il n'y a guère d'apparence, jusqu'ici, qu'on en soit jamais réduit à cette extrémité; car même si tous les récits fantastiques, dont la littérature spirite est pleine, étaient vrais, il y a assez de réserves d'énergie dans le sein de la matière cosmique telle que nous la dépeignent les physiciens actuels, pour fournir, à toutes les entités spirituelles imaginables, des organismes ordinairement invisibles, « périsprits » ou « corps astraux », qui leur permettraient d'entrer en rapport avec nous sans contrevenir aucunement aux principes de conservation et de parallélisme. Il ne faut pas oublier que le spiritisme est en somme, au matérialisme, ce que la matière impondérable ou l'éther est à la matière pondérable et tombant grossièrement sous les sens, je veux dire une doctrine toujours essentiellement matérialiste (bien que ses naïfs adeptes ne s'en rendent guère compte); par conséquent on ne voit pas ce qui l'empêcherait de se plier docilement à toutes nos conceptions fondamentales concernant cet univers physique, ou si l'on préfère, ce qui empêcherait celles-ci de s'élargir assez, sans changer de nature, pour embrasser tous les phénomènes spirites que l'on voudra, le jour où ils viendraient à être prouvés en fait.

C'est aussi pourquoi je m'étonne de la position prise par certains savants métapsychistes, qui admettent la réalité des faits supranormaux, voire même des matérialisations, mais s'obstinent dans une sorte de censure préalable des interprétations proposées et excluent absolument l'hypothèse spirite comme absurde et inadmissible. Je ne m'explique pas leur parti pris contre elle, sinon comme un reste de dogmatisme latent. S'ils se contentaient de dire que cette hypothèse est inadéquate jusqu'ici, superflue ou insuffisante en présence des faits constatés, ils seraient dans leur rôle et leur droit de chercheurs impartiaux; ils me paraissent en sortir et affaiblir d'autant leur autorité, lorsqu'ils généralisent au delà de leurs expériences et semblent vouloir engager l'avenir. Ce serait plus sage de laisser aux investigations futures le soin, soit de démentir indéfiniment la théorie des Esprits, soit de la confirmer définitivement une bonne fois. Quelle figure feront ces ennemis jurés du spiritisme, si le hasard leur amène demain un nouveau médium présentant des phénomènes qu'il suffit d'imaginer très peu différents de ceux qu'ils ont déjà vus, pour nécessiter le recours à quelque désincarné, au lieu et en outre des facultés propres du médium? Et tant que le cas ne se réalise pas, pourquoi ne pas témoigner aux Spirites l'équité, ou la gracieuseté, de considérer leur théorie comme une hypothèse à tout le moins concevable et qui — nonobstant les raisons de sentiment qu'on peut avoir contre elle (et personne n'en a plus que moi) au point de vue moral, religieux, philosophique, social, etc. — ne contient cependant rien d'absurde en soi ni d'essentiellement antiscientifique? Pour moi, je ne vois point d'inconvénient à pousser la tolérance jusqu'à lui accorder le titre qu'on réclame pour elle, d' « hypothèse de travail »; non pas, il est vrai, dans le sens de supposition *nécessaire* telle que le sont nos concepts d'atomes, d'éther, etc. pour les sciences physiques, mais dans le sens de supposition *possible* (quoique non encore démontrée), qu'il convient de ne pas perdre de vue, à côté de la fraude, de l'hallucination, et des processus psychopathologiques, dans l'étude des phènomènes étranges que les dernières années ont vus se multiplier sur la route de la science. (Peut-être, pour éviter toute équivoque[1], vaudrait-il mieux l'appeler seulement une « hypothèse d'essai », et bien spécifier qu'il s'agit uniquement du Spiritisme-Science et non du Spiritisme-Religion, distinction trop souvent négligée, et sur laquelle j'ai insisté dans *Des Indes,* p. 393.)

Comme modèle de largeur d'idées en ce domaine, je rappellerai l'exemple de Thury, au début même des études métapsychiques il y a plus d'un demi-siècle. Après leurs fameuses expériences de mouvements de tables sans contact, le comte de Gasparin écrivit un livre célèbre où il soutenait la réalité des faits et la nécessité de les étudier, mais où il répudiait

[1] L'expression « hypothèse de travail » prête en effet à confusion entre ce qui est absolument *indispensable,* ou seulement *commode,* ou simplement *possible,* pour la coordination et l'explication des faits observés; et le terme d' « hypothèse spirite » est également ambigu, en ce qu'il ne distingue pas entre l'aspect purement scientifique et l'aspect philosophique ou religieux du spiritisme. De là de fréquents malentendus. On l'a bien vu dans l'enquête récente où M. Jacchini Luraghi avait demandé si, supposant admise la réalité des phénomènes médianiques, « l'hypothèse spirite peut être acceptée et discutée comme *hypothèse de travail* ou doit être rejetée hors du cadre des hypothèses scientifiques ». Les réponses les plus disparates se sont fait jour, même de la part de savants également illustres, appartenant à la même université, et ayant assisté à des phénomènes semblables. C'est ainsi qu'à Rome M. Luciani (prof. de physiologie) estime que les faits, sans avoir encore prouvé l'hypothèse spirite, l'autorisent cependant « pourvu que ce soit à titre de simple hypothèse de travail »; tandis que M. Sante de Sanctis (prof. de psychologie) déclare qu' « elle doit être rejetée et ne peut en aucune façon être considérée comme une hypothèse de travail, parce qu'elle suppose la *foi* spirite et qu'il ne faut jamais confondre la foi

le spiritisme comme absurde et contraire à la vérité morale et religieuse telle qu'il l'entendait. C'était bien son droit d'avoir son opinion personnelle sur ce point, mais en la faisant intervenir dans une question scientifique, il faisait acte de dogmatisme. Thury, lui, représenta en cette occasion la sereine impartialité d'une pensée vraiment critique ; il refusa de souscrire aux attaques de Gasparin contre la théorie spirite et tint pour son devoir de savant d'affirmer, d'une part, « que les faits connus ne sont point suffisants pour la démonstration de cette théorie », mais d'autre part, « que *l'absurdité de la croyance à l'intervention des esprits n'est pas démontrée scientifiquement.* » Il estimait qu'en s'abstenant de reconnaître expressément ce dernier point, alors qu'il venait de développer lui-même une théorie non-spirite des phénomènes en question, il risquait d'égarer les chercheurs qui le liraient et d'enrayer les découvertes possibles « si, *contre toute attente,* il y avait quelque chose de vrai dans le spiritualisme [spiritisme]. » Les italiques, dans ces citations, sont de lui, et montrent le souci qu'il avait de la loyauté scientifique, bien qu'il se rendît parfaitement compte du tort qu'il allait faire à sa réputation en paraissant prendre ainsi la défense des superstitions spirites, si ardemment combattues par le noble comte. « Il serait de mauvaise logique — avait-il osé dire dans les pages que Gasparin voulait lui faire modifier — d'affirmer que l'on ne saurait découvrir d'autres volontés que celles des animaux ou de l'homme, parce que jusqu'ici on n'a rien vu encore de semblable, car des faits de ce genre peuvent avoir été observés, mais non pas éclaircis et constatés scientifiquement... » Et il terminait sa brochure par cette leçon qui n'a guère perdu de son actualité pour nous : « Bon gré, mal gré, il faudra que les savants apprennent, par l'expérience de leurs erreurs, à suspendre leur jugement sur les choses qu'ils n'ont point suffisamment examinées [1]. »

Si l'attitude critique, telle que je l'entends et m'évertue à la pratiquer (peut-être sans y réussir), implique l'admission *possible* de tous les faits

---

avec la science. » Il est manifeste que M. de Sanctis a eu en vue le Spiritisme-Religion tandis que M. Luciani n'envisageait que le Spiritisme-Science. Parmi ceux qui se sont placés à ce second point de vue, on trouve tous les degrés quant à l'importance explicative attribuée à l'hypothèse des Esprits. Les uns (même en dehors des Spirites déclarés) en font le plus grand cas : « L'hypothèse spirite, dit p. ex. M. Lascaris, *doit* être acceptée et discutée comme hypothèse de travail de grande valeur. » D'autres, dont je suis, sont beaucoup plus réservés et ne préjugent rien sur sa valeur, mais estiment simplement qu'on n'a pas le droit de l'écarter à priori sous le prétexte qu'elle serait antiscientifique. Et les plus sages sont sans doute ceux qui, comme sir Lodge, lui reprochent de n'avoir encore jamais été formulée d'une façon suffisamment précise pour devenir acceptable et utile. Voir JACCHINI LURAGHI, *I fenomeni medianici, inchiesta internazionale;* édition du Pensiero latino, Milan [1907].

[1] M. THURY. *Les tables tournantes*, Genève, 1855, p. 61.

même les plus abracadabrants, quitte à en contrôler la réalité, et la prise en considération de toutes les hypothèses même les plus saugrenues, quitte à apprécier leur probabilité — elle implique d'autre part, cela va sans dire, une soumission absolue aux règles et principes de la méthode expérimentale. Ces règles et principes sont en général admis et quelquefois excellement formulés par les Spirites eux-mêmes, lorsqu'ils discutent à froid de questions méthodologiques ; le malheur est qu'ils les oublient trop facilement dans l'application. Pour ne parler que du principe de l'*économie des causes,* qui est capital lorsqu'il s'agit d'interpréter des phénomènes apparemment supranormaux, je l'ai trouvé récemment énoncé, en passant, de la façon la plus claire par M. Delanne (qui est, il est vrai, le plus scientifique des Spirites)[1] : *La méthode scientifique exige que l'on ne fasse pas appel à des facteurs nouveaux, tant que ceux que nous connaissons suffisent pour l'explication des faits.* Or, il n'y a pas de règle qui soit plus communément foulée aux pieds, et avec plus de désinvolture, dans les séances et les ouvrages spirites, où le moindre phénomène un peu étonnant est volontiers attribué tout droit aux désincarnés, sans qu'on prenne la peine de se demander s'il ne pourrait pas relever d'explications beaucoup plus ordinaires et déjà connues. Il est de fait qu'en pratique la façon de raisonner des Spirites, et celle qui me semble être la seule scientifiquement légitime, sont trop souvent aux antipodes l'une de l'autre. Je ne saurais mieux exprimer la chose qu'en reproduisant les lignes suivantes de ma réponse au volume d'*Autour*[2], dans lequel les Spirites genevois avaient critiqué mes explications du cas de Mlle Smith et essayé d'y substituer les leurs :

La méthode de raisonner des Spirites — telle qu'elle éclate dans leur manière d'interpréter soit le cas de Mlle Smith, soit les autres cas cités en passant dans « *Autour* » — paraît pouvoir se résumer en ces deux principes :

1. Toutes les fois que l'explication naturelle et normale d'un phénomène semblera un peu difficile et ne sera pas encore trouvée, on admettra que ce phénomène est dû à une cause supranormale.

2. Il n'y a pas d'autres causes supranormales que l'intervention des Esprits, d'où résulte que tout phénomène supranormal, c'est-à-dire difficilement explicable, doit être considéré comme une preuve du spiritisme.

Il se peut que beaucoup de Spirites, pris individuellement, repoussent ces principes ou refusent de les reconnaître sous cette forme brutale ; mais ce que nous prétendons, c'est qu'ils dominent et inspirent tacitement toutes les discussions d'« *Autour* » portant sur des faits concrets, comme chacun peut s'en assurer avec un peu d'attention en lisant le dit ouvrage.

---

[1] Revue scientifique et morale du Spiritisme, octobre 1907, p. 204.

[2] SOCIÉTÉ D'ÉTUDES PSYCHIQUES DE GENÈVE : *Autour « des Indes à la Planète Mars ».* In-12, Genève 1901.

D'autre part la façon de raisonner des psychologues, sur les mêmes faits, peut se condenser dans les deux principes suivants :

1. On n'invoquera une cause supranormale pour expliquer un phénomène, que lorsqu'il sera bien établi que ce phénomène n'est dû à aucune cause normale.

2. L'intervention des désincarnés n'est qu'une des formes concevables du supranormal; il y en a beaucoup d'autres également possibles (télépathie, clairvoyance, forces encore mal connues de l'organisme, mémoire cosmique, etc.), en sorte que dans chaque cas particulier un examen spécial est nécessaire pour décider si un fait, supposé admis comme supranormal, parle vraiment en faveur du spiritisme.

Entre ces deux manières de raisonner, il ne nous appartient pas de dire laquelle est la meilleure, puisqu'on ne peut être à fois juge et partie. Notre seul but, en essayant de les mettre en formules forcément imparfaites et grossières, est simplement de contribuer à la clarté des idées et de stimuler le lecteur à la réflexion. Car il importe à chacun de se rendre nettement compte des principes qui gouvernent implicitement sa pensée...[1].

Les Spirites me répliqueront peut-être qu'en attribuant tous les phénomènes extraordinaires à une cause unique (les Esprits), leur méthode est encore plus économique que la mienne, qui envisage la possibilité d'une foule de sources supranormales différentes. C'est oublier l'abîme qui sépare les causes dont la réalité est déjà établie, de celles qui sont purement problématiques; mais cela montre justement combien l'on peut différer dans le maniement des principes sur l'énoncé général desquels on paraissait s'entendre! — Un autre exemple de ce désaccord m'est fourni par le fameux axiome d'Allan Kardec, qui figure toujours en tête de la Revue Spirite: Tout effet intelligent a une cause intelligente proportionnée à cet effet. Je n'ai rien là-contre, mais voyez la différence d'application : En vertu dudit axiome, si une personne de peu d'instruction et qui n'a, je suppose, jamais commis de vers, tombe en trance et se met à écrire de superbes poésies, les Spirites en concluent aussitôt à la présence de quelque Esprit supérieur, poète ou littérateur désincarné, qui se sert d'elle comme d'un simple instrument; pour moi, au contraire, j'en conclus tout bonnement que cette personne possède un talent jusque-là insoupçonné, qui, après une incubation latente datant de plus ou moins loin, vient subitement d'éclore dans un état hypnoïde favorable. De même, les phénomènes physiques marquant certaines séances sont, toujours en vertu du même axiome, attribués par les Spirites à des Esprits inférieurs, indépendants des personnes présentes; tandis qu'en bonne méthode j'estimerais devoir d'abord les mettre au compte

[1] Th. Flournoy. *A propos d'un livre spirite; réponse à la « Société d'Études Psychiques de Genève. »* Semaine Littéraire de Genève, des 1er et 8 juin 1901.

de puissances encore ignorées, mais inhérentes à ces personnes elles-mêmes. Car, plutôt que de recourir à l'intervention d'êtres occultes, sur la position spatiale et la nature réelle desquels nous ne savons rien, il sera toujours plus conforme à la méthode des sciences naturelles d'admettre que les êtres humains ont dès cette vie des forces, facultés, ou modes d'action, échappant d'habitude à l'observation, mais pouvant se manifester dans certaines circonstances. Autrement dit, si des faits entièrement nouveaux, mais sous la dépendance d'individus présents et empiriquement donnés, peuvent obliger le naturaliste à doter ceux-ci de *propriétés* nouvelles, ils ne sauraient le contraindre à admettre d'emblée l'existence d'autres *êtres*, inconnus et insaisissables. Pour légitimer ce dernier saut, qui est tout à fait contraire au principe d'économie, il faudrait des preuves spéciales plus sérieuses que celles dont les Spirites se sont généralement contentés jusqu'ici.

Je m'empresse, au surplus, d'ajouter qu'une attitude vraiment *critique* doit s'efforcer de le rester même vis-à-vis de ses propres principes méthodologiques, en se gardant bien de leur accorder une valeur philosophique ou métaphysique absolue, ce qui serait retomber dans le dogmatisme. Rien ne nous prouve que le besoin d'économie et de simplicité, qui domine notre intellect scientifique, inspire également la réalité en soi. Aussi, ce que je reproche aux Spirites, ce n'est pas de croire, si cela leur plaît, à des interventions d'Esprits dans leur vie — peut-être, en faisant cela, sont-ils plus près de la vérité ultime et du fond dernier des choses qu'en ne le faisant pas — mais c'est de s'imaginer que leurs prétendues démonstrations relèvent de la science et ont droit à son approbation, alors qu'elles en enfreignent sans pudeur les conditions essentielles. Personne n'est obligé de jouer au bridge ou au tennis, mais s'il veut le faire, il faut qu'il observe les règles constitutives du jeu. La science aussi a beau n'être qu'un jeu, le plus difficile de tous, si l'on tient à se réclamer d'elle il faut en respecter les principes, même si ceux-ci ne sont en dernière analyse que des conventions ou des préjugés, dépourvus de vérité absolue, et simplement consacrés par l'usage en vertu de leur utilité pragmatique.

CHAPITRE II[1]

F. W. H. Myers et la Psychologie Subliminale.

I. Aperçu biographique.

Frédéric Myers (1843-1901) fut une des personnalités les plus remarquables de notre époque dans le domaine des choses de l'esprit. Les dictionnaires de célébrités auront quelque peine à le classer. De par ses études et ses occupations professionnelles[2], il appartenait aux lettres : profond connaisseur de l'antiquité classique, essayiste délicat et pénétrant, poète d'une haute inspiration, il a laissé un bagage littéraire qui suffirait, au dire de juges compétents, à lui assigner une place parmi les premiers écrivains de son temps[3], si l'emploi de ses loisirs et l'essor de son génie propre ne l'eussent rendu plus illustre encore comme « psychical researcher ». Cette catégorie intraduisible[4] n'a guère figuré jusqu'ici dans la classification des grands hommes ; mais il faudra bien finir par l'y introduire, quand ce ne serait que pour y loger précisément Myers qui en fut la personnification par excellence, l'exemple le plus accompli, on peut presque dire le vrai créateur. Lui-même, cela va de soi, n'eût pas admis d'être ainsi érigé en prototype et en initiateur d'une nouvelle direction de la pensée humaine : avec sa modestie ordinaire, il en eût rejeté l'hon-

[1] La plus grande partie de ce chapitre a été publiée sous le titre de *F. W. H. Myers et son œuvre posthume* dans les Archives de Psychologie, t. II (juin 1903), p. 269-296. Les paragraphes II et III ont également paru dans les Proc. S. P. R., vol. XVIII, p. 42-52. — Il m'a paru indiqué de reproduire ici cet article, à cause de l'importance du rôle de Myers et de ses idées dans le mouvement métapsychique actuel.

[2] Myers a rempli consciencieusement, pendant près de trente ans, les fonctions d'inspecteur scolaire supérieur à Cambridge.

[3] M. Leaf l'a comparé à Ruskin, parce que chez tous deux les dons du génie furent à la hauteur et au service des intentions morales ; mais il estime que Myers l'emporte au total sur Ruskin par un grain d'humour supérieur, en même temps que par le souffle de mâle espérance, de foi dans la survivance de l'homme au delà de la tombe, qui anime tous ses écrits. (Voir W. Leaf, *F. W. H. Myers as a man of letters !* Proc. S. P. R., vol. XVII, p. 33, May 1901. Voir également dans le même fascicule des Proc. S. P. R., les autres remarquables articles consacrés à la mémoire de Myers par MM. Ol. Lodge, Will. James, Ch. Richet et F. Podmore.)

[4] Le terme de *métapsychiste* (proposé par Richet) semble aujourd'hui définitivement consacré comme son équivalent français.

neur sur son maître Henri Sidgwick, sur son ami Edmond Gurney, et sur ses nombreux collaborateurs. Mais en réalité, lorsqu'on lit les travaux de Myers et qu'on se met un peu au courant de sa carrière, on a bien l'impression que c'est lui qui fut l'âme, le centre, le moteur suprême et la suprême quintessence, de tout ce mouvement scientifique en marge des sciences constituées qui se rattache à la « Society for Psychical Research » de Londres.

Il est à souhaiter que quelque plume amie et bien renseignée nous retrace un jour la biographie intime de Myers et l'évolution de sa pensée. En attendant, contentons-nous de quelques indices qu'il nous a lui-même laissés ici et là.

Elevé dans l'Eglise anglicane, il en fut un membre fidèle, voire intransigeant (« *agressively orthodox* » suivant sa propre expression[1]), jusqu'à l'âge des crises inévitables, où, déchiré entre un besoin inextinguible de certitude quant à l'Au-delà et l'ébranlement irrémédiable de sa foi au dogme traditionnel autant qu'à la spéculation philosophique, il alla confier ses perplexités intérieures au professeur Sidgwick : — « Dans une promenade sous le ciel étoilé, que je n'oublierai jamais, je lui demandai presque en tremblant s'il pensait qu'après la faillite de la Tradition, de l'Intuition et de la Métaphysique à résoudre l'énigme de l'univers, il y avait encore une chance pour que l'étude de certains phénomènes observables actuels — revenants, Esprits, n'importe quoi — pût nous fournir quelque connaissance valable relativement au monde invisible. Sidgwick me parut avoir déjà songé à cette possibilité, et avec une assurance exempte pourtant de tout emballement, il m'indiqua quelques dernières raisons d'espérer. De ce soir-là date ma résolution de me livrer à cette recherche. »[2]

C'était le 3 décembre 1869. Myers avait vingt-six ans. Le but essentiel de sa vie se trouvait désormais fixé, auquel il allait travailler pendant un tiers de siècle, jusqu'à son dernier souffle, avec une indomptable énergie, à savoir de chercher dans l'investigation des phénomènes anormaux et occultes, dédaignés par les savants officiels, des preuves de fait en quelque sorte tangibles et irréfragables de l'existence et de la spiritualité de l'âme, de son indépendance de l'organisme, de sa survivance à la mort corporelle. Il se proposait, en d'autres termes, d'établir la certitude d'un autre monde et d'une autre vie — ces « préambules de toute religion » — non plus, comme par le passé, sur la base chancelante d'articles de foi

[1] F. W. H. Myers. *In memory of Henry Sidgwick*. Proc. S. P. R., vol. XV (part XXXIX. dec. 1900) p. 453.
[2] Idem, p. 454

ou de raisonnement abstraits, mais sur l'inébranlable fondement d'une démonstration expérimentale rigoureusement scientifique.

L'entreprise n'était point aisée. Il fallait avoir le cœur ferme et la tête solide pour tenter de pénétrer, avec toutes les exigences de la méthode, dans ce fouillis de phénomènes mystérieux où l'obscurité, l'illusion, la fraude, rebutent le chercheur à chaque pas. Mais comme l'a excellemment remarqué M. Richet[1], si Myers n'était pas un mystique il avait toute la foi des mystiques et l'ardeur d'un apôtre, jointes à la sagacité et à la précision d'un savant. La grandeur de sa tâche telle qu'il la concevait, l'importance vitale qu'elle prenait à ses yeux pour le bonheur et le salut de l'humanité, le soutenaient. Il se disait que si un monde spirituel s'est jamais manifesté à l'homme dans la trame de cet univers matériel, il doit s'y manifester encore maintenant, et que par conséquent une investigation sérieuse finira bien par en découvrir quelques indices réels au milieu des phénomènes observables. Autrement, — c'est-à-dire si toute tentative de vérifier scientifiquement les interventions encore actuelles de l'autre monde dans celui-ci devait définitivement échouer, — ce serait un coup terrible, sinon mortel, pour toute espérance d'Au-delà et toute tradition religieuse; car « il serait dorénavant bien difficile aux hommes de se persuader que ce qui, à notre époque de claire connaissance, se trouve n'être qu'illusion et supercherie, a pu néanmoins être vérité et révélation dans les ténèbres confuses du passé. »

Pour bien comprendre l'œuvre de Myers, il ne faut jamais oublier cette préoccupation morale et religieuse, cette vibration émotionnelle profondément et largement humaine, qui est la note fondamentale et primordiale de son individualité, le ressort de toute son activité intellectuelle. Grâce à une application intense, secondée par une puissance de travail et des facultés exceptionnelles, lui, qui n'avait pas suivi la filière proprement scientifique, en vint à s'assimiler les sciences biologiques, leurs principes, leurs méthodes, au point de les posséder presque comme un spécialiste, avec en plus une hauteur de vue, une étendue d'horizon, une culture et une audace de pensée philosophique dont sont, hélas, totalement dépourvus tant de nos contemporains soi-disant instruits, qui croient à la vertu des diplômes et s'imaginent posséder le dernier mot des choses parce qu'ils ont mené à bien leurs études médicales ou quelques travaux de laboratoire. Mais s'il devint un savant, c'était avant tout parce qu'il était un homme complet, tout palpitant d'aspirations supérieures, altéré de certitude absolue, d'amours infinies, de vie éternelle;

---

[1] Proc. S. P. R., vol. XVII, p. 24.

et l'on peut dire que c'est l'ardent besoin de croire qui enfanta chez lui l'impérieuse nécessité de savoir.

Pendant les premières années, les efforts de Myers et de Sidgwick aux prises avec les cas de psychisme et de médiumnité qu'ils pouvaient atteindre, furent couronnés d'un succès médiocre, assaisonné de déboires, et paraissent leur avoir laissé une impression plutôt décourageante[1]. Mais les choses prirent une meilleure tournure à partir de la fondation de la « Society for Psychical Research » (1882)[2], où une brillante pleïade d'hommes distingués, savants de profession et amateurs intelligents, se réunirent sous la présidence de Sidgwick dans la commune pensée d'appliquer les méthodes rigoureuses à l'étude de tous ces phénomènes obscurs, mesmérisme, spiritisme, occultisme, etc. Myers (qui accepta la lourde charge de secrétaire après la mort de Gurney en 1888) y déploya d'emblée une extraordinaire activité. Des seize volumes de *Proceedings* publiés de son vivant, il n'en est pas un qui ne renferme de multiples et importants travaux de sa plume; sans parler de sa participation au célèbre ouvrage sur les apparitions de personnes absentes[3], qui contribua tant à éveiller l'intérêt du grand public pour ce genre de recherches, et de sa collaboration occasionnelle à des périodiques en vue tels que le *Nineteenth Century* et la *Fortnightly Review*[4]. Pour apprécier la dépense d'énergie qu'impliquent ces écrits, il faut naturellement se rappeler le travail préliminaire considérable qu'ils représentent : expériences prolongées, séances innombrables de médiums, interrogatoires minutieux, compulsion et

[1] « *Tiresome and distateful enough* », dit Myers en parlant de leurs recherches, de 1872 à 1876. Ce fut cependant à cette époque qu'il fit la connaissance du Rév. Stainton Moses, dont les facultés médianimiques extraordinaires venaient d'éclore et avec lequel il fonda en 1875 une « Psychological Society » destinée à l'étude des phénomènes de cet ordre. Mais cette première association, peu nombreuse, n'eut jamais grande vitalité et elle prit fin en 1879.

[2] Il convient de rappeler ici qu'à la différence des nombreuses Sociétés d'Etudes Psychiques du continent, lesquelles ont presque toutes une couleur spirite, la Society for Psychical Research de Londres a dès le début arboré le drapeau d'une complète liberté d'opinion individuelle en matière philosophique. Il est en effet expressément stipulé dans ses Statuts que « la qualité de membre de cette Société n'implique l'acceptation d'aucune explication particulière des phénomènes étudiés, ni d'aucune croyance quant à l'action, dans le monde physique, de forces autres que celles reconnues par les Sciences physiques. » — Cette neutralité doctrinale lui permet d'accueillir dans son sein des chercheurs de toute opinion, dont le seul point commun est le désir d'une investigation strictement scientifique des faits. Aussi, en citant Myers comme le type accompli du « psychical researcher », n'avais-je point en vue ses convictions philosophiques personnelles, mais seulement son énergique effort pour introduire la rigueur des méthodes expérimentales dans l'étude des phénomènes dits psychiques.

[3] Gurney, Myers, and Podmore. *Phantasms of the Living*, 2 vol. Londres, 1886. — Traduction française abrégée : Marillier, *Les Hallucinations télépathiques*, un vol. in-8. Paris 1891.

[4] Un certain nombre de ces articles ont été réunis dans son volume *Science and a future Life, with other Essays*, London 1893.

vérification de documents, correspondances interminables, enquêtes, démarches, interviews, voyages, etc. Un tel genre de recherche, dans lequel on se heurte continuellement à l'inertie du public et parfois au mauvais vouloir des personnes intéressées, suppose des qualités rares de volonté, d'ascendant personnel, de ténacité et de persévérance que Myers possédait au plus haut degré [1]. Sans doute il fut admirablement secondé par ses collègues de la « Society for Psychical Research », mais ce n'en est pas moins entre ses mains que venaient finalement aboutir tous les fils de ce vaste réseau d'investigations, et sur ses épaules qu'en reposait souvent le faix principal. Il y faut joindre encore la part qu'il prit à l'organisation des Congrès internationaux de Psychologie, spécialement celui de Londres (1892) dont il fut secrétaire général.

Après avoir été tant d'années à la tâche, Myers fut enfin à l'honneur : la « Society for Psychical Research » l'appela, en 1900, au fauteuil présidentiel, réservé jusque-là à des professeurs ou des savants de carrière du plus haut renom, Sidgwick, Balfour Stewart, A. Balfour, Will. James, Crookes. Il ne devait, hélas, pas jouir longtemps de cette distinction, où il se plut d'ailleurs à voir moins un hommage rendu à sa personne qu'une sorte de consécration officielle de la jeune science qu'il incarnait et à laquelle il avait voué le meilleur de sa vie [2]. Il put encore assister au Congrès de Psychologie de Paris (août 1900) et y présenter le récit de ses expériences avec Mme Thompson, qui lui avaient enfin apporté la confirmation définitive de ses croyances de prédilection. Mais ses forces étaient atteintes déjà, et quelques mois plus tard (17 janvier 1901), sentant sa tâche achevée, il fermait les yeux à la lumière de ce monde avec la sérénité d'un homme parvenu à l'absolue certitude de la vie future ; — mieux

[1] Il m'en est resté un petit souvenir personnel très vif. En août 1892 j'eus la bonne fortune de faire une tournée alpestre en compagnie de Myers, de son frère le Dr T. Myers (qu'une mort prématurée devait enlever à la science peu d'années après), et du professeur William James d'Harvard. Chemin faisant, la psychologie, comme bien l'on pense, ne fut point oubliée dans nos entretiens, et il m'arriva de citer quelques phénomènes d'imagerie mentale que j'avais parfois observés sur moi-même. Myers, toujours à l'affût, y flaira aussitôt un document possible en faveur de ses théories favorites ; et le même soir, arrivés à l'hôtel des Diablerets, au moment où, fumant un cigare dans la torpeur béate de l'épuisement musculaire, je ne songeais plus qu'à gagner bientôt mon lit, ce terrible homme me mit presque de force entre les mains une vaste feuille blanche avec un crayon, et n'eut pas de repos que je ne lui eusse rédigé séance tenante, au milieu du vacarme des étrangers en villégiature, le récit de mes observations, qu'il trouva moyen d'introduire dans son plus prochain article sur la *Subliminal Consciousness* (Proc., vol. VIII, p. 458). — Il est juste d'ajouter que la volonté tenace, presque impérieuse, de Myers était doublée d'une noblesse de caractère, d'une élévation morale des sentiments, dont tous ceux qui l'ont approché conservent un impérissable et bienfaisant souvenir.

[2] Voir son discours présidentiel d'entrée en charge, le 18 mai 1900, Proc. S. P. R., vol. XV, p. 110. (Reproduit dans *Human Personnality*, II, p. 292.)

que cela, avec la joie d'un départ que depuis longtemps il attendait dans une sorte d'impatience et pour ainsi dire, comme il l'avait écrit à l'un de ses amis, « en comptant les jours jusqu'aux vacances »[1].

II. L'ouvrage posthume de Myers[2].

Comme couronnement de sa vie et de son œuvre, Myers a laissé un manuscrit renfermant, sous une forme condensée et plus systématique que dans ses travaux antérieurs, le résultat de ses trente années de labeur. Inachevé en divers points, cet ouvrage posthume, dont nous devons la publication aux soins pieux de Miss Alice Johnson et de M. Hodgson, est cependant assez développé dans ses grandes lignes pour permettre de se faire une idée très complète de la pensée de l'auteur ; et tel qu'il est, il constitue certainement le plus imposant et majestueux monument qui ait jamais été élevé, d'une part, à la démonstration expérimentale de l'existence et de la survivance de l'âme, d'autre part à l'union, disons plus, à la fusion indissoluble de la Science et de la Religion en une sorte de synthèse philosophique, d'une très haute inspiration morale, accessible à tous, et visant à satisfaire tout ensemble les besoins du cœur et les exigences de l'entendement.

De ces deux volumes, un peu effrayants à première vue — plus de 1400 pages compactes — les trois cinquièmes sont consacrés à des hors-d'œuvre, indispensables d'ailleurs pour la solidité de l'édifice et la commodité du lecteur : préfaces ; introduction et épilogue ; sommaire analytique très détaillé fournissant dès l'abord un excellent coup d'œil d'ensemble ; glossaire explicatif, qui sera le bienvenu pour les novices, d'une centaine de termes (dont beaucoup sont la création de Myers) sans cesse usités en *psychical research ;* index alphabétique, et surtout volumineux appendices bourrés de faits et de documents. Abstraction faite de toutes ces pièces d'appui, le noyau proprement dit de l'ouvrage consiste en huit chapitres où l'auteur a réparti les grandes catégories de phénomènes servant

---

[1] Voir Podmore, Proc. S. P. R., vol. XVII, p. 32. — Will. James, qui se trouvait à Rome en même temps que Myers et assista aux dernières semaines de sa vie, ajoutait en m'annonçant sa mort : « L'attitude de Myers pendant toute sa maladie a été superbe et a bien montré quel secours se trouve dans une croyance vraiment vivante à l'immortalité. » *(His demeanour troughout the illness has been superb, showing how a really living belief in immortality will help a man.)*

[2] Frederic W. H. Myers. *Human Personnality and its survival from bodily death.* 2 vol. in-8 de 746 et 680 pages. Londres, Longmans Green and C°, 1903. — Edition française abrégée : Myers, *La Personnalité humaine, sa survivance après la mort, ses manifestations supranormales ;* traduit par le Dr Jankélévitch, Paris, Alcan, 1905.

de piliers à sa doctrine ou de chaînons à son argumentation. Ils se laissent en une certaine mesure grouper deux par deux en vertu des analogies de leur contenu, car ils roulent successivement sur : — les *Désintégrations de la personnalité* (spécialement l'hystérie) et l'extrême opposé ou le *Génie ;* — le *Sommeil* et l'*Hypnotisme ;* — l'*Automatisme sensoriel* (hallucinations télépathiques) et les *Fantômes des morts ;* — enfin l'*Automatisme moteur* (messages médianimiques par l'écriture automatique, etc.) et les phénomènes de *Trance, extase et possession.* — Cela représente une gradation, par laquelle Myers s'élève, des faits morbides qui appuient sa conception de notre structure psychique fondamentale, jusqu'au point culminant de sa démonstration, la manifestation expérimentale des désincarnés dans les phénomènes de trance et de possession.

Peut-être n'est-il pas superflu, avant de le suivre sur ce chemin, de rappeler brièvement l'idée essentielle qu'il se fait de notre constitution [1].

Pour Myers, chacun de nous est en réalité une entité spirituelle permanente — disons une âme — dont notre personnalité ordinaire, notre moi conscient, n'est qu'une minime parcelle, la parcelle qui a été tirée ou différenciée du reste, par la sélection et la lutte pour l'existence, au cours de l'évolution organique sur cette planète. Pour prendre sa comparaison favorite : de même que la région visible du spectre solaire, fort limitée, se prolonge de part et d'autre dans les radiations parfaitement réelles, quoique invisibles, de l'infrarouge et de l'ultraviolet — de même notre conscience ordinaire ou *supraliminale,* qui constitue la petite portion de notre être adaptée aux conditions actuelles de l'existence terrestre, se continue dans notre individualité sous-jacente, notre moi *subliminal,* lequel possède deux genres de facultés que nous n'avons pas à notre disposition volontaire. Ce sont, d'une part, des facultés inférieures, qui appartenaient jadis à nos ancêtres animaux, mais que notre personnalité consciente a perdues au cours de l'évolution, telles que le pouvoir de diriger et de modifier à son gré les fonctions physiologiques, nutrition, sécrétions, croissance, etc. Et ce sont d'autre part des facultés supérieures, relevant d'un milieu ou d'un mode d'existence extraterrestre, et dont notre corps actuel ne nous permet pas le libre exercice, mais qui apparaissent occasionnellement, par éclairs, dans les phénomènes « supranormaux » de clairvoyance, lucidité, prophétie, etc. Notre individualité réelle, notre moi com-

[1] Aux lecteurs de langue française qui seraient désireux de faire plus ample connaissance avec la psychologie subliminale de Myers, je rappelle les excellents articles et traductions de M. Marcel Mangin : *De la Conscience subliminale, par F. W. H. Myers,* Annales des sciences psychiques du Dr Dariex, vol. VII (1897) et suivants. *Le mécanisme de la suggestion d'après les travaux de M. F. Myers,* Revue de l'hypnotisme, t. XVI (1901-1902). Etc.

plet et total, notre âme en un mot, dépasse donc infiniment ce que nous en révèle la conscience empirique de l'état de veille; d'un côté, nous plongeons nos racines jusque dans l'intimité obscure de nos tissus et de nos fonctions organiques, et de l'autre nous participons, en une mesure insondable, aux réalités d'un ordre de choses supérieur, d'un monde météthérique *(metetherial)*, comme dit Myers, c'est-à-dire transcendental et spirituel, existant au delà de cet univers matériel baigné dans l'éther des physiciens.

Il faut noter de plus qu'entre notre conscience ordinaire, supraliminale, et notre conscience latente, subliminale, il y a de perpétuels échanges et des fluctuations de frontière : le niveau de séparation n'est pas constant, la cloison n'est pas étanche, le seuil n'est pas infranchissable entre ces deux parties de notre être; il y a, de l'une à l'autre, des phénomènes d'osmose ou de brusques mélanges momentanés, comme entre des liquides de densité différente quand on agite la bouteille. Constamment, par exemple, nous oublions beaucoup de choses, quitte à les voir reparaître en rêve ou à la faveur d'un accès de fièvre, ce qui prouve que ces souvenirs n'étaient point perdus, mais seulement tombés du moi conscient dans la mémoire subliminale. Et constamment aussi, des « messages » montent de nos régions subliminales à notre personnalité consciente, y apportant, sous les formes les plus diverses de l'automatisme psychologique (hallucinations visuelles, auditives ou autres; idées subites; émotions; impulsions irraisonnées; etc.), un contenu de la valeur la plus variée aussi, tantôt d'insignifiantes réminiscences ou de futiles caprices d'imagination, tantôt des inspirations géniales et des révélations véridiques, qui défient toute explication scientifique actuelle et témoignent précisément de ces facultés supranormales par lesquelles nous appartenons au monde *météthérique* et transcendental.

Bref, la personnalité humaine est, pour ainsi dire, faite d'une pâte feuilletée ou d'un sol stratifié, dont les couches superficielles, affleurant seules au grand jour de notre conscience ordinaire, reposent sur des couches cachées qui s'étendent à de mystérieuses profondeurs et nous font communiquer avec des domaines insoupçonnés. Mais toutes ces couches sont d'une nature plus ou moins fluide qui permet des courants d'échange entre elles, des phénomènes de compénétration ou d'envahissement des unes par les autres; et les accidents géologiques de l'écorce terrestre ne sont pas plus formidables en leur genre que les cataclysmes qui viennent parfois bouleverser l'équilibre psychique, métamorphosant l'individu, faisant tout à coup s'effondrer sa personnalité ordinaire et jaillir à sa place les nappes souterraines, etc. Inutile d'avertir qu'il ne faut pas presser de trop près les comparaisons physiques d'une très grande variété, auxquelles Myers recourt pour illustrer son idée du moi subliminal et de ses relations avec le moi ordinaire. Le papier-monnaie des métaphores ne doit jamais faire perdre de vue les espèces sonnantes des faits eux-mêmes.

Revenons maintenant à l'argumentation de l'auteur telle qu'elle se déroule dans les chapitres dont j'ai indiqué les titres tout à l'heure.

Les Désintégrations de la Personnalité en premier lieu, — c'est-à-dire les obsessions, idées fixes subconscientes, phénomènes hypnoïdes, états seconds, et autres symptômes de « misère psychologique » que l'observation médicale a mis en évidence depuis quelques années, — toutes ces étranges altérations psychiques s'expliquent facilement dans la théorie de la conscience subliminale, et parlent du même coup en sa faveur. On conçoit en effet que si le moi ordinaire n'est qu'un fragment, une portion plus ou moins mobile et instable d'une individualité plus vaste au sein de laquelle il s'est différencié, il puisse être exposé à se redécomposer ou se dissoudre, par un processus régressif inverse du processus évolutif qui lui a donné naissance. Les cas morbides ou de dégénération fournissent ainsi à Myers une sorte de contre-épreuve de sa doctrine sur la constitution de notre être, et les rapports si variés que l'on peut imaginer entre nos personnalités conscientes et leurs assises sous-jacentes lui sont une source féconde d'explications psychopathologiques qui ne manquent pas d'originalité. C'est ainsi que l'hystérie, en particulier, se ramène pour lui à une « perméabilité exagérée du diaphragme psychique », d'où un état de fâcheuse confusion dans les échanges entre le moi ordinaire et certaines couches subliminales malades, ces dernières absorbant indûment des fonctions qui auraient dû rester en la possession du premier, et lui imposant en revanche leurs auto-suggestions irrationnelles. Cette conception psychologique de la grande névrose, développée par Myers dès 1892 (à la suite surtout des travaux de Pierre Janet), lui permettait de voir dans l'hystérie une anomalie morbide des couches hypnotiques, au lieu de subordonner au contraire l'hypnotisme à l'hystérie, comme beaucoup tendaient encore à le faire à cette époque.

Le Génie, à son tour, repose aussi sur une perméabilité exceptionnelle de la cloison psychique; mais ce sont maintenant des couches subliminales saines, parfois douées de facultés supranormales, qui font irruption dans la personnalité ordinaire, pour son plus grand avantage, et lui apportent des résultats dont elle eût été incapable par elle-même. Comme exemple typique, Myers insiste longuement sur les calculateurs prodiges, que des travaux récents nous ont rendus plus familiers, mais non moins mystérieux, que par le passé; la sélection et l'hérédité restent impuissantes à nous rendre compte de ces phénomènes, et la variation spontanée n'est qu'un subterfuge biologique pour cacher notre ignorance devant ces manifestations de pouvoirs et de procédés subliminaux jusqu'ici incompréhensibles. La théorie platonicienne de la réminiscence les eût expliqués par le souvenir de la table de multiplication apprise dans une existence idéale antérieure. Sans aller jusque-là, Myers y voit une preuve que nous appartenons tous, par notre conscience subliminale, à « quelque monde invisible où la table de multiplication est pour ainsi dire dans l'air »; tout ce que fait la variation spontanée, c'est de permettre la manifestation accidentelle, par certains organismes privilégiés, de ces facultés mathématiques latentes, que la lutte pour l'existence au cours de cette évolution planétaire n'a point encore développées dans la plupart de nos consciences supraliminales, mais qui n'en subsistent pas moins en notre être sous-jacent, prêtes à surgir sitôt qu'un hasard cérébral favorable leur en fournit l'occasion. Ce chapitre de Myers est certainement l'un des plus remarquables et des plus forts de son ouvrage, parce qu'il fait bien sentir l'insuffisance, on peut vraiment dire la niaiserie, de toutes les explications naturalistes qui ont été tentées jusqu'ici du génie, en sorte que l'auteur a beau jeu pour y faire valoir ce qu'a de plausible sa propre théorie philosophique.

Le Sommeil apporte naturellement à Myers une riche moisson de faits à l'appui de sa doctrine. Il y voit une phase ou un état spécial où notre être, abandonnant ses fonctions supraliminales, se retrempe dans le monde météthérique, source de toute énergie[1]. Ainsi s'expliquent, d'une part l'effet de bienfaisante restauration, la vitalisation générale de l'organisme, qui est le propre du sommeil; et, d'autre part, ce déploiement occasionnel de facultés supérieures à celles de l'état de veille qu'on observe si souvent dans les rêves ou les hallucinations hypnagogiques, exacerbation de la mémoire, de l'imagination, même du raisonnement, et parfois apparition de phénomènes supranormaux, songes prophétiques ou révélateurs, etc. Tous ces faits extraordinaires semblent indiquer « que le moi du sommeil est un esprit affranchi des limitations matérielles ordinaires, et cette conclusion confirme l'hypothèse que nous vivons dans deux mondes : la personnalité de veille est adaptée aux besoins de la vie terrestre, la personnalité

[1] Cette théorie rappelle à certains égards celle de Sergueyeff (*Le sommeil et le système nerveux*, 2 vol., Paris 1890), pour qui le sommeil tient aussi à une fonction d'alimentation sthénique ou dynamique. Seulement, pour Sergueyeff le moment du sommeil est celui de l'*élimination* de l'élément *éthéré* absorbé pendant la veille ; tandis que pour Myers c'est la période d'absorption, et de plus l'élément dont il s'agit n'est pas l'éther matériel, mais une sorte de principe animiste imprécis, à la fois matériel et spirituel, spatial et transcendental, puisqu'il est à ses yeux la source de toute vie tant organique que psychologique.

de sommeil maintient la connexion fondamentale entre le monde spirituel et l'organisme, de manière à approvisionner celui-ci d'énergie tout en se développant elle-même par l'exercice de ses propres facultés spirituelles. »

Cette vue trouve une nouvelle confirmation dans l'Hypnotisme, qui est « un développement expérimental du sommeil », ayant pour conséquence un accroissement de la vitalisation subliminale de l'organisme. Malgré les innombrables travaux modernes, nous ignorons encore comment et pourquoi les divers procédés d'hypnotisation engendrent leurs effets; nous pouvons seulement dire qu'ils se ramènent tous à la suggestion, que Myers définit un appel réussi au moi subliminal — « a successful appeal to the subliminal self », — et par conséquent, en dernier ressort, à l'éveil et à l'entrée en activité de ce moi subliminal, autrement dit à l'autosuggestion. Mais cette activité subliminale elle-même, ou l'autosuggestion, reste en somme capricieuse et inintelligible en son essence. Nous en sommes réduits à constater ses effets empiriques — ici Myers se livre à une excellente revue de l'immense variété des faits aujourd'hui reconnus, depuis la suppression de la douleur jusqu'aux modifications du caractère et aux phénomènes supranormaux du somnambulisme, — et à noter les procédés ou systèmes d'autosuggestion par lesquels l'individu arrive à éveiller ces puissances profondes, qui résident en lui, mais échappent à la prise directe de sa volonté consciente. Or ces systèmes (« schemes of selfsuggestion »), tels qu'en fait ils ont été employés et se sont montrés efficaces, sont aussi variés que l'ensemble des superstitions et des religions de l'humanité : le fétichisme et son recours aux amulettes ou aux charmes, le polythéisme avec ses pèlerinages aux lieux consacrés, la prière intérieure du monothéiste, les conceptions métaphysiques de la mind-cure, toutes ces formes les plus diversifiées de la foi religieuse ont à leur bilan les mêmes miracles de guérison et de régénération organique. Qu'est-ce à dire, sinon que les moyens extérieurs, objectifs, ne sont rien par eux-mêmes, et que la foi qui guérit est toujours un processus intérieur, subliminal, mais non moins réel, puisque par là en définitive l'individu tire de ce monde transcendental, source de toute vie, où il plonge ses racines, un appoint de force effective et de vitalité nouvelle? Il n'est pas vrai, s'écrie Myers à propos des miracles de Lourdes auxquels il consacre quelques pages remarquables, « il n'est absolument pas vrai qu'une bouteille d'eau, d'une source au bord de laquelle une jeune fille a eu l'hallucination de la Vierge, ait en elle-même la vertu miraculeuse de guérir un Turc à Constantinople; mais ce qui est vrai, c'est que toute la vie et l'énergie de cet univers procèdent d'une communication de force, d'un influx du monde invisible, influx dont cette apparition de la Vierge et cette source sacrée sont un pâle symbole. » Et l'explication *réelle* de la vitalisation hypnotique ne se trouve, selon Myers, que dans cette hypothèse d'un monde de vie spirituelle ou d'énergie cosmique (c'est tout un pour lui) alimentant nos existences. L'efficacité, soit thérapeutique, soit éthique, de l'autosuggestion se déploie toutes les fois que, par un artifice quelconque, l'attention subliminale dirigée sur une fonction corporelle, ou sur un but moral, est portée à un degré suffisamment intense pour tirer un nouveau flot d'énergie du monde météthérique.

Ces quatre premiers chapitres, on l'aura remarqué, roulent d'une manière générale sur des faits couramment admis par la science contemporaine, et que Myers se borne à systématiser et à interpréter à sa façon. Ils fournissent ainsi une base solide, un fondement positif, à sa théorie de la conscience subliminale; par contre ils n'apportent pas grand chose de précis en faveur de la survivance de la personnalité humaine, ce qui est pourtant la thèse essentielle de l'auteur et sa préoccupation dominante. Tout au plus, en face de ces curieux phénomènes de subconscience qui parfois dépassent tellement le cours ordinaire de la vie qu'ils semblent trahir un ordre de choses supérieur, est-on en droit de supposer, à titre de possibilité purement abstraite, que la destinée de l'homme n'est pas fatalement bornée à celle de son organisme matériel. Mais, somme toute, Myers n'a jusqu'ici présenté à ses lecteurs que des indices peu nets, des présomptions fragiles, d'une existence de l'âme indépendante du corps. C'est dans les quatre chapitres suivants qu'on va enfin en trouver les preuves directes et décisives. Malheureusement nous entrons ici dans un domaine tout ce qu'il y a de plus contesté, enveloppé de brumes, et où n'ont pas encore osé s'aventurer la plupart de nos hommes de science. Il faut espérer qu'ils se décideront une fois à aborder sérieusement l'étude de ces phénomènes insolites, au milieu desquels Myers se meut avec une merveilleuse aisance et dont il construit un édifice d'une hardiesse presque vertigineuse. Edifice si étendu et ramifié, d'une architecture si complexe et si fouillée, que je renonce à le décrire par le menu, et que je me borne à en indiquer les principaux étages, sans m'assujettir à suivre l'auteur dans ses dédales. Ces étages me paraissent au nombre de trois.

Le premier est consacré à l'établissement de la télépathie entre vivants, au moyen des observations d'hallucinations véridiques. Les anciennes recherches de Gurney, Myers et Podmore (consignées dans les *Phantasms of the living*, 1886), puis les résultats statistiques si frappants de la grande enquête internationale *(Census of hallucinations)* de 1890 à 1896, ainsi qu'une foule de cas isolés, et enfin les expériences si variées de transmission de pensée, suggestion mentale à distance, etc., — tout ce puissant faisceau de données indépendantes les unes des autres et aboutissant à la même conclusion, a engendré la certitude chez Myers. Il considère comme absolument hors de doute la réalité de la télépathie, c'est-à-dire d'un rapport, entre personnes vivantes, autre que ceux qui ont lieu par l'intermédiaire connu des organes moteurs et sensoriels. De plus, l'examen approfondi de certains cas concrets ou de catégories spéciales d'hallucinations véridiques (collectives, réciproques, etc.) l'a convaincu que ce rapport ne saurait s'expliquer par l'hypothèse physique de vibrations intercérébrales, d'ondulations d'un milieu matériel ou éthéré quelconque reliant les organismes distants. Les faits démontrent à l'évidence, selon lui, que l'âme de l'agent fonctionne parfois séparément de son corps, que certains segments, par exemple, de sa personnalité subliminale, dissociés du reste et détachés de l'organisme, peuvent s'en aller à distance impressionner les centres nerveux du percipient ou son âme même *(psychical invasion)*, et entrer d'autres fois en rapport immédiat avec le monde matériel extérieur, soit pour en prendre directement connaissance comme dans les cas de double vue *(psychical excursion, travelling clairvoyance)*, soit pour agir sur lui et y déterminer une modification *(phantasmogenetic centre)* qui pourra à son tour influencer les personnes présentes dans un certain rayon et donner ainsi un cas d'hallucination collective. Conceptions baroques assurément, quand on les résume ainsi en quelques mots, dépouillées de tout leur contexte, mais qui le paraissent beaucoup moins, et deviennent presque naturelles lorsqu'on les rencontre sous la plume de Myers, avec les faits à l'appui, enveloppées de vues hypothétiques, je le veux bien, mais si ingénieuses et parfois si profondes qu'elles forcent l'admiration du lecteur et pour un peu entraîneraient son assentiment sans autre examen.

« Ce n'est que le premier pas qui coûte. » Ce proverbe, que Myers cite lui-même en français, nous mène au second étage de sa construction. Car une fois admis que la personnalité peut, en totalité ou par certains de ses fragments subliminaux, se libérer momentanément de son organisme pour aller envahir l'âme ou les centres nerveux d'autrui, rien ne s'oppose plus, théoriquement, à ce que cette faculté se conserve après la destruction du corps, et à ce que, par conséquent, les Esprits désincarnés continuent à agir sur les individus encore incarnés. La télépathie, prouvée quant aux vivants, rend à tout le moins vraisemblable la télépathie entre vivants et morts. Or l'observation des faits, suivant Myers, transforme cette vraisemblance en vérité positive. Déjà certaines hallucinations véridiques donnent à penser, par leur contenu spécial ou le moment de leur production, qu'elles proviennent d'un être humain non pas simplement en train de trépasser, mais bel et bien déjà mort depuis plus ou moins longtemps. Des marques plus évidentes de cette influence *post mortem* jaillissent du trésor de documents que nous ont fournis les phénomènes d'écriture automatique, etc. Enfin les preuves définitives et péremptoires de cette intervention des désincarnés éclatent dans certains cas récents, tels que celui de Mme Piper, où l'on assiste vraiment à un envahissement, une prise de possession temporaire de l'organisme du médium par des personnalités défuntes.

Alors, l'indépendance de l'âme vis-à-vis du corps étant ainsi établie par les phénomènes de télépathie et sa survivance par ceux de possession, on monte tout naturellement au faîte de l'édifice, à la synthèse scientifico-philosophico-religieuse qui consiste à ériger la télépathie, ou intercommunication directe des âmes, au rang de loi universelle, de vérité cosmique suprême, réunissant tous les êtres, incarnés et désincarnés, vivant dans ce monde ou dans d'autres, en un splendide univers de vie spirituelle et morale. Vu de cette hauteur, l'isolement douloureux des personnalités humaines, qui nous semblent irrémédiablement séparées par la barrière infranchissable des corps dans cette existence planétaire, n'est plus qu'une apparence, une vérité relative et d'ordre inférieur. La réalité, c'est leur communion essentielle, immédiate, indéfectible, qui se réalise déjà à notre insu, ici-bas, par les couches profondes de nos consciences subliminales plongeant dans la sphère spirituelle météthérique ou transcendentale, et qui se manifestera de plus en plus avec le dépouillement de cette terrestre enveloppe. L'Eglise avait pressenti cette vérité dans son dogme de la Communion des Saints, mais il incombait à la science moderne de l'établir sur la base solide des méthodes expérimentales et de mettre enfin le sceau d'une démonstration rigoureuse à ces grandes idées, qui furent le patrimoine de toutes les religions et qui expriment les aspirations les plus profondes de l'humanité : — le Devoir, dont la sanction naturelle résulte désormais de la répercussion télépathique de toute notre conduite, jusqu'à nos moindres pensées, dans l'univers spirituel entier ; — la Prière, par laquelle nous entrons en échanges télépathiques efficaces avec les puissances supérieures ; — Dieu, l'inscrutable principe et couronnement de cette universelle loi d'union ; — la Vie éternelle, enfin, que tous les messages télépathiques de l'au-delà s'accordent à nous révéler comme une évolution illimitée dans une plénitude croissante de sainteté, d'amour et de joie. — Mais ici je dois renvoyer les lecteurs à l'œuvre même de Myers. Car on ne saurait s'en faire une idée sur un pâle résumé dont la sécheresse et la brièveté, déjà fâcheuses dans l'exposition de ses théories scientifiques qu'elles mutilent et dénaturent, deviennent un pur sacrilège, une caricature indigne, quand il s'agit de ces pages de haut vol, vraiment grandioses, où Myers s'abandonne aux élans de son tempérament religieux, et où, d'analyste subtil de la nature humaine, il se transforme en véritable prophète inspiré[1].

III. Appréciation des idées de Myers.

Après avoir rapidement analysé dans ses grands traits l'œuvre posthume de Myers, il resterait à en entreprendre la critique. Mais ces deux volumes constituent un monument si vaste et d'une telle richesse qu'il serait téméraire de les juger sur une première et hâtive lecture. Ce n'est pas au lendemain de leur publication que l'on peut en apprécier tous les détails et mesurer leur portée réelle : il y faut un certain temps d'accoutumance, de réflexion, et, pour dire le mot, de digestion subliminale. Aussi me bornerai-je maintenant à quelques remarques générales, qui n'ont que la valeur d'impressions purement personnelles, dénuées de toute prétention au complet, ou au définitif.

1. Sa synthèse de la Science et de la Religion.

Le premier point qui me frappe dans cet ouvrage est naturellement sa tendance mixte, à la fois scientifique et religieuse. Le but prochain de Myers est d'instituer une *science* nouvelle, consacrée à la démonstration expérimentale de l'existence et de la survivance de l'âme; mais il ne nous cache point que c'est en vue d'un but lointain, supérieur, à savoir la fondation d'une nouvelle *religion*, dont le contenu, quintessence de ce qu'il y a de mieux dans le triple courant du Christianisme, du Boudhisme et de la Sagesse antique, reposera cette fois sur la connaissance et non plus, comme par le passé, sur la simple croyance. En soi cette entreprise n'est pas neuve, puisque l'idée d'une synthèse religieuse définitive, basée sur l'expérimentation scientifique au lieu de la foi, appartient en commun à toutes les sectes modernes de théosophie et de spiritisme. Ce

[1] Myers a cherché à condenser les linéaments de sa philosophie religieuse dans un paragraphe spécial (« Provisional sketch of a religious synthesis », *Human Personality*, t. II, p. 284-292). Mais la science et la religion se compénètrent si intimement chez lui — c'est le trait distinctif de toute son œuvre et de sa personnalité — qu'il n'est pas un des chapitres de ses deux volumes où l'on ne trouve de nombreux passages de portée religieuse. Il conviendrait en outre, pour bien saisir sa pensée, de reprendre ses écrits antérieurs, spécialement ses articles destinés au grand public et qui sont d'une précision et d'une clarté remarquables; p. ex. son article *The drift of psychical Research* (National Review, octobre 1894), d'où j'ai reproduit la division quadripartite ci-dessus : Dieu, le Devoir, la Prière, l'Immortalité.

qui fait la puissante originalité de Myers, c'est la façon dont il en a tenté et poursuivi la réalisation, c'est l'étendue de ses connaissances, la hardiesse de ses hypothèses alliée à son sens pénétrant des méthodes rigoureuses, en un mot la profondeur et la solidité de son génie scientifique, qui ne le cèdent en rien à celles de son enthousiasme religieux. Que l'on compare son ouvrage à ceux d'Allan Kardec ou de tels autres écrivains français récents de la même école : l'intention première et la tournure d'esprit, je dirai la mentalité fondamentale, est identique, mais il y a la même différence dans l'exécution qu'entre la hutte du sauvage et l'édifice d'un grand architecte, et l'on s'étonne qu'il n'y ait que l'écart de quelques années ou de quelques lieues entre des œuvres qui semblent séparées par des milliers de siècles ou la distance d'un bout du monde à l'autre.

Mais pour en revenir à cette mentalité même, qui aspire à l'indissoluble fusion de la Science et de la Religion, celle-ci reposant sur celle-là, j'avoue qu'elle me laisse perplexe. Je me sens disqualifié pour l'apprécier. Personnellement en effet, je me suis trop profondément pénétré aux jours de ma jeunesse de la distinction kantienne entre le « Glauben » et le « Wissen » (sans doute parce qu'elle répondait à ma nature congénitale) pour pouvoir m'en affranchir aujourd'hui et me couler dans le moule opposé. J'ai beau avoir depuis longtemps perdu de vue le détail des catégories et le système compliqué du philosophe de Könisberg, mon cerveau ou ma conscience subliminale n'en conservent pas moins, comme un pli indélébile, son inspiration foncière d'une hétérogénéité irréductible entre le *croire*, attitude essentiellement personnelle et morale, fondée sur des jugements de qualité ou des sentiments de valeur, à l'endroit des suprêmes réalités inaccessibles à la raison discursive, — et le *savoir*, organisation des phénomènes dans les formes indifférentes, amorales, impersonnelles, de la pensée scientifique. Je ne prétends pas que cette sorte de dualisme soit préférable en soi à la position unitaire si brillamment représentée par Myers ; je dis seulement que, relevant de deux types psychologiques ou de deux mentalités disparates, chacun de ces points de vue est bien difficile à comprendre, et impossible à juger équitablement, par ceux qui n'y sont pas adaptés.

Les natures comme Myers éprouvent évidemment un profond malaise tant qu'elles n'ont pas réussi à transformer les postulats de leur raison pratique (pour parler comme Kant) — la vie future, l'existence de Dieu, la réalité du devoir, la communion finale des âmes, l'efficacité de la prière, etc. — en vérités d'ordre scientifique, objectivement démontrables à l'égal de la rotation de la terre ou de la loi de Mariotte. C'est un malaise inverse, mais pareillement profond, que j'éprouve de mon côté en voyant suspendre ces mêmes croyances, vitales et essentielles pour moi, au fil ténu d'une recherche de pathologie, d'une enquête statistique ou d'une séance de médium. Il me semble que c'est porter atteinte aux ressorts les plus intimes de mon être, que de les exposer ainsi à tous les risques, en les rendant solidaires d'interprétations ou de résultats scientifiques tenus aujourd'hui pour acquis, et demain peut-être renversés. Des goûts et des couleurs on ne peut discuter, et pas davantage de la confiance qu'inspirent à l'individu les diverses voies qu'on lui propose pour atteindre le Réel, saisir la Vérité, asseoir sa vie morale ou sa foi religieuse. Il est bien entendu, je le répète, que tout ceci ne renferme aucune espèce de critique ou de blâme à l'endroit de Myers. Je constate simplement que je ne suis pas fait comme lui, voilà tout ; mais je songe d'autant moins à lui jeter la pierre, que j'ai rencontré autour de moi une foule de gens partageant (sans le connaître) sa manière de sentir, sa soif inextinguible de certitude scientifique en matière religieuse, son ardent besoin d'une démonstration expérimentale et tangible de la vie future, etc. Et comme, en définitive, l'essentiel est que tout le monde soit content, je souhaite que l'avenir lui donne raison, pour le bonheur de tant d'âmes tourmentées à qui la garantie de la Science, appliquée comme un poinçon sur leurs aspirations intimes, rendrait aussitôt la joie et la paix — sans aucun inconvénient d'ailleurs pour ceux qui ne tiennent pas, ou ne se fient pas, à cette estampille officielle.

2. Son dédain des Problèmes philosophiques.

Les croyances et l'attitude religieuses visent au bout du compte le fond des choses, l'énigme suprême, le dernier mot de l'univers et de la vie. Pour placer ces fonctions de notre être moral sous la juridiction de la science expérimentale et appeler celle-ci à prononcer en dernier ressort sur de pareilles questions, il faut avoir en elle une confiance quasi-absolue, et ne pas s'embarrasser des petites querelles que les philosophes lui ont faites sur sa portée véritable. Aussi n'y a-t-il pas à s'étonner si l'un des traits caractéristiques de Myers est son indifférence pour les problèmes de métaphysique, ou de critique de la connaissance, agités par les penseurs de ces derniers siècles. Toutes les difficultés du commerce de l'âme et du corps, les questions relatives au réalisme et à l'idéalisme, à l'existence du monde matériel, aux conditions et limites de validité de notre connaissance, etc., Myers les passe résolument sous silence. L'histoire de la philosophie moderne n'existe pas pour lui. Amateur passionné de l'antiquité classique, il en cite volontiers les penseurs, surtout si ce furent des poètes, mais c'est vainement qu'on chercherait sous sa plume les noms de Descartes ou de Spinoza, de Hume ou de Berkeley, de Spencer ou de Renouvier. Leibnitz y est réduit à partager avec Hamilton une maigre note au bas de la page, et Kant lui-même n'apparaît guère, au cours de ces deux volumes, que comme historiographe de Swedenborg. Myers ignore jusqu'à Schopenhauer, dont le « Versuch über Geistersehen » avec la théorie du « Traumorgan » aurait pourtant pu lui fournir d'intéressants points d'attache pour sa doctrine des facultés subliminales.

Il faut d'ailleurs lui rendre cette justice que s'il fait ainsi table rase de toute la grande tradition philosophique occidentale, il ne recourt guère davantage à la littérature spirite ou occultiste de notre temps, sauf pour lui emprunter certaines observations de faits. C'est donc bien au pied de la lettre, et avec une parfaite conséquence, qu'il se donne pour le représentant de la « psychologie paléolithique » et que, sautant à pieds joints par dessus toutes les fortes têtes philosophiques de notre civilisation (à l'exception du seul Swedenborg), il va chercher ses vrais précurseurs dans « les humbles penseurs de l'âge de la pierre, les adeptes de la sorcellerie et du chamanisme » (t. II, p. 218). Tels sont bien les ancêtres dont il s'est donné pour tâche de remettre en honneur les conceptions oubliées, en leur apportant l'appoint inattendu et triomphant de tout le trésor d'hypothèses ou de faits accumulés par nos sciences expérimentales contemporaines. Car pour celles-ci, il les connaît admirablement, et il excelle à les faire servir à ses desseins, en leur empruntant, avec une habileté consommée, tout ce qui peut venir à l'appui de ses vues, depuis les menues observations de la psychopathologie jusqu'aux théories biologiques de l'évolution et aux petits démons de Clerk Maxwel jouant avec les atomes.

Ici encore, il ne faut pas croire qu'en constatant ce goût exclusif de Myers pour les sciences positives et son magnifique dédain pour les problèmes de la philosophie moderne, je songe à lui en faire le moindre reproche. Bien au contraire ; cette allure dégagée, cet affranchissement de tout préjugé d'école, cette *matter of-factness* si l'on me passe le terme, me plaisent infiniment. Il y a quelque chose de piquant et de réconfortant à voir un système carrément spiritualiste sortir — par la simple vertu des méthodes empiriques et de la logique du bon sens, mais maniées par un homme de génie — sortir, dis-je, de ces mêmes sciences naturelles et médicales d'où tant de bruyants vulgarisateurs ont cru pouvoir tirer des synthèses matérialistes et hostiles aux croyances séculaires de l'humanité. Et si l'œuvre de Myers a pour résultat final de faire un victorieux contrepoids à celle des Büchner, Haeckel, et consorts, en les battant par leurs propres armes — c'est-à-dire sur le pur terrain du raisonnement expérimental, sans recourir aux subtilités de l'épistémologie —, elle aura pleinement rempli sa tâche dans l'histoire de la pensée humaine, et nul ne lui trouvera à redire d'avoir été droit au but en dédaignant les détours traditionnels de la critique philosophique.

Il me paraît évident, en d'autres termes, que le système de Myers est plus que de la Science pure, par la dose énorme d'hypothèse qu'il ajoute à la simple coordination des faits, mais moins que de la Philosophie proprement dite par son oubli volontaire de tous les problèmes fondamentaux que l'existence et la connaissance imposent au penseur. Il relève en somme de ce qu'on appelle souvent la *philosophie scientifique,* genre intermédiaire, ni chair ni poisson, mais qu'il ne faut point mépriser, parce qu'il est indispensable au grand public (dont nous faisons tous partie dans la pratique journalière de la vie), lequel se tient forcément à mi-côte, également éloigné du terre-à-terre des recherches expérimentales rigoureuses et des sommets escarpés de la haute critique. Or ne fût-ce que pour le plaisir de la nouveauté, on ne saurait trop se féliciter de l'apparition d'une philosophie scientifique qui tranche aussi complètement que celle de Myers, par sa spiritualité presque sublime, avec la bouillie des philosophies scientifiques positivistes, matérialistes, panthéistes, dont on nous a régalés depuis si longtemps; et qui cependant ne le cède à aucune de ces dernières sur le point de la connaissance approfondie des phénomènes physiques et biologiques.

3. Ses Conceptions scientifiques.

Ceci me ramène au noyau plus particulièrement scientifique de l'ouvrage de Myers, en laissant de côté sa philosophie religieuse (que je trouve d'ailleurs fort élevée et à laquelle je ne ménage pas ma sympathique admiration). On a vu plus haut que ce noyau consiste en huit chapitres formant deux groupes bien distincts, puisque les quatre premiers traitent de faits déjà universellement reconnus, mais auxquels Myers apporte une interprétation originale par sa doctrine psychologique propre; tantis que les quatre derniers, qui lui servent plus spécialement de fondement pour sa démonstration de l'indépendance et de la survivance de l'âme, planent dans des sphères qui sont encore en fort mauvaise odeur auprès de la plupart des savants en renom. Il convient donc d'envisager la position de l'auteur sur ces deux terrains séparément.

Appliquée au premier domaine, la théorie *myersienne* de la conscience subliminale me paraît extrêmement remarquable et digne d'une sérieuse attention de la part des psychologues (même officiels et universitaires), par la merveilleuse souplesse avec laquelle elle se plie aux groupes de faits les plus divers, la clarté dont elle les illumine aussitôt, l'enchaînement et les relations inattendues qu'elle introduit entre eux, l'ordre systématique en un mot et l'intelligence qui, grâce à elle, jaillissent tout à coup de cette masse jusque-là chaotique et obscure de phénomènes plus ou moins étranges. Sans doute, sur bien des points elle dépasse notablement les données rigoureuses de l'observation, et parfois elle peut sembler aventureuse ou mystique dans sa manière de relier, de compléter et d'interpréter les phénomènes directement vérifiables. Mais c'est là un trait inévitable de toute théorie par opposition à la simple notation des faits bruts ; et la hardiesse d'une hypothèse doit lui être comptée comme une qualité, plutôt que comme un défaut, quand les seules conséquences de cette hardiesse sont un élargissement de notre horizon, une intelligence plus complète et plus satisfaisante des données empiriques, un élan supérieur communiqué à la pensée et à la recherche. Or sous ces divers rapports la théorie de Myers présente deux ou trois marques d'excellence qui me semblent la mettre actuellement hors de pair (sans préjudice des améliorations qu'elle pourra subir ultérieurement) :

a) D'abord elle embrasse sous elle, comme un point de vue supérieur et plus compréhensif, une foule de théories analogues, mais moins élaborées et ne cadrant chacune qu'avec un certain ordre restreint de faits. Le polypsychisme de Durand de Gros, le double-moi de Dessoir, la désagrégation mentale de Janet, les états hypnoïdes de Breuer et Freud, l'être subconscient de Gyel, d'innombrables doctrines allemandes de l'inconscient et de non moins innombrables théories françaises du somnambulisme et de l'hypnose, tout cela semble n'être en somme que des ébauches préliminaires, des fragments, ou des échos déformés, de la doctrine même de Myers. Les historiens futurs pourront s'évertuer à faire le départ, dans ces communes analogies, entre ce que le psychologue anglais doit à ses devanciers ou à ses contemporains moins brillants que lui, et ce que maints de ces derniers lui ont au contraire emprunté, sciemment ou non, de son vivant ; ce fait reste évident à mes yeux, que si l'idée de la Conscience subliminale (par opposition au Moi simple des spiritualistes classiques et à la Cérébration inconsciente des physiologistes étroits) flotte dan. l'air depuis une ou deux générations et a percé simultanément, sous des formes diverses, dans l'esprit d'une foule de chercheurs, c'est cependant bien le génie de Myers qui a donné à cette idée son expression actuellement la plus parfaite et la plus fouillée.

b) Une preuve indirecte de la valeur et de la fécondité de la doctrine de Myers, c'est la foule de comparaisons heureuses et de formules bien frappées qu'elle lui a suggérées, et qui, encore trop ignorées des spécialistes toujours lents à prendre en considération les travaux des amateurs, jouiront certainement d'une faveur croissante à mesure que son œuvre sera mieux connue. Je ne parle pas seulement des ingénieux néologismes, dont plusieurs sont déjà devenus courants, incorporés par Myers au vocabulaire psychologique, mais aussi des définitions à l'emporte-pièce, des explications étonnamment simples et précises, que sa théorie lui fournit pour des choses où tant de maîtres illustres pataugent encore à l'envi. Par exemple l'hystérie, qu'il attribue, comme on a vu, à *an undue permeability of the psychical diaphragm,* entraînant un état de confusion dans les échanges entre la personnalité ordinaire et ses couches subconscientes plus ou moins maladives; le génie, caractérisé par l'inspiration, c'est-à-dire *a subliminal uprush of helpful faculty;* la suggestion, à la fois éclairée et circonscrite par cette définition, que j'ai rapportée plus haut et qui est un vrai petit chef-d'œuvre, *a successful appeal to the subliminal self;* etc. — Tout cela, objectera-t-on peut-être, ce sont des mots ou des images, non des réalités. Soit, mais comparez donc ces mots et ces images aux autres assemblages d'images et de mots dont se paient les auteurs en vogue, et vous verrez vite de quel côté se trouvent au plus haut degré la clarté jointe à la profondeur, l'exactitude dans l'expression concise des faits en même temps que l'approche d'une explication réelle et satisfaisante. Il n'y a qu'à prendre, par exemple, les plus récentes théories françaises de l'hystérie[1] pour être frappé de voir combien toutes — à l'exception de celle de Janet, très proche parente de celle de Myers et psychologique comme elle — laissent au fond à désirer, en dépit de leurs fréquentes prétentions physiologiques, et sont encore rudimentaires à côté de la conception que la doctrine de la conscience subliminale permet déjà de se faire de cette névrose. C'est bien autre chose encore quand on aborde l'hypnotisme et la suggestion, et qu'on voit tant d'auteurs se perdre en discussions oiseuses, ou en venir même à dénier à cet ordre de faits toute réalité propre, faute de connaître les idées et les définitions si claires de Myers.

---

[1] Exemples: — Pour Bernheim, l'hystérie n'existe pas par elle-même, elle n'est que la réaction exagérée d'un appareil hystérogène particulièrement sensible. — Suivant Sollier, elle est un engourdissement cérébral, un sommeil dont il n'y a qu'à réveiller le malade pour le guérir. — D'après Babinski, elle est un état où le sujet peut s'autosuggestionner, et dont tous les phénomènes peuvent être reproduits par suggestion et guéris par persuasion. — Etc. — Ce n'est que tout récemment que la théorie de l'hystérie a fait un véritable pas en avant, grâce à Claparède qui y a introduit le point de vue *biologique,* à côté du point de vue clinique décidément trop étroit. (Voir CLAPARÈDE, *Quelques mots sur la définition de l'Hystérie;* Arch. de Psychologie, t. VII, octobre 1907, p. 169.) Il est à remarquer que la conception de Claparède, née fort indépendamment de l'influence de Myers, rappelle par plusieurs points les idées de ce dernier : comparaison géologique de notre nature à un terrain formé de plusieurs couches d'âges différents, caractère régressif de l'hystérie, assimilation de ses troubles au réveil de facultés ataviques dont disposaient nos ancêtres animaux, etc.

c) Sa théorie l'emporte sur toutes ses congénères, à ma connaissance, par son ampleur et le champ qu'elle laisse ouvert à des possibilités éventuelles non encore réalisées ; en sorte que, même à ceux qui ne lui attribueraient aucune vérité en soi, elle offre du moins les avantages inappréciables d'un schéma suffisamment extensible pour embrasser, à l'occasion, nombre de faits nouveaux qui ne trouvent point de place dans les théories scientifiques courantes et qui y détonent commes des intrus dont on ne sait que faire. Je pourrais imaginer le cas, à tout le moins concevable, où la télépathie et la télékinésie venant à être mises hors de doute par des faits évidents et répétés, les cadres établis de la physiologie en seraient absolument disloqués, tandis que ces possibilités ont leur place déjà marquée, comme bien l'on sait, dans la théorie de Myers. Mais point n'est besoin d'aller si loin et d'inventer des circonstances encore imaginaires : il suffit de feuilleter la littérature médicale la plus récente pour y trouver, sous la plume d'auteurs fort peu suspects de mysticisme, deux exemples tout frais de ce que je veux dire. D'une part, des psychiâtres français viennent de publier quelques cas d'aliénés ayant présenté, peu de jours avant leur fin, une amélioration aussi subite qu'inexplicable, en même temps que le pressentiment net de leur mort prochaine[1]. D'autre part le fait cité par tous les magnétiseurs depuis Puységur, de somnambules ayant la claire vision de leurs viscères, parfois jusque dans leur structure intime, ce fait vient pour la première fois de franchir l'enceinte de la science sous le nom d'*autoscopie interne* ou *auto-représentation* de l'organisme[2] ; et par une amusante ironie du sort, les parrains de ce nouveau-venu — assurément très psychologique et subliminal — se trouvent être les tenants d'une école qui prétend rejeter toute explication psychologique de l'hystérie et veut définir cette névrose en purs termes de physiologie cérébrale ! Je ne m'occupe pas ici de savoir si ces deux faits — prévision de la mort chez des aliénés, aperception intérieure des moindres détails de l'organisme chez des hystériques — sont réels et authentiques, ou le produit de la fumisterie et de la malobservation. Il me suffit de constater que, redécouverts ces derniers temps par des savants de la nuance la plus positive, ils trouvent aisément leur explication dans la théorie des facultés subliminales de Myers, tandis qu'ils dépassent et heurtent la physiologie traditionnelle pour le moins autant que l'anesthésie suggérée le faisait il y a soixante ans ; et si les corps officiels aujourd'hui ne s'insurgent plus,

---

[1] Vaschide et Vurpas. *Pressentiment de la mort avec réapparition de la conscience chez des aliénés.* Soc. de Psychologie. 5 déc. 1902. (Bullet. de l'Institut général psychologique, t. II, p 379.)

[2] Voir spécialement Bain. *De l'auto-représentation chez les hystériques.* Paris 1903.

comme alors, contre des nouveautés aussi incroyables, c'est que ceux-là même qui affichent encore en paroles un souverain mépris pour la psychologie subliminale, sont, à leur insu, déjà tout pénétrés de cette dernière, qu'ils ont respirée avec l'air du temps, et peuvent par conséquent être comptés comme des disciples malgré eux de la doctrine de Myers.

Si j'ajoute enfin que cette théorie, quoique élaborée spécialement sous la pression des faits anormaux ou morbides, s'applique également à la psychologie normale et permet d'en élucider beaucoup de phénomènes quotidiens (le jeu des souvenirs etc.) mieux que dans bien d'autres doctrines classiques, j'en aurai assez dit pour justifier le cas que l'on doit faire, à mon sens, de l'œuvre proprement scientifique de Myers[1]. Il est grand temps que pathologistes et psychologues prennent enfin contact avec elle, et que, mettant de côté leurs préventions vieillottes contre tout ce qui vient des amateurs de « psychical research » indistinctement, ils se décident à étudier sérieusement la doctrine de la conscience subliminale chez son plus illustre représentant; non pas certes pour l'accepter aveuglément, mais afin de l'utiliser dans ce qu'elle a d'excellent et de profondément vrai, de l'amender en ses points faibles, et de l'adapter toujours mieux à la complexité des phénomènes.

4. Sa Doctrine spirite.

Pour ce qui est maintenant des quatre autres chapitres, on a vu qu'ils roulent sur des sujets brûlants et qui seront probablement longtemps encore une pomme de discorde parmi les chercheurs.

Les faits que Myers a récoltés ou observés lui-même l'ont abondamment convaincu de la vérité foncière de l'antique croyance spirite, dont le seul énoncé a coutume de donner des crises épileptiques à la plupart de nos penseurs modernes, à moins qu'ils ne se contentent de se voiler la face ou de hausser les épaules. Tout bien réfléchi, je ne partage pas leur sentiment d'horreur ou de pitié; le spiritisme très complexe et savamment élaboré de Myers ne me paraît point devoir être nécessairement rejeté

---

[1] L'importance et l'originalité du rôle de Myers en psychologie ont été très finement caractérisées par Will. James. En entreprenant le premier de pénétrer, avec des méthodes de son invention, dans les profondeurs mystérieuses de notre subconscience pour en étudier l'organisation complexe et vivante, Myers a inauguré une psychologie que James qualifie de *romantique* ou *gothique*, par opposition à la psychologie *classique* et *académique*, dont le système clair et de belle ordonnance embrasse la partie superficielle, pleinement consciente, de notre être, mais en ignore complètement les vraies réalités sous-jacentes. Et James propose de donner le nom de *problème de Myers* à la tâche qui restera désormais l'une des préoccupations centrales de la psychologie, à savoir de chercher quelle est *la constitution précise du subliminal*. Voir W. James. *Frederic Myers's Service to Psychology*, Proc. S. P. R., vol. XVII (Mai. 1901), p. 13-23.

d'emblée pour l'unique raison qu'il est aux antipodes de nos habitudes scientifiques actuelles. En fait, notre psychologie, même physiologique, repose déjà sur une absurdité telle qu'on n'en saurait concevoir de pire; je veux parler de l'union des phénomènes de conscience et des phénomènes cérébraux. Qu'on la formule empiriquement comme un commerce réciproque, ou comme une liaison fonctionnelle quelconque, ou comme un simple parallélisme, elle est de toute façon inintelligible, et ne cesse pas de l'être lorsqu'on se réfugie dans les creuses métaphores du monisme (la théorie du double aspect, de l'unité à deux faces, du miroitement subjectif du neurocyme, etc.). En sorte que cela n'aggravera guère la situation d'admettre, *si les faits le réclament,* que cette inconcevable union n'est pas à l'abri du divorce, et que ces mêmes phénomènes de conscience, que l'expérience ordinaire nous montre mystérieusement liés à des centres nerveux, peuvent s'en séparer momentanément ou définitivement sous forme de synthèses mnésiques, de personnalités psychiques, d'âmes survivantes, d'Esprits désincarnés, peu importe le nom qu'on leur donne.

Si les faits le réclament. Toute la question est là; malheureusement elle ne paraît pas encore près d'être résolue, et chacun en est réduit à se faire comme il peut, là-dessus, son opinion personnelle. La mienne, après avoir lu ces deux volumes, se trouve au même point qu'avant, c'est-à-dire d'une prudence et d'une sagesse tellement banales que j'ose à peine la formuler. Qu'il s'agisse de la télépathie (entendue au sens de Myers, comme influence purement psychique, sans le secours de vibrations intercérébrales), de la clairvoyance (télesthésie), de la précognition qui bouleverse nos idées courantes sur le temps, de la possession enfin ou envahissement de l'organisme d'un médium par les désincarnés, j'estime: — 1° Que les preuves et raisonnements avancés par Myers en faveur de ces phénomènes supranormaux constituent, par leur nombre et leur poids, un dossier trop formidable pour qu'on puisse désormais l'ignorer, à moins de se boucher volontairement les yeux; et que ce serait une folle puérilité que de prétendre encore l'écarter en bloc sous le fallacieux prétexte que ces sujets ne sont pas susceptibles d'être étudiés d'une manière scientifique. — 2° Que les conclusions de Myers ne ressortent pas de ce dossier avec une évidence telle, une nécessité si inéluctable, qu'on puisse dores et déjà les considérer comme hors de contestation. — On me fera grâce, j'espère, des objections et discussions de détail; il y faudrait un volume[1], et je suis d'ailleurs in-

[1] On conçoit que pour pouvoir se prononcer en connaissance de cause sur les conclusions de Myers, il faudrait d'abord avoir repris un à un tous les faits et documents qui lui servent de prémisses, et s'être fait une opinion raisonnée sur leur valeur. Or, rien n'est plus difficile. J'en donnerai un seul exemple. Au nombre des cas de clairvoyance qu'il cite, se trouve celui des deux ladies qui devinaient les devises ren-

compétent sur la pièce principale du dossier, celle que Myers considérait comme décisive et où il voyait le couronnement de son édifice. Je veux naturellement parler des phénomènes de Mme Piper (et j'ajoute de Mme Thompson, qu'il est vraiment bien singulier de voir entièrement passée sous silence au cours de ces quatorze cents pages, quand on sait la place que ses séances ont tenue dans les dernières années de la vie de Myers et dans la formation de ses convictions sur l'authenticité du commerce spirite[2]). Sont-ce réellement les Esprits des morts, ou tout au moins quelque segment de leur personnalité, qui viennent converser avec nous par l'intermédiaire des médiums intrancés? Ou bien n'y aurait-il là que des apparences décevantes, dues à une subtile combinaison de l'imagination subliminale, dont on ne connaît que trop la malice, avec la suggestion inconsciente de la part des vivants, dont on ignore encore les limites? Il ne faut pas être plus royaliste que le roi; ce n'est point à moi, spectateur éloigné et imparfaitement renseigné, à me permettre une opinion arrêtée sur ces problèmes où le plus auguste aréopage — la Society for Psychical Research — siégeant aux premières loges et suivant les choses de près, n'a pas encore réussi à rendre un verdict unanime. L'expectative patiente, et sans parti pris, est la seule attitude qui convienne en face des divergences d'interprétation qui séparaient même Myers et Mme Sidgwick (l'un étant pour la possession directe, l'autre pour la télépathie, de la part des désincarnés), et du désaccord plus fondamental encore qui subsiste entre des autorités telles que MM. Hyslop et Podmore, Hodgson et Lang, etc.

Conclusion.

Je me résume et je conclus. — Il faut bien distinguer dans l'œuvre de Myers, la création de la psychologie subliminale, et le système philoso-

---

fermées dans des noix fourrées, achetées chez le confiseur et que leur apportait le major Buckley. Myers relate cette histoire, (t. I, p. 556) sans exprimer aucune réserve à son sujet, ce qui induit le lecteur à la tenir pour bien garantie et probante. Mais quand on lit le récit du même fait dans Podmore (*Modern spiritualism*, I, p. 141), on y voit que l'expérience échoua lorsqu'on prit soin de marquer les noix pour empêcher les tours de passe-passe, et on résiste malaisément à l'impression que ces deux jeunes personnes s'amusaient aux dépens de l'excellent major. Bref, on ne sait trop qu'en penser. Et l'incertitude où l'on se trouve à l'endroit de ce prétendu cas de clairvoyance, gagnant de proche en proche — par une application évidemment abusive, mais involontaire, du dicton *ab uno disce omnes* — finit par déteindre plus ou moins sur tout le dossier si laborieusement amassé par Myers.

[2] Depuis que ces lignes ont été écrites, il a paru une note de M. Piddington, secrétaire honoraire de la Soc. f. Psych. Res., expliquant cette omission et relatant les circonstances qui avaient amené Myers lui-même, peu de semaines avant sa mort, à demander qu'on retranchât de son ouvrage posthume le compte rendu de ses séances avec Mme Thompson; circonstances qui n'affectent d'ailleurs en rien l'honorabilité de ce médium ni la conviction que ces séances avaient engendrée chez Myers. Voir Journal S. P. R., mai 1903, p. 74-76.

phico-religieux qu'il prétendait en tirer. Ce dernier constituait pour lui le point essentiel, le but final et suprême, dont la première n'était que le moyen, le vestibule indispensable, la condition ou l'instrument nécessaire. Or l'histoire ne ratifie pas toujours ces jugements d'appréciation que les hommes illustres portent sur les diverses faces de leur propre activité; et quelquefois elle les intervertit, rejetant dans le néant ce à quoi ils tenaient le plus, et accordant une valeur de premier ordre à ce qu'ils considéraient comme accessoire ou inférieur.

A l'heure présente, nul ne peut prévoir le sort que l'avenir réserve à la doctrine spirite de Myers. Si les découvertes futures viennent à confirmer sa thèse de l'intervention empiriquement vérifiable des désincarnés dans la trame physique ou psychologique de notre monde phénoménal, alors son nom s'inscrira au livre d'or des grands initiateurs, et, joint à ceux de Copernic et de Darwin, il y complètera la triade des génies ayant le plus profondément révolutionné la pensée scientifique dans l'ordre cosmologique, biologique, psychologique. Si au contraire le voile qu'il a essayé de soulever venait à retomber lourdement, et que les brillantes perspectives d'une *métaphysique expérimentale*, portant jusque dans l'Au-delà les procédés objectifs et impersonnels de la science, se trouvassent n'être qu'un mirage trompeur, une illusion d'optique par laquelle on aurait pris pour des révélations d'outre-tombe ce qui n'était en réalité que jeux enfantins, ou plaisanteries macabres, de consciences subliminales très incarnées et plus ou moins perverties; si, en un mot, il fallait définitivement renoncer, non point à la survivance (qui est une toute autre affaire), mais à la démonstration scientifique de la survivance, alors ce serait l'effondrement du but vers lequel Myers avait fait converger tous ses efforts, et l'idée dominante de sa carrière n'aurait été qu'une utopie.

Mais n'oublions pas que, dans ce cas encore, son œuvre proprement scientifique, bien loin de se trouver ruinée, subsisterait intacte, et même d'une solidité d'autant plus évidente que c'est précisément en s'appuyant sur elle qu'on aurait fini par tirer les choses au clair. Il me paraît certain, en effet, que si jamais on réussit à dissiper les illusions et à découvrir la vérité dans ce mystérieux domaine des phénomènes occultes, ce ne sera qu'en continuant la voie même largement ouverte par Myers, je veux dire en poussant plus à fond cette investigation, dont il a été le propagateur par excellence, des fonctions cachées et des puissances intimes de notre être, et en achevant d'édifier cette Psychologie Subliminale à laquelle — quels qu'en soient les résultats — son nom restera glorieusement attaché.

CHAPITRE III

Des Esprits trompeurs.

L'objet de ce chapitre[1] est d'analyser quelques-unes des communications médianimiques récoltées au cours de mon enquête, afin de montrer qu'elles sont un pur produit de l'imagination subconsciente du sujet, travaillant sur des souvenirs et sous l'influence de préoccupations latentes de diverse nature. (Je ne prétends point, ce qui serait une généralisation évidemment abusive et prématurée, que ce soit le cas pour *tous* les messages soi-disant spirites dont mes correspondants ont bien voulu me donner connaissance : il se peut que dans le nombre, il y en ait d'authentiques, mais je ne me charge pas du triage! Je prétends seulement que parmi les communications qui semblèrent les plus convaincantes sur le moment même, et que leur fausseté ultérieure fit attribuer par les Spirites à des Esprits trompeurs, plusieurs étaient simplement l'œuvre du médium se leurrant lui-même — ce qui assurément ne laisse pas que de jeter un jour suspect sur toutes les autres.)

Mes lecteurs non-spirites, ou quelque peu versés en psychologie, diront sans doute qu'il n'y a rien là de nouveau et me reprocheront d'enfoncer des portes ouvertes. C'est qu'ils ne se doutent pas à quel point certaines vérités, élémentaires pour eux, sont encore peu connues dans le grand public où se recrute le spiritisme. En outre, si banale que leur paraisse l'opinion qui attribue au médium lui-même la paternité de ses messages, ils conviendront, s'ils sont francs, qu'il y a ordinairement un abîme, dans les cas particuliers, entre l'admission à priori d'une telle genèse et sa démonstration rigoureuse. Il est facile de prétendre que telle communication donnée est de source purement endogène ou autochtone, et ne renferme rien qui provienne vraiment d'ailleurs; mais l'établir avec évidence est autre chose! En fait, la grande masse des messages restent inexpliqués, et ce n'est qu'en prenant le parti, plus commode que réel-

[1] La première moitié de ce chapitre est la reproduction quelque peu modifiée d'un article publié, sous le titre de *Genèse de quelques prétendus messages spirites,* dans la Revue Philosophique de février 1899 (t. XLVII, p. 144).

lement scientifique, de nier d'avance jusqu'à la possibilité même d'une origine occulte ou supranormale, qu'on peut se permettre d'affirmer que tout, dans le spiritisme, se ramène au jeu inconscient des facultés ordinaires du médium. Mais cette façon dogmatique de procéder a ses inconvénients, et il serait plus conforme à la saine méthode inductive de commencer par démontrer au moyen d'exemples concrets, pris sur le vif, la thèse en question, à savoir que le Moi inconscient des médiums est pleinement capable de forger de toutes pièces des produits ayant les meilleures apparences de communications de l'Au-delà, et qu'il ne s'en fait pas faute.

Il ne suffit pas pour cette démonstration d'en appeler aux phénomènes de l'*hypnose* ou de l'*hystérie,* et d'expliquer en gros les soi-disant messages des désincarnés par la puissance de personnification (« objectivation des types » de Richet), ou la tendance au dédoublement, dont ces états spéciaux nous offrent d'éclatantes manifestations. Pour les médecins et les psychologues, ce rapprochement est sans doute convaincant ; ils ne font guère difficulté d'assimiler les messages obtenus par un médium aux automatismes d'un sujet hystérique ou hypnotisé. Mais il en est autrement de la foule. Sa faculté d'induction et son sentiment de l'analogie ne vont pas jusqu'à faire le saut entre ces phénomènes provoqués ou morbides, et les pouvoirs mystérieux déployés par des individus qui paraissent d'ailleurs jouir de la meilleure santé et ne se sont jamais fait endormir. A tort ou à raison, la masse des mortels qui alimente le courant spirito-occultiste de notre époque se refuse à voir de l'hystérie ou de l'auto-hypnotisation (sans d'ailleurs comprendre au juste ce que c'est) dans les exploits des médiums ; il ne manque même pas d'hommes de science, surtout en pays anglo-saxons, qui partagent cette répugnance, et sont plus enclins à considérer la grande névrose comme une dégénérescence, une contrefaçon pathologique du génie médianimique, que ce dernier comme un cas particulier de la première. C'est pourquoi il convient d'étudier la « médiumnité » directement et pour elle-même, en analysant ses manifestations propres et ses conditions spéciales d'apparition, sans y introduire d'emblée des points de vue empruntés à d'autres chapitres de la psychopathologie. Ils sera toujours temps de se livrer après coup aux comparaisons et aux rapprochements nécessaires.

Les deux grands obstacles, auxquels on se heurte quand on veut démontrer la genèse purement psychologique d'une communication médianimique, se trouvent : 1° dans l'ignorance où l'on est généralement de ce que renfermaient la conscience et la subconscience du sujet au moment du message, et 2° dans la difficulté d'éliminer la participation de causes occultes, toujours possibles par hypothèse. Il s'agirait en effet, pour être complet, de montrer d'abord que *le contenu du message a pu venir du médium*, et ensuite qu'*il n'a pas pu venir d'ailleurs*.

Or le premier point suppose une connaissance de l'individualité du médium, et des menus détails de sa vie psychique, qu'on est loin de posséder dans la plupart des cas; il faut un concours de circonstances exceptionnelles, quelque heureux hasard, pour que dans les renseignements toujours très fragmentaires qu'on peut avoir sur son passé, son caractère, son stock d'idées et de préoccupations, sur tout son être enfin, se rencontrent précisément les éléments nécessaires à une explication satisfaisante du message qu'il a fourni.

Quant au second point, il est impossible d'y satisfaire directement et en toute rigueur: on ne peut entreprendre une enquête dans l'autre monde pour établir, par voie d'exclusion, qu'aucun de ses habitants n'a prêté la main à la confection du message. Cependant, en bonne logique, si l'on arrive à faire voir que le message implique un auteur ne différant en rien du médium lui-même, il n'y a plus aucune raison de remonter au delà. Attribuer, par exemple, à un « Esprit trompeur », comme le font volontiers les spirites, les communications mensongères qui s'expliquent de reste par les dispositions psychiques du sujet, c'est pécher contre le principe méthodologique qu'il ne faut pas multiplier les causes sans nécessité. Pour peu donc que l'on trouve dans le médium la raison suffisante d'un message, on n'est pas autorisé à invoquer par dessus le marché, ne fût-ce qu'à titre d'hypothèse, un autre agent, différent du médium et faisant double emploi avec lui. On ne saurait, cela va sans dire, empêcher les spirites emballés de chercher parmi les désincarnés le prétendu auteur d'une communication dont la personne du médium rend déjà compte d'une façon adéquate; mais en commettant de parti pris cette faute de méthode, ils abandonnent eux-mêmes le terrain de la discussion scientifique, sur lequel ils affichent si hautement la prétention de se maintenir rigoureusement.

On comprend que les conditions que je viens d'indiquer ne se trouvent, par la force des choses, qu'assez rarement réalisées. Aussi les exemples vraiment typiques et démonstratifs de l'origine purement intramédiumnique d'un message spirite ne sont-ils pas nombreux dans la littérature [1].

[1] Les deux cas cités par M. Myers (Proc. S. P. R., t. IX, p. 65-67), et un troisième plus récent, à propos duquel Miss Johnson rappelle ces deux premiers (id., t. XII, p. 125), rentrent en partie dans la catégorie que j'entends, en ce qu'ils montrent bien la tendance fréquente des messages médiumniques à se donner comme venant de personnes *décédées*, alors même qu'elles ne le sont pas; mais dans ces trois cas, le médium n'était pas seul en jeu, il y a eu coopération d'un second médium ou même d'influences télépathiques et supranormales quelconques.

C'est ce qui peut donner quelque valeur aux cas suivants, où les renseignements obtenus sur le médium rendent la genèse des communications suffisamment claire et transparente pour qu'on ne puisse songer à faire intervenir d'autres agents dans leur formation.

I. Cas de Mme Dupond.

Ce cas si net de communication mensongère, annonçant la mort de quelqu'un qui est parfaitement vivant, a été succinctement indiqué par Mme Dupond dans sa réponse à l'enquête (n° 237, p. 108). Je le reproduis tout au long, tel que je l'ai publié il y a neuf ans dans la *Revue Philosophique*, ou même avec quelques détails de plus, à cause de son intérêt.

Mme Dupond, à Genève, 63 ans. Très instruite et cultivée, goûts littéraires, préoccupations philosophiques et religieuses. Bien portante, aucun phénomène anormal en dehors de la crise spirite dont il va être question. Il y a dans sa famille quelques indices d'une tendance héréditaire à la médiumnité : un de ses frères et son père ont eu des rêves prophétiques, et son fils a cultivé avec succès l'écriture automatique (obs. XLIX).

En 1881, soit à l'âge de 45 ans (trois ans avant sa ménopause), elle eut l'occasion de s'occuper de spiritisme. Elle lut Allan Kardec, Gibier, etc., et prit part pendant un mois à des séances de table sans grands résultats. Elle essaye alors de l'écriture automatique, et, au bout de huit jours (21 avril), obtient les noms de parents et amis défunts, avec des messages philosophico-religieux qui continuent les jours suivants. Le 24 avril, comme elle avait déjà écrit diverses communications, son crayon trace soudain le nom tout à fait inattendu d'un M. Rodolphe ***, jeune Français de sa connaissance récemment entré dans un ordre religieux d'Italie. Comme elle ignorait qu'il fût mort, elle eut une profonde surprise, mais sa main continuant à écrire lui confirma la triste nouvelle par les détails circonstanciés suivants :

« *Je suis Rodolphe ; je suis mort hier à onze heures du soir, c'était le 23 avril. Il faut croire ce que je vous dis. Je suis heureux, j'ai fini mes épreuves. J'ai été malade quelques jours et je ne pouvais écrire. J'ai eu une fluxion de poitrine causée par le froid qui est survenu tout à coup. Je suis mort sans souffrances et j'ai bien pensé à vous. J'ai fait mes recommandations pour vos lettres. C'est à X. que je suis mort, loin de dom Bruno... C'est votre père qui m'a amené vers vous, j'ignorais qu'on pût communiquer ainsi, j'en suis bien heureux... Je me suis senti près de ma fin, et j'ai appelé auprès de moi le directeur de l'Oratoire ; je lui ai remis vos lettres en le priant de vous les renvoyer, il le fera. Après j'ai communié et demandé à voir mes collègues, je leur ai fait mes adieux. J'étais paisible, je ne souffrais pas, mais la vie se retirait de moi. Le passage de la mort a ressemblé au sommeil. Je me suis réveillé près de Dieu, auprès de parents et d'amis. C'était beau, éclatant ; j'étais heureux et délivré. J'ai pensé tout de suite à ceux qui m'aiment et j'aurais voulu leur parler, mais je ne peux communiquer qu'avec vous. Je reste avec vous et je vous vois, mais je ne regarde que votre esprit... Je vous suis attaché. Ne craignez pas que je vous aime moins parce que je ne suis plus sur la terre; c'est le contraire. Je suis dans l'espace, je vois vos parents et je les aime aussi. Adieu, je vais prier pour vous... je ne suis plus catholique, je suis chrétien.* »

Après le premier étonnement, Mme Dupond ne put s'empêcher d'ajouter foi à ce message et d'y voir une preuve décisive du spiritisme, surtout lorsque, les jours suivants, elle continua à recevoir des communications de Rodolphe, faisant de nombreuses allusions à leurs relations passées, etc. Ces entretiens médianimiques quotidiens durèrent près d'une semaine; mais le 30 avril, l'arrivée par la poste d'une lettre de Rodolphe, qui, loin d'être mort, se trouvait en parfaite santé, vint jeter le trouble qu'on peut penser dans les convictions spirites toutes fraîches de Mme Dupond, et la découragea de poursuivre des expériences aussi déconcertantes. Depuis lors, tout en continuant à s'intéresser de loin au spiritisme et souhaitant de voir un jour cette doctrine établie sans conteste, elle s'est tenue à l'écart de toute pratique médianimique et n'a jamais repris ses essais d'écriture.

Mme Dupond croit se souvenir que cette période de commerce spirite avec le prétendu défunt, jusqu'à l'arrivée de la lettre qui mit fin à l'illusion, fut d'au moins un mois (alors que les documents prouvent que cela n'a duré que six jours, du 24 au 30 avril). C'est que ce temps a marqué dans sa vie: l'idée du dit Rodolphe et de sa présence désincarnée, l'impression singulière d'être continuellement vue par lui dans tout ce qu'elle faisait, étaient devenues une véritable *obsession* (c'est elle-même qui emploie ce terme), au point qu'elle se surprenait sans cesse à tracer un R en l'air avec son index droit.

La phase spirite de Mme Dupond ne constitue en somme qu'une bouffée passagère, de quelques jours, au milieu d'une existence d'ailleurs parfaitement normale. Comme exemple de médiumnité *épisodique*, qui se serait vraisemblablement continuée en médiumnité *permanente*, si cette désillusion inattendue n'y eût coupé court ou si le contenu des messages fût resté dans la sphère invérifiable des idées morales et spéculatives, ce cas est vraiment typique et peut servir de représentant pour beaucoup d'autres. Mais son intérêt principal réside dans le fait que les prétendues communications de Rodolphe s'expliquent pour ainsi dire jusque dans leurs moindres détails, grâce aux renseignements que Mme Dupond, en femme intelligente et observatrice qu'elle est, a bien voulu me fournir.

C'est pendant un séjour au Midi, le printemps précédent, qu'elle avait fait la connaissance de M. Rodolphe, qui n'était pas encore prêtre à ce moment-là. Il revenait d'Italie où il avait passé l'hiver pour sa santé délicate, et il s'était arrêté quelques jours dans le même hôtel qu'elle. Leur relation de table d'hôte n'avait pas tardé à se changer en une véritable intimité, fondée sur de grandes analogies de tempérament.

Bien que Mme Dupond, genevoise, fût protestante et républicaine convaincue, tandis que lui, du nord de la France, était légitimiste et catholique ardent, ils avaient les mêmes aspirations idéales, le même souci des choses supérieures. Leurs divergences héréditaires ne firent que fournir des aliments et donner plus d'attrait et de piquant à leurs conversations. Mme Dupond se sentit peu à peu prise de sollicitude religieuse et d'une tendresse toute maternelle à l'endroit de ce jeune homme d'une vingtaine d'années, que son éducation semblait destiner à une brillante carrière mondaine, mais qu'une rare élévation d'âme et des tendances mystiques poussaient vers les Ordres, à la suite de l'influence récemment exercée sur lui par un éminent prédicateur italien, le Père dom Bruno; et elle entreprit d'éclairer par la discussion une conception de la vie et des devoirs religieux si éloignée de la sienne. Lui, de son côté, touché de cette amitié d'une femme qui aurait pu être sa mère, y répondit par une entière confiance, non sans tenter à son tour de l'amener à ses propres convictions. Lorsque au bout de quelques jours il fallut se quitter, leurs entretiens continuèrent par correspondance, mais les essais de prosélytisme réciproque qui en faisaient le fond (avec les épanchements d'affection) restèrent inefficaces des deux parts. Quelques mois plus tard, l'influence de dom Bruno l'emporta définitivement sur celle de Mme Dupond, et Rodolphe s'engagea dans une maison religieuse des environs de Turin, sous la direction de ce Père. Mme Dupond s'en consola en songeant à l'église invisible qui réunit toutes les âmes sincèrement chrétiennes, par dessus les barrières confessionnelles et les différences dogmatiques. La démarche de Rodolphe ne porta pas de préjudice immédiat à l'intimité de leur commerce épistolaire, et c'était lui qui devait une lettre à son amie lors de l'accès spirite de celle-ci.

Ces détails étaient nécessaires pour faire entrevoir la place qu'avait prise Rodolphe dans les préoccupations sentimentales et intellectuelles de Mme Dupond. Il y aurait beaucoup à ajouter, d'après les fines remarques dont elle-même m'a fait part, sur la vraie nature de cette amitié spirituelle; on sait combien sont souvent complexes et variés les ingrédients dont est fait le lien mystique qui unit les âmes les plus pures. Mais il n'importe ici : l'essentiel est de comprendre que, bien que la sollicitude de Mme Dupond pour son jeune ami n'eût plus, au moment de sa crise spirite, toute l'acuité de l'année précédente, et qu'elle ne pensât nullement à lui (consciemment) lors de ses essais d'écriture automatique, elle n'en conservait pas moins de Rodolphe, dans les profondeurs de sa personnalité, un souvenir latent affecté d'un puissant coefficient émotionnel et tout prêt à se réveiller à la moindre occasion.

Qu'on se représente maintenant la situation de Mme Dupond à l'époque dont il s'agit. — Voici plusieurs semaines qu'elle est tout entière plongée dans la méditation du spiritisme, et que les puissances de son être sont tendues vers l'obtention de preuves convaincantes venant de l'Au-delà. Depuis trois jours déjà, elle reçoit des messages de ses parents désincarnés; quoi de plus naturel que cette réussite ait éveillé en elle le désir et l'attente de voir s'augmenter le nombre et la variété de ses correspondants invisibles ? — D'autre part les circonstances extérieures, un brusque refroidissement de la température, d'autant plus sensible qu'il succède à la première éclosion du printemps, ont dû lui donner des appréhensions pour les personnes de sa connaissance dont la santé peut avoir à redouter ces dangereux retours d'hiver[1]. Or n'est-ce pas tout particulièrement le cas pour ce religieux qu'elle a connu délicat de la poitrine, et dont elle attend depuis quelque temps une lettre qui ne vient pas?... Lui serait-il peut-être arrivé malheur?...

Il est clair que l'idée de la mort possible de Rodolphe, avec ses circonstances concomitantes et ses conséquences, a dû à tout le moins effleurer la pensée de Mme Dupond, surtout étant donnés ses sentiments pour lui; car à quelle mère inquiète de son enfant absent, à quel directeur de conscience soucieux de l'avenir éternel d'une âme qui lui est chère, la folle du logis n'a-t-elle pas présenté maintes fois le tableau tragique ou solennel du dernier moment de l'être aimé? Et si l'on cherche l'essaim de souvenirs, de raisonnements, de craintes et de suppositions, auquel une telle pensée devait donner le vol dans l'imagination de Mme Dupond, ne retombe-t-on pas inévitablement sur les soi-disant messages de Rodolphe?

Il n'y a guère que la date et l'heure prétendue de son décès qui subsistent inexpliquées et en apparence arbitraires, comme le sont tant de choses dans nos rêves ou les caprices de notre pensée, faute de pouvoir démêler jusque dans ses moindres fils la trame enchevêtrée de nos associations d'idées. Mais sauf ces insignifiants détails, tout le contenu des communications de Rodolphe découle avec une sorte de nécessité logique de l'idée que son amie se faisait de lui, ou constitue comme une réponse naturelle aux préoccupations qui la hantaient. — Son refroidissement, dont la prompte gravité explique qu'il n'ait pas eu le temps d'écrire à Mme Dupond; — ses adieux à la vie terrestre, dignes du croyant sincère qu'elle avait connu; — le soin qu'il a pris que la correspondance de son héréti-

[1] J'ai en effet constaté, grâce à l'obligeance de M. Gautier, directeur de l'Observatoire de Genève, qu'en 1881 la température, vraiment printanière au milieu d'avril (jusqu'à 20° le 18), s'abaissa rapidement à la suite d'une forte bise le 20 au soir. Les deux jours suivants, il neigea sur toutes les montagnes des environs de Genève et jusque dans la plaine. Le 23 et le 24, jour de la communication citée plus haut, le thermomètre tomba jusqu'à 0,9 seulement au-dessus de zéro. A Turin, au contraire, les variations de la température furent insignifiantes toute cette semaine-là. Cette preuve météorologique, à défaut d'autres, suffirait à montrer le rôle de l'imagination de Mme Dupond dans la prétendue fluxion de poitrine de Rodolphe!

que amie (un peu bien ridicule et compromettante pour elle, au double point de vue de la note sentimentale et de ses inutiles controverses contre l'influence de dom Bruno) lui fût retournée sans retard et sans passer sous les yeux de dom Bruno ; — son passage, son réveil et son état dans l'autre monde, décrits d'une façon absolument conforme au syncrétisme d'idées spirito-chrétiennes qui régnait alors dans les conceptions religieuses de Mme D. ; — le souvenir de ses relations terrestres avec elle et sa façon de les juger maintenant, en plein accord avec les sentiments qu'elle lui avait prêtés à tort ou à raison ; — tout en un mot, dans cette série de messages, reflète les propres dispositions (conscientes ou non) de Mme Dupond, et correspond exactement à ce qui ne pouvait manquer de se passer en elle. Elle seule, en d'autres termes, et non point Rodolphe, même fût-il en effet mort à ce moment-là, peut être considérée comme la véritable source de ces communications.

C'est ici que surgit, il est vrai, l'hypothèse des Esprits mensongers, cet ingénieux expédient qui permet au spiritisme d'exploiter à son profit jusqu'aux communications formellement démenties par les faits. Dans le cas particulier, Mme Dupond a longtemps pensé (et elle y incline encore *in petto,* je crois) que c'était vraiment quelque farceur de l'Au-delà qui lui avait joué la plaisanterie macabre de se faire passer pour Rodolphe désincarné. Dans un sens, et en prenant le terme d'*au-delà* comme marquant ce qui dépasse la claire conscience, elle a raison et fut évidemment victime d'un vilain tour dont elle ne se sent pas responsable. Rien ne s'oppose d'ailleurs à ce qu'on donne le nom d' « Esprit » au principe inconnu, ou à la loi de synthèse, qui, à un moment de la durée, réunit dans l'unité logique, esthétique, psychologique d'une phrase, d'un tableau, d'un tout représentatif quelconque, une pluralité de données psychiques, idées, souvenirs, sentiments, etc. Le message de Rodolphe, retraçant en une petite composition, qui ne manque pas d'un certain cachet, les dernier moments de sa vie d'ici-bas, son passage à l'autre monde, et ses premières impressions dans sa nouvelle existence, suppose incontestablement un « Esprit » comme auteur. A plus forte raison encore la série de communications de la même origine prétendue, qui se sont succédé pendant plusieurs jours sous le crayon de Mme Dupond et portent toutes l'empreinte de la même personnalité. La question est seulement de savoir si le principe de cette systématisation prolongée et croissante doit être cherché dans un Esprit réellement indépendant et différent de Mme Dupond elle-même, comme le prétend le spiritisme et comme elle penche à l'admettre — ou si, au contraire, il ne fait qu'un avec elle, en sorte que la personnalité qui se manifeste dans ces messages se réduirait à une fonction temporaire, un acte, une projection ou création momentanée de son être individuel, au même titre que les personnages que nous voyons et qui nous parlent en rêve sont un produit de nous-mêmes.

La réponse n'est pas douteuse. Si l'on admet que l'auteur des pseudo-messages de Rodolphe soit un autre que Mme Dupond, il faut convenir que cet Esprit indépendant était merveilleusement au courant de tout ce que Mme Dupond renfermait à ce moment-là dans son for intérieur, conscient ou subliminal, en fait de souvenirs, de préoccupations, de sentiments et tendances, concernant Rodolphe. Il a su choisir, pour en composer ses messages apocryphes, précisément ce qui pouvait le mieux cadrer avec les idées qu'elle se faisait de son jeune ami, l'impression qu'elle avait conservée de lui, le contenu de la correspondance échangée entre eux, etc. Cet habile faussaire, en d'autres termes, a dégagé de Mme Dupond, pour s'en affubler, la notion complexe et systématique qu'elle possédait à cette époque de Rodolphe, et il n'y a rien ajouté qu'elle n'y eût tout naturellement ajouté elle-même par le jeu spontané de ses facultés d'imagination et de raisonnement. Il n'a fait que reproduire, comme un miroir fidèle, l'image du jeune prêtre telle qu'elle flottait dans sa pensée, que traduire sur le papier, en secrétaire obéissant, ce que les rêves de sa fantaisie, les désirs ou les craintes de son cœur, les scrupules de sa conscience, lui murmuraient tout bas au sujet de l'ami absent.

Mais en quoi donc, alors, cet Esprit complaisant diffère-t-il de Mme Dupond elle-même? Que signifie cette individualité indépendante qui ne serait qu'un écho, un reflet, un fragment d'une autre, et à quoi bon ce duplicatum de la réalité? N'est-ce pas puéril et absurde d'inventer, pour expliquer une synthèse et une coordination psychologique, un autre principe réel de synthèse et de coordination, un autre individu ou Esprit, en un mot, que celui-là même qui contient déjà tous les éléments à grouper, et conformément à la nature duquel le groupement s'effectue? — Sans doute, au point de vue métaphysique, le dernier fond de l'*individu* organique et psychique reste un mystère; nous ne pouvons comprendre absolument ni pourquoi ni comment il opère telle synthèse ou telle analyse, se désagrège en apparence et se reconstitue, s'offre le spectacle de ses rêves pendant la nuit ou se donne la comédie des « Esprits trompeurs » quand il veut jouer au médium. Mais bien que les ultimes raisons des choses nous échappent, cela n'empêche pas qu'au point de vue terre à terre de l'observation et de l'expérience nous devons nous en tenir à ce que nous pouvons atteindre, et que tout ce qui s'explique (dans le sens empirique et phénoménal du mot) par un individu donné, M. un tel ou Mme Dupond, par son passé, ses circonstances présentes, ses facultés connues, doit lui être attribué et ne saurait être mis gratuitement au compte d'un autre être, inconnu.

La correspondance réelle de Mme Dupond et de Rodolphe, après avoir traîné encore pendant quelques mois, finit par cesser tout à fait. Il est clair que son entrée dans les Ordres avait creusé entre elle et lui un abîme infranchissable qui devait rendre inutile et lassante, à la longue, la continuation de leur controverse épistolaire. C'est sans doute le pressentiment de cette issue inévitable qui inspira à l'imagination subconsciente de Mme Dupond ses messages trompeurs, où se reflète, au fond, beaucoup moins sa sollicitude et ses craintes pour la santé de son ami, qu'un secret désir de sa mort : — « Si ce retour d'hiver l'emportait et qu'il trépassât pieusement, loin de dom Bruno et après m'avoir renvoyé mes lettres, ce serait en somme le dénoûment terrestre le plus souhaitable pour nos relations actuelles, auxquelles pourrait succéder, grâce au spiritisme, une relation purement spirituelle bien plus étroite, et où rien n'empêcherait Rodolphe d'être de nouveau tout pour moi. » Telle est la formule schématique qui me paraît exprimer et résumer les sentiments confus, ou le complexus sous-jacent d'idées émotives, d'où la tendance personnificatrice, se déployant en liberté dans l'état de passivité médiumnique, a tiré les communications du prétendu défunt pour répondre aux vœux intimes de Mme Dupond.

II. Cas de M. Til.

Dans ce cas, qui n'est pas moins curieux que le précédent, il ne s'agit plus de communications d'un ami soi-disant mort, mais de messages calomnieux dont l'événement ne tarda pas à prouver la fausseté. Sur l'auteur présumé de ces messages, il plane une grande incertitude, parce qu'ils ne sont pas signés ; ils viendraient peut-être d'un vieux parent qui vivait au siècle précédent, s'il faut en croire l'indication *Edmond Til, 1748, grand'oncle,* qu'on rencontre dans certains dessins automatiques de M. Til ; mais ce dernier y ajoutait si peu de foi qu'il n'en parle pas dans son manuscrit. (Cette même signature se retrouve sous une forme abrégée, telle que *Ed[d]*, perdue dans les enroulements à la fin de quelques communications ; voir p. ex. fig. 3, p. 100.) — Je résume rapidement cette observation, que j'ai publiée jadis en même temps que celle de Mme Dupond, et qu'on a pu lire plus haut, avec tous ses développements, dans le récit même de M. Til (obs. XLVII, p. 97 et suivantes).

M. Michel Til, 48 ans, professeur de comptabilité dans divers établissements d'instruction. Tempérament sanguin, excellente santé ; caractère expansif et plein de bonhomie. En 1897, sous l'influence d'amis spirites, il s'essaye à l'écriture automatique et obtient promptement des communications. La continuation de ces essais, les jours suivants, lui cause une grande excitation, et il devient la proie d'obsessions graphomotrices qui le poursuivent même la nuit, et le font écrire à vide avec le doigt lorsqu'il n'a pas de crayon.

Le quatrième jour, un lundi après midi, ayant posé des questions relativement à la carrière de ses enfants, il obtient des réponses pleines de sous-entendus et de vagues insinuations contre son fils Edouard (employé dans un bureau d'affaires) : *Il faut qu'Edouard ne reprenne plus... je ne puis te dire le reste... Edouard ne comprend pas le but de la vie... Il est trop entier dans ses idées... Demande à Dieu de le faire juger plus sainement des choses de la terre, car il a besoin de jeter son étourderie... je ne puis te dire le reste.* Finalement, l'Esprit ténorise l'accusation suivante : *Edouard a pris des cigarettes dans la boîte de son patron; celui-ci s'en est aperçu et dans son ressentiment lui a adressé une lettre de remerciement, en l'avertissant qu'il serait remplacé très prochainement. Mais déjà Edouard et son ami Bertrand l'ont arrangé de la belle façon dans une vermineuse épître orale* (p. 102).

On conçoit avec quelle angoisse M. Til alla donner ses leçons de l'après-midi, pendant lesquelles il fut de nouveau en butte à divers automatismes graphomoteurs qui, entre autres, lui ordonnaient d'aller voir au plus vite le patron de son fils. Il y courut dès qu'il fut libre. Le chef de bureau, auquel il s'adressa tout d'abord en l'absence du patron, ne lui donna que de bons renseignements sur le jeune homme; mais l'obsession accusatrice ne se tint pas pour battue, car tandis qu'il écoutait avec attention ces témoignages favorables, son doigt lui écrivait la phrase : *Je suis navré de la duplicité de cet homme*, qui renouvela toutes ses perplexités. Le patron arriva heureusement sur ces entrefaites, et il ne fallut pas moins que sa parole décisive pour rassurer le pauvre père et amener enfin à résipiscence le malin Esprit, lequel se mit maintenant à écrire : *Je t'ai trompé, Michel, pardonne-moi !* — A la fois soulagé par l'innocence reconnue de son fils, et déçu de la mystification dont il avait été l'objet, M. Til résolut de bannir ce méchant Esprit en ne s'inquiétant plus de lui. Il eut toutefois à subir plus d'un retour offensif de cet automatisme (mais ne portant plus sur des faits vérifiables) avant d'en être délivré.

On a vu (n° 235, p. 106-107) que M. Til s'est mis ensuite à écrire des communications d'un ordre plus relevé, des réflexions religieuses et morales. Ce changement de contenu s'accompagna, comme c'est souvent le cas, d'un changement dans la forme psychologique des messages, qui lui vinrent dès lors en images auditives et d'articulation, sa main ne faisant plus qu'écrire ce qui lui était dicté par cette parole intérieure. Mais cette médiumnité lui paraissait moins probante, et il se méfiait que tout cela ne jaillît de son propre fonds. Au contraire, le caractère absolument mécanique de ses automatismes graphomoteurs du début, dont il ne comprenait la signification qu'en suivant les mouvements de ses doigts (par la vue ou la sensibilité kinesthétique), au fur et à mesure de leur exécution involontaire, lui semblait une parfaite garantie de leur origine étrangère. Aussi resta-t-il longtemps persuadé qu'il avait été la victime momentanée d'un mauvais génie indépendant de lui.

Ce cas fournit un bel exemple du caractère obsessif, pour ne pas parler de véritable possession, que l'automatisme peut rapidement revêtir chez un sujet, sain de corps et d'esprit jusque-là, qui s'adonne pendant quelques jours aux pratiques spirites. Mais ce qui nous intéresse particulièrement ici, ce sont les communications mensongères concernant le jeune Til et son prétendu vol. — M. Til s'étonne fort que le démon qui prenait plaisir à le tromper le poussât en même temps, comme on a vu, à aller sans retard prendre des renseignements chez le patron de son fils. C'est là, dit-il, « un phénomène qui me paraît encore bien curieux : l'Esprit, après m'avoir mystifié, ne me laissa en quelque sorte pas un instant de tranquillité que je n'eusse été contrôler son assertion et constaté que j'avais été victime de sa tromperie. » Cette hâte de l'Esprit farceur à courir ainsi au-devant de sa propre confusion est, en effet, singulière dans la théorie spirite. Toute l'aventure s'explique, en revanche, de la façon la plus simple, au point de vue psychologique, si on la rapproche des deux incidents suivants, qui renferment à mes yeux la clef de l'affaire.

1° A ce que M. Til m'a raconté lui-même, il avait remarqué, deux ou trois semaines avant son accès de spiritisme, que son fils fumait beaucoup de cigarettes, et il lui en avait fait l'observation. Le jeune garçon s'excusa en disant que ses camarades de bureau en faisaient autant, à l'exemple du patron lui-même, qui était un enragé fumeur et laissait même traîner ses cigarettes partout, en sorte que rien ne serait plus facile que de s'en servir si l'on voulait. Cette explication ne laissa pas que d'inquiéter un peu M. Til, qui est la probité en personne, et qui se rappelle avoir pensé tout bas : Pourvu que mon fils n'aille pas commettre cette indélicatesse !

2° Un second point, que m'a par hasard révélé Mme Til au cours d'une conversation, et que son mari m'a confirmé ensuite, c'est que le lundi en question, en allant le matin de bonne heure à ses leçons, M. Til rencontra un de ses amis qui lui dit : « A propos, est-ce que ton fils quitte son bureau ? Je viens en effet d'apprendre que M. Dupain cherche un employé. » (Il cherchait, en réalité, un surnuméraire.) M. Til, qui n'en savait rien, en demeura perplexe et se demanda si M. Dupain serait mécontent de son fils et songerait à le remplacer. En rentrant à midi chez lui, il raconta la chose à sa femme, mais sans en parler à son fils. C'est une heure plus tard qu'arriva le message calomniateur.

On aperçoit maintenant, je pense, la nature et la genèse du malin Esprit qui accusait faussement de vol le jeune garçon, tout en poussant son père à courir aux informations, et le lecteur aura déjà reconstitué ce qui a dû se passer chez M. Til. La question de son ami, le lundi matin, lui a rappelé subconsciemment l'incident des cigarettes, grâce au germe d'inquiétude que cet incident avait laissé en lui, et ce rapprochement a mis en branle l'imagination paternelle naturellement soucieuse de la réputation de son fils: « Edouard, qui est incapable d'une malhonnêteté grave, se sera laissé tenter par les cigarettes du patron, comme je l'avais craint; on l'aura surpris et menacé d'un prochain renvoi; qui sait si le malheureux, qui est vif, n'aura pas achevé de se perdre en répliquant des sottises! Il faut absolument que j'aille voir son patron au plus vite, etc. » Telle est, ou à peu près, la série de suppositions et d'inférences plus ou moins inconscientes qui ont évidemment servi de base aux obsessions graphomotrices de M. Til.

Il n'est aucun père, en somme, qui, dans ces circonstances, n'eût passé par des appréhensions semblables et raisonné de même. Seulement, ce qui, dans un état d'esprit normal, se fût présenté sous la forme de souvenirs, pensées, émotions, etc., évoluant en pleine lumière ou vaguement sentis dans la pénombre de la conscience, mais sans jamais cesser de faire partie intégrante du Moi, a pris un caractère automatique et l'apparence d'une possession étrangère chez M. Til, sous l'influence de ses préoccupations spirites et dans la perturbation mentale due à la fatigue de sa nuit agitée et de ses essais d'écriture médianimique des jours précédents. On constate que ce qui s'est séparé de sa personnalité principale, dans ce déséquilibrement de tout son être psychique, pour former un système antagoniste indépendant se manifestant par le mécanisme graphomoteur, c'est tout ce qui se rattache à l'émotion d'inquiétude sous-jacente dormant en lui depuis près de trois semaines, et subitement réveillée par la question troublante de son ami. C'est le propre de l'inquiétude de se représenter une possibilité fâcheuse comme réelle en même temps que comme encore incertaine et demandant confirmation, et ce caractère contradictoire est justement celui de l'Esprit qui obsédait M. Til.

Au total, la série de ses messages ne fait qu'exprimer — avec la mise en scène et l'exagération dramatique que prennent les choses dans les cas où l'imagination peut se donner libre carrière (rêves, idées fixes, délires, états hypnoïdes de tout genre) — la succession parfaitement naturelle et normale des sentiments et tendances qui devaient agiter M. Til en cette occasion. Les vagues insinuations, puis l'accusation catégorique de vol, et l'ordre d'aller voir le patron, correspondent aux soupçons d'abord indécis, puis prenant corps sur un souvenir concret, et aboutissant à la nécessité de tirer la chose au clair. L'entêtement avec lequel l'automatisme graphique répondait par une accusation de duplicité aux bons témoignages du chef de bureau, trahit clairement cette arrière-pensée de défiance et d'incrédulité qui nous empêche de nous abandonner sans réserve aux nouvelles les plus rassurantes, tant qu'elles ne sont point encore absolument confirmées. Enfin, quand le patron en personne a calmé M. Til, le regret subconscient d'avoir cédé à ses inquiétudes sans fondement sérieux, trouve son expression dans les excuses de l'Esprit farceur : le « *Je t'ai trompé, pardonne-moi* » de ce dernier est bien l'équivalent, dans le dédoublement médiumnique, de ce que nous penserions tous en pareille circonstance : « Je me suis trompé et je ne me pardonne pas d'avoir été aussi soupçonneux. »

Il ne saurait donc être question, comme on voit, d'admettre ici un autre Esprit trompeur que M. Til lui-même, auteur et jouet tout ensemble d'un désordre fonctionnel de ses propres facultés, dû à la disposition psychique anormale où l'avaient jeté ses tentatives médianimiques. Si l'on veut donner un nom à cette disposition psychique anormale, le plus approprié est assurément celui d'auto-suggestibilité, pris bien entendu non comme une explication, mais seulement comme une désignation commode pour un état spécial où certaines idées de l'individu, au lieu de garder leur juste mesure et leurs rapports normaux avec le reste de sa conscience, s'émancipent de son autorité, prolifèrent dans l'ombre et se systématisent pour leur compte, puis finissent par lui apparaître comme des parasites étrangers dans une explosion de phénomènes automatiques.

En somme, ce que l'automatisme traduit au dehors, dans le cas de M. Til comme dans celui de Mme Dupond, c'est une sorte de petit roman, élaboré subliminalement, au moyen des données de la mémoire et de la perception, sous l'impulsion d'un état émotif plus ou moins intense, et avec l'aide de cette curieuse faculté de dramatisation et de personnification que, sans sortir de la vie quotidienne ordinaire, chacun peut voir à l'œuvre dans le phénomène du rêve. Et ces deux exemples, tirés de notre enquête, me paraissent mettre en relief d'une manière saisissante cette vérité trop oubliée dans certains milieux : c'est que chez des personnes parfaitement normales et bien portantes (au moins selon toutes les apparences), le simple fait de s'adonner pendant deux ou trois jours aux pratiques médianimiques peut rompre à leur insu l'équilibre psychique, et engendrer une activité automatique dont les produits simulent de la façon la plus complète des communications venant de l'Au-delà, bien qu'ils ne soient en réalité que les résultats du fonctionnement subliminal des facultés ordinaires du sujet. La conséquence *logique* en est que, même dans les cas où, faute d'informations suffisantes, on ne peut établir que les messages proviennent uniquement du médium, on est tenu de le présumer jusqu'à preuve du contraire. Et l'indication *pratique* qui en ressort, c'est qu'il est enfantin et imprudent de « faire du spiritisme » dans l'idée d'entrer en communication réelle et certaine avec les Esprits désincarnés (même en en supposant la possibilité abstraite); un but de recherche scientifique désintéressée peut seul excuser un passe-temps qui repose en fin de compte sur la désagrégation mentale de ceux qui s'y livrent.

Dans les cas suivants, les exercices médianimiques ne se sont pas accompagnés de troubles nerveux aussi marqués, mais l'origine purement endogène des soi-disant communications spirites obtenues n'est pas moins évidente.

III. Cas de M. Bertin[1].

Les dictées obtenues par l'intermédiaire de la table ou du crayon et qui remplissent les séances spirites ordinaires, se divisent en trois groupes quant à leur intérêt scientifique : — 1° La plupart n'en présentent aucun ; qu'il s'agisse de simples griffonnages ou épellations typtologiques inachevées, ou de communications développées, parfois émouvantes pour les parents et les amis des désincarnés dont elles sont censées provenir, elles ne constituent qu'une perte de temps et un ennui formidables pour l'observateur impartial, qui ne trouve rien à glaner dans leur contenu tantôt incohérent ou vague, tantôt pur délayage d'idées rebattues et de faits de notoriété publique. — 2° D'autres messages au contraire, attestant par leurs révélations surprenantes et véridiques la réalité de pouvoirs supranormaux (télépathie, clairvoyance, intervention des « Esprits », ou autre chose), seront d'un prix inestimable pour le philosophe à qui ils ouvriront les arcanes les plus secrets de la nature... lorsqu'ils auront enfin été mis hors de contestation par des procédés de contrôle plus sérieux que ceux dont se satisfont généralement les habitués des réunions occultes; mais, pour l'heure, le psychologue n'a pas grand'chose à en tirer. — 3° Il se présente enfin quelquefois des communications qui n'ont l'air de rien, et que leur absurdité ou leur fausseté bientôt établie fait attribuer, par les spirites convaincus à l'ingérence d'Esprits trompeurs, par les assistants profanes aux caprices du hasard, mais dans lesquelles cependant un examen attentif de leur contenu, et des circonstances de leur production, arrive à retrouver l'indice de processus et de lois de notre nature dont on ne saurait trop tenir compte.

C'est à l'un de ces petits faits que j'ai cru devoir consacrer les pages suivantes, parce que sans rien présenter de merveilleux ou de transcendant, ni même d'absolument nouveau, il est néanmoins très instructif

[1] Ce cas a été publié, sous le titre de *Note sur une Communication typtologique*, dans le Journal de Psychologie normale et pathologique, t. I, p. 11-16 (janvier 1904).

dans sa simplicité. Il s'est passé à une séance de table à laquelle prenaient part quatre personnes, dont l'une servait de secrétaire et ne touchait pas le guéridon. Les trois autres étaient : — 1° Le médium en titre, non professionnel et non payé; c'est une honorable dame de 34 ans (Mme Glika; v. obs. XL, p. 82), spirite sans fanatisme, par où j'entends qu'elle a tout simplement accepté les théories du spiritisme comme étant l'explication certainement la plus naturelle à ses yeux, étant donnés sa culture et son milieu, pour les très nombreux faits d'automatisme dont son existence a été semée de tout temps : rêves frappants qui se vérifient, pressentiments exacts, mouvement et dictées intelligentes du guéridon sitôt qu'elle y met la main, etc. — 2° Mlle C., théosophe, chez qui la réunion avait lieu, mais qui paraît dépourvue de facultés médianimiques et sans influence sur la production des phénomènes. — 3° Un monsieur d'une soixantaine d'années (que j'appellerai M. Bertin), homme de lettres et professeur, esprit fin et pénétrant, qui n'est ni théosophe, ni spirite, ni psychologue de profession, mais qui s'intéresse beaucoup à toutes les curiosités de la nature humaine en amateur sceptique et sans préjugés. C'est de lui-même que je tiens le récit suivant, qu'il me fit d'abord verbalement au lendemain de la séance, puis par écrit, sur ma demande, dans une lettre datée du 11 septembre 1902. J'y ai changé les noms, et la phrase entre crochets est de moi.

Voici le récit aussi fidèle que possible d'une séance de table tournante à laquelle j'ai assisté le jeudi 4 septembre dernier. Etaient présents : le médium Mme Glika, Mme de R***, Mlle C. et moi. Mme de R*** tenait le crayon. Nous étions donc trois autour de la table, guéridon d'environ 0m,80 de diamètre, recouvert de peluche et de velours. Nos doigts ne se touchaient point, et j'étais assis en face du médium dont les mains allongées et le poignet reposaient sur la table, et cela très légèrement, semblait-il. La table entra presque aussitôt en mouvement, et même avec une grande énergie, et nous eûmes tout d'abord la prétendue présence d'une dame défunte... [Je passe sous silence cette première communication, sans intérêt ici, et qui n'a rien à faire avec la suite.]

Nous restâmes ensuite pendant quelques instants à causer, les mains toujours sur la table. Le médium me dit entre autres que j'avais passablement de fluide, et de plus un fluide très agréable, tandis qu'il y avait certaines personnes dont le fluide lui faisait mal. Je lui demandai de quelle manière ce fluide agréable se manifestait à elle : « Comme une sorte de courant d'air très léger », me répondit-elle. Puis elle dit tout à coup : « Il y a de nouveau quelqu'un. » Et en effet, la table s'agita avec une certaine violence, et frappa énergiquement ces mots : *Bertin, Bertin mon ami!* — Qui est là? — Réponse : *Alexandre.* — Alexandre qui? Dites votre nom de famille. — Comme je cherchais dans ma mémoire quelque ami du prénom d'Alexandre, le guéridon frappa un *D*, ce qui évoqua chez moi le souvenir d'Alexandre Dufour, mort depuis bien des années; mais l'épellation continua par un *e* et finit par donner *Devinez.* Ces dames me demandant si je ne connaissais pas d'Alexandre, j'en nommai deux (très vivants d'ailleurs) que j'avais vus récemment. Pour chacun d'eux la table frappa deux coups énergiques, ce qui, dans le langage télégraphique des Esprits, signifie *non*. A ce moment le médium me dit : « Cela doit être quelqu'un de fort agité. » Ce mot d'agité me fit penser à l'instant à mon cousin Alexandre G., interné depuis plus de vingt ans dans un asile d'aliénés de l'étranger.

— Est-ce mon cousin? demandai-je. — Alors le guéridon frappa un seul coup (c'est-à-dire *oui*), mais si violemment que nous crûmes le pied de la table brisé; puis il s'élança contre moi, me pressant avec tant de force que je fus obligé à plusieurs reprises de reculer le fauteuil où j'étais assis.

— Mais mon cousin vit encore, fis-je. — Réponse : *Non! Non!*

— Est-il mort? — Réponse : *Oui.*

— Quand est-il mort? — Réponse : *Il est mort.*

— Y a-t-il des mois, ou des années? — Pas de réponse, plus rien, et le médium nous dit : « Il n'y a plus personne, je le sens. »

Je dois dire que la nature de ce dialogue, bien que je ne croie pas à la réalité de ces présences, m'avait donné quelque émotion, et cela pour la raison suivante. Sous le coup d'une méfiance sans doute peu fondée à l'égard de l'asile où Alexandre G. est placé, nous nous sommes souvent demandé s'il ne se pourrait pas qu'il ne fût plus de ce monde et que l'on continuât pourtant à envoyer les bulletins mensuels à mon frère, son tuteur, pour continuer à toucher la pension que ce dernier, qui administre sa fortune, envoie chaque trimestre. Cette supposition, sans fondement sérieux, je le répète, mais justifiée en quelque mesure par les histoires défavorables que l'on colporte sur ces sortes d'établissements, a souvent fait le sujet de nos conversations en famille. Quand en avions-nous parlé, ou quand y avais-je pensé pour la dernière fois, je ne saurais le dire, mais il ne devait pas y avoir plus de quelques semaines. — Et voici qu'au moment où j'écris ces lignes, il me semble me rappeler avoir rêvé, il y a un certain temps, qu'Alexandre G. était mort. Mais cela est très vague, et ce souvenir pourrait bien n'être qu'une illusion (paramnésie?); en tout cas, si ce n'en est pas une, je n'avais pas raconté ce rêve à ma femme. —

Tel est le récit, à ce que je crois parfaitement exact, de la séance dont je vous ai parlé.

Ajoutons qu'à la suite de cette séance, M. Bertin et sa famille recoururent à un moyen qu'ils avaient déjà employé à diverses reprises pour contrôler les dires de l'administration suspecte : un vieil ami, habitant la ville voisine de l'asile en question, fut prié d'aller une fois de plus constater *de visu* si le cousin Alexandre y était encore en chair et en os. Car on a beau ne point croire à la table, c'est toujours impressionnant de s'entendre affirmer catégoriquement par elle la mort, encore ignorée, de quelqu'un que l'on connaît; quelle jolie occasion d'ailleurs de s'assurer une bonne fois par soi-même du crédit que méritent les messages spirites! — Hélas! l'ami trouva le pauvre fou en parfaite santé physique et toujours dans le même état d'esprit. La table avait menti.

Mais si elle avait menti sur la réalité matérielle des faits, le lecteur a déjà deviné qu'elle avait dit vrai (et c'est ici que réside l'intérêt psychologique de cette petite aventure), en tant que révélant un désir latent de M. Bertin. Que celui-ci se fasse ou non illusion en croyant se souvenir d'avoir déjà rêvé antérieurement la mort de son cousin, il n'importe : ce rêve flottait certainement depuis longtemps dans sa subconscience — prêt à surgir en quelque occasion favorable aux automatismes, sommeil nocturne ou séance spirite — comme il eût flotté dans la subconscience de tout autre à sa place. En effet, quand on est parmi les héritiers naturels d'un aliéné incurable, enfermé depuis vingt ans, et dont les revenus passent à payer sa pension, il faudrait vraiment être un saint pour ne s'être jamais surpris à trouver que le terme de cette pitoyable existence est bien lent à venir. Et encore, ne savons-nous pas que la sainteté, pour nous autres humains, ne saurait consister à n'avoir jamais d'idées répréhensibles, mais seulement à toujours les repousser sitôt quelles surgissent? Or, M. Bertin, qui, par la dignité de toute sa vie et de sa pensée, est bien une espèce de saint laïque, n'a pu manquer d'avoir souvent à chasser de sa conscience personnelle un souhait aussi naturel, inévitable, je dirais presque légitime et normal, que celui d'apprendre bientôt la délivrance finale de son malheureux cousin... et de son héritage. C'est au reste ce dont il a eu la franchise de convenir, en riant, lorsque je l'ai confessé sur ce point.

Nous avons donc là les conditions par excellence de la formation d'un rêve subconscient, et c'est le cas de rappeler la formule de Freud dans son livre si profond et si ingénieux sur l'interprétation psychologique des songes[1] : Tout rêve est l'accomplissement plus ou moins déguisé d'un souhait réprimé. Ce que M. Bertin souhaitait au fond — plus exactement, sous forme impersonnelle, ce qui se souhaitait en lui malgré lui — ce n'était naturellement pas la mort de son cousin pour elle-même (personne ne souhaite gratuitement la mort d'autrui), mais c'était l'héritage qui tardait tant à venir. Ce souhait sans cesse réprimé se déguise (oh! bien peu, mais enfin il se déguise) sous l'idée pure et simple de la mort. La dictée de la table n'est donc autre chose que l'accomplissement, sous le déguisement d'une manifestation spirite du cousin soi-disant décédé, du souhait de l'héritage tant de fois refoulé hors de la conscience normale.

Une difficulté subsiste cependant. D'une part M. Bertin n'est pas médium, sa subconscience ne sait pas faire bouger les tables sur lesquelles il pose la main; et d'autre part Mme Glika, le médium effectif à cette

[1] S. Freud. *Die Traumdeutung*, Leipzig u. Wien, 1900.

séance, n'était nullement au courant, autant que j'ai pu m'en assurer, des circonstances de famille de M. Bertin et de l'existence du cousin Alexandre. Faut-il donc admettre ici quelque processus supranormal, sous la forme d'une transmission télépathique de la subconscience de M. Bertin à celle du médium, ainsi que cela paraît arriver si souvent entre la célèbre Mme Piper et ses visiteurs? A priori je n'y verrais rien d'impossible, mais cette hypothèse est superflue dans le cas particulier. En effet, bien que M. Bertin ne possède pas de médiumnité apparente, il n'est pourtant pas dépourvu de tout germe de cette faculté, comme je m'en suis assuré par quelques essais auxquels il a bien voulu se soumettre dans mon laboratoire, à l'aide d'un guéridon spécial, à plateau mobile et portant un alphabet circulaire qui tourne devant un index fixé au pied immobile du meuble; instrument très pratique pour déceler de petits mouvements involontaires de la main qui ne suffiraient pas à faire vaciller un guéridon ordinaire. Or, il suffit de peu de secondes d'attente, pour qu'au contact des doigts de M. Bertin le plateau se mette à tourner de quelques degrés, capricieusement, tantôt dans un sens, tantôt dans l'autre, et lui donne l'impression que ses mains sont entraînées malgré lui. Cet automatisme inconscient ne va pas jusqu'à dicter des mots par l'alphabet, il se borne à ces oscillations irrégulières du plateau, mais il n'en faut pas davantage pour mettre hors de doute la capacité de M. Bertin à influencer, sans s'en apercevoir, les mouvements beaucoup plus puissants d'un bon médium attelé avec lui à une même table. On sait déjà qu'il y a des médiums typtologues, comme je l'ai dit ailleurs (*Des Indes,* p. 382), « dont tout l'art inconscient et parfaitement sincère consiste à soutirer par le guéridon les secrets subliminaux des personnes qui viennent les consulter. C'est le consultant qui dicte lui-même les réponses et règle les coups de la table : seul, il n'arriverait pas à la faire frapper, mais ses variations de pression imperceptibles et involontaires sont ressenties par les mains du médium, qui les traduit en secousses du meuble et joue ainsi sans s'en douter le rôle d'un appareil amplificateur. » Il me paraît évident que c'est ce qui a eu lieu, dans la séance spirite dont il s'agit, entre M. Bertin et le médium Mme Glika; nous en avons comme preuve confirmative le témoignage même de cette dernière, chez qui le sentiment de l'influence dirigeante provenant de M. Bertin s'est manifesté, dès le début de l'incident, sous la forme traditionnelle d'un « fluide agréable » ou d'un « courant d'air très léger » qu'elle déclarait éprouver de la part de son vis-à-vis. Et quant au fait que les automatismes non intelligents d'un médium faible (tel que M. Bertin), agissant seul, deviennent intelligents et fournissent des messages significatifs lorsqu'il est stimulé, entraîné, par la coopération d'un autre médium plus puissant, c'est également un point qui a été fréquemment observé.

J'ajoute que si le message typtologique, qui a fait l'objet de cette note, cadre à merveille avec la théorie de Freud (que le rêve est la réalisation déguisée d'un *souhait* réprimé), il n'en faut pas conclure que cette théorie ait la validité illimitée que paraît lui accorder le savant psychopathologiste viennois. C'est, je crois, outrepasser les bornes de la généralisation permise que de vouloir faire du souhait, du désir, l'unique principe inspirateur de nos songes. Pour ne parler ici que de cette catégorie de rêves en acte qui constituent la plupart des manifestations dites médianimiques (et peut-être toutes), on y observe de nombreux cas où c'est bien plutôt la crainte qui est en jeu. Il suffit de rappeler l'exemple précédent de M. Til, poursuivi à l'état latent, puis dans ses obsessions graphomotrices, non certes par le désir, mais par la peur, l'appréhension, que son fils ait commis une indélicatesse et perdu sa place. Il est probable que toutes nos formes d'émotions sont capables, à l'occasion, de jouer le même rôle, et de figurer comme coefficient affectif dans les idées qui, refoulées par la personnalité ordinaire pour une raison ou une autre, deviennent dans la subconscience une semence de rêves et de phénomènes automatiques.

IV. Cas de Mme Zora.

La publication des cas de M. Til et de Mme Dupond, en 1899, m'attira promptement diverses protestations de la part des spirites convaincus, qui estimaient que ma façon psychologique d'interpréter les faits était trop compliquée, et ne valait pas l'explication classique par les Esprits trompeurs. L'une de ces protestations, venant d'une des personnes mêmes de l'enquête, Mme Zora (obs. LXI, p. 154), me parut particulièrement intéressante, parce que son argument principal consistait... à me fournir un nouvel exemple typique en faveur de ma thèse, à savoir une communication mensongère (provenant d'une soi-disant défunte, encore en vie) dont il était facile de reconstituer la genèse toute naturelle dans l'imagination du médium. Voici le cas.

« Ce m'est toujours une nouvelle surprise — m'écrivait Mme Zora en mai 1899 — de voir combien peuvent varier les avis sur un même document. Une autre chose m'étonne encore davantage : c'est qu'on se donne tant de peine à chercher tous les moyens d'éviter de croire aux relations avec l'Au-delà, qui me paraissent, à moi, si naturelles, si simples, et si logiques. Permettez-moi de vous dire que sur deux exemples aussi insuffisants [que les cas Til et Dupond], vous vous hâteriez trop de conclure. Certes ces deux cas, choisis *ad hoc*, prêtaient bien à votre critique. L'affaire Til particulièrement, car lorsqu'on est poursuivi par une pensée aussi rongeante que la culpabilité possible d'un enfant, l'angoisse déchaîne l'imagination jusqu'à des proportions inouïes, où l'inquiétude prend une voix et se personnalise ; c'est un fait bien connu des mères. Quant à Mme Dupond, votre raisonnement est beaucoup moins probant ; l'hypothèse des Esprits légers et trompeurs s'y maintient mieux. J'aimerais vous présenter une preuve personnelle de cette hypothèse :

« Je connaissais à Délémont [où Mme Zora avait passé une bonne partie de son enfance et s'était mariée] une dame âgée avec laquelle je n'avais pas de relations régulières, la connaissant seulement pour avoir fait son portrait. Elle était très aimable pour moi, plus que je ne le méritais relativement à ce que j'éprouvais pour elle et qui n'était au fond que la reconnaissance naturelle que je devais à sa bienveillance. Depuis mon retour à Genève je ne l'avais plus revue, et il y avait des années que son souvenir était effacé de ma mémoire, quand en janvier 1886, je reçus d'elle, par l'écriture médianimique, une communication que je vous prie de lire [Mme Zora m'envoyait le cahier même où se trouvait cette pièce] :

Bien chère amie, je viens pour la première fois vous visiter ; il me serait doux de converser avec vous si vous y consentez. Vous ne m'avez pas encore reconnue, et cela m'étonne : il n'y a pas tant d'années que je vous ai vue encore, bien amicale et pleine de souvenirs. Il y a 11 ans que vous êtes venue me voir, et depuis vous n'êtes pas revenue à Délémont, voilà pourquoi je n'ai pas eu le plaisir de causer avec vous depuis longtemps. Il y a quelque temps déjà que je suis partie [décédée], *et c'est aujourd'hui seulement que j'apprends qu'il vous est permis d'entretenir des relations avec ce côté de la tombe ; cela me fait grand plaisir que vous jouissiez de ce privilège, vous le méritez et j'en suis vraiment heureuse aussi pour ma part. Vous me direz si vous avez gardé aussi le souvenir de nos bons petits moments à la rue du Midi, et aussi de la dernière visite que je vous ai faite à Moutiers, il y a déjà bien longtemps, c'est en 1871, je crois que je me souviens bien, quoique ce ne soit pas facile ici, et aussi vu mon grand âge. Mon mari est aussi de ce côté, mais, comme sur la terre, il aime toujours le changement ; il a retrouvé son neveu, et, comme dans le passé, il n'est pas pour lui du meilleur exemple... Adieu ma chère amie, je reviendrai quelque fois avec plaisir. Votre vieille amie — Adrienne B.*

« En recevant ce message de Mme B., je ne doutai point de sa mort qu'elle m'annonçait, sachant qu'en 1870 [soit déjà seize ans plus tôt] elle avait dépassé les quatre-vingts ! Mais au mois de mars suivant, ayant dû aller à Délémont pour régler les affaires de la succession de mon mari, j'y appris qu'elle venait de mourir la veille, et qu'on l'enterrait le lendemain, *deux mois environ après la communication ci-dessus.* Je puis vous déclarer d'une manière absolue que je n'avais aucunement pensé à elle ; j'avais alors de trop graves et douloureuses préoccupations pour qu'il en fût autrement, car l'ignorance où je venais d'être pendant un an sur le sort de mon mari [expatrié aux colonies après avoir fait de mauvaises affaires] dont nous n'avions aucune réponse à mes lettres, m'absorbait complètement.

« Ce fut peu de temps après le message reçu de cette dame que j'eus la confirmation de la mort de mon mari, dont la nouvelle m'avait été donnée chez Mme Guelt [obs. LI], avec la mention de l'époque et de la maladie (fièvre jaune) dont il est mort. Ayant douté jusque-là des révélations de la table, j'en eus alors une absolue confirmation. »

Résumons la situation et les circonstances où Mme Zora a reçu la communication ci-dessus, qu'elle oppose, comme une preuve de la réelle intervention de quelque Esprit léger et trompeur, à mon analyse du cas de Mme Dupond. — C'est en janvier 1886. Voici près d'un an qu'elle et ses enfants sont sans nouvelles de M. Zora, lequel, après avoir rendu sa famille assez malheureuse et l'avoir à peu près ruinée, est parti pour les pays d'outre-mer. D'autre part Mme Zora est en plein dans les pratiques spirites (auxquelles elle a été initiée dans le courant de l'été précédent); et tout récemment, à la table de Mme Guelt qu'elle va souvent consulter, il lui a été révélé que son mari serait mort de la fièvre jaune. Quoi d'étonnant à ce que les pensées douloureuses, relatives au pauvre homme et à son décès probable, aient peu à peu réveillé par association le souvenir de toute leur vie conjugale, puis de leurs fiançailles à Délémont, puis des gens qu'elle a connus dans cette localité et qui peuvent aussi avoir trépassé sans qu'elle l'ait su, entre autres de cette excellente dame Adrienne B. qui, elle non plus, n'avait pas un mari exemplaire, et qui était déjà octogénaire il y a seize ans... Mais alors, si elle est morte depuis lors, comme cela paraît indubitable, et s'il est vrai que les désincarnés se communiquent à nous, comment se fait-il que cette vieille amie ne se soit pas encore manifestée ? C'est sans doute qu'elle ignore que Mme Zora est devenue médium, mais si jamais elle l'apprend, elle se hâtera sûrement d'entrer en relation avec elle... — Qu'on relise maintenant la communication ci-dessus, venue précisément en ce temps-là par le crayon de Mme Zora, et l'on jugera s'il est besoin de l'attribuer à un Esprit trompeur autre que le cours tout naturel de ses propres idées!

En ce qui concerne le message typtologique annonçant véridiquement, avant l'arrivée de la nouvelle officielle, que M. Zora était mort de la fièvre jaune, il est plus que probable que ce message a été dicté à la table de Mme Guelt par Mme Zora elle-même, qui devait certainement y avoir les mains selon l'usage. Les spirites ont naturellement beau jeu pour y voir une manifestation authentique du défunt ; mais on peut aussi l'interpréter comme une impression télépathique que Mme Zora aurait reçue de son mari mourant sous les tropiques, ou, ce qui est encore plus simple, comme une supposition naturelle de son imagination inquiète : « Mon mari, dont nous sommes depuis si longtemps sans lettre, pourrait bien être mort, et mort de la fièvre jaune qui est le grand danger là-bas; » cette conjecture si vraisemblable n'a pu manquer de venir à l'esprit de

Mme Zora, et ce n'est pas un hasard bien extraordinaire qu'elle se soit malheureusement trouvée vraie en effet.

On voit à quoi tient la nature authentique ou trompeuse des communications médianimiques. Pure affaire de chance! Si la dame presque centenaire de Delémont était morte trois mois plus tôt, et que le mari malade se fût guéri de la fièvre jaune, les rôles seraient renversés : c'est le message par le crayon de Mme Zora qui nous aurait été donné pour une preuve convaincante d'identité, et la dictée typtologique chez Mme Guelt pour l'œuvre d'un Esprit farceur. En somme, rien ne distingue intrinsèquement les automatismes véridiques des automatismes controuvés, et il ne faut pas s'étonner que les uns et les autres indifféremment soient attribués, par les spirites aux interventions des désincarnés, par les psychologues aux jeux de l'imagination. On n'est, au demeurant, pas obligé de prendre parti entre ces deux alternatives, et Mme Zora elle-même nous donne l'exemple de l'attitude mentale peut-être la plus sage, celle de la suspension du jugement, dans un dernier cas que je me permets encore de lui emprunter.

Une dame Leblanc, à qui Mme Zora s'intéressait beaucoup et qu'elle avait tâché de gagner au spiritisme sans réussir à lui enlever complètement ses doutes sur l'autre vie, était gravement malade. On attendait sa fin. Un matin que Mme Zora ne pouvait penser qu'à elle et à son triste état, tout en vaquant à ses occupations domestiques il lui sembla sentir sa présence, comme si elle était là, déjà désincarnée, et il lui vint tout à coup l'idée et l'envie d'écrire : c'était comme une sorte de sentiment intérieur et de sensation indéfinissable dans le côté droit du corps. Elle prit le crayon, qui partit aussitôt et traça ces lignes, signées de la défunte :

Allez seulement! C'est vrai et c'est bien celle à qui vous pensiez. Ah que vous aviez raison! Que vous disiez vrai! Je n'osais y croire et m'y voilà! Gloire soit rendue à notre Père, celui que vous aimez et que vous glorifiez dans votre âme et sur ces feuilles!... Oui je suis ici, heureuse d'y être, pour vous dire que malgré mon grand désir d'y croire, il m'a fallu voir, toucher du doigt, mettre ma main dans le côté! Je n'ai pas oublié notre première entrevue et je suis venue à vous pour dire avec vous AMEN *à tous les désirs de vos cœurs, à toutes vos expériences, spirites ou spiritualistes. Ceux enfin qui croyaient à cette immortalité glorieuse, dans laquelle règnent lumière, vie et activité, où l'on aime, où l'on avance, où les rêves ne sont pas stériles, où enfin mon Emilie* [sa fille décédée avant elle] *m'attendait*... [La phrase est inachevée.] *A. L.*

Si Mme Leblanc était morte à ce moment-là, on ne pourrait établir catégoriquement que ce message ne vient pas d'elle. Mais comme il se trouve qu'elle vécut encore 48 heures, en pleine conscience, les spirites doivent se rabattre, soit sur la supposition qu'elle s'est momentanément

« dégagée » deux jours avant le dénoûment final et a profité de cette escapade anticipée dans l'Au-delà pour en venir parler à son amie, soit sur celle d'un Esprit farceur qui se serait amusé à simuler la prétendue désincarnée. Ces deux hypothèses ont trouvé des défenseurs dans l'entourage de Mme Zora, mais tout en admettant leur légitimité en général, elle n'en a pas voulu dans le cas particulier. D'autre part elle préfère encore rester sans aucune explication du message en question, plutôt que de se ranger à mon odieuse théorie psychologique, d'après laquelle elle serait elle-même l'auteur inconscient de ce petit roman, où son imagination s'est représenté, conformément à ses croyances, la joyeuse surprise de son amie arrivant dans l'autre monde après en avoir tant douté.

V. Autres cas et Conclusion.

Les exemples précédents, où la genèse des communications a pu être si clairement établie, sont des raretés. La plupart des messages échappent à cette démonstration évidente, soit parce que leur auteur prétendu est réellement décédé, ce qui les met à l'abri de tout démenti formel, soit parce que les médiums ne retrouvent pas dans leur souvenir (ou qu'ils taisent prudemment) les incidents qui expliqueraient d'une façon naturelle le contenu des communications. Sur ces cas équivoques par le fait des circonstances, le jugement de probabilité des psychologues, et celui des spirites convaincus, sont, on le conçoit, diamétralement opposés. Nos documents nous en fourniraient d'innombrables exemples. Bornons-nous à en indiquer les deux types principaux.

1. Messages trompeurs d'origine obscure. — Les spirites attribuent naturellement à l'influence d'Esprits mauvais ou légers les mystifications dont ils furent victimes, ne pouvant admettre qu'elles soient le produit de leur propre nature puisqu'ils n'ont pas le sentiment d'en avoir été les auteurs. Le psychologue, au contraire, n'a guère d'hésitation sur ce point, sachant combien la pénombre de notre conscience est toujours bourrée de petites préoccupations ou d'idées émotives non remarquées : craintes, désirs, regrets, soupçons, remords, scrupules, souvenirs et éléments affectifs de tout genre, que les affaires courantes de la vie tiennent ordinairement refoulés, mais qui sont prêts à surgir et à s'organiser en obsessions plus ou moins personnalisées pour peu que l'individu s'y prête (comme dans les cas typiques de M. Til et de M. Bertin). Les communications mensongères en apparence inexplicables, dont se plaignent tant de novices et qui finissent souvent par les dégoûter de la médiumnité, n'ont probablement pas d'autre source (voir p. ex. les n°s 174, 291, 308, etc.).

Voici, à titre de spécimen, une aventure arrivée à une jeune veuve de notre dossier, Mme W. (obs. LVIII). Un soir, se sentant poussée à écrire, elle obtint successivement — de feu son mari, de sa belle-mère également défunte, et d'un désincarné inconnu nommé Durand qui l'obsédait souvent — trois communications différentes par le style, l'écriture et l'impression ressentie dans l'avant-bras, mais identiques par leur affreux contenu (ce qui lui fit penser qu'elles étaient toutes trois dudit Durand) : On lui disait que son mari avait eu un enfant avant leur mariage, on lui en donnait le nom ainsi que celui de la mère et de l'endroit où il se trouvait, etc. Elle en fut bouleversée et alla aux renseignements : la personne désignée était une vieille fille d'une réputation sans tache, et il n'y avait pas un mot de vrai dans ce message calomniateur, que Mme W. ne s'explique point, car elle ne se souvient d'aucun fait ayant pu lui donner naissance. Je ne l'explique pas non plus; mais avant de l'attribuer à un Esprit trompeur indépendant d'elle, il faudrait prouver que cette mauvaise plaisanterie, et toutes les autres qu'elle eut à subir du soi-disant Durand, n'étaient pas le résultat de tendances méfiantes et inquiètes de sa subconscience, alimentées par mille petits incidents oubliés.

On ne sait jamais toute la part qui revient à des complexus émotifs sous-jacents, résidus d'épisodes peut-être fort lointains et effacés de la mémoire ordinaire, dans les mensonges, les sottises, les menaces ou les polissonneries dont les médiums se déchargent si allégrement sur le dos des Esprits inférieurs! — Pour ce qui est enfin des vaines promesses de facultés médianimiques éclatantes, dont se sont laissé berner tant de nos sujets (p. ex. obs. XLIX, LVII, LXIII, etc.), il est assez évident qu'elles étaient simplement l'expression de leurs propres désirs.

2. Reconstitution imaginative des défunts. — Les créations médiumniques dont il s'agit ici ne sont plus *trompeuses* aux yeux des spirites, qui y reconnaissent au contraire la présence authentique de leurs parents ou amis désincarnés; mais elles le restent fatalement aux yeux de la psychologie, pour qui ces prétendus revenants ne sauraient être, jusqu'à preuve péremptoire de leur réalité, que des imitations, parfois très réussies, de gens que le médium a connus de leur vivant.

Cette reconstitution des défunts n'est qu'une extension de notre habitude de nous forger des notions concrètes de la personnalité d'autrui. Tendance issue des nécessités de l'adaptation sociale, et qui s'applique aussi bien aux absents qu'aux présents. Si nous n'avions pas cette faculté innée, que l'expérience développe, de nous représenter le caractère psychique individuel de nos semblables et de prévoir leurs réactions distinctives, jamais nous ne nous tirerions d'affaire avec eux. Les éclipses ou les imperfections de cette faculté constituent ce qu'on appelle le manque de tact, l'art de « faire des gaffes », etc. On peut dire que nous possédons, au-dedans de nous-mêmes, une galerie complète de portraits plus ou moins exacts de tous ceux que nous avons connus soit directement (parents, amis, etc.), soit par ouï-dire (personnages historiques et littéraires), soit en imagination (créations de notre fantaisie, idéals et héros de nos romans personnels). Mais ces portraits ne sont pas figés et inertes. Leurs personnages vivent en nous, nous les faisons agir et se développer conformément à leur caractère propre, dans les situations réelles ou fictives où le cours de la vie ou de notre imagination nous amène à les placer. « Si un tel était là — mon ami Jean qui est en voyage, ou mon père qui est mort, ou M. Pickwick de Dickens, etc., — je me représente ce qu'il éprouverait, penserait, dirait, ferait, au milieu de pareilles circonstances! » Il est clair que cette manie de reconstituer les absents ne s'arrête pas forcément aux portes de l'autre monde, et les cas de Mme Zora et de Mme Dupond nous ont montré avec quelle aisance la pensée des spirites fabrique, et poursuit jusque dans l'Au-delà, l'histoire de ceux qu'ils croient trépassés.

Ces sosies médiumniques exercent, sur les candides natures qui en sont à la fois la cause et la dupe, une séduction d'autant plus grande qu'ils offrent, avec l'original défunt, des traits de ressemblance plus précis et surtout plus imprévus. « J'étais bien loin de m'y attendre... je n'y songeais absolument pas... j'avais totalement oublié cela... », nous disent sans cesse les automatistes pratiquants, qui s'imaginent naïvement qu'il suffit qu'un prénom, une date, une façon caractéristique de s'exprimer, une chose juste quelconque fût absente de leur moi conscient au moment où elle s'est révélée par la table ou le crayon, pour qu'elle n'ait pas pu venir de leur propre fonds (v. p. ex. n°s 48, 66, 129, 192, 236, etc.). Encore plus convaincants pour eux, on le conçoit, sont les cas où le défunt leur tient tête et vient exprimer des idées, des sentiments, des volontés, directement contraires aux leurs : comment supposer alors que ce n'est pas un Esprit réel et différent d'eux qui se manifeste!

Voici, comme illustration, un joli cas de cette reconstitution d'un défunt dans tout le relief de son caractère individuel et avec sa volonté s'opposant à celle du médium.

On a vu que Mlle X. (obs. LII) est en relation médianimique, par l'écriture intuitive ou semi-automatique, avec feu son frère Paul, qu'elle aimait et respectait au plus haut degré, et dont elle reçoit constamment des exhortations morales, mais pour ainsi dire jamais de directions pratiques. Il lui a cependant, en deux circonstances, dicté une ligne de conduite *contraire à celle qu'elle comptait suivre*, ce qui est pour elle une preuve décisive de l'authenticité de ces messages. Voici les faits :

Après la mort de M. Paul X., établi dans une ville de l'étranger où il s'était marié et avait eu deux enfants, sa veuve préféra rester dans cette ville avec son petit garçon, mais elle laissa sa belle-sœur Mlle X. emmener la fillette à Genève et se charger de son éducation. Quelque temps plus tard, une occasion se présenta pour Mlle X. d'améliorer sa situation en postulant un poste vacant supérieur au sien ; il ne pouvait qu'en résulter des avantages soit pour elle, soit pour l'avenir de l'enfant confiée à ses soins. Mais très modeste et réservée de nature, Mlle X. allait renoncer à cette chance d'avancement plutôt que d'en passer par les sollicitations et courbettes nécessaires, qui lui répugnaient, lorsque son frère, dans un de ses messages automatiques, lui fit une semonce d'importance et l'obligea à briguer la place en question, qu'elle obtint. — On comprend que Mlle X. soit persuadée que c'est bien le défunt qui est intervenu pour la faire se démener ; mais on devine également que les psychologues interprètent la chose autrement. A leurs yeux, ce sont les sentiments de responsabilité de Mlle X. à l'égard de sa nièce, tenus en échec par son aversion innée pour toute espèce d'intrigue, qui ont pris le dessus dans l'état de rêvasserie médiumnique, et lui ont dicté, sous la figure et l'autorité du père de l'enfant, des démarches actives auxquelles elle n'aurait jamais consenti s'il ne s'était agi que d'elle-même. — Un second fait analogue se produisit quelques années plus tard à l'occasion de son neveu. Mais laissons la parole à Mlle X. :

« Il s'agit de mon neveu Lucien, l'enfant de ce frère défunt avec lequel je communique si souvent et si aisément par l'écriture intuitive. L'éducation que cet enfant reçoit [en pays complètement catholique] est un gros souci pour sa mère, ma belle-sœur, et l'an dernier elle me montra tant d'inquiétude à ce sujet que j'avais cherché une solution et ma belle-sœur l'avait approuvée. Nous avions fait les démarches et pris les arrangements nécessaires pour la réalisation de ce projet ; le moment même en était fixé. Notre volonté était donc bien arrêtée ; je n'avais pour ma part aucune hésitation, voyant dans le changement de direction de l'éducation de Lucien un bien réel et nécessaire pour cet enfant. Or les choses en étaient là, lorsqu'un jour mon frère désincarné commença sa communication à moi par ces mots : *Je veux te parler de vos projets relatifs à Lucien, et cela pour m'y opposer de toutes mes forces ; vous ferez après ce que vous voudrez.* Suivait une critique, à son point de vue, du projet en question ; les objections qu'il y opposait étaient présentées sous une forme tellement caractéristique, basées sur des opinions tellement les siennes, et exprimées sur un ton si péremptoire, que j'en fus très troublée. Je communiquai tout cela à ma belle-sœur, qui n'est pas spirite et qui ne croit pas volontiers à ce que je lui dis de ma correspondance avec son mari défunt. Cette fois-ci, elle fut stupéfiée et m'écrivit aussitôt : — C'est tellement lui, que je m'incline devant sa volonté, comme je l'aurais fait s'il m'avait opposé, lui vivant, les mêmes objections ! — Nous avons donc renoncé à notre projet. L'avenir dira qui avait raison, de lui qui jugeait sans doute en se basant sur d'autres vues que les nôtres, ou de nous qui agissions dans les meilleures intentions. Mais j'ai la conviction absolue que ce jour-là c'est bien l'esprit Paul X. qui s'est mêlé de nos affaires. Sans cette conviction, je n'aurais pas renoncé à un plan si bien arrêté et risqué ainsi de compromettre l'avenir de mon neveu. Je dois ajouter que les objections de mon frère n'ont pas mon approbation, je ne les tiens pas pour bonnes ; ce n'est donc pas *moi* qui les ai couvées pendant un certain temps et tirées tout à coup de mon *sous-sol*. Je ne m'y suis soumise que par respect pour une volonté paternelle si nettement exprimée. »

Ici encore, il saute aux yeux des psychologues que l'imagination médiumnique de Mlle X. n'a fait que reconstituer le défunt tel qu'elle l'avait connu, et lui prêter les raisonnements qu'il aurait tenus en cette occurrence. Cette reconstitution est si exacte, si conforme au passé de M. Paul X., et renferme si peu d'inédit, que sa veuve, jusque-là sceptique sur ses prétendus messages, n'hésite plus cette fois à le reconnaître et à s'incliner devant sa volonté! Cela prouve assurément la perfection du pastiche, mais non son authenticité. Car qui de nous, s'il est consciencieux, appelé à statuer sur le sort d'orphelins, ne se demandera pas ou ne se représentera pas involontairement ce que leur père eût désiré pour eux dans les circonstances présentes? et n'arrive-t-il pas que le respect pour la mémoire du défunt fasse pencher la balance en faveur de décisions auxquelles, personnellement, nous en eussions préféré d'autres? Mais ce qui, chez les gens ordinaires, reste à l'état de considérations intérieures que la réflexion pèse et discute, devient tout naturellement, dans la passivité des séances médiumniques comme dans celle du rêve, le discours externalisé d'un interlocuteur représentant le défunt.

Conclusion. — Les observations de ce chapitre ont mis en lumière le rôle capital que jouent, dans la genèse des messages trompeurs, les deux facteurs suivants : 1° l'existence de *complexus émotifs latents* dans les régions marginales ou extramarginales (subconscientes) de notre moi 2° la faculté de *représentation des personnalités étrangères*. Quoique très différents de nature et pouvant prédominer tantôt l'un tantôt l'autre, suivant les médiums et les occasions, dans la règle ces deux facteurs s'allient et se complètent à merveille, les préoccupations affectives servant tout naturellement de point de départ et fournissant le principal contenu à la reconstitution des défunts. Cela est très visible dans le cas de Mme Dupond. — Il est clair que, pour que des faits aussi généraux de notre nature donnent naissance à ces phénomènes très spéciaux que l'on appelle des communications spirites, il faut une condition particulière, à savoir un certain état de passivité, d'inertie mentale, d'abdication de soi dans l'attente d'interventions étrangères, qui constitue l'*état de médiumnité*. Etat encore fort obscur de régression, ou d'autohypnose partielle (pouvant aboutir à une trance totale), dont le trait dominant est la perte des sentiments d'initiative ou de causalité psychique, en sorte que les jeux d'imagination qui, chez un sujet normal, se déroulent dans l'enceinte de sa personnalité et dont il garde conscience d'être plus ou moins l'auteur, paraissent au médium avoir une réalité et une origine indépendantes de lui.

CHAPITRE IV

Des Esprits bienfaisants.

Après les Esprits trompeurs, les Esprits bienfaisants. Si je les sépare des premiers, ce n'est pas qu'ils soient beaucoup plus véridiques dans les noms qu'ils se donnent, les titres et qualités dont ils s'affublent, les dehors sous lesquels parfois ils s'offrent à la vue. Mais du moins ils ne mentent pas quant à leur fonction propre, qui est d'être utiles à l'individu. Ils aident, ils encouragent, ils tirent d'embarras, ils protègent; souvent même ils sauvent la vie. (Du reste, quand par hasard ils échouent ou induisent en erreur, on en est quitte pour les reléguer parmi les Esprits trompeurs, en sorte que l'honneur de leur groupe est toujours sauf!) Dans le langage traditionnel et populaire, ou spirite, ils portent toutes sortes de noms : Esprits protecteurs, Anges gardiens, bons Génies, Démons familiers, Guides spirituels, etc. Dans notre jargon scientifique, pédantesque et barbare, nous les appelons des *automatismes téléologiques;* ou, plus exactement, ils représentent les degrés psychologiquement supérieurs (atteignant jusqu'à la formation d'une seconde personnalité plus ou moins complète) de l'automatisme téléologique, lequel, à ses degrés moindres, embrasse tout ce qui n'est qu'heureuses inspirations, et confine par en bas aux vulgaires réflexes.

Il y a en effet, quand on y réfléchit, une échelle continue dans ces curieux phénomènes de « finalité inconsciente » qui constituent le mystère par excellence de la vie et le gros problème de la philosophie biologique. Entre la contraction de la pupille sous l'éclat de la lumière ou la projection des bras en avant quand le pied trébuche, et l'apparition à Jeanne d'Arc des « Saintes » qui lui dictaient ses extraordinaires entreprises ou ses réponses admirables aux théologiens décidés à la perdre, — on trouverait tous les intermédiaires. Les rubriques qui suivent ne répondent qu'à quelques catégories de cas et sont bien loin d'épuiser le sujet. Quoique provenant pour la plupart de personnes non spirites, les observations ci-dessous illustrent des processus psychologiques qui sont courants chez les médiums, et qui auraient infailliblement donné lieu à une interprétation spirite chez des sujets ou dans un milieu adonnés au spiritisme.

I. Des Hallucinations antisuicides [1].

Au lendemain d'un cours sur les phénomènes subconscients, je reçus d'une de mes auditrices inconnues une lettre renfermant entre autres choses le récit suivant :

« ... Il y a quelques années, traversant une grande épreuve, je ne voulais plus vivre, et dans cette crise j'oubliais tout ce qui me restait encore. J'avais pris mes dispositions pour mettre fin à mes jours, et ce n'était plus qu'une affaire de temps, lorsque, étendue sur une chaise longue, j'entendis parfaitement les rires de mon fils, avec lequel sa grand-mère jouait sur la galerie de notre chalet, situé à 3 lieues de l'endroit où j'étais. Lorsque je me fus informée de la chose, l'heure et le fait étaient justes. Dès lors, je me suis vivement intéressée à cette vie que nous sentons si souvent en nous sans pouvoir la saisir... L'intimité du fait que je vous raconte m'empêche de signer... »

Il est regrettable que ma correspondante, par cette sorte de timidité ou de pudeur exagérée qui est un des grands obstacles aux recherches psychiques, ait gardé l'anonyme, parce que cela ôte toute autorité documentaire à sa lettre. Supposé exact, son récit est un joli exemple d'automatisme téléologique antisuicide. Dans la théorie de Myers, le moi subliminal, doué de facultés télépathiques ou au moins d'hypéresthésie auditive extraordinaire, aurait transmis à la conscience de cette mère désespérée les rires lointains de son fils, afin de réveiller en elle les sentiments capables de la rattacher à la vie. Dans les conceptions psychopathologiques courantes, qui ignorent le subliminal et la télépathie, les rires de l'enfant ne sont qu'un souvenir (dont la coïncidence avec son accès de gaieté actuel est purement fortuite), souvenir qui se rattache à l'ensemble d'idées et d'émotions maternelles refoulées par l'obsession du suicide, et qui est devenu hallucinatoire dans le déséquilibre mental de la pauvre femme, grâce à la surexcitabilité bien connue des complexus sous-jacents dissociés de la personnalité ordinaire. Le fait que cette hallucination a surgi juste à point pour faire diversion au sinistre projet, peut être regardé soit comme un heureux hasard, soit comme un fait de finalité subconsciente, la manifestation obscurément voulue du désir de vivre mal étouffé.

En somme le phénomène psychique inattendu qui a sauvé la vie à cette dame anonyme ne l'a fait qu'indirectement, en changeant le cours de ses pensées, et est resté d'une grande simplicité, une pseudo-perception audi-

[1] Reproduction, un peu modifiée, de mon article *Automatisme téléologique antisuicide : un cas de suicide empêché par une hallucination*, Arch. de psychol., t. VII, p.113.

tive. Il y a des cas plus frappants, où l'automatisme antisuicide intervient directement au moment de l'exécution de l'acte, pour l'empêcher, et revêt parfois toute la complexité imaginative d'une apparition étrangère. En voici deux exemples, l'un historique, l'autre inédit.

1. Le cas de B. Cellini.

On connaît cet épisode de la captivité de Benvenuto Cellini, où, las de ses maux et ayant résolu de s'ôter la vie, l'illustre artiste en fut merveilleusement détourné, d'abord par une force invisible qui l'empêcha d'accomplir l'acte fatal, puis par l'apparition d'un ange dont les exhortations réveillèrent son courage et lui firent abandonner ses funestes projets.

Le pape le tenait emprisonné au château St-Ange. Il y croupissait, avec une fracture de jambe non encore consolidée, sur la paille pourrie d'un cachot extrêmement humide et presque entièrement privé de lumière. A bout de résistance, et n'ayant pas de couteau pour se tuer, il réussit à disposer en trébuchet une grosse pièce de bois qui se trouvait là, de manière à ce qu'elle l'assommât du coup lorsqu'il la ferait basculer sur sa tête. Mais quand tout fut prêt et qu'il y voulut porter la main, il fut saisi par une force invisible qui le projeta à deux mètres de là *(io fui preso da cosa invisibile e gittato quattro braccia lontano da quel luogo)*. Il y resta évanoui pendant plusieurs heures. Le gardien, l'ayant trouvé dans cet état, le crut mort et alla quérir des prêtres. Au bruit des voix il revint à lui, on lui porta secours, et on lui donna une autre paillasse. En réfléchissant à ce qui avait bien pu l'arrêter dans son dessein, il y vit une intervention de la protection divine en sa faveur *(pensai che fussi stato cosa divina e mia difensitrice)*.

La nuit suivante, il eut en songe l'apparition d'un merveilleux jeune homme *(una maravigliosa criatura in forma d'un bellissimo giovane)*, qui le réprimanda en ces termes : « Sais-tu bien qui est celui qui t'a confié ce corps que tu as voulu détruire avant le temps ? » — Il répondit qu'il reconnaissait en être redevable au Dieu de la nature. — « C'est donc ainsi, reprit le bel adolescent, que tu méprises son œuvre en voulant la détruire ! Laisse-toi conduire par lui, et ne cesse pas d'espérer en sa puissance. » L'apparition ajouta encore, dit Benvenuto, « beaucoup d'autres paroles aussi admirables, dont je ne me rappelle pas la millième partie. Je me mis à considérer que cette figure d'ange *(questa figura d'angelo)* m'avait dit la vérité. » Et ayant eu l'idée de se faire une sorte d'encre avec de la poussière de briques humides, le pauvre captif composa et écrivit en marge de sa Bible une poésie exprimant son renoncement au suicide, et cela faisant, il recouvra toute son énergie[1]. — Il eut encore, dans sa prison, diverses autres visions, auxquelles était ordinairement mêlé le jeune invisible « au visage merveilleusement beau, mais austère et chaste » *(ma austera, non lasciva)*, et où les figures du Christ et de la Vierge finirent aussi par apparaître. Cellini avait alors près de quarante ans ; il en vécut encore plus de

---

[1] B. Cellini, *Vita*, Liv. I, ch. CXVIII et suivants. Edit. Bianchi, Florence 1886, p. 255 suiv.

trente, en pleine santé physique et mentale . . . pour son époque, car de nos jours ses magnifiques incartades l'eussent vite amené en cour d'assises ou fait interner comme déséquilibré.

Dans le langage et à la lumière de la psychologie actuelle, cette aventure peut s'interpréter de la manière suivante.

Déjà prédisposé aux phénomènes de subconscience par son tempérament génial d'artiste, quelque peu usé sans doute par la vie tumultueuse et passionnée que l'on sait, encore ébranlé par les péripéties malheureuses d'une récente évasion où il s'était cassé la jambe, enfin et surtout débilité par la dureté de sa détention, Cellini a fini par subir dans son cachot une désagrégation psychophysiologique passagère. Tandis que son être conscient, déprimé par les circonstances présentes et réduit à un cercle de plus en plus étroit d'idées sombres, en arrivait au suicide, l'instinct profond de la conservation physique et morale travaillait par dessous, et rassemblait les énergies latentes de sa puissante individualité pour les faire surgir, au moment voulu, sous une double forme. C'est d'un côté l'automatisme moteur, qu'on voit s'emparer de son organisme à l'instant critique et se déployer dans cette violente explosion musculaire qui le fait, sans égard pour sa fracture, bondir hors de la portée du danger. C'est d'autre part l'imagination subliminale qui, sous l'aspect impressionnant et persuasif d'un messager céleste, replace vivement devant lui tous les arguments religieux ou moraux capables de le convaincre et de modifier ses dispositions. Grâce à quoi, la synthèse étant ainsi rétablie entre sa personnalité amoindrie de prisonnier et les hautes raisons de vivre qui en avaient été momentanément dissociées, Cellini se retrouve intégralement lui-même et guéri de toute velléité de suicide.

Nous ne pouvons naturellement pas dire au juste pourquoi c'est dans la bouche d'un superbe adolescent (plutôt que dans celle du Christ ou de la Vierge, par exemple), que la fantaisie onirique a placé les exhortations qui devaient avoir prise sur le pauvre désespéré. Il est clair que cette image symbolique, puisqu'elle a été choisie, était à ce moment-là la plus disponible et la mieux appropriée pour cette fonction de héraut de la vérité. Peut-être faut-il y voir un écho de certaines préférences secrètes de l'artiste, ou un ressouvenir des envoyés divins si fréquents dans les premiers chapitres de la Bible, dont Cellini avait précisément commencé la lecture les jours précédents pendant le court moment de la journée où il faisait un peu clair dans son cachot. Quoi qu'il en soit, rien n'autorise à tenir ce beau jeune homme pour une formation permanente ou habituelle chez Cellini — génie familier, ange gardien, guide spirituel, etc. ; en termes psychologiques, pour une personnalité seconde stable et bien systématisée ; — car il ne semble pas que cette apparition se soit manifestée à lui en d'autres occasions. On le voit souvent, au cours de son aventureuse existence, espérer la protection de Dieu, quelquefois du Christ ou « des anges » ; mais jamais sauf erreur, en dehors de cette période limitée de sa captivité, il ne recourt à un Esprit familier, ni ne donne à penser qu'il se croie en possession d'un guide invisible attaché à sa personne. Assurément on rencontre, épars dans ses Mémoires, des indices d'automatisme ou de suggestibilité exagérée (comme lorsqu'un nécromancien lui fit voir de nuit, au Colysée, une quantité de diables) ; mais ces phénomènes de subconscience restent sans cohérence entre eux, et l'on ne saurait mettre Cellini dans les cas de double personnalité.

Les faits d'automatisme et d'hallucination qu'il présenta en prison sont donc bien le résultat d'une désagrégation purement accidentelle et transitoire, due aux circonstances néfastes où il se trouvait. S'il était resté lui-même, dans la plénitude de ses facultés, il est probable que le valeureux et bouillant florentin n'en fût pas venu à l'idée du suicide. Et à supposer que cette idée l'eût abordé et momentanément entraîné, le fait de se ressaisir et de changer d'avis, à l'instant de consommer l'acte, se serait présenté à lui simplement comme le retour et la victoire de quelque arrière-pensée consciente, l'issue toute naturelle d'un combat de motifs dans l'intérieur même de sa personnalité, au lieu de revêtir la forme dramatique et mystérieuse d'une intervention étrangère.

2. *Le cas de la Baronne d'A.*

L'aventure de B. Cellini n'est sans doute pas la seule de ce genre qu'on trouverait dans les annales de l'histoire ou de la psychopathologie. Mais elle m'a paru suffisamment typique pour servir d'introduction à un fait récent, qui n'en diffère que par les circonstances extrinsèques et, du côté de l'imagination créatrice, par une mise en scène plus moderne. Je dois la connaissance de ce fait à l'un de mes collègues, le Dr T., qui en fut le héros involontaire et qui joua à son insu, dans l'existence d'une malheureuse désespérée, le rôle du beau jeune homme de Cellini. Il s'agit en effet d'une dame de sa connaissance, qui le vit surgir devant elle (en hallucination) à l'instant où elle allait se jeter à l'eau sous l'influence de ses idées noires ; non seulement elle en fut empêchée de force sur le moment même, mais, comme Cellini en entendant les discours de l'ange, elle abandonna définitivement ses intentions de suicide, grâce à l'admonestation du docteur imaginaire.

L'observation suivante est basée sur des notes que m'a fournies mon obligeant collègue[1]; sur une relation de l'événement écrite par la personne même qu'il s'est trouvé avoir sauvée du suicide, Mme d'A...; enfin, sur les renseignements verbaux complémentaires que cette dame a eu l'amabilité de me donner dans les conversations que j'ai eues avec elle.

Mme la baronne d'A..., 37 ans, mère de deux enfants de 10 et 12 ans, a vécu d'une vie mondaine très honorable, mais fort agitée. Elle a beaucoup voyagé avec son mari, qui remplit de très hautes fonctions, mais qui maintenant l'a plus ou moins abandonnée et vit à l'étranger. Sa langue maternelle est l'allemand, mais elle sait parfaitement le français. Très cultivée et douée de beaucoup d'imagination, elle fait des vers et a publié quelques articles. A l'exception du fait qui va être raconté, elle ne se souvient pas d'avoir jamais eu aucun phénomène psychique saillant (ni hallucinations, ni songes extraordinaires, crises, visions, etc.)[2] ; elle ne sache pas non plus qu'il y en ait eu dans son ascendance, sauf chez sa mère qui a eu, paraît-il, beaucoup de divinations et pressentiments exacts. Elle possède une grande puissance de visualisation, et peut, en entrant dans une chambre, s'y représenter et y voir volontairement une personne comme si elle était là. Le clair de lune la porte fortement à la rêverie.

Voici comment la caractérise le Dr T., qui la connaît depuis trois ans et avec la famille duquel Mme d'A. a noué depuis lors des relations d'affectueuse intimité : — « Il s'agit d'une personne à système nerveux ébranlé. Des chagrins d'ordre intime, s'unissant à un tempérament très excitable, très autosuggestible, ont contribué à obscurcir souvent sa vie. C'est une femme d'une intelligence très primesautière, ayant beaucoup lu, beaucoup vu ; d'une imagination brillante, très vibrante, avec cette hypertrophie du moi si caractéristique chez tous les névropathes. Nature très impulsive, de premier jet ; acceptant plus facilement ses propres suggestions que celles d'autrui ; généreuse à l'excès, capable de faire beaucoup et sachant montrer une grande énergie, douée d'une grande résistance malgré des années de souffrances physiques. L'hérédité, sans être tout à fait normale, n'est pas franchement mauvaise. C'est surtout le genre de vie, mal adapté à un tempérament excitable et auquel sont venues s'ajouter des souffrances physiques, qui est responsable de son état de nervosisme actuel. Elle souffre depuis plusieurs années d'une affection abdominale qui lui procure des crises souvent très douloureuses et qui a nécessité des interventions chirurgicales et des cures répétées. » —

Dans l'été 1903, pendant un séjour à la montagne avec sa mère, la baronne d'A... fit la connaissance du Dr T., qui se trouvait être son voisin de table d'hôte. S'étant un peu foulé le genou à la promenade, en l'absence d'autre médecin dans la localité elle eut recours à ses bons soins, pour lesquels il ne voulut pas accepter d'honoraires au départ. Tous deux très intellectuels, et s'intéressant aux questions littéraires et philosophiques, ils eurent pendant ces quelques semaines de villégiature des relations de conversation fort agréables,

---

[1] Il s'agit de M. le Dr Emile Thomas, privat-docent à la Faculté de Médecine de Genève, qui a bien voulu m'autoriser à publier le cas et à citer ici son nom. Je tiens à lui en exprimer mes vifs remerciements.

[2] Elle a eu depuis lors un rêve véridique ou télépathique, unique en sa vie jusqu'ici ; voir plus loin, p. 306, note.

mais n'offrant alors qu'un intérêt passager, et ils se quittèrent avec le traditionnel et banal « au revoir ». Il semble toutefois que leur rencontre éphémère leur avait laissé à tous deux une impression plus durable, car lorsqu'après un mois encore de voyage et d'absence la baronne rentra dans son pays, « ma première question, dit-elle, en arrivant à la maison fut de demander s'il n'y avait pas pour moi de lettre venant de Suisse. Et en effet le docteur, poussé par un motif dont il n'a jamais pu se rendre compte, m'avait écrit pour me demander de mes nouvelles. Je lui répondis, et une correspondance assez intéressante s'établit entre nous ; je ressentais une singulière influence à la lecture de ses lettres, qui m'invitaient à considérer de plus près mille choses qui ne m'avaient pas frappée jusqu'alors. » — Cette correspondance roulait sur des questions philosophiques et morales. La baronne, d'un tour de pensée fort sceptique et quelque peu enclin au boudhisme, défendait le nirvâna, au sens d'anéantissement final, tandis que le docteur, esprit très religieux et spiritualiste convaincu, essayait — sans y réussir — de l'amener à des croyances plus positives.

Sur ces entrefaites, dans le courant de novembre, Mme d'A..., qui suivait alors un traitement gynécologique, reçut un choc aussi soudain que terrible : elle apprit (ou du moins s'imagina) qu'elle était syphilitique ; et grâce à la lecture imprudente d'un mauvais livre de vulgarisation qui lui tomba sous la main, elle acquit la conviction que son affreuse et incurable maladie, qu'elle devait évidemment à l'inconduite de son mari, lui interdisait désormais de soigner et d'embrasser ses enfants à qui elle ne manquerait pas de transmettre son mal par un seul baiser. On conçoit la honte et l'horreur de cette découverte, et l'ébranlement qui en résulta pour la malheureuse, qui est une très tendre mère. Aussi, n'ayant personne à qui elle osât s'ouvrir de son fatal secret et qui pût la rassurer, il n'y a pas à s'étonner que l'idée du suicide s'implanta dans son cerveau : — « Je tombai dans un profond désespoir ; je me croyais souillée à jamais ; je n'osais plus toucher mes enfants, ni regarder personne en face de peur qu'on ne lût sur mon front ce qui m'était arrivé. Je n'osais avouer à personne le souci qui me rongeait ; ma santé s'altéra, je diminuai de poids ; je devins irritable avec tout le monde ; l'idée de me suicider me vint : je cessai de de la repousser, elle ne me quitta plus et je pris la résolution d'en finir.

« Un soir, le 28 novembre, je me préparais pour une grande fête dans le monde. Ma petite fille accourut pour voir ma toilette et pour m'embrasser. Toujours à cause de mes craintes, je la repoussai. L'enfant fondit en larmes. Je me sentis minée de chagrin, et je résolus de ne pas revenir de cette fête. Au moment où je sortis de chez moi, le facteur me remit une lettre du Dr T. : je la glissai dans mon corsage sans l'ouvrir. Durant la soirée, je me montrai plus gaie et plus animée que d'habitude, je dansai avec un entrain inaccoutumé. La lettre non lue du docteur m'impatientait, j'en étais un peu agacée [elle prévoyait qu'elle y trouverait des idées contraires aux siennes en matière religieuse, et des répliques qui l'énerveraient, à propos de leur discussion épistolaire sur le nirvâna]. Mais pas un instant l'idée de me suicider ne m'abandonna.

« Après la soirée, un de mes cousins me raccompagna chez moi et m'ouvrit la porte de la maison. J'entrai, mais je ne montai pas l'escalier ; j'attendis qu'il se fût éloigné, et je guettai s'il n'y avait personne qui pût me retenir dans mon sinistre projet. La rue était déserte [elle n'a des maisons que d'un côté, et de l'autre forme un quai-promenade longeant un lac profond] ; je la traversai et m'élançai sur le pont du débarcadère. L'eau était argentée par la lumière de la lune ; un silence profond régnait ; au loin brillaient les lumières de la ville. Au bout du débarcadère, je me penchai sur l'eau tranquille et très attirante. » C'était pour voir l'endroit où elle allait se jeter. Mais à cet instant elle fut retenue d'accomplir son acte par « le sentiment de la présence du Dr T. ». Et en effet, d'après son récit, tandis qu'elle regardait l'eau au-dessous d'elle, elle vit le docteur émerger en personne de la nappe liquide. Il avait la tête renversée en arrière de façon à la regarder bien en face ; elle vit ses yeux étincelants braqués sur les siens, tandis qu'il s'élevait hors de l'eau, et elle en fut comme pétrifiée. Quant il fut entièrement émergé, il posa le pied sur le débarcadère, la saisit fortement par la taille, et l'obligeant à faire demi-tour, il l'entraina violemment loin du bord et la ramena à sa demeure avec des paroles sévères qu'elle ne se rappelle pas exactement, mais dont le sens était « qu'il fallait rentrer à la maison. » Devant la porte, elle sentit la main chaude du docteur saisir la sienne et lui arracher la clef de la maison pour ouvrir la porte [elle se rend bien compte maintenant que c'est en réalité elle qui a dû ouvrir]. Puis il la fit monter l'escalier, entrer dans l'appartement et allumer la lampe ; et, la tenant toujours fortement par la taille avec son bras, « il m'accompagna dans mon boudoir, où il me fit une scène épouvantable, me violentant psychiquement » : il la jeta en quelque sorte à terre, l'obligeant à s'agenouiller devant lui, et il la tança d'importance, lui reprochant son suicide dans une sévère algarade, dont elle ne sait plus les paroles textuellement, mais bien le sens, qui était celui-ci : — « Tu ne penses donc pas du tout à tes enfants, que tu veux leur infliger ce chagrin et cette honte... Tu n'as pas pensé à Dieu... Si tu dois porter toute ta vie cette maladie, il faut te dire que ça vaut encore mieux qu'un crime. [Ici, comme elle lui répondait qu'on a le droit de se tuer et que ce n'est pas un crime, il répliqua :] C'est une lâcheté, donc un crime... » Etc. — Ne pouvant plus supporter cette scène, « je cachai ma tête dans la couverture de fourrure de ma chaise longue et je me bouchai les oreilles. Mais le docteur me secoua et il me fallut tout entendre. Finalement, il partit. » N'osant ni se coucher ni éveiller sa bonne qui logeait dans la chambre voisine, elle s'endormit sur sa chaise longue, grelottant de peur et d'horreur. C'est dans cette position qu'elle se réveilla au matin, encore toute tremblante de ce qui s'était passé, mais *n'ayant plus l'intention du suicide*, laquelle ne lui est jamais revenue depuis lors. Comme souvenir visible de cette nuit terrible, dit-elle, « une petite marque bleue se montrait à ma taille le lendemain ; elle me fit mal quelques jours ; c'était bien là que le docteur m'avait serrée pour m'entrainer loin de l'eau ; je ne l'avais jamais remarquée auparavant. » — Il lui fallut deux jours pour se remettre de cette scène, pendant lesquels elle resta dans une sorte d'hébétude ou de demi-rêve ; on lui disait, dans son entourage, qu'elle avait un drôle d'air, comme si elle n'était pas dans son état normal.

Certaines particularités de la scène l'ont frappée et lui sont nettement restées. Le Dr T. avait son costume gris d'alpiniste, qu'il portait la première fois qu'elle l'avait rencontré à la montagne. Sa discussion avec lui a eu lieu en français, ce qui se comprend puisque c'est la langue dont ils se sont toujours servis entre eux ; mais, chose curieuse, il la tutoyait, ce qu'il n'a jamais fait en réalité, ni oralement, ni dans ses lettres. Elle s'explique cette singularité parce qu'en allemand on tutoie facilement, pour leur faire plus d'effet, les personnes que l'on réprimande ou exhorte avec chaleur, le tutoiement étant plus fort, plus impressif, en même temps que plus amical. Pendant la scène, elle se voit encore à genoux devant le docteur debout ; elle lui embrassait les genoux de ses deux bras, ce qu'elle ne ferait jamais en réalité, pas plus que de se laisser tutoyer par lui. Il avait, en la grondant, quelque chose de rauque dans la voix, une certaine intonation qu'il prend lorsqu'il est excité, et qu'elle avait plusieurs fois remarquée à la montagne, par exemple un jour qu'il rentrait d'une course manquée parce qu'on lui avait indiqué un mauvais chemin.

Il est à noter qu'à cette époque, où sa correspondance avec le docteur durait déjà depuis trois mois, les sentiments de la baronne à son endroit paraissent avoir été un mélange pas très agréable *(ungemüthlich)* de respect et de crainte. Elle avait peur de lui, de sa très forte personnalité : elle, qui avait toujours été très gâtée et avait vu beaucoup d'hommes à ses pieds, avait rencontré en lui quelqu'un qui l'avait pour ainsi dire maîtrisée, par sa dignité et par la façon réservée, presque hautaine, dont il lui avait fait accepter son amitié. Bref, il était devenu pour elle une sorte de directeur de conscience *(Seelenarzt)* lui inspirant une profonde confiance en même temps qu'une certaine terreur.

Depuis trois ans et demi que cet épisode a eu lieu, Mme d'A... n'a présenté aucun autre accès de ce genre, pas plus qu'elle n'en avait éprouvé auparavant. Elle se rend compte que l'apparition du docteur doit avoir été une hallucination, parce qu'elle ne peut pas croire à une action surnaturelle. A moins, dit-elle, qu'il n'y ait eu là quelque influence mystérieuse, une sorte de fluide émanant de la lettre qu'elle avait dans son corsage ; mais, se hâte-t-elle d'ajouter, « ça n'explique guère les choses ! » — Sur le moment même, le sentiment de la réalité objective de l'apparition était absolu ; mais déjà le matin au réveil, et surtout après les deux jours d'état crépusculaire subséquent, cette conviction de réalité avait fait place au doute et à l'idée du caractère illusoire de sa discussion avec le docteur. Elle estime rétrospectivement à plus d'une heure et demie la durée de cette scène ; car elle avait entendu sonner une heure et demie du matin à l'horloge de l'église voisine en allant se noyer, et 3 heures peu avant de perdre conscience dans le sommeil sur sa chaise longue.

Aux dernières nouvelles (octobre 1908), Mme d'A... se porte très normalement. Elle est à peu près guérie de sa maladie utérine et son état mental est excellent. Quoique toujours imaginative et sensible de tempérament, elle n'a plus eu de phénomènes hallucinatoires ou parapsychiques d'aucun genre.

Ce curieux cas du suicide de la baronne d'A... empêché par l'apparition du Dr T. survenue au bon moment, suggère diverses remarques que je grouperai sous quelques rubriques distinctes.

NATURE ET SIGNIFICATION DE L'ÉVÉNEMENT. — A proprement parler, Mme d'A... ne paraît pas avoir été en véritable somnambulisme, puisqu'elle s'est souvenue de tout et que sur le moment elle avait conscience du milieu réel où la scène se déroulait (le débarcadère, sa maison, son boudoir). Elle a eu seulement un accès qu'on peut qualifier d'hémi-somnambulisme, d'état crépusculaire ou hypnoïde, de rêve éveillé ou plus simplement encore d'hallucination ; hallucination très complexe, à la fois cénesthésique (« sentiment de présence » initial), visuelle, auditive, thermique (sensation de la chaleur de la main du docteur), enfin stéréognostique et kinesthésique (la perception de son bras et tous les mouvements qu'il lui fit faire de force). A la rigueur même, puisque toute cette scène se passa sans témoin, on peut se demander si elle a vraiment eu lieu, et si la baronne, une fois revenue de soirée sous la protection de son cousin, ne s'est pas étendue de fatigue sur le sopha où elle se retrouva au matin, et n'y a pas simplement *rêvé* sa course au débarcadère et tout ce qui s'ensuivit[1], — en dépit du souvenir et de la conviction qu'elle a d'être ressortie de la maison, d'avoir vu le lac argenté par la lune, de s'être penchée sur l'eau, etc. Cela ne doit pas nous empêcher d'appliquer à son cas, par commodité de langage, le terme général de somnambulisme. Et d'ailleurs, simple rêve ou scène réellement mimée, au débarcadère ou seulement à la maison, peu importe en somme : le fait essentiel reste hors de doute, c'est que cette intervention imaginaire du Dr T. a eu comme conséquence de changer complètement l'état d'esprit où se trouvait alors Mme d'A... et de la guérir radicalement de ses idées de suicide. Sous ce rapport, on peut rapprocher son cas des exemples de conversions partielles ou révolutions psychiques limitées à un penchant particulier, et brusquement effectuées avec accompagnement de phénomènes hallucinatoires ou oniriques. Quant au « bleu » qu'elle se découvrit à la taille le lendemain, — si tant est qu'il ait vraiment été en relation avec la scène de la nuit — il serait un effet d'autosuggestion, analogue aux stigmates des mystiques et à d'autres phénomènes vasomoteurs ou trophiques parfois cités comme conséquences de certains rêves.

Pour ce qui est de la signification ou du contenu intellectuel de l'hallucination, par opposition aux images mentales et à tout le développement dramatique de la scène, cette signification est évidemment celle d'une lutte entre les motifs qui poussaient Mme d'A... au suicide, et ceux qui militaient en sens inverse. Dans sa violente discussion somnambulique avec le docteur, c'est elle qui fait valoir les premiers, et c'est lui qui lui oppose victorieusement les seconds. Mais il est manifeste que ceux-ci

[1] Cette supposition a pour elle la lettre du docteur que la baronne portait dans son corsage. Car, comme me l'a fait remarquer M. le pasteur Et. Secrétan à Zurich, « il n'est pas croyable que Mme d'A... ait voulu se suicider sans avoir pris connaissance de cette lettre. Or elle ne l'a pas lue au bal, ni sans doute dans son escalier, ou dans la rue sous un reverbère, ou au clair de lune ; il est donc vraisemblable qu'une fois débarrassée de son cousin, elle est montée la lire dans son appartement, d'où elle ne sera pas ressortie, et où cette lecture aura déclanché toute la scène imaginaire. Quant au débarcadère et à la jolie lune sur l'eau, Mme d'A... les aura combinés et vus mentalement d'avance en faisant son plan de suicide : ils ont été le cadre de son idée... »

faisaient déjà partie de la personnalité totale de la malheureuse mère : l'amour de ses enfants, le devoir d'éviter à sa famille l'opprobre d'un suicide, le sentiment de la lâcheté d'un tel acte, les scrupules religieux subsistant au fond de son âme, etc., — il n'y a rien dans l'argumentation du docteur, telle que Mme d'A... se la rappelle, qui dépasse les raisons que son propre fonds moral lui aurait certainement fournies si elle avait pu, au cours des jours précédents, retrouver un moment la pleine possession d'elle-même et réfléchir à tête reposée.

Il est clair que bien d'autres considérations encore, d'une nature moins désintéressée ou plus terre à terre, ont dû coopérer au revirement produit dans son esprit : — le fait qu'après tout sa maladie n'était peut-être ni si incurable ni si contagieuse qu'elle l'avait cru ; — toutes les jouissances que l'existence pouvait encore lui apporter ; — la peur physique de la mort, car on a beau être dégagé de toute inquiétude relative à l'Au-delà, l'instinct vital de la conservation n'abdique pas facilement en face du saut fatal ; — qui sait, un peu aussi la curiosité fort naturelle de voir ce que contenait la lettre fermée qu'elle avait sur elle, et le regret d'interrompre sa correspondance si intéressante avec le docteur... Ce dernier point pourrait même prêter à des développements, auxquels un adepte convaincu des théories de Freud ne manquerait pas de se livrer s'il avait à analyser ce cas, mais dont je préfère m'abstenir. D'autant plus que si cette catégorie d'arguments contre le suicide a certainement dû accompagner en sourdine le déroulement de la scène somnambulique, rien cependant n'indique qu'ils aient figuré dans l'algarade du docteur, laquelle paraît bien plutôt s'être maintenue dans la sphère la plus élevée, conformément au ton constant de ses rapports avec Mme d'A...

Choix de la Personnification symbolique. — Comment se fait-il que ce soit le Dr T., habitant alors à plus de huit cents kilomètres de là, qui ait été choisi par l'imagination de Mme d'A... pour lui resservir en rêve les excellentes raisons de vivre qu'elle possédait en elle-même ?

— Mais d'abord, diront peut-être les amateurs d'occultisme, de quel droit ne voir dans cette apparition qu'un produit de l'imagination, et que savons-nous s'il n'y a pas eu une influence réelle, bel et bien exercée de loin sur Mme d'A... par le Dr T. lui-même et expliquant qu'elle ait cru le voir surgir devant elle ? Cette influence réelle, qu'on l'appelle télépathie ou autrement, n'est-elle pas suffisamment prouvée aujourd'hui par d'innombrables observations des savants les plus positifs, quand ce ne seraient que celles de Janet, qui endormait Léonie B. à distance, ou de Schrenck-Notzing qui un soir réussit à apparaître volontairement de loin à l'une de ses clientes ? Et ne sait-on pas aussi, qu'en matière de télépathie spontanée la distance ne fait rien à l'affaire? Pourquoi donc le docteur n'aurait-il pas agi de loin sur Mme d'A... dans la détresse où elle se trouvait? —

A cela je répondrai que, même en admettant que la télépathie fonctionne occasionnellement entre Mme d'A... et le docteur[1], il n'y a cependant aucune raison sérieuse de l'invoquer dans le cas particulier. Au moment du suicide manqué de la baronne, le Dr T., ignorant absolument qu'elle fût (ou se crût) atteinte de la maladie en question et qu'elle songeât à se détruire, n'avait aucunement l'idée, et encore bien moins le désir ou la volonté, de lui apparaître pour la réconforter; et lorsqu'il apprit l'événement, il ne se rappela pas avoir pensé à elle ou éprouvé la moindre sensation spéciale à l'époque où le fait se passait. Il faut donc renoncer à le mettre directement en cause. D'ailleurs, c'est bien superflu de lui prêter une influence occulte, quand on songe à celle, toute naturelle et psychologique, qu'il n'avait cessé d'exercer sur l'imagination de Mme d'A..., d'abord à la montagne par sa présence et sa conversation, et depuis trois mois par ses lettres.

Il n'est pas douteux, en effet, que si ce sont les traits du Dr T. qu'a revêtus la subconscience de Mme d'A... pour l'empêcher de se jeter à l'eau et lui prêcher ensuite une morale efficace, c'est que le Dr T. était précisément, dans toute l'expérience de Mme d'A..., l'être le plus digne et le mieux qualifié pour jouer ce rôle de Mentor vis-à-vis d'elle. Dans tout leur commerce verbal ou épistolaire, il n'avait cessé de représenter et d'incarner à ses yeux la raison, la sagesse, la foi en l'idéal, etc. Et si elle se sentait parfois tellement agacée par les vues religieuses du docteur, très opposées aux siennes, c'est sans doute qu'elle ne pouvait s'empêcher de leur rendre intérieurement hommage, et de se dire qu'au fond il pourrait bien être dans le vrai. Bref, il avait conquis sur elle, par sa supériorité spirituelle et morale, une influence, une autorité, un ascendant, qu'elle n'avait encore éprouvé de la part de nul autre, elle qui avait pourtant déjà tant couru le monde, vu tant de choses et de gens. En d'autres termes, bien qu'il n'eût jamais songé à l'hypnotiser ni cherché à prendre indûment de l'empire sur elle, le Dr T. tenait en fait, vis-à-vis de Mme d'A..., la place d'un hypnotiseur ou d'un directeur de conscience vis-à-vis des êtres plus faibles ou malades dont ils ont la charge.

---

[1] Il faut en effet noter que, postérieurement à l'observation qui nous occupe, Mme d'A... a présenté un fait très frappant et bien attesté de rêve véridique, qui tendrait à indiquer la possibilité de rapports télépathiques entre elle et le Dr T. : Au printemps 1906, elle eut en songe le sentiment d'un événement émouvant qui se passait alors dans la famille du docteur, et cela avec des détails exacts, concernant le rôle de ce dernier, qui semblent défier l'explication par la coïncidence fortuite.

On connaît le cas de ces hystériques qui, subconsciemment hantées par le souvenir de leur médecin, en ont tout à coup l'hallucination visuelle ou entendent sa voix, sitôt qu'elles se trouvent dans quelque circonstance critique où elles auraient justement besoin de sa présence pour les raffermir et leur faire franchir un mauvais pas [1]. Par ce procédé ingénieux, leur subconscient (qu'on serait tenté d'appeler ici un *sur*conscient) vient au secours de leur personnalité ordinaire trop faible pour se tirer d'affaire toute seule. Et point n'est besoin chez ces malades, comme Janet l'a bien remarqué, que le médecin leur ait spécialement suggéré de penser à lui ou de se comporter de telle et telle manière dans la circonstance en question : il suffit de l'influence générale, héritage des suggestions antérieures, qui subsiste chez le sujet et que son imagination adapte par analogie aux occasions nouvelles, souvent assez différentes. Dans le cas qui nous occupe, le Dr T. n'a jamais fait à Mme d'A... de suggestions proprement dites ni de commandements quelconques; mais on peut bien affirmer que par son influence personnelle (qu'elle sentait, comme on l'a vu, se dégager de ses lettres), toute sa relation avec elle a été une vaste suggestion dans le sens du courage moral et de l'espérance, au milieu des difficultés de la vie. Aussi n'a-t-il pas eu besoin de lui dire : « Si jamais vous voulez vous suicider, vous me verrez apparaître et je vous en empêcherai », pour qu'au moment périlleux la subconscience de la baronne lui ait tout naturellement procuré l'hallucination salvatrice du seul être humain qui en réalité aurait eu, présent, assez de domination sur elle pour la dissuader de ses lugubres projets. Si enfin l'on se rappelle la missive non encore décachetée qu'elle avait dans son corsage et qui devait, par association, maintenir à fleur de conscience chez elle le souvenir du docteur, on ne s'étonnera pas que ce dernier ait été tout naturellement choisi par l'imagination créatrice de Mme d'A... pour servir de personnification et de symbole à la raison morale qu'il s'agissait de faire triompher sur l'obsession du suicide.

Quant aux détails du rôle, ils sont, comme presque toujours en rêve, un mélange de souvenirs exacts, et de traits fantaisistes dont l'invraisemblance objective est compensée par leur vérité subjective, c'est-à-dire

---

[1] Qu'on se rappelle entre autres le joli cas de cette hystérique, que Janet avait par suggestion guérie de sa peur du choléra et qui, reprise de son angoisse parce qu'elle devait passer devant la porte d'un hôpital, se disposait à faire un détour par une autre rue, lorsqu'elle fit — en hallucination — la rencontre de Janet qui lui barra le chemin et l'obligea à passer courageusement devant l'hôpital redouté. Ainsi que divers autres exemples. Janet, *Névroses et Idées fixes*, Paris, 1898, t. I, p. 449 et suivantes. — Comp. B. Leroy, *Interprétation psychologique des visions intellectuelles chez les mystiques*, p. 48 suiv. (Revue de l'Histoire des religions, janv.-fév., 1907.)

par leur parfaite adaptation aux dispositions émotives du sujet. Si le docteur apparaît dans le costume d'alpiniste qu'il avait lorsque la baronne le vit pour la première fois, cela s'explique par le privilège dont jouit si souvent notre première rencontre d'un individu sur toutes les suivantes : cette impression initiale nous reste volontiers gravée comme image d'élection, comme type représentatif ou substitut par excellence, toujours prêt à jaillir spontanément ou au moindre effort d'évocation mémorielle. Les intonations rauques de la voix du docteur sont aussi un souvenir exact, bien en place dans son rôle imaginaire actuel. Par contre, ses façons d'empoigner Mme d'A... par la taille, de l'entraîner de force et de la jeter à ses pieds, de la réprimander d'importance en la tutoyant, etc., toute cette violence d'action et de langage est de la fiction pure, mais une fiction transparente et qui exprime d'une manière saisissante la place que la personnalité du Dr T. occupait alors dans l'économie psychique de la baronne.

Explications et Interprétations diverses. — Si expliquer un fait c'est le ramener à une catégorie ou à un principe déjà admis, les hallucinations antisuicides sont provisoirement susceptibles de divers rapprochements ou d'explications approximatives, qui, au surplus, ne sont point incompatibles, mais renferment toutes des éléments de vérité.

J'ai tout à l'heure comparé la baronne sauvée de la mort par l'apparition du docteur, à l'hystérique évoquant sans s'en douter la présence hallucinatoire de son hypnotiseur pour s'encourager à l'instant du péril. Il y a cependant cette grande différence, que chez l'hystérique cet expédient n'a qu'une vertu éphémère et que c'est toujours à recommencer, tandis que chez Mme d'A... le sermon du docteur eut un succès permanent : non seulement elle fut retenue de se noyer cette nuit-là, mais elle se trouva dès lors débarrassée de son idée de suicide, quand même ses circonstances personnelles (croyance à l'incurabilité de sa maladie, etc.) restèrent encore longtemps les mêmes. C'est pourquoi mieux vaut relever l'analogie plus profonde qu'il y a entre ce revirement durable, ce passage du pessimisme à l'optimisme, et les conversions brusques ou les guérisons d'un penchant déterminé (boisson, tabac, etc.), qui sont, elles aussi, souvent accompagnées d'hallucinations ou de rêves frappants.

On pourrait également essayer d'appliquer ici les principes généraux et féconds dont la psychopathologie contemporaine fait un usage croissant [1] : la dissociation ou désagrégation psychique et les oscillations du

[1] Voir les travaux bien connus de Janet, Breuer, Freud, Bleuler, Jung, Ricklin, Maeder, Morton Prince, Boris Sidis, etc.

niveau mental, le refoulement des impressions déplaisantes et leur action souterraine, les énergies de réserve et l'hyperexcitabilité des états de conscience dissociés, etc. Mais si tous ces principes (qui, au demeurant, diffèrent plus entre eux dans l'expression que pour le fond,) excellent à nous expliquer la *genèse* des troubles morbides de la psychasthénie, de l'hystérie, etc., ils s'appliquent moins aisément aux faits comme celui qui nous occupe, dont l'intérêt spécial réside plutôt dans la *guérison* spontanée d'un déséquilibre mental passager que dans la façon dont ce déséquilibre a pris naissance. A ce point de vue, l'aventure de Mme d'A...., comme celle de Cellini, nous présente un de ces cas exceptionnels où, par une compensation heureuse mais sur laquelle il ne faut jamais compter, la cause qui a engendré le mal se trouve avoir aussi produit le remède : le même état de dissociation mentale qui, d'une part, a livré le sujet sans défense à l'obsession du suicide, a facilité d'autre part la réapparition victorieuse des raisons profondes de vivre qu'il portait en lui. Si la baronne n'avait pas été affaiblie dès longtemps par son existence agitée, sa maladie, et le traitement qu'on lui faisait suivre, elle aurait eu la force de résister au choc de la terrible découverte qui lui fit perdre la tête : le découragement et le désir d'en finir avec la vie auraient pu l'aborder par instants, ils se seraient toujours heurtés dans sa conscience personnelle à des motifs supérieurs, et après une délibération plus ou moins prolongée, elle en serait arrivée au même résultat final, la reprise du courage et de la possession de soi, sans intermède somnambulique. Mais en revanche c'est ce même épuisement mental qui a permis aux tendances optimistes, refoulées comme importunes et synthétisées à part de son moi pessimiste, d'y faire de nouveau irruption avec d'autant plus d'énergie, et de triompher pour tout de bon, lorsque sa personnalité instable, débilitée encore par la fatigue d'un bal et l'influence du clair de lune, a définitivement fléchi et s'est abandonnée au rêve. Telle est l'idée d'ensemble qu'on peut se faire de son cas en termes psychopathologiques de désagrégation, de refoulement, de « complexus » dissociés et reprenant le dessus, etc.

D'autre part, sans sortir de la psychologie normale, on trouverait aussi dans la vie de tous les jours des analogies permettant de comprendre le cas de Mme d'A.... comme la simple exagération, chez une personne très imaginative et portée à dramatiser les choses, de processus fort ordinaires à leurs degrés faibles. Que de fois il nous arrive de jouer un double jeu vis-à-vis de nous-mêmes, de nous imaginer que nous voulons, alors qu'en y regardant de plus près nous nous apercevrions bien que nous ne voulons pas, et de nous payer ensuite de toutes sortes de raisons, bonnes ou mauvaises, pour légitimer notre palinodie lorsqu'au dernier moment nous changeons d'avis! Ne serait-ce pas un peu ce qui s'est passé chez la baronne dans cette nuit mémorable? Sous le coup de ses inquiétudes poignantes et de son amour maternel bouleversé, elle avait songé au suicide, cru que cette solution s'imposait, et décidé d'y recourir. Mais comme en réalité elle tenait encore davantage à la vie, par devoir et par diverses sortes de sentiments, et que tout au fond elle n'était pas du tout disposée à se tuer, elle se donna par manière de justification, à l'instant d'abandonner son fatal dessein, la petite représentation somnambulique que l'on a vue. Je serais même porté à croire que lorsqu'elle arriva en soirée avec la lettre fermée du docteur sur son sein, son parti était déjà pris, la scène nocturne esquissée en gros et le dénouement parfaitement prévu, bien entendu dans la pénombre de sa subconscience et sans qu'elle s'en rendît compte. Ainsi s'expliquerait — plutôt que par calcul et pour donner le change à son entourage — le fait de sa gaîté inaccoutumée et de son bel entrain à la danse. L'*idée* du suicide eut beau ne pas la quitter, le *sentiment* obscur du revirement déjà effectué dans la profondeur devait, comme un puissant instinct de vie, pénétrer et rassurer toute sa personnalité. Inutile d'ajouter que cette duplicité fondamentale n'exclut pas la plus parfaite sincérité consciente. C'est un trait habituel de notre nature que cette tendance à nous donner la comédie à nous-mêmes sans nous en apercevoir ou sans nous l'avouer, même à l'état de veille (et sans parler des interlocuteurs fictifs que nous nous opposons dans nos rêves); car les individualités toujours et complètement unifiées sont bien rares, si tant est qu'il en existe.

Une autre façon, encore plus simple, de concevoir la genèse du somnambulisme de Mme d'A..., du moins quant à son contenu, serait de le rapprocher de notre penchant, inné et universel chez les êtres éminemment sociaux que nous sommes, à nous préoccuper du jugement d'autrui sur notre compte, et à soutenir maintes fois des discussions imaginaires avec les absents dont l'opinion nous tient à cœur. — Qu'est-ce que le docteur va penser lorsqu'il apprendra ma mort? Ou que me dirait-il et que ferait-il s'il était ici? Et que lui répondrais-je? Etc. — De telles questions n'ont pu manquer d'assaillir Mme d'A... tandis qu'elle ruminait son projet de suicide, et rien ne serait plus aisé que d'interpréter le déroulement de sa scène nocturne, jusque dans les détails, comme le produit tout naturel de ses réflexions et de sa fantaisie une fois déclanchées sur ce thème. Il est clair que le fait curieux et anormal n'en subsiste pas moins: c'est que son monologue intérieur, je veux dire ce dialogue fictif où elle faisait à la fois les deux rôles, celui du docteur et le sien propre.

se soit — à l'instar de ce qui se passe en rêve, ainsi que dans les conversations des médiums avec leurs Esprits — transformé dans sa conscience obnubilée en un dialogue véritable et objectif, où le personnage imaginaire finit même par avoir le dernier mot et par laisser Mme d'A... vaincue sous le poids des arguments qu'elle lui avait soufflés à mesure!

Il se peut que lorsque la comédie ou le dialogue intérieur prend ainsi les proportions d'un drame hallucinatoire, il faille y voir une sorte de procédé cathartique naturel, une forme spontanée de réaction purificatrice (l'*Abreagiren* des Allemands) pour rétablir la synthèse normale, gravement compromise, en expulsant ou éteignant les préoccupations nocives, comme le feraient dans la vie réelle les méthodes ordinaires de l'aveu, de la confession, de la libre discussion avec autrui. Si Mme d'A... avait eu un conseiller en chair et en os auprès de qui s'épancher, et dont l'autorité et les sages exhortations eussent pu la remettre à droit fil, elle n'aurait pas eu besoin de ce détour du somnambulisme pour s'administrer à elle-même, sous la figure d'une intervention étrangère qui lui en imposât, le remède psychique dont elle avait besoin. L'irruption d'un état crépusculaire et hypnoïde, où l'imagination créatrice peut se donner libre carrière au profit de l'individu écrasé par les réalités de l'état de veille, serait ainsi une dernière ressource à laquelle la *vis medicatrix animæ* recourrait en cas d'extrême nécessité — pourvu encore que le sujet soit d'une constitution psychologique qui s'y prête.

Conclusion. — Ce dernier point, de la prédisposition ou du terrain individuel, est évidemment d'une importance capitale pour la production de phénomènes comme ceux que nous venons de voir. Il est loin d'être élucidé. Pour autant qu'il est permis de tirer des conclusions générales d'un fait particulier (ou de deux, en rapprochant le cas de Cellini de celui de la baronne d'A... avec lequel il ne manque pas d'analogie), on peut dire que la production d'une hallucination antisuicide bien développée, chez un sujet d'ailleurs normal (ou à peu près), suppose une quadruple condition : — 1° Une constitution quelque peu névropathique, très imaginative, et susceptible de dissociations passagères à la suite d'influences physiques ou mentales débilitantes. — 2° Un tempérament suffisamment optimiste, ou fourni de suffisantes raisons de vivre, pour ne pas se laisser entamer jusqu'au fond par le découragement. — 3° Un ensemble de circonstances psychiquement assez déprimantes pour faire jaillir des idées noires et le désir d'en finir avec la vie. — 4° L'isolement moral, l'absence de tout confident extérieur capable de décharger le sujet de ses sombres préoccupations et de réveiller ses énergies latentes. — La rencontre d'autant de conditions doit assurément être fort rare. Aussi ne peut-on guère espérer que les phénomènes d'automatisme téléologique pourront jamais contrebalancer d'une manière appréciable la tendance croissante au suicide engendrée par les misères de notre civilisation actuelle!

3. *Variétés de l'Automatisme antisuicide.*

Les cas de B. Cellini et surtout de Mlle d'A... sont des exemples d'automatisme antisuicide très complexe. Il n'est pas nécessaire que le phénomène offre une telle richesse d'imagination et soit poussé jusqu'à ce dédoublement complet, avec lutte dramatique entre le moi désespéré, d'une part, et d'autre part les motifs de vivre sous-jacents concrétisés en une personnification symbolique achevée. Il peut arriver que, comme dans l'exemple de la dame anonyme (p. 296), tout se réduise à quelque simple fait d'automatisme sensoriel ou moteur, qui arrête le malheureux sur le point de s'ôter la vie, et qui, par l'étonnement causé, le porte à réfléchir et à changer d'avis. Nous en trouvons justement deux bons échantillons récents chez des malades du Dr Jung[1]. L'un est un paralytique général au début, lequel, voulant se tuer en se précipitant par la fenêtre, se trouva rejeté dans la chambre par l'apparition d'une lueur éclatante devant la fenêtre. L'autre est un psychopathe que ses déboires ont décidé à en finir, en s'asphyxiant avec du gaz d'éclairage : après en avoir aspiré quelques bouffées sur un robinet ouvert, il sentit tout à coup une lourde main l'empoigner à la poitrine et le jeter à terre, où il se remit peu à peu de son effroi. Dans ces deux cas, l'automatisme s'est borné à une hallucination élémentaire, visuelle ou tactile, qui a sauvé l'individu en le faisant reculer au moment critique et en lui laissant ainsi le temps de revenir à meilleur sentiment.

Peut-être convient-il de descendre plus loin encore et d'admettre la présence du même processus, mais à un degré rudimentaire, jusque dans des cas où l'on n'y songe pas ordinairement, je veux dire dans beaucoup de ces banales tentatives de suicide avortées par suite de quelque circonstance fortuite, tremblement de la main, etc. En effet, le moindre phénomène instinctif ou réflexe qui protège l'individu malgré lui, est

---

[1] Jung, *Ueber die Psychologie der Dementia praecox*, Halle, 1907, p. 175. — Jung rapporte un troisième fait intéressant, que l'on pourrait aussi faire rentrer dans les cas qui nous occupent et mettre à côté de ceux de Cellini et de Mme d'A..., en assimilant un changement de religion à une sorte de suicide de la personnalité morale existante jusque-là. Il s'agit d'un étudiant russe israélite qui, poussé par la misère, résolut à deux reprises de se faire chrétien : chaque fois il eut en rêve (la seconde fois, à la veille même de demander le baptême) l'apparition de sa mère défunte, dont les avertissements et les menaces le firent renoncer à son projet. Il fut plus tard atteint de démence précoce.

déjà, au fond, un fa[illegible]utomatisme téléologique, l'indice d'une finalité qu'on peut toujours considérer comme doublée d'une conscience infinitésimale, naissante ou évanescente. Aussi est-il probable que nous nous trompons souvent en attribuant au pur hasard, dans les actions humaines, une issue imprévue dont il faudrait au contraire rendre responsable quelque sage vigilance cachée dans les profondeurs de l'organisme psycho-physiologique. Qu'on se rappelle, par exemple, tant de drames passionnels ou criminels dont l'auteur, après avoir fort bien tué une ou plusieurs personnes, se manque maladroitement, à l'instant de se faire justice à lui-même, ou n'arrive qu'à se blesser plus ou moins légèrement : est-ce vraiment là, maladresse de l'activité volontaire, plutôt qu'adresse du subconscient à intervenir au moment suprême pour inhiber ou faire dévier le geste fatal ? De même, dans bien des cas de suicides préparés d'avance, et qui échouent néanmoins parce que la corde se trouve trop longue, le poison insuffisant, l'arme mal chargée, l'eau sans profondeur, etc., n'est-on pas en droit de soupçonner quelque ruse des processus sous-jacents, arrière-pensées obscures ou vagues regrets dans les marges de la conscience, qui ont déjoué les projets de la personnalité ordinaire en lui faisant à son insu mal prendre ses mesures? Ce serait là une sorte d'automatisme antisuicide préventif qui n'a rien d'invraisemblable. Il n'est du moins plus permis d'oublier les possibilités de ce genre, après tout ce que les observations récentes, celles de Freud en particulier[1], nous ont révélé sur la subtile habileté des pensées et tendances latentes à se faufiler jusqu'au milieu de notre activité censée consciente, pour la truquer à leur profit sans que nous nous en doutions.

Si à ces degrés divers de développement psychologique on ajoute les différences individuelles d'imagerie mentale, et les jeux auxquels la fantaisie créatrice peut se livrer dans l'élaboration des personnifications symboliques, on devine quelle variété présentera le tableau de l'automatisme antisuicide lorsqu'on en aura recueilli plus d'exemples.

II. Phénomènes divers de Cryptopsychie.

L'intervention de l'automatisme téléologique — *alias* des Esprits bienfaisants — ne se limite pas aux cas extrêmes où il s'agit de retenir un malheureux sur la pente du suicide. Elle se manifeste aussi pour protéger l'individu contre des dangers dont il ne se doute point, soit imminents, soit lointains et seulement probables ; plus souvent encore pour le

[1] Freud, *Zur Psychopathologie des Alltagsleben*, Berlin, 1904.

renseigner et le guider à son avantage dans les petites occurrences de la vie. Que de faits psychiques à peine remarqués, dont nous ne saurions affirmer qu'ils aient été vraiment voulus par *nous* tant leur origine se perd dans les brumes marginales ou ultra-marginales de notre personnalité, et qui, lorsque nous y réfléchissons, nous étonnent par leur admirable adaptation aux circonstances! Souvenirs oubliés revenant au bon moment; réparties pleines d'à-propos, qui nous surprennent nous-mêmes; subites arrière-pensées, hésitations inexplicables nous retenant sur le point d'agir, ou au contraire impulsions obscures et irréfléchies, auxquelles après coup nous nous félicitons d'avoir cédé; bonnes idées, idées lumineuses, idées de génie, qui nous traversent la tête et nous apportent un secours inattendu; bref, tout ce qu'on appelle tact, flair, présence d'esprit, inspiration ou intuition, etc., — tout cela est au fond de l'automatisme téléologique en menue monnaie, qui remplit notre vie courante et dont l'accumulation vaut bien, en somme, les pièces les plus précieuses de la psychologie anormale, telles que les hallucinations antisuicides.

Hier, par exemple, après avoir vainement cherché un certain livre dans ma bibliothèque, j'allais sortir de la chambre pour voir s'il ne se trouverait pas dans une autre pièce, lorsque *quelque chose* me retint : instinctivement, je revins vers une petite table chargée de désordre, et là mon regard tomba immédiatement sur le livre en question, perdu au milieu d'autres d'une teinte analogue. Le souvenir latent de cet emplacement venait donc, subconsciemment, de diriger mes pas et mon regard au bon endroit. De quand datait ce souvenir, c'est ce que je ne puis dire; peut-être de quelques instants, car j'avais inspecté en gros cette table dans mes recherches inutiles, et le livre avait forcément passé, confondu avec ses voisins, à travers mon champ visuel; peut-être de quelques semaines, car moi seul ai pu poser là ce livre (bien que je ne me le rappelle pas) lorsque je m'en servis pour la dernière fois il y a près d'un mois. Ces deux hypothèses, qui se fondent d'ailleurs l'une dans l'autre, sont celles de la *cryptoesthésie* (perception latente) et de la *cryptomnésie* (mémoire latente), c'est-à-dire de données actuelles ou anciennes qui, non remarquées directement et pour elles-mêmes, agissent cependant et se traduisent dans la conscience par les phénomènes dérivés qu'elles déclanchent[1] : inhibitions ou impulsions motrices, images et idées, émotions, hallucinations parfois. Cela dépend des tempéraments.

[1] J'ai cité la *cryptoesthésie* et la *cryptomnésie* parce que c'est la perception sensible et la mémoire qui servent ordinairement de point de départ ou fournissent les matériaux à l'élaboration de l'automatisme téléologique. Mais il est clair que toutes nos fonctions psychiques, association, raisonnement, fantaisie, etc., peuvent contribuer à cette élaboration secrète et mériter également le préfixe de « crypto ». Comme il n'est

Si j'étais tant soit peu imaginatif, hystérique, poète, aliéné, génial, ou médium, l'insignifiante aventure que je viens de raconter aurait sans doute pris les proportions d'un phénomène parapsychique plus ou moins piquant. J'aurais, par exemple, entendu une voix inconnue me disant : *Cherche... sur la petite table...* etc. Ou j'aurais vu surgir mentalement, ou la nuit suivante en rêve, l'image distincte et bien reconnaissable de ce bout de table avec le volume égaré ; ou bien, m'essayant à la cristalloscopie, cette image me serait apparue comme une vision extérieure dans le reflet d'une boule de verre, de mon ongle, d'un meuble en acajou, d'un objet de métal poli, etc. Ou encore mon ange gardien, vêtu de blanc, se serait dressé devant moi pour m'empêcher de quitter la chambre et m'aurait ramené par la main devant la table susdite; peut-être aussi, par la typtologie ou l'écriture mécanique, m'aurait-il dicté où était l'objet cherché. A moins que ce ne fût l'ami absent, à qui j'ai prêté ce livre l'année dernière et qui s'est longtemps fait tirer l'oreille pour me le rendre, dont la bouche moqueuse me serait apparue en me chuchotant : *Cette fois je n'y suis pour rien, et c'est toi, étourdi que tu es, qui as oublié ton livre à tel endroit.* Toutes ces possibilités, et bien d'autres, se trouvent réalisées dans des cas analogues de la littérature, et il n'en manque pas d'exemples dans notre enquête où ils sont généralement interprétés, comme on pouvait s'y attendre, dans un sens supranormal et au profit des Esprits. Mais cette interprétation me paraît, jusqu'à preuve du contraire, tout à fait arbitraire et superflue, les faits dont il s'agit s'expliquant beaucoup plus simplement par des processus cryptopsychiques courants auxquels l'imagination a mêlé sa note « spiritoïde » coutumière. Quelques exemples inédits, dont le lecteur pourra rapprocher ceux de nos documents, lui permettront d'en juger par lui-même. Je les répartis sous trois ou quatre chefs, qui ont du reste bien des points communs.

---

pas toujours aisé de faire la part exacte de chacune de ces composantes dans le processus total, le plus commode est de le désigner par le terme général de *cryptopsychie* proposé par Boirac (*Psychologie inconnue*, Paris, 1908, p. 116 suiv.). — L'exemple élémentaire et classique de la cryptopsychie, mis en lumière il y a déjà un quart de siècle par Binet, Janet, etc., est celui de l'hystérique chez qui l'excitation *tactile* d'un doigt anesthésique, quoique non sentie par le sujet, fait jaillir l'image *visuelle* de ce doigt. On pourrait dire, d'une manière générale, que la cryptopsychie est le processus par lequel un phénomène *inducteur*, resté inaperçu et ignoré du sujet, provoque un phénomène *induit* qui lui semble alors surgir spontanément, de lui-même, à l'improviste, sans cause (« freisteigende Vorstellungen » des Allemands). On comprend qu'une production de ce genre, dont le sujet n'a pas conscience d'être l'auteur, soit facilement attribuée aux Esprits, pour peu qu'elle paraisse suffisamment empreinte de valeur et d'intelligence pour justifier cette explication et ne pas pouvoir être mise au compte du hasard. — Sur le fonctionnement subconscient (*polygonal* dans le vocabulaire de Grasset) des diverses facultés, sensibilité, mémoire, imagination, volonté, etc., et sur les tentatives de localisation cérébrale de cette activité psychique automatique, voir Grasset, *Le Psychisme inférieur*, Paris 1906.

I. Prémonitions induites par des perceptions subconscientes. (Cryptoesthésie.) — On a publié tant de faits de ce genre[1] que j'éprouve quelque scrupule à en augmenter encore le nombre. Aussi me bornerai-je à deux exemples de dangers quasi-mortels évités par une impulsion automatique à fuir, avec accompagnement d'hallucination auditive ou visuelle.

Le premier cas est celui d'un grand commerçant, que son esprit d'entreprise et ses affaires ont beaucoup fait voyager à travers l'Amérique du Sud. D'après les récits que j'ai recueillis de sa bouche, il a entendu à diverses reprises, au cours de son existence mouvementée, une mystérieuse *voix blanche,* toujours la même, lui donner des conseils ou des avertissements très courts et incisifs. De tempérament essentiellement pratique et positif, étranger à toute préoccupation philosophique ou religieuse, M. X. n'a aucune théorie sur cette voix, et il s'est contenté d'en enregistrer avec étonnement les manifestations[2]. Voici deux cas où elle lui sauva la vie, ainsi qu'aux Indiens qui l'accompagnaient et lui servaient de guides dans ses expéditions aventureuses.

Une fois, comme sa troupe venait de faire halte au pied d'un arbre énorme pour y préparer le repas, M. X. entendit tout à coup la voix lui commander : *Sauvez-vous !* et il força ses gens à déguerpir ; à peine s'étaient-ils éloignés, que l'arbre s'abattit avec fracas sur la place qu'ils avaient occupée. Ils eussent tous été écrasés sans cette prémonition. L'examen du tronc rompu montra qu'il était entièrement rongé, et pour ainsi dire vidé, par des termites. — Une autre fois, descendant un fleuve en canot, ils allaient couper un contour en rasant un promontoire, lorsque cette même voix lui ordonna de traverser immédiatement le courant pour gagner au plus vite l'autre rive. Cela paraissait si absurde qu'il dut coucher en joue, avec son fusil, ses rameurs récalcitrants et les menacer de mort pour les obliger à obéir. Ils n'avaient encore traversé qu'en partie, lorsque le promontoire s'effondra, causant dans l'eau un tourbillon qui faillit les faire chavirer et qui les eût infailliblement engloutis s'ils avaient continué dans leur direction primitive.

Dans ces deux occasions, la voix, au dire de M. X., avait un caractère tellement impératif qu'aucune hésitation n'était possible et qu'il fut absolument contraint de lui obéir et de faire obéir ses hommes. L'automatisme verbal, en d'autres termes, était doublé d'un automatisme cénes-

---

[1] Voir entre autres le cas de Guebhard (*Sur l'évocation psychique des objets réels,* Annales d. Sc. psych., t. V, 1895, p. 129), et la riche collection de faits rassemblés par Myers (*The subliminal Self,* Proc. S. P. R., vol. XI, p. 411 suiv.).

[2] M. X. est mort sexagénaire il y a quelques années. Il n'est pas sans intérêt de savoir qu'à la suite des fatigues et privations endurées au cours de ses voyages d'exploration, il fut atteint de troubles nettement *hystériques,* consistant surtout en crises de vertiges sans perte de connaissance. Son cas a fait l'objet d'une excellente observation médicale du Dr Ladame : *Un cas d'abasie-astasie sous forme d'attaques.* Arch. de neurologie, t. XIX (janv. 1890), p. 40.

thésique et émotif (sentiment de danger imminent et impulsion à fuir) irrésistible, dont le point de départ se trouvait sans doute, d'après tout ce que l'on sait des phénomènes de ce genre, dans des perceptions visuelles (traces de termites, aspect des rives minées par l'eau, etc.) ou auditives (craquements préliminaires), restées inconscientes ou inaperçues pour la personnalité ordinaire.

Mon second cas est un peu plus obscur, et il se complique d'une apparition ou personnification symbolique qui fait pendant à celle qu'on a vue plus haut dans l'histoire de la baronne d'A... (p. 299). Il s'agit d'une dame autrichienne, Mme Brey, très intelligente et d'une volonté très décidée, mais d'un tempérament fort nerveux. Elle a eu un grand nombre de phénomènes parapsychiques, qu'elle s'explique elle-même de la façon la plus naturelle, sauf un qui l'a particulièrement frappée et lui paraît tout à fait mystérieux. Devant aller passer l'hiver à Madère pour sa santé, et déjà installée sur le bateau, elle eut l'apparition d'un de ses docteurs absents, dont le regard muet lui fit comprendre qu'elle était menacée d'un grand danger et qu'elle devait débarquer au plus vite, ce qu'elle fit aussitôt, dans une sorte d'état de rêve. Bien lui en prit, car elle sut plus tard que la peste avait éclaté à Madère et que le dit bateau avait fait naufrage! Voici au reste son récit tiré de ses lettres [avec, entre crochets, quelques détails qu'elle m'a fournis oralement].

« Je viens vous faire part d'une vision que j'ai eue à Tanger, il y a deux ans et demi, et qui m'a probablement sauvé la vie.

« A la fin de décembre 1905, ayant passé l'été en Hongrie, je partis par steamer de Fiume pour Gibraltar où je devais prendre le bateau direct pour Madère. La traversée fut orageuse et j'arrivai trop tard à Gibraltar, le bateau était déjà parti. Mais j'appris qu'il y avait à Tanger un autre bateau qui devait aller à Madère. Je passai donc à Tanger et m'embarquai le 31 décembre 1905 dans la matinée sur ledit bateau [qui devait partir dans l'après-midi vers 5 heures]. C'était un vapeur anglais, du nom de *Maroc* autant que je me rappelle, un de ces « coasters » à marchandises qui prennent aussi des voyageurs; un grand et beau bateau, bien plus grand que le *Adria* avec lequel j'étais venue de Fiume. [Elle estime que rien à son arrivée sur ce bateau, aucune impression désagréable, n'a pu lui inspirer de l'appréhension ou l'idée d'un danger possible.] A ce que me dit le capitaine, il faisait toutes les quatre semaines le même trajet, descendant les côtes marocaines par Casablanca, Mazagan, Mogador, prenant des fruits partout et remontant par les Canaries et Madère, pour apporter sa cargaison à Londres. [Sitôt à bord, Mme Brey se fit conduire à sa cabine avec son sac de toilette, qu'elle défit; puis elle remonta sur le pont supérieur en traversant la salle à manger qu'elle trouva très belle. Elle s'assit sur le pont, admirant Tanger et la vue :] Le temps était superbe, et moi en parfaite santé et très contente de passer par les Canaries et de jouir ainsi d'un plus long voyage en mer.

« Vers midi, je redescendis à ma cabine [afin de s'arranger un peu pour le dîner.] Au moment où j'en ouvris la porte, un incompréhensible sentiment de frayeur me saisit ; en même temps j'aperçus en face de la porte, très distinct et vivant, un docteur de mes amis, qui ne pouvait pas se douter de ma présence à Tanger et dont j'avais la certitude qu'il était à ce moment-là dans sa famille, en Allemagne, pour les derniers jours de l'année. L'apparition me fixait très tranquillement sans prononcer une parole ; mais plus elle me fixait, plus je sentais la certitude que je devais renoncer à mon voyage, parce qu'une catastrophe — quelque chose d'indéfini — m'attendait si je partais. [Ce docteur était assis, immobile et muet, vêtu de gris foncé selon son habitude, et il la fixait d'un regard auquel elle comprit qu'elle ne devait pas partir par ce bateau, et qu'il fallait en sortir au plus vite. Ils se regardaient réciproquement dans le fond des yeux. Elle se sentait dans un état pas normal, comme « hypnotisée », bien qu'elle ne l'ait jamais été.] Je tâchai de me raisonner, de me convaincre que c'était une folle hallucination, mais l'impression était plus forte que moi, je me sentais comme sous une puissance contre laquelle je ne pouvais rien. Comment je refis mon sac de toilette, fis venir un canot et descendre mes malles et quittai le bateau, je l'ignore : je ne me réveillai de cet état de torpeur qu'au moment où le canot m'emportait avec mes bagages et me ramenait à terre. [Rentrée dans son état normal, elle fut furieuse contre elle-même de n'avoir pas tenu bon dans son projet de voyage et de s'être « laissé suggérer par l'apparition » de ne pas partir.] Au bout de quelques jours, je revins à Gibraltar où j'appris [par les journaux, 8 à 10 jours après l'aventure] que la peste était à Madère et y avait occasionné des bagarres, la population ayant insulté les médecins à cause de la longue quarantaine qui empêchait l'affluence des étrangers cet hiver. [A cause de la peste, Mme Brey renonça complètement à Madère et alla passer le reste de l'hiver à Capri.] Un peu plus tard, je reçus de Hongrie une lettre — en réponse à celle où j'avais écrit que je n'étais pas partie par le *Maroc* — qui me disait que c'était bien heureux, car un bateau de ce nom avait chaviré sur la côte d'Afrique à peu près à cette époque et il y avait eu des noyés. »

Mme Brey estime en conséquence que cette hallucination, qui la força malgré elle à quitter le bateau, l'a sauvée soit de la peste qu'elle aurait trouvée à Madère et dont elle a toujours eu une peur horrible, soit surtout du naufrage qui attendait le bateau déjà sur les côtes marocaines.

Au premier abord, cette histoire de naufrage évité me parut fournir un bel indice en faveur d'une faculté supranormale de précognition. Je crus même y voir une frappante illustration de la théorie que le grand prophète littéraire du mysticisme occultiste contemporain, Maeterlinck, expose dans son chapitre sur la Chance ; laquelle chance consisterait en ce que l'avenir, caché à nos yeux mortels, est éternellement présent à notre *inconscient* (Myers disait à notre *conscience subliminale*) qui réussit — quelquefois — à nous en avertir : « Le navire qui doit périr n'est pas « sorti du port ; le roc ou l'épave qui le déchirera dort paisiblement sous « les flots... Mais le navire est bien marqué par le destin. Il est certain

« qu'il doit périr. Aussi, depuis des mois, peut-être des années, une mystérieuse sélection s'est-elle opérée parmi les voyageurs qui auraient dû « partir le même jour.... [Pour expliquer ce triage], au lieu d'avoir « recours à des dieux lointains et douteux, n'est-il pas plus naturel de « présumer que notre inconscient agisse et décide? Il connaît, il doit « connaître, il doit voir la catastrophe, puisque pour lui il n'y a ni temps « ni espace, et qu'elle a lieu en ce moment sous ses yeux, comme elle a « lieu sous les yeux des forces éternelles. Peu importe la manière dont il « prévient le mal. Parmi les voyageurs avertis, deux ou trois auront eu « le pressentiment réel du danger; ce sont ceux en qui l'inconscient est « plus libre et atteint plus facilement les premières couches encore « obscures de l'intelligence. Les autres ne se douteront de rien, maudiront les retards et les contrariétés inexplicables, feront tout ce qu'ils « peuvent pour arriver à temps, mais ne partiront point.... »[1] Le cas de Mme Brey est à cheval sur ces deux catégories : ne se doutant de rien, elle a tout fait pour arriver à temps, mais son inconscient a pourtant fini, au dernier moment, par lui inspirer le pressentiment du danger et l'empêcher de partir. Quelle plus magnifique confirmation aurais-je pu souhaiter des vues de l'illustre penseur belge!

Malheureusement, le supranormal a la manie de s'évanouir à l'instant où l'on croit le saisir. En fait, le prétendu naufrage ne paraît pas avoir eu lieu[2]; quant à la peste, dont Mme Brey n'apprit consciemment l'existence qu'après l'émeute du 7 janvier, elle datait du courant de décembre et devait forcément être connue à Tanger bien avant la fin de l'année. En sorte que la supposition la plus naturelle, — dont il faudrait démontrer la fausseté avant de recourir à une hypothèse supranormale, — c'est que

[1] Mæterlinck, *Le Temple enseveli,* p. 260-263.

[2] Il semble qu'il y ait quelque erreur de date dans les souvenirs de Mme Brey, et comme elle n'a retenu ni le nom du capitaine ni celui de la compagnie du bateau où elle eut son aventure, il est malaisé de s'y retrouver. D'après les renseignements que je dois à l'obligeante entremise de M. le substitut G. Werner et de M. l'ingénieur R. Masset, le vapeur anglais *Morocco,* qui répond tout à fait aux descriptions de Mme Brey, est parti de Tanger le 28 décembre 1905, a touché Canarie le 2 janvier 1906, mais a évité Madère à cause de la peste, et est arrivé à Londres le 16, sans aucun accident. Le 31 décembre, jour indiqué par Mme Brey, il n'est parti de Tanger qu'un seul vapeur, le *Saro,* qui n'a pas fait naufrage non plus. — Au sujet de la peste : « *Pendant le mois de décembre 1905,* les médecins de Funchal déclarèrent une maladie contagieuse ayant les caractères de la peste bubonique. Lisbonne et tous les ports étrangers imposèrent aussitôt une quarantaine aux bateaux de cette provenance, ce qui fit un grand tort au commerce. Le lazaret, ouvert pour recevoir ceux qu'on disait attaqués de la maladie, fut mal administré, et la population voyait de mauvais œil l'arrestation et l'isolement des malades, ne croyant pas à la contagion. Le 7 janvier 1906, une grande foule envahit le lazaret, en emporta tous les malades à leur domicile, et, chose extraordinaire, il n'y eut pas de nouveaux cas, les malades se guérirent rapidement et la peste fut finie... » (Lettre d'un officier établi à Funchal.)

Mme Brey a eu vent de l'épidémie de Madère, soit par des bribes de conversations entendues à Tanger ou sur le pont du bateau, soit par quelque article de journal ou autre indice tombé sous ses yeux distraits. Comme cela arrive souvent aux personnes nerveuses et sujettes aux phénomènes de dissociation, elle n'a pas réalisé clairement la portée de ces informations et les risques au-devant desquels elle allait, mais cela n'a pas été perdu pour sa subconscience : les idées de peste, de quarantaine, de contagion, etc., tout en restant cachées elles-mêmes, ont éveillé l'émotion de crainte irraisonnée qui a déterminé sa fuite dans un accès d'hémi-somnambulisme. — Pour ce qui est de l'apparition du docteur, elle s'explique (comme chez la baronne d'A.) par la place qu'il occupait dans les pensées de Mme Brey. Sans doute, dit-elle en réponse à mes questions sur ce point, « si j'avais moi-même choisi un personnage symbolique pour m'apporter cet avertissement mystérieux, j'aurais pris un *défunt*, cela aurait été plus conforme à mes idées, et il n'en manque pas qui eussent été mieux qualifiés pour ce rôle de protecteur surnaturel qu'aucun vivant de ma connaissance; mais, *parmi les vivants*, c'est bien ce docteur qui était le plus approprié à cette fonction. » Il est en effet un de ses amis intimes, qui s'intéresse beaucoup à elle, et en qui elle a une confiance absolue au point de vue médical. Elle l'avait consulté par lettre sur son projet de séjour à Madère (conseillé par un médecin de Hongrie) et il l'avait approuvé. Mais il est certain qu'il l'en eût détournée s'il eût pu prévoir la peste; en sorte que l'apparition, dont Mme Brey comprit le sens sans échange de paroles, n'est évidemment que la mise en scène visuelle et la personnification dramatique de cette réflexion subconsciente : *Si le docteur était là, il m'interdirait certainement de partir*. Et cette évocation du docteur vivant, au lieu d'un protecteur désincarné, me confirme dans l'idée qu'elle a eu pour cause subconsciente la connaissance très naturelle du danger présent, la peste, plutôt que la révélation surnaturelle de quelque catastrophe à venir telle qu'un naufrage[1].

[1] Mme Brey a bien voulu, à ma demande, écrire à son docteur pour savoir si de son côté il avait éprouvé quelque chose de spécial lors de l'aventure, s'il avait par exemple appris la peste de Madère et désiré ou tenté d'empêcher de loin Mme Brey de partir (c'est un hypnotiseur réputé). Il lui répond que, bien qu'il lui soit souvent arrivé de recevoir des lettres d'elle peu de jours après avoir pensé intensément à elle, il n'a aucun souvenir relatif à cette occasion-là et ne se rappelle pas s'être particulièrement occupé d'elle à l'époque en question. Je ne vois en somme aucune raison plausible de supposer — comme Mme Brey y incline — que son hallucination ait été due à une action télépathique exercée sur elle, à Tanger, par son docteur en Allemagne; l'explication purement psychologique du phénomène, telle que je l'expose ci-dessus, me paraît tout à fait suffisante.

Notre dossier abonde en faits facilement explicables, comme ceux que je viens d'analyser, par la traduction imaginative — en voix d'avertissement et en hallucinations prémonitoires diverses, avec toutes les complications de dictées et messages automatiques que les croyances spirites y ajoutent — de petites perceptions subconscientes : craquements d'un contrevent qui se décroche, bruits de pas lointains, conversations d'autrui et attitudes ou jeux de physionomie de nos semblables, indices de tous genres pouvant frapper les sens et mettre en jeu la pensée ou l'imagination tout en restant inaperçus eux-mêmes, etc. (Voir entre autres nos 61, 62, 65, 119-122, 189, etc.)

II. Fantasmagories induites par des sensations internes. — De même que les perceptions externes, les sensations dites internes (viscérales, cénesthésiques, organiques, etc.) peuvent servir de point de départ ou d'inducteur à des automatismes d'apparence supranormale. Que de songes, soi-disant prophétiques de maladie ou de guérison, qui ne sont que l'expression, dramatisée par l'imagination du dormeur, de processus vitaux déjà commencés dans la profondeur de ses tisssus et encore insensibles pendant les distractions de la journée. Ces phénomènes hallucinatoires sont plus rares, mais d'autant plus frappants, en dehors de l'état onirique ou hypnagogique proprement dit. En voici un exemple inédit (que je dois à Mme de B.) :

« Ma mère, enfant posthume, n'avait jamais connu son père (la photographie n'existait pas non plus) ; au reste, elle aimait et regardait comme son vrai père le second mari de ma grand'mère. C'est donc peu probable que sa pensée se fût fixée sur le souvenir oublié de son véritable père, au moment où elle se sentait très malade et en danger de mort, à ma naissance. Un phénomène nécessaire à l'accouchement tardait à se produire ; elle souffrait beaucoup, mais d'après son dire conservait toute sa connaissance. En ce moment critique, elle aperçut sur le seuil de la porte de sa chambre, face à son lit, un homme appuyé au chambranle ; elle le regardait sans réaliser qui c'était. Il était habillé de bleu avec des boutons d'or. Il s'approcha de son lit, passa la main sur sa tête et lui dit : *Mon enfant bien-aimée, ne crains rien, tu ne mourras pas, « cela » va se produire*. Quelques secondes après, « cela » se produisit et ma mère était sauvée. Plus tard, elle fit part à ma grand'mère de cette étrange apparition, lui décrivit la vision et demanda si son père était ainsi. Ma grand'mère confirma et dit : Ton père (mort par accident) était ainsi et son habillement répond aussi au signalement. — Ma mère, à ma connaissance, est morte sans avoir jamais vu réapparaître son père. »

Dans un cas pareil, les spirites ne mettront pas en doute que ce ne soit le père défunt lui-même qui est venu réconforter sa fille dans cette grave circonstance ; et ils ne s'étonneront ni de ce que ce désincarné ait revêtu pour cela son habit bleu à boutons d'or, ni de ce qu'il se soit trouvé au courant, mieux que la malade elle-même, des processus physiologiques sur le point de se produire dans l'organisme de celle-ci ! Les psychologues, eux, s'achoppant à cette double singularité, estiment plus plausible de voir dans cette scène hallucinatoire une combinaison dramatique, comme le rêve excelle à en produire, entre la sensation sourde du travail de délivrance qui commence enfin à s'effectuer, et quelque description jadis entendue, puis complètement oubliée, du vrai père défunt[1], vers qui la pensée de sa fille — quoi qu'en dise Mme de B. — pouvait fort bien se tourner dans la crise exceptionnelle qu'elle traversait.

J'interprète de même — en y ajoutant l'action peut-être télépathique d'un mari malade sur sa femme qui le soigne, et les fioritures dues au tempérament médiumnique de celle-ci — le cas n° 186 (p. 83) de notre dossier. Avant d'en admettre l'explication spirite, il faudrait d'abord prouver que Mme Glika n'a jamais entendu parler des traits caractéristiques de sa feue belle-mère, et qu'elle n'a pas eu l'intuition subconsciente de l'amélioration en train de se produire dans l'état de son mari : car son imagination n'en demandait certes pas davantage pour élaborer, au moyen de ces données, une soi-disante intervention, très touchante et très opportune, de la défunte. — On trouvera encore dans notre dossier bien d'autres exemples variés de rêves, voix, messages automatiques de tout genre, qui s'expliquent par cette traduction dramatisée de sensations et pressentiments organiques restés eux-mêmes dans la pénombre. (Voir nos 44, 79, 81, 212, 262, etc.)

III. Révélations cryptomnésiques. — Le chapitre suivant traitera de la cryptomnésie en tant que viciant la plupart des démonstrations du spiritisme, mais il convient de la mentionner ici comme source d'automatismes téléologiques, qui apportent au sujet de précieux renseignements... déjà en sa possession, à son insu. L'exemple classique est celui des rêves qui font retrouver les objets perdus, bijoux, livres, etc., en montrant au dormeur l'endroit où il les a lui-même oubliés ou laissés tomber. S'il s'agit d'une personne ayant quelque penchant au spiritisme, elle

[1] Chacun sait avec quelle facilité les descriptions que nous lisons ou entendons mettent en branle notre imagination visuelle, et s'y traduisent en représentations plus ou moins vives. Ces représentations concrètes, une fois nées, peuvent subsister dans la mémoire latente et reparaître alors même qu'on ne se souvient plus du tout de l'occasion qui les a primitivement provoquées. « Une dame de ma parenté — raconte p. ex. le prof. Prince — me fit une description très précise d'un personnage qu'elle avait vu en rêve, mais n'avait jamais rencontré en réalité. Elle avait complètement oublié que je lui avais décrit ce personnage peu de jours auparavant. La description qu'elle m'en fit d'après son rêve était une reproduction exacte de la mienne, et dans les mêmes termes. » Morton Prince, *The Unconscious*, Journal of Abnormal Psychology, t. III (oct. 1908), p. 265.

attribuera volontiers la vision révélatrice à son bon ange, d'autant plus que celui-ci y sera probablement intervenu pour indiquer du geste ou de la voix, quand ce n'est pas par quelque manifestation médianimique plus compliquée, l'emplacement de l'objet égaré (voir p. ex. le cas de la broche perdue, *Des Indes*, p. 377-380). Le psychologue explique le phénomène d'une façon plus naturelle en admettant que la chute de l'objet, d'un chaton de bague, par exemple, non remarquée par le Moi momentanément distrait ou absorbé en d'autres préoccupations, a néanmoins été perçue à la vision indirecte et enregistrée dans la subconscience, d'où elle ressort à la faveur du sommeil ou de quelque autre état hypnoïde.

Il y a, j'en conviens, quelque chose de paradoxal dans le fait qu'un incident aussi important que la perte d'un chaton n'attire pas sur le champ l'attention de l'individu, tout en le frappant assez pour que le souvenir de l'endroit où la pierre précieuse va rouler se grave dans sa mémoire subconsciente. Et certes, l'organisation téléologique de cet individu eût été encore plus parfaite si, au lieu de lui revenir en rêve, la perception de l'aventure avait eu lieu tout de suite : il n'aurait eu qu'à se baisser pour ramasser le chaton, et cela lui eût épargné le chagrin de découvrir qu'il l'avait perdu, puis la peine d'aller à sa recherche. Mais dans la théorie spirite, le paradoxe n'est pas moindre : pourquoi le bon ange, qui voit tomber le chaton, n'a-t-il pas l'égard d'en avertir immédiatement le propriétaire, au lieu de le laisser rentrer à la maison et se désoler jusqu'à la nuit ? Ce n'est pas gentil. Aussi cela me semble-t-il plus respectueux, non seulement du principe méthodologique d'économie, mais encore de la réputation des bons Esprits, de ne pas faire endosser à ces derniers des distractions, défauts d'attention, absences ou dissociations mentales qui s'expliquent déjà suffisamment par l'infirmité de notre propre nature, et dont nous n'avons que trop d'autres exemples en dehors même des phénomènes d'apparence spirite. Je laisse le lecteur appliquer cela à maints faits de notre dossier, entre autres à l'histoire du dé perdu et retrouvé (n° 218, page 96). Il y a aussi, il est vrai, des cas où il y aurait eu véritable clairvoyance (n°s 30, 114) — si seulement on était sûr que la mémoire du sujet n'a pas eu de défaillance et que réellement il n'avait point passé à l'endroit où se trouvait l'objet révélé par sa vision !

Parmi les variétés de la cryptomnésie, citons le cas des connaissances latentes que le sujet sait avoir possédées, mais ne peut retrouver, et dont le réveil inattendu est attribué par son imagination à l'intervention d'une personnalité étrangère. On en a un exemple, non spirite, dans la petite observation ci-dessous, qui m'a été communiquée il y a quelques années par Mme Thomas-Coulin, et qui s'explique par la combinaison de deux faits fort ordinaires : 1° l'évocation indirecte d'un souvenir oublié, « en battant les buissons » tout autour (selon l'expression de Hume), c'est-à-dire en pensant aux choses et aux gens qui s'y rapportent et qui le réveilleront par association ; 2° la tendance à se représenter les absents parlant et agissant comme s'ils étaient là.

« Le fait suivant est arrivé l'autre jour à mon père [le pasteur Coulin, alors âgé de 71 ans et devenu presque aveugle ; il aimait beaucoup à causer théologie et philosophie avec le professeur Frommel]. Il perd un peu la mémoire des noms, et il cherchait obstinément celui qu'on a donné au système de Leibnitz. Au bout d'un moment, il s'est dit : Je le demanderai à Frommel la prochaine fois que je le verrai. Et au même instant, il a vu nettement M. Frommel devant lui et a entendu sa voix lui disant : — *Mais c'est l'Harmonie préétablie !* — »

Dans un milieu spirite, et s'il s'agit de défunts, un pareil processus de réminiscence avec dramatisation passera inévitablement pour une preuve de l'intervention des désincarnés : on en a un échantillon au n° 163 (p. 76), où une jeune institutrice ayant oublié sa physique, la retrouve en invoquant son professeur décédé, lequel vient le soir même lui promettre par la table d'être dorénavant à son service toutes les fois qu'elle se sentira embarrassée !

IV. Conjectures subconscientes exactes. — Nous avons la précieuse faculté de deviner plus ou moins l'incertain d'après notre expérience acquise, et nos présomptions tombent souvent juste. Or il arrive que ce travail de raisonnement, d'évaluation des probabilités, d'inférences diverses, s'effectue en sourdine dans les marges obscures de notre conscience préoccupée d'autre chose, et que seule la conclusion jaillisse en pleine lumière, sous la forme d'un pressentiment qui s'impose avec un air de certitude immédiate. A la réflexion, on peut ordinairement remonter la chaîne et démêler les suites d'idées ou d'incidents qui ont amené ce résultat. Mais ce n'est pas toujours facile. La plupart des gens, au surplus, ne songent pas même à l'essayer, et leurs pressentiments (ceux du moins que l'événement vérifie, car les autres sont vite oubliés) restent gravés dans leur souvenir comme de mystérieux et inexplicables phénomènes. C'est une belle matière à enjolivements médianimiques et à interprétations spirites. En voici un exemple entre beaucoup.

M. Ledoc, courtier de marchandises, assiste par curiosité, et sans opinion arrêtée sur le spiritisme, à quelques séances de table dans une famille amie. Elles ont lieu à 5 h. après midi, en sorte que pour s'y rendre il quitte son bureau un peu plus tôt que de coutume. A l'une de ces réunions (où j'étais présent), après divers essais collectifs sans résultat notable, il se place seul à un guéridon, qui ne tarde pas à produire des craquements, puis à frapper des coups. M. Ledoc a un léger tremblement très rapide du poignet droit, ses bras sont tendus, et tout son buste oscille sur sa chaise en suivant les mouvements de la table comme s'il ne faisait qu'un avec elle; malgré ces indices d'automatisme, il conserve une suffisante présence d'esprit pour causer librement avec nous et épeler lui-même les coups. Ceux-ci ne donnent d'abord que des lettres incohérentes, puis, au bout d'un quart d'heure, la série suivante dictée lentement : — *tusetaismieuxauedaubureauqueici*, —dont M. Ledoc ne démêle pas le sens, évident pour moi qui ai noté les lettres *(tu serais mieux au bureau qu'ici)*; sans le lui révéler, je le prie de poser quelques questions à la table, et le dialogue suivant se déroule entre elle et lui :

Pourquoi cette dictée? [Rép. deux coups, c'est-à-dire :] *Non.* — Qui est là? Pas de réponse. — Est-ce un Esprit indépendant? *Non*, puis *Oui* [1]. — Voulez-vous nous dire pourquoi vous avez fait la dictée de tout à l'heure? *Oui.* — Eh bien, j'écoute. *Uzne debeche vous attend.* [Cette fois, M. Ledoc comprend, et il remarque de lui-même qu'il y a un *b* pour un *p* dans le mot *dépêche*. Je lui demande de tâcher d'obtenir de la table des détails précis sur cette dépêche :] — Pouvez-vous en dire le contenu? *Non.* — Pourquoi pas? *Non.* — Vient-elle de France? *Non.* — De Suisse, Belgique, Hollande? [A tout cela] *Non.* — D'Autriche? *Oui.* — Etes-vous sûr que c'est d'Autriche? *Non.* — [On tente vainement d'avoir quelques renseignements sur le contenu de cette dépêche, sur son numéro, sa signature, son heure de départ ou d'arrivée, son nombre de mots, etc. A toutes ces questions la table répond *non* ou reste muette. M. Ledoc continue :] Voulez-vous nous dire encore quelque chose? *Oui.* — Quoi donc? *Qu'il faut vous en aller.* — Encore quelque chose? *Non.* [Les assistants cherchent de nouveau à obtenir quelques indications sur cette dépêche, mais ils ont beau questionner, la table frappe toujours *non*, avec une énergie croissante, comme de plus en plus impatientée et fâchée. Finalement M. Ledoc demande encore si cette dépêche est importante :] *Oui, très importante.* — Est-ce qu'on ne peut rien en savoir de plus? *Non*, avec grande violence. — Alors M. Ledoc se décide à partir, pour courir à son bureau, d'où il revient au bout d'une-demi heure avec un télégramme de Vienne arrivé à Genève à 4 h. 55 et qu'il a trouvé dans sa boite aux lettres : c'est une commande considérable et qui réclame une réponse le soir même. M. Ledoc est très ému, car sans la dictée de la table, il ne serait pas retourné à son bureau aujourd'hui et aurait manqué cette grosse affaire (de près de 60,000 fr.). Tous les assistants sont dans l'enchantement d'une intervention supranormale aussi éclatante et aussi promptement vérifiée.

---

[1] Voici le détail de ce petit épisode où l'on voit, comme souvent, la subconscience naïve ne pas se donner d'emblée pour un Esprit séparé, mais ne pas tarder non plus à accepter la suggestion qui lui en est faite par l'entourage : — [M. Ledoc demande :] Qui est là? Pas de réponse. — Est-ce un Esprit? *Non.* — [M. Ledoc garde un moment le silence, puis reprend :] Etes-vous toujours là? *Oui.* — [Nouveau silence. J'insinue à M. Ledoc de demander si c'est une partie de lui-même, ou un Esprit indépendant, qui répond. Il paraît un peu étonné, et ne pose pas la première partie de la question, mais seulement la seconde :] Etes-vous un Esprit indépendant? *Oui.* — Un amusant effet de cet épisode se constate dans le changement de ton de la table à l'égard de M. Ledoc : Avant, elle le *tutoye*, comme quand on se parle à soi-même; après, elle le *voussoye* comme une personne étrangère!

A la réflexion et en causant avec M. Ledoc, la chose me paraît moins stupéfiante. D'abord, la dépêche est de son correspondant ordinaire à Vienne, et concerne une affaire à laquelle il s'attendait plus ou moins. Puis, il reçoit chaque jour en moyenne 15 à 18 télégrammes, et souvent, en faisant ses courses en ville, il a eu des pressentiments qui l'ont ramené à son bureau plus vite qu'il n'avait compté, pour y trouver en effet des nouvelles imprévues importantes; rien d'étonnant à ce que, ayant fermé cette après-midi avant l'heure ordinaire, il ait eu l'arrière-pensée qu'il risquait de manquer quelque affaire et qu'il eût mieux fait de rester au bureau, comme le guéridon le lui a dicté. Enfin le prétendu Esprit, qui a d'ailleurs hésité sur sa réalité indépendante de M. Ledoc et sur la provenance autrichienne de la dépêche, n'a voulu fournir aucun détail précis concernant celle-ci. Tout cela donne à penser, et M. Ledoc n'est pas loin d'en convenir, que cette manifestation médianimique n'est que la traduction d'un de ses pressentiments habituels, qui s'est trouvé vérifié, comme tant d'autres fois, par un hasard heureux mais nullement extraordinaire. (Il n'a jamais tenu registre de ses pressentiments, de manière à faire une statistique exacte des cas où ils étaient justes ou faux.)

Ce petit exemple de message typtologique utile, issu de conjectures ou réflexions subconscientes fort simples, montre une fois de plus avec quelle facilité les produits de la cryptopsychie, dans un milieu propice, revêtent l'apparence de manifestations spirites. Cette apparence devient naturellement toujours plus frappante et irrésistible à mesure que les cas se compliquent, par l'entrée en jeu de plusieurs médiums, la coopération de diverses formes de cryptopsychie, et peut-être un certain appoint de connaissances supranormales dues à la télépathie, etc. (Voir p. ex. les N°s 148 à 150, facilement explicables par des pressentiments très naturels, basés sur des indices plus ou moins obscurs concernant la santé ou le caractère des gens, et mis en œuvre à la mode spirite par l'imagination médiumnique.)

Je pourrais multiplier indéfiniment les exemples et les espèces de cryptopsychie. Ce qui précède suffit à attirer l'attention du lecteur sur cette sorte de phénomènes, et je passe à une dernière catégorie d'automatismes téléologiques, qui d'ailleurs ne diffère pas essentiellement de celles qu'on vient de voir, puisqu'il s'agit encore de faits dont le sujet n'a pas conscience d'être directement l'auteur, bien qu'ils répondent à ses désirs et constituent pour lui des avantages, sinon vitaux, du moins intellectuels et sociaux.

III. — Les merveilles de l'Incubation.

Où les Esprits bienfaisants mettent le comble à leur obligeance, c'est lorsqu'ils se chargent de notre ouvrage pendant que nous faisons autre chose ou que nous nous reposons. Je laisserai ici de côté les besognes matérielles, telles que balayer la maison ou préparer le déjeuner, dont s'acquittent si prestement pendant la nuit, pour en épargner la peine aux jeunes dormeuses fatiguées, les kobolds, farfadets et autres gentils lutins de la légende; la science, qui dépoétise tout, a depuis longtemps remplacé ce gracieux petit monde par de vulgaires accès de somnambulisme des personnes intéressées. Pour rester dans les sphères supérieures, je songe seulement aux services d'ordre intellectuel que nous rendent les puissances cachées au fond de notre être, en continuant à creuser nos problèmes alors que nous n'y pensons plus; et j'en donnerai d'abord un exemple détaillé, antérieur et étranger aux préoccupations du spiritisme moderne.

Le poisson d'Agassiz.

En 1832, le jeune naturaliste vaudois Agassiz (1807-1873), qui devait devenir plus tard correspondant de l'Institut et l'une des gloires de l'Université d'Harvard, travaillait à Paris à son grand ouvrage sur les poissons fossiles. La détermination de ces espèces éteintes, d'après leurs empreintes parfois bien frustes sur des plaques schisteuses et autres pierres, n'était pas toujours aisée. L'un de ces poissons en particulier (le *Cyclopoma spinosum* Ag.) lui donna beaucoup de mal, mais il fut tiré d'embarras par une vision nocturne qu'il raconte dans la page suivante[1] :

« ...Telles que ces plaques étaient lorsqu'elles furent figurées dans l'*Ittiolitologia* [un ancien atlas de fossiles], il eût été difficile de les déterminer exactement. J'ai même été longtemps sans pouvoir les classer. Cependant mes doutes sur ce poisson ont été éclairés par une circonstance assez singulière pour que je croie devoir la raconter.

« Pendant une quinzaine de jours, j'avais tenté à plusieurs reprises de déterminer ce fossile, mais sans aucun succès. Quand je vis que mes recherches étaient inutiles, je le mis de côté et n'y songeai plus ; lorsqu'une nuit je m'éveillai, persuadé que j'avais trouvé la solution du problème qui me poursuivait, car je venais de voir en songe mon poisson parfaitement rétabli avec toutes les parties que je n'avais pu découvrir sur l'empreinte. Mais au moment où je cherchai à retenir cette image et à m'assurer de ma découverte, tout disparut. De grand matin, je courus au Jardin des Plantes pour voir si je ne retrouverais pas dans l'empreinte quelque trait qui me remît sur les traces de ma vision ; ce fut en vain. Comme les jours précédents, je ne vis, dans la tête surtout, qu'un amas informe d'os qui paraissaient entièrement brisés. La nuit suivante, la même vision se répéta, mais sans résultat plus heureux pour moi ; tout disparut à mon réveil. Espérant un peu qu'une troisième apparition me mettrait en possession

[1] L. Agassiz, *Recherches sur les poissons fossiles*. Neuchâtel, 1833-43, t. IV, p. 20-21. Cette intéressante observation psychologique, perdue dans les œuvres paléontologiques d'Agassiz, m'a été signalée par mon savant et aimable collègue M. le professeur Emile Yung, auquel j'exprime ici tous mes remerciements.

de la clef de cette énigme, je préparai, avant de me coucher, du papier et un crayon pour pouvoir tracer pendant la nuit ce que je verrais. En effet, vers le matin je sentis que mon poisson se présentait de nouveau à mon esprit, d'abord confusément, mais un peu plus tard si distinctement que je n'eus plus aucun doute sur ses caractères zoologiques. Moitié dormant, moitié rêvant, et dans l'obscurité la plus complète, je les traçai sur la feuille de papier que j'avais préparée. Le matin, je fus très surpris de voir dans mon croquis nocturne des traits que je crus d'abord impossible de retrouver sur la plaque, surtout un préopercule dentelé et armé de grosses pointes à son bord inférieur. Je me rendis tout de suite au Jardin des Plantes, et après plusieurs heures de travail je parvins cependant, à l'aide de mes burins et de mon marteau, à découvrir toutes les parties de la tête que l'on voit si nettement dans ma planche n° 1, et qui, dans la figure de l'*Ittiolitologia*, n'existent nullement, quoique faite d'après la même empreinte.

« C'est là un fait psychologique assez commun, mais que du reste je me garderai bien de commenter dans un ouvrage sur les poissons fossiles ; peut-être déjà plus d'un lecteur a-t-il pensé que ce simple récit était de trop. »

Cette aventure d'Agassiz appelle deux ou trois remarques.

1° Il la qualifie de phénomène psychologique « assez commun ». C'est exact, s'il vise seulement le fait général que le sommeil mûrit les idées : vérité d'observation courante dès longtemps consignée dans des proverbes populaires tels que « la nuit porte conseil », etc. Mais c'est très exagéré s'il veut dire que des révélations oniriques aussi remarquables que celle de son poisson, c'est-à-dire jaillissant tout achevées et marquées au double coin de la *nouveauté* et de la *valeur*, sont choses fréquentes. Elles sont au contraire plutôt rares, malgré tous les cas qu'on en a recueillis dans la vie des savants, des artistes, des littérateurs, etc.[1] ; car ces cas sont au fond fort exceptionnels si on les compare à l'abondance des rêves décevants, où le dormeur invente des choses magnifiques qui se trouvent, au réveil, n'être que des vieilleries ou des inepties. C'est la loi ordinaire des créations du songe, que le neuf n'y est pas bon et que le bon n'y est pas neuf. En fait, et à en juger par les quelques enquêtes entreprises

[1] Une des plus riches collections de ces exemples classiques d'inspiration littéraire, musicale, scientifique, etc., avec beaucoup de cas inédits recueillis chez nos contemporains, se trouve dans CHABANEIX, *Le subconscient chez les artistes, les savants et les écrivains*, Paris, Baillère, 1897. Voir aussi un certain nombre d'autres exemples dans la récente et belle étude de HENNIG, *Beiträge zur Psychologie des Doppel-Ichs*, Zeitschrift für Psychologie d'Ebbinghaus, Bd. XLIX (1908). — Sur ces phénomènes chez les mathématiciens, voir l'enquête très intéressante et trop peu connue de MAILLET, *Les rêves et l'inspiration mathématique*, Bulletin de la Société Philomatique 1905 ; ainsi que FEHR, *Enquête de l'« Enseignement mathématique » sur la méthode de travail des mathématiciens*, Paris et Genève 1908, p. 31 suiv., en y ajoutant les observations et réflexions personnelles si instructives de Poincaré sur l'invention mathématique (H. POINCARÉ, *Science et Méthode*, Paris, Flammarion, 1908, p. 43-63.) — Comparer le récent article de BEAUNIS, *Comment fonctionne mon cerveau*, Revue philosophique de janvier 1909.

dans un champ restreint comme celui des mathématiciens, si tous les chercheurs ont constaté le bon effet du repos, des vacances, du délassement, sur le travail ultérieur, et si beaucoup ont noté que les premiers instants après le réveil matinal sont particulièrement favorables à la fécondité de la pensée et aux trouvailles heureuses, il en est très peu qui aient eu des inspirations vraiment utiles *en rêve* ou dans l'état hypnagogique, et ceux qui ont eu cette chance ne l'ont guère vue se produire plus d'une fois ou deux dans leur vie.

2° La vision nocturne d'Agassiz est remarquablement pure de tous les enjolivements habituels du rêve. Avec une mentalité moins positive ou des préoccupations spirites, le poisson lui eût probablement été présenté, dans un décor approprié, par quelque messager de l'Au-delà ou par un pêcheur des époques préhistoriques. La présence ou l'absence de complications théâtrales autour de la solution d'un problème, dépend sans doute aussi de la disposition du moment, car les cas extrêmes peuvent se rencontrer chez un même sujet. Par exemple, le professeur d'assyriologie M. Hilprecht eut une fois la révélation nocturne toute nue, pour ainsi dire, du vrai sens d'une inscription ; tandis que, quelques années plus tard, le mystère d'une autre inscription lui fut révélé en songe avec le prestigieux appareil d'un temple assyrien et d'un grand-prêtre qui lui fit voir toutes sortes de choses étonnantes et exactes ; l'analyse des détails de ce curieux rêve montra du reste qu'ils pouvaient tous se ramener à des souvenirs latents ou à des inférences naturelles du savant [1].

3° Il semblerait que dans le songe d'Agassiz il y ait eu quelque trait supranormal de lucidité, puisque son poisson reconstitué lui a présenté des détails, un préopercule dentelé etc., que jamais il n'avait remarqués sur l'empreinte fossile, que les observateurs antérieurs n'avaient point aperçus non plus, et que son ciseau ne parvint à dégager de la pierre qu'au bout d'un long travail. Son récit n'est toutefois pas assez précis à ce sujet pour qu'on en puisse conclure à un phénomène occulte d'*hyloscopie,* de clairvoyance dans l'intérieur des plaques, et il est plus simple d'admettre que sa vision fut le résultat, soit d'inférences subconscientes tirées d'indices échappant à une attention ordinaire (modelé du relief ou rayures imperceptibles de la pierre, etc.), soit d'un sentiment vraiment génial des corrélations organiques qui lui fit deviner, d'après la partie visible du squelette, ce que devait être le reste.

Si curieux que soient les cas comme celui d'Agassiz, ils ne constituent point encore les merveilles spirites que j'ai en vue dans ce chapitre.

---

[1] Voir Newbold, *Cases of Dream Reasoning*. Psych. Review, t. III (1896), p. 132.

Certes, ils nous posent une énigme, à savoir la nature vraie de ces processus cachés qui aboutissent à la soudaine éclosion de résultats inutilement cherchés jusque-là. Mais cette énigme ne diffère pas essentiellement du problème de l'incubation ordinaire et courante, qui, en chacun de nous, prépare pendant le repos la reprise du travail mental de façon à en rendre la continuation plus fructueuse et rapide : c'est le problème paradoxal d'une activité que la physiologie est tenue, par principe, de considérer comme purement physico-chimique (c'est-à-dire mécanique en dernière analyse), et qui cependant nous paraît manifester une direction intelligente, un choix, une tendance vers les buts que la personnalité consciente s'est proposés, bref une finalité évidente. Or ce problème, en raison de son universalité dans tout le domaine biologique, mérite d'être abandonné aux philosophes. Ce n'est point à la psychologie scientifique à se lancer sur l'océan de leurs spéculations, si elle ne veut pas s'exposer à tomber de Charybde en Scylla, je veux dire à être indéfiniment ballottée entre les conceptions surannées de la « cérébration inconsciente » chère au matérialisme, et les hypothèses aventureuses du Sujet transcendental de du Prel, du Moi subliminal de Myers, de l'Inconscient (omniscient) de Hartmann, etc. Suivons plutôt l'exemple des physiciens ou des astronomes qui étudient la chute des corps et les mouvements célestes sans se préoccuper des causes de la gravitation. Les choses se passent dans cet univers matériel, nous disent-ils, *comme si* les corps s'attiraient suivant telles et telles lois, peu importe d'ailleurs qu'ils s'attirent réellement ou qu'ils soient les jouets passifs d'une pression extérieure, etc. Contentons-nous de dire pareillement : les choses se passent dans la vie mentale *comme si* nous possédions en nous-mêmes une couveuse intelligente qui continue à mûrir les idées et les questions que nous lui avons confiées, une officine sagement administrée où les ingrédients que nous y mettons se mitonnent et élaborent des produits nouveaux répondant à nos désirs et à nos desseins. Qu'on baptise cette précieuse institution du nom de Centres nerveux, ou d'Imagination subliminale, ou autrement, c'est bien égal en pratique ; l'important serait plutôt de connaître l'influence qu'exercent sur son fonctionnement l'état de santé ou de maladie, les méditations antérieures, le temps écoulé, les distractions ou occupations intercurrentes, etc. A défaut de ces renseignements précis qui nous manquent encore, notons au moins une loi d'expérience commune : c'est que *chacun ne récolte que ce qu'il a semé*. L'abondance de la moisson varie sans doute énormément suivant le terrain individuel ; mais à part ces différences de fécondité, on peut dire que toutes les cervelles, cervelles de génie ou cervelles médiocres, rendent à leurs propriétaires le même genre de service, qui est de poursuivre d'elles-mêmes la maturation de ce qui a préoccupé leur pensée consciente et provoqué leurs réflexions volontaires.

Agassiz ne fait pas exception à la règle. Avant d'avoir la vision de son poisson, il avait travaillé quinze jours en vain sur ses débris fossiles, et il ressort de son récit que ce problème le « poursuivait » encore pendant la période d'incubation (dont il a malheureusement négligé de nous indiquer la durée). Cela montre assez que même les plus brillantes intelligences, dans le cours ordinaire des choses, n'obtiennent rien sans peine, ce qui est une autre façon d'exprimer la loi empirique ci-dessus. Aussi n'est-ce pas chez nos savants et nos artistes, creusant laborieusement leur sillon en attendant que l'inspiration y jaillisse, et pour qui « le génie n'est qu'une longue patience », mais c'est chez les Spirites qu'il faut aller chercher les vraies merveilles de l'incubation — ou plutôt de son absence !

Leurs médiums en effet, paraît-il, moissonnent où ils n'ont rien semé, et ce n'est pas « en y pensant toujours » qu'ils font leurs découvertes, comme ce rustaud de Newton, mais au contraire en n'y pensant jamais. Demandez plutôt aux auteurs de tant d'écrits médianimiques qui voient le jour chaque année, quelle part ils y ont eue, en dehors de leurs fonctions serviles de machine à écrire ou d'appareil téléphonique à la disposition des Esprits. Ils vous soutiendront que leurs inspirations leur sont venues, non seulement toutes seules et sans qu'ils y fussent pour rien sur le moment, comme à Agassiz son poisson, mais encore, et surtout, sans préparation aucune ni préoccupations antécédentes ! Voilà, il en faut convenir, qui est vraiment merveilleux, en dehors de toutes les conditions ordinaires de la production intellectuelle ; et les Spirites décidément ne font que raisonner suivant le bon sens le plus élémentaire, lorsqu'ils attribuent à des intelligences désincarnées la paternité de ces révélations auxquelles l'organisme du médium est complètement étranger et a simplement servi de canal ou d'instrument passif. Les bibliothèques du spiritisme moderne regorgent d'ouvrages de tout genre, philosophie, science, littérature, en vers et en prose, qui ont été composés de la sorte, et si j'en devais citer, je n'aurais que l'embarras du choix, depuis les dictées de l'ange Gabriel et du Christ lui-même à un groupes de spirites genevois il y a plus d'un demi-siècle, jusqu'aux discours tout récents d'Abélard, l'amant de la pauvre Héloïse, à deux dames de la meilleure société parisienne — en passant par les *Enseignements spirites* qu'Imperator, Rector et consorts donnèrent à Stainton Moses, la *Spiritualisation de l'Etre* de Mme Darel, le livre posthume de Dickens, que sais-je encore, les informations de Mme Smead relatives à la planète Mars et à ses habitants....

Mais voilà que ce dernier exemple m'arrête net dans mon énumération, et vient réveiller tous mes doutes, en me rappelant les romans de Mlle Smith ! Car, certainement, les révélations de cette dernière, sur les langues astrales ou l'histoire inconnue de l'Inde ancienne, ne le cédaient à aucun des ouvrages précédents en imprévu, en éclat, en originalité [1]. Si donc, comme je crois l'avoir suffisamment démontré ailleurs, ces élucubrations vraiment stupéfiantes à première vue se laissent ramener, sans aucun résidu supranormal appréciable, à des processus très naturels d'incubation, déclanchés par des suggestions extérieures, entretenus par le désir et la préoccupation du médium de répondre aux attentes de son entourage, et alimentés par son stock de connaissances latentes et de souvenirs infantiles — comment être sûr qu'il n'en a pas été de même dans les cas, bien moins extraordinaires, qui remplissent la bibliographie du spiritisme ? Et où a-t-on fait la preuve que les automatistes qui ont prêté leur table ou leur crayon à toutes ces compositions provenant soi-disant de l'autre monde, n'ont pas pu les tirer de leur propre fonds et en être eux-mêmes les auteurs ? Or, la moindre arrière-pensée de ce genre suffit à ébranler la confiance que l'on pourrait avoir dans la démonstration du spiritisme par ces prétendus ouvrages de désincarnés.

Je sais bien que la preuve contraire, celle de leur origine terrestre, est parfois tout aussi impossible à fournir. On n'est pas toujours en mesure d'assigner avec évidence, dans les cas particuliers, les suggestions initiales qui ont donné le branle à l'incubation, les tendances émotives qui l'ont dirigée, les conditions variées dont elle a subi l'influence. Une profonde obscurité règne trop souvent sur ces divers points. Bien rares sont les personnes douées de facultés *psychiques* qui prennent la peine d'analyser leurs propres phénomènes, comme Miss Freer et Miss F. Miller [2], pour tenter d'en découvrir l'explication naturelle dans les circonstances de leur vie passée, leur tempérament, etc. Que ce soit amnésie réelle, paresse d'esprit, ou mauvaise volonté due à la crainte de voir

---

[1] On sait que depuis quelques années, Mlle Smith s'est mise à faire, en trance, des tableaux de sainteté qui ont un immense succès auprès du grand public. Mais cette nouvelle forme de sa médiumnité ne diffère pas des anciennes sous le rapport des phénomènes de suggestion et de lente incubation, comme l'a bien montré LEMAITRE, *Un nouveau cycle somnambulique de Mlle Smith : Ses peintures religieuses*. Arch. de Psychol., t. VII, juillet 1907, p. 63. Sur la valeur esthétique de ces tableaux, voir FLEURY, id., sept. 1907, p. 206.

[2] GOODRICH-FREER (Miss X), *Essays in Psychical Research*. London 1899. — Miss Frank MILLER, *Quelques faits d'imagination créatrice subconsciente*. Arch. de Psychologie, t. V (juin 1905), p. 36.

s'évanouir l'auréole de mystère et d'Au-delà entourant leurs automatismes, la plupart des médiums ne sont jamais prodigues de renseignements sur les sources peut-être très ordinaires de leur inspiration ; et les croyants spirites de l'entourage, qui partagent encore à un plus haut degré cette aversion instinctive pour le jour trop cru des explications scientifiques, ne font en général rien non plus pour faciliter au chercheur ses tentatives de « naturalisation du surnaturel » (selon l'expression de Podmore [1]), si même ils ne tâchent pas de les contrecarrer. Aussi comprend-on qu'on en soit souvent réduit à de bien maigres indices, parfois à de simples soupçons, sur la genèse et l'évolution réelles des compositions médianimiques. Mais cela ne doit point faire oublier le principe méthodologique que l'*onus probandi*, la charge de la démonstration, revient aux partisans du supranormal, non à ceux des explications ordinaires : c'est aux premiers à établir positivement que les œuvres obtenues par leurs médiums échappent aux lois normales des phénomènes d'incubation et d'éclosion intellectuelles.

En ce qui concerne les exemples que j'ai mentionnés ci-dessus, je me bornerai à y relever quelques traits par où ils me semblent se ramener à des processus d'incubation n'ayant rien de supranormal. Je garde pour la fin le cas de Dickens, sur lequel j'ai le plus à dire, et je commence par celui de Mme Smead qui m'a été l'occasion des réflexions précédentes.

Le roman martien de Mme Smead [2]. — Cette honorable dame américaine, femme d'un clergyman anglican, cultive en amateur l'écriture et le dessin automatiques par la planchette. Les communications qu'elle a eues (de ses trois enfants et de son beau-frère décédés) concernant les gens, les choses et la langue de la planète Mars, lui sont venues à deux époques séparées par une interruption de cinq ans : la première fois en 1895, peu de temps après la publication, dans une revue très répandue *(Atlantic Monthly)*, d'articles de l'astronome Lowell sur Mars et ses canaux ; et la seconde fois en 1900, alors que le volume de *Des Indes* se trouvait déjà dans la maison, mais, dit-on, avait été caché à Mme Smead pour ne pas l'influencer par les dessins martiens de Mlle Smith ! Bien que M. et Mme Smead ne paraissent pas admettre que ces circonstances extérieures aient été pour quelque chose dans la naissance de leur roman astronomique, on conviendra que de pareilles coïncidences sont à tout le moins singulières ; et

[1] F. Podmore. *The Naturalisation of the Supernatural*. Londres 1908.

[2] J. H. Hyslop. *La médiumnité de Mme Smead*. Annales des Sc. psychiques, t. XVI (août 1906), p. 461. – Outre son roman martien, Mme Smead a eu beaucoup d'autres communications de prétendus désincarnés. M. Hyslop, qui a soumis tous ces documents à un examen approfondi et qui vient de leur consacrer un nouveau mémoire, estime qu'ils renferment des éléments de communications spirites authentiques ; en sorte qu'il considère la médiumnité de Mme Smead comme un cas intermédiaire entre la pseudo-médiumnité de Mlle Smith et la médiumnité vraie de Mme Piper. Je suis trop incompétent pour me prononcer là-dessus. Voir Hyslop, *Preliminary Report on the Trance Phenomena of Mrs. Smead*. Proc. Amer. S. P. R., vol. I (1907), p. 525-722.

comme les révélations martiennes de Mme Smead présentent le même caractère de puérilité, d'imagination enfantine et naïve, que celles de Mlle Smith, quoiqu'elles en diffèrent grandement dans les détails, je ne puis m'empêcher de penser que l'explication psychologique en serait au fond la même...

Les « Révélations divines » à Genève en 1854. — Quand la grande épidémie spirite, venue d'Amérique, sévit sur l'Europe au milieu du siècle dernier, Genève ne fut point épargnée. Le seul monument qui y subsiste de cette fièvre est un recueil de communications du Christ et de ses anges [1], obtenues par la table dans un petit groupe de pasteurs ou professeurs avec leurs familles. Ce volume, d'un mysticisme très orthodoxe, mais douceâtre et niais à donner la nausée, semble être une mauvaise décoction de sermons piétistes de l'époque du Réveil. Si l'on ne savait combien les pratiques spirites sont aptes à détraquer les têtes en même temps que les tables, on ne comprendrait pas que des gens intelligents et respectueux de la religion aient osé publier de pareilles médiocrités en les donnant comme « Paroles du Sauveur. Hymne de l'ange Gabriel. Chant d'amour du Fils de Dieu pour son Eglise », etc. C'est au point qu'un brave artisan [2], qui avait d'abord été gagné par ces phénomènes typtologiques et s'était chargé de revoir les épreuves dudit volume, finit par être tellement écœuré de ces inepties qu'il cessa de croire à leur authenticité. « En effet, me disait-il en me contant la chose, il se peut bien que Jésus-Christ soit obscur, mais il ne peut pas être *bête !* » Verdict plein de bon sens en sa naïveté et auquel je n'ai rien à ajouter. Psychologiquement, ce fatras n'a d'intérêt que comme exemple de l'abaissement de niveau, de la dégradation ou régression mentale, qui caractérise fréquemment les produits médianimiques : ils reflètent les idées et les sentiments du milieu, mais sous une forme inférieure et comme dans un cerveau débile ou momentanément retombé en enfance.

Les « Spirit Teachings » de Stainton Moses [3]. — On sait que Moses fut d'abord un clergyman très convaincu et rigide de l'Eglise anglicane. Ce n'est qu'à trente ans passés qu'il commença à étudier le spiritisme, par curiosité. Puis étant devenu lui-même médium à effets physiques et à écriture automatique, les Esprits se servirent de sa table et de sa main pour lui communiquer leurs enseignements. Mais la doctrine philosophico-religieuse qu'ils lui révélèrent formait un tel contraste, par son latitudinarisme, son interprétation sym-

---

[1] *Révélations divines et mystérieuses, ou communications entre le ciel et la terre par le moyen d'une table.* Tome premier, du 15 décembre 1853 au 15 novembre 1854. XXIII et 463 pages. Genève 1855.— Ce premier volume n'a pas eu de suite, à ma connaissance. Ou plutôt, il en eut une, mais d'un autre genre. La table, raconte-t-on, ayant dicté que la fin du monde viendrait dans trois ans, les membres du groupe, dont l'un était assez fortuné, se lancèrent en de moins mystiques bombances, de manière à épuiser leur avoir en ce laps de temps. Au bout des trois ans, ils se trouvèrent sans ressources. J'ai encore connu, dans mon enfance, deux de ces lamentables victimes du spiritisme : ils en étaient complètement revenus, et supportaient avec dignité, dans leurs vieux jours, une existence de pauvreté et de labeur qu'ils considéraient comme l'expiation méritée de leurs égarements... (j'allais dire de leurs doubles excès de *table).*

[2] M. Jules Leemann, bien connu plus tard comme sculpteur et constructeur de très remarquables reproductions en bois des cathédrales de Strasbourg, Reims, etc., qui ont été médaillées dans plusieurs expositions. Il est mort plus qu'octogénaire en 1902.

[3] Traduction française : *Enseignements spiritualistes reçus par* William Stainton Moses. Paris, Leymarie, 1899.

bolique des dogmes chrétiens, toutes ses tendances en un mot, avec la théologie traditionnelle à laquelle Moses était fermement attaché, que sa conversion à cet enseignement imprévu ne se fit pas sans peine. Ce n'est qu'après des mois, voire des années de résistance, de combats intérieurs, de discussions avec ses Guides spirituels, qu'il se rendit et qu'il apporta désormais à la défense de sa foi nouvelle toute l'ardeur, la conviction, les hautes facultés intellectuelles et morales qu'il avait mises au service de l'ancienne. Aussi cela semble-t-il une gageure que de prétendre ramener à un processus d'incubation ordinaire et autochtone, chez Stainton Moses, la genèse de ces messages automatiques d'un contenu si contraire à ses idées personnelles, et dont les prétendus auteurs offraient toutes les apparences d'individualités bien caractérisées, conscientes d'elles-mêmes, indépendantes de lui...

Et pourtant! Outre que ces soi-disants désincarnés n'ont jamais donné de preuves vraiment indiscutables de leur identité, et qu'abstraction faite de leurs manifestations matérielles (dont je parlerai plus tard), ils ne dépassent point les jeux de personnification dramatique de l'imagination subconsciente, l'opposition entre leur corps de doctrine et celui auquel Moses était habitué ne dépasse pas non plus le conflit que ses propres réflexions avaient dû créer au sein de sa pensée. Très intelligent, ayant beaucoup lu et pas mal voyagé, il est difficile que Moses ne se soit jamais senti ébranlé dans les étroitesses de son orthodoxie, au contact de souffles différents. Je me représente que ces doutes inévitables, refoulés à mesure par un tempérament entier et obstiné comme le sien, ont dû s'accumuler dans la pénombre de sa personnalité, s'y organiser peu à peu en un système d'affirmations fort différentes de ses croyances primitives, et finalement atteindre un degré de tension suffisant pour faire victorieusement irruption dans ses accès de trance. Notez que ce ne sont ni les suggestions du milieu, ni le temps nécessaire, qui ont manqué au travail d'élaboration préparatoire. Entre le moment où Stainton Moses se mit à l'étude du spiritisme et celui où éclata sa médiumnité, il se passa environ deux années, remplies de lectures, d'expériences et de discussions sur ce sujet avec ses amis Speer, chez qui il demeurait. Et que de fois, dans la suite, on le voit formuler à ses Guides désincarnés, sur des points de détail, des questions auxquelles ils ne répondent que plusieurs jours après! On me dira que même les Esprits supérieurs ont parfois besoin de réfléchir un certain temps aux problèmes qu'on leur pose. Mais comme Moses était certainement aussi un esprit supérieur, fort capable de trouver lui-même une solution à ces problèmes, je ne vois pas quel avantage il y a à déplacer les difficultés en transportant chez ses hypothétiques interlocuteurs désincarnés des processus de gestation qui ont tout aussi bien pu avoir lieu dans sa propre cervelle. En résumé, avant d'admettre l'origine vraiment supranormale des « Enseignements spiritualistes » automatiquement révélés à Stainton Moses, il faudrait d'abord être certain qu'il n'était pas capable de les avoir élaborés subconsciemment lui-même.

La « Spiritualisation de l'Etre » de Mme Darel. — Inutile d'insister sur cette œuvre automatique (voir plus haut p. 134 et suivantes), puisque Mme Darel a facilement pu en absorber tous les matériaux, y compris les expressions souvent très recherchées et tarabiscotées, au cours de ses lectures et conversations occultistes pendant les trois ou quatre années qui ont précédé l'éclosion du volume. Quant à ce qui est de la mise en œuvre de ces matériaux, du travail assurément très remarquable de synthèse, d'ordonnance, d'exposition, que représente cet ouvrage, l'auteur a suffisamment montré par ses livres ultérieurs (composés à la mode normale) qu'elle possédait en elle-même toutes les aptitudes nécessaires à ce genre d'opération.

Ce serait le lieu de parler des cahiers de dictées philosophiques, religieuses, morales, poétiques, etc., qui m'ont été gracieusement soumis par de nombreuses personnes de notre dossier. Mais comme il s'agit de manuscrits inédits, le lecteur serait dans l'impossibilité de contrôler mes appréciations. Je me borne donc à dire — au risque de n'être pas cru — que la dose d'originalité personnelle qui, dans chacun de ces cas particuliers, m'a paru se mêler à ce qui est patrimoine commun de tous les groupes spirites actuels et des auteurs qu'on y préfère, n'est pas assez forte pour justifier l'hypothèse d'une origine supranormale. Je crois qu'on en peut faire honneur, sans crainte d'exagération, aux facultés propres des médiums-amateurs qui ont prêté leur main à ces productions, et qui sont vraiment trop modestes en ne voulant pas s'en reconnaître les auteurs inconscients.

Les « Entretiens posthumes » d'Abélard[1]. — Dans ses messages obtenus par le psychographe, cet illustre scolastique a si bien dépouillé sa personnalité d'il y a huit siècles, qu'on ne le reconnait plus. Il se montre de toute faiblesse quand on l'interroge sur les universaux ou le conceptualisme. En revanche, il prêche des doctrines parfaitement conformes à celles en vogue dans les cercles spirites actuels. Quelques indices, dans l'Introduction du volume, permettent au psychologue de deviner jusqu'à un certain point l'enchaînement naturel de circonstances qui a amené l'imagination de Mme de V. et de son médium à se placer sous l'invocation de l'amant d'Héloïse, plutôt que de tout autre désincarné célèbre. Curieux comme spécimen d'élucubration automatique, ce livre n'a aucune valeur démonstrative — pas même, j'imagine, pour les Spirites convaincus, mais qui n'ont pas encore abdiqué tout jugement critique.

Le roman posthume de Dickens.

La mort surprit Dickens le 8 juillet 1870, comme il travaillait à son roman *Le Mystère d'Edwin Drood*, dont la publication mensuelle se trouva ainsi interrompue à l'endroit le plus palpitant. Mais trois ans plus tard, un journal américain annonça que l'écrivain défunt était en train de terminer le dit roman, à Brattleborough (Vermont), par la main d'un jeune médium nommé T. P. James, ouvrier mécanicien sans éducation et qui n'avait même jamais lu la partie publiée du vivant de Dickens ! L'œuvre achevée parut quelques mois après[2] ; sa moitié posthume, plus étendue encore que l'autre, présentait avec

---

[1] *Entretiens posthumes du Philosophe* PIERRE DE BÉRANGER (*dit* ABAILARD). *Œuvre Spiritualiste.* In-8, 248 p. Paris 1906, Bibliothèque Chacornac. — Un quart du volume est consacré à un intéressant résumé (nullement médianimique) de la vie et de l'œuvre d'Abélard par Mme de V., d'après Guizot, Rémusat et Cousin.

[2] *The mystery of Edwin Drood. Complete. By* CHARLES DICKENS. *Brattleboro, Vt. : Published by* T. P. JAMES. *1874.* — Tel est le titre sur la première page. Le volume broché a une couverture verte où ce titre est reproduit avec quelques adjonctions : — *Dickens most charming novel ! — The novel of the season. — Price one Dollar.* — Une grande partie de cette couverture est en outre remplie de longs

elle une telle continuité, en imitait si bien la manière de penser, le style, et jusqu'à certaines particularités d'orthographe, que les Spirites du monde entier n'eurent pas le moindre doute : c'était incontestablement Dickens lui-même qui était revenu dicter mot à mot à son médium la fin d'*Edwin Drood*. Aussi ce livre est-il resté à leurs yeux « une production unique dans les annales de la littérature », selon le jugement d'Aksakof qui accueillit sans sourciller cette histoire dans son ouvrage classique[1], d'où les écrivains du spiritisme l'ont dès lors reproduite comme une des plus magnifiques et écrasantes preuves de leur doctrine. Dernièrement encore M. Delanne n'hésitait pas à la mettre au nombre de ces faits « qui répondent à toutes les exigences, aussi bien à cause de la valeur des témoignages que par la saisissante démonstration qui en ressort »[2]. — Il est fâcheux que M. Delanne, d'ordinaire si prudent et si bien informé, paraisse ignorer les conclusions tout à fait différentes auxquelles arriva Mme Fairbanks, lorsqu'elle entreprit, il y a quelques années, de contrôler cette étrange histoire, ce que ni Aksakof, ni ses successeurs n'ont jamais pris la peine de faire. Je me permettrai de rappeler ici les résultats de son enquête[3].

Tout d'abord, les premiers intéressés, c'est-à-dire les membres de la famille Dickens, ont bien eu connaissance de l'histoire en question, mais ne l'ont jamais prise au sérieux[4]. Et à Brattleborough même, où l'on a depuis longtemps perdu la trace du médium P. James, il subsiste une tradition d'après laquelle il n'aurait été qu'un homme de paille servant de paravent à un habitant de cette ville, doué d'un grand talent littéraire, et qui aurait été le véritable continuateur d'*Edwin Drood*. Rien toutefois ne prouve la vérité de cette tradition, qui parait suspecte et peut fort bien être née de la tendance du grand public, ignorant des phénomènes parapsychiques, à expliquer par l'imposture les choses qu'il ne comprend pas. Supposons donc qu'elle soit fausse, et que P. James, au lieu d'un simple prête-nom, ait réellement été un médium à écriture automatique : il ne résulte pas moins du simple examen des circons-

---

extraits-réclames, tirés d'une demi-douzaine de journaux américains, et célébrant à l'envi l'importance de cette œuvre et l'identité de son style avec celui de Dickens. L'ouvrage, in-8, a XVI et 488 pages. Il s'ouvre par deux préfaces, l'une du médium, l'autre de l'auteur, Dickens. Il renferme ensuite (jusqu'à l'avant-dernière ligne de la p. 217) la partie écrite par Dickens de son vivant et interrompue par sa mort au cours du chapitre XX. Enfin vient immédiatement à la ligne suivante, sans indication du changement de plume ni d'autre séparation qu'un alinéa ordinaire, la partie écrite par le médium, soit 271 pages comprenant la terminaison du chapitre XX et 23 nouveaux chapitres.

[1] Aksakof, *Animisme et Spiritisme*, Paris 1895, p. 326-332 et 548.

[2] Revue scientifique et morale du Spiritisme, sept. 1907, p. 129.

[3] K. Fairbanks, *Le cas spirite de Dickens*. Arch. de Psychologie, t. I (juin 1892), p. 411. — Mme Kama Fairbanks, qui fut une des plus distinguées auditrices de notre université, et dont nous déplorons aujourd'hui la perte prématurée (voir Arch. de Psychologie, mars 1908, p. 319), était par ses relations personnelles et ses aptitudes littéraires, autant que par sa curiosité impartiale pour les problèmes de la psychologie occulte, particulièrement qualifiée pour essayer de tirer ce cas au clair. Je résume ici le contenu de son article, en l'abrégeant beaucoup, mais en conservant la plupart du temps ses propres expressions.

[4] Ceci peut expliquer qu'un ami de Dickens, cité par le Dr Surbled, n'ait pas entendu parler de cette histoire et ait cru que la famille du romancier l'ignorait également. Voir Dr Surbled, *Spirites et médiums*, Paris 1901, p. 154-155.

tances et du volume publié par lui, que Dickens désincarné ne fut absolument pour rien dans l'affaire, tandis que tout y est facilement explicable par des processus très naturels d'incubation et d'imagination subconscientes chez le médium lui-même. Je reprends successivement ces deux points :

1° Plusieurs faits empêchent (même le spiritisme étant supposé admis) que Dickens soit considéré comme l'auteur de la seconde partie d'*Edwin Drood*. — D'abord, dans sa soi-disant préface d'outre-tombe, on ne le retrouve ni comme écrivain ni comme homme. Les expressions et les sentiments puérilement vindicatifs qui s'y étalent à l'adresse des sceptiques, détonent sous sa plume présumée, tandis qu'ils trahissent à ne s'y pas tromper la tournure d'esprit du médium et de son milieu spirite. — Puis, dans le roman lui-même, le pastiche, si remarquable qu'il soit, n'est pas sans défaut. « A mon avis, dit Mme Fairbanks, il est très difficile de juger si cela mérite de s'appeler du Dickens ou non. Il y a certainement des passages très réussis, comme les scènes entre les dames Billickin et Twinkleton. Mais il y en a d'autres qui sont juste le contraire : je ne crois pas, par exemple, que Dickens aurait fait parler la petite Bessie Pudler, élevée par une femme qui ne peut pas prononcer une phrase correctement, comme la fait parler, ou plutôt discourir et prêcher, le médium T. P. James. » — Enfin et surtout, on sait que Forster, le biographe de Dickens, a retrouvé parmi les papiers de ce dernier toute une scène d'*Edwin Drood*, écrite d'avance et destinée à figurer plus tard dans le roman[1]. Or nulle part, dans le volume du médium, Mme Fairbanks n'en a rencontré la moindre trace, non plus que des trois nouveaux personnages que Dickens y avait introduits. Il est cependant inadmissible que l'auteur qui a conservé, dans l'Au-delà, un souvenir assez net de la partie déjà exécutée de son roman pour en dicter la suite à un médium, ait totalement oublié la scène laissée en manuscrit : et puisque son but avoué, en revenant finir son œuvre par voie médianimique, était de prouver la survivance, il n'aurait pas manqué — comme preuve éclatante d'identité — soit de reproduire cette scène encore inédite, soit, si son plan avait changé, d'y faire au moins allusion en réintroduisant les mêmes personnages, ou encore d'expliquer à son médium pourquoi il renonçait à s'en servir. Bref, le fait que ce fragment de la main de Dickens, retrouvé par Forster, brille par sa complète absence dans le roman posthume, constitue un argument péremptoire contre l'authenticité de ce dernier.

2° Rien ne s'oppose, au contraire, à ce que la partie posthume ait été subconsciemment élaborée par le médium lui-même. — On objecte qu'il était incapable de ce tour de force. Il est vrai qu'il se donne, dans sa préface personnelle, pour *an uneducated man* : mais cette expression, si on la prenait trop rigoureusement, serait démentie par les pages même où il l'émet, lesquelles ne sont point d'un homme inculte : d'ailleurs un Américain, fût-il simple ouvrier mécanicien, né à Boston, la ville scolaire par excellence, et qui poursuivit son instruction jusqu'à treize ans, peut-il raisonnablement être supposé table rase ? — Quant à l'assertion qu'il ne connaissait pas la première partie d'*Edwin Drood*, il est permis d'y voir un canard de journaliste : car dans l'ou-

---

[1] J. Forster, *The life of Charles Dickens*, Leipzig, Tauchnitz, 1874, tome VI, p. 168-170. Cette scène est intitulée : « How Mr. Sapsea ceased to be a member of the Eight Club ».

vrage même, ainsi que dans les citations-réclames accumulées sur sa couverture. P. James ne prétend nulle part n'avoir pas lu Dickens et son dernier roman : or, il est évident qu'il n'aurait pas manqué de s'en vanter s'il l'avait pu, parce que cela aurait rendu son exploit bien plus extraordinaire encore et ajouté un poids énorme à son hypothèse spirite du retour de Dickens lui-même. — Enfin, même s'il est vrai, comme on l'a dit, que P. James n'avait jamais manifesté auparavant de goût ni d'intérêt pour la littérature, cela n'exclut point la possibilité d'aptitudes latentes réveillées tout à coup par la lecture d'*Edwin Drood*. On a vu de ces éclosions inattendues de talents endormis ; et ce roman a dû faire travailler bien des imaginations, jusque chez les ouvriers, par sa publication dans des revues à la portée de tous, son intérêt passionnant et mystérieux, puis sa suspension soudaine, au plus beau moment, par la mort de l'auteur ! N'oublions pas non plus que le médium a eu près de deux ans et demi pour s'imbiber de l'œuvre originale du maître et en mijoter la continuation, sans compter les six mois qu'il employa ensuite à l'écrire automatiquement, ce qui fait trois ans en tout [1]. On conviendra que cela réduit singulièrement le merveilleux de la chose.

En résumé, ce cas si mirifique, dont les Spirites font tant d'état depuis plus de trente ans sans avoir jamais eu l'idée de tenter quoi que ce soit pour le vérifier, se retourne contre eux de la façon la plus cruelle sitôt qu'on s'avise de le presser d'un peu près. Cela n'est pas pour donner une bien haute idée de la valeur probable de leurs autres démonstrations prétendues scientifiques !

Que conclure des quelques exemples que je viens de passer en revue ? Je me garderai bien de nier dogmatiquement et à priori la possibilité d'ouvrages réellement composés par les Esprits, et que les automatistes ne feraient que nous transmettre (avec ou sans mélange de leur nature propre). Mais il me semble prudent, avant d'affirmer la réalité du fait, d'attendre qu'on nous en ait fourni quelque exemple vraiment probant, et à l'abri de tout soupçon — je ne dis pas même de fraude volontaire, mais simplement d'incubation subconsciente parfaitement naturelle. Et provisoirement, j'en reste à la supposition très prosaïque que toutes ces manifestations d'Esprits complaisants, qui font au médium la grâce de se révéler par son entremise, ne sont en dernière analyse que la réponse de son imagination à ses secrètes préoccupations et aux désirs, parfois inavoués, de son cœur.

[1] L'idée de continuer *Edwin Drood* n'a pu germer dans la subconscience de P. James qu'après que la publication mensuelle de ce roman eût été interrompue par la mort de Dickens (8 juillet 1870). On nous dit d'autre part (v. Aksakof, p. 327-328) que dès la fin d'octobre 1872, le médium eut des messages de Dickens au cours de ses séances d'écriture, et qu'il pondit son œuvre de Noël 1872 à juillet 1873.

CHAPITRE V

De la Cryptomnésie.

Il y a quelques années, en parcourant un pamphlet antithéosophique[1] qui m'avait été adressé par une main inconnue, je fus surpris d'y rencontrer tout à coup une série d'expressions qui rappelaient à s'y méprendre la dernière page du Voyage autour du monde de mon ami le prof. Paul Seippel[2], — cette page délicieuse et profonde où, discutant philosophie à la chute du jour, dans l'intimité de sa bibliothèque, avec le bouddha qu'il a rapporté du Japon, il finit par donner délicatement son congé à la sagesse hindoue pour lui préférer une autre attitude en face des réalités de la vie. — Dans le pamphlet en question, ces passages d'emprunt n'étaient pas trop mal en place au point de vue du fond de la pensée, puisqu'il s'agissait d'une polémique contre la théosophie contemporaine renouvelée de l'Inde bouddhiste; mais ils y détonaient par leur style imagé et alerte au milieu de l'argumentation abstraite et pesante du reste de la brochure. J'eus la fantaisie de comparer de plus près les deux textes et je les donne parallèlement ci-contre, en soulignant les termes ou membres de phrases qui s'y trouvent à peu près identiques; j'ai étendu la citation un peu en-deçà et au-delà des principaux points de ressemblance, afin que le lecteur puisse mieux se faire une idée du ton général des deux écrits.

La parenté des deux morceaux est évidente, et il n'y a pas d'hésitation possible sur ce qui est l'original et la copie, puisque *Terres Lointaines* est de plusieurs années antérieur à *Unum Sint*, sans parler du caractère de parfaite unité littéraire que le passage commun présente avec son contexte dans le premier ouvrage (surtout quand on lit le chapitre en entier), au lieu du contraste qui frappe dans le second. On dirait que l'auteur de celui-ci a ressenti lui-même le manque de cohérence, puis-

---

[1] Ara del Colle. *Unum Sint! Dédié au Congrès de l'Histoire des Religions de 1900.* Brochure de 32 pages; Jouve et Boyer, éditeurs, Paris, 1900.

[2] P. Seippel. *Terres lointaines. (Voyage autour du monde.)* In-4°, Payot, Lausanne 1897. Voir le chapitre XVII. *La bonne cellule.*

Terres Lointaines (p. 311-313).	Unum Sint (p. 29-30).
O bouddha, mon ami, je comprends toute la beauté de tes paroles de mansuétude... Mais aux heures où la nuit tombe et où l'angoisse étreint le cœur, elles ne nous sont pas un suffisant secours.. Six siècles après toi, le monde de l'Occident a entendu une parole bien plus simple que la tienne, puisqu'elle s'adressait non aux sages... mais aux *ignorants*, aux *déshérités*, à ces hommes qui peinent et que prend en pitié le moine aux yeux duquel le monde n'est plus qu'une bulle d'écume.... Je le sens plein de séductions, *l'idéal* de vie du moine bouddhiste, qui demeure en un lieu solitaire « dans *la forêt Sita, la fleurie,* dans *la forêt vaste et charmante,* sur les bords des rivières parées de fleurs, que couronne la guirlande diaprée des arbres ». C'est là que les « pieux lutteurs » victorieux de tous les désirs, goûtent les joies de la méditation.... Hélas! qu'elle est loin de nous, la forêt Sita la fleurie, si loin que jamais nous n'irons nous reposer sous ses *ombrages sacrés! Il nous faut d'autres asiles où* tous *aient accès.* Et fût-elle plus près de nous, la forêt Sita la fleurie, nos cœurs sont ainsi faits qu'ils n'y trouveraient point *l'inaltérable paix des* pieux *moines bouddhistes.* Bientôt *il nous faudrait* redescendre vers les *villes, où sont les hommes qui peinent, ceux auxquels ne s'adresse point ta parole, puisqu'on ne peut leur dire : croisez* les *mains sur vos ventres creux!* *Point ne joindrons-nous les pouces,* ami Bouddha, et *point n'abaisserons-nous les paupières, afin de ne pas voir le Monde de la douleur,* puisqu'aussi bien *c'est par ce monde-là que passe notre route, et* que *nous y voulons marcher jusqu'au bout* les yeux grands ouverts. *Ami bouddha, tes douces paroles* ne nous sont plus que *le breuvage* enivrant qui donne le sommeil de mourir. Il nous faut les paroles qui *donnent la force de vivre.* Demain, quand par les fenêtres ouvertes, la grande clarté du matin pénétrera dans notre commune cellule, que tes lèvres restent closes, ami bouddha, et contente-toi d'être un très beau bibelot de laque d'or. [Fin du volume.]	Nous sommes donc uniquement et exclusivement en présence de faits qui s'imposent, avec la force de la réalité constatée, à tout homme capable de comprendre que c'est la clarté de la raison objective et non la fragilité du sentiment subjectif qui doit décider de nos jugements. Mettre en relief cette ratification de *l'Idéal* par l'expérience, cette sanction humaine donnée en quelque sorte à l'action divine par l'action individuelle et collective de la personnalité humaine, est le but vers lequel convergent ces lignes dont le cadre étroit serait trop violemment brisé par une série d'arguments plus complète ou d'un ordre différent. Elle est belle, *la forêt Sita, la* forêt *fleurie, la forêt vaste et charmante,* aux *ombrages sacrés,* mais *il nous faut,* à nous, *d'autres asiles où* les *ignorants* et les *déshérités* puissent aussi *avoir accès.* Elle est belle *l'inaltérable paix des moines bouddhistes,* mais *il nous faut* rester dans nos *villes, où sont les hommes qui peinent, ceux auxquels ne s'adressent point tes paroles,* ô Bouddha, *puisqu'on ne peut* pas *leur dire: croisez* vos *mains sur vos ventres creux. Point ne joindrons-nous* nos *pouces, et point n'abaisserons-nous les paupières afin de ne pas voir le monde de la Douleur,* la grande cité dolente des malheureux et des désespérés. *C'est par ce monde-là que passe notre route et nous voulons y marcher jusqu'au bout. Ami Bouddha, tes paroles* sont *douces,* mais ta sagesse négative a fait de l'Inde, malgré les grandes qualités de son génie national, une esclave impuissante, se donnant sans résistance à tous les maîtres qui ont voulu d'elle. *Le breuvage* que tu offres n'a jamais *donné la force de vivre* et ne guérira pas de « l'aboulie » ceux qui sont plus pressés de la dénoncer chez les autres qu'à la dominer en eux-mêmes. Tourne-toi vers les Intellectuels, habitués à l'ivresse de la pensée stérile et solitaire, ainsi que vers les théosophes si bien dressés déjà à sauter hors des limites de leurs sept corps physiques, qu'on les trouve tous se débattant dans le vide, à Néphalococcygie, la ville des oiseaux d'Aristophane...

qu'au moment où les fragments étrangers vont se glisser sous sa plume, il avertit le lecteur que le cadre de son travail risque d'être « violemment brisé » par ce nouveau genre d'argument!

Des circonstances ultérieures m'ayant fait rencontrer l'auteur de l'opuscule *Unum Sint* (Mme de P., une dame russe d'une haute intelligence), je lui parlai de la chose, mais elle m'affirma énergiquement ne point connaître M. Seippel et n'avoir jamais lu ni vu son volume. Je n'insistai pas, car j'eus l'impression que ce sujet lui était pénible : il n'est jamais agréable pour un écrivain de se voir pris en défaut d'originalité. Au reste, je ne suspecte aucunement la bonne foi de Mme de P. ; outre que tout ce que je sais d'elle m'empêche d'en douter, il me semble évident que si elle avait *consciemment* imité M. Seippel, elle aurait pris la précaution élémentaire, soit de le citer textuellement et en le nommant, soit de démarquer plus habilement son emprunt afin d'éviter toute apparence de plagiat. Comme d'ailleurs le dernier chapitre de *Terres lointaines* avait déjà paru tel quel antérieurement, en première page de l'un des principaux quotidiens de la Suisse romande [1], j'en reste à la supposition infiniment plausible que Mme de P., qui aime beaucoup notre pays et y séjourne souvent, a dû lire cet article de journal et en aura gardé le souvenir latent, qui lui sera revenu comme une idée neuve en écrivant sa diatribe contre la théosophie et le bouddhisme.

Le cas que je viens de rapporter est un exemple typique de *cryptomnésie*, c'est-à-dire de la réapparition de souvenirs oubliés que le sujet prend à tort pour quelque chose de nouveau ou d'inédit. Les faits de ce genre sont beaucoup plus fréquents qu'on ne croit. Les simples mortels, comme les plus grands génies, sont exposés à ces lapsus de mémoire portant, non sur le *contenu* mnésique lui-même, puisque précisément ce contenu revient avec une exactitude parfois désolante et traîtresse, mais sur ses associations locales et temporelles (ou sur son caractère de « déjà vu ») qui l'auraient fait reconnaître pour ce qu'il est et auraient empêché le sujet de se parer innocemment des plumes du paon. On en a signalé chez Hélène Keller, la célèbre aveugle sourde-muette, qui ayant à onze ans composé son fameux conte du Roi du Gel, se vit bien injustement et cruellement accusée de fausseté, parce que ce conte présentait la plus grande analogie avec une histoire qu'on lui avait lue trois ans auparavant [2]. On en a découvert chez Nietsche [3], dont le « Zarathustra » renferme de petits détails provenant à son insu d'un ouvrage de Kerner que le philosophe avait étudié à l'âge de 12 ou 15 ans. Mais c'est naturellement chez les individus particulièrement prédisposés aux phénomènes de

[1] P. Seippel. *Interview d'un Bouddha.* Gazette de Lausanne du 31 août 1896.

[2] Voir le récit de ce fait entre autres dans Glena, *Helen Keller,* Genève 1894.

[3] V. Jung, *Zur Psychologie und Pathologie sogenannter occulter Phenomene.* Leipzig, 1902, p. 112.

dissociation mentale et de dédoublement de la personnalité, que la cryptomnésie atteint son apogée. Chez les médiums, elle est la source insoupçonnée d'une foule de messages stupéfiants, le ver rongeur par excellence qu'on doit toujours s'attendre à trouver installé au cœur des fruits médianimiques présentant les plus belles apparences.

Sans doute, faute de connaître en ses moindres détails la vie passée d'un médium, on ne peut pas toujours assigner le livre, le journal, ou la conversation d'où son subconscient a tiré les informations inattendues qu'il reproduit aux séances; mais il est évident que cette circonstance négative ne constitue pas encore une preuve positive de leur origine supranormale, et qu'il serait scientifiquement illégitime d'attribuer aux Esprits ces soi-disantes communications, tant qu'il reste la moindre *possibilité* qu'elles soient de simples phénomènes de cryptomnésie. De plus, dans les cas obscurs et douteux, ce n'est point aux partisans de cette hypothèse normale à établir sa *réalité*, mais aux Spirites à faire la preuve de son *impossibilité*. Malheureusement ces derniers ne se souviennent pas volontiers de ce principe méthodologique[1], parce qu'ils sentent d'instinct que son application ruinerait aussitôt nombre de leurs plus belles démonstrations. Il y a en effet, dans le panthéon du spiritisme, telle célébrité de premier ordre dont les stupéfiantes révélations, portant sur des faits vérifiables, nous paraissent de plus en plus n'avoir été que la reproduction automatique de renseignements absorbés d'une façon toute naturelle par la vue ou l'ouïe. C'est de nouveau à Stainton Moses que je vais recourir ici pour illustrer ma pensée par un exemple.

Le 10 février 1874, Moses faisant en Angleterre une séance avec ses hôtes habituels (le Dr Speer et sa femme), la table annonça que trois enfants en bas âge d'une famille totalement inconnue, aux Indes, étaient morts coup sur coup quelques temps auparavant. Voici cette funèbre dictée : *Bertie Henry D'Oly Jones, est mort à Umballa, Indes, le 31 décembre 1873, âgé d'un an et sept mois. Edward George Nigel Jones est mort le 3 janvier 1874, âgé de deux ans et neuf mois. Ensuite un autre frère, Cholmely, nous a rejoints le 5 janvier. Enfants de Nigel Jones.* Désireux de contrôler ce message, Moses fit quelques recherches et finit par trouver dans le *Pall Mall Budget* une indication concordante, toutefois moins précise quant aux âges, et où les prénoms ne figuraient que par leurs initiales. Mais quelques semaines après, un heureux hasard lui fit faire la connaissance d'une dame qui se trouvait être parente dudit M. Jones, et qui lui confirma que ce pauvre gentleman, fixé aux Indes, avait en effet perdu ses trois enfants en peu de jours. On comprend que Moses ait alors publié ce cas comme une des preuves les plus éclatantes de l'authenticité de ses communications spirites.

[1] Sur la façon de raisonner, au rebours de la logique ordinaire, d'auteurs spirites pourtant aussi sérieux qu'Aksakof, voir *Des Indes*, p. 284-285.

Bien des années plus tard, Myers qui, après la mort de Moses, reprit l'étude détaillée de ses documents, eut quelques scrupules sur l'exactitude des noms de baptême des enfants Jones épelés par la table, et voulant en avoir le cœur net, il fit faire aux Indes une enquête, dont le résultat fut d'accord avec la dictée typtologique à quelques petites différences d'orthographe près, lesquelles s'expliquaient par d'évidentes erreurs de copie ou de prononciation des employés de l'état-civil, en sorte que le message de la table devait être plus exact encore que ces renseignements officiels. Aussi Myers vit-il dans cette vérification « une belle *(pretty clear)* démonstration que les noms en question n'avaient pas pu être obtenus par des moyens ordinaires ». — Hélas! Trois ans ne s'étaient pas écoulés que l'impitoyable M. Podmore venait réduire à néant cette conclusion, en montrant que tous les détails de noms, d'âges et de dates du merveilleux message avaient paru dans la colonne mortuaire du *Times*, le 4 février 1874, soit six jours avant la séance où la table les avait révélés!! [1] Comment, après cela, douter sérieusement que cette prétendue communication spirite n'ait été qu'un pur phénomène de cryptomnésie, la simple reproduction, sous forme typtologique, d'une annonce subconsciemment emmagasinée par Stainton Moses en parcourant son *Times !*

Il suffit d'une mésaventure comme celle-là pour discréditer du coup, aux yeux de tout lecteur tant soit peu critique, les autres messages, d'un caractère de précision et d'exactitude analogue, qu'a fournis Stainton Moses, alors même que, par suite des circonstances, on n'a pas réussi à mettre la main sur le texte imprimé qui a pu leur servir de source très naturelle. Tel est entre autres le fameux cas — reproduit par presque tous les écrivains spirites — d'Abraham Florentine, ce vieux soldat défunt qui, à une séance tenue dans l'île de Wight, raconta par la table de Moses qu'il avait pris part à la guerre de 1812 en Amérique, qu'il était mort dernièrement à Brooklin âgé de plus de 83 ans, etc. Tous ces détails furent vérifiés dans la suite par des enquêtes faites aux Etats-Unis; et naturellement, comme ni le médium ni son entourage n'avaient jamais entendu parler de cet obscur personnage, on ne mit pas en doute que ce ne fût bien lui-même, désincarné, qui était venu leur révéler son trépas. Mais qui sait ce qu'on aurait découvert si l'on avait songé à s'enquérir sans tarder des journaux plus ou moins récemment arrivés à l'île de

[1] Voir Proc. S. P. R., vol. XI (1895), p. 39, 75, 90-91; et vol. XIV (1899), p. 52. L'annonce mortuaire du *Times* est reproduite dans Podmore, *Studies in psychical Research*, Londres 1897, p. 132. — Ce n'est pas la seule fois que le *Times* a joué des tours de ce genre à ses lecteurs de tempérament médiumnique; tout le monde connait le cas typique de Miss X. qui vit un jour apparaître dans sa boule de cristal un avis mortuaire, nullement indifférent pour elle, où elle reconnut les caractères du *Times*, et qu'elle constata ensuite se trouver en effet sur une page de ce grand quotidien que son regard avait forcément balayée la veille, alors qu'elle avait tenu ce journal comme un écran pour se protéger du feu. V. Miss X. (A. Goodrich-Freer), *Essays in psychical Research*, p. 115. Ce petit fait prouve en même temps l'exactitude extraordinaire avec laquelle les clichés visuels peuvent être conservés.

Wight, et pouvant être tombés sous les yeux de Stainton Moses? Serait-ce dépasser les bornes de la vraisemblance que de supposer que la mort d'un des derniers vétérans d'une guerre célèbre, pensionné par l'Etat, a pu faire l'objet d'un entrefilet dans la chronique locale de quelque feuille new-yorkaise, laquelle a eu trois fois le temps d'arriver en Angleterre avant la séance en question?[1]

Pour achever de nous rendre sceptiques sur la médiumnité intellectuelle de Stainton Moses, M. Podmore a relevé le fait bien curieux que toutes ses révélations véridiques concernent — à deux exceptions près — des événements qu'il a eu le temps de connaître par des livres ou des journaux avant la séance, comme dans les exemples que je viens de citer. Et par une malchance vraiment diabolique, ces deux exceptions où l'explication cryptomnésique serait impossible (la mort du Président Garfield, et celle de lady Abercrombie, dont il aurait appris médianimiquement la nouvelle peu d'heures après l'événement), sont entachées d'un vice grave au point de vue de la méthode : à la différence de ses autres messages, dont la date est garantie parce qu'ils furent reçus dans des séances et en présence de diverses personnes, Moses obtint ces deux-là alors qu'il était seul, sans témoins, et ce n'est qu'après sa mort qu'on les a découverts dans ses calepins, ce qui laisse naturellement la porte ouverte à la supposition d'erreurs possibles, involontaires ou inconscientes, de la part de ce médium.

Le lecteur comprendra facilement que le soupçon de cryptomnésie qui s'attaque à un médium *di primo cartello* tel que Stainton Moses, épargne encore bien moins les médiumnités de qualité courante et où le contrôle des phénomènes laisse ordinairement beaucoup à désirer. Dans notre dossier, en particulier, les faits qui semblent parler le plus haut en faveur de l'intervention d'un désincarné (en admettant qu'ils se soient bien passés, ce qui est toujours incertain, comme on nous les raconte), ne sont point à l'abri de toute objection venant des tours possibles de la mémoire latente. Prenez, par exemple, le n° 307 (p. 150), si convaincant à première vue ; rien ne prouve que Mme Darel ou l'un des siens, se promenant le lundi de Pâques (qui est jour férié chez nous) dans les environs de Genève, n'ait pas rencontré ou aperçu de loin le couple des futurs fiancés, et que ce souvenir oublié ne soit pas l'origine du message qui impressionna tant la jeune veuve ; de même le second message, concernant le testament caché, peut fort bien avoir eu sa source dans de sim-

[1] Cette séance eut lieu le 1er septembre 1874 (voir Proc. S. P. R., vol. XI, p. 53), soit tout près de *quatre semaines* après la mort d'Abraham Florentine (5 août 1874).

ples réminiscences et inférences subconscientes de Mme Wood. Même en supposant le spiritisme déjà démontré par ailleurs, on resterait dans le doute si c'est bien à lui qu'il faudrait rattacher les cas de ce genre plutôt qu'à la cryptomnésie, tant celle-ci est fréquente, insidieuse, et variée, chez les médiums[1]; à plus forte raison ne saurait-on se baser sur ces cas équivoques pour établir le spiritisme lorsqu'il est encore contesté!

Au point de vue de la conscience du sujet, la cryptomnésie revêt deux formes psychologiques assez distinctes, dont l'une se présente chez tout le monde, tandis que l'autre suppose un état anormal et fleurit particulièrement dans les tempéraments médiumniques. (Je laisse de côté les rêves, où chacun sait quelle place énorme tiennent les souvenirs oubliés.)

De la première forme, on a un exemple dans le cas cité plus haut (p. 341), où les fragments cryptomnésiques jaillissent à l'esprit de Mme de P. absolument comme si c'étaient des produits de son crû, des trouvailles personnelles pour rendre sa pensée. Tout au plus le sentiment latent de leur origine étrangère se traduit-il chez elle par une légère surprise et par cette impression de brisure qu'elle accuse entre ce nouveau chaînon de son argumentation et les précédents; mais sauf cela, les images et tournures de style innocemment plagiées lui semblent être sa propre création et se tissent d'elles-mêmes avec le reste de son ouvrage. C'est ce qu'on peut appeler la cryptomnésie *diffuse* ou *idéelle*: les souvenirs non reconnus reviennent à l'individu comme lui viennent ses autres idées, en se fondant tout naturellement dans le courant général de sa pensée, de même que des réminiscences musicales de grands maîtres se glissent inaperçues dans mainte œuvre que le compositeur croit plus originale qu'elle ne l'est.

La seconde forme, *circonscrite* et *hallucinatoire*, est celle des cryptomnésies émergeant brusquement dans la conscience ordinaire comme des îlots parfaitement délimités, ou des corps étrangers, des intrus, dont l'individu ne s'explique ni l'origine ni la signification, et ne s'attribue point la paternité. Par exemple, dans le curieux cas de M. Hanna[2] — ce jeune clergyman qu'une chute sur la tête plongea dans l'oubli complet de sa vie passée et ramena à l'état d'un nouveau-né à qui il fallut tout rapprendre, jusqu'aux actes élémentaires de manger, etc., — à une certaine époque de sa rééducation il lui surgissait des rêves et visions

---

[1] Comme le remarque Miss Johnson à propos de deux beaux faits de cryptomnésie (*subliminal reminiscences*) qu'elle a observés chez le remarquable médium Mme Holland, il est extrêmement difficile de prouver que telle personne donnée n'a pas eu connaissance de tel événement quelconque du passé. Alice Johnson, *On the automatic Writing of Mrs Holland*. Proc. S. P. R., vol. XXI (juin 1908), p. 286.

[2] Sidis and Goodhart, *Multiple Personality*. New-York, 1905, p. 136 et suiv.

incompréhensibles pour lui, qu'il décrivait avec étonnement à ses parents et où ceux-ci reconnaissaient des souvenirs très exacts de localités où le patient avait été avant son accident. De même tant de suggestions posthypnotiques qui font subitement irruption dans la conscience du sujet, lequel ne se rappelle point les avoir reçues. Tous les cas d'altération de la personnalité présentent des faits analogues.

Chez les médiums, cette seconde forme de cryptomnésie joue un rôle capital et offre une grande variété d'aspects, qu'on peut classer en trois groupes principaux suivant que le contenu mnésique — quelle que soit d'ailleurs la voie par où il est entré, lecture, conversation, etc. — ressort en automatismes *sensoriels* (visions, voix, etc.), ou *moteurs* (dictées typtologiques, écriture mécanique, etc.), ou *totaux* (trances, incarnations, personnifications somnambuliques). Cette diversité, cela va sans dire, se complique encore des broderies dont la fantaisie du médium entoure souvent les fragments proprement cryptomnésiques.

De tous ces phénomènes, j'ai rapporté assez d'échantillons caractéristiques à propos de Mlle Smith pour me dispenser d'en citer de nouveaux, qui, à côté de ceux-là, paraîtraient bien fades, par le fait qu'ils seraient empruntés à des médiums beaucoup moins remarquables, tant comme exubérance d'imagination que comme étendue de mémoire subliminale. Aussi me bornerai-je, en terminant ce chapitre, à rappeler le cas typique du syndic et du curé savoyards dont les signatures, fournies par la main de Mlle Smith intrancée, sont un joli exemple de l'exactitude bien connue avec laquelle les impressions visuelles peuvent être enregistrées, conservées, et reproduites par les facultés subconscientes. Exactitude si frappante que des spirites pourtant cultivés et au courant de la psychologie, comme M. Gardy et le Dr Dusart (voir dans notre dossier p. 16), ne peuvent s'empêcher d'y voir l'intervention authentique des deux fonctionnaires désincarnés, quand même il faut pour cela fermer volontairement les yeux sur les points de fait et les raisons multiples dont l'accumulation prouve à l'évidence qu'il s'agit là d'un pur phénomène de cryptomnésie du médium.[1]

---

[1] Voir *Des Indes*, p. 406-411, et *Nouvelles Observations*, p. 232-237, où j'ai analysé tout au long le cas du syndic et du curé. Mais les écrivains spirites qui citent ce cas préfèrent passer mes arguments complètement sous silence, plutôt que d'avoir à les discuter. C'est plus simple en effet.

CHAPITRE VI

Le rêve prophétique de Mme Buscarlet.[1]

Le cas suivant, dont Mme Julie Buscarlet a bien voulu me communiquer les détails de la façon la plus obligeante, présente un double intérêt.

D'abord pour la psychologie du témoignage. — Mme Buscarlet n'ayant pas conservé de relation écrite de son rêve (qui eut lieu en 1883), m'en a fait de vive voix (en 1901) un récit que j'ai aussitôt noté sous dictée. Plus récemment il a été possible de retrouver à l'étranger une lettre où elle l'avait raconté le jour même qu'elle l'avait eu. La comparaison de ce document original avec la narration verbale de 18 ans postérieure, fournit un instructif exemple de la déformation des souvenirs et du travail d'imagination qui s'effectuent en chacun de nous, au cours du temps, sans que nous nous en doutions le moins du monde.

Ensuite sous le rapport métapsychique. — On sait combien foisonnent dans le public les anecdotes de phénomènes merveilleux, prédictions justes, double-vue, lucidité, etc. Il n'y a qu'à se baisser pour en ramasser autant qu'on en veut[2]. Mais lorsqu'on cherche à les scruter de plus près, il arrive ordinairement de deux choses l'une : ou bien on se heurte à l'impossibilité de tout contrôle objectif, et l'histoire reste à l'état de racontar invérifiable; ou bien, si l'on a la chance de pouvoir tirer les choses

[1] Cette observation a paru à peu près telle quelle, sous le titre de *Note sur un Songe prophétique réalisé,* dans les Archives de Psychologie, t. IV, p. 58-72 et 226-227 (août et novembre 1904). — Les noms de familles russes figurant dans ce récit ont été remplacés par des pseudonymes ou des initiales. Tous les autres détails, dates, etc., sont authentiques.

[2] J'ai recueilli un grand nombre de récits inédits de phénomènes de télépathie, hallucinations véridiques, prémonitions, clairvoyance, etc. De quoi remplir un volume. Si je m'en tiens au rêve de Mme Buscarlet, c'est que c'est le seul cas que j'aie rencontré qui satisfasse vraiment aux conditions de contrôle sérieux exigibles en pareille matière, tous les autres laissant plus ou moins à désirer sous ce rapport (le plus souvent par l'absence de documents contemporains du phénomène psychique et *antérieurs* à la connaissance de sa réalisation). Ces récits n'ajouteraient d'ailleurs rien, au point de vue des faits prétendus et des problèmes qu'ils posent, à tous ceux déjà publiés de divers côtés. Voir notamment, en français, la riche collection contenue dans le volume désormais classique de M. Flammarion, *L'Inconnu et les Problèmes psychiques,* Paris, 1900 (et éditions ultérieures).

au clair, le merveilleux de l'affaire crève comme une bulle de savon et se réduit à quelque petit fait bien banal de mémoire latente, d'inférence subconsciente ou de pure coïncidence. Les cas qui tiennent bon devant l'examen sont en somme fort rares. Le présent rêve peut compter au nombre de ces exceptions qui, si l'on veut à toute force les expliquer, vous mettent dans la troublante alternative, soit de se cramponner à la supposition d'un simple hasard, toujours possible en logique abstraite, mais un peu trop singulier en l'espèce pour ne pas laisser une arrière-pensée de doute sur sa réalité ; soit de recourir à quelque hypothèse supranormale, ce qui ne manque pas d'être fort compromettant aux yeux de la sagesse universitaire. — J'en viens au fait.

En août 1883, Mme Buscarlet rentra à Genève, pour cause de santé, après un séjour de trois années comme institutrice de deux jeunes filles dans la famille Moratief à Kasan. Il s'était établi entre elle et les membres de cette famille, spécialement Mme Moratief, des liens de véritable amitié, qui subsistent encore aujourd'hui malgré la distance et le temps écoulé. Elle se trouvait également en relation avec une dame Nitchinof, laquelle dirigeait l'Institut Impérial de jeunes filles de Kasan et était une amie intime de Mme Moratief ; ce qui fit que les demoiselles Moratief furent mises dans cet établissement pour continuer leur instruction après le départ de leur institutrice.

Mme Buscarlet était parfaitement au courant de la place importante que Mme Nitchinof tenait chez les Moratief en cette double qualité d'amie de la famille et de directrice de l'Institut. Aussi l'on comprend qu'elle dut être impressionnée lorsque quatre mois après son retour de Russie, d'où elle n'avait reçu que d'excellentes nouvelles, elle rêva que Mme Nitchinof allait quitter l'Institut, événement aussi grave qu'inattendu qui ne manquerait pas, s'il se réalisait, de mettre les Moratief dans un grand embarras pour l'éducation des jeunes filles. Il est difficile de démêler aujourd'hui si Mme Buscarlet eut d'emblée le pressentiment que ce rêve signifiait la mort prochaine de Mme Nitchinof; quoi qu'il en soit, en voici le récit tel que je le recueillis de la bouche de Mme Buscarlet :

A. - Narration verbale de Mme Buscarlet en mai 1901. — Mme B. estime que c'est en novembre 1883 qu'elle eut le rêve suivant (elle ne se rappelle pas la date exacte, ni à quel moment de la nuit c'était, et elle ne croit pas que ce rêve l'ait réveillée sur l'instant) : — Elle se promenait dans un chemin pas très large, en Russie, avec Mme Moratief ; elle vit venir une voiture, sorte de break bas, fermé par des rideaux de cuir noir, et Mme Moratief lui dit : *Allez voir qui est là-dedans.* Elle y alla, souleva les rideaux, et aperçut une femme, étendue tout de son long en travers de la voiture, entièrement vêtue de blanc, sauf des souliers noirs et des bas gris, et ayant sur la tête un bonnet blanc garni de rubans jaunes. Elle ne reconnut pas cette femme. Au même instant, elle entendit une voix forte dire : *Mme Nitchinof quittera l'Institut le 17*. Aussitôt elle laissa retomber les rideaux du char et le rêve fut fini. — Cette voix lui était inconnue : elle ne peut pas dire si c'était une voix d'homme ou de femme, ni d'où elle venait : cependant ce n'était pas de la femme étendue dans le char. Mais elle se souvient que cette voix était très forte et a bien résonné ; le lendemain matin elle l'entendait encore tinter dans ses oreilles, elle a continué de l'entendre en souvenir ; et maintenant encore, dès qu'elle pense à ce rêve, cette voix lui revient avec une netteté extrême.

Au moment même du rêve, elle eut l'impression que tout cela (la femme étendue dans la voiture et la parole entendue) ne faisait qu'un ; cependant elle n'eut point l'idée que cette femme fût Mme Nitchinof. Elle ne se demanda pas non plus si cette femme étendue était malade, endormie ou décédée ; et en tous cas, elle n'eût aucun soupçon que cette position signifiât la mort. De même le lendemain matin et pendant les semaines suivantes, elle n'interpréta jamais ce rêve comme un présage de la mort de Mme Nitchinof jusqu'au jour où elle en reçut la nouvelle, et ne se livra à aucune supposition sur la manière dont celle-ci pourrait bien quitter l'Institut. Cependant elle resta profondément affectée de ce rêve, au point qu'une huitaine de jours plus tard, faisant visite à une amie, elle fut subitement contrainte de lui en faire part, et la même chose se répéta quelques jours après, dans une autre visite ; elle a conservé un souvenir très intense de cette impulsion soudaine, sans préméditation, à raconter son rêve « comme si je sentais qu'il fallait que quelqu'un le sût avant qu'il se réalisât ». D'autre part elle ne songea pas à le communiquer tout de suite aux Moratief. Ce n'est que cinq à six semaines plus tard, qu'en leur écrivant à l'occasion de la fin de l'année, elle eut l'idée de le leur raconter. Encore écrivit-elle toute sa lettre sans y penser ; il ne lui revint qu'à la fin, et c'est en post-scriptum qu'elle le narra brièvement sans lui attribuer aucune portée fâcheuse, ni dépasser son sens littéral d'un simple départ de Mme Nitchinof de l'Institut le 17. Ce n'est qu'après avoir reçu, en réponse à sa lettre, la nouvelle de la mort de cette dame, que se fit consciemment dans son esprit le rapprochement entre ce fatal événement et le bonnet blanc à rubans jaunes de la personne étendue dans la voiture. Car bien que cette voiture n'eût rien d'un corbillard, elle se rappelle avoir assisté à Kasan à l'ensevelissement d'une dame qui était exposée dans son cercueil, vêtue exactement comme la femme de son rêve, et en particulier le bonnet blanc à rubans jaunes de son rêve était le même que celui qu'elle avait vu à cette personne morte.

Un point, enfin, qui a beaucoup frappé Mme Buscarlet et sur lequel elle insiste comme bien curieux, c'est que sa lettre annonçant le départ de Mme Nitchinof pour le 17, est arrivée là-bas précisément le 17 au matin, peu d'heures après ce départ réel : coïncidence d'autant plus remarquable, qu'à cette époque où il n'existait pas encore de chemin de fer entre Nijni et Kasan, la durée du trajet postal de Genève à cette dernière ville était fort incertaine, surtout en hiver, et variait de six à neuf jours.

Quant à son tempérament, Mme B. dit elle-même être excessivement nerveuse, ce qui ne l'empêche pas de mener une existence très occupée et d'avoir déjà atteint, en pleine possession de toute son activité, un âge respectable (elle est presque septuagénaire, et a plusieurs enfants mariés et ayant eux-mêmes de la famille). Dans son enfance, elle a eu des accès de somnambulisme nocturne jusque vers 14 ans. Plus tard, elle s'endormit un jour pour avoir assisté au traitement magnétique d'une autre personne par le magnétiseur Lafontaine, et ce dernier lui dit qu'il ferait facilement d'elle un bon médium, mais elle ne voulut jamais s'y prêter. Sauf quelques pressentiments exacts, mais dont elle ne se rappelle pas d'exemples concrets bien nets, elle n'a aucune souvenance d'avoir jamais eu de vision, voix, ou autres phénomènes extraordinaires quelconques — à l'exception du rêve en question, qui lui arriva à l'approche de la cinquantaine et qui lui reste comme un épisode unique en son genre au cours de son existence.

Sachant combien il faut se défier des souvenirs un peu lointains, après avoir fidèlement noté le récit de Mme Buscarlet je l'engageai à redemander à ses amis de Russie la lettre où elle leur avait raconté son rêve, si tant est qu'on l'eût conservée. C'était heureusement le cas, et quelques mois plus tard j'ai pu examiner à loisir cette précieuse missive, qui porte sur l'enveloppe les timbres à date de la poste de Genève (24. XII. 83, soit 12 décembre ancien style), et de plusieurs bureaux russes, dont le dernier est celui de Kasan (20. XII. 83); elle mit donc 8 jours pour faire le voyage. Voici le commencement de cette lettre, qui seul nous intéresse.

B. — Lettre de Mme Buscarlet a Mme Moratief, datée de Genève, 22 décembre 1883 [10 déc. ancien style], quoique timbrée seulement du 24 :

« Bien chère Madame,

« Vous m'oubliez un peu, mais moi je ne vous oublie pas, et je tiens à vous le dire en ces jours de fête où l'on aime à se rapprocher, même par la pensée, de tous ceux qui vous sont chers à quelque titre que ce soit.

« J'espère que vous jouirez pleinement de la présence des enfants réunis et que vous passerez d'heureuses fêtes. Je vois d'ici leur joie, leur bonheur, et m'en réjouis avec vous tous.

« Cette nuit, j'ai fait un drôle de rêve, que je veux vous raconter, non que j'y attache une importance quelconque, mais seulement parce que c'est drôle. Vous et moi étions sur un chemin, dans la campagne, lorsque passa devant nous une voiture d'où sortit une voix qui vous appela. Arrivées près de la voiture, nous vîmes Mlle Olga Popoï couchée en travers, vêtue de blanc avec un bonnet garni de rubans jaunes. Elle vous dit : *Je vous ai appelée pour vous dire que Mme Nitchinof quitte l'Institut le 17.* Puis la voiture continua de rouler. Que les rêves sont parfois burlesques ! » — [Le reste de la lettre, comprenant encore deux pages, roule sur de tout autres sujets.]

Disons dès à présent que la nouvelle annoncée se réalisa tragiquement, une semaine plus tard et trois jours avant l'arrivée de cette lettre à Kasan : Mme Nitchinof ayant succombé le 16 déc. (anc. style) à une maladie infectieuse, son cadavre fut le lendemain transporté hors de l'Institut, qu'elle se trouve ainsi avoir quitté à la date prédite du 17.

Altération des souvenirs de Mme Buscarlet.

Si l'on examine les différences entre la réalité, telle qu'elle ressort de cette pièce contemporaine du rêve, et le récit verbal de Mme Buscarlet 18 ans plus tard, on constate qu'elles attestent à la fois : d'une part une remarquable *exactitude* de ses souvenirs quant au contenu essentiel de la prédiction onirique, et d'autre part une altération considérable des circonstances accessoires, dans le sens d'une *simplification* de la trame du rêve, et d'une *dramatisation* du cas dans son ensemble de façon à le rendre plus impressionnant. Je reprends ces trois points :

1° On eût pu s'attendre à ce que les broderies de l'imagination auraient à la longue embelli la prédiction, en l'étendant par exemple à l'heure exacte de la mort, ou à la nature de la maladie, etc. Rien de tel. La mémoire, très fidèle en cela, de Mme Buscarlet, lui a toujours rappelé que la prophétie de son rêve portait uniquement sur le fait que *Mme Nitchinof quitterait l'Institut le 17,* et que c'est seulement après coup qu'elle a interprété certains points (la position étendue de la femme et le bonnet blanc à rubans jaunes) comme un symbole de mort. Pour ce qui est des détails du récit A qui ne figurent pas dans B (rideaux en cuir noir, etc.), il est impossible de dire si elle les avait omis comme peu importants en écrivant sa lettre, ou s'ils sont des adjonctions ultérieures de sa fantaisie ; en l'absence de contrôle objectif, je ne vois pas de raison d'incriminer à cet égard l'exactitude de sa mémoire.

2° Une simplification notable qui saute aux yeux en passant du récit primitif du rêve à sa narration récente, consiste dans l'effacement complet de Mlle Olga Popoï. Celle-ci était une connaissance quelconque de Kasan, sans attaches spéciales avec les autres personnages de cette histoire, et Mme Buscarlet, qui a été stupéfaite de la retrouver dans sa lettre de jadis, ne s'explique absolument pas ce qu'elle venait faire en ce rêve, où sa présence est évidemment le produit d'un de ces curieux caprices dont le jeu des idées est coutumier pendant le sommeil. Il est certes permis de penser qu'en cherchant bien, à l'époque du rêve, Mme Buscarlet eût pu découvrir dans des incidents encore frais, mais rapidement oubliés ensuite, quelque circonstance justifiant l'intervention de Mlle Popoï comme messagère de la prédiction onirique : aujourd'hui c'est trop tard, et l'on comprend que, n'ayant aucune connexion logique apparente avec le point central du songe, cette intruse ait été peu à peu éliminée du souvenir. Il est à noter que cette élimination ne s'est pas accompagnée de la substitution de quelqu'un d'autre : le corps de Mlle Popoï étendu en travers de la voiture est tout bonnement devenu celui d'une inconnue, et sa voix propre une voix impersonnelle venant on ne sait d'où. On peut encore relever quelques changements secondaires: p. ex. : dans la lettre B. Mme Moratief a été appelée par Mlle Popoï, au lieu que suivant A elle envoie Mme Buscarlet regarder ce qu'il y a dans la voiture.

3° Ce qu'il y a de plus frappant comme élaboration imaginative dans les souvenirs de Mme Buscarlet, c'est sa conviction que le rêve a eu lieu en novembre, cinq à six semaines avant sa lettre aux Moratief et la réalisation de l'événement; que dans cette lettre même, le rêve ne jouait qu'un rôle accidentel et figurait en post-scriptum; et qu'enfin la dite lettre serait arrivée à Kasan précisément le 17, au moment où la prophétie venait de s'accomplir. Tout cela est complètement erroné. Les documents montrent en effet que le songe a eu lieu dans la nuit du 9 au 10 décembre (ancien style), soit une semaine seulement avant l'événement prédit; que Mme Buscarlet s'est hâtée de l'écrire le jour même et en parle dans le corps de sa lettre; et que celle-ci n'est arrivée à Kazan que le 20, donc trois jours après l'événement. Comment expliquer une telle falsification mnésique des faits?

Il est probable que plusieurs causes y ont coopéré. — D'abord il s'écoula environ trois semaines avant que Mme Buscarlet pût recevoir une réponse de Kasan, et l'on conçoit que l'impatience de savoir ce que valait sa prédiction ait dû lui faire paraître ce temps long. Par une illusion rétrospective bien connue, il s'est allongé encore, jusqu'au double, dans la mémoire. De plus, condensant en gros autour de la date fixe et inoubliable du 17 décembre le souvenir vague de sa lettre, de la réponse, et de l'événement, Mme Buscarlet a naturellement repoussé avant cette date tout l'intervalle d'attente, évalué maintenant par elle à cinq ou six semaines, ce qui l'a amenée, par un calcul réfléchi, à placer le moment du rêve en novembre. — A ce processus, on peut joindre la tendance constante et instinctive de la nature humaine à rendre les choses extraordinaires encore plus extraordinaires et frappantes qu'elles ne le furent en réalité : le grossissement du laps de temps entre le rêve et sa réalisation, rend cette réalisation d'autant plus étonnante; et par ce même besoin de piquant anecdotique, l'imagination de Mme Buscarlet lui a fait croire peu à peu que sa lettre était arrivée le jour même de l'événement, alors qu'il lui eût suffi de relire les documents en sa possession (v. plus bas C et D) pour constater qu'il n'en était rien. — Enfin, il faut tenir compte des dispositions mélangées où le songe la plongea. Il y a sous ce rapport une apparence de contradiction entre sa lettre (B), où elle qualifiait le rêve de chose drôle, burlesque, sans aucune importance, et ses souvenirs actuels (A) où elle se revoit profondément impressionnée, poursuivie par la voix inconnue résonnant en elle, contrainte d'en faire part dans ses visites, etc. Cette contradiction se retrouve dans l'intérieur même de son récit verbal, puisque tout en disant avoir été si vivement affectée par le rêve, elle croit n'avoir point pensé à le communiquer tout de suite à ses amis de Russie et ne leur en avoir parlé qu'en post-scriptum, par raccroc pour ainsi dire, dans sa lettre de fin d'année. Or, tout cela me paraît refléter assez bien l'état d'esprit complexe où elle se trouvait après ce rêve. D'une part, il est évident qu'elle en fut très fortement remuée, puisqu'en fait elle l'écrivit immédiatement aux Moratief (alors qu'elle eût pu attendre encore plusieurs jours s'il s'était agi simplement de leur envoyer ses vœux pour Noël ou la nouvelle année), et que c'est le premier point qu'elle traite dans sa lettre après les compliments initiaux. Et d'autre part, elle se trouvait un peu déraisonnable et ridicule de se laisser ainsi impressionner malgré elle par un songe; d'où l'affectation voulue d'indifférence, le ton dégagé et badin, qui caractérise le récit de sa lettre, et dont le souvenir confus s'est curieusement transformé, avec le temps, dans sa croyance illusoire qu'elle aurait relégué ce récit en post-scriptum.

On peut dire en résumé que dans le cas de Mme Buscarlet, le travail inconscient de déformation des souvenirs a porté surtout sur les circonstances extérieures du rêve pour en augmenter le caractère extraordinaire, puis sur ses détails internes pour au contraire les simplifier en en diminuant l'incohérence, mais que ce travail a, en revanche, absolument respecté le noyau central, le contenu essentiel de la prédiction, comme si le sens primitif et immédiat de celle-ci s'était d'emblée gravé trop profondément dans l'esprit pour qu'aucun processus ultérieur pût y porter atteinte. On conçoit quelle importance cela aurait pour l'étude des phénomènes de ce genre, si l'analyse d'autres faits analogues venait à confirmer le résultat de ce cas particulier, et à montrer que dans les récits d'hallucinations oniriques ou autres un peu anciennes, la falsification involontaire des souvenirs affecte de préférence les faits extrinsèques ou accessoires, mais n'altère pas l'idée fondamentale et essentielle, la teneur en apparence supranormale du phénomène, telle qu'elle a frappé le sujet sur le moment même. Mais il ne faut pas trop se bercer de cet espoir commode.

Du caractère véridique de la prédiction.

Avant d'aborder la discussion de ce cas en tant que prédiction que l'événement justifia, il convient de mettre le lecteur au courant de ce qui se passait à Kasan tandis que la missive prophétique était en route pour cette ville. Je ne saurais mieux faire pour cela que de reproduire textuellement quelques extraits des lettres que Mme Buscarlet reçut en réponse à la sienne, et qu'elle a soigneusement conservées: on y verra la triste façon dont Mme Nitchinof quitta l'Institut — à l'état de cadavre!

C. — Lettre de M. Moratief a Mme Buscarlet, datée de Kasan 20 décembre 1883 : — « Nous venons de recevoir vos lettres, bien chère Madame, et c'est au lit que ma femme les a lues... Non, chère Madame, il n'est pas drôle, il n'est pas burlesque, hélas, il est étrange, il est frappant, stupéfiant, votre rêve du 10/22 décembre. Mme Nitchinof, la chère, la pauvre Mme Nitchinof, a quitté l'Institut, en effet, le 17, mais pour ne plus jamais y rentrer. La fièvre scarlatine, accompagnée de diphtérie, nous l'a enlevée en trois fois 24 heures. Elle est morte le 16 à 11 h. $^3/_4$ du soir, et à 2 h. du matin *le 17* (n'est-ce pas étrange) on a emporté son corps dans la chapelle avoisinante. On a craint la contagion pour l'Institut, voilà pourquoi on s'est tant dépêché. Toute la société qu'elle a réunie chez elle le 11 à une soirée littéraire et musicale, n'en revient pas encore... Le 13 nous avons dîné chez elle. Après le dîner elle s'était sentie mal; le médecin arrivé un moment après, a trouvé une simple et légère angine. Le 14 et le 15, malgré les 40° de chaleur, les médecins (il y en avait trois) ne trouvaient rien d'alarmant, et ce n'est que le 16 au matin que s'est déclarée la scarlatine. A 5 h. de l'après-midi, elle ne pouvait presque plus parler et à 11 h. $^3/_4$ du soir c'était fini. Sa sœur arrive dans la nuit de demain; on emmène le corps dans le gouvernement de Smolensk pour le déposer dans le caveau de famille. »

D. — Lettre de Mme K*** (amie de la famille Moratief et de Mme Nitchinof), datée de Kasan, 20 décembre 1883 : — « Nous venons de faire une grande perte, chère Madame Buscarlet, Mme Nitchinof est morte en trois jours de la scarlatine et diphtérie. Hier Mme Moratief a reçu votre lettre où vous lui faisiez part de votre songe à propos de Mme Nitchinof, en indiquant même le quantième où elle quitterait l'Institut. Figurez-vous que c'est précisément le 17 décembre qu'elle a quitté l'Institut, mais morte et enfermée dans deux cercueils pour être transportée à Smolensk par sa sœur, qui va arriver d'un jour à l'autre prendre le corps qu'on a transporté dans une chapelle, à la forteresse, pour éviter la contagion pour l'Institut... Le 11 décembre il y avait grand concert à l'Institut, elle était très agitée et déjà ayant un mal de tête, n'y prenant garde. Le 12, elle s'est beaucoup promenée en traîneau avec Mme Moratief. Le 13, elle avait plusieurs personnes à dîner, après quoi elle s'est trouvée mal, on l'a mise au lit avec un petit mal de gorge et 39° ; le 14, c'était 41° et la diphtérie ; le 15, c'était la scarlatine et 41°,7; le 16, à 11 h. 20 du soir, elle a expiré... [Mme K*** insiste ensuite sur le dévouement avec lequel Mme Moratief a soigné la malade et lui a fermé les yeux ; elle espère que la famille Moratief ne paiera pas cela par des cas de contagion, et elle ajoute :] Ce qui m'effraie, c'est le sort de Mme Moratief et sa santé. Elle languit et dépérit à vue d'œil... »

E. — Lettre du prince M***, datée de Kasan, 27 décembre, exprimant à Mme Buscarlet ses félicitations pour la nouvelle année, et disant : — « Votre rêve, dont toute la ville a parlé, a été de bien mauvais augure. Mme Nitchinof est tombée malade le 14, et le 17 elle a été morte et hors de l'Institut... »

Ces documents présentent plusieurs petites divergences, mais sans importance au fond et telles qu'il s'en trouve constamment dans les diverses narrations d'un même fait. Il y a concordance sur le point essentiel, à savoir que la prédiction faite une semaine à l'avance dans le rêve de Mme Buscarlet, que Mme Nitchinof quitterait l'Institut le 17, s'est réalisée exactement au jour indiqué. Passons donc en revue les hypothèses qu'on peut invoquer pour expliquer ce fait.

1. *Fraude ou collusion.* — La possibilité d'une supercherie est toujours le premier point à considérer en matière de phénomenes supranormaux. Dans le cas particulier, la supposition que toute cette histoire serait un coup monté, avec documents fabriqués à l'appui, par Mme Buscarlet et ses amis de Kasan, est psychologiquement inadmissible pour moi, qui me suis personnellement entretenu avec cette dame et ai eu entre les mains toutes les lettres jaunies, et timbrées de la poste, que j'ai citées. Mais il va sans dire que cette hypothèse reste à la disposition du lecteur, qui n'est pas dans le même cas que moi, et ce serait perdre mon temps que de tenter de la réfuter, d'autant plus qu'il me fa. drait commencer par établir ma propre bonne foi, ce qui est contradictoire.

2. *Inférences subconscientes.* — Je n'aperçois, en fait, aucun procédé normal et scientifiquement reconnu, par lequel Mme Buscarlet à Genève aurait pu savoir, dès le 10 décembre, que Mme Nitchinof, à Kasan, serait emportée juste une semaine après, par l'effet d'une maladie imprévue éclatant dans cet intervalle.

Au IIme Congrès de philosophie, à Genève en septembre 1904, M. le professeur d'Oldenburg (de Tver) m'a présenté la remarque suivante à propos de ce cas : — En Russie, les vacances de Noël, que maîtres et élèves vont volontiers passer dans leurs familles, commencent vers le 20 décembre, mais parfois un peu plus tôt lorsque les jours de la semaine s'y prêtent. Or si, en 1883, le 17 décembre tombait sur un dimanche, on devait certainement faire grâce aux élèves des deux jours de classe suivants, et Mme Buscarlet, au courant des usages et du calendrier russes, pouvait parfaitement prévoir la chose ; cela n'a donc rien de surprenant qu'elle ait rêvé à l'avance que ce jour-là la directrice « quitterait l'Institut », à savoir, pour aller passer ses vacances dans sa famille, puisqu'elle était de Smolensk. —

Cette explication, qui ramènerait le songe prophétique à une inférence subconsciente toute simple, parait à priori fort plausible. Cependant l'examen détaillé du cas la rend inapplicable en fait pour les raisons suivantes : — 1° Si le récit du rêve était traduit du russe, et que le mot *quitter* y figurât pour rendre le verbe russe signifiant *partir* (en voyage), cela appuyerait l'hypothèse de M. d'Oldenburg. Mais en réalité le russe n'est pour rien là-dedans : le rêve a eu lieu en français (aussi bien que toute la correspondance échangée entre Mme Buscarlet et ses amis de Kasan). Or en français, la prédiction onirique

« Mme Nitchinof quitte l'Institut le 17 », sans parler des détails accessoires symbolisant la mort, éveille plutôt l'idée d'une séparation définitive, par démission ou autrement, que d'une simple absence momentanée. — 2° En 1883, le 17 décembre (style russe) tombait non sur un dimanche, mais sur un samedi, jour de classe, et, en l'absence de chemin de fer, il aurait été bien improbable que Mme Nitchinof se mettrait en route ce soir-là pour Smolensk. — 3° Enfin et surtout, d'après les renseignements de Mme Buscarlet à qui j'ai communiqué l'hypothèse de M. d'Oldenburg, Mme Nitchinof, bien qu'originaire de Smolensk, était complètement établie à Kasan depuis bien des années, avec tous ses enfants, et jamais elle ne s'absentait pendant les vacances de Noël.

Si l'hypothèse de mon honorable collègue de Tver n'est donc pas admissible en l'espèce, je ne lui en suis pas moins reconnaissant d'avoir soulevé une possibilité à laquelle j'avais eu le tort de ne pas songer de moi-même. Cela m'a montré une fois de plus combien il faut être prudent, et avoir l'œil ouvert, dans l'analyse des phénomènes d'apparence supranormale : on doit toujours s'y demander si l'on a bien pensé à tout.

3. *Suggestion.* — Toute prédiction connue d'avance des personnes intéressées peut, par cela même, contribuer de la façon la plus naturelle à sa propre réalisation. Si la lettre de Mme Buscarlet était arrivée à Kasan avant le 17 décembre, on pourrait la soupçonner d'avoir, par une suggestion involontaire sur Mme Nitchinof ou sur son entourage, non point sans doute créé la maladie, mais du moins hâté ou retardé en quelque mesure l'issue fatale et le transport du cadavre hors de l'Institut, de façon à faire concorder l'événement avec la prophétie. Mais cette hypothèse est exclue par le fait que la lettre n'est parvenue à Kasan que le 20, comme le prouve le document C, confirmé par le timbre postal de B. (D'après D. la lettre serait arrivée déjà la veille, le 19, mais c'est évidemment là une erreur et cela ne changerait d'ailleurs rien au fond.) — Une autre application de l'hypothèse de la suggestion consisterait à supposer que, sous l'influence de la prédiction divulguée le 20, toutes les personnes au courant des événements de l'Institut les ont rétrospectivement adaptés à cette prédiction, par une illusion mémorielle qui leur a fait croire que le corps avait été emporté de l'établissement le 17, alors qu'il l'aurait été en réalité un autre jour. La confirmation ou la réfutation catégorique de cette hypothèse nécessiterait une enquête très étendue, à Kasan même, et j'avoue que j'ai été trop paresseux pour l'entreprendre.

4. *Télépathie.* — Les hypothèses précédentes une fois écartées, si l'on tient absolument à une connexion réelle entre le rêve et l'événement, je ne vois plus d'autre ressource que d'aller puiser dans l'arsenal des explications supranormales : télépathie, intervention des Esprits désincarnés, vision astrale ou akasique du futur, recours à la réalité transcendentale du Temps où l'avenir et le passé se fondent en un éternel présent, et au-

tres expédients théosophico-spirito-occultistes aussi ingénieux que variés. Mais ce sont là d'encombrantes machines, dont, pour la plupart, je ne me sens pas de taille à me servir ; j'en dois laisser le maniement à de plus experts métapsychistes. Il n'y en a qu'une, la plus simple de toutes, qui me paraisse pratiquement utilisable dans le cas particulier, à savoir la télépathie, cette façon de télégraphie sans fil ou d'induction à distance entre les organismes ou les subconsciences d'individus hors de la portée réciproque de leurs sens ordinaires. Voyons donc un peu ce que cette hypothèse pourrait nous donner ici.

Tant qu'il fallut admettre, sur la foi des souvenirs de Mme Buscarlet, que la mort si rapide de Mme Nitchinof avait été prédite plus d'un mois d'avance, je ne pus naturellement songer à y utiliser la théorie télépathique, et le cas resta absolument inexplicable à mes yeux. Mais les choses changèrent d'aspect lorsqu'il fut avéré par la lettre (B), que le rêve avait eu lieu seulement dans la nuit du 9 au 10 déc. anc. st., c'est-à-dire à un moment où Mme Nitchinof pouvait fort bien posséder subconsciemment — et donc communiquer télépathiquement à d'autres subconsciences — la prévision exacte du sort qui l'attendait. Il résulte en effet des documents ci-dessus (C et D) que sa maladie a franchement éclaté le 13, mais que déjà le 11 au soir elle avait mal à la tête, ce qui permet de faire remonter un peu plus loin encore le début de l'invasion, et de supposer, sans invraisemblance, qu'elle incubait la diphtérie ou la scarlatine dès le 9. Que si maintenant l'on se remémore les nombreux exemples classiques de sujets ayant rêvé qu'ils étaient atteints d'angines, migraines, anthrax, paralysies, etc., quarante-huit heures et davantage avant d'en éprouver le moindre symptôme conscient à l'état de veille ; si l'on pense également que l'aliéniste devine quelquefois plus ou moins longtemps d'avance les crises imminentes de ses patients d'après la nature de leurs rêves nocturnes ou le changement involontaire de leur physionomie ; si l'on se rappelle enfin la justesse de pronostic et l'exactitude presque impeccable avec laquelle certaines somnambules annoncent le déroulement ultérieur de leurs maux, les accidents qui surgiront, parfois le jour et l'heure de leur guérison ou de leur mort ; bref, si l'on songe combien la conscience subliminale l'emporte sur la conscience ordinaire par la connaissance et la prévision, à échéance souvent fort lointaine, des processus intimes de l'organisme, — on concédera, je pense, qu'il n'y a rien de bien hasardé à supposer que Mme Nitchinof ait pu, pendant la nuit du 9 au 10 décembre, se rendre compte de son état latent et se tenir en quelque sorte le discours subliminal suivant : « Bon ! me voilà pincée ! C'est même excessivement grave : je sens bien que je n'en ai plus que pour huit jours. Dans une semaine juste, entre le 16 et le 17, viendra la fin ; il est difficile de dire si je mourrai avant ou après minuit, mais ce qu'il y a de certain, c'est que ce sera pour cette nuit-là, et que dans le courant du 17 on sortira mon cadavre de l'Institut pour le transporter à la chapelle... » Telle est, formulée dans notre langage discursif, l'idée ou l'émotion subconsciente qui, de Kasan, aurait servi d'inducteur télépathique au rêve que Mme Buscarlet fit à Genève la même nuit. Ainsi s'expliquerait le fait que dans ce rêve c'est le *départ* de l'Institut qui est annoncé avec sa date précise, tandis que la *mort* n'est indiquée qu'accessoirement et symboliquement, sans fixation de date, par la position et le costume de la personne étendue dans la voiture.

Encore un point dont les théories télépathiques pourraient rendre compte. Comment est-ce Mme Buscarlet, somme toute peu intime avec Mme Nitchinof, qui a été honorée de ce message tragique, alors que la plupart des faits connus semblent montrer que ces communications supranormales se manifestent de préférence entre personnes unies par quelque lien spécial d'affection ? En rapprochant cette difficulté du trait singulier que le rêve semble concerner tout particulièrement Mme Moratief (puisque c'est à elle que la prédiction y est directement adressée), je serais porté à croire qu'il y a eu là un cas de télépathie indirecte, par l'intermédiaire de cette dame, qui était infiniment plus liée avec chacune des deux autres que celles-ci entre elles. On a déjà observé des faits analogues : M. Andrew Lang, sous le nom de « télépathie à trois » et de « télépathie croisée »[1], en a publié quelques-uns d'assez nets, qui semblent bien indiquer que les processus conscients ou subconscients de l'*agent* peuvent se servir de la subconscience d'une tierce personne (qui ne s'en doute même pas) comme d'un pont pour atteindre la subconscience du *percipient* et y induire quelque processus automatique, rêve, hallucination, vision en cristal, etc. Cela dépend sans doute beaucoup de la nature des individus en jeu et de leurs dispositions du moment ; mais nous ne sommes guère encore au clair là-dessus. Dans notre cas, d'après les renseignements que j'ai obtenus de Mlle Buscarlet, ni elle, ni Mme Moratief ne se sont occupées de phénomènes médianimiques, mais elles n'en sont pas moins toutes deux des tempéraments éminemment nerveux et sensibles, surtout la seconde qui posséderait même le don fréquent chez les « sensitifs » de juger d'intuition, au premier coup-d'œil et sans jamais se tromper, le caractère des nouveaux-venus. Quant à Mme Nitchinof, elle était, paraît-il, une personne forte, grande, imposante, et n'ayant rien

[1] A. LANG, *Reflections on Mrs. Piper and Telepathy*. Proc. S. P. R., vol. XV, p. 48-51.

de nerveux du tout. Ce qu'il y a de certain, c'est que Mme Moratief lui était profondément attachée, la soigna jour et nuit dans la fatale maladie, lui ferma les yeux, et fut tellement ébranlée de cette mort qu'elle dut se mettre au lit et inspira autour d'elle des craintes pour sa santé (voir C et D). Il n'y aurait rien de surprenant à ce que cette nature nerveuse et sensible eût subconsciemment perçu les fâcheuses prévisions qui s'élaboraient chez sa chère directrice dès les débuts insidieux de la maladie. Quant à dire pourquoi leur traduction en rêve avertisseur conscient, au lieu de s'opérer chez Mme Moratief elle-même, a été surgir à mille lieues de là, chez son amie de Genève, c'est un de ces caprices déconcertants dont fourmillent les phénomènes de télépathie, et qui se ramènent peut-être à une question de moindre résistance dans les cloisons psychiques des divers individus en communication subconsciente. La mécanique subliminale, inter- et intra-mentale, nous expliquera probablement tout cela un jour... si jamais elle arrive à se constituer!

Un dernier indice qu'on pourrait relever en faveur de l'origine télépathique de ce rêve, serait l'impression si profonde et intense qu'il paraît avoir exercée d'emblée sur Mme Buscarlet. Le fait qu'elle l'a écrit le jour même aux Moratief, et qu'elle s'est sentie en quelque sorte automatiquement poussée à le raconter à deux de ses amies, rappelle l'observation souvent notée dans les enquêtes sur les hallucinations véridiques, que ces phénomènes semblent posséder un coefficient de réalité objective, une puissance d'impulsion, une capacité de déterminer le sujet à accomplir certains actes, que ne posséderaient pas au même degré les produits purement subjectifs de l'imagination. — Il est vrai que ce sont là des points difficiles à évaluer exactement, et que l'on ne voit que trop souvent des gens s'emballer sur de pures fictions et se laisser impressionner par des rêves où la suite montre qu'il n'y avait certainement rien d'objectif. Et puis enfin, en face de toutes les explications par l'hypothèse télépathique, surgit toujours, comme un vaste et menaçant point d'interrogation, l'idée qu'au bout du compte il pourrait bien n'y avoir qu'un simple hasard à la base de ces belles apparences!

5. *Coïncidences fortuites.* — En effet, le hasard fait si bien les choses, parfois, qu'on ne peut jamais songer à exclure absolument sa possibilité. Il n'y a aucun empêchement mathématique ni physique à ce que, si on lançait en l'air quelques milliers de lettres d'imprimerie, une partie d'entr'elles se trouvât, en retombant, distribuée dans l'arrangement d'une ode d'Horace. Cela devrait même, en pure logique, se produire nécessairement un beau jour si l'on tentait l'expérience un nombre suffisant de fois, car il n'y a rien dans la nature des choses qui exclue à priori

cette combinaison-là plutôt que toute autre. Il est vrai que ce serait probablement très long à obtenir, et c'est sans doute pourquoi le Hasard cosmique a imaginé un raccourci en groupant d'abord les atomes sous la forme du cerveau d'Horace. Quoi qu'il en soit, la question des coïncidences fortuites restera toujours affaire d'appréciation personnelle. Si Mme Buscarlet avait rêvé que Mme Nitchinof mourrait à telle heure et telle minute, après avoir eu tant et tant de degrés de fièvre les jours précédents et absorbé tant de cuillerées de telle potion, et que cela se fût trouvé vrai de point en point, une prédiction composée d'une pareille accumulation de menus détails, tous justes, me paraîtrait, sinon aussi stupéfiante que la création d'une ode par tirage au sort de ses lettres successives, du moins suffisante pour m'empêcher de croire à de pures coïncidences. Mais, dans notre cas, le rêve a simplement prédit que Mme Nitchinof quitterait l'Institut le 17 — sans même spécifier de quel mois il est question et s'il s'agit bien du style russe! On ne saurait nier que ce ne soit un peu vague.

En soi, ni l'événement, ni le songe, pris chacun isolément et à sa date, n'offrent rien de bien extraordinaire, en sorte qu'il est difficile de juger si leur rencontre l'est beaucoup davantage. On meurt, hélas, en toute saison et en tous pays de la scarlatine et de la diphtérie. Et que Mme Buscarlet ait rêvé au milieu de décembre que l'Institut de Kasan perdait sa directrice, en y réfléchissant cela n'est pas pour me surprendre outre mesure. D'abord, l'époque de l'année devait ramener ses pensées latentes sur ses amis russes, à qui ce serait bientôt le moment d'envoyer des vœux de fête. Puis, comme nos rêves nocturnes s'alimentent pour une bonne part de nos inquiétudes subconscientes, lesquelles à leur tour se rapportent volontiers aux éventualités fâcheuses qui pourraient bien atteindre les gens que nous aimons, je ne vois rien de très bizarre à ce que Mme Buscarlet, préoccupée des Moratief, dont elle était sans nouvelles depuis un certain temps (voit le début de sa lettre B), et de l'éducation de ses anciennes élèves, ait songé au désarroi où cela les mettrait si jamais leur amie Nitchinof venait à quitter la direction de l'Institut. Et que, en train de ruminer cela, un souvenir frappant de son séjour à Kasan, comme celui d'une morte qu'elle y avait vue exposée en bonnet blanc et en rubans jaunes, soit venu se mêler à son rêve, c'est on ne peut plus compréhensible. Reste, il est vrai, l'indication de ce nombre 17, qui vient brocher sur le tout; mais enfin, il n'est pas inouï que le jeu incohérent des idées fasse surgir des chiffres pendant le sommeil, lesquels deviennent forcément des dates, ou des numéros de loterie, ou autre chose, suivant le contexte onirique où ils se glissent.

Bref, et en résumé, du moment qu'un hasard microbien, pas bien extraordinaire après tout, faisait mourir Mme Nitchinof dans le temps approximatif où les préoccupations subconscientes de Mme Buscarlet la portaient tout naturellement à rêver que cette dame quittait l'Institut, — et du moment qu'un autre hasard, psychologique celui-ci, mais pas plus insolite, mêlait un quantième quelconque à ce rêve — il y avait déjà 1 chance sur 15 pour que ce quantième rêvé et celui de la mort réelle se trouvassent coïncider (vu qu'il y a vingt-quatre « 17 » par an dans le double calendrier du vieux et du nouveau style). Ce n'est sans doute pas beaucoup, mais on voit pourtant se réaliser des rencontres fortuites autrement plus inattendues que celle-là sans que personne ait l'idée de s'en étonner.

Conclusion. — Je n'en vois aucune qui s'impose absolument dans le cas que je viens d'examiner. Mais je n'empêche pas le lecteur de se décider, s'il le juge à propos. Il est même clair que les gens qui ont leur siège fait — tant ceux qui rejettent à priori la télépathie comme une « grossière superstition », que ceux qui connaissent exactement les limites de ce que peut faire le hasard — n'auront pas attendu jusqu'ici pour trancher le cas en faveur de l'une ou l'autre hypothèse. Il me paraît toutefois plus conforme à l'esprit de la science d'en rester jusqu'à meilleur informé, dans l'étude de faits aussi complexes et obscurs, à l'attitude proprement critique, qui est également éloignée du scepticisme et du dogmatisme, et qui a pour principe d'examiner les choses sans préjugé ni parti pris, de peser scrupuleusement le pour et le contre de chaque possibilité, de faire à tour de rôle l'essai consciencieux des diverses théories pour voir ce qu'elles sont en état de donner quand on les applique à l'interprétation des faits, — et de ne jamais se hâter de conclure. Pour prudhommesques qu'elles puissent paraître, ces règles d'investigation sont toujours bonnes à rappeler.

CHAPITRE VII

Des Phénomènes physiques supranormaux.

Ma position à l'égard de ce que les Spirites appellent tout court les « phénomènes physiques » est assez singulière. D'une part, pour des raisons exposées ailleurs (*Des Indes*, p. 356-358) et dont la principale est ce que j'ai constaté en présence d'Eusapia Paladino, je suis depuis longtemps convaincu de la réalité de ces phénomènes, en sorte que ce n'est pas un scepticisme invétéré qui m'empêcherait de les reconnaître s'il s'en présentait autour de moi. D'autre part, malgré ma persuasion qu'il doit s'en produire dans notre pays aussi bien qu'à l'étranger, et mon envie d'en rencontrer quelque cas inédit que je pourrais étudier à loisir, je n'ai jamais réussi à en découvrir chez nous d'absolument probants. Bien des gens dignes de foi m'ont certes affirmé avoir assisté à des manifestations de ce genre dans de bonnes conditions de contrôle, et à plus d'une reprise j'ai cru mettre enfin la main sur l'oiseau rare... Hélas, toujours jusqu'ici mon espoir a été déçu, et pour servir à mes lecteurs quelque chose d'un peu positif en ce domaine, j'en serai réduit à me rabattre sur les exploits déjà si connus de l'illustre napolitaine. C'est ce que je ferai dans le chapitre suivant, après avoir consacré celui-ci, par acquit de conscience, au fastidieux récit de quelques-uns de mes doutes ou de mes mécomptes avec les Spirites et médiums de Genève.

I. Phénomènes cités dans le dossier de l'Enquête.

On a vu que plusieurs de mes répondants racontent avoir assisté à des phénomènes physiques qui leur ont paru convaincants : télécinésie, matérialisations partielles ou totales, apports, etc. Du point de vue de la science officielle, pour qui de tels faits sont absolument inadmissibles, rien n'est plus aisé que d'écarter d'un revers de main toutes ces histoires extraordinaires, sans suspecter pour cela la bonne foi de leurs auteurs, simplement en invoquant ce que l'on sait aujourd'hui de la psychologie du témoignage et des erreurs d'observations. Ce même expédient est également à la portée de ceux qui rompent avec la science officielle en admettant la possibilité de faits supranormaux; car lorsqu'on s'est rendu compte combien les personnes même les plus instruites et les mieux douées ont de peine, d'abord à *percevoir* exactement ce qui se passe sous leurs yeux, et ensuite à *se rappeler* exactement ce qu'elles ont perçu, lorsqu'en outre on est un peu au courant du degré de perfection auquel les médiums professionnels, et souvent de simples amateurs de prestidigitation, ont porté l'art de tromper leur prochain, on ne se fait plus grande illusion sur la valeur des récits en apparence les mieux fondés et les plus sérieux. Sans doute ils peuvent être vrais, mais comme il n'y a pas moyen de ressusciter, pour les vérifications nécessaires, le passé auquel ils se rapportent, on est toujours en droit de les tenir indéfiniment en quarantaine. N'empêche qu'en l'absence de certitude absolue dans un sens ou dans un autre, il y a souvent entre ces témoignages des différences de probabilité ou de vraisemblance fort appréciables, résultant du caractère ou du tempérament des gens en cause, des circonstances qui ont entouré le prétendu phénomène, et aussi de l'état présent des recherches sur ce point; car inévitablement le remous des opinions du moment influe sur l'appréciation rétrospective des faits anciens : la valeur p. ex. des fameuses apparitions de Katie King chez Crookes, il y a trente-cinq ans, monte ou baisse forcément à la cote des vérités métapsychiques suivant que le vent est au triomphe ou à la démasquation de nos médiums actuels. Examinons rapidement, sous ce rapport de leur degré d'authenticité probable, les principaux faits cités dans notre dossier.

De l'apparition de John King et des autres phénomènes dont M. Gardy a été témoin chez Williams, je n'ai rien à dire, puisque lui-même n'en fut pas convaincu sur le moment (v. n°s 1 et 2). Je remarque seulement que lorsqu'il croit que ce médium n'a jamais été pris en flagrant délit de supercherie, il n'est pas d'accord avec Myers, qui affirme précisément le contraire[1]. — Quant à Home (3, 4), c'est une autre affaire, et il semble bien que tous ceux qui ont étudié de près la vie de cet homme extraordinaire sont arrivés, comme M. Gardy, à la conviction qu'il n'a jamais donné sérieusement prise au soupçon de fraude. Il resterait à décider si les phénomènes merveilleux qui lui sont attribués furent réels ou le résultat d'hallucinations de la part des témoins; cette seconde supposition, dont M. Podmore s'est fait le champion[2], me paraît, tout bien considéré, encore plus difficile à soutenir que la première (ainsi que j'essaierai de le montrer à propos d'Eusapia), en sorte que je ne songe point, du moins pour le moment, à contester à M. Gardy le joli doigt rose et les autres phénomènes qui l'ont tant impressionné. Je réserve, il est vrai, la question d'explication, qui me

[1] « Mr. Williams is the well-known medium who has repeatedly been caught cheating. » Myers. *The Experiences of W. S. Moses*, Proc. S. P. R., vol. IX, p. 287.

[2] Podmore. *Modern Spiritualism*. Londres, 1902, t. II, p. 252-269.

paraît beaucoup plus complexe et grosse de difficultés qu'à mon honorable correspondant; ce n'est pas faute d'avoir examiné la chose, comme il me le reproche, que je me sens incapable de lui fournir la réponse qu'il désire, mais bien plutôt faute de comprendre comment ces phénomènes bruts de matérialisation peuvent constituer une réfutation du matérialisme et la démonstration de l'indépendance de l'âme!

En ce qui concerne les tours des célèbres frères Davenport, qui ont déterminé les convictions spirites d'un autre de mes répondants (13), il ne me paraît plus y avoir de doutes sérieux sur leur nature purement frauduleuse[1]. Outre qu'ils ont été suffisamment dévoilés, la perfection même de leur exécution — qui d'après tous les récits, réussissait toujours et à la minute voulue — contraste tellement avec le caractère aléatoire, variable, imprévisible, des phénomènes métapsychiques les mieux authentiqués, qu'avant de songer à les mettre parmi ces derniers, il faut au moins attendre d'en avoir observé quelque nouveau cas, en lumière suffisante et l'armoire ouverte! — Sur les autres médiums à matérialisations encore cités dans notre dossier, surtout par M. et Mme Laud (25, 196) et par Mme Rosen-Dufaure (327 à 330), je m'abstiens de tout jugement, ne les connaissant pas, et les récits fournis ne permettant pas de conclure, avec une certitude suffisante, à l'absence de toute supercherie.

Les phénomènes extraordinaires arrivés à M. Ulysse de l'E. (76, 78) — dont plusieurs sont à vous faire dresser les cheveux sur la tête, puisqu'il ne s'agit de rien de moins que de messages comminatoires sentant le roussi et signés de Satan — m'ont, je l'avoue, laissé rêveur[2]. Ce n'est pas que M. de l'E. croie positivement que ces apports diaboliques viennent vraiment de l'enfer; mais enfin il reste convaincu de leur origine occulte. J'aurais bien voulu retrouver ces médiums de passage à effets « formidables », qu'il a eu la chance de rencontrer, ou au moins obtenir des informations sur eux. Cela ne m'a été possible que pour l'un, le fameux Américain, qui se trouvait avoir été, l'année d'avant, élève à l'Institut morave de Prangins. Le directeur d'alors, M. Reichel, à qui j'écrivis (sans lui dire précisément de quoi il s'agissait) pour lui demander quelques renseignements sur le caractère et le tempérament de ce jeune homme, me répondit : - «... Je n'oserais pas appeler M. H. W. un garçon « *sérieux*. Il aimait les plaisanteries (je ne me souviens pas d'avoir entendu « parler de *mauvaises* plaisanteries). Il amusait assez son entourage. Je ne « crois pas me tromper en disant qu'il était fort capable de jouer des tours à « ses camarades et de les mystifier, mais les professeurs ne se plaignaient pas « de lui puisqu'avec tout cela il était assez gentil et, je crois, honnête. Vous

---

[1] Voir CARRINGTON. *The physical Phenomena of Spiritualism*, Londres (1907), p. 158.

[2] On sait qu'il existe de curieuses histoires de revenants ayant laissé, comme preuve de leur réalité, des brûlures, marques de feu, empreintes calcinées de doigts et de mains, etc., sur les objets qu'ils touchèrent ou sur la peau des visionnaires à qui ils apparurent. (Voir entre autres sur ce sujet : RICHET. *Phénomènes métapsychiques d'autrefois; étude critique sur l'apparition de Presbourg*, Ann. des Sciences psychiques, t. XVI, avril et août 1905, p. 197 et 418. ZINGAROPOLI. *Manifestationi spontanee e misteriose, marche e impronte di fuoco.* Luce e Ombra, t. VIII, août 1908, p. 329.) Quelle que soit l'explication à laquelle on s'arrête, tous ces récits ont un faciès commun, un air de famille, qui fait entièrement défaut aux phénomènes racontés par M. Ulysse de l'E.; ceux-ci ont tout l'air de vulgaires mystifications dont ce brave et digne homme fut victime.

« me demandez s'il était normal et bien portant ; je ne pourrais dire le contraire « d'après mes souvenirs. Nous n'avons rien constaté d'étrange en lui, tout en « remarquant qu'il était ce qu'on appellerait peut-être un drôle de corps ; il « était assez gros et lourd, et quelquefois en effet l'expression de sa figure m'a « paru singulière ; jamais cependant on n'a parlé à son égard de somnambulisme « ou de spiritisme pendant qu'il était chez nous. » — D'après cela, je croirais volontiers que ce jeune Américain était un facétieux loustic plutôt qu'un émule de Home ; et je me demande s'il n'en fut pas de même des autres médiums auxquels a eu affaire M. de l'E., qui est connu pour être la bonté même, mais qui pratique peut-être trop à la lettre la belle parole de l'Apôtre sur la charité : Elle croit tout, elle accepte tout, elle ne soupçonne pas le mal...

Sur les cas de médiumnité physique de Mlle Fel et de Mlle Dyck, je m'arrêterai davantage, ayant pu les observer moi-même de plus près.

Les raps de Mlle Fel.

Mlle Fel, maîtresse d'école, m'avait été signalée comme douée de facultes typtologiques remarquables, non pas intellectuelles, car elle n'obtenait jamais d'épellation ayant un sens, mais purement physiques, consistant à produire (au contact) soit de grands mouvements de meubles, soit surtout, dans l'intérieur du meuble en repos, des raps divers qui semblaient inexplicables par la simple pression de ses mains. Cette réputation, coïncidant avec ses propres réponses à l'enquête (Obs. LX, p. 152), me parut mériter l'examen. Mlle Fel voulut bien m'accorder quelques séances d'expérimentation. Mais le résultat final ne confirma pas nos présomptions initiales en faveur d'une véritable paracinésie.

Il est certain que lorsque Mlle Fel se met à la table, on ne tarde généralement pas à y entendre, non seulement sous ses mains, mais souvent à l'autre bout ou partout ailleurs dans le plateau de la table, des bruits d'intensité et de tonalité très variables, parfois sonores et claquants comme la rupture d'une corde de violon ; on dirait que les fibres du bois frémissent, vibrent, éclatent, se déchirent, etc. Mais en variant les conditions d'expérience, on arrive à la conclusion que ces phénomènes sont dus, soit à de petites dislocations dans les joints du meuble, soit à de petits frottements de ses pieds sur le sol, sous la pression exercée par le médium. Quand Mlle Fel pose ses mains sur une table dans l'idée et l'attente d'y obtenir de ces bruits, on la voit tâtonner un moment avec ses doigts et ses paumes, jusqu'à ce qu'elle ait trouvé la bonne position ou atteint le degré et la direction des efforts musculaires propres à faire jouer le plateau sur ses supports et à tirer des diverses pièces, toujours imparfaitement assemblées, de nos meubles ordinaires, la variété de craquements dont ils sont susceptibles. Bien qu'elle ne soit jamais en trance et qu'elle conserve toujours la disposition volontaire de ses membres, elle ne se doute pas elle-même de ce travail d'adaptation au meuble qu'il s'agit d'ébranler en ses points faibles : ou plutôt elle ne se doute pas qu'elle en est l'auteur, car elle le perçoit fort bien sous la forme, parfois pénible, d'un sentiment d'effort subi, de poussée du dehors, de quelque chose qui lui vient par les doigts jusque dans les bras et même dans tout le corps. Il lui semble que le bois de la table se soulève, ondule, ou bat sous sa main. Et il suffit d'observer la tension de ses membres et de son buste, les petits mouvements de glissement ou de reptation de ses doigts adhérents au plateau de la table, le va-et-vient de leur pulpe comprimée contre le bois, et les oscillations de l'afflux sanguin sous-onguéal, pour constater à quels délicats essais, ou à quel déploiement de force, son organisme se livre dans cette lutte contre le meuble inerte et résistant. En d'autres termes, l'autosuggestion de provoquer des raps dans l'intérieur de la table produit les actions musculaires subconscientes qui sont aptes à faire craquer ce meuble, sans qu'il y ait d'ailleurs là quoi que ce soit de supranormal.

En mars 1898, j'assistai chez M. Metzger à une séance où Mlle Fel, presque sans avoir l'air d'y toucher, fit faire plusieurs fois le tour de la chambre à une grosse table de salle à manger. Il n'y avait rien là d'étonnant, étant donné l'aspect débordant de santé de cette grande et belle jeune fille, au teint coloré et à la forte stature.

Ce qui m'intéressa davantage, ce furent, pendant les périodes d'immobilité, les séries de raps ou crépitations, parfois comme de petits coups de pistolet, qu'on entendait résonner dans le plateau de la table. En y collant son oreille, on arrivait à les localiser assez exactement en une région symétrique, et à 80 centimètres de distance, de celle où étaient les mains du médium (à l'autre foyer, pour ainsi dire, de l'ellipse formée par le contour de la table). Il semblait qu'il se fît tout un travail intime dans les fibres du bois, qui tantôt vibraient comme des cordes à boyau, tantôt sautaient et se brisaient avec un bruit de détonation ou de coups de cymbales, etc. Le médium était très rouge, se plaignant de chaleur à la tête mais sans éprouver de fatigue ; ses mains, collées au bois, y exécutaient sur place de petits mouvements alternatifs de propulsion et de rétraction, qu'accompagnaient synchroniquement les raps intérieurs de la table ; en même temps elle s'appuyait avec force contre le dossier de sa chaise, et la tension de toute sa musculature se trahissait jusque dans ses jambes. Elle paraissait avoir toute sa présence d'esprit, et, questionnée sur ce qu'elle éprouvait, « je me sens, répondait-elle, comme attirée et repoussée par la table » : à d'autres moments, où les raps cessaient pour faire place à de petits mouvements de déplacement ou de rotation de la table entière, « il me semble, disait-elle, que le bois bat, ou ondule sous ma main... ça me monte dans les bras... c'est comme si toute la table se soulevait... » Elle fit encore beaucoup d'expériences avec divers objets, chapeau, canne, crayon, etc., qui semblaient s'animer d'une véritable vie propre sous ses doigts (mais jamais sans contact, et sans donner de raps). Mlle Fel voulut bien me promettre de venir faire quelques expériences au Laboratoire.

Nous y eûmes dans le courant du printemps six séances auxquelles assistèrent Mme Hornung, M. et Mme Metzger, M. Briquet, professeur de violoncelle, et M. Eug. Demole, Dr ès sciences, avec lequel j'organisai divers dispositifs de châssis photographiques, de cartons noircis à la fumée, de tambourins de basques, de microphones, etc., pour essayer de recueillir ou de manifester quelques-unes des vibrations et forces physiques inconnues qui pourraient éventuellement se produire. Tout cela ne fut d'aucune utilité; il n'y eut rien que des mouvements et bruits attribuables à l'action normale du médium sur les objets où elle posait les mains. Je résume nos principales observations sur Mlle Fel.

Pour ce qui est d'abord de son état psychique, il n'a rien présenté de remarquable. Comme tous les automatistes dès qu'ils se livrent à leurs exercices, Mlle Fel perd rapidement le « sentiment d'initiative » relatif à son genre de phénomènes et éprouve comme venant de la table les actions mêmes qu'elle exerce sur ce meuble. Mais elle reste dans son état normal, soutient la conversation avec son entourage, et n'a ni contracture ni insensibilité marquée du membre supérieur; tout en sentant quelquefois ses mains devenir lourdes, elle continue à pouvoir les lever à volonté de dessus la table et à faire les mouvements qu'on lui demande, et elle s'aperçoit quand on les touche ou les pince: il y a cependant un certain degré d'anesthésie thermique (elle ne s'aperçoit pas que ses mains deviennent assez froides) et d'analgésie (on peut lui enfoncer l'algésiomètre de Griesbach jusqu'au maximum, 100 gr., sur le médius — elle le sent, mais sans douleur — tandis qu'après la séance elle accuse la douleur à 37 gr. en moyenne).

Tous les essais d'obtenir des dictées, épelées par la table, échouent ou ne donnent que des semblants de mots et des suites de lettres sans signification. p. ex. : *adambelairdalioagachiolafakau*, suivi de frappements irréguliers et ne formant plus de lettres.

Avec des tables de petite ou de moyenne grandeur, elle obtient promptement des raps intérieurs magnifiques, mais cela réussit mieux si elle se met à un certain côté qu'aux autres, et les bruits paraissent se produire toujours au même point dans une table donnée, à savoir à un certain joint, ou au contact d'une des jambes avec le sol (sur l'asphalte du laboratoire ou sur une natte de coco assez dure). Si deux personnes tiennent la table soulevée par ses pieds, ou si l'on fait reposer ceux-ci sur des serviettes molles, il ne se produit plus rien. Avec une grosse table massive en noyer de 2m sur 1m, pesant 80 kil. et à 4 jambes épaisses, Mlle Fel n'a jamais pu rien obtenir, ni mouvements ni raps. En imposant ses mains à des objets moins volumineux placés sur cette table, châssis, épaisse planche à hâcher, etc., elle leur communique des déplacements divers (qui n'ont plus lieu si on met sous ces objets des serviettes pliées), mais sans raps. Elle a de même fait se mouvoir ou basculer un violoncelle du prof. Briquet (qu'elle touchait avec interposition d'une feuille de papier, pour éviter l'adhérence des doigts au vernis), mais n'a pu y produire aucune espèce de bruits.

En résumé, la grande probabilité que dans le cas de Mlle Fel il n'y a point de faculté supranormale en jeu, et que ses raps sont dus à des dislocations du meuble facilement explicables par la pression naturelle de ses mains, me paraît résulter des faits suivants : — 1° Avec une table trop lourde et trop solidement construite, elle n'obtient rien du tout. 2° Il en est de même avec une planche d'une seule pièce, ou avec un meuble, tel qu'un violoncelle, dont le parfait assemblage ne permet aucun déplacement de ses parties. 3° Les bruits obtenus sur un sol ferme et avec une table propice, disparaissent lorsqu'on place sous les pieds de celle-ci un corps mou qui supprime la résistance nécessaire et amortit les chocs. 4° Mlle Fell ne réussit pas également à toutes les places d'une même table; il y a des lieux d'élection pour l'obtention des bruits. 5° Sans être médium, on obtient les mêmes résultats que Mlle Fell en se mettant dans la même position et en opérant autant que possible de la même façon qu'elle.

Les phénomènes de télécinésie et d'apports de Mlle Dyck.

On se rappelle que Mlle Dyck (obs. LV, p. 142) eut pendant environ seize mois — de janvier 1898 à mai 1899 — une période de médiumnité physique très remarquable, se traduisant par des mouvements sans contact de tables ou autres meubles, et des apports de cailloux, fleurs, etc., qui se produisaient soit inopinément dans sa vie ordinaire, soit aux séances qu'elle faisait avec ses parents et avec de nombreux amis et connaissances. Je pus assister dans le courant de 1898 à quelques-unes de ces séances, grâce à l'obligeance de la famille Dyck. Ce que j'y vis, déplacements de tables et chute de petits cailloux et autres menus objets, sans être du tout convaincant par suite des défectuosités du contrôle, me parut cependant mériter une étude plus suivie. Il me vint aussi, de personnes tout à fait dignes de foi qui avaient assisté à ces phénomènes, beaucoup de témoignages favorables à leur authenticité (avec quelques-uns qui l'étaient moins); plusieurs figurent dans le dossier ci-dessus (n°s 9, 68, 128, 175, 195, 215). Un ingénieur de mes amis, M. Aloys Naville, me certifia par écrit et sous sa signature avoir vu de ses yeux, dans la salle à manger des Dyck parfaitement éclairée par la lampe à suspension, la grande table courir toute seule de côté et d'autre à travers le large cercle formé par les assistants, au nombre d'une dizaine, qui s'étaient reculés par précaution :

« ...A peine avions-nous interrompu la chaîne (après l'avoir faite
« pendant 40 minutes) et parlions-nous de tout autre chose, que la table
« poussa un grand craquement. Ce bruit inattendu — rappelant qu'à ce
« moment-là de la séance précédente, paraît-il, la table s'était tout à

« coup soulevée perpendiculairement jusqu'à la suspension et était « retombée avec une grande force — effraya beaucoup les dames. Nous « nous éloignâmes par mesure de prudence et cachâmes nos pieds sous « nos chaises. Alors, au lieu de se soulever, la table roula d'un bout du « cercle à l'autre, toujours après de forts craquements. Au moment où « elle se lançait d'un côté, les personnes effrayées se reculaient: la table « alors s'arrêtait et ne les poursuivait pas. Mon impression était qu'elle « aurait voulu se soulever et n'en avait pas la force. On entendait tout « un travail dans le bois, comme si elle faisait des efforts: fatiguée, elle « s'arrêtait un moment, puis reprenait tout à coup le parti de courir... »

L'accumulation de récits et d'indices de ce genre, constituant une présomption de plus en plus forte en faveur de la réalité des phénomènes extraordinaires qui se passaient chez les Dyck — et aussi hors de chez eux, partout où ils allaient faire des séances de table — finit par me donner envie de tirer la chose au clair. Il y avait peut-être là un cas de véritable médiumnité supranormale qu'il ne fallait pas laisser perdre. Bref, vers la fin de l'hiver 1899, je me hasardai à demander à Mlle Dyck et à ses parents — en leur exposant l'importance scientifique de la chose (car leur qualité et leur situation excluaient toute idée de rétribution matérielle) — s'ils se prêteraient à une série de séances régulières, chez moi, dans un cercle restreint de personnes compétentes choisies d'accord avec eux, aux fins d'étudier d'une façon plus systématique un cas de médiumnité aussi merveilleux et qui semblait de nature à pouvoir rivaliser avec ceux de Home, de Stainton Moses ou d'Eusapia Paladino.

M. Dyck, technicien de mérite, ayant déjà publié, comme on l'a vu (p. 144), un travail sur les faits étranges arrivés dans sa famille, comprit parfaitement l'intérêt objectif de pareilles recherches; il ne demandait pas mieux que de voir les phénomènes en question examinés et reconnus par des hommes de science, dont le verdict impartial serait certainement d'un plus grand poids pour la consécration en quelque sorte officielle du spiritisme que tous les récits des Spirites eux-mêmes. Sa femme et sa fille, sans paraître éprouver au même degré le besoin d'un contrôle rigoureux pour des phénomènes qui s'en étaient passés jusque-là, accédèrent néanmoins très obligeamment à ma prière. Nous convînmes de faire pour commencer une série de douze séances, sans modifications dans le groupe des assistants ni le lieu des réunions, afin de permettre l'accoutumance réciproque, l'harmonisation et l'entraînement nécessaires au bon développement des phénomènes; étant d'ailleurs bien entendu que le but final et la seule raison d'être de ces expériences était l'obtention de faits supranormaux présentant toutes les garanties scientifiques. Je m'engageai d'honneur à ne jamais contrarier le médium, et à n'introduire les mesures de contrôle ou les procédés d'expérimentation qu'au fur et à mesure que les circonstances l'indiqueraient, et toujours avec l'assentiment de ses parents. Après les douze séances convenues, on verrait, suivant les résultats obtenus, ce qu'il y aurait lieu de faire pour la suite. — Les choses étant ainsi arrangées au gré de tout le monde, nous nous berçâmes de l'espoir que nous allions enfin faire faire un pas décisif, ou tout au moins important, à la question des phénomènes physiques supranormaux. Mais les « Esprits » sur l'aide desquels nous comptions pour cela, en décidèrent autrement.

Le principe dont je m'inspirai pour l'organisation de nos séances, je veux dire celui de la patience et de la douceur, bien qu'il n'ait abouti à rien dans le cas particulier, me paraît toujours devoir être le meilleur en matière d'expériences médianimiques. Pour des phénomènes encore mystérieux, d'un déterminisme très complexe et délicat, il faut commencer par observer patiemment leur production spontanée, avant de se hasarder à expérimenter, c'est-à-dire à leur imposer certaines conditions. Et puisque leur facteur principal est en tous cas un être humain, le médium, dont la psychologie et la physiologie nous sont si mal connues, il importe avant tout de ne pas le brusquer, mais au contraire de l'entourer de respect et d'égards, de lui témoigner et de lui inspirer le plus de confiance possible, d'entrer même dans ses vues et dans celles des « Esprits » dont il est censé l'instrument, en adoptant provisoirement sa conception des choses; bref, il s'agit de l'encourager en le traitant humainement et avec sympathie, au lieu de courir le risque bien inutile de le paralyser en le contredisant ou en le soumettant d'emblée à des procédés de contrôle dont il ne sent pas la nécessité et qui lui paraissent purement vexatoires. Ce sera assez tôt lorsque ses facultés se seront épanouies en toute liberté, et que les phénomènes auront commencé à se déployer, pour l'amener peu à peu, par la persuasion et par des essais graduels, à opérer dans des conditions meilleures et toujours plus conformes aux sévères exigences de la méthode expérimentale.

Le local choisi fut, au rez-de-chaussée de ma maison de Florissant, un petit salon de 21 m. c., communiquant avec un plus grand par une porte à coulisses et renfermant entre autres deux tables rondes, l'une lourde et massive de $1^{m},20$ de diamètre, l'autre (guéridon) plus petite et légère de $0^{m},80$; aucun instrument, sauf un thermomètre, un dynamomètre de Régnier, et l'algésiomètre de Griesbach; quelques objets mobiles, livres, clochette, plaques photographiques dans leurs châssis, crayons et cahiers, etc. En cas de réussite, les séances auraient été transportées ultérieurement dans une vaste salle à manger voisine, où il y avait toute la place voulue pour y installer des appareils enregistreurs et autres, de façon à n'avoir pas besoin d'aller dans un laboratoire universitaire, chose toujours un peu effrayante pour les profanes.

La composition du groupe, également agréée par le médium et ses parents, comprenait (outre ceux-ci) : — 1° deux Spirites convaincus, mais dont la culture scientifique, et le sincère désir d'arriver à une pleine lumière sur les phénomènes supranormaux en discussion, m'étaient une garantie qu'ils ne contrecarreraient le moment venu aucune de mes tentatives de contrôle rigoureux ; je veux parler du prof. Metzger, président de la Société d'Etudes psychiques [spirite] de Genève, et de M. le Dr T., médecin praticien dans les environs, qui depuis un an s'était intimement lié avec la famille Dyck et avait assisté à de nombreuses séances du médium (voir p. 62-63); — 2° M. Aloys Naville, ingénieur, dont on a vu plus haut le témoignage en faveur de l'authenticité des phénomènes télécinétiques de Mlle Dyck, et M. Eug. Demole, Dr ès sciences, directeur de la Revue suisse de Photographie, qui avait déjà pris part à beaucoup d'expériences médianimiques; ces deux savants, sans avoir d'opinion arrêtée sur le spiritisme, étaient du moins connus pour n'y pas être opposés de parti pris et pour s'intéresser vivement à la psychologie supranormale; — 3° ma femme et moi. Je rappelle que récemment (déc. 1898) j'avais assisté chez Richet à des séances d'Eusapia Paladino qui m'avaient convaincu de la réalité des phénomènes physiques de ce médium et, partant, de leur pleine possibilité dans le cas d'autres sujets. C'est dire qu'il n'y avait chez nous aucune trace d'hostilité sourde ou d'incrédulité obstinée vis-à-vis des faits qu'il s'agissait d'étudier, mais bien au contraire une attitude d'expectation favorable, je dirai plus, une curiosité très éveillée et une vive espérance de les voir se produire. — En résumé, tout notre cercle, bien que décidé à conserver sa liberté d'esprit et à ne pas prendre des vessies pour des lanternes, était certainement animé des dispositions les plus bienveillantes à l'égard du médium, et les plus propices à l'éclosion des phénomènes. Ce n'est pas notre faute, je crois pouvoir l'affirmer, si les choses n'ont pas tourné conformément à notre attente et à nos souhaits.

Les 4 premières séances (du 7 mars au 5 avril 1899) furent nulles en fait de phénomènes physiques notables, bien que l'on en passât par tout ce que désiraient le médium et les Esprits au point de vue de l'obscurité ou de la lumière, du choix de ceux qui se mettaient à la table, etc. On n'y obtint que des mouvements typtologiques ordinaires et des dictées philosophiques, des définitions en 12 mots comme il en venait souvent chez les Dyck (comp. nos 298 et 300, p. 144), des conseils et des admonestations, etc.

Deux points cependant sont à relever. D'abord les Esprits se montrèrent dès le début soupçonneux, méfiants, à l'endroit des assistants, leur faisant des leçons vraiment peu méritées et les accusant de scepticisme, ce qui, ainsi que je l'ai dit ci-dessus, ne cadrait guère avec la composition du cercle. Pour n'en donner qu'un exemple, dès le commencement de la première séance, comme nous demandions aux Esprits si les arrangements pris leur convenaient, la table répondit : *Oui. Toujours conserver les mêmes personnes, dans votre cercle et dans le même local, avec des idées qui ne sont pas celles de sceptiques enracinés comme j'en vois dans ce milieu.* Nous nous récriâmes, étonnés, mais la table répliqua : *Rien ne sert de protester.*

Le second point, qui se rattache évidemment au premier, ce fut, dans la 3me séance, l'exclusion de M. Metzger et du Dr T. de notre cercle. A peine étions-nous à la table, ce soir-là, qu'elle dicta : *Pour des manifestations* [physiques] *votre milieu est mal choisi. Si vous vous étiez trouvés dans celui de hier soir* [à une séance chez les Dyck où il y eut des apports de pierres] *vous auriez eu un espoir. Nous sommes fâchés de revenir* [c.-à-d. d'insister] *sur notre plan bien arrêté de ne plus amuser les sceptiques. Il y en a un qui a déjà eu peur, aussi je prévoyais son absence pour ce soir* [allusion à M. Metzger, qui n'avait pu venir pour cause d'indisposition et s'était fait excuser]. *Un personnage nuit* [encore]; *pas* [de phénomènes] *pour ce soir, car vous n'obtiendrez rien en sa présence...* La table ne voulant pas nommer directement ce fâcheux, on passe en revue tous les membres du groupe, et aux noms du Dr T. et de M. Metzger, elle indique énergiquement que dorénavant ils ne doivent plus revenir. (A la fin de la 8e séance, la table annonça que *le pénitent de la zone* — c'est-à-dire le Dr T. qui habitait Annemasse — pourrait revenir aux séances suivantes, mais elle tint rigueur jusqu'au bout à M. Metzger.) Cette expulsion des deux seuls membres vraiment spirites de notre cercle (abstraction faite des Dyck eux-mêmes) ne laissa pas de nous surprendre grandement. Je me l'expliquai plus tard : ces deux Messieurs, qui considéraient un peu l'honneur du spiritisme et le leur propre comme engagés dans notre entreprise, tenaient visiblement à ce que le médium nous fournit des phénomènes irréprochables au point de vue scientifique; ils avaient déjà donné quelques signes d'impatience, et l'on pouvait présumer qu'à l'occasion ils se montreraient peut-être, au point de vue du contrôle, encore plus sévères que nous autres simples curieux. Certainement, ils n'auraient pas accepté avec autant de flegme que nous les phénomènes que l'avenir nous tenait en réserve! C'est pourquoi, je pense, les Esprits jugèrent plus prudent de les écarter au préalable.

La 5me séance (12 avril) fut marquée par d'intéressantes expériences de Mlle Dyck avec un verre à pied posé sur le guéridon où elle avait les mains : les mouvements du meuble le firent se déplacer, glisser, sauter et retomber, danser, sans que jamais il se renversât ni se cassât, d'une façon remarquable et qu'aucun de nous ne parvint à imiter sans accident. Il y avait là un indice, non point encore de phénomène supranormal (télécinésie ou paracinésie), mais du moins d'une hypéresthésie musculotactile, d'une délicatesse dans le réglage des mouvements, qui paraissait relever de facultés subconscientes et permettait d'espérer mieux encore pour la suite. De plus, parmi quelques communications sans importance, nous obtînmes cette dictée pleine de promesses : *La prochaine séance devra commencer de suite par l'obscurité: phénomènes de différente nature, il faut un commencement à toute chose*. M. Metzger et le Dr T. continuent à être impitoyablement exclus.

La 6me séance (17 avril 1899) fut en effet riche en phénomènes extraordinaires pour tout ce dont les précédentes en avaient été dénuées. — Dès l'abord, comme nous allions nous asseoir autour de la grande table, le guéridon, situé à quelque distance, fut tout à coup renversé sans que personne l'eût touché. Malheureusement, aucun de nous ne fut témoin de sa chute, dont le vacarme seul attira l'attention. En me retournant à ce bruit et mesurant du regard la disposition des lieux, je fis à part moi la réflexion qu'une personne qui se serait trouvée près du médium aurait facilement pu, en étendant le bras en arrière, atteindre le bord du guéridon encore debout, et lui donner l'élan nécessaire pour lui faire perdre l'équilibre; et que cette personne, faisant doucement un petit pas en avant pendant le temps même de la chute, occuperait précisément la place où je voyais le médium.

L'étonnement général calmé et la petite table relevée, nous nous mîmes autour de la grande pour la séance obscure ordonnée la dernière fois. Mlle Dyck était entre M. Demole et moi, et nous lui contrôlions chacun une main. J'espérais entendre de nouveau la chute de la petite table, ce qui, dans ces conditions, eût été un excellent phénomène, mais rien ne se produisit. Au bout de 3/4 d'heure environ de vaine attente, M. Dyck proposa de rallumer et de consulter le guéridon pour savoir ce qu'il conviendrait de faire. Adopté; le médium et sa mère se mettent à la petite table, qui leur dicte immédiatement : *Restez à la petite table, car si la manifestation se produit nous vous le dirons.* Quant aux autres personnes, il leur est enjoint de rester à la grande table, sauf M. Naville, qui doit aussi s'asseoir au guéridon (où il contrôle la main gauche du médium, Mme Dyck étant censée tenir la droite). On refait l'obscurité. Un quart d'heure environ se passe, où le médium tousse plusieurs fois, plus souvent et plus fort que d'habitude. Tout à coup, grand vacarme qui nous fait tous sursauter et arrache des cris au médium; j'allume, et au milieu du guéridon se trouve une grosse bouteille vide (comme une bouteille à Champagne) avec étiquette déchirée mais encore lisible. C'est une bouteille à vin de Neuchâtel mousseux, que Mme Dyck reconnaît aussitôt pour l'avoir bue la veille en famille, et l'avoir laissée sur la fenêtre de sa cuisine. (Les Dyck demeurent à environ trois kilomètres de distance de chez moi à vol d'oiseau.) Le médium dit qu'elle a eu très peur (sa mère la trouve blême, mais elle me paraît encore plus colorée que d'habitude, peut-être congestionnée par les cris qu'elle a poussés), et elle ajoute spontanément qu'elle avait les deux mains tenues par celles de M. Naville (en réalité elle ne pouvait avoir que sa main gauche en contact avec celle de M. Naville, sa droite devant faire la chaîne avec la gauche de sa mère). — La table dicte encore : *Par terre.* On comprend qu'il s'agit d'un nouvel apport, et en cherchant partout sur le tapis on trouve, à la place que Mlle Dyck avait occupée à la grande table, une jeune pousse de 2 ou 3 feuilles de lilas, un peu fanée et aplatie; Mlle Dyck s'occupe à en dérouler les feuilles et demande si nous avons des lilas au jardin (il y en a). Puis elle se remet avec sa mère à la petite table, qui dicte : *Nous voyons encore trop de scepticisme de votre part : ces personnes dévouées n'apportent pourtant pas des bouteilles dans* (ici quelqu'un suggère *leurs poches*, mais la table frappe un *non* énergique et continue à épeler) *leurs manches.* Je demande alors si on ne pourrait pas obtenir les mêmes faits, mais en pleine lumière. La table répond : *Attendez votre tour.* Alors nous nous remettons tous à la grande table, de nouveau dans l'obscurité; et le médium étant contrôlé par M. Demole et moi, il se passe successivement trois faits curieux : 1° D'abord un petit bruit sec sur la table : j'allume, et l'on aperçoit un petit caillou, gros comme l'ongle de l'index, posé sur la table devant le médium, à 25 cent. du bord; 2° on éteint, et bientôt le médium s'effondre à terre, sa chaise ayant été retirée de dessous elle; 3° Elle se rassied, et au bout d'un moment, quand je rallume définitivement, il y a devant elle sur la table une seconde pousse de lilas, aplatie et chiffonnée.

Comme tout le monde se lève pour aller prendre le thé, M. Demole croit sentir quelque chose tomber sur son pied; on regarde à terre, sans rien découvrir; le guéridon, consulté par le médium, déclare qu'il y a en effet quelque chose sur le tapis, tout le monde se met à chercher, et bientôt Mlle Dyck elle-même trouve dans un coin de la pièce son propre canif, qu'au début de la séance elle nous avait montré être renfermé dans sa poche. — La conversation roule naturellement, pendant le thé, sur les mystérieux apports qui viennent d'avoir lieu et les diverses hypothèses connues relatives à de tels phénomènes, soit le transport par la 4me dimension de l'espace (Fechner et Zöllner), soit le dé- et rematérialisation pour la traversée des murs, etc. Après le thé, le guéridon, consulté par le médium à ce sujet, donne les explications suivantes sur la façon dont la bouteille est arrivée : *Rendue à sa matière première, c'est-à-dire au néant, et reconstituée ici. Pour le passage des fluides, il n'y a point de matière. Vous en avez un exemple dans cette belle découverte, l'avant-dernière de ce siècle jusqu'à ce jour, la suppression de la matière pour les rayons Roentgen.* (M. Demole ayant demandé si ce phénomène de la dématérialisation des objets relève de la physique moderne, la table répond :) *Non.* (Est-ce un phénomène réductible à des vibrations?) *Non.* (Alors à quoi se rattache-t-il?) *Aux lois divines que nul homme, tant savant soit-il, ne peut produire.* (Doit-on étudier ces choses-là?) *Oui, mais ne pas chercher à approfondir parce qu'elles sont au-dessus de votre conception :* [vous ne les comprendrez] *pas avec un corps aussi imparfait, mais* [en étudiant] *vous faites progresser votre âme.* — Dans le courant de cette soirée, et alors qu'il était assez loin du médium et causait avec une autre personne, M. Demole a eu l'impression d'être touché et comme serré un instant à l'épaule par une main invisible.

La 7me séance (24 avril) ne présenta aucun phénomène physique, mais seulement des dictées, où il nous fut dit entre autres que nous n'aurions rien ce soir là, pour nous éprouver, et que Zola [c'était le moment de sa disparition pendant l'Affaire Dreyfus] n'est pas en Angleterre, mais en Suisse, dans le pays de Vaud.

Dans la 8me séance (3 mai), pendant que le médium était au guéridon avec sa mère et M. Naville à sa gauche, en pleine obscurité, un chandelier et une cassette à ouvrage, qui se trouvaient au coin d'une table à écrire située à sa droite et en arrière, furent précipités à terre ensemble avec un grand fracas. Pour pouvoir atteindre et renverser ces objets de sa main droite, le médium aurait dû se retourner à demi sur sa chaise et étendre le bras de toute sa longueur en se penchant un peu vers ladite table à écrire.

Pendant la 9e séance (20 mai) où il ne se produisit rien de saillant, comme nous demandions si nous obtiendrions quelque phénomène dans des conditions plus satisfaisantes que les précédentes, le guéridon répondit : *Votre obstination est devenue de l'indiscrétion ; quand nous ne voulons pas nous manifester, nous avons nos raisons, vous devriez le comprendre.*

A la 10e séance (samedi 27 mai), M. Dyck commença par nous raconter l'apport et la communication qui avaient eu lieu chez lui le lundi précédent :— Comme il était assis à lire un journal, il entendit quelque chose voler près de son oreille, et un gros caillou, pesant environ 200 gr., tomba par terre avec grand bruit. Mlle Dyck arrangeait la table du déjeuner. Il posa le caillou sur la table, et sa fille sortit de la chambre. Il recommença sa lecture. Tout à coup il regarda, le caillou n'était plus sur la table et venait de tomber beaucoup plus loin! La table, consultée par la famille Dyck à ce sujet, répondit : *C'est la dernière manifestation que vous obtiendrez pendant sept mois.* (Ils demandèrent pourquoi. Réponse :) *Trop de malveillance de la part des assistants : ne vous en occupez plus.* Et en effet, les Dyck n'ont plus rien eu de toute la semaine. — Après ce récit, nous essayâmes de faire la séance, mais inutilement : rien ne vint ce soir-là, pas même la plus petite dictée. Il était évident que les Esprits tenaient leur parole de ne plus se manifester, en sorte que, sur l'avis des Dyck, il fut décidé de suspendre nos réunions, avant même d'avoir achevé les douze séances qui avaient été convenues. Elles ne furent jamais reprises, car à l'expiration des sept mois annoncés, les Esprits ne recommencèrent point, que je sache, à se manifester par des phénomènes physiques, mais la médiumnité de Mlle Dyck prit un nouvel essor sous la forme intellectuelle de communications philosophiques et morales, par la table ou l'écriture (v. n° 302, p. 146).

Nos expériences avec Mlle Dyck se trouvant ainsi interrompues de par le refus des Esprits de les continuer, je me livrai pour mon compte à une récapitulation des phénomènes physiques qu'il m'avait été donné de constater en présence de ce médium. Pour cela, je me posai le critère d'appréciation suivant: *Dans l'analyse scientifique des phénomènes physiques prétendus supranormaux, la personnalité* MORALE *du médium sera entièrement laissée hors de cause, et le caractère supranormal des phénomènes résultera uniquement des circonstances de leur apparition, lesquelles devront exclure toute possibilité* MATÉRIELLE *d'une production par des moyens ordinaires.* (On sait en effet qu'un médium parfaitement honnête peut servir temporairement, et souvent à son insu, d'instrument à de mauvais Esprits, de sorte que des supercheries peuvent se produire sans que la parfaite bonne foi du médium en soit atteinte.) Le résultat de cet examen critique fut le suivant :

Aux séances de Mlle Dyck auxquelles j'avais été invité précédemment, il s'était produit une bonne demi-douzaine de phénomènes étranges, mais qu'une singulière malechance m'avait toujours empêché d'observer convenablement. Une fois, la table autour de laquelle nous faisions la chaîne à une petite distance, sans la toucher, s'était mise à craquer et à se déplacer toute seule; mais c'était dans une complète obscurité, et quelqu'un, même le médium dont je ne tenais qu'une main, aurait fort bien pu la pousser en étendant habilement le bras ou la jambe. Une autre fois, en pleine lumière, on avait entendu une petite pierre tomber sur le dossier de la chaise du médium (dont les deux mains étaient tenues) et, de là, rebondir à terre; mais comme le médium avait la liberté de ses mouvements de tête. il était matériellement possible qu'elle eût fait tomber cette petite pierre de sa chevelure par une secousse. Quatre fois, pendant que tout le monde était occupé à prendre le thé, des cailloux étaient tombés ici ou là dans la chambre, mais le médium, dont les mains m'étaient justement cachées en ces moments-là par d'autres personnes, aurait toujours facilement pu lancer ces petites pierres d'une simple chiquenaude. Enfin on avait trouvé à terre divers objets inattendus, crayons, broches, etc., mais jamais sans que ces objets eussent pu y être parvenus par les voies les plus banales.

Quant aux séances chez moi, résumées plus haut, la même déveine m'y avait poursuivi. Je tournais justement le dos pour quelques instants lorsque le guéridon s'était renversé sur le sol, à une distance de Mlle Dyck qui ne rendait pas absolument impossible la participation de cette dernière à l'événement. L'apport de la bouteille n'eût été concluant que s'il s'était agi d'un objet — marmite, soupière, ou chaise — assez volumineux pour ne pas pouvoir matériellement se dissimuler sous les vêtements du médium, par exemple dans la blouse très ample qu'elle avait justement ce soir-là: ou encore, si cet apport avait eu lieu une demi-heure plus tôt, pendant la longue séance obscure où les deux mains du médium étaient solidement contrôlées par M. Demole et moi. Les deux pousses de lilas chiffonnées et aplaties, qui étaient arrivées dans l'obscurité, auraient pu être tirées d'une de ses manches pendant que je lui avais lâché le poignet pour allumer. Le caillou tombé sur la table était assez petit pour avoi pu être projeté, par un mouvement de tête du médium, de sa chevelure ou de ses lèvres. Le canif trouvé à terre dans un coin par Mlle Dyck elle-même, et sa chaise enlevée de dessous elle, n'étaient pas davantage des phénomènes probants, non plus que la chute du chandelier et de la cassette qui se trouvaient justement à l'extrême portée de sa main non contrôlée. Bref, je ne pus pas retrouver, dans mes souvenirs appuyés de mes notes, un seul phénomène soutenant l'épreuve de la règle énoncée ci-dessus.

Mes collègues Naville et Demole avaient été mieux partagés, le premier par les mouvements de la table sans contact constatés chez les Dick en bonne lumière (v. plus haut p. 369), le second en se sentant serré à l'épaule alors que le médium n'était pas même à côté de lui. Mais ils n'ont jamais pu digérer l'apport de cette malheureuse bouteille de Neuchâtel mousseux, laquelle contenait encore quelques gouttes de liquide, qui devaient donc avoir également subi la dématérialisation passagère...

En résumé, mon insuccès constant avec Mlle Dyck n'est point, est-il besoin de le dire, une raison logiquement suffisante de nier la réalité de ses facultés physiques supranormales, dont se portent garants non seulement ses parents, qui les ont vues se déployer sous leurs yeux presque journellement pendant plus d'une année, mais tant d'autres témoins occasionnels dignes de créance. Je constate seulement qu'en ce qui me concerne je n'ai pas réussi à les vérifier d'une manière scientifiquement satisfaisante. J'ai bien assisté, tant chez elle que chez moi, à une quinzaine de phénomènes extraordinaires, mais toujours dans les plus mauvaises conditions de contrôle. En réfléchissant à ce guignon, j'en suis arrivé à la conclusion suivante (que je formule en termes spirites) :

Si les Esprits qui se sont servis de la médiumnité physique de Mlle Dyck pour se manifester à moi, avaient été simplement ignorants des exigences de nos méthodes expérimentales, ils auraient dû, en vertu de l'égale probabilité des chances, me fournir à peu près autant de phénomènes répondant à ces exigences, que de phénomènes n'y répondant pas (par exemple, sur le nombre de pierres tombées en ma présence ou d'objets renversés, le hasard aurait bien amené l'un au moins de ces incidents à se produire sous mes yeux, au lieu de toujours se passer là où je ne pouvais justement rien voir). Le fait qu'il en a été tout autrement me paraît indiquer que les dits Esprits connaissent parfaitement les conditions d'une observation convaincante pour nous autres humains, mais qu'ils ont évité de parti pris de s'y conformer. En d'autres termes, ce sont des Esprits malfaisants et pernicieux, qui mettent leur plaisir à dérouter la recherche scientifique impartiale, et qui font précisément tout ce qu'il faut pour inspirer de la méfiance à l'endroit du médium et le faire soupçonner de supercherie. Ce n'est au reste pas la première fois que pareille chose se produit, et bien d'autres chercheurs se sont déjà heurtés à ce mauvais vouloir de la part des puissances occultes[1]. C'est pourquoi j'estime que Mlle Dyck a eu mille fois raison de s'opposer, par le triage que tous les médiums peuvent jusqu'à un certain point exercer sur les influences de l'Au-delà, à la continuation de faits aussi déplorables, et qui étaient de nature à porter préjudice à sa propre réputation d'honnêteté autant qu'à celle du spiritisme en général. Et je ne puis que la féliciter d'avoir réussi, sans atteindre la fin de nos douze séances convenues, à se débarrasser de ces fâcheux Esprits, au prix même de sa médiumnité physique, pour ne conserver, pendant encore plusieurs années, que ses pures facultés d'inspiration morale et philosophique....

II. Cas divers de manifestations physiques.

En dehors de mon enquête, j'ai recueilli bien des histoires inédites de phénomènes physiques extraordinaires, maisons hantées, etc.; mais je n'ai jamais pu assister personnellement à aucun, et la valeur probante de ces récits au point de vue métapsychique est trop faible pour mériter qu'on s'y arrête. J'en rapporterai néanmoins quelques spécimens illustrant nos principales diversités de réaction psychologique, d'attitude interprétative, vis-à-vis des faits inexpliqués, bruits insolites, petits événements sans causes connues, etc., qui peuvent se produire dans le monde matériel autour de nous. Le premier cas montre bien ce goût du mystère, cette occultomanie pourrait-on dire, que l'on rencontre encore si souvent, comme une survivance ou une réapparition atavique de la croyance au Fatum antique : il y a des gens dont l'existence est émaillée d'incidents extérieurs, incompréhensibles sur le moment même, mais qu'ils s'expliquent rétrospectivement comme d'obscurs présages des malheurs que la destinée leur tenait en réserve. Dans le cas suivant, les phénomènes étranges qui se produisent autour du sujet prennent à ses yeux la signification d'avertis-

[1] Voir par exemple GIBIER, *Analyse des Choses*, p. 159 suiv. : « Le médium spirite est le plus souvent le jouet ou tout au moins l'instrument d'influences occultes parfois très inférieures... de plus, étant un être essentiellement passif, il peut être dominé, guidé, entraîné par ses propres mauvaises passions... Aussi, à part quelques exceptions des plus honorables, voit-on généralement le même médium produire les phénomènes les plus authentiques, les moins discutables, à côté de tricheries odieuses et parfois grossièrement dissimulées. » Gibier cite un médium non professionnel, de sa connaissance, qui produisait des phénomènes de lévitation et des mouvements d'objets à distance tout à fait réels, et qui lui avoua avoir été souvent pris d'une envie violente de frauder, à laquelle du reste il avait toujours résisté ; ce médium, analysant cette impulsion à la supercherie, y distinguait 4 facteurs : le *désir d'étonner* les assistants ; le *plaisir de tromper* son semblable, de lui jouer un bon tour ; la *crainte de la fatigue*, car les phénomènes réels sont souvent exténuants pour les médiums ; enfin *une autre cause* obscure, sans doute de nature impulsive, qui « se joignait aux précédentes et se faisait sentir plus pressante » pour le déterminer à tricher.

sements moraux et font pour ainsi dire écho à la voix de sa conscience. Le troisième récit — un exemple typique d'Esprit frappeur lié à la présence d'une jeune fille, dans le genre de celui de fameuse mémoire qui donna naissance au spiritisme à Hydesville il y a soixante ans — met en évidence la curiosité banale, doublée au fond d'indifférence ou de scepticisme, que ces phénomènes éveillent aujourd'hui dans beaucoup de nos milieux instruits et cultivés. Enfin, la narratrice et principal témoin du dernier fait (coups de sonnette rappelant ceux d'un défunt) réunit l'ouverture d'esprit et la suspension du jugement indispensables aux études métapsychiques. Ces quatre cas symbolisent ainsi, en quelque sorte, les diverses dispositions mentales avec lesquelles on peut accueillir les phénomènes en apparence supranormaux du monde extérieur.

1. Les présages occultes de Mme Yong.

C'est chez Mme Saxo (obs. L, p. 117) qu'en 1901 j'ai eu l'occasion de rencontrer Mme Yong, jeune femme d'une trentaine d'années, grande, pâle aux cheveux foncés, d'aspect lymphatique et teinté de mystère. Ces deux dames étaient entrées en relation d'une manière assez imprévue, tout à fait digne de tempéraments occultistes :— « Voici, m'écrivait Mme Saxo, de quelle étrange façon je fis la connaissance de cette étrangère. Il y a 3 ou 4 ans, j'étais assise dans le magasin de dentelles que feu ma sœur tenait à cette époque, lorsque Mme Yong y entra. Toutes deux nous nous fixâmes d'une singulière manière, moi comme toujours à cause de ma mauvaise vue, Mme Yong pour autre chose sans doute, car voici à peu près les paroles qu'elle m'adressa : *Vous vous occupez de sciences psychiques, Madame, et vous êtes voyante.* Jugez de mon étonnement! Je pensai que quelqu'un avait dû lui parler de moi, mais elle m'affirma le contraire; et depuis lors, sans nous connaître autrement, elle s'intéressa à ma sœur et à moi, nous écrivit, nous envoya même des livres traitant de sujets occultes... » — Mme Yong, de son côté, assure qu'elle distingue d'emblée aux yeux (et aussi un peu à la poignée de mains) si une personne est douée de phénomènes médianimiques et s'en occupe, ou si elle y est réfractaire, et c'est ainsi qu'à première vue elle reconnut en Mme Saxo une nature congénère de la sienne.

Mme Yong possède en effet, depuis 1894, une médiumnité spontanée par laquelle elle entend les défunts de sa famille ou de ses amis (surtout un grand-oncle décédé avant sa naissance) lui faire part de leurs réflexions sur ce qui la concerne. Le contenu de ces messages n'est jamais littéraire (ce qui l'étonne, car elle s'occupe précisément beaucoup de littérature) ni proprement moral ou religieux, mais occultiste, et très souvent pratique : il lui arrive de recevoir de précieux renseignements, des conseils utiles en affaires d'intérêt, des avertissements à se méfier de telles ou telles personnes, etc. Elle reconnaît ses interlocuteurs spirites à leur style et à leur manière, ou au fait qu'ils se nomment, ou à un sentiment indéfinissable, mais non à leur voix : car c'est toujours la même voix qui lui parle mentalement, quoiqu'elle lui paraisse tantôt extérieure (le plus souvent à l'oreille gauche, mais jamais comme la voix d'une personne réelle), tantôt intérieure, au milieu de la tête. Ces communications sont ordinairement précédées d'une aura imprécise et non localisée : « Je sens que je dois écrire, j'ai l'impression qu'on a quelque chose à me dire, j'ai l'instinct qu'on va me parler. » Alors elle prend son crayon et écrit mot à mot sous dictée ce qu'elle appelle ses « écritures intuitives ».

Mais ce qui est plus intéressant que cette médiumnité auditive, somme toute assez banale, c'est l'abondance des manifestations physiques dont Mme Yong est l'objet, toujours dans le silence de la nuit. Cela a commencé à l'âge de 13 ans, par les pas de son grand-oncle décédé, que sa mère et elle entendaient souvent, le soir, se promener dans le salon désert, séparé par deux portes fermées de la chambre où elles se tenaient : c'était « très distinctement le bruit de pas humains dans un va-et-vient continu », le parquet craquant comme sous le poids d'un corps palpable. Ce grand-oncle, qui avait construit leur maison, était mort depuis bien des années, juste au moment où il la terminait et avant d'avoir pu s'y installer[1] ; il était d'un tempérament nerveux et maladif, tellement absorbé par ses affaires de négociant qu'entre la Bourse et son bureau il ne lui restait aucun loisir pour prendre de l'exercice en plein air, en sorte qu'il se contentait, le soir, de se promener de long en large dans son vestibule.

« Pendant toute ma jeunesse, dit Mme Yong, et tant que j'habitai cette maison, j'entendis nombre de fois pareil fait se reproduire, toujours au même endroit et de la même façon, jamais dans la journée ; également moi étant seule, ou avec ma mère ; pas avec d'autres. Ma mère attribuait ce bruit mystérieux, dont nous ne pûmes jamais découvrir la cause, à son

[1] On remarquera que dans cette tragique circonstance il y a précisément ce qu'il faut pour donner naissance à un complexus émotif, au regret obsédant de n'avoir pu jouir de cette habitation tout juste achevée. Mais tandis que la théorie spirite place cette obsession chez le désincarné, et explique ainsi qu'il revienne, en proie à l'idée fixe d'occuper enfin sa maison neuve, — le psychologue se contente de mettre tout cela dans l'imagination des survivants, lesquels, sachant aussi que leur oncle avait coutume de se promener chaque soir de long en large au logis, l'entendent naturellement se livrer à cet exercice dans son salon inhabité. La reconstruction des défunts par la fantaisie subconsciente s'effectue conformément aux sentiments qu'on leur prête et aux habitudes qu'on leur a connues.

oncle. » Ces pas de revenant paraissent n'avoir jamais eu de signification omineuse pour ces dames, sans doute en raison de leur fréquence et de leur explication suffisante par le retour du défunt désireux de revoir sa maison. Il n'en fut pas de même des phénomènes physiques ultérieurs, que Mme Yong rapprocha toujours de malheurs subséquents, et dont on on jugera par quelques extraits tirés des cahiers qu'elle a bien voulu me prêter :

« En 1893, je passai l'été à Salins, dans une petite maison dont j'habitais le 1er étage, seule, avec ma bonne italienne, sa petite fille de 6 ans, et sa vieille mère. Au 2me étage habitait le propriétaire avec sa famille ; j'appris plus tard que cet homme, couvreur de son état, était connu pour occultiste dans le pays, mais je l'ignorais au moment où se passe ce qui va suivre.

« Un soir, seule dans ma chambre obscure, déjà couchée, j'entendis dans l'unique table de la chambre le bruit reconnaissable d'un ciron : *crr, crr.* Seulement ce bruit était beaucoup plus fort qu'il ne l'eût été produit par ce petit insecte ; c'était à croire que la table allait être réduite en miettes. Dès que j'allumai, la manifestation cessa. Recouchée, lumière éteinte, cela reprit. Je me relevai et me mis à examiner la table bruyante. Cette fois, le bruit continua sous mes doigts mêmes, et je ne vis pas le plus petit trou de ciron ; un examen attentif, doublé de celui de ma bonne au grand jour du lendemain, ne nous en fit trouver aucun. Ce grincement de ciron se reproduisit plusieurs fois, toujours la nuit exclusivement.

« Un soir encore, ma bonne m'appela, me disant de venir regarder les rideaux de son lit qui remuaient sans qu'elle y touchât ; j'y allai et vis en effet ces rideaux en mousseline non seulement agités, mais comme gonflés par une invisible brise marine, très forte mais silencieuse, pareils à des voiles de navire. Le mouvement, régulier, était continu. Il dura très longtemps à nos yeux surpris, et ne se renouvela point par la suite.

« D'autres fois, et à plusieurs reprises, avec cette même bonne, nous entendîmes de concert ou chacune de notre côté, le bruit suivant : Sur le palier au bois sonore, désert et sombre, un pas assez lourd, celui d'un homme fortement chaussé, s'approchait de l'une ou l'autre des portes de nos chambres, et un corps humain, semblait-il, s'appuyait lourdement contre cet huis, paraissant peser sur le bois comme pour entrer de force par effraction. Le battant en était tout secoué, même avec force, nous le vîmes distinctement plusieurs fois. D'autres fois la pesée était plus légère, mais alors accompagnée d'une pression nette de doigts juste à côté de la serrure, comme pour s'assurer qu'elle était bien fermée à clef. Jamais nous ne pûmes découvrir aucune trace d'intervention humaine ni de cause matérielle dans ce fait. On eût dit que l'être mystérieux, auteur de ces poursuites, était irrité de nous voir occuper ce logis étranger et voulait, en nous persécutant, nous obliger à céder la place. Nous tînmes bon, et ma domestique apprit, par les racontars du pays, que tous les étrangers à Salins, essayant de louer notre logement, le quittaient au bout d'une semaine ou deux, en se plaignant de bruits nocturnes fantastiques ; une maison hantée ! »

Quelques semaines plus tard, à Lyon, où elle occupait avec cette même bonne un petit appartement meublé, Mme Yong y eut le phénomène qui l'a le plus frappée. Sa chambre avait une alcôve, où elle couchait, et qui avait une porte indépendante sur le vestibule. Vers la fin d'une journée très chaude, « il avait fait un orage épouvantable, et malgré de véritables cataractes d'eau, la chaleur ni l'électricité vibrant dans l'atmosphère ne s'étaient apaisées. J'étais allée à un spectacle où s'était produit un commencement de panique dû à un dérangement de l'éclairage électrique ; aucun mal, mais grosse alerte. J'étais rentrée un peu énervée par cette véritable tempête, et j'eus quelque peine à m'endormir ; cependant, une fois venu, mon sommeil fut très profond et je dormis jusque vers 2 ou 3 h. du matin. A mon coucher, ma porte d'alcôve était close. Quand je me réveillai en sursaut, je n'eus pas cette minute de demi-inconscience et de malaise léger qui accompagne les réveils ordinaires ; je passai instantanément du repos profond à une veille presque double en lucidité, comparativement à la normale. Et alors, par la porte de mon alcôve, un être mystérieux, invisible à mes regards, pénétra dans ma chambre absolument obscure et la traversa à la course comme s'il eût été poursuivi ; au passage, je sentis le frôlement tangible de son corps, un vrai frôlement humain, contre le bois du lit à mes pieds. En une seconde, ayant traversé la pièce, l'Invisible grimpa le long de mon armoire à glace, avec un bruit de pattes griffues, une agilité simiesque, et non plus humaine, alors. Arrivé au fronton, il parut s'abîmer dans le dessus du meuble même, passant au travers du bois avec fracas ; puis... un profond silence ! Quelques minutes se passèrent. Le mystérieux visiteur semblait n'avoir pu se manifester qu'aux dépens de ma propre vitalité, car je me sentais glacée, n'entendant plus battre mon cœur, un titillement électrique à la pointe des cheveux, la chair froide malgré la température étouffante, comme frappée de paralysie. Jamais depuis, ni auparavant, je n'éprouvai sensation comparable. Quand avec peine je me ressaisis, j'eus quelque difficulté pour allumer, tant mes mains tremblaient nerveusement. Néanmoins, je sautai à bas du lit et courus à l'armoire. Rien ni personne ; je regardai sous tous les meubles, rien ! pas un objet dérangé, aucun dégât ni trou à cette armoire dans laquelle un corps pesant avait paru s'engloutir. Illusion, ou magie ! Après avoir fouillé partout, je me recouchai, mal remise de la plus belle émotion éprouvée au cours de mon existence. Chose bizarre pourtant, je me rendormis. » Au matin, l'examen le plus minutieux des lieux n'amena aucun éclaircissement ; seule la porte de l'alcôve, fermée la veille, se trouvait « inexplicablement entrouverte », mais aucune autre porte ou fenêtre de l'appartement qui eût pu « donner passage au nocturne intrus... Et je suis certaine, absolument, de n'avoir eu ni rêve ni hallucination : j'ai réellement entendu courir, grimper dans ma chambre, mon lit a vibré sous le contact de l'être inconnu qui m'a frôlée. »

« A la même époque et dans le même logement, ma domestique me raconta un matin avoir nettement perçu durant la nuit, dans mon cabinet de toilette, séparé de sa chambre par un corridor et des portes closes, le bruit causé par la maladresse d'une personne qui aurait renversé au passage mon seau de toilette en fer : le cliquetis de la ferraille lui était parvenu avec une précision complète. — A plusieurs reprises aussi, toujours la nuit, nous entendîmes dans le couloir de cet appartement des bruits de pas humains et naturels, en l'absence de toute créature vivante. »

Peu après cette série de phénomènes de l'été 1893, « *ma bonne perdit un petit enfant en nourrice* : nous aimions ce bébé presque à l'égal l'une de l'autre et ressentîmes un grand chagrin de sa mort. *Elle-même mourut de mort tragique en 1894, juste un an après ces manifestations.* »

C'est en cette même année (1894) que Mme Yong eut le 2 novembre, jour des Morts, son premier phénomène d'audition mentale, sous la forme d'un message de son grand-oncle défunt. « A partir de cette époque, j'eus fréquemment des écritures intuitives, souvent confirmées par la réalité des faits dont elles m'avertissaient ou qu'elles m'annonçaient. Je sentis également mon intuition naturelle des choses s'accroître, et je pus apprécier le caractère et les intentions de mes semblables d'une façon presque toujours reconnue juste, après examen. »

« En février 1895, j'habitais à Cannes avec la vieille mère de ma servante défunte, et un domestique homme. Ma chambre à coucher était précédée d'un salon, sur lequel elle donnait par une porte à deux battants que je fermais à clef chaque soir en me mettant au lit. Lorsque je m'installai dans cet appartement, je fus un certain temps sans rien y apercevoir d'anormal. Puis tout à coup, vers minuit, alors que j'étais couchée, une invisible main se mit à tourner et à retourner sans trêve la clef dans la serrure de cette porte (comme quand quelqu'un essaye un grand nombre de fois si une serrure joue bien). J'avais rallumé mon bougeoir : n'en pouvant croire mes yeux, je regardai à distance d'abord, puis m'étant levée j'allai voir de plus près : sans fin ma clef tournait, tournait toujours ; on eût dit un remontage général de toutes les pendules de Cannes ! Cela dura jusqu'à une heure du matin.

« Le lendemain, un peu émue, quoique peu poltronne de mon caractère et assez décidée, je racontai la chose à mon entourage. Personne n'avait rien entendu, et on sembla croire à une imagination de ma part ; mes gens avaient du reste leurs chambres assez éloignées de la mienne. Ce même soir, pourtant, encore à minuit, la même manifestation se reproduisit identique. Cette fois, il y eut comme une pesée sur les battants de l'huis, comme jadis à Salins, mais on n'y mit pas d'insistance. Ma stupéfaction grandissait, car j'étais sûre d'avoir fermé à clef la porte de mon salon et celle de ma chambre, et qu'il n'y avait personne. Le 3me soir, puis le 4me, même scène : cela tournait à l'obsession ! Le 5me, voulant en avoir le cœur net, je ne me couchai point et je gardai la vieille femme dans ma chambre ; nous attendîmes, l'esprit bien préparé pour percevoir quelque chose, et moi spécialement les nerfs tendus et les battements du cœur légèrement accélérés : le temps se passa, et il n'y eut absolument rien !

« Le lendemain de nouveau je restai seule, et le phénomène se reproduisit dans toutes ses phases. J'essayai d'y faire assister mon domestique homme : encore rien du tout ! Ce fait-là me concernait exclusivement seule, paraît-il. J'en eus la répétition tellement à satiété durant 15 jours, qu'un soir, excédée, je finis par opposer avec puissance ma propre volonté contre cette force inconnue et mauvaise, selon toute évidence acharnée contre moi. Autoritairement, je lui enjoignis la retraite. Il y eut quelque lutte ; la clef tourna encore le lendemain, mais moins longtemps, plus doucement. Elle persista encore 3 soirs, puis le calme revint et ne fut jamais plus troublé dans ce logement.

« *Quelques mois après ces manifestations, il m'arriva divers désagréments*, dont un très sérieux, avec toutes sortes de vexations à sa suite, et trahison d'une personne que je croyais digne de confiance. Peut-être avait-on simplement voulu m'avertir de cette circonstance ? *Chacune des manifestations psy-*

chiques de mon âge adulte a coïncidé, pour moi, avec un événement marquant, ou la perte d'une affection chère. »

En 1896, étant en séjour à Turin, « un soir au lit, prête à m'endormir, la chambre étant faiblement éclairée par les lueurs de la rue, je *vis* cette fois (jusqu'alors j'avais surtout *entendu*) distinctement, avec une rapidité excessive mais sans bruit, quelque chose de souplement mince, comme une badine, couper l'air au-dessus de ma tête ; simultanément, j'eus la sensation d'avoir reçu cette badine sur la racine du nez, mais il n'y eut qu'un simulacre de coup : j'avais éprouvé le contact tangible d'un corps étranger, mais très légèrement, sans meurtrissure. » Cela lui rappela aussitôt que quelque temps avant, encore en France, ayant consulté par curiosité un cartomancien-chiromancien de profession et s'étant moquée de ses révélations, cet homme, blessé de ces railleries incrédules, « s'était vanté, malgré mes rires, de pouvoir m'infliger à distance la sensation d'un coup appliqué sur ma personne à l'improviste, quand je serai parfaitement seule et loin de lui, chez moi. » Elle rapprocha les deux incidents, et — sans affirmer que cet homme eût cherché ce soir-là à lui « nuire par d'occultes moyens », ni même qu'une telle chose fût possible en soi — elle désigna toujours dès lors son aventure du coup de badine sous le nom de la « Vengeance du Sorcier ».

« En janvier 1900, j'écrivais une lettre à ma mère, un soir, non loin de ma cheminée. Devant le feu qui flambait était étalé un pare-étincelles de cuivre à trois pans, semblable à un paravent. J'étais seule et tranquille, ne pensant qu'à ce que j'écrivais. Tout à coup il y eut un cliquetis métallique dans la pièce close : à mes yeux stupéfaits, le pare-étincelles fut brusquement replié sur lui-même, la dernière feuille faisant un angle aigu avec les deux autres, lesquelles se maintinrent debout malgré une raideur impropre à la conservation de leur équilibre. Revenue de ma surprise, quand j'allai regarder le pare-étincelles, il était immobile et ne semblait jamais avoir bougé. — *Coïncidence au moins étrange, le 11 mars suivant je passai par l'épreuve de la douleur suprême pour un être humain : je perdais ma mère, à qui j'écrivais justement le soir du pare-étincelles!* »

« Dans la nuit du 14 au 15 du présent mois [mars 1901], ma domestique, dont la chambre est séparée de la mienne par un couloir et une porte garnie d'étoffe, en outre des deux portes de bois de nos chambres respectives, s'est entendue appeler par une voix très claire, nette, résonnant de façon absolument naturelle dans le couloir. Elle se leva, convaincue que je l'appelais, et vint à ma porte, mais n'entendant aucun bruit et ne voyant pas de lumière, car je dormais profondément, elle alla se recoucher. Au bout d'un instant, elle perçut derrière la porte comme des murmures, des grognements chuchotés. Avec humeur : — Ah non, je ne me dérange plus, — fit-elle en se retournant contre le mur. Le bruit cessa et elle n'entendit plus rien. *Le lendemain, avant midi, je recevais une lettre d'une filleule* éloignée de moi, qui était restée longtemps sans m'écrire et me disait avoir été malade, ce que j'ignorais. »

Mme Yong a encore entendu à maintes reprises, toujours la nuit et au milieu du plus profond silence, des bruits divers « sans cause naturelle explicable », tels que : le jet soudain d'une bille à travers sa chambre ; l'ébranlement de la fermeture en fer de sa fenêtre, comme si une main invisible la secouait pour la forcer du dehors ; des coups frappés à toutes les encoignures de sa chambre.

d'où partaient aussi parfois des craquements secs, se reproduisant dans les meubles; hors de sa chambre, des pas légers, mais très nets, s'arrêtant contre sa porte fermée, comme si une personne « paraissant presque immatérielle à force de souplesse légère, s'y appuyait dans une sorte de frôlement »; d'autres fois, dans toute sa chambre, mais surtout au pied de son lit, de légers bruits de pas sans qu'il y eût ni qu'elle vît personne. « Cette dernière manifestation m'ayant un soir agacée par sa persistance, je finis par dire tout haut et sur un ton d'autoritaire mauvaise humeur : — Enfin! Aurez-vous bientôt fini? Je suis physiquement lasse; si je me couche, c'est pour me reposer, et vous me gênez; laissez-moi donc tranquille, à la fin! — A l'instant même, comme par enchantement, tout bruit cessa. On eût dit une classe turbulente réduite au silence par une mercuriale du maître. Je vous affirme avoir été en toutes ces circonstances parfaitement éveillée, calme, sans peur, sûre en un mot de ce que j'ai entendu, si je n'ai pas pu arriver à en connaître la cause. J'ai l'habitude de ces sortes de choses, pour moi très fréquentes depuis une huitaine d'années. »

Depuis 1901, j'ai perdu de vue Mme Yong, mais j'ai appris indirectement qu'elle passe pour bizarre et mène une vie retirée, au sein d'une grande ville, habitant toute une maison, seule avec trois domestiques, et ne sortant jamais une fois la nuit venue.

Tous les faits étranges qu'elle a enregistrés n'ont pas nécessairement la même cause. — Certains sont évidemment des hallucinations, comme le mystérieux coup de badine, qui a tout l'air d'être un accomplissement à l'état hypnagogique de la suggestion laissée dans sa mémoire latente par la menace du chiromancien. — D'autres peuvent se ramener à des illusions ayant pour fondement quelque fait réel, craquement de boiseries, etc.; par exemple l'intrus nocturne qui l'effraya tant en traversant sa chambre comme un singe et disparaissant dans son armoire. Chacun a pu remarquer que, la nuit, les bruits du parquet ou des meubles surgissent parfois presque simultanément, ou très rapprochés, en différentes places par suite de quelque variation de température ou d'humidité produisant ses effets à peu près en même temps sur tous les objets de structure ligneuse analogue. Il est fort possible que Mme Yong, rentrant énervée, comme elle le raconte, après une journée d'orage et un spectacle où il y avait eu une panique, ait mal fermé la porte de son alcôve (qu'elle s'étonne de voir entrouverte le lendemain); et que des craquements fortuits la réveillant en sursaut et se succédant rapidement dans son bois de lit, le parquet, l'armoire, lui aient paru être les étapes d'une même course, en son imagination encore ébranlée et hantée sans doute par le souvenir de quelque scène ou lecture impressionnante, que sais-je, peut-être de quelque conte de Poe (comme le *Double assassinat dans la rue Morgue*). Si vague et en l'air qu'elle paraisse, cette supposition vaut bien comme vraisemblance celle d'un être humain-simiesque éphémère, momentanément tombé du plan astral ou formé aux dépens de la vitalité de cette pauvre dame! — Enfin, si l'on ne rejette pas à priori la possibilité de forces encore mal définies, émanant d'individus plus ou moins anormaux sous la pression de leurs lubies ou obsessions subconscientes (extériorisation de la motricité de de Rochas etc.), il se peut que cette explication convienne à plusieurs des faits affirmés par Mme Yong, et dont elle aurait été ainsi à la fois le spectateur conscient et (par quelqu'une de ses sous-personnalités) l'auteur inconscient; p. ex. la clef tournant toute seule dans la serrure, les pressions contre les portes, etc.

Il est clair, au demeurant, que quelle que soit leur vraie nature, tous ces « phénomènes physiques » sont pour Mme Yong également réels, objectifs, partie intégrante du monde externe; et le cachet occultiste de sa mentalité consiste précisément en ce que, les considérant comme tels, elle les prend en même temps pour des signes, des présages de choses l'affectant personnellement, alors même qu'entre le signe et la chose il n'y ait aucun rapport précis de temps ou de nature. Vraiment, pour voir une connexion entre le déplacement inexplicable d'un pare-étincelles et la mort de sa mère deux mois plus tard, ou entre les mouvements spontanés d'une clef et des désagréments survenus bien longtemps après, ou entre des bruits de ciron introuvable, etc., et la fin tragique d'une domestique l'année suivante, il faut une imagination d'un tour spécial, une sorte de délire d'interprétation, qui dénote chez le sujet l'antique croyance d'être personnellement visé et poursuivi par les coups du Destin.

2. Les avertissements moraux de M. Boulman.

Il existe des natures complexes et instables, douées de plus d'intelligence et d'émotivité que d'énergie volontaire et de consistance morale, à la fois sceptiques et superstitieuses, pleines de laisser-aller et de vagues remords, et chez qui il y a tout ce qu'il faut pour engendrer des processus de dissociation et de subconscience si l'occasion se présente. Mettez leur curiosité, toujours un peu malsaine, aux prises avec un médium professionnel ou amateur dont le flair instinctif, doublé d'une certaine habileté *piscatoire* [1], va deviner sans peine les secrets transparents de leur cœur

[1] Qu'on me pardonne ce néologisme, mais je ne trouve point de terme commode pour exprimer ce que les Anglais appellent le *fishing*, l'art pratiqué consciemment ou inconsciemment par tous les médiums, de tirer les vers du nez à ceux qui les consultent et de *pêcher* des indications utiles dans la conversation, dans les gestes, dans le maintien, dans l'aspect extérieur, bref, dans tous les modes d'expression des gens auxquels ils ont affaire.

et de leur caractère, et vous aurez toute chance d'assister à des phénomènes intéressants. Dans le cas suivant, les critiques formulées par une somnambule perspicace sur les défauts assez visibles du sujet, se combinant avec les reproches latents de sa conscience et réveillant le souvenir d'une affection d'enfance toute auréolée de sainteté, ont fini par engendrer une sorte de complexus subliminal qui se manifeste par des phénomènes physiques (réels ou hallucinatoires) auxquels la personnalité ordinaire attribue aussitôt une signification morale.

M. Boulman, célibataire, d'une trentaine d'années; sanguin et bon vivant. Très intelligent et érudit; homme de lettres et professeur de langues au collège de X.; catholique d'état-civil, fort sceptique au point de vue religieux, mais très friand des phénomènes d'hypnotisme et de psychisme qui, selon lui, « sont susceptibles de rénover toute la philosophie et même de servir de base et de fondement à une science entièrement nouvelle. » Un automne, en vacances dans une ville étrangère, il entend parler d'une somnambule (non professionnelle), médium spirite renommée, et il s'y fait introduire par curiosité. Etonné de l'exactitude de ce qu'elle lui dit sur son caractère et ses penchants, il réitère ses visites et est de plus en plus surpris des observations extrêmement intimes qui lui sont adressées : admonestations relatives à ses défauts, critiques sur sa conduite privée, conseils pour son avenir, etc. Il y prend un intérêt croissant. Une nuit, il a la vision fugitive d'une figure de femme où il reconnaît une de ses cousines du nom de Bertha, morte à la fleur de l'âge alors qu'il était encore jeune garçon. Cinq jours après, à sa prochaine séance chez la somnambule, celle-ci lui raconte avoir vu pendant cette même nuit « quelque chose » le concernant, et en avoir parlé au matin à sa sœur qui habite avec elle; malheureusement, m'écrivait-il, « il a été impossible à ces dames de préciser davantage, même après que je leur eus fait part de la vision ou de l'hallucination que j'ai eue (ou, si vous aimez mieux, que j'ai cru avoir; mais j'étais bien éveillé, en tout cas.) » Cette coïncidence ne laisse pas que de l'intriguer, et il en vient peu à peu à se demander si les exhortations et messages intimes qu'il continue à recevoir chez la somnambule, au cours des semaines suivantes, ne proviendraient pas de cette cousine désincarnée, dont le souvenir respecté subsistait encore vaguement dans sa mémoire. Cette hypothèse ne tarde pas à se confirmer à ses yeux, d'abord par des raps nocturnes qu'il interpréta comme un appel de sa cousine (31 oct.), puis surtout par une prétendue apparition de la dite cousine à la somnambule le jour des Morts (2 novemb.). Dès lors, pendant plus d'une année que je restai encore en relation avec lui, M. Boulman ne cessa de rencontrer dans son entourage des phénomènes physiques (raps, remue-ménage de meubles, bris inexplicables d'objets fragiles, etc.) qu'il interprétait comme des manifestations de feu sa cousine le rappelant à l'ordre.

Une grave question pour lui fut toujours de savoir si la vision que la somnambule avait eue de la défunte (qu'elle n'avait jamais connue de près ni de loin) était bien exacte et ressemblante — car, ç'eût été à son avis une belle preuve d'identité spirite —; aussi pria-t-il la somnambule, qui savait dessiner et prétendait conserver un souvenir très net de sa vision, de lui en faire une esquisse (afin de pouvoir comparer avec un portrait authentique de sa cousine qu'il se procura secrètement). Mais malgré ses instances répétées, chaque fois suivies d'une promesse solennelle de la somnambule, celle-ci eut naturellement bien garde de jamais s'exécuter, et elle se borna toujours à des descriptions verbales, peu compromettantes, de la figure qui lui était apparue; elle ne risquait d'ailleurs guère de se tromper en dépeignant la défunte sous les traits classiques d'une jeune poitrinaire, d'après des indications aisément soutirées de M. Boulman.

Les extraits suivants des lettres de M. Boulman, à partir de ses raps nocturnes, donneront une idée de son aventure... et de sa mentalité.

«... Dans la nuit du 30 au 31 octobre, souffrant de crampes d'estomac dans mon lit, je retournais dans mon esprit la question de savoir si je partirai ou non [pour rentrer à X], quand j'entendis fort distinctement 7 ou 8 petits coups, frappés à gauche de mon lit sur la planchette qui forme soubassement. Les derniers étaient plus forts et comme plus espacés. Bref, cela s'interprétait comme un appel. Pourtant les premiers coups étaient faibles, et plongé dans mes réflexions et mes douleurs d'estomac, mon attention ne fut attirée que sur le 4me ou le 5me coup. Mais j'eus la perception nette que d'autres coups avaient précédé, je les avais encore dans l'oreille. »

Il raconta cela, le 2 novembre, à la somnambule, laquelle vit aussitôt apparaître derrière lui une figure féminine dont elle lui décrivit les traits d'une façon qui le convainquit : « J'ai tout lieu, m'écrivit-il le soir même, de croire à l'incarnation de ma défunte cousine Bertha, qui a plané au-dessus de ma tête aujourd'hui, et dont la description du visage par la somnambule a été étonnante. » Il ne douta plus guère, dès lors, que c'était bien cette parente désincarnée qui, s'intéressant encore à lui de l'autre monde, avait tâché de se manifester par la vision nocturne du mois précédent, puis par les raps de l'avant-veille, et qui lui adressait depuis plusieurs semaines, par l'intermédiaire de la somnambule, les reproches et les exhortations dont la justesse l'avait tant frappé. On conçoit qu'il en fut profondément impressionné : — « Le soir de ce 2 novembre, jour des Morts pour les catholiques et jour de l'apparition de Bertha au médium, je rentrai fort tard, vers 1 ou 2 h. du matin, et à peine au lit j'éprouvai le besoin irrésistible de me mettre à genoux et de m'humilier. Je résistai d'abord : il y a des années que je ne prie plus et j'ai oublié toute espèce de prière. Vous voyez si je suis sincère. Je ne pus résister davantage, j'avais l'idée qu'une catastrophe s'abattrait sur moi si je ne le faisais pas; je me levai et me mis à genoux sur ma descente de lit, un bon moment, malgré le froid. Vous rirez de cela si vous voulez. Nul n'est pourtant moins superstitieux que moi. »

Le surlendemain, nouvelle séance chez le médium, à qui il ne raconta point l'incident précédent, mais qui continua à lui révéler de la part de Bertha « des choses excessivement personnelles, privées, intimes », et presque toujours exactes. Peu après, il repartit pour X., où le suivirent les raps et autres phénomènes physiques, qu'il continua à interpréter comme des avertissements moraux venant de sa cousine défunte :

« [*11 novembre*]... Hier au soir, rentré de la brasserie où j'avais bu en tout un litre de bière et plaisanté en compagnie de deux de mes collègues, je m'assis vers minuit, pour quelques instants, dans mon fauteuil. De 12 à 20 petits coups furent frappés immédiatement dans le siège, à l'intérieur, contre l'étoffe, à ma gauche non loin de ma cuisse. Ils étaient vifs et précipités, très perceptibles pour l'oreille, et j'en sentais aussi très bien le choc, le contrecoup. Je comprenais que cela voulait dire : — *Tu ne fais pas ce que je t'ai dit, à savoir ne pas aller boire tant de bière après ton souper et surtout ne pas donner barre sur toi à certains de tes collègues par tes bavardages imprudents.* — Les coups étaient en effet vifs et saccadés, et donnaient l'impression d'une réprimande. Vous allez sans doute me croire devenu fou; je vous prie très poliment de croire qu'il n'en est rien : j'ai tout mon bon sens et travaille à mes cours pendant la journée... »

« [*13 novembre.*] 6 h. 10 du matin. Je saute de mon lit pour vous mettre par écrit immédiatement ce qui vient de se passer. — Il y a environ une heure, tout à fait éveillé, j'ai d'abord entendu deux coups faibles, puis deux plus forts frappés dans la muraille au-dessus de mon lit, mais plus à droite. — Environ une demi-heure ou trois quarts d'heure après, mon drap de lit de dessus, qui me montait jusqu'à l'oreille gauche (j'étais couché sur ma droite), fut agité de légers frissonnements, de tremblotements très perceptibles. De petits coups ténus, légers comme des souffles, me frappaient sur le côté gauche du menton. Cela dura, au juger, un bon tiers de minute au moins. Ma pensée, quand cela est survenu, ne se portait pas du tout sur des sujets d'occultisme, je pensais tout bonnement à une Revue d'histoire arrivée la veille. J'ai fait bien attention et noté exactement les sensations éprouvées pour pouvoir les décrire. Je cherchai ensuite mes allumettes pour regarder l'heure, mais sans les trouver. — Mais ce n'est pas tout. A 6 h. 10 exactement, repensant à cela et cherchant à me l'expliquer, je prononçai distinctement : *Bertha*, pour voir s'il y aurait une réponse. Au même instant, trois coups très distincts, nets, étaient frappés tout près de moi à ma gauche, sur la planchette du soubassement, me parut-il. — J'ai voulu vous consigner ceci par écrit immédiatement. Pour moi ces phénomènes vont continuer. Je suis parfaitement sain d'esprit, et même aujourd'hui j'ai trois heures de leçons à donner. » — Comme j'avais cru devoir mettre M. Boulman en garde contre les illusions possibles, il vint me voir en passant à Genève; mais m'ayant manqué, il m'écrivit :

« [*18 novembre.*] Si j'avais pu vous voir, je vous aurais affirmé mordicus la réalité des phénomènes communiqués. Je sais fort bien qu'il y a beaucoup de craquements dans les boiseries et de coups sourds retentissant par-ci par-là dans les murs, la nuit, qui n'ont qu'une cause toute naturelle. Je tiens pour assuré que, règle générale, je n'ai pas fait de confusion. Toutefois les phénomènes de l'ordre typtologique sont, on le conçoit, un sujet de faciles plaisanteries pour les sceptiques, les gens à idées arrêtées ou superficielles. Tout cela je le sais fort bien. — Depuis ma dernière lettre, rien de nouveau n'est arrivé. Je serais même tenté de croire parfois, tant les phénomènes étaient étranges, que tout ce qui s'est passé n'est qu'un rêve. — Inutile de vous dire que, à de nombreuses reprises, j'ai essayé d'avoir une réponse typtologique à l'évocation : *Bertha*. La chose ne s'est accomplie qu'une seule fois. Et je reconnais qu'un phénomène typtologique peut toujours être contesté. Il reste les autres, pour lesquels vous avez sans doute une explication psychologique toute prête, au détriment de la solidité de mon cerveau et de mon système nerveux. — Je n'ai pas suivi le conseil donné d'aller boire moins de bière à la brasserie le soir et de me coucher plus tôt. La chair est faible, comme dit l'autre, et l'habitude une seconde nature. Après tout, j'ai peut-être mal fait, et à défaut d'« Esprit », le bon sens seul suffirait à me le faire comprendre. Mais restent toujours les fameux phénomènes [les premiers raps et la vision de la somnambule]. »

« [*9 janvier.*]... Les deux tisanes prescrites par la somnambule n'ont nullement opéré sur mes crampes, qui m'ont repris quelques semaines après mon retour au Collège... D'après sa vision, le signalement de ma cousine était : 24 à 25 ans, long nez, expression très triste, grande bouche, grands yeux bruns enfoncés, pommettes saillantes, joues caves, figure très maigre. J'ai fait venir le seul portrait qui existe de ma cousine Bertha, *morte à 29 ans*. Il répond absolument à ce signalement, si ce n'est que les yeux et la bouche sont moyens (je fais abstraction de l'âge, qui semblait estimé au juger)... Il m'a été impossible jusqu'ici d'obtenir le dessin de la vision, ce qui n'est pas fait pour rallier les sceptiques aux idées spirites et à la conviction de l'objectivité des visions de la somnambule; j'avais cependant reçu d'elle, il y a trois semaines, une réponse me promettant que j'en aurais la surprise prochainement, et disant qu'elle avait encore eu la vision il y a quinze jours... » — M. Boulman dans cette lettre m'annonçait aussi qu'il m'enverrait sous peu un récit détaillé de tout ce qui lui était arrivé de supranormal depuis deux mois. Mais ce récit ne vint jamais, ce dont il s'excusa ainsi dix semaines plus tard :

« [*24 mars.*]... A la réflexion, j'ai renoncé à vous écrire ce récit, parce que cela ne pouvait avoir d'utilité. De deux choses l'une : ou vous ne me croiriez pas, ou vous expliqueriez les choses d'une façon naturelle et cela au détriment de mon état mental. Je n'ai pas de témoins et ne puis vous faire des preuves, et même si j'en avais, votre ingéniosité de psychologue trouverait encore une explication naturelle. Ce serait donc du temps absolument perdu que de vous raconter mes petites affaires. Il faut pourtant que je vous dise deux faits, les plus saillants : — Un soir, après m'être couché, sans que je fisse un mouvement dans mon lit, j'ai entendu une dizaine de coups nets, espacés, frappés par un ressort de mon sommier. Un ressort peut se détendre ou se remettre en place, et faire entendre ainsi deux ou trois résonnances. Mais une dizaine de fois de suite, alors que je me tiens dans mon lit absolument immobile et ahuri après les premiers coups, j estime que c'est tout à fait impossible. — Une autre fois, pendant que j'étais malade au lit [d'ictère accompagné de coliques hépatiques], le même fait s'est reproduit le soir après que j'avais soupé. — Ces deux faits et les coups frappés dans le fond de mon fauteuil (relatés ci-dessus), sont ce qui m'est arrivé de plus caractéristique. Je passe un tas de petites choses pour lesquelles je reconnais moi-même que les chances d'erreurs dans l'observation sont assez grandes. Au début, je notais toutes ces choses extraordinaires dans un carnet; elles se sont tellement multipliées que je n'écris plus rien; j'ai trop à faire pour mes leçons et mes publications en train. Du reste, ce qui m'a fortement calmé, c'est l'impossibilité, en règle générale, d'obtenir des phénomènes sur commande; là mes résultats sont nuls ou au moins contestables. » — M. Boulman me racontait encore son mécontentement d'avoir été berné par le médium, qui ne lui avait jamais envoyé le dessin promis de sa vision, et avec qui il avait cessé toute correspondance.

« [*7 mai.*] Je m'empresse de porter à votre connaissance les faits suivants. Ce matin à 8 $^1/_2$ h., à mon lever, ma femme de ménage m'a appris, avec assez d'étonnement et même un léger effarement, que pendant qu'elle filtrait mon café, un coup sec avait retenti sur un verre, un de ces coups que produisent les verres quand ils se brisent, qu'elle avait immédiatement regardé le verre qui recevait le café mais que celui-ci était parfaitement intact (et il l'est toujours). Un bocal à confiture vide, au contraire, qui se trouvait d'un autre côté sur la partie inférieure de mon buffet, présentait une grande fente en arc de cercle à sa base. Elle avait extrait le reste de confiture, le matin même, de ce bocal qu'elle avait acheté elle-même, qu'elle maniait tous les deux ou trois jours pour en extraire une partie du contenu, et qu'elle sait pertinemment avoir été intact, sans aucune fente, jusque-là. Elle alla ensuite avec ce bocal au robinet à eau, l'ouvrit, et à peine l'eau sortait-elle, m'a-t-elle dit, que le morceau fendu du verre tombait. Ici aussi elle voit quelque chose qui n'est pas naturel, elle ne pense pas que ce soient les quelques gouttes d'eau tombées qui aient pu détacher le morceau. Ma femme de ménage est une brave mère de famille, qui a six enfants, d'une respectabilité complète, d'une sincérité incontestable. C'est la meilleure des femmes, j'ai en elle la plus grande confiance; quand j'étais malade, elle m'a soigné et veillé comme son enfant. Je tiens le verre cassé, le morceau détaché et l'attestation verbale éventuelle de ma femme de ménage à votre disposition... — P. S. L'incident du bocal peut s'expliquer peut-être comme suit : J'ai raconté à ma femme de ménage un peu tout ce qui m'arrivait la nuit (toujours bavard et imprudent, comme vous voyez!) et elle aura été colporter la chose. Le bocal qui s'est brisé était pour l'engager à se taire et l'amener à *penser* sur ce que je lui avais confié. — Je vois venir votre explication : vous direz que ma femme de ménage est l'auteur de l'accident; un auteur intéressé, sans doute, poursuivant tel ou tel but! »

« [*24 mai.*]... Après l'incident de mon bocal de confiture qui s'est brisé tout seul, je crois qu'il serait inutile de reprendre une discussion plutôt académique sur la réalité ou la non-réalité de la vision du médium le jour des Morts. Tout ne concorde pas absolument dans cette vision avec la réalité, à commencer par l'âge, mais ces objections pourraient être discutées et peut-être résolues... Je vous dirai encore qu'une nuit, parfaitement éveillé et pensant à toutes mes expériences, ne sachant trop si je devais croire ou non, j'ai entendu très distinctement à deux reprises une sorte de remue-ménage dans une valise où je mets du linge sale (l'hypothèse d'une souris doit, je puis vous l'affirmer, être absolument exclue); puis un petit coup sonore, vibrant, sur ma cuvette ou ma glace (il m'est impossible de préciser), puis encore un bruit très particulier produit par un mouvement de la porte du petit four qui se trouve dans mon poële en faïence. — Je pourrais encore vous raconter beaucoup d'autres faits étranges. Me dire que je ne sais pas observer serait spécieux : j'ai montré par d'assez nombreuses publications le contraire. Prétendre que mon état mental est à certains moments anormal, ne serait pas scientifique; ce serait même puéril et par trop facile; je puis du reste répondre à cela en produisant le témoin du bocal qui s'est cassé tout seul. »

« [*12 décembre.*]... Pour prendre date et pour mémoire, le fait suivant : Il y a quelques heures, exactement à 1 h. moins dix, après avoir dîné chez moi, j'étais en train de beurrer un croûton de pain dans ma cuisine, quand tout à coup une bouteille vide, placée sur le sol à 1m 50c ou 2m à ma droite un peu en arrière, s'est mise à gigoter toute seule sur sa base, assez fortement, en produisant le bruit que fait une bouteille, placée sur un pavé en ciment, qui oscille sur sa base. Je l'ai vue bouger seule, de mes yeux, et j'ai entendu le bruit, qui était fort. Elle a repris au bout d'un instant son équilibre. Il n'y avait pas de vent, ni de charriot passant sur la chaussée, ni aucun tremblement de la maison parfaitement tranquille à ce moment. J'ai essayé, en sautant et en dansant sur le pavé de ma cuisine, de reproduire ce phénomène sans y parvenir. J'ai demandé : — Est-ce vous, Bertha? — Il n'y a pas eu de réponse... »

Depuis lors, j'ai perdu de vue M. Boulman, que diverses circonstances amenèrent à émigrer en lointain pays, laissant après lui la réputation d'un caractère faible et passablement déséquilibré, malgré une très vive intelligence dans sa branche d'études spéciale. Bref, un dégénéré supérieur. — Supposés réels, les phénomènes physiques supranormaux rapportés dans les fragments précédents seraient dûs à une sous-personnalité de M. Boulman, à un complexus émotif latent, formé de ses petits remords de conscience, sans cesse refoulés, soudés avec les souvenirs infantiles relatifs à sa sainte cousine et mettant en branle quelque faculté cachée de télécinésie. Il est toutefois plus simple de ne voir, dans ces récits de bruits et mouvements inexplicables, qu'un tissu d'hallucinations ou d'illusions sensorielles accompagnant une psychose commençante, un cas de délire d'interprétation mystique. A moins encore que la science future n'en arrive un jour à combiner les notions de la psychiatrie courante avec les hypothèses de la psychologie supranormale! Il faut s'attendre à tout.

3. L'Esprit frappeur de Mlle Ninette Mills.

L'an dernier, chez les Mills — famille de Genève très cultivée, protestante et nullement spirite — une jeune fille de 14 ans fut le centre de raps intelligents qui durèrent huit soirs, puis disparurent tout à coup comme ils étaient venus. On ne m'en informa que deux jours après, en sorte que je dus me contenter de récits oraux, confirmés par une relation écrite de Mme Mills, dont j'extrais les principaux passages :

Vendredi 8 novembre 1907. — « C'est ce soir-là que j'ai constaté pour la première fois le phénomène qui s'est renouvelé huit nuits de suite dans la chambre de ma fille cadette, que je partage avec elle momentanément [pendant une maladie de M. Mills]. Je venais d'éteindre ma lumière à 10 h. 1/2, lorsque mon attention fut attirée par un bruit répété à intervalles réguliers et rapprochés, comme le feraient des gouttes d'eau tombant d'une certaine hauteur sur le plancher. Comme ce bruit augmentait, je rallumai, pensant trouver par terre de l'eau venant du lavabo.... Mais je ne trouve rien nulle part, et le bruit continue. Je me recouche, espérant que cela va s'arrêter, et j'éteins. Le bruit redouble. Ma fille aînée, qui habite la chambre contiguë, vient alors avec sa lampe et examine à son tour, lorsqu'en passant près du lit de sa sœur elle s'écrie : Ce bruit vient du bois de lit de Ninette [qui ne dormait pas]. Je m'y précipite et constate qu'en effet ce sont des coups secs, maintenant, comme frappés violemment par un doigt invisible. Très intriguée, je colle mon oreille à l'endroit précis d'où vient le bruit, dans le bois même, à la tête du lit : cela continue de plus en plus fort. Me rappelant alors ce que j'ai entendu raconter des termites, je ne mets pas en doute que le bois de lit ne soit habité par ces insectes et je vais chercher mes fils [de 22 et 25 ans], pensant que ce curieux phénomène les intéresserait comme moi. En effet, n'ayant jamais rien entendu de pareil, ils sont tous deux fort surpris ; et, songeant aussi aux termites, ils pratiquent des incisions dans le bois avec un canif, dans l'idée d'en faire sortir ces bruyants insectes. L'aîné, appuyant ses deux mains sur les deux faces du bois, sent parfaitement des vibrations venant de l'endroit d'où partent les coups... Chacun regagne sa chambre, à 11 h. 1/2, et nous nous recouchons, mes deux filles et moi, espérant que nous allons être tranquilles ; mais les coups continuent toujours, ressemblant de plus en plus à ceux de quelqu'un qui s'impatienterait derrière une porte qu'on n'ouvrirait pas. Enfin le carillon de St-Pierre commence à sonner, et au troisième coup de minuit le bruit cesse comme par enchantement, et le reste de la nuit se passe dans la plus grande tranquillité. — Ce n'est que ce premier soir que les coups se sont fait entendre en pleine lumière ; les nuits suivantes, ils n'ont eu lieu que dans l'obscurité. »

Samedi 9. — « A 10 h. du soir, au moment où je viens d'éteindre, les coups recommencent au même endroit et de la même manière que la veille. Mes fils viennent aussi écouter et sont de plus en plus étonnés. A ce moment, je m'écrie par plaisanterie : — C'est peut-être un esprit frappeur, nous allons voir : frappe beaucoup plus vite ! *Les coups accélèrent leurs mouvements.* — Frappe beaucoup plus lentement ! *Les coups deviennent lents et très accentués.* — Nous restons tous stupéfaits de ce résultat inattendu, et très émotionnés. [Après quelques exercices de ce genre, on arrive à obtenir la répétition d'un ban frappé comme modèle :] Le ban est répété toujours à la même place et d'une manière absolument nette. A partir de ce moment, chaque fois que l'Esprit (je ne sais comment l'appeler autrement) s'est manifesté, il a annoncé son arrivée par un ban comme si cela l'amusait beaucoup. Continuant l'interrogatoire, je lui demande : Puisque tu nous entends, peux-tu nous dire ton nom? Réponse : Un coup, c'est à dire : *Oui*. Puis, une série de coups indiquant les lettres, avec un petit arrêt entre chacune, et formant le nom, absolument inconnu de nous, de *Charles Bafi*. On demande encore un pas de valse, puis quelques questions insignifiantes.... les coups diminuent de force et de vitesse, puis cessent peu à peu, comme s'éloignant de plus en plus. Il est 11 h. $^1/_2$ et la séance est terminée ».

Les six soirs suivants, de nombreuses personnes, parents et amis de la famille Mills, vinrent assister aux manifestations de cet Esprit frappeur qui continuèrent à avoir lieu, une fois la lampe éteinte, entre 9 h. du soir et 1 h. $^1/_2$ du matin. Pour leur production il fallait toujours que la jeune fille fût étendue sur son lit : « si quelqu'un d'autre s'y met à sa place, on n'entend plus rien ; et plusieurs fois, les coups se faisant attendre un peu, Ninette, en tapant elle-même contre le bois de son lit, les faisait reprendre immédiatement. » Continuons à relever ce qu'il y a de plus remarquable dans le récit de Mme Mills :

Dimanche 10 nov. — Vaine attente ce soir-là : « Après avoir éteint à 9 h. $^1/_2$, au bout d'un assez long moment nous entendons une dizaine de coups frappés très doucement, puis plus rien de toute la nuit. »

Lundi 11. — A 11 heures, au moment où l'on vient d'éteindre la lumière, l'Esprit s'annonce par un ban ; et comme on lui demande pourquoi il n'est pas venu la veille, il répond *Hisabelle*. — Tu es sorti avec Isabelle? *Oui*. — Où as-tu été? *Bar*. — Qu'as-tu fait au bar? *Boit*. — A ce moment, Mme Mills voulant aller chercher son fils aîné, Marc, l'Esprit s'y oppose en frappant plusieurs fois deux coups [*non*]. Quand on lui demande pourquoi, il répond que c'est parce que Marc dort, ce qui était vrai. Questionné sur les petits faits du jour, les bruits de mariages, les flirts, etc., il fait des réponses justes sur certains points, fausses sur d'autres ; mais il se refuse généralement à donner les noms propres, bien qu'il prétende les savoir. En l'interrogeant sur son propre compte, « nous avons appris que Charles Bafi est italien, il a 47 ans, il y a trois ans qu'il est mort ; Isabelle est sa femme, morte après lui, il l'a retrouvée et ils sont heureux. Quand il nous quittera, ce sera pour aller à Evian, chez nos amis P. dont il nous épelle le nom ; mais là, il ne se manifestera pas par des coups : ce sera dans l'armoire à glace, mais il n'a pas voulu nous dire ce qu'il y fera. Il est venu chez nous de son plein gré, et y est resté parce que cela lui plaît ; mais où il va après nous, il est forcé d'y aller, il ne peut pas faire autrement. Quand il ne frappe plus et qu'on n'entend plus rien, il reste ici dans cette chambre et il dort ; quand il ne dort pas il nous voit. Il n'y a pas eu moyen d'obtenir de lui des descriptions physiques de nos personnes, la réponse étant toujours qu'il le savait, mais ne voulait pas le dire. Il ne sait pas notre nom de famille, ni nos prénoms, sauf celui d'Arthur qu'il a épelé avec hésitation *Atar*. — Nous lui demandons de frapper 20 coups, il en frappe 10 ; puis 8 et il en frappe 4. Tu ne sais pas compter, lui disons-nous ; compte mieux que cela et frappe 5 coups ! Il en frappe 10. Frappe 4 coups ! Il en frappe 8. — A 1 $^1/_2$ du matin, trouvant la séance un peu longue, je donne l'ordre à Bafi de s'en aller ou de se taire ; il continue à frapper de plus en plus, régulièrement ; puis tout à coup, comme je venais de dire que je ne ferais plus aucune question, nous entendons trois grands coups de poing violents, dans le pied du lit cette fois ; puis plus rien, c'était le signal du départ. Le lendemain, j'ai entendu ces mêmes coups de poing dans mon lit à moi, pendant que Ninette était en train de se coiffer à une très petite distance du pied de mon lit. »

Mardi 12. — Huit parents et amis assistent à la séance qui ne présente rien de bien saillant. On apprend cependant que Bafi est musicien et joue de la flûte; mais il ne veut jamais dire de quel village ou ville d'Italie il était.

Mercredi 13. — Dix personnes présentes. Bafi répond tantôt bien tantôt mal aux questions qu'on lui pose. Le fait le plus notable est que, interrogé sur l'heure qu'il est à la montre de Mlle C. il répond 9 heures 22 minutes: « Nous allumons, et nous constatons que la montre en question marque exactement 9 h. 22, tandis que toutes les autres montres ont une ou plusieurs minutes de différence. »

Jeudi 14. — Douze personnes présentes. Bafi répond à toutes les questions, peu importantes; mais il se refuse toujours à dire de quel endroit il est. Un des oncles de Ninette, qui est banquier, « ayant consulté Bafi sur des valeurs de Bourse, en obtient des conseil très sensés, mais qu'il n'a cependant pas l'intention de suivre. Il demande encore à Bafi s'il veut venir aussi chez lui; la réponse est : oui, dans sept jours, et il se manifestera dans la paroi de la chambre à coucher. Quelqu'un lui ayant demandé s'il pouvait aller dans le pied du lit, des craquements s'y sont fait entendre, ainsi que des coups, mais faibles. On lui dit de retourner à la tête du lit: immédiatement les coups recommencent en cet endroit. »

Vendredi 15. — Entr'autres choses, on pria Bafi de chanter *Au clair de la lune*, sur quoi « les coups se mirent à frapper lentement d'abord, puis plus vite, et enfin avec une rapidité vertigineuse, le rythme parfaitement exact de cette chanson.... A 10 h. $^1/_2$ les coups se sont arrêtés; ce fut le dernier soir. Samedi et Dimanche, nous avons encore essayé de le faire revenir, par les mêmes moyens qu'auparavant (obscurité, ma fillette sur son lit). Ce fut inutile. Il nous avait au commencement annoncé qu'il resterait trois nuits, et il en est resté huit. — Encore un fait que j'ai oublié de citer: La première fois que nous avons demandé à Bafi s'il connaissait le pape, nous n'avons eu aucune réponse; une autre fois, il a dit *Léon XIII*; et quand nous avons demandé le nom du pape actuel, il a toujours répondu *Léon XIII*. J'ai aussi tâché de savoir de quelle manière le bruit que nous entendions était produit, mais à cela je n'ai jamais obtenu de réponse. »

Il convient d'ajouter (au bout de plus d'un an) que cet Esprit frappeur n'est jamais revenu et que sa prédiction, qu'il se manifesterait peu de jours après, soit chez l'oncle de Mlle Ninette, soit chez les amis d'Evian, ne s'est pas réalisée. — En fait d'explications, forcément conjecturales, je laisse à qui la veut l'hypothèse spirite d'un désincarné italien, venant passer huit jours, pour y battre des bans et y débiter des sornettes, dans une famille genevoise inconnue de lui. L'hypothèse de la fraude — c'est-à-dire de la petite espiègle (*naughty little girl* des Anglais) qui, le sachant et le voulant, s'amuse à faire craquer son lit et joue la comédie de l'Esprit frappeur pour mystifier son entourage — serait infiniment plus plausible et ne se heurte à aucune impossibilité matérielle. Mais, comme elle soulève des objections morales tirées de l'excellent caractère de la fillette en cause, je lui préfère l'hypothèse psychopathologique d'une dissociation mentale aboutissant à la formation d'une seconde personnalité momentanée, ou plus simplement encore, d'une de ces rêveries hypnoïdes dont la délimitation précise d'avec la conscience normale est si difficile à tracer.

Mlle Ninette Mills jouit, au dire de sa mère, d'une excellente santé; mais elle passe cependant pour quelque peu nerveuse; et lors du susdit incident, elle venait de traverser, avec sa famille, une année de tribulations qui n'avaient pu la laisser indemne. Son père relevait à peine d'une longue maladie rhumatismale très douloureuse; sa grand'mère était morte dans l'été, pendant que sa mère était elle-même dans une clinique chirurgicale pour y subir une grave opération. Une telle accumulation d'épreuves implique plus de chocs moraux et de fatigues physiques qu'il n'en faut pour ébranler l'organisme toujours délicat d'une jeune fille de 14 ans. Cela ne nous dit assurément pas pourquoi il en est résulté tels troubles concrets plutôt que tels autres; mais cela aide à comprendre qu'ils aient pu se produire. Pour expliquer en détail le contenu du petit roman subliminal ou hypnagogique du prétendu Bafi, il faudrait avoir, de tout le passé psychologique de la jeune fille, une connaissance qui me manque, et pouvoir remonter peut-être fort haut dans ses souvenirs latents, ses lectures, ses conversations d'autrefois [1]. Il y a, en effet, un caractère de puérilisme indéniable dans les caprices, les plaisanteries, les fautes d'orthographe de cet Esprit. Il prend plaisir à annoncer sa présence par un ban, et à frapper seulement la moitié, ou au contraire le double, des coups qu'on lui demande; il affecte de savoir les choses et de ne pas vouloir les dire; il épelle *Hisabelle* pour Isabelle, *Audéou* pour Audéoud, *Atur* pour Arthur, *Counard* pour Cougnard, etc. Ces deux dernières fautes, en particulier, rappellent tout à fait une prononciation de petit enfant; et le fait que, pour lui, le pape actuel est Léon XIII (décédé depuis plus de 4 ans) semble aussi dénoter une sous-

[1] On sait la difficulté qu'il y a ordinairement à découvrir l'origine de ces élucubrations subconscientes; c'est bien exceptionnel que leur genèse soit aussi claire que dans le cas, récemment publié, de cette jeune personne dont l'Esprit frappeur s'attribue une histoire et un état-civil qui ne sont autres que ceux de son fiancé absent! (Annales des sciences psychiques, février 1907, p. 144.)

Dans notre cas, Mme Mills ayant un jour appris qu'il y avait à Genève, dans une école d'art, un modèle italien du nom de Bafi, me communiqua la chose: on pouvait en effet se demander si Mlle Ninette n'aurait pas entendu parler de lui et simplement reproduit son histoire. Mais, renseignements pris, il n'y a aucun autre trait commun entre les deux Bafi, le dit modèle étant célibataire, s'appelant Louis, n'ayant que 31 ans, jouant de l'accordéon et non de la flûte, etc.

personnalité ou une phase de développement de Mlle Ninette en retard de plusieurs années sur son âge actuel. Bref, nous sommes ici, à mon avis, en présence d'un de ces cas d'apparence spirite, qui reposent sur un phénomène de régression et consistent en un simple jeu d'une imagination subliminale infantile.

Reste le problème de la production des raps et coups dans le bois de lit, dont l'interprétation différera suivant qu'on admet ou qu'on rejette la possibilité générale de phénomènes physiques supranormaux. Si on l'admet, il est loisible d'imaginer (quoique impossible de démontrer rétrospectivement) que, chez Mlle Ninette, la sous-personnalité ou les couches hypnoïdes qui ont élaboré la fiction de Charles Bafi, possèdent aussi certaines facultés de télécinésie, d'extériorisation de la motricité, etc., analogues à celles d'Eusapia et d'autres médiums. Et si on rejette cette supposition, les bruits entendus n'en restent pas moins suffisamment explicables par quelque automatisme musculaire, dépendant de la sous-personnalité en question, et arrivé par d'habiles tâtonnements à faire craquer le lit, comme on a vu plus haut (p. 367) que Mlle Fel faisait craquer les tables. — Pour ce qui est des phénomènes de clairvoyance, télépathie, etc., si souvent relevés en connexion avec les personnalités secondes, il n'y en a pas eu de traces évidentes dans ce cas, les réponses de l'Esprit ne paraissant point avoir jamais dépassé ce que la jeune fille pouvait savoir ou présumer naturellement.

4. *Le revenant de la maison Gorden.*

L'histoire suivante s'est passée dans la famille d'un des penseurs les plus profonds et les plus distingués que j'aie connus — je l'appellerai M. Gorden — mort octogénaire il y a quelques années. Après son décès ses filles, les demoiselles Gorden, continuèrent à habiter sa maison, et le récit ci-dessous m'a été remis par l'une d'elles, personne d'une forte constitution et d'une grande énergie, toute entière consacrée à des œuvres sociales où elle déploye beaucoup d'activité et de bon sens. Il convient d'ajouter qu'elle a eu souvent des phénomènes spontanés d'intuition véridique et de télépathie qui rappellent tout à fait le type psychique illustré par Miss Goodrich-Freer[1]; mais elle n'a jamais assisté à d'autres faits supranormaux d'ordre physique que celui-ci :

« Le fait suivant, dont je vous garantis absolument l'exactitude, serait-il de nature à vous intéresser? — Dans les dernières années de sa vie, mon père occupait au second étage de notre villa deux pièces contiguës, où il couchait et

[1] Goodrich-Freer (Miss X), *Essays in Psychical Research*, Londres 1899.

travaillait la plus grande partie de la journée. Habitué à se lever de bonne heure, et déjeunant d'une tasse de thé, il prenait chaque matin, à 10 h. précises, un bouillon. Si Anna, la cuisinière, tardait le moins du monde à le lui apporter, il la rappelait à l'ordre par un coup de sonnette. [C'était une sonnette vieux système, composée d'un cordon actionnant un fil de fer qui aboutissait à une clochette fixée au plafond du rez-de-chaussée.] Environ dix à quinze jours après sa mort, j'étais seule au logis, avec ma sœur et les deux domestiques, toutes quatre au rez-de-chaussée (les deux bonnes à la cuisine, et nous à la salle à manger). La pendule sonna dix heures, et, sitôt après, la sonnette de la chambre de mon père tinta vivement. La surprise fut si complète que ma sœur s'écria en posant son ouvrage : « Anna oublie de monter le bouillon de père. » La dite Anna entrait à ce moment toute effarée, nous certifiant que ni elle ni sa compagne n'avaient touché la sonnette. Je montai immédiatement au second et entrai dans le cabinet d'étude de mon père : le cordon de sonnette se balançait légèrement encore! La chose se répéta, à intervalles irréguliers, au moins cinq ou six fois dans le courant d'une année ; et les trois premières fois à 10 heures précises du matin. Une fois, je me trouvais à ce moment-là dans ma chambre, au second, et pus entrer immédiatement dans celle de mon père. Le cordon de sonnette au-dessus de son lit se balançait avec une grande violence, en battant le mur. Au bout de l'année, une de mes sœurs étant venue habiter ces chambres, les coups de sonnette mystérieux cessèrent complètement. Pour rassurer les domestiques, nous attribuâmes ostensiblement à des souris ces faits inexplicables ; mais, à vrai dire, je ne crois pas à cette possibilité, et bien que très opposée à toute idée de fantômes, j'avoue n'avoir jamais trouvé d'explication plausible. Y aurait-il corrélation possible entre ces coups de sonnette et le fait que j'ai moi-même, depuis quelques années surtout et de façon capricieuse, un certain don de seconde vue, télépathie, etc., que je voudrais bien savoir développer? Mais à l'époque où mon père mourut, je ne m'en occupais point encore comme maintenant. »

Mlle Gorden considère comme matériellement impossible que ces coups de sonnette, dans les conditions déterminées où ils se sont chaque fois produits, aient été le fait soit de souris ou d'autres animaux, soit de plaisanteries macabres de la part de ses domestiques ou d'autres personnes. L'idée d'hallucinations collectives de toute la maisonnée ne lui paraît guère admissible non plus. En se plaçant par hypothèse sur le terrain supranormal, trois alternatives se présentent :

1° Les Spirites diront que c'est bien feu M. Gorden lui-même — ou tout au moins, suivant l'expression de Myers, un *segment* ou quelque vieux souvenir détaché de sa personnalité — qui revient quelquefois, par habitude, réclamer son bouillon à l'heure accoutumée. Ce n'est pas bien réjouissant de penser que même les personnalités qui furent ici-bas essentiellement préoccupées des grands problèmes de la vie intellectuelle et morale, restent jusque dans l'Au-delà assujetties aux plus mesquines préoccupations de l'estomac; aussi préférerais-je, avant de l'admettre, attendre qu'on en ait des preuves plus certaines, et me rabattre sur les deux suppositions suivantes, qui se rapprochent déjà davantage de nos procédés scientifiques en ce qu'elles cherchent l'explication du fait dans des êtres empiriquement donnés.

2° Mlle Gorden, qui est certainement un peu médium, serait par quelque faculté occulte la cause du phénomène. Toutefois elle objecte elle-même qu'ayant eu, avec son père vivant, tant de rapports plus intéressants et plus émouvants que celui du bouillon, il serait bien étonnant que ce dernier seul eût conservé chez elle la force de s'extérioriser.

3° La cuisinière Anna, au contraire, n'avait guère eu avec M. Gorden d'autre relation ou préoccupation que de le servir assez ponctuellement pour éviter ses coups de sonnette répréhensifs. Et quand on sait, d'autre part, que la dite cuisinière était d'un tempérament extraordinairement impressionnable et nerveux, au point que les demoiselles Gorden durent la renvoyer, après bien des années de service, à cause de ses crises de mauvaise humeur presque maladives, on peut se demander si ce n'était point elle la cause inconsciente de ces phénomènes. Mais un complexus émotif sous-jacent — tel que le remords d'avoir quelquefois fait attendre son maître et la peur de s'entendre de nouveau rappeler à l'ordre — peut-il déclancher, dans un tempérament morbide, une faculté télécinétique capable d'aller, au travers de deux étages, tirer un cordon de sonnette à l'insu de la personnalité consciente? — Ce serait encore plus fort qu'Eusapia, en sorte que, à l'exemple de Mlle Gorden, je m'abstiens prudemment de toute conclusion arrêtée sur ce point.

III. Traces de forces physiques inconnues.

Au cours des années 1896 à 1899, M. Eug. Demole et moi avons souvent essayé de recueillir des indices de forces ou processus physiques pouvant émaner de divers médiums qui passaient pour avoir parfois agi à distance sur des tables ou autres choses. A de nombreuses séances de Mme Darel, de Mme Saxo, de Mlle Smith, et à toutes celles que nous eûmes avec Mlle Fel (v. ci-dessus p. 366) et Mlle Dyck (p. 371), nous installâmes à proximité du médium des dispositifs très simples capables de révéler de légères actions mécaniques : clochettes suspendues, petits objets facilement déplaçables, cartons blancs noircis à la fumée qui auraient gardé la trace du moindre effleurement, etc. Mais tout cela (abstraction faite des plaques photographiques dont je parlerai tout à l'heure) n'a jamais donné aucun résultat. — Nous ne réussîmes pas mieux dans nos tentatives de « photographie spirite » portant sur l'énigmatique *Archiâtre* (cité n° 263, p. 120). Ce soi-disant Esprit, qui se montrait à Mme Saxo sous la forme d'un grand-prêtre égyptien tenant un parchemin où s'inscrivaient ses communications, lui apparaissait avec une telle netteté et une objectivité si évidente, qu'elle ne mettait point en doute la possibilité de le photographier comme un être réel. L'archiâtre lui-même nous promit le succès et daigna à plusieurs reprises — toujours par des messages sur son parchemin, que Mme Saxo lisait plus ou moins couramment — nous prescrire en détail comment il fallait s'y prendre, dans quelle direction et à quelle distance devait être braqué l'appareil, etc. Les expériences eurent lieu dans une alcôve parfaitement obscure, attenante au salon des séances et où Mme Saxo entrait, à la suite de son Guide, dès que ses visions la prenaient. Mais on eut beau diriger l'objectif tantôt ici, tantôt là, du côté du médium ou vis-à-vis, en réglant la mise au point et le temps de pose sur les indications du mystérieux Invisible, les plaques de la chambre noire restèrent toujours vierges et immaculées au développement.

Il en fut autrement, en revanche, des nombreuses (près de 200) plaques photographiques que nous plaçâmes — enfermées dans leurs châssis de bois, ficelés eux-mêmes dans deux ou trois feuilles de papier noir — soit dans le voisinage des médiums, soit sur leurs genoux ou sous leurs mains pendant qu'ils faisaient aller la table ou avaient des visions [1]. La durée de contact ou d'imposition des mains fut, suivant les cas et l'agitation du médium, d'une demi-minute à trois quarts d'heure. Une fois développées selon les règles de l'art et avec toutes les précautions voulues, toutes ces plaques se trouvèrent plus ou moins fortement « voilées », c'est-à-dire altérées comme si elles avaient reçu une impression lumineuse non dirigée par un objectif. Cela semble bien indiquer une action due aux forces ou « fluides » du médium, et exercée sur la plaque sensible dans l'obscurité, à travers ses enveloppes. Dans une douzaine de cas, provenant tous de Mme Darel et de Mme Saxo, les épreuves portent, au milieu du voile général et uniforme plus ou moins accentué, des marques spéciales, soit en clair soit en foncé, qui ne peuvent s'expliquer par des défauts originels de la plaque ou des accidents de développement, et qui trahis-

[1] Dans quelques cas, avec Mlle Smith et Mme Darel, les plaques, sans châssis mais enveloppées de nombreux doubles de papier noir, furent placées et maintenues par un bandeau sur le front du médium, dans l'espoir d'obtenir des « photographies de la pensée » analogues à celles que venait de publier le commandant Darget. Mais, sauf un voile général plus ou moins marqué, ces plaques ne présentèrent aucune trace appréciable d'images ou dessins déterminés, et nous abandonnâmes ces essais à cause de l'ennui et de la gêne que le bandeau frontal causait au médium.

sent ainsi des actions localisées, encore inconnues. Tel est du moins le verdict particulièrement compétent de M. Demole, qui a bien voulu se charger de tout ce qui concernait ces expériences photographiques et dont je me permets de résumer ici les observations :

Les plaques photographiques employées, toujours fraîches et soigneusement examinées, provenaient de la maison Lumière et ses Fils, à Lyon, qui, bien avant cette époque déjà, livrait au commerce des surfaces sensibles d'une remarquable pureté et d'une grande régularité. Les taches, voiles accusés et dessins, visibles sur les plaques après le développement effectué suivant les méthodes habituelles (développement alcalin à la lumière rouge faible) — toutes ces imperfections ne sauraient pour aucune d'elles être attribuées aux plaques elles-mêmes, ni aux manipulations du développement, et elles ne peuvent être que le résultat d'une action exercée sur la surface sensible, dans l'obscurité du châssis parfaitement étanche et de ses multiples enveloppes de papier noir, grâce au « fluide » du médium.

Parmi les quelques clichés qui ont présenté des taches spéciales au milieu du voile général, on peut établir un classement.

Sur deux de ces documents, il semble que le « fluide » a agi à la façon des rayons Rœntgen, en impressionnant la plaque avec plus ou moins d'intensité suivant qu'elle se trouvait plus ou moins protégée par la contexture ligneuse du volet du châssis. On observe en effet des raies ou bandes parallèles au sens des fibres, sans qu'on puisse du reste y retrouver le dessin des veines du bois; il n'y a là qu'une indication sans précision. On peut en quelque manière comparer ce qu'est la plaque à ce qu'elle aurait été après une longue exposition du châssis en plein soleil. — Quatre autres documents présentent : l'un une ligne blanche, traversant l'épreuve d'un bout à l'autre en longueur, et formée d'un grand nombre de fines lignes parallèles très rapprochées, visibles seulement sur la plaque avec une forte loupe; les autres, trois dessins très petits qui, au grossissement (v. p. suiv. fig. 27 à 29), rappellent vaguement des monogrammes ou des inscriptions cunéiformes, mais auxquels on ne réussit pas à donner un sens [1]. Ce qui est certainement remarquable sur ces quatre épreuves, c'est que ces dessins ne sont pas dus à des raies faites sur la plaque, lesquelles seraient venues en noir sur le papier, mais qu'ils sont formés par des dépôts de matière opaque que la lumière ne peut pas traverser. — Sur un autre document au contraire, on observe deux traits noirs à angle droit, d'environ 1 cm. de long chacun, qu'on dirait avoir été tracés sur le cliché avec une pointe dure. — Une autre plaque encore offre deux parties inégalement voilées et

[1] Ces dessins ayant été obtenus à des séances où Mme Darel recevait des communications philosophiques d'Ambroise Paré (qui est l'un de ses guides; v. n° 285, p. 134), les membres spirites du groupe se plurent à y apercevoir une sorte de signature médianimique du célèbre chirurgien d'Henri II, surtout dans les dessins de la fig. 29, qui font songer à deux essais inégalement réussis de tracer les initiales AP (retournées). Mais il n'y a aucun rapport entre ces hiéroglyphes et la signature de Paré telle qu'elle est reproduite p. ex. dans l'*Isographie des Hommes célèbres*, en sorte que même dans les théories occulto-spirites ces dessins s'expliqueraient mieux par un effet plastique de l'imagination du médium, qui se croit sous le contrôle de Paré, que par la présence réelle de ce dernier.

Fig. 27.

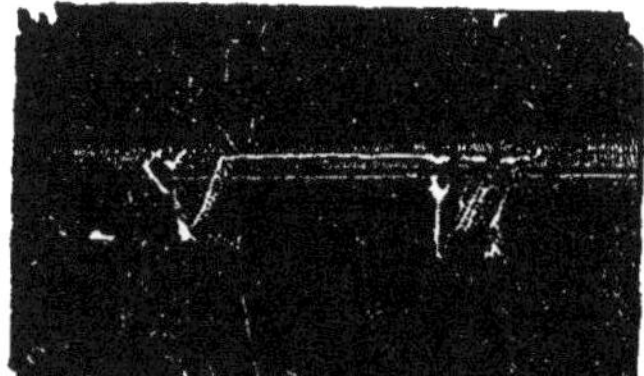

Fig. 28.

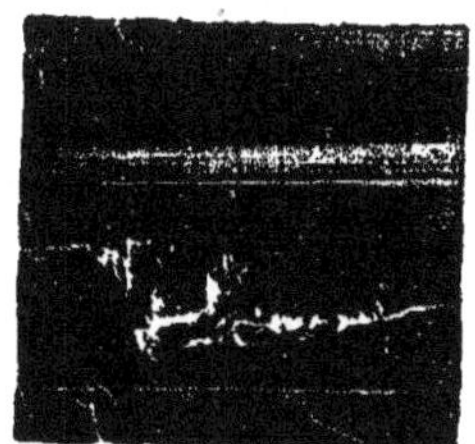

Fig. 29.

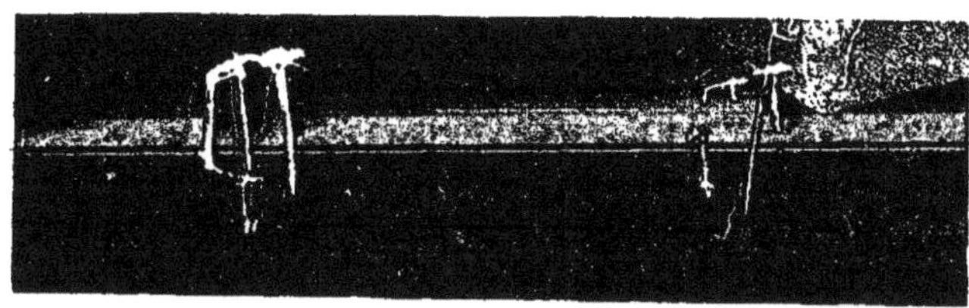

Fig. 27 à 29. — Dessins trouvés sur des plaques photographiques, très voilées, qui avaient séjourné dans leurs châssis sous les mains de Mme Darel, tandis qu'elle recevait par la table des messages soi-disant d'Ambroise Paré. — Agrandis cinq fois.

superposées l'une à l'autre, comme en produirait un rayon de lumière qui atteindrait la plaque en étant plus actif dans l'une de ses parties que dans l'autre. — Enfin cinq autres épreuves portent soit des taches sombres arrondies, un peu semblables à celles que l'on produirait en touchant une plaque avec les doigts; soit des tourbillons granulés rappelant certains clichés publiés par Baraduc. (*L'iconographie en anses*, Paris 1896.)

En résumé, tous ces documents quels qu'ils soient accusent des plaques fortement voilées, comme si elles avaient reçu une impression lumineuse sans l'intermédiaire de la chambre noire. Sur quelques-unes, à côté du voile général, il y a eu sûrement soit des dépôts de matière formant des taches opaques, soit une désagrégation moléculaire qui, au développement, a occasionné une partie transparente; donc le « fluide » a agi de deux manières opposées l'une à l'autre. C'est tout ce qu'on peut dire de ces documents au point du vue photographique.

Nous n'avons pu relever aucun rapport constant, aucune connexion précise, entre les impressions trouvées sur les plaques après leur développement et le contenu des messages ou l'état psychique du médium pendant son contact avec les châssis. Tout ce qu'il nous semble permis d'inférer de ces essais grossiers et insuffisants, c'est que les exercices médiumniques ne vont pas sans un dégagement de forces ou d'influences physiques diverses, encore indéterminées, capables entre autres d'impressionner une surface photographique à travers des enveloppes de bois et de papier absolument opaques pour notre œil. Il n'y a pas là de quoi surprendre outre mesure, lorsqu'on songe à toutes les radiations, connues ou inconnues, que notre organisme peut émettre et qui varient sans doute en intensité et en qualité avec nos dispositions mentales. Quand on sait que la moindre idée émotive qui nous traverse l'esprit, le simple réveil encore inconscient de quelque complexus sous-jacent, suffit à produire une variation électrique sensible au galvanomètre [1], on ne s'étonne pas que de profondes perturbations psychiques — comme le passage de l'état de veille normal à l'état d'automatisme et un changement plus ou moins complet de personnalité — doivent s'accompagner de modifications physiologiques aptes à se répercuter dans l'ambiance physique du médium. Et ce serait vraiment aller un peu trop vite en besogne que d'imputer d'emblée aux Esprits des effets matériels, photographiques ou autres, dont les processus vitaux encore si mystérieux de nos propres organismes suffiraient à rendre compte. Ce sera assez tôt, quand on saura exactement tout ce que ceux-ci peuvent produire par eux-mêmes, d'attribuer le résidu inexplicable des phénomènes de « médiumnité physique », s'il y en a un, à l'intervention des désincarnés ou d'autres entités occultes.

[1] Sur le Réflexe psycho-galvanique, voir les travaux récents de VERAGUTH, TARCHANOF, SOMMER, JUNG, PRINCE, PETERSON, BINSWANGER, etc., dans Journal für Psychologie und Neurologie, Journal of abnormal Psychology, Monatschrift für Psychiatrie, etc., de ces trois dernières années. — On a expliqué ces variations de résistance électrique par des modifications soit de la circulation capillaire, soit de la sécrétion des glandes sudoripares, dans la peau des mains en contact avec les électrodes. Il est probable que les choses sont plus compliquées que cela, et que bien des phénomènes physiologiques ou physiques encore ignorés accompagnent les processus d'émotivité et d'idéation subconscientes. Il y a là tout un champ, à peine entrevu, où les recherches futures finiront par mettre en lumière ce qu'il peut y avoir d'objectif et de réel dans les « effluves odiques » de Reichenbach, le « fluide » des magnétiseurs, la « force neurique » de Barèty, etc. Voir à ce sujet, entre autres travaux récents, les observations et expériences de BOIRAC (*La Psychologie inconnue,* 1908) et de TROMELIN (*le Fluide humain,* 1909). Et nous ne savons pas tout ce que nous réserve l'étude des phénomènes de radio-activité des organismes vivants.

CHAPITRE VIII

Le cas d'Eusapia Palladino.

A deux reprises (décembre 1898 et février 1903) j'ai eu l'avantage de rencontrer Mme Palladino. grâce à l'amabilité de mes savants collègues le professeur Richet à Paris et le Dr v. Schrenck-Notzing à Munich, qui me convoquèrent à des séances de l'illustre médium alors en séjour chez eux. La « phénoménologie palladinienne », qui depuis 20 ans défie toute les explications de nos sciences constituées, est aujourd'hui si connue et a donné lieu à une telle littérature[1] qu'il serait superflu de raconter en détail les séances auxquelles j'ai assisté, d'autant qu'elles ne sont point parmi les plus brillantes d'Eusapia et ne présentèrent pas de matérialisations visibles. Je me bornerai à dire quelques mots de celle qui m'a le plus frappé et qui fut à certains égards une séance historique: je veux parler de la soirée du 1er décembre 1898, dans la bibliothèque de Richet, où il s'agissait pour Eusapia de reconquérir la confiance fortement ébranlée de Myers, et de se réhabiliter enfin, après son lamentable échec en Angleterre trois ans auparavant.

Myers, comme l'on sait, avait assisté en 1894 aux séances de l'île Roubaud (chez Richet), qui l'avaient convaincu de l'authenticité des phénomènes supranormaux d'Eusapia. Mais lorsque l'été suivant (1895) il la fit venir chez lui à Cambridge pour l'étudier avec ses collègues anglais, le malheur voulut que la pauvre femme, induite en tentation par les conditions mêmes où on la fit opérer, se laissa aller à tricher; c'est-à-dire qu'insuffisamment contrôlée, et l'obscurité aidant, elle trouvait moyen de libérer une de ses mains pour remuer les objets à sa portée ou pincer ses voisins. Ce truc avait déjà été découvert et mis en lumière depuis longtemps par Richet, et il est aisé d'y mettre obstacle, ou du moins de ne pas s'y laisser prendre, du moment qu'on le connaît. Mais les expérimentateurs de Cambridge, mal au courant de la chose, le favorisèrent

---

[1] La Bibliographie Palladinienne, récemment dressée par M. Morselli dans le monumental ouvrage de plus de onze cents pages qu'il vient de consacrer à Eusapia, dépasse déjà 200 numéros. MORSELLI, *Psicologia e Spiritismo; impressioni e note critiche sui fenomeni medianici di Eusapia Paladino.* 2 vol. in-8, illustrés, Turin 1908. Bocca frères, édit. — Les lecteurs trouveront, en français, d'abondants renseignements sur Eusapia et des comptes rendus détaillés d'une foule de ses séances dans les An-

eux-mêmes au lieu de l'empêcher[1]; puis, fidèles au principe expéditif et commode de la Soc. for psychical Research, de considérer comme disqualifié tout médium qui a été une fois surpris en flagrant délit de fraude, ils interrompirent leurs expériences avec Eusapia, et celle-ci dut reprendre la route du continent avec le sentiment amer d'avoir été démasquée comme une vulgaire drôlesse[2]. Cette défaite jeta naturellement dans l'esprit de Myers un doute rétrospectif sur ses expériences antérieures, dont il n'était plus certain qu'elles n'eussent pas été viciées aussi par l'artifice en question.

Pendant trois ans les choses en restèrent là, jusqu'au jour où Richet, bien assuré de l'authenticité des phénomènes d'Eusapia par des observations nombre de fois répétées avec toutes les précautions voulues, convoqua Myers à une nouvelle séance qui, pour ce dernier, devait être décisive dans un sens ou dans l'autre. Elle le fut en effet, en faveur de la réalité des faits. Eusapia, se rendant bien compte qu'il s'agissait cette fois de ne donner prise à aucun soupçon et de fournir des phénomènes absoluments probants, s'efforça elle-même de réunir toutes les garanties désirables: — 1° Contrairement à son goût (ou plutôt à celui de sa personnalité de trance, John King) pour l'obscurité complète, cette séance et les suivantes eurent lieu d'un bout à l'autre dans une bonne demi-lumière, permettant de suivre par la vue tous les mouvements du médium. — 2° Outre ce contrôle visuel, Eusapia accepta tout le temps un contrôle tactile parfait. Ce n'est pas elle qui tenait les mains de ses voisins ou avait ses pieds contre les leurs, selon sa coutume préférée (ce qui naturellement lui facilite le dégagement d'un de ses membres), c'est eux qui à tour de rôle lui tenaient les poignets et les chevilles des pieds. En ce qui me concerne, lorsque par exemple, de ma main droite j'embrassais son poignet gauche et l'entourais comme d'un anneau par mon pouce et mon médius se rejoignant autour de lui, en même temps que je le voyais de mes yeux, j'avais de le bien tenir une certitude directe et immédiate avec laquelle ne saurait rivaliser aucun procédé de contrôle indirect

---

nales des Sciences Psychiques de Richet et Dariex (rédigées par C. de Vesme), ainsi que dans Flammarion, *les Forces naturelles inconnues*, Paris 1907; de Rochas, *l'Extériorisation de la motricité*, 4me édit. 1906; G. de Fontenay, *A propos d'Eusapia Paladino*, Paris 1898; etc. — Enfin, en corrigeant ces épreuves, je suis heureux de pouvoir mentionner également le rapport qui vient d'être lu et discuté à l'Institut Psychologique sur les séances qu'Eusapia y a données au cours de ces dernières années: J. Courtier, *Rapport sur les séances d'Eusapia Palladino à l'Institut Général Psychologique en 1905, 1906, 1907 et 1908;* Bulletin de l'Inst. Gén. Psych., nov.-déc. 1908, p. 415-578. Ce travail, en dépit des critiques qu'il peut soulever, fait honneur à son rédacteur M. Courtier et à la Section des Recherches psychiques et physiologiques de l'Institut, et me met dans l'agréable obligation de retirer ma remarque antérieure (v. p. 211) sur le peu de productivité de cette Section.

[1] Surtout Hodgson, qui n'avait pas assisté aux séances d'Eusapia sur le continent, et qui se trouvait très défavorablement disposé, de par ses expériences antérieures, pour les médiums à effets physiques. On se rappelle en effet que c'est lui qui, chargé d'une enquête aux Indes sur les prétendus prodiges de Mme Blavatsky, réussit à dévoiler complètement les supercheries dont cette célèbre fondatrice de la Théosophie avait cru devoir appuyer sa doctrine. Voir Proc. S. P. R. vol. III (1895) p. 201-400, et vol. IX (1893-94), p. 129-159.

[2] Sur toute cette affaire de Cambridge — qui a donné lieu à d'importants travaux de Richet, Ochorowicz, Dariex, Lodge, Sidgwick, etc., sur la question de la fraude chez Eusapia et les médiums en général — voir les réflexions critiques approfondies et très justes de Maxwell, *Les Phénomènes psychiques*, Paris 1903, p. 269 et suiv.

(attaches, nœuds cachetés, etc.). — 3° Avant chaque expérience, elle avait soin de nous prévenir de ce qu'elle allait tâcher de faire (ce à quoi d'ailleurs elle ne réussissait pas toujours), afin qu'il n'y eût pas de surprise et que chacun pût constater le phénomène avec toutes ses facultés d'observation. Eminemment soucieuse que Myers ne pût pas, comme l'avaient fait les expérimentateurs de Cambridge, prétendre après coup que le contrôle avait été insuffisant au moment de la production des phénomènes, qu'on ne savait plus bien ce qui s'était passé, que les faits restaient douteux, etc., elle ne cessait de lui répéter de faire attention, de bien remarquer l'état des choses, et d'en garder ensuite un souvenir exact.

Dans ces conditions, j'assistai à des phénomènes très simples, très nets, et qui me parurent sur le moment, comme ils me paraissent encore maintenant, aussi certains qu'inexplicables par notre physique ou notre physiologie courante. — Les grands et lourds rideaux de la fenêtre, auxquels Eusapia tournait le dos et dont le dossier de sa chaise était séparé par un intervalle où l'on passait facilement, furent à plusieurs reprises, à l'instant où se contractaient violemment tous ses membres bien contrôlés, agités d'une ondulation violente, partant de leur tiers supérieur, fort au-dessus de la tête du médium, comme s'ils étaient soudain gonflés par un violent coup de vent arrivant par derrière. La partie inférieure de l'un d'eux fut tout à coup soulevée et projetée sur la table, où elle vint recouvrir le bras du médium et celui du contrôleur qui le tenait. — La cithare que nous avions placée nous-mêmes par terre, dans l'embrasure de la fenêtre, hors de la portée du médium, se mit à résonner et donna onze fois de suite la même note; puis nous l'entendîmes se mouvoir et bondir par saccades sur le parquet et finalement elle fut lancée, comme par une main invisible, sur la table où elle resta, les cordes en dessous. Dans cette position, sous nos yeux et n'étant touchée par personne, mais le médium faisant en l'air, à 50 centimètres au-dessus d'elle, de sa main tenue par le contrôleur, le geste de gratter une corde, la cithare résonna dix à douze fois de suite, synchroniquement avec le geste d'Eusapia. — Plusieurs fois, ainsi que les autres personnes présentes, je me sentis touché, frappé, serré au bras ou au côté comme par une grande main ou pince invisible, etc., alors que les membres du médium étaient nettement vus et tenus dans des positions où ils ne pouvaient m'atteindre. Etc.

Myers fut cette fois, comme toute l'assistance, absolument convaincu de la réalité de phénomènes dont l'évidence ne laissait rien à désirer. Il fut encore confirmé dans sa certitude par une seconde séance tout à fait analogue que nous eûmes le surlendemain (3 déc. 1898)[1], et au cours de laquelle John King, causant avec Richet dans un intervalle des phénomènes, reconnut qu'Eusapia avait en effet triché aux séances de Cambridge. Myers repartit pour l'Angleterre n'ayant plus aucun doute sur l'authenticité des faits palladiniens supranormaux, et il en fit la déclaration publique à l'assemblée générale de la Soc. f. Psych. Res. qui eut lieu peu après (9 déc. 1898)[2].

---

[1] M. Boirac, recteur de l'Académie de Dijon, qui n'avait pu venir pour la première séance, a publié un récit détaillé de celle-ci, ainsi que de la suivante (5 déc. 1898, également chez Richet, mais à laquelle Myers n'assistait plus). Voir Boirac, *La Psychologie inconnue*, Paris 1908, p. 289-292.

[2] Voir Journal S. P. R. vol. IX, p. 4 et 35.

« Les bêtises dites et la bière bue, ça ne rend pas sur le papier », disait Töpffer. Il aurait pu y joindre les séances de médiums si elles eussent été connues de son temps. On a publié d'innombrables procès-verbaux ou comptes rendus détaillés des expériences avec Eusapia ; je ne pense pourtant pas qu'aucun de ces récits, ni leur ensemble, même appuyé de photographies instantanées des tables soulevées sans contact ou des fantômes entrevus, aient persuadé aucun lecteur qui n'aurait pas assisté lui-même à quelque phénomène de ce genre. Aussi n'est-ce que par acquit de conscience que je viens de rapporter (sans me fendre de descriptions inutilement minutieuses) quelques-uns des faits qui m'ont paru le plus irréprochables, et qui m'ont laissé une impression de certitude ineffaçable.

Pour ce qui est des phénomènes palladiniens dont je n'ai pas été personnellement témoin — transport ou brisement de gros meubles à distance, lévitation et changements de poids du médium, apparitions matérialisées de mains ou de figures fantômales, etc., — je serais naturellement en droit de dire « je n'y croirai que quand je l'aurai vu », ou, comme tant de gens, « je n'y croirais pas même si je le voyais ». Mais à quoi bon marchander ainsi mon assentiment, provisoire et toujours sous réserve d'informations ultérieures, au témoignage de tant de savants auxquels je n'ai pas l'outrecuidance de me croire supérieur en perspicacité ! Nul doute pour moi que si j'avais assisté aux mêmes séances, j'aurais perçu en gros les mêmes phénomènes qu'eux, et que s'ils ont été trompés, je l'aurais aussi été à leur place. Je n'éprouve donc aucune difficulté de principe à admettre par courtoisie tout ce que des observateurs qui passaient jusque-là pour sérieux rapportent d'Eusapia, quitte à examiner, sans me croire obligé à me prononcer catégoriquement entre elles, les diverses hypothèses explicatives, normales ou supranormales, que suggèrent leurs récits.

Les hypothèses normales.

Les histoires que des savants honorables publient, chaque année plus abondantes et plus fantastiques, sur les exploits d'Eusapia, constituent actuellement, au point de vue de la science traditionnelle, une énigme assez piquante, parce que toutes les suppositions normales qu'on peut faire à cet égard se heurtent à des difficultés également considérables. Ces suppositions me paraissent se ramener aux 5 suivantes : le complot ou la collusion, le hasard, la fraude, l'hallucination, et le concours de tout cela. Examinons-les rapidement.

1° Le Complot, je veux dire une vaste machination organisée par les soi-disant témoins des prodiges palladiniens. En réalité MM. Luciani, Morselli, Botazzi et tutti quanti, pour ne parler que des italiens, n'auraient rien vu d'extraordinaire ; mais ils se seraient donné le mot, avec Richet, Ochorowicz, et tant d'autres de ce côté-ci des Alpes, pour mystifier les lecteurs et se payer la tête de leurs collègues récalcitrants qui n'ont jamais voulu assister aux séances d'Eusapia. — Sauf qu'il est étonnant qu'une conspiration aussi étendue n'ait pas encore eu ses traîtres, cette hypothèse me plairait assez par sa simplicité... Mais j'oublie que je fais moi-même partie du complot et que j'en ai déjà trop parlé.

2° Le Hasard. Il arrive qu'un rideau bouge inopinément parce qu'une souris grimpe dans ses plis, qu'une table se fende tout à coup grâce à l'humidité ou à la sécheresse, qu'une guitare résonne toute seule par la rupture d'une corde, etc. Des incidents fortuits de ce genre, se produisant au moment où Eusapia était en proie à des accès convulsifs, auront fait croire à une influence causale de ceux-ci sur ceux-là, alors qu'il s'agissait de simples coïncidences. — Le hasard peut certes, mathématiquement et en gros, tout faire ; mais en pratique et dans le détail, quand il se répète trop souvent, il prend le nom de loi naturelle et devient l'objet de la science. Et la question est justement de savoir si les curieuses coïncidences qui remplissent les séances d'Eusapia, ne sont pas déjà assez nombreuses et régulières pour mériter l'appellation de réalités scientifiques.

3° La Fraude. Consciemment ou non, Eusapia produirait tous ses phénomènes par des trucs de prestidigitateurs : crochets dans les manches pour soulever la table, ficelles invisibles pour tirer les rideaux, huile phosphorée pour faire des apparitions lumineuses, agilité de clown pour gifler ses voisins avec les pieds quand on lui tient les mains, etc. En fait, ses partisans eux-mêmes ne nient pas que quand on la laisse libre, elle use volontiers de procédés frauduleux élémentaires, tel que le dégagement d'une main. Rien ne prouve qu'il n'en soit pas toujours ainsi. Les prestidigitateurs de profession en font bien d'autres, à commencer par le bocal de poissons rouges ou les pigeons vivants qu'ils vous sortent de leur gilet. Si les nombreux savants qui observent depuis si longtemps Eusapia n'ont pas encore su découvrir tous ses stratagèmes, c'est que, comme bien l'on sait, il n'y a rien de plus naïf et de plus candide, de plus facile à mettre dedans, de plus maladroit à deviner un tour de passe-passe, que ces excellents savants, habitués dans leurs laboratoires à interroger une Nature dont ils n'ont jamais l'occasion de se méfier parce qu'elle ne saurait tromper. Et plus ils sont savants, plus ils sont une proie facile pour l'astucieuse napolitaine, laquelle le sait de reste, ce qui explique pourquoi elle les affectionne tout particulièrement et se prête si bénévolement à leurs expériences. —

Cette hypothèse de la fraude — ou, si l'on préfère, de l'imbécillité des observateurs qui ne parviennent pas à la découvrir — est certainement la plus attrayante et celle qui aura toujours le plus de succès. Pourtant elle a aussi ses difficultés. D'abord elle prête aux savants une stupidité peut-être exagérée. Ensuite le rapprochement entre les séances d'Eusapia et celles des prestidigitateurs péche par un point essentiel : c'est que ces derniers opèrent dans des locaux et avec des objets qu'ils ont pu truquer tout à leur aise à l'avance, tandis que ce n'est pas le cas pour Eusapia, laquelle fonctionne dans une salle quelconque, fût-ce dans un laboratoire de physiologie ; et, en fait, il ne s'est pas encore rencontré de prestidigitateur qui se soit chargé de refaire les mêmes choses qu'elle dans les mêmes conditions de milieu et de surveillance. Enfin, non seulement on n'a pas encore dévoilé les subterfuges qu'elle emploie, mais personne n'a même émis la moindre idée sur leur nature possible[1]. Cela ne prouve certes pas que ces trucs n'existent pas. Mais plus le temps s'écoule, plus devient vraiment stupéfiante l'habileté de cette extraordinaire mystificatrice à dissimuler ses procédés. Il y a dix ans, je pouvais encore caresser l'espoir qu'on finirait par découvrir le pot aux roses (*Des Indes,* p. 358, note) ; mais il est clair que d'année en année, devant les succès croissants d'Eusapia et le cortège grandissant des physiologistes qu'elle enchaîne vaincus ou convaincus à son char triomphal, cet espoir a diminué, et il se réduit maintenant à si peu de chose que c'est à peine si j'ose encore l'exprimer !

4° L'Hallucination. Il ne s'agit pas des hallucinations ou illusions sporadiques (nées de phénomènes entoptiques, etc.), que favorisent assurément la fatigue et la demi-obscurité des réunions spirites, mais qui, variables d'un individu à l'autre, ne sauraient expliquer l'accord général et persistant des spectateurs aux séances d'Eusapia. Il faut admettre ici une hallucination collective, continue, cohérente, et produite par Eusapia

[1] Bien entendu, je ne parle pas des cas où le subterfuge est manifeste, ni de ceux où l'on n'a pas pu le constater, mais qui néanmoins restent suspects à cause des défectuosités ou des incertitudes du contrôle. Mais abstraction faite de ces deux catégories de cas sans valeur, il y a dans les bonnes séances d'Eusapia nombre de phénomènes qui se produisent avec une évidence et dans des conditions de contrôle inattaquables, au point que les observateurs les plus sceptiques avouent leur incapacité de concevoir quel genre de fraude a bien pu être employé dans le cas donné et en sont réduits à invoquer la *possibilité* générale, assurément irréfutable, de trucs encore inconnus.

elle-même sur tout son entourage. La chose n'a rien d'impossible à priori, et cette hypothèse mérite de n'être pas perdue de vue. Déjà Podmore [1] a émis l'idée que la faculté d'halluciner les assistants fait partie de l'équipement de tout bon médium; et cette idée a été réinventée, développée et appliquée en détail à quelques-uns des phénomènes palladiniens, par un savant physicien de mes amis, M. Tommasina, docteur ès-sciences, bien connu par ses beaux travaux sur la radio-activité et sa théorie cinétique de la gravitation. M. Tommasina s'est spécialement attaché à expliquer par ce pouvoir de fascination d'Eusapia, les phénomènes qu'elle produisit (au printemps 1906) dans le laboratoire de physiologie de l'Université de Turin et qui eurent pour témoins, entre autres, le Dr P. Foà, professeur d'anatomie pathologique, et les trois assistants de l'illustre physiologiste Mosso, MM. les docteurs C. Foà, Herlitzka et Aggazzotti [2]. (Pour ne citer qu'un exemple des phénomènes inexplicables que ces savants affirment avoir constatés, une forte table que personne ne touchait fut mise en morceaux, les clous en furent arrachés et les planches brisées, sous les yeux de tous les assistants et en de bonnes conditions de lumière, alors qu'Eusapia était surveillée et tenue par trois contrôleurs.)

« Dans ces expériences de Turin, dit en substance M. Tommasina, comme dans celles de Paris et de Gênes, Eusapia est arrivée à tromper tout le monde par un moyen très simple. Elle disait aux savants physiologistes qui l'entouraient: — Vous craignez que je vous illusionne par mes supercheries; placez-moi donc de façon que je ne puisse mouvoir aucun membre: tenez mes mains dans les vôtres, serrez vos pieds contre les miens, ne me lâchez pas d'un fil ni d'un instant. Je serai votre prisonnière.... — Mais, ajoutait-elle dans son for intérieur, c'est vous qui serez à ma merci! Et c'est ce qui a eu lieu. Bien qu'on puisse hypnotiser une personne *sans la toucher*, par la seule action du regard, on sait pourtant que c'est moins facile à faire avec plusieurs sujets à la fois, surtout lorsqu'il se trouve parmi eux des spécialistes capables de reconnaître immédiatement la moindre tentative de ce genre. Il fallait donc à Eusapia le *contact direct* avec ceux qu'elle voulait suggestionner, et elle l'a obtenu.... en se faisant contrôler par eux, c'est-à-dire en leur enlevant du même coup tout soupçon de supercherie, ce qui est un assez joli tour d'habileté!

« Voyons en effet comment elle s'y est prise dans le cas des phénomènes, tels que le brisement d'une table à distance, qui ont paru le plus inexplicables aux

---

[1] Podmore, *Modern Spiritualism*, Londres 1902, t. II, p. 268-269. — Sur la théorie de l'hallucination, ses ressources et ses limites dans les cas de médiumnité physique, voir la très intéressante étude du comte Perovsky-Petrovo-Solovovo, suivie de la discussion avec Miss Johnson, Proc. S. P. R., vol. XXI (février 1909), p. 436-515.

[2] Le récit de ces séances, qui firent un bruit énorme, parut d'abord dans la Stampa, de Turin, puis fut publié en français sous le titre: *Ce que le prof. P. Foà, de l'Université de Turin, et trois Docteurs, assistants du professeur Mosso, ont constaté avec Eusapia Paladino.* Annales d. Sc. Ps. t. XVII, p. 265 (avril 1907).

assistants du professeur Mosso. De leur description même, il résulte que les personnes qui n'étaient pas en contact direct avec Eusapia durent, sur son ordre, faire chaîne avec celles qui la touchaient, et le docteur sur qui elle avait jeté son dévolu pour lui faire accomplir l'opération projetée, fut invité, au moment voulu, à lui toucher l'épaule ou à saisir l'une de ses mains, lesquelles étaient pourtant déjà contrôlées par les deux autres docteurs! Il est à noter aussi qu'Eusapia, avant de procéder aux opérations les plus difficiles, en provoque méthodiquement d'autres moins importantes, qui lui servent à éprouver la marche progressive de son influence suggestive sur tous les assistants, de manière à bien reconnaître le moment psychologique où elle pourra agir à coup sûr. Cet instant venu, Eusapia agit avec toute son énergie et aussi rapidement que possible, faisant exécuter l'action par l'individu choisi, après avoir suggéré à tous les autres de ne pas le voir, tandis que, inconscient et hypnotisé, il trompe ses collègues en accomplissant lui-même l'action importante, celle justement qu'il fallait contrôler et que le médium prétend produire à distance par ses mystérieux pouvoirs. C'est à ce moment que tous les spectateurs, sauf l'acteur devenu invisible pour eux, voient par exemple la table se rompre toute seule, les clous sortir d'eux-mêmes du bois et tomber à terre, les joints des planches se desserrer, et le tout se briser et tomber en pièces avec fracas. »[1]

M. Tommasina analyse de même les autres phénomènes rapportés comme particulièrement probants par le Dr Foà et ses collègues, et montre que dans tous Eusapia a toujours pris la précaution de placer l'un des spectateurs dans des conditions telles qu'il pût facilement, par suggestion hypnotique, exécuter lui-même l'opération voulue à l'instant favorable, c'est-à-dire lorsque toutes les autres personnes présentes seraient de leur côté momentanément hallucinées de la façon appropriée.

En résumé, l'admirable hypnotiseuse qu'est la Palladino exerce sur ses spectateurs un multiple pouvoir : 1° Par son contact immédiat avec tel d'entre eux, elle le transforme en un obéissant automate qui exécute sans s'en douter les opérations qu'elle lui suggère (p. ex. démantibuler une table). 2° Par son magnétisme à distance sur les autres assistants, elle en fait des sujets passifs qui ne perçoivent plus que ce qu'elle veut bien qu'ils perçoivent (la table tombant en morceaux), et qui sont atteints d'anesthésie systématique, d'hallucination négative, pour ce qu'ils ne doivent pas voir (leur collègue brisant la table). 3° Une fois le coup fait ou la séance terminée, elle rend à ses dupes leur conscience normale, avec le clair souvenir, non de ce qui a eu lieu, mais de ce qu'il lui a convenu de graver dans leur mémoire. — Toutes ces suppositions sont en effet indispensables pour expliquer les résultats matériels subsistant après les séances d'Eusapia et attestés par les savants de Turin, de Naples et d'ail-

---

[1] T. Tommasina. *I fenomeni medianici ; della loro vera natura.* Coenobium, n° 3, mars-avril 1907, p. 118-122. Id. *Mediumnismo, oppure suggestione, autosuggestione e trucco ?* Idem, n° 5, juillet-août 1907, p. 117-124. — La page ci-dessus n'est pas une citation textuelle, mais un résumé de la théorie de M. Tommasina.

leurs : meubles bouleversés, objets brisés, inscriptions des instruments enregistreurs [1], etc.

Cette ingénieuse hypothèse a pour elle certains récits d'hallucinations collectives, comme celles que les fakirs hindous produisent, avec l'aide du soleil tropical ou de fumigations capiteuses, sur leur entourage ignorant et crédule. Mais elle n'est pas exempte de difficultés dans le cas particulier. Elle étend la vertu de l'hypnotisme au delà de toutes les bornes connues, en contredisant le sentiment que possèdent ceux qui ont assisté aux séances d'Eusapia, d'y être restés constamment dans leur état habituel, parfaitement maîtres d'eux-mêmes et en pleine possession de leurs facultés critiques d'observation et de raisonnement. Une puissance de fascination aussi absolue, enveloppant de ses mirages les savants les plus réfléchis, à leur insu et sans leur en laisser le moindre soupçon rétrospectif, ne serait guère moins extraordinaire que la réalité même des phénomènes que cette hypothèse a pour but de supprimer. De plus, pour contrôler une telle théorie, il faudrait des investigateurs qui échappassent à l'influence de la magicienne, et qui, conservant leur sang-froid aux séances, alors que tous leurs voisins sont subjugués, pussent nous raconter ensuite ce qui s'y est réellement passé. Or le cas ne s'est pas encore présenté. Faut-il en conclure que nul ne peut se soustraire au pouvoir d'ensorcellement d'Eusapia dans ses bonnes séances ? Mais alors comment pourra-t-on jamais le vérifier ? L'hypothèse d'une illusion universelle a le défaut de se détruire elle-même : les prodiges palladiniens auraient beau n'être que des hallucinations, ces hallucinations, à force de se répéter et de laisser leurs traces sur les appareils enregistreurs, risquent bien de devenir scientifiquement *vraies* (suivant le mot de Taine), de par le consensus général des savants toujours plus nombreux qui en seront les victimes inconscientes — comme les physiciens le sont déjà dans leur laboratoire, et nous tous dans la vie quotidienne, de ce tissu d'hallucinations concordantes qu'on appelle la Nature ou le Monde externe.....

5° Théorie Composite. Si aucune des causes précédentes, considérée isolément, ne rend compte d'une manière satisfaisante des documents existants à ce jour en faveur des phénomènes palladiniens, n'y suffiraient-

[1] Voir en particulier, sur les phénomènes d'Eusapia constatés et automatiquement enregistrés par des appareils au Laboratoire de Physiologie de l'Université de Naples, les remarquables articles du prof. Bottazzi : *Dans les régions inexplorées de la biologie humaine; observations et expériences sur Eusapia Paladino.* Annales des Sc. Psychiques, t. XVII (1907), p. 553 et suiv. Ainsi que le récent Rapport de M. Courtier (novembre 1908) sur les séances d'Eusapia à l'Institut Général Psychologique de Paris, où plusieurs de ces phénomènes ont aussi été enregistrés sans qu'il y ait eu possibilité de fraude concevable.

elles point prises ensemble et en se complétant mutuellement ? Divers trucs d'Eusapia lorsque les circonstances s'y prêtent ; le charme naturel qu'elle exerce autour d'elle et dont elle profiterait à l'occasion pour suggestionner jusqu'à un certain point ses admirateurs ; un peu de complaisance et quelques petits coups de pouce de leur part, avec une dose bien pardonnable d'exagération involontaire dans leurs narrations ; enfin une accumulation de hasards heureux ; tout cela réuni n'expliquerait-il pas les miracles qu'on lui attribue, sans qu'il soit nécessaire de recourir à des causes supranormales que répudie d'avance le sens commun autant que les sciences constituées ? — C'est théoriquement bien possible (puisque tout est possible) ; mais, à parler franc, j'en doute fort. Cette réduction du dossier de la Palladino à un simple concours de causes banales me paraît de plus en plus improbable par le temps qui court, et je crains bien que, d'ici peu, les défenseurs à tout prix du sens commun et de l'ordre scientifique établi n'aient le chagrin de constater qu'ils n'ont plus le vent dans leurs voiles.....

La revanche d'Eusapia.

« Il ne faut jurer de rien. » Sans être aussi amusante qu'une comédie de Musset, la démonstration que l'histoire d'Eusapia nous donne de ce proverbe ne manque pas de saveur pour qui s'intéresse aux vicissitudes des opinions régnantes en matière scientifique (ou *pré*scientifique, comme dit M. Grasset). Il y a une douzaine d'années, lorsque l'illustre médium eut été prise en faute à Cambridge et disqualifiée par les savants anglais, il semblait que c'en fût fait pour jamais de ses prétendus pouvoirs occultes et de la question même du Supranormal physique. Les meilleurs observateurs de Mme Palladino, Richet, Ochorowicz, etc., eurent beau protester contre l'étrange raisonnement que, puisqu'elle avait triché quand toute facilité lui en était laissée, elle devait tricher constamment, même lorsque les précautions voulues étaient prises pour l'en empêcher ; ils eurent beau rappeler qu'ils avaient signalé ses procédés de fraude occasionnels et les moyens de s'en garantir bien avant la prétendue découverte de Hodgson ; ils eurent beau insister sur la convenance de faire de nouvelles expériences avec elle avant de prononcer un verdict définitif — rien n'y fit. Les déclarations mêmes de Myers après les séances de décembre 1898 (voir ci-dessus, p. 406) et l'opinion favorable de Lodge furent impuissantes à enrayer un mouvement d'opinion qui avait pour lui l'autorité de Hodgson. Comment en effet ne pas s'en remettre à ce génial observateur, qui avait fait ses preuves de démasqueur des fourbes en des circonstances autrement plus difficiles, et qui était d'ailleurs tellement exempt de parti pris qu'on le voyait maintenant en train de tourner au spiritisme devant les révélations psychiques de Mme Piper! C'est ainsi que s'établit, dans les sphères de la Society for Psychical Research, un courant de plus en plus irrésistible d'incrédulité obstinée à l'endroit des phénomènes palladiniens. Un savant irlandais[1] qui avait sous presse un volume de philosophie spiritualiste basé en partie sur les facultés attribuées à Eusapia, en suspendit la publication, sentant ce terrain se dérober sous ses pas. Myers lui-même n'osa pas aller davantage contre la chose jugée, en sorte que ses deux volumes posthumes ignorent complètement le nom et l'existence de la Palladino! Bref, la condamnation de ce médium parut si bien établie et irrévocable, que le professeur Lehmann de Copenhague, dans son bel ouvrage sur la Superstition et la Sorcellerie, n'hésita pas à considérer la déroute de Cambridge comme un tournant décisif dans l'histoire du spiritisme, un coup de mort pour les prétendus phénomènes de médiumnité physique, auxquels la science ne saurait s'intéresser plus longtemps[2].

Tempora mutantur. En dépit des excommunications qui la mettaient au ban de la science, Eusapia a continué d'être étudiée par quelques savants plus soucieux de la vérité que de leur réputation académique. Le résultat de leur courage (et, il faut le dire, des meilleures conditions de contrôle et de surveillance auxquelles le médium a bien voulu se prêter peu à peu) est qu'actuellement — à moins de se boucher les yeux exprès, comme les fameux érudits du temps de Galilée, qui refusaient de regarder dans sa lunette de peur d'y apercevoir l'effondrement de leur système — il devient de jour en jour plus difficile de rejeter sans autre la réalité des phénomènes palladiniens, sous le poids des témoignages éclatants et des preuves objectives qui s'amoncellent en leur faveur. Le revirement d'opinion qui se produit à cet égard, depuis deux ou trois ans, est en train de se propager même dans le monde anglo-saxon, si rebelle jusqu'ici, et il s'y manifeste par divers symptômes caractéristiques. M. Barrett a jugé qu'il pouvait maintenant publier son volume, très original et suggestif, sans s'exposer à de fâcheux démentis[3]. Les membres de la Soc. for Psych. Research les plus réfractaires aux phénomènes phy-

---

[1] M. Barrett, professeur de physique à Dublin, auquel la métapsychique est redevable, entre autres, d'admirables recherches historiques et expérimentales sur la Baguette divinatoire et les facultés supranormales des *Sourciers*. (BARRETT, *On the so-called divining Rod*. Proc. S. P. R. vol. XIII, p. 2-282, et vol. XV, p. 130-383).

[2] LEHMANN, *Aberglaube und Zauberei*, Stuttgart, 1898, p. 457.

[3] F. W. BARRETT, *On the threshold of a new world of Thought; an examination of the phenomena of Spiritualism*. London, 1908.

siques, M. Podmore, Mme Sidgwick, etc., se montrent de leur côté, non pas certes convaincus, mais du moins ébranlés dans leur sceptisme radical à l'endroit d'Eusapia[1]. Il n'y a pas jusqu'à M. Carrington, dont la perspicacité sans rivale a percé à jour tous les stratagèmes des médiums américains, qui n'ait cru devoir passer l'Océan pour affronter les artifices de la Napolitaine : or déjà le bruit court qu'il a dû baisser pavillon devant elle et reconnaître l'authenticité de ses exploits. La voilà bien vengée, maintenant, de toutes les humiliations de jadis !

Ce nouveau tournant, auquel nous assistons dans l'histoire des croyances scientifiques, sera-t-il définitif, ou doit-on s'attendre à d'ultérieures volte-faces, à quelque retour offensif et victorieux des explications par la fraude ou l'hallucination ? Evidemment « il ne faut jurer de rien ». Mais à quoi bon escompter l'avenir ? A chaque jour suffit sa peine, et l'état actuel des choses me paraît non seulement autoriser, mais même commander la prise en considération des hypothèses supranormales, en présence des faits inouïs attestés par tant d'observateurs qui ne sont point les premiers venus.

Des hypothèses supranormales.

Elles sont nombreuses. M. Morselli, à qui l'on en doit l'essai de classification le plus récent et le plus complet, en compte près d'une trentaine[2], dont beaucoup, à vrai dire, font double emploi ou ne sont guère que des

[1] Voir Podmore, *Naturalisation of the Supernatural*, 1908, p. 202 ; et Mme Sidgwick, dans son compte rendu de l'ouvrage de Morselli, Proc. S. P. R. part. LVI (février 1909). — Mme Sidgwick ajoute, en post-scriptum à son article, qu'Eusapia Paladino vient d'être étudiée pour le compte de la Soc. for Psych. Res. par MM. Feilding, Baggaly et Carrington, « tous experts en matière de fraudes des médiums physiques », et qu'ils sont arrivés essentiellement aux mêmes conclusions que Morselli. Les Annales des Sciences Psychiques annoncent de leur côté (février 1909, p. 63) que M. Carrington a eu à Naples avec Eusapia « onze séances en des conditions de strict contrôle », et qu'il en est sorti entièrement convaincu de la réalité des phénomènes « contrairement à ce qu'on s'attendait et à ce qu'il s'attendait lui-même ».

[2] Morselli, *Psicologia e Spiritismo*, 1908, t. II, p. 528-556. Les hypothèses qu'il passe en revue sont au nombre de 35, mais plusieurs comme la fraude, l'hallucination, l'hystérie, n'ont rien de supranormal. Voici un aperçu de cette classification, qui comprend 10 classes, groupées en 3 catégories suivant leur relation à la science actuelle : — A. Hypothèses Extrascientifiques : *Théologiques* (Satanisme, Diabolisme, Ames du Purgatoire). *Métaphysiques* (Hylozoïsme, Inconscient de Hartmann, etc.). *Occultistes* (Hermétisme, Magie, Entités diverses non-humaines). *Théosophiques* (Plan astral, Images astrales). — B. Hypothèses Ultrascientifiques : *Hyperphysiques* (Espaces à plus de 3 dimensions, Fluidisme). *Métabiologiques* (Polyzoïsme humain, Animisme, Spiritisme). — C. Hypothèses Préscientifiques : *Empiriques négatives* (Fraude, Hallucination). *Empiriques psychopathologiques* (Hystérie, Suggestion, Désagrégation, etc.). *Métapsychiques* (Télépathie, Extériorisation de la motricité, Productions psychocollectives, Subliminal, etc.). *Métadynamiques* (Radioactivité, Energétique, Psychodynamisme).

variations sur un même thème, comme le Satanisme et le Diabolisme, l'Hermétisme et la Magie, etc. La théorie à laquelle Morselli s'arrête pour son compte est le *Psychodynamisme:* le médium aurait la faculté d'émettre hors de lui une force susceptible de revêtir les formes de son imagination; qu'on y joigne l'action de la transmission mentale, par laquelle il subit et reflète au dedans de lui les pensées des assistants, et l'on conçoit que celles-ci puissent, par cet intermédiaire, façonner et modeler à leur image sa force plastique extériorisée, de manière à donner naissance à des « téléplasmes » ou matérialisations, dont la substance se trouve ainsi provenir du médium, et la forme extérieure, des spectateurs.

Pour exprimer cela d'une façon un peu plus concrète : Comment expliquer, alors qu'Eusapia intrancée est ligottée sur un lit ou tenue aux quatre membres par les contrôleurs, l'apparition, à une certaine distance d'elle, d'un fantôme visible et tangible dans lequel un assistant déclare reconnaître tel membre défunt de sa famille? Les Spirites disent que c'est bien ce désincarné lui-même qui se matérialise sous l'aspect qu'il avait ici-bas, à l'aide des fluides empruntés au médium. Morselli explique la chose, sans recourir à cette entité de l'autre monde, par le concours des processus suivants : — 1° les souvenirs que l'assistant a conservés du défunt se communiquent mentalement à Eusapia; — 2° l'imagination de celle-ci, hantée par ces souvenirs, en imprime les traits à sa force extériorisée, qui prend ainsi graduellement l'apparence reconnaissable du défunt.

En deux mots, télépathie et téléplastie. Le propre du médium à effets physiques, et particulièrement à matérialisations, c'est ce pouvoir exceptionnel de donner une réalité objective momentanée aux créations de son imagination, lesquelles à leur tour peuvent n'être que la copie de ce que se représentent intérieurement les personnes de l'entourage.

« Voilà qui est bien compliqué et tiré par les cheveux », objecteront naturellement les Spirites, tout férus de la simplicité et de l'évidence apparentes de leur propre hypothèse. M. Lombroso, par exemple, vient de reprocher vivement à Morselli son entêtement antispirite inconcevable en face des faits, et considérant cette position comme intenable à la longue, il ne veut voir dans l'ouvrage du savant aliéniste gênois qu'une œuvre de transition, « un pont vraiment monumental entre la science psychiatrique classique et la future science spirite[1] ». En dépit de l'au-

[1] LOMBROSO, *Psicologia e Spiritismo*, Luce e Umbra, juin 1908, p. 277-282. — M. Lombroso me reproche en passant de m'être « torturé » l'esprit dans le cas de Mlle Smith, mais il n'en cite aucun exemple particulier, en sorte que je ne sais ce qu'il a en vue. Croit-il vraiment qu'elle soit la réincarnation de Marie-Antoinette, que son martien soit réellement parlé sur Mars, etc. ? Il est certain qu'aux yeux d'un Spirite c'est toujours se torturer l'esprit que de ne pas interpréter les faits comme lui !

torité de Lombroso, c'est, me semble-t-il, aller un peu vite que de prévoir déjà la conversion de nos sciences actuelles au spiritisme. Et quelles que puissent être les surprises que l'avenir nous réserve, j'estime que Morselli est resté fidèle aux principes de la méthode expérimentale et de la saine logique en ne recourant, pour l'explication forcément encore obscure des faits si extraordinaires qu'il a constatés, qu'à des forces ou à des facultés encore inconnues d'êtres *empiriquement donnés et observables*, comme le médium et les assistants, plutôt qu'à celles — non moins inconnues — d'agents *purement hypothétiques et insaisissables*, tels que les désincarnés.

C'est ici en effet que passe la principale ligne de partage entre les diverses explications supranormales. Toutes, par définition, rompent les cadres actuels de nos sciences ; mais les unes continuent à s'en tenir aux individus déjà reconnus et admis par la biologie, en se bornant à leur imaginer une constitution intime ou des modes d'action qu'on ne leur soupçonnait point encore, tandis que les autres recourent d'emblée à l'intervention d'entités nouvelles, essentiellement étrangères à notre monde empirique. Je ne dis pas que ce saut dans l'Au-delà ne s'imposera pas un jour (je n'en sais rien) sous la pression de l'expérience ; mais il répugne à la pensée scientifique de le faire à la légère, de peur de prendre les envolées, d'ailleurs très naturelles, du cœur ou de l'imagination pour des progrès réels de la connaissance positive ; confusion toujours fâcheuse. Il convient donc d'ajourner l'introduction des désincarnés ou d'autres êtres occultes dans les phénomènes palladiniens, jusqu'à ce que le « raisonnement expérimental », comme disait Cl. Bernard, ne puisse décidément plus s'en passer. Ce moment ne paraît pas encore venu.

Du côté opposé, la théorie de Morselli ne manquera pas de soulever une résistance analogue : les défenseurs du sens commun, pénétrés, eux aussi, de la simplicité et de l'évidence de leur explication par la fraude, ne voudront pas entendre parler d'une nouveauté aussi extravagante que le Psychodynamisme et le condamneront sans appel au nom même de la Science qui, suivant eux, ne saurait rien tolérer de supranormal. Ceci suscite cependant quelques remarques.

Et d'abord, ainsi que je l'ai exposé ailleurs[1], le terme de « supranormal » ne doit pas être pris dans le sens absolu de *surnaturel* — c'est-à-dire de ce qui serait par essence étranger, supérieur, ou contraire, aux lois de la nature que la science a pour mission de découvrir — mais dans le sens tout relatif de *non encore reconnu* par la science actuelle. Le

[1] De l'étude du supranormal; *Des Indes*, p. 341 et suiv.

supranormal d'aujourd'hui vise à devenir le normal de demain : c'est un candidat qui postule son admission dans les cadres officiels, lesquels devront s'élargir pour le recevoir, mais où il n'entrera jamais que par la grande porte de la méthode expérimentale. C'est donc une crainte chimérique que de s'imaginer que les phénomènes supranormaux menacent de renverser la science : ils pourront tout au plus amener en certains de ses départements une révolution passagère, bientôt suivie de conquêtes nouvelles, comme les propriétés du radium l'ont fait pour la physique.

En second lieu, il ne faut pas croire que l'explication par la fraude soit aussi simple et évidente, ni celle par le psychodynamisme aussi absurde et ridicule, qu'elles en ont l'air au premier abord. Cela n'est le cas qu'autant qu'on envisage les phénomènes d'Eusapia, comme on le fait trop souvent, d'une manière toute abstraite et schématique, indépendamment de leur milieu vivant et sans tenir compte des conditions psychologiques ou physiologiques où le médium les produit. Assurément, rien ne paraît plus insensé, plus contraire à toutes les lois de la nature humaine, que cette prétendue faculté que posséderaient certains individus de remuer des objets sans contact et surtout de communiquer une réalité matérielle, visible et tangible, aux créations de leur imagination : le simple énoncé de pareils faits éveille irrésistiblement la conviction que ceux qui disent en avoir été témoins sont des mystificateurs ou des mystifiés. Mais qu'on y regarde de plus près : ces mêmes phénomènes qui tout à l'heure, considérés de loin, semblaient des impossibilités physiologiques et par conséquent de pures supercheries, se trouvent au contraire, quand on les prend dans leur réalité concrète et leur déterminisme organique, offrir un ensemble de traits qui font songer aux processus naturels et spontanés des êtres vivants, beaucoup plus qu'aux procédés artificiels et tout mécaniques de la prestidigitation. Il y a, entre autres, deux points dont les partisans des explications banales ne tiennent pas suffisamment compte.

Le premier, c'est que les phénomènes d'Eusapia paraissent bien être l'œuvre exclusive d'une personnalité seconde ou somnambulique, chez un sujet nettement hystérique. (Les faits de télécinésie qu'elle produit parfois avant ou après la trance proprement dite, ou même en dehors des séances, n'y contredisent pas, car on sait que les apparences de veille normale recouvrent souvent un certain degré d'hémisomnambulisme, et que chez les hystériques l'état ordinaire est facilement semé d'automatismes partiels, d'irruptions subites des couches subconscientes dissociées.) — Cette connexion des phénomènes palladiniens avec un état second n'est certes pas une preuve de leur réalité supranormale : il est concevable qu'une personnalité somnambulique s'amuse à faire de la prestidigitation et qu'elle y devienne plus habile que les plus habiles professionnels, grâce à l'hypéresthésie sensorielle et à l'agilité motrice qui sont un privilège fréquent des états seconds sur l'état ordinaire. Mais, d'autre part, le fait que les manifestations palladiniennes dépendent d'une condition spéciale et anormale de l'individu, les rend moins invraisemblables à priori; car les leçons du passé nous ont appris que maint phénomène étrange, réputé miraculeux par les uns et déclaré frauduleux par les autres parce que les uns et les autres raisonnaient sur l'état normal, s'est trouvé être parfaitement réel et naturel en certains états ou tempéraments anormaux. « Ni miracle, ni supercherie », s'écriait Delbœuf, il y a déjà quarante ans, à propos des faits de stigmatisation, alors incroyables, et dont personne au courant de la psychopathologie ne s'étonne plus aujourd'hui. On sait combien Delbœuf avait vu clair; il n'y aurait rien de surprenant à ce que son aphorisme — qui mériterait d'être inscrit comme devise sur le drapeau de la métapsychique — se trouvât vrai un jour des prodiges d'Eusapia Palladino.

L'autre trait, auquel l'hypothèse d'une faculté ou fonction naturelle encore inconnue répond mieux que la supposition de la fraude, ce sont les variations mêmes que présentent les étranges phénomènes de la Palladino, par suite de leur dépendance de son état psychophysiologique, d'une part, et de leur retentissement sur lui, d'autre part. On sait combien la santé de ce médium, ses dispositions émotives, son humeur, le degré de sympathie ou d'antipathie que lui inspire le milieu ambiant, etc., influent sur la réussite de ses séances. On connaît également les troubles organiques, modifications de la circulation, de la respiration, etc., qui marquent sa trance et les symptômes de profonde fatigue dont elle est suivie; les violentes décharges musculaires, qui accompagnent synchroniquement ou précèdent immédiatement la production des phénomènes; l'épuisement des pouvoirs mystérieux d'Eusapia qu'on voit se produire au bout d'un certain nombre de séances et augmenter dès lors à mesure qu'elles se multiplient, l'obligeant finalement à interrompre pour aller se refaire pendant quelques mois, comme une pile qui se recharge durant le repos, jusqu'à ce que cette nouvelle accumulation de forces la pousse instinctivement à recommencer; etc. — Tout cela donne à la production des phénomènes palladiniens un caractère aléatoire et variable qui cadre mal avec l'hypothèse de la fraude. Chacun sait en effet que les tours d'habileté deviennent, comme tout ce qui est artificiel et appris, d'une exécution toujours plus facile, plus sûre, et plus économique en fait de dépense de force. Sans doute, un prestidigitateur ou un acrobate ne doivent pas se sentir tous les jours également entrain et dispos, mais pour le public il n'y paraît guère, l'habitude ayant fini par donner à leurs performances une stabilité de perfection qui les rend indépendantes des circonstances momentanées de santé, d'humeur, de fatigue, etc. C'est tout le contraire chez Eusapia. Et d'autre part, l'allure capricieuse et déconcertante de ses phénomènes explique parfaitement les impressions contradictoires des spectateurs, suivant qu'ils ont assisté à de « bonnes » séances, marquées par un abondant déploiement de faits supranormaux, malgré l'excellence de l'éclairage et la sévérité du contrôle, — ou à de « mauvaises » séances, dans lesquelles le médium épuisé, incapable de rien produire lorsqu'on le surveille de près, réclame l'obscurité complète et profite de tout relâchement des contrôleurs pour suppléer par le truc à l'éclipse de ses facultés.

Il va sans dire que les considérations précédentes n'ont pas la prétention d'imposer l'hypothèse psychodynamique aux adversaires de toute explication supranormale — les faits seuls pourront avoir ce résultat — mais simplement de faciliter son acceptation éventuelle en montrant qu'elle n'est pas aussi arbitraire, ni l'explication simpliste par la fraude aussi évidente, qu'on le croit généralement.

Pour en revenir à la théorie de Morselli, c'est bien celle qui, dans ses grandes lignes, paraît répondre le mieux actuellement aux exigences de la méthode et des faits, en ce qu'elle est à la fois *nécessaire* et *suffisante* pour couvrir toute la variété des phénomènes supranormaux attribués à Eusapia.

Certaines catégories de ces phénomènes, prises isolément, pourraient, il est vrai, s'expliquer par des hypothèses plus simples et moins éloignées de nos idées reçues. Par exemple, les manifestations lumineuses élémentaires, lueurs, flammes, étincelles, etc., observées parfois au voisinage du médium, seraient attribuables à des processus de phosphorescence ou d'électrisation, comme la pathologie et la physiologie en ont déjà recueilli divers indices chez des sujets, malades ou bien portants, qui ne passaient point pour médiums. De leur côté, les faits de simple télécinésie — lévitations de table, mouvements et transports d'objets, impressions tactiles (coups, pincements, soufflets) infligées aux assistants, etc. — ont depuis longtemps donné naissance à la théorie des membres adventices (ectoplasmes, membres fluidiques, etc.), peut-être dus à un dégagement partiel du « double » (corps astral, périsprit) du médium.

Une autre hypothèse, permettant de se passer du double et des ectoplasmes pour expliquer les faits de télécinésie, consisterait à supposer chez Eusapia un accroissement considérable de l'agilité dont font déjà preuve les clowns et les acrobates. Supposons qu'elle soit douée, dans ses états seconds, d'une rapidité de mouvements rivalisant avec celle du moucheron dont les ailes battent des milliers de fois par seconde. Elle pourrait retirer sa main de celle du contrôleur, empoigner ce dernier à l'épaule ou lui donner une giffle, puis remettre sa main en place, sans que le contrôleur s'aperçoive de cette perte de contact qui n'aurait duré que quelques dix-millièmes de seconde, tout en ressentant fort bien après coup (grâce à la persistance des impressions tactiles) la giffle reçue ou l'étreinte à l'épaule. Pareillement, elle aurait tout le temps d'aller en pleine lumière remuer ou briser des objets et de revenir s'asseoir sur sa chaise, sans que nos rétines paresseuses pussent distinguer cette allée et venue dix ou cent fois trop rapide pour vaincre leur inertie. (Cette explication de la télécinésie par une simple *tachycinésie* qui ferait rester les mouvements d'Eusapia au-dessous du seuil de nos perceptions sensibles, n'a pas encore été proposée, que je sache ; c'est pourquoi je l'esquisse ici, laissant d'ailleurs aux gens compétents le soin de décider si elle serait beaucoup plus facile à admettre au point de vue mécanico-anatomo-physiologique, que les théories du double qui se dégage ou du psychodynamisme qui s'extériorise!)

Mais toutes ces hypothèses partielles restent insuffisantes en face des cas de matérialisations de mains ou figures, sans ressemblance physique avec Eusapia, dont les observateurs italiens surtout nous rapportent tant d'exemples. Et à moins d'écarter à priori ces récits comme trop durs à avaler, il faut bien, si l'on veut en ébaucher une explication ou un semblant de théorie, pousser jusqu'à celle de Morselli. La seule modification que ces récits me semblent suggérer — mais serait-ce une simplification ? — consisterait, toutes les fois que le contenu mental de la matérialisation provient des assistants, à remplacer le passage ou l'induction télépathique des souvenirs des assistants au médium, par une transmission inverse du psychodynamisme d'Eusapia aux assistants. Je m'explique.

Lorsqu'aux séances de la Palladino, MM. Morselli, Venzano, etc., ont vu et touché des figures ou des mains différentes de celles d'Eusapia, mais qui pouvaient (comme celles du fameux John) être des produits de son imagination, il est clair que ces apparitions, supposées réelles, s'expliquent suffisamment et nécessairement par la matérialisation des propres représentations mentales du médium. Mais quand les fantômes incarnent, pour ainsi dire, des complexus émotifs provenant, non plus d'Eusapia, mais des assistants — quand on assiste, par exemple, à l'apparition d'une personne défunte qu'Eusapia n'a jamais connue et qui revient exprimer sa tendresse ou ses regrets à l'un des spectateurs — on est en présence de deux interprétations possibles. Pour Morselli, ce sont les souvenirs ou les complexus émotifs du spectateur qui passent (ou plus exactement, qui induisent télépathiquement leur sosie) dans l'imagination du médium, d'où ils sont ensuite réalisés au dehors par sa faculté psychodynamique. Mais on pourrait aussi admettre que c'est Eusapia qui transmet ses forces psychodynamiques au spectateur; ou qui, par une sorte d'influence catalytique, déclanche en lui une faculté psychodynamique ou stéréoplastique latente au moyen de laquelle ses propres complexus émotifs s'objectivent directement sans passer par le médium.

Il serait intéressant de retracer l'histoire de la théorie psychodynamique — dont les premiers germes scientifiqnes se trouvent déjà dans l'hypothèse du *psychode* de Thury et du *fluide* de Gasparin (sans parler des doctrines des philosophes occultistes), — ainsi que d'examiner les perfectionnements dont elle serait susceptible pour se mouler plus exactement sur toutes les modalités jusqu'ici constatées des phénomènes palladiniens. Mais je pense qu'on peut sans inconvénient attendre que les faits eux-mêmes aient été décidément mis hors de contestation, avant de poursuivre ce travail d'élaboration théorique.

Le cas d'Eusapia n'est d'ailleurs pas unique en son genre (que ferait la science d'un cas absolument unique!), en sorte qu'on ne saurait songer à édifier une théorie définitive sur lui seul. Sans doute, il occupe aujourd'hui le devant de la scène, et il restera peut-être dans l'histoire comme le cas classique où les résistances de la science traditionnelle se seront enfin brisées contre l'évidence du supranormal, grâce à l'exceptionnelle bonne volonté du médium qui accepta de se plier à des conditions de contrôle de plus en plus rigoureuses de la part des savants. Mais le triomphe de la Palladino réagit inévitablement sur les cas analogues antérieurs ou parallèles, moins certains, pour augmenter leur crédit et légitimer leur prise en considération. Du coup, les phénomènes de Home et de Stainton Moses, les observations de Crookes sur Florence Cook et de Richet à la villa Carmen, pour ne citer que les faits les mieux attestés et qui firent le plus de bruit, perdent rétrospectivement de leur fantastique invraisemblance et reviennent sur le tapis[1]. De même les au-

[1] Il y a dix ans, j'ai exprimé mon scepticisme invincible à l'endroit des apparitions de Katie King à M. Crookes *(Des Indes*, p. 356, note 2). Je m'empresse de reconnaître que j'ai changé d'avis depuis lors et que, sans me prononcer catégoriquement, cela va sans dire, sur des faits que le passé dérobe à tout nouveau contrôle, je n'éprouve plus la même difficulté instinctive à les admettre, en présence des phénomènes que tant de savants nous racontent aujourd'hui. On s'habitue à tout par la répétition, aux matérialisations comme à la télégraphie sans fil ou à la chute des corps, d'autant plus qu'au fond, quand on y réfléchit, on ne comprend pas plus celles-ci que celles-là !

tres médiums actuels, Politi, Carancini, même Bailey et Miller, etc., en dépit des soupçons de fraude ou de malobservation qui planent sur tant de leurs performances, bénéficient aussi par influence du succès de la Napolitaine, et la nécessité de tirer leurs cas au clair se fait sentir, plus impérieuse que jamais. Pourvu qu'ils veuillent bien s'y prêter!

A leur tour les phénomènes palladiniens, qui semblent parfois avoir une préférence suspecte pour le climat d'Italie, gagneront en probabilité scientifique à être rapprochés de faits semblables constatés sous d'autres cieux. Or mon collègue d'Upsal, le Dr Sydney Alrutz, dont les travaux psychophysiologiques bien connus garantissent ses qualités d'investigateur positif et minutieux, m'écrit qu'il a eu l'occasion d'expérimenter à maintes reprises, en d'excellentes conditions de contrôle, avec divers médiums non professionnels (des dames de bonnes familles suédoises), et qu'il a observé des phénomènes parfaitement certains de paracinésie, de mouvements absolument inexplicables par les lois actuellement connues de la physique et de la physiologie. « La grande importance de ces faits, dit-il, est de nous mettre en présence d'une dislocation dans les relations normales de ce qu'on est convenu d'appeler le *corps* et l'*esprit*; ils nous font comme toucher au doigt la possibilité de formes énergétiques encore inconnues, de rapports nouveaux entre l'énergie psychique ou mentale et l'énergie somatique. » Et à Varsovie, le professeur Ochorowicz vient, paraît-il, de découvrir un nouveau médium à effets physiques qu'il espère pouvoir développer dans un sens scientifique, et qui semble promettre des résultats d'une précision et d'une netteté, en même temps que d'une étrangeté, absolument stupéfiantes et dépassant tout ce qu'on a entendu raconter jusqu'ici ! On voit que de toutes parts s'annonce une riche moisson de phénomènes physiques supranormaux où l'avenir saura, espérons-le, séparer la paille du bon grain et démêler bientôt quelques lois empiriques, en attendant l'édification d'une théorie moins nébuleuse que le psychodynamisme actuel.

Je rappelle en terminant que, pour être complète, toute théorie des phénomènes palladiniens devra les envisager sous leur double face : *physique,* en tant qu'événements extérieurs qui soulèvent la question de leur production matérielle et ont maille à partir avec les lois de la mécanique, le principe de la conservation de l'énergie, etc. ; et *psychique,* en tant qu'exprimant des processus mentaux dont il s'agirait de déterminer la nature, l'origine, la personnalité à laquelle ils appartiennent, etc. Mais de ces deux problèmes ou groupes de problèmes, le premier sort du domaine psychologique proprement dit, et c'est aux physiciens et physiologistes de profession à s'en occuper spécialement. Quant au second, qui se rattache à la question générale de la psychogenèse et de l'identité des « esprits », ce n'est qu'au fur et à mesure des progrès de toutes les branches de la psychologie — normale et pathologique, individuelle et collective, etc., — qu'on pourra l'élucider d'une façon vraiment satisfaisante.

Documents récents.

[Juin 1910.] — Depuis dix-huit mois que les pages précédentes ont été composées, la question des « phénomènes physiques » s'est enrichie de quelques nouvelles données, qui m'ont encore confirmé dans l'idée de l'authenticité supranormale des phénomènes palladiniens. Je les indique rapidement.

1. Le Rapport de M. Courtier.

Une lecture plus attentive de ce Rapport (signalé ci-dessus, p. 405, note), m'a montré combien, sans en avoir l'air, il est au fond écrasant pour les explications normales (par la fraude, l'hallucination, etc.). Cela n'apparaît pas du premier coup, à cause de la façon singulière dont il est rédigé. Au lieu de suivre la méthode d'exposition toute simple — qui eût consisté à raconter chaque séance en discutant à mesure les phénomènes notables et les conditions où ils se sont produits, de façon à montrer si et jusqu'à quel point ils étaient explicables par des causes connues — M. Courtier a adopté un plan beaucoup plus savant, mais dont le résultat est d'embrouiller le lecteur et de le plonger dans une complète incertitude. Les premiers chapitres l'étourdissent sous une avalanche de faits bruts, sur la valeur desquels le rapporteur s'abstient de tout jugement. Puis on vous promène à travers des recherches diverses de physique et de physiologie fort intéressantes, mais qui n'aboutissent non plus à aucune conclusion ferme sur les phénomènes palladiniens eux-mêmes. Enfin le dernier chapitre rassemble en un majestueux bouquet tous les exemples ou les simples indices de fraude relevés au cours des séances, de façon à laisser dans l'esprit du lecteur, comme impression dernière, le soupçon que tous les prodiges d'Eusapia pourraient bien n'avoir été que supercherie d'un bout à l'autre.

La discussion de ce Rapport, dans une séance spéciale de l'Institut général Psychologique, semble également avoir été conduite et publiée avec la même préoccupation de ne pas se compromettre, et d'empêcher à tout prix que les lecteurs emportent une opinion précise sur la réalité ou la non-réalité des phénomènes palladiniens. Il y avait à Genève, dans mon enfance, un excellent patriote, très dévoué au bien public, mais tellement timoré et désireux d'éviter tout excès, que dans les votations populaires où les citoyens avaient à se décider en *oui* ou en *non* sur un projet de loi, il n'arrivait jamais à exprimer clairement son avis, et déposait dans l'urne, disait-on, un bulletin portant les deux réponses contraires, ce qui lui avait valu le surnom de M. *Nouin*. Ce souvenir de jadis m'est involontairement revenu devant l'attitude prise par les savants de l'Institut Psychologique. Oui ou non, leur demande le lecteur, avez-vous constaté aux séances d'Eusapia, dans des conditions de surveillance et de contrôle auxquelles vous n'ayez rien trouvé à redire, des phénomènes défiant toute explication que vous puissiez assigner? *Nouin*, répondent-ils en chœur; *oui*, nous avons assisté à de nombreux faits de ce genre, mais quant à en être scientifiquement certains, *non!*

« J'ai vu formellement des lévitations d'objets — déclare par exemple le Président[1] — sans pouvoir apercevoir le mécanisme par lequel se faisaient ces lévitations et sans pouvoir constater une fraude sur laquelle mon attention fût attirée. Mais aucune de ces expériences ne peut me donner une certitude scientifique de ce phénomène. Les moyens de contrôle et d'enregistrement que nous avons établis ne me donnent pas cette certitude, cette démonstration scientifique de la réalité du phénomène. »

On ne saurait plus complètement retirer d'une main ce qu'on vient d'accorder de l'autre! Mais en dépit de ces finesses de langage — comme il est bien évident que le Président et ses collègues, en assistant aux séances d'Eusapia, n'ont cessé de porter leur attention et d'exercer leur sagacité sur toutes les possibilités de fraude imaginables; comme il ressort d'autre part du Rapport, et des planches annexes, que les ingénieux moyens de contrôle et d'enregistrement employés par ces maîtres de la science ont parfaitement fonctionné; comme enfin l'on constate, en rapprochant le récit des faits du contenu de la discussion, que nombre de fois ces savants, avec toutes leurs précautions et leur pénétration, ont assisté à des phénomènes devant lesquels ils sont restés babas, aussi incapables d'y trouver une explication que d'y faire une objection — on est bien en droit de dire, je pense, que ce Rapport constitue un témoignage éclatant et décisif (pour autant qu'il peut y avoir quelque chose de décisif en science) en faveur de la non-explicabilité des phénomènes d'Eusapia par la science actuelle, ce qui est précisément ce qu'on entend en affirmant leur authenticité supranormale.

Mais alors, pourquoi ne pas le dire clairement? — En y réfléchissant, je crois avoir deviné les raisons pleines de sagesse de cette réserve, et je ne

---

[1] Bulletin de l'Institut général Psychologique, t. VIII (1908), p. 567.

doute plus que la vraie conclusion du Rapport de l'Institut général Psychologique, telle qu'il faut savoir la lire entre les lignes, ne doive se formuler ainsi :

Les savants soussignés (MM. d'Arsonval, Ballet, Bergson, Branly, feu P. Curie, Mme Curie, etc.), tous physiciens, physiologistes et psychologues d'entre les premiers de France et de l'univers entier, déclarent avoir assisté à réitérées fois, en présence d'Eusapia, à des phénomènes de lévitation, etc., parfaitement contrôlés et inexplicables par aucun moyen connu d'eux. Mais comme ils sentent les responsabilités sociales que leur impose leur haute situation, ils ne veulent pas risquer d'encourager la superstition, toujours prête à se donner carrière, en paraissant accorder la consécration de la Science officielle à un genre de faits qui trop souvent a été exploité par les plus basses tendances de la nature humaine. C'est pourquoi, tout en reconnaissant la réalité des faits, ils déclarent bien haut que ces faits n'ont aucune « *certitude scientifique* ». — (Cette formule réunit tous les avantages : d'une part elle donne le change au public, qui en garde la salutaire impression que les faits en question n'ont aucune *certitude;* et d'autre part elle n'en est pas moins littéralement vraie des savants qui ont reconnu la réalité inexplicable de ces faits, attendu que tous les faits du monde, si bien constatés soient-ils, restent dépourvus de certitude *scientifique* proprement dite tant qu'on ne les a pas ramenés à quelque Loi plus ou moins précise ou enrôlés dans une Théorie satisfaisante, ce qui est naturellement encore bien loin d'être le cas pour les phénomènes palladiniens.)

2. Le volume de M. Carrington.

Les recherches de Carrington arrivent juste à point pour compléter de la façon la plus heureuse celles des savants de l'Institut général Psychologique. En effet, ces derniers ont beau être des physiciens et des physiologistes de premier ordre, on peut toujours leur adresser la classique objection qu'il ne sont pas des prestidigitateurs, et que toute leur science ne les met pas forcément en état de deviner le plus simple tour d'escamotage. On ne fera du moins pas cette critique à M. Carrington et à ses deux collègues MM. Bagally et Feilding! Il vaut la peine de citer la page où ces trois investigateurs nous sont présentés :

« M. Bagally est un prestidigitateur amateur particulièrement ferré sur tous les trucs et artifices des médiums frauduleux. Il exécute lui-même la plupart de ces tours. Depuis plus de 35 ans que cette matière fait l'objet de ses investigations continuelles, *il n'avait jamais été témoin d'aucun phénomène physique authentique*, sauf peut-être quelques faits qui se produisirent à une séance d'Eusapia à laquelle il assista il y a plusieurs années. Dans toutes ses recherches, il avait invariablement trouvé de la fraude, et rien que de la fraude. On pouvait donc bien compter qu'un homme de ce calibre et avec une pareille connaissance acquise de toutes les histoires et des méthodes des médiums, ne se laisserait pas prendre aux trucs élémentaires, substitution d'une main ou d'un pied, qu'Eusapia pratique à l'occasion !

« M. Feilding, en sa qualité de Secrétaire Honoraire de la Society for Psychical Research, a constamment affaire à des cas de toutes sortes, et il a un goût tout spécial pour la démasquation des esprits frappeurs, des phénomènes physiques, etc... Il y a dix ans qu'il s'en occupe, et pendant ce laps de temps, *il n'avait jamais rencontré de phénomène physique qui lui parût probant*, de nouveau à l'exception possible de certains faits dans une séance d'Eusapia à Paris. Nous pouvions donc bien admettre qu'il saurait découvrir la fraude, s'il y en avait, et ne se laisserait pas leurrer par de simples procédés de substitution dont il savait l'existence aussi bien que nous.

« Quant à moi [M. Carrington], je dirai simplement que pendant dix années de recherches ininterrompues sur les phénomènes physiques du spiritisme, durant lesquelles j'ai assisté à d'innombrables séances de médiums et fait bien des centaines de kilomètres pour voir des phénomènes physiques authentiques s'il y en avait, j'avais été invariablement déçu ; jusqu'à ma première séance avec Eusapia, *je n'avais jamais rencontré la moindre manifestation physique que je pusse tenir pour véritable*. J'avais au contraire toujours découvert la fraude, et étant moi-même prestidigitateur amateur, j'avais pu presque toujours deviner du premier coup le truc employé. Dans mon ouvrage sur les « Phénomènes physiques du spiritisme », j'ai consacré plus de 300 pages à la psychologie de la supercherie et à un exposé détaillé des trucs et artifices de la médiumnité frauduleuse. »[1]

Ces trois Messieurs, — qui peuvent passer pour s'y connaître quelque peu en fait de prestidigitation et de supercheries médiumnistiques — ont eu à Naples, en novembre et décembre 1908, onze séances avec Eusapia, d'où ils sont sortis absolument convaincus de la réalité des phénomènes palladiniens — ou, si l'on préfère, de leur non-explicabilité par la fraude. Evidemment, on peut toujours se demander si Eusapia ne se sert pas simplement de procédés de fraude inédits et dont ni savants ni prestidigitateurs n'ont encore connaissance ou ne sont seulement arrivés à soupçonner vaguement la nature. Peut-être. Peut-être aussi que ce que nous appelons fraude inédite est la manifestation d'une faculté bien rare à coup sûr (du moins à un degré de développement appréciable), — puisque Carrington et ses collègues n'en avaient encore jamais rencontré d'indices certains au cours de leurs longues années de recherches — mais non

[1] H. CARRINGTON, *Eusapia Palladino and her Phenomena*. XIV et 353 p., London, Laurie, [1909]. P. 153-154. Les italiques sont dans le texte.

moins réelle et naturelle pour cela. Et pratiquement, en adoptant la possibilité de cette dernière hypothèse, on court la chance de découvrir du nouveau, tandis qu'on s'en barre d'avance le chemin quand on regarde à priori la supercherie comme la seule explication raisonnable.

M. Carrington ne s'en tient pas à la constatation, chez Eusapia, de faits inexplicables par tous les artifices connus; il procède à l'examen des diverses théories et il n'hésite pas, pour son compte, à adopter l'interprétation spirite comme étant la seule qui réponde adéquatement à tous les genres de phénomènes produits par ce médium. Mais de même qu'il ne suffit pas d'être physicien ou physiologiste pour connaître les secrets de la prestidigitation, de même les meilleurs prestidigitateurs ne sont pas nécessairement au courant des arcanes de la psychologie contemporaine. En vérité, il faudrait cumuler ces trois ordres de connaissances — et peut-être encore quelques autres avec — pour être absolument à la hauteur des phénomènes médianimiques. Le cas que M. Carrington nous cite comme exemple typique, comme paradigme pour ainsi dire, des faits exigeant suivant lui l'intervention des Esprits désincarnés, n'est rien moins que probant. C'est le cas de l'apparition matérialisée, dans une séance d'Eusapia, d'une dame défunte avec qui l'un des assistants avait eu quelques froissements, et qui revenait lui faire des excuses. Voici, au reste, le récit de l'aventure en question, telle que l'a publiée M. Venzano lui-même, qui en fut le héros[1] :

« Malgré la faible lumière, je discerne distinctement la Palladino et mes compagnons de séance. Tout à coup, je m'aperçois que derrière moi se trouve une forme, d'une taille assez haute, qui appuie sa tête sur mon épaule gauche, et, en proie à de violents sanglots perçus par tous les assistants, me baise à plusieurs reprises. Je perçois nettement de cette figure les contours du visage qui effleurent le mien, et je sens ses cheveux très fins et abondants en contact avec ma joue gauche, de sorte que je puis me convaincre qu'il s'agit d'une femme. La table entre alors en mouvement et dit typtologiquement le nom d'une personne intime de ma famille, connue de moi seul parmi les assistants, morte depuis quelque temps et avec laquelle, pour des raisons d'incompatibilité de caractère, on avait eu de graves désaccords. Je suis si loin de m'attendre à cette réponse typtologique, que je m'imagine aussitôt qu'il peut s'agir d'une coïncidence de nom; mais tandis que je formule mentalement cette considération, je sens une bouche à l'haleine chaude effleurer mon oreille gauche, et me murmurer *avec une voix aphone, en dialecte génois*, une série de phrases dont le murmure est perçu par tous les assistants. Ces phrases sont prononcées par saccades, interrompues par des crises de larmes, et sont employées à me deman-

[1] Dr J. Venzano, *Contribution à l'étude des matérialisations.* Annales des Sciences Psychiques, t. XVII (Juillet 1907), p. 523. Carrington, *loc. cit.*, p. 283.

der pardon, d'une manière répétée, pour des torts que j'aurais reçus, avec une richesse de détails de famille qui ne pouvaient être connus que par la personnalité en question. Le phénomène prend une telle empreinte de vérité que je me sens obligé de répondre, repoussant avec des expressions affectueuses les excuses qui me sont offertes, et à demander pardon à mon tour si, à propos des torts dont j'ai parlé, j'avais pu excéder dans mon ressentiment. Mais j'avais à peine prononcé les premières syllabes que deux mains, avec une délicatesse exquise, viennent s'appliquer sur mes lèvres, et m'empêchent de poursuivre. La forme me dit alors : « Merci ! », elle me serre, me baise, puis disparaît. »

Pour M. Carrington, c'est la défunte elle-même qui, se matérialisant au moyen de la force psychique ou de la « Vitalité » du médium, est venue effectuer cette scène de réconciliation. A mes yeux, il est évident, au contraire, qu'il s'agit d'un complexus émotif subsistant dans la subconscience de M. Venzano. La difficulté de comprendre comment un complexus psychique étranger à Eusapia peut s'objectiver, se matérialiser à l'aide des forces mystérieuses de ce médium, est la même en toute théorie — que ce complexus fasse partie d'une individualité désincarnée ou d'une individualité incarnée; mais en bonne méthode, cette seconde supposition est infiniment plus simple, puisqu'elle ne fait appel qu'à des individus déjà connus et empiriquement donnés. On s'explique suffisamment, quand on se rappelle les procédés familiers des facultés subliminales, que le souvenir latent que M. Venzano gardait de cette dame morte en état de brouille avec lui, se soit réveillé, avec tous les souvenirs de défunts que la perspective d'une séance de médium met en branle dans les régions marginales de la conscience, et soit devenue, par sa note affective de tristesse ou de regret, le germe d'une élaboration aboutissant à une scène pathétique de réconciliation posthume. M. Venzano ne nous dit pas — comme il n'y aurait guère manqué si c'eût été le cas — que le dialecte gênois de la revenante et les détails de famille circonstanciés qu'elle lui donna, aient dépassé le stock de souvenirs qu'il possédait lui-même, et où son imagination a puisé les éléments véridiques de son petit roman. Quant à l'automatisme typtologique par lequel ses mains (qui devaient comme de coutume reposer sur la table) ont révélé le nom de la défunte, il corrobore pleinement la supposition que nous avons affaire à un complexus émotif subconscient de M. Venzano lui-même.

Au contraire, l'explication spirite de ce cas exige, comme M. Carrington le reconnaît, tout un cortège d'hypothèses préliminaires, dont il nous fait lui-même l'énumération suivante : 1° que la conscience persiste après la dissolution de l'organisme ; 2° qu'elle conserve son identité personnelle et, entre autres, sa mémoire ; 3° que cette conscience désincarnée ou cette âme habite, au moins pour un temps, un corps de même forme que nos corps physiques ; 4° que cet être se trouve continuellement auprès de nous, dans notre environnement, capable d'exercer certaines fonctions qui nous semblent supranormales (télépathie, clairvoyance, etc.); 5° qu'il est normalement invisible pour nous, mais peut devenir visible à une ou plusieurs personnes dans certaines conditions encore inconnues; 6° enfin que cette intelligence ne peut pas agir directement sur notre monde matériel, mais seulement par un intermédiaire semifluidique, éthérique, vital (qui dans le cas particulier a été fourni par Eusapia).

Or toutes ces hypothèses accessoires — ou plutôt fondamentales — peuvent être vraies en soi, et pour ma part je n'ai aucune objection philosophique aux deux premières; mais enfin, aucune d'elles n'est prouvée scientifiquement jusqu'ici, en sorte qu'il est absolument contraire à tout raisonnement expérimental d'admettre une explication chargée d'un pareil bagage de suppositions arbitraires, pour un fait vraiment bien banal de psychologie. Encore une fois je ne parle pas du phénomène *physique* de la matérialisation, — qui reste également supranormal et énigmatique en tout état de cause, — mais du phénomène *mental* qui s'y exprime et que rien n'autorise d'attribuer à une personnalité désincarnée, tandis qu'il s'explique le plus aisément du monde par des processus spiritogènes très ordinaires se déroulant dans la personnalité de l'un des assistants.

J'ajoute qu'en passant en revue les autres cas de matérialisations publiés par M. Venzano, et d'une manière générale tous ceux que j'ai pu trouver sur le compte d'Eusapia, je n'en ai pas rencontré qui fassent exception : tous s'expliquent le plus naturellement du monde (au point de vue *psychologique,* et abstraction faite de la difficulté constante de comprendre le phénomène *physique* de la matérialisation) par des complexus émotifs de tel ou tel des spectateurs, donnant naissance dans son imagination subconsciente, inévitablement tournée du côté des défunts, à un processus de création ou reconstitution dramatique, comme on en a vu assez d'exemples dans un chapitre précédent (p. 267-294). Les cas fréquents où le spectateur intéressé déclare « qu'il ne s'attendait point à telle apparition, qu'il ne songeait aucunement à cette personne morte depuis longtemps, que rien n'était plus loin de sa pensée que cet Esprit, etc. », montrent simplement que l'état latent ou naissant d'un complexus, d'un souvenir, d'une image, etc., est plus favorable à sa transmission au médium et à son extériorisation que l'état de stabilité relative dans la pleine lumière de la conscience.

Inutile d'ajouter que cette différence d'interprétation théorique d'avec M. Carrington ne diminue en rien le cas que je fais de ses recherches, et qu'en particulier je tiens son rapport sur Eusapia pour une pièce capitale dans le long procès du supranormal, et pour l'une de celle qui plaide le plus puissamment en faveur de l'authenticité des phénomènes palladiniens.

3. *L'article de M. Münsterberg.*

En automne 1909, M. Carrington a emmené Eusapia en Amérique dans l'espoir de faire définitivement constater par les savants des Etats-Unis l'authenticité de ses phénomènes. L'entreprise paraît avoir piteusement échoué. Soit qu'Eusapia fût trop fatiguée et dépaysée, soit que ses facultés déclinent réellement, ou pour toute autre cause, elle n'a pas fourni de phénomènes convaincants et les observateurs américains, comme ceux de Cambridge en 1895, n'ont trouvé chez elle que fraude et simulation. Mais aucun compte rendu complet de ces séances n'ayant encore été publié, il est difficile de savoir exactement ce qui s'y est passé.

Parmi les rares informations auxquelles nous en sommes réduits pour l'instant, celle qui a fait le plus de bruit est l'article, aussi spirituel que divertissant, publié dans une revue populaire par le prof. Münsterberg d'Harward[1], bien connu depuis longtemps pour être un adversaire irréductible des « Psychical Research ». M. Münsterberg tient pour frauduleux tous les phénomènes produits en présence d'Eusapia. Il raconte entre autres avec une verve délicieuse comme quoi, dans une séance obscure où il était présent, un spectateur, couché sur le parquet près de la chaise du médium pour la surveiller à son insu, attrapa son talon nu au moment où elle portait sa jambe en arrière pour atteindre subrepticement un guéridon. Cette libération d'un pied, supercherie élémentaire connue chez Eusapia depuis tantôt vingt ans, prouverait simplement que M. Münsterberg (comme il le déclare avec une louable franchise au cours de son article) était très novice dans ce genre d'investigation, ainsi que ses compagnons, puisqu'ils ont accepté une séance en complète obscurité et n'ont pas su contrôler sérieusement les jambes du médium. Ce classique exemple de fraude de la part d'Eusapia n'infirmerait donc en rien les phénomènes positifs constatés en de tout autres conditions et par des observateurs mieux au courant des précautions à prendre.

Mais ce qu'il y a de plus curieux dans l'article-charge de M. Münsterberg, et ce qui lui confère une réelle valeur dans le dossier palladinien, c'est que tout foudroyant qu'il veut être pour les facultés supranormales

---

[1] H. Münsterberg, *My friends, the Spiritualists.* Metropolitan Magazine, vol. XXXI, february 1910, p. 559. — Entre autres critiques de l'article de Münsterberg, voir celle de Hyslop, *Eusapia Palladino*, Journal of the American S. P. R., vol. IV (april 1910), p. 169.

d'Eusapia, examiné de près il leur est bien plutôt favorable. En effet, l'auteur a beau y afficher une fois de plus son aversion fort compréhensible pour des phénomènes qu'il juge inconciliables avec son système philosophique, et dont la réalité lui semblerait porter un coup mortel à la science telle qu'il la conçoit, — son parti pris ne va pas jusqu'à lui enlever ses qualités d'observateur fidèle et consciencieux, en sorte qu'au bout du compte il se trouve déposer malgré lui en faveur de l'hypothèse qu'il combat. En effet, les incidents étonnants auxquels il a assisté, et qu'il explique par la supposition d'artifices secrets de la part d'Eusapia (crochets dans ses souliers, emploi d'un soufflet et de tubes pour gonfler les rideaux, etc.), sont la répétition exacte, et du même coup une belle confirmation, de ceux nombre de fois constatés en Europe par des observateurs qui avaient pris toutes les précautions voulues pour exclure absolument toute possibilité de trucs de ce genre.

De même, M. Münsterberg nous raconte qu'immédiatement avant l'affaire du talon, « John [Eusapia intrancée] me toucha distinctement à la hanche, puis au bras, et finalement me tira la manche au coude : je sentis parfaitement le pouce et les doigts, c'était fort peu agréable ! » ; et comme alors il contrôlait la main d'Eusapia et son genou, il admet qu'elle le toucha avec son pied déchaussé, sans d'ailleurs trahir ce subterfuge par aucun mouvement du reste de son corps. De loin et en gros, cette explication paraît toute simple quand on songe aux contorsions et dislocations dont les clowns sont coutumiers. Cependant, lorsqu'on cherche à se représenter les choses d'une façon concrète, ce geste d'Eusapia, dans la position qu'elle occupait relativement à Münsterberg d'après le récit de ce dernier, se heurte à de telles impossibilités anatomo-physiologiques[1], qu'on se demande jusqu'à quel point l'exécution d'un pareil tour de force peut encore passer pour plus admissible, ou moins supranormale, que la

[1] Dans un article récent, M. Stanley L. Krebs — qui n'admet d'ailleurs pas de facultés supranormales chez Eusapia — montre que pour répondre à la description de M. Münsterberg et à d'autres incidents analogues des séances américaines, la jambe d'Eusapia aurait dû effectuer dans l'articulation du genou, sur la cuisse immobile, une rotation en dehors d'environ 135°, puis une élongation de près du double de sa longueur et une torsion pour contourner la jambe de la table, enfin une transformation du pied le rendant capable de donner aux assistants touchés l'impression d'une main qui les empoigne entre le pouce et les doigts! — M. Krebs, qui a assisté à deux séances d'Eusapia, dit avoir découvert ses vrais procédés et se fait fort de nous les expliquer prochainement. Puisse-t-il avoir enfin trouvé le mot de l'énigme! — Voir S. L. Krebs, *Professor Münsterberg on Eusapia Palladino*, Journal of the American S.P.R., vol. IV (Juin 1910) p. 337.

Je remarque que la plupart des faits cités par M. Münsterberg et par M. Krebs pourraient s'expliquer par un dégagement des mains d'Eusapia assez rapide pour passer inaperçu des contrôleurs, — c'est-à-dire par l'hypothèse, que j'ai esquissée plus haut (p. 421), d'une faculté supranormale de « tachycinésie ».

production d'un ectoplasme! Bref, l'exposé de M. Münsterberg est plein de détails vraiment incroyables et incompatibles avec ses propres vues; au contraire il cadre à merveille avec les observations antérieures sur lesquelles repose l'hypothèse psychodynamique; en sorte que la question reste ouverte, de savoir si la prétendue fraude, rapportée avec tant de brio par l'illustre professeur, était bien une fraude, et si ce « talon » saisi, dont il n'a pas daigné nous raconter l'histoire ultérieure, n'était peut-être pas justement un de ces phénomènes de matérialisation qui ne sauraient à aucun prix trouver place dans sa philosophie.

On dit que d'autres expérimentateurs américains, qui ont sérieusement étudié Eusapia, n'ont également rencontré chez elle que de la supercherie, une trance purement simulée, et point d'hystérie véritable. Ces deux dernières constatations seraient contraires à tous les examens médicaux antérieurs de la Palladino par les psychiatres italiens (Morselli, Lombroso, etc.) et d'autres. Mais elles ne les infirmeraient pas forcément, car l'âge d'Eusapia peut lui avoir apporté la guérison de son hystérie en même temps que la perte de ses facultés télécinétiques. La pauvre femme en serait maintenant réduite à jouer tant bien que mal un rôle factice pour tâcher de soutenir sa réputation et continuer à gagner sa vie, en donnant des séances. La possibilité subsiste toutefois, que les préventions instinctives des savants du Nouveau-Monde contre les « phénomènes physiques », dans cette patrie par excellence du charlatanisme médianimique, et leur désir très naturel de surprendre Eusapia en faute, les aient rendus insensibles aux indices supranormaux qu'elle peut encore présenter, ou lui aient irrésistiblement suggéré à elle-même de frauder. Cette supposition me paraît à tout le moins aussi plausible que celle d'une universelle jobarderie chez les nombreux observateurs de l'Ancien-Monde qui tiennent pour l'authenticité de ses phénomènes. Entre ces deux alternatives, l'avenir décidera — ou ne décidera pas.

4. *Nouvelles observations personnelles.*

En même temps que paraissaient les écrits que je viens de mentionner, j'ai eu l'occasion d'assister à diverses expériences qui ne concernent point Eusapia, mais dont les résultats, tant positifs que négatifs, me semblent parler en faveur de ses propres phénomènes.

I. — C'est d'abord Mlle Tomczyk, à qui Ochorowicz a consacré tant de stupéfiants articles, et avec laquelle il a bien voulu me procurer cinq séances au printemps 1909. La première, qui eut lieu à Paris, ne m'a laissé aucun doute sur l'authenticité des phénomènes de télécinésie extrêmement simples, auxquels j'ai assisté. Les conditions étaient excellentes. C'était le 26 mars à 5 h. de l'après-midi, et malgré les rideaux de la fenêtre à moitié baissés, la lumière du jour suffisait pleinement. Nous n'étions que quatre (y compris le médium) autour d'une petite table sur laquelle se trouvaient un gros pèse-lettres que Mlle Tomczyk enfonça à plusieurs reprises jusqu'à 80 gr., et une boule de celluloïde qu'elle fit sautiller, aller et venir dans diverses directions déterminées, etc., toujours avec une distance de plusieurs centimètres entre ses doigts et l'objet. Ce sont là de menus faits dont on ne peut ni décrire ni se rappeler après coup tous les détails; mais ce dont je me souviens parfaitement, c'est que sur le moment même, et pendant toute cette séance où j'eus constamment dans l'esprit l'hypothèse de mécanismes invisibles (fil, cheveu, aiguille, aimant, etc.), il me fut clairement évident que cette hypothèse ne tenait pas debout devant la façon dont les choses se passaient. Outre que je palpai et examinai les doigts du médium à diverses reprises durant la séance, il me fut impossible de concilier l'hypothèse ci-dessus avec la suite des mouvements effectués et des positions prises par ses mains relativement aux objets à déplacer; ceux-ci paraissaient comme entraînés par un champ de force sans cesse variable d'intensité et de direction, mais impossible à ramener à un système quelconque d'aiguilles ou de fils souples ou rigides.

A son départ de Paris avec son médium, au commencement de mai, M. Ochorowicz voulut bien passer par Genève pour y faire une série de séances auxquelles devaient aussi assister MM. Claparède, Cellérier, Battelli, et mon fils. Malheureusement, épuisée par les semaines d'expériences qu'elle venait de faire dans la grande capitale, Mlle Tomczyk ne fut pas du tout à la hauteur de ce que nous attendions d'elle. Dans trois séances où nous fûmes tous présents, elle réussit à grand peine et après de longues tentatives infructueuses, à mouvoir de petits objets sans contact, mais dans un éclairage si insuffisant qu'il fallait souvent s'écarquiller les yeux pour s'assurer qu'on n'était pas le jouet d'une illusion. Outre cela, le médium tint à nous faire d'autres expériences plus compliquées, qui étaient manifestement de pures fraudes. Au total, les impressions furent partagées : M. Battelli estima que tous les mouvements d'objets à distance pouvaient s'expliquer par l'emploi, soit d'un cheveu ou d'un fil tendu entre les mains du médium, soit d'une tige rigide, trop fine pour être vue, partant de son corsage et avec laquelle, en se penchant, elle pousserait les objets sur la table. Mes autres collègues et moi, tout en reconnaissant que cette hypothèse suffirait à certains faits, gardâmes cependant le sentiment d'avoir assisté à quelques phénomènes bien difficilement explicables par ces artifices mécaniques et paraissant manifester l'existence d'autres forces, encore inconnues.

Mlle Tomczyk, que la présence de plusieurs assistants gêne toujours, désira encore me donner une soirée particulière, où elle me répéta les mêmes expériences, mouvements de petits objets sur la table sous mes yeux, mais avec un éclairage beaucoup meilleur. Cette séance, sans être aussi bonne d'un bout à l'autre que celle que j'avais eue à Paris, me permit cependant de me convaincre de nouveau, avec un sentiment de complète certitude, de la réalité de plusieurs phénomènes télécinétiques, qui se produisirent dans des conditions excluant à mon sens l'emploi de tout truc mécanique assignable.

Mais chose curieuse, et qui me montra une fois de plus la nature puérile, régressive, inférieure, de ces états seconds où se manifestent les facultés médiumniques, Mlle Tomczyk ne voulut pas me laisser partir sans m'avoir fait assister aussi à un phénomène d'*apport*, lequel se trouva être un tour tellement enfantin et naïf que, sans être prestidigitateur, je le perçai à jour d'emblée et le refis à ma famille sitôt rentré chez moi. Dans l'obscurité et au milieu de simagrées trop longues à décrire, elle laissa tomber dans ma main, qu'elle me faisait tenir ouverte entre sa taille et son bras, un petit jeu de cartes renfermé dans son étui de carton, d'environ 3 ½ cent. de long sur 1 ½ d'épaisseur; il était encore tout chaud de la chaleur de son aisselle où elle l'avait tenu caché!... Mais avons-nous raison de taxer de fraude ces farces par lesquelles les personnalités somnambuliques des médiums croient nous faire plaisir? N'est-ce pas comme si nous accusions nos enfants de mentir et de vouloir nous tromper, lorsqu'ils racontent leurs exploits de grand chef indien ou les sottises de leur poupée? J'inclinerais à croire que ces personnages de trance ne font aucune différence essentielle entre les forces télécinétiques (supranormales pour nous) — qu'ils emploient aussi naturellement que nous nos forces musculaires, sans davantage se rendre compte du comment — et les autres moyens d'action qu'ils partagent avec nous et que nous appelons normaux. Voyant que nous nous intéressons à leurs faits et gestes et nous extasions sur certains d'entre eux, ils s'amusent à nous en inventer de leur crû sans distinguer entre les procédés; et ils doivent ne rien comprendre à cette singulière division en *authentiques* et *frauduleux* que nous introduisons entre des opérations qui ne diffèrent probablement pas plus entre elles, au regard de leur conscience, qu'au regard de la nôtre le fait d'enlever un grain de poussière en lui donnant une chiquenaude ou en soufflant dessus...

En résumé, sans me prononcer sur tous les faits et théories que

M. Ochorowicz a publiés au sujet de Mlle Tomczyk[1], j'estime avoir constaté en présence de ce médium, au milieu de cas douteux ou manifestement frauduleux, des phénomènes très évidents de télécinésie, impliquant quelque faculté supranormale apparemment du même genre que celle d'Eusapia et venant ainsi à l'appui de cette dernière.

II. — Au VIme Congrès de Psychologie, qui eut lieu à Genève en août 1909, le prof. Alrutz, dont j'ai parlé plus haut (p. 420), avait apporté le petit appareil de son invention avec lequel il a constaté, chez des personnes d'une constitution particulièrement instable ou *labile* (pour employer son expression qui ne préjuge rien sur la nature de cette particularité), des facultés motrices absolument insoupçonnées de la physiologie traditionnelle. M. Alrutz me fit assister à deux séances d'essais sur quelques membres féminins du Congrès qui voulurent bien s'y prêter. La première, où le sujet en expérience était Mme Glika (de l'obs. XL, p. 82), ne donna rien de concluant. Mais à la seconde, où M. Alrutz adjoignit à Mme Glika deux congressistes étrangères qui lui avaient paru d'un tempérament favorable, il réussit pleinement, et je pus constater à trois reprises, dans des conditions excluant toute possibilité assignable de fraude ou d'illusion, que l'imagination de ces dames — concentrée sur un certain objet matériel avec le désir d'y produire un mouvement irréalisable par leur action musculaire — finissait par provoquer ce mouvement, comme au moyen d'un fluide ou d'une force invisible obéissant à leurs représentations mentales[2].

Ce phénomène paradoxal, qui est exactement du même ordre, à l'intensité près, que les faits de télécinésie d'Eusapia ou de Tomczyk, est à mes yeux une puissante confirmation de ceux-ci. Je ne doute plus que nous ne soyons là en présence d'une faculté générale, dont l'existence, au moins rudimentaire en nous tous, ne tardera pas à être mise définitivement en évidence par des recherches poursuivies dans la voie d'expérimentation précise qu'a inaugurée M. Alrutz.

III. — Au mois de février 1910, M. Claparède a fait venir à Genève le célèbre médium Fr. Carancini, sur les récits très engageants d'un témoin oculaire de ses exploits à Rome. Malheureusement, le résultat de neuf séances tenues au laboratoire de psychologie de l'Université a été aussi défavorable que possible à ce médium, dont tous les phénomènes

[1] Voir les Annales des Sciences Psychiques, vol. XIX et XX (1909-1910).

[2] Je me dispense de reproduire ici la description de l'appareil de M. Alrutz et de ses expériences, qu'on trouvera tout au long dans les comptes rendus du congrès. (V. Alrutz, *Une méthode d'investigation des phénomènes psycho-physiologiques*; Compte rendu du VIe Congrès international de Psychologie, Genève 1910, p. 247.)

nous ont paru manifestement frauduleux et sa trance elle-même fort sujette à caution. Il faut croire que le climat de Genève ne lui convient pas mieux que celui des Etats-Unis à Eusapia! Le remarquable article que M. Claparède vient de publier à propos de ces séances de Carancini me dispense d'insister [1].

Je tiens toutefois à dire que l'échec même de ce médium m'a indirectement fourni un nouvel indice à l'appui de la réalité des phénomènes palladiniens, par le fait que dans des conditions d'éclairage et de contrôle des quatre membres toutes pareilles à celles où j'ai vu des faits inexplicables se produire dans des séances d'Eusapia, il ne s'est rien produit du tout dans celles de Carancini. Cela a corroboré mon impression que les vrais phénomènes palladiniens ne sont pas imitables par la supercherie, du moins par les supercheries ordinaires telles que les pratique Carancini, et que la fraude d'Eusapia, si fraude il y a, est en tout cas d'un degré de raffinement dont personne n'a encore su indiquer en quoi il différerait d'un processus authentiquement supranormal.

Conclusion.

Il est probable que le cas d'Eusapia restera longtemps encore pour la science une énigme indéchiffrable, et une pomme de discorde parmi ceux qui s'occupent de recherches métapsychiques.

En ce qui me concerne, je dois dire que les phénomènes palladiniens — si étranges qu'ils paraissent au premier abord et si inadmissibles qu'ils soient forcément pour qui n'en a pas vu lui-même ou n'est pas au courant de la littérature du sujet — sont aujourd'hui hors de doute à mes yeux (autant qu'une question de fait peut l'être), tant est considérable le poids des preuves qu'ils ont en leur faveur. Les échecs passés et futurs d'Eusapia, l'absence même de nouveaux médiums analogues, ne me suffiraient plus, je crois, pour contrebalancer mon expérience personnelle appuyée de celle de tant d'autres investigateurs plus avisés que moi. D'un défaut prolongé de confirmations nouvelles, je conclurais simplement que les facultés de la Palladino se sont éteintes avec l'âge, et que les natures comme la sienne sont des exceptions qui ne se produisent peut-être qu'une fois par génération ou par siècle; mais tous les arguments négatifs ne sauraient prévaloir, à mon sens, contre un dossier positif aussi riche et sérieux que celui de la Palladino.

---

[1] Ed. Claparède, *Remarques sur le contrôle des médiums; à propos d'expériences avec Carancini.* Arch. de Psychologie, t. IX, mai 1910, p. 370.

Sans doute, il n'y a pas de dogme intangible en science, et tout est possible, même que les innombrables témoins qui se sont portés garants des phénomènes supranormaux d'Eusapia, se soient trompés ou aient été victimes d'une machination encore à découvrir. Mais une erreur aussi généralisée et inexpliquée serait à son tour un fait tellement étrange, qu'avant de l'admettre il me faudrait des preuves proportionnées à l'étrangeté du fait, des preuves autrement plus fortes que les simples négations de ceux qui n'ont pas eu la chance d'assister à de bonnes séances. Ce n'est pas en nous citant les cas où, dans l'obscurité, Eusapia a dégagé un de ses membres — ni ceux où, mieux contrôlée, elle n'a rien pu faire — qu'on réfute les cas tout différents dans lesquels, irréprochablement contrôlée et en pleine lumière, elle a produit des phénomènes que savants et prestidigitateurs sont jusqu'ici restés impuissants à expliquer ou à répéter dans les mêmes conditions. Il faudra quelque chose de plus pour neutraliser l'évidence immédiate de tant de ces faits, à savoir une théorie adéquate ou une démonstration effective des prétendues fraudes ou illusions qu'on en est réduit à invoquer en gros et en l'air, pour le moment, sans jamais pouvoir les spécifier.

Je comprends parfaitement, d'autre part, que ceux qui n'ont pas personnellement assisté à de bonnes séances de la Napolitaine restent dans le doute le plus complet à son égard. Ils sont pleinement en droit d'opposer leur prudent *non liquet* à tout récit qui, si respectable qu'en puisse être l'auteur, menace à leurs yeux l'édifice des sciences établies, et ne saurait jamais être assez clair, assez précis, assez explicite, pour tenir lieu de l'expérience elle-même et entraîner la conviction en l'absence de cette dernière. Ces sceptiques critiques ont mille fois raison de ne point accepter, sans preuves suffisantes pour eux, des faits qu'ils n'ont pas réussi à vérifier. Et je songe d'autant moins à les blâmer qu'à leur place je ferais comme eux. Ils me paraîtraient même manquer à leur devoir en se comportant autrement, car chacun a son rôle à jouer dans l'œuvre collective de l'édification des connaissances humaines : ils sont le frein ou le sabot nécessaire au char de la science, et leur résistance, en obligeant les chercheurs à toujours plus de rigueur et de circonspection, est un facteur indispensable et fécond de tout progrès réel.

CHAPITRE IX

De l'Identité des Esprits.

« Elle t'écrasera la tête, mais tu la mordras au talon, » dit l'Eternel au serpent qui venait de perdre notre race (Gen. III, 15). — Je ne sais si la doctrine spirite est prédestinée à écraser un jour le serpent attaché à ses pas, je veux dire le doute concernant l'identité des prétendus Esprits qui se révèlent à nous; mais jusqu'ici ce doute la mord cruellement et lui est une terrible épine au pied. Comme une goutte de fiel suffit à empoisonner le plus doux breuvage, que de manifestations remarquables gâtées par l'affreux soupçon que le défunt dont elles sont censées provenir n'y est peut-être pour rien! Y en a-t-il même une seule qui fasse exception et soit à l'abri de toute arrière-pensée sur sa fausseté possible?

Devant cette désolante incapacité où l'on est la plupart du temps, peut-être toujours, de prouver l'authenticité des messages spirites, bien des enthousiasmes de la première heure se sont refroidis et la foi de beaucoup de néophytes a fléchi. On en trouverait des exemples dans notre enquête, comme Mlle Lydia (n° 295, p. 141), qui aime mieux de la part des défunts, dit-elle, « un silence absolu qu'un mensonge possible; je ne recherche donc pas la consolation de ces rapports avec les désincarnés, et je ne conseillerai à personne de mon caractère de la rechercher, tant qu'il n'existera aucun moyen sûr de contrôler l'identité de celui qui se communique. » Cela risque de durer longtemps! Tout le monde par bonheur n'est pas si difficile, et notre dossier abonde aussi en exemples d'âmes endeuillées à qui il a suffi d'un simple nom dicté par la table, d'un mot expressif, d'une tournure de phrase, pour les inonder de joie en leur prouvant la survivance et la présence réelle de l'être aimé. (Voir entre autres n°s 48, 66, 129-131, 192, etc.). Elles ne se doutent pas, les candides natures, des tours que leur joue la cryptomnésie! Tant mieux pour elles, après tout; d'autant plus que, qui sait? au travers de leur naïve illusion et de leur erreur immédiate, elles s'élancent peut-être au devant de réalités sublimes, inaccessibles aux procédés terre à terre de la critique scientifique, et se trouvent, somme toute, plus proches de la vérité en soi et du dernier mot de l'univers que les tempéraments plus positifs, sans cesse retenus par la peur d'être trompés ou par le respect des méthodes rigoureuses !

Mais ce n'est pas de ces différences de tempérament et de réactions émotives aux messages médianimiques que je voudrais parler dans ce chapitre : c'est de la valeur objective des prétendues preuves d'identité que le spiritisme nous offre. Malheureusement mon expérience personnelle ne m'en fournit guère qui vaillent la peine d'être discutées. Les plus frappantes que j'ai rencontrées étaient dues à la médianité de Mlle Smith, et j'ai déjà montré ailleurs leur faiblesse (*Des Indes*, p. 397-411) ; en dehors de là, tout ce que j'ai recueilli me paraît rentrer avec plus d'évidence encore dans la simple reconstitution des défunts par l'imagination des médiums. Je donnerai, à titre de curiosité, deux ou trois échantillons inédits de ces produits de l'activité subliminale, dont j'ai récolté une moisson plus abondante, hélas, que vraiment intéressante. Puis je relèverai quelques-uns des cas dernièrement parus dans la presse spirite, laquelle en fait grand état comme preuves d'identité, alors que leur caractère fallacieux me paraît sauter aux yeux. Enfin — pour ne pas laisser le lecteur sous une impression de scepticisme trop défavorable aux doctrines en cause — je dirai un mot de certaines observations récentes qui semblent ouvrir des perspectives nouvelles aux recherches de demain, sans toutefois dissimuler les doutes que j'éprouve encore au sujet de leur portée en tant que moyen de vérifier l'identité des Esprits !

I. Cas inédits.

1. *Pastiches d'Amiel, Calvin, etc.*

La littérature spirite abonde en œuvres posthumes au sens propre du mot, c'est-à-dire composées par leurs auteurs après leur décès ; œuvres que le public auquel elles s'adressent tient sans doute pour authentiques, mais où il est difficile au psychologue d'apercevoir autre chose que des pastiches subliminaux, des produits automatiques d'incubation et de concoction latentes, chez des médiums plus ou moins imbibés des œuvres « anthumes » de ces auteurs ou au courant de leur biographie et de leur caractère. Ce terme de pastiche, éveillant l'idée de pure imitation, n'est à la vérité pas très exact, car la fantaisie médiumnique ne se borne pas toujours à imiter tant bien que mal la manière et le style des auteurs célèbres, mais elle innove volontiers, leur prêtant des idées ou des sentiments souvent bien différents des leurs, en les faisant parler moins comme ils l'eussent fait de leur vivant que comme le médium ou son milieu souhaiteraient qu'ils le fissent actuellement. On comprend qu'éclairés par les lumières de l'Au-delà, beaucoup de personnages fameux déplorent leur genre de vie passé, et qu'ils soient tous maintenant convertis au Spiritisme! Le plus bel exemple connu de pastiche médiumnique est probablement le roman posthume de Dickens (dont il a été question p. 336 et suiv.). Je n'ai pas de pareilles merveilles à relater, et je dois me rabattre sur des faits plus modestes.

Dans notre dossier figurent déjà un message d'Alfred de Musset, que le médium tenait toutefois pour apocryphe et dû à sa propre cérébration subliminale (v. n° 245), et plusieurs apophthegmes de célébrités diverses, dont je renonce à discuter l'authenticité, dictés par la table de Mlle Dyck (n° 298). Beaucoup d'autres de mes répondants ont eu des révélations du même ordre. J'en citerai deux exemples un peu plus intéressants pour notre pays. Ces morceaux, qu'on pourrait intituler *Amiel professeur d'énergie* et *Calvin spirite,* sont tirés des documents de Mlle X. (obs. LII), laquelle a souvent eu par sa médianité intuitivo-graphique des communications signées de penseurs illustres; « signées » ne doit pas être pris au pied de la lettre, car ils n'écrivent pas leur nom, mais Mlle X. l'entend ou en a l'idée, et elle le met en tête du message qu'elle reçoit, convaincue que tel est bien l'auteur véritable de ce message.

21 mars 1892. — « Henri-Frédéric Amiel : *Mademoiselle, votre frère* [défunt] *m'a amené auprès de vous sans vous avoir demandé votre avis.* (Il sait, répondit mentalement Mlle X., que j'ai désiré plus d'une fois entrer en communication avec vous en lisant votre Journal, parce que j'aurais voulu arriver à vous comprendre. Sur quoi Amiel continua :) *Vous cherchez, dites-vous, à me deviner d'après les fragments de mon Journal Intime qui ont été publiés. Vous aurez quelque peine à y parvenir. Vous y rencontrerez un être vague, indéfini, à mille faces, tout d'impressions. Je ne me connaissais pas moi-même, comment aurais-je pu me peindre? Heureusement c'en est fait de ce vague, j'ai retrouvé enfin ce « Moi » que je pressentais et qui m'échappait sans cesse. Je vois enfin quelle faiblesse a été la mienne, et il me semble que si j'avais la même vie à recommencer, je saurais beaucoup mieux tirer parti des dons que Dieu m'avait accordés. Ah, je ne puis assez dire à ceux qui sont dans la lutte sur la terre : Agissez, n'hésitez pas! On perd son temps, ses forces, à tourner et retourner vingt fois un projet avant de savoir si on osera en tenter la réalisation. Formez des énergies, prêchez la volonté, agissez, agissez, vous en avez le devoir et la force. Nous voudrions voir moins de mal sur la terre, mais pour cela il faut que les vrais amis du bien le fassent prévaloir. — Ici les affections sincères ne me font pas défaut, et je m'y laisse aller maintenant, au lieu de les redouter dans la crainte qu'elles ne m'échappent. Voyez-vous, cette crainte incessante qui me poursuivait, qui me faisait ne pas acquérir pour ne pas perdre ensuite, c'était une forme de l'égoïsme; j'avais peur de* ME *faire souffrir, et j'ai justement, par cela même, augmenté mes souffrances intérieures. Je vous quitte; au revoir!* »

29 octobre 1892. — [C'était peu de temps avant les séances que M. Denis, le grand apôtre français du Spiritisme, devait venir faire à Genève et dont nos spirites attendaient beaucoup, avec raison, pour la propagation de leur doctrine chez nous. Mlle X. reçut, à cette occasion, divers messages saluant d'avance ce grand événement; entre autres ceux-ci :] — « JEAN CALVIN : *Oui, c'est bien le Réformateur de Genève qui est là. Je suis navré de voir ce qu'est devenue la foi huguenote dans la plupart de mes concitoyens. Mais je vois venir le secours et je vous adjure de le saisir! C'est le cléricalisme qui a gangrené les masses, c'est au spiritisme à réparer le mal. Ce n'est pas chose facile, je le sais, que de transformer brusquement les idées qui sont à la base même de la vie morale et religieuse; mais dût-on y consacrer son existence, y sacrifier tout le bonheur terrestre rêvé, c'est un devoir pour tout croyant de faire pénétrer la lumière partout où cela est possible.* » — [A Calvin se joint un fameux magnétiseur genevois, décédé depuis peu :] « CH. LAFONTAINE : *Vous serez aidés par les savants sans qu'ils le veuillent. Les phénomènes magnétiques sont maintenant la préoccupation d'un grand nombre d'entre eux et ils concourent à la floraison du spiritisme en mettant en évidence la réalité des fluides. Quand le parti pris sera moins tenace, les progrès seront surprenants et vous verrez des choses in... pas de mot pour rendre cela, c'est plus qu'incroyable.* »

Il n'y a rien dans ces communications, quant au fond des idées, qui n'ait dû venir tout naturellement à l'esprit d'une genevoise cultivée, énergique, et spirite, comme l'est Mlle X. J'ose dire en revanche — connaissant son intelligence et ce dont elle est capable en fait de travaux littéraires, philosophiques et moraux — que si elle s'était donné la peine d'exécuter *consciemment* une composition sur le thème des idées actuelles de Calvin et d'Amiel, elle eût fait s'exprimer ces grands esprits en un langage et avec des développements encore plus dignes d'eux, et d'elle, que ceux que leur a prêtés son automatisme médianique. La même remarque s'appliquerait, à mon avis, aux autres communications qu'elle a bien voulu me montrer. Mlle X. est un de ces cas où les produits de la subconscience restent fort au-dessous, comme valeur et qualité, de ce que peut donner la personnalité normale, et où c'est vraiment déchoir, pour celle-ci, que de s'abandonner aux divagations de l'état de médianité.

2. Manifestations posthumes de Carl Vogt.

L'illustre savant et professeur que fut Carl Vogt, mourut à Genève le 5 février 1895. Le passage dans l'autre monde de ce fameux coryphée du matérialisme ne pouvait manquer d'inspirer quelque imagination spirite. C'est Mme Darel, et à un moindre degré Mme Saxo, alors dans toute l'effervescence de leur médianité (v. obs. LIII et L), qui eurent le privilège de servir d'intermédiaires au savant désincarné, une demi-douzaine de fois dans l'espace de deux années environ. Je n'assistai point aux deux premières manifestations, ne connaissant pas encore ces médiums; j'eus en revanche l'honneur d'être spécialement visé par la suivante. Mme Darel et Mlle Saxo m'ont toujours affirmé n'avoir jamais vu ni entendu Vogt de son vivant. Mais, outre la possibilité d'oublis de mémoire (cryptomnésie) qu'il ne faut pas perdre de vue quand il s'agit de tempéraments médianiques, la personnalité physique et morale si saillante du célèbre professeur était trop connue à Genève, — trop de gens, de ses élèves ou de ses auditeurs occasionnels, en venaient irrésistiblement, lorsqu'ils parlaient de lui, à imiter sa grosse voix, ses réparties tantôt terribles et tantôt goguenardes, son rire homérique, unique au monde, — pour qu'on puisse facilement admettre que ces deux dames n'aient jamais eu vent de telles particularités. Au surplus les traits de ressemblance avec l'original, qui émaillèrent leur reconstitution du défunt, furent plus amusants et extérieurs que délicats ou portant sur le fond véritable de son caractère.

La première manifestation de Vogt eut lieu entre sa mort et son ensevelissement, à une séance que Mme Darel fit chez M. K., ancien élève et ami du savant. Le médium avait seule les mains sur une petite table et les messages lui venaient mentalement (de la façon auditive ou verbomotrice décrite p. 135). On ne garda malheureusement de cette séance qu'un procès-verbal très incomplet, d'après lequel il est impossible de savoir si le défunt se présenta spontanément ou à la suite d'une évocation expresse. Cela a du reste peu d'importance, le décès du savant étant alors déjà connu de tout Genève. Voici ce qui a été conservé de ces communications de Vogt (avec, entre parenthèses, les questions des assistants)[1] :

Pour vous être agréable, je veux essayer d'examiner la situation dans laquelle je me trouve; mais la définir clairement ne m'est pas encore possible. La transition a été trop brusque. Ma pauvre cervelle est dans un état stupéfiant; ne l'accusez pas pour cela d'ingratitude.— (Quand vous êtes-vous aperçu que vous n'étiez plus incarné?) *La nuit passée. Je me suis réveillé vers 2 h.; puis, subissant ce que je crus être une hallucination, je vis, étendu sur un lit, mon corps; la chose me parut si comique que je fus le tâter; ma stupéfaction n'eut plus de bornes lorsque le sosie vivant se reconnut pour un être impalpable. Quoi! Vogt le sceptique s'était cru un cerveau et des nerfs seulement! Et il vit, il pense, il*

[1] J'exprime tous mes remercîments à M. Georges Fazy, à l'obligeance duquel je dois le texte de ces messages.

agit sans l'intermédiaire de ceux-ci! Malheur, malheur sur moi! Se croire compétent en pareille matière et s'être trompé d'une façon aussi grossière! Ma pauvre tête en sautera! — (A part cet étonnement vous n'avez pas souffert?) *Non. Je souffre d'avoir gaspillé mon intelligence en passant à côté de la vérité. Malheur!* — (Avez-vous trouvé des amis qui vous avaient devancé?) *Ma mère, ma sœur, sont venues auprès de moi. Leurs caresses et leur joie m'ont ranimé, car j'étais si absorbé dans mes réflexions, si désorienté, plus que cela, si malheureux, que mieux aurait valu pour moi une mort complète!*

[A partir d'ici, le procès-verbal ne renferme plus que les dictées de Vogt, sans donner les questions qu'on lui faisait; mais il n'est pas difficile de les deviner d'après ses réponses.] *Mettez-vous à ma place : Ma vie toute entière a été un éclatant témoignage des doctrines matérialistes; tous mes travaux, toutes mes études, ont eu pour base cette croyance, et tout s'écroule!... Vous avez peut-être raison, mon ami; mais il n'en est pas moins terrible de s'avouer vaincu!... Je suis tout disposé à vous être utile, mais laissez-moi le temps de me ressaisir. Je ne me comprends pas encore moi-même; comment voulez-vous que je vous donne un cours d'anatomie animique! Pardonnez-moi donc si je vous demande un nouveau rendez-vous; le problème n'est, je l'espère, pas indéchiffrable... Le désir de parler encore un langage humain. Personne dans ma nouvelle sphère ne peut, me semble-t-il, me comprendre comme vous. Puis vous m'avez, cher ami, toujours été sympathique; on n'oublie pas si vite les élèves pareils à vous!... Je me suis trouvé à proximité d'un courant magnétique qui était établi entre la terre et l'espace où j'errais; l'attraction qui en émanait m'a conduit tout droit auprès de vous... J'ai posé mes mains à côté des vôtres, puis j'ai pensé. Mes réponses se gravaient dans le fluide qui émanait de la table et montait au cerveau de l'expérimentateur... Voulez-vous que je vous dise une chose : quand l'électricité qui se dégage de la table m'enveloppe, il me semble que je suis encore des vôtres; le sens du toucher existe pour moi, et c'est une impression que je n'ai pas ressentie depuis ma mort.*

M. K. qui me raconta succinctement cette manifestation de Vogt, quelques jours après, paraissait alors tout à fait convaincu de son authenticité. Aujourd'hui, ses idées ayant évolué dans le sens de la théosophie, il ne croit plus avoir eu affaire, ce soir-là, à Vogt lui-même, mais seulement à de vagues défroques de sa personnalité, endossées par quelque Esprit trompeur. Nos pensées en effet, suivant lui, arrivant sur le plan astral, s'y matérialisent par leur grossièreté relative; elles y traînent, sortes de coques vides et informes, et y sont ramassées par des Esprits inférieurs qui s'en servent pour duper les médiums; c'est comme des vêtements sales et sordides, abandonnés par leur propriétaire qui ne consentirait pas à y rentrer, mais qui trouvent toujours quelques misérables pour s'en affubler : tant pis pour les gens à courte vue qui croient y reconnaitre leur premier possesseur! — Cela me paraît aller chercher bien loin l'explication d'un fait dont suffit amplement à rendre compte l'imagination subconsciente de Mme Darel, alimentée par tout ce qu'elle avait pu entendre raconter de Vogt antérieurement, et mise en branle par la nouvelle de sa mort. On reconnaît d'ailleurs la signature du médium, pour ainsi dire, dans les explications magnético-fluido-électriques esquissées dans les huit dernières lignes du message!

Une seconde apparition de Vogt eut lieu quelques mois plus tard (à une date imprécise), dans une séance que Mme Darel faisait, chez une de ses amies, avec Mme Saxo. Cette dernière, qui est voyante comme on se rappelle (v. p. 120), ayant eu la vision d'un vieillard à barbe blanche, crut y reconnaître feu Carteret (homme d'état genevois qui, de son vivant, n'avait pas toujours été d'accord avec Vogt). Il faut croire qu'elle se trompait, car aussitôt le guéridon sur lequel Mme Darel avait les mains s'agita violemment, comme animé d'une grande colère, et Mme Darel reconnut la présence de Vogt qui lui dit : *Carteret et moi, ça fait deux!* Mais il en resta là pour cette fois.

J'assistai à quatre de ses dernières manifestations, notamment à la principale, qui, sur le moment même, ne manqua pas d'une certaine drôlerie, l'imagination des médiums s'étant plue à mettre aux prises le vieux professeur matérialiste avec son jeune collègue en train de courir après les Esprits. Voici le compte rendu détaillé de ces séances.

10 janvier 1896. — Chez Mme Darel, avec Mme Saxo. La première partie de la séance est occupée par deux visions de Mme Saxo, puis en surgit une troisième, qu'elle décrit ainsi : « Un grand Monsieur à cheveux gris, avec chapeau de feutre rond ; il rit, il fait *hin! hin! hin!* Il dit qu'il est *le professeur Vogt;* il a l'air de jubiler, il est narquois. Il pose une main sur l'épaule de M. Flournoy, il agite l'autre verticalement en se tournant vers Mme Darel, il fait comprendre qu'il veut qu'elle se mette à sa table et la fasse aller, il veut nous parler par elle. » Ici la vision cesse et Mme Saxo presse vivement Mme Darel d'essayer de la table. Mme Darel cède à ces injonctions, non sans résistance, alléguant le mauvais souvenir qu'elle a gardé de la brusquerie et de la violence de Vogt à ses deux premières incarnations. En effet, à peine s'est-elle assise et a-t-elle posé les mains sur sa petite table, que celle-ci s'agite impétueusement et se précipite dans ma direction comme pour me prendre à partie, tandis que Mme Darel se plaint de douleurs dans les avant-bras, même jusqu'aux épaules. Le meuble, sous ses mains, passe alors par cinq ou six alternatives de secousses frénétiques avec propulsion vers moi, ce qui oblige Mme Darel à se pencher en avant en tendant les bras, et de repos complets, dont elle profite pour le ramener près d'elle. Enfin, elle commence à nous répéter les paroles que Vogt lui dit intérieurement, par mots isolés ou petits groupes de mots, toujours précédés de violentes trépidations de la table (très différentes de son tapotement rythmique accoutumé), et suivis d'arrêts complets plus ou moins longs. Dans l'extrait ci-dessous du procès-verbal, les points de suspension... n'indiquent que les interruptions les plus longues, composées toujours d'un repos, puis d'une série (quelquefois une vingtaine) de secousses de la table ; les petits arrêts avec quatre ou cinq secousses seulement, se produisant tous les 2 ou 3 mots, ont été supprimés.

[Mme Darel répète les paroles, mentalement entendues, de Vogt :] *Assez plaisanté... J'ai mis ma plus belle veste pour venir vous relancer jusqu'ici.* [Il ne pense qu'à des bêtises, dit Mme Darel, il semble tout guilleret.]... *Que faites-vous de la docte Faculté pendant que vous taillez une bavette avec les Esprits?... Ah! les Esprits! les Esprits! Et dire que... que j'ai... Voyons, voyons, Flournoy* [Mme Darel s'interrompt pour rire et s'excuser de ce qu'il me parle si familièrement.]... *Entre nous soit dit, tu voudrais bien les voir au diable... ils t'en ont déjà fait voir de belles, et ce n'est pas fini...* [Comme je prends des notes sur un calepin, il ajoute, ce qui fait beaucoup rire le médium :] *Griffonne seulement!...* [Ici, le silence se prolongeant, je lui demande s'il se souvient du professeur C., avec qui Vogt eut souvent des démêlés, de son vivant; au bout de cinq à six secondes, il répond :] *Il m'en souvient; a-t-il toujours la tête aussi dure?* [Pourquoi l'aurait-il dure?] *Parce qu'elle n'est pas bosselée au bon endroit... Si vous voulez, nous commencerons un cours d'anatomie psychologique... à commencer par moi... par moi... mon cerveau, mes reins, mes muscles... oh que nenni!... c'est un Vogt nouveau... reblanchi... que je vous présente... Par quel côté l'entamerons-nous?...* [Ici, Mme Saxo remarque qu'il agite la table avec une brusquerie qui doit vraiment fatiguer le médium, et demande s'il ne pourrait pas se modérer un peu. Il répond aussitôt :] *On fera tout pour vous plaire, Madame!* [Aussitôt la table frappe plus doucement, sur quoi il continue :] *Parfait, n'est-ce pas! l'ours s'apprivoise... la marée monte... savez-vous pourquoi la marée équinoxiale...* [Ici un arrêt si prolongé que nous finissons, vu l'heure tardive, par lui demander s'il consentirait à se retirer pour ce soir, et à revenir dans une prochaine séance nous faire part de ses impressions sur son nouvel état. Il répond aussitôt :] *Parbleu! je ne demande que ça! Au revoir!*— Son départ se manifeste par un curieux mouvement de la table, qui se dirige de côté avec plusieurs soubresauts, comme pour s'éloigner de nous et de Mme Darel.

24 janvier. — [Depuis la dernière fois, Mme Darel a fait une séance chez M. K., où c'est Vogt qui est venu en premier lieu; mais il n'a, paraît-il, rien dit de notable et a presque aussitôt cédé la place à un autre désincarné.] Dès le début de cette séance, Mme Darel exprime la crainte que Vogt ne revienne et ne lui fasse de nouveau très mal. Ce qui ne manque pas de se réaliser : « Je suis sûre que c'est lui », dit-elle bientôt en accusant dans les avant-bras une pression pénible, qui augmente rapidement, comme si quelqu'un s'emparait brutalement d'elle et voulait la contraindre. La table commence aussi à trépider avec une violence et une rapidité extraordinaires. Comme le médium paraît en souffrir, j'émets l'idée que Vogt ferait mieux de s'en aller, ou que nous pourrions lever la séance, plutôt que de le laisser tourmenter ainsi Mme Darel; à quoi celle-ci l'entend répondre en colère : *Vous êtes encore drôle!... Pourquoi m'avez-vous dit de revenir? Pourquoi? allons! expliquez-vous!* Mais la suggestion de son départ opérant, il n'insiste pas davantage : comme à la fin de la dernière séance, la table exécute un mouvement de déplacement latéral, et le violent personnage fait place à un autre désincarné aux mouvements doux et lents.

27 mars. — Vogt, qui n'avait pas reparu depuis plusieurs séances, fait mine de revenir au début de celle-ci. Mme Darel s'aperçoit de son arrivée à la douleur caractéristique dans ses bras et aux violents mouvements de la table; puis elle l'entend s'annoncer : *Pardonnez à un intrus*... Mais il est aussitôt expulsé par une autre influence, qu'elle reconnaît, à l'extrême douceur des oscillations de la table et de ses sensations brachiales, pour être celle de ses Esprits-Guides. Ce sont eux, en effet, qui viennent lui reprocher de s'être prêtée aux incarnations de Vogt et lui ordonnent d'y résister désormais pour se consacrer à l'Idée [c'est-à-dire au travail métaphysique qui incubait alors en elle (v. p. 134-135), et auquel étaient évidemment préjudiciables ces phénomènes d'automatisme plus grossiers]. Voici leur communication, qui mit fin aux manifestations de Vogt : *Pourquoi vous laissez-vous corrompre* [par l'Esprit de Vogt]? *L'inévitable peut toujours être évité. Avec de la volonté on tient tête aux Invisibles sans préjudice pour eux, car la richesse de leur fonds ne saurait être entamée. Vous vous devez à l'Idée, et nous réclamons en sa faveur l'appui de vos facultés. L'Esprit qui a tenté de vous suborner à son bénéfice trouvera d'autres interprètes, il n'en manque pas à qui il pourra s'adresser. La spectroscopie nous le montre d'ailleurs incompatible avec vos fluides; secouez-vous de son influence, et réagissez ferme quand l'expérience vous mettra en rapports si différentiels* [c'est-à-dire en rapport avec un Esprit aussi différent du vôtre].

Mme Darel résolut de suivre ces conseils et de s'opposer dorénavant aux invasions de Vogt, lequel ne fit d'ailleurs point de nouvelles tentatives pour s'emparer d'elle, sauf une dernière fois, huit mois plus tard, dans une séance à laquelle j'assistais avec M. Demole et dont voici le résumé :

2 décembre 1896. — Chez Mme Darel. Sont présentes Mme Saxo et quelques autres dames amies. Mme Saxo commence d'avoir une vision, qui malheureusement se trouve bientôt interrompue par l'arrivée tardive d'une dame que Mme Darel avait invitée pour la première fois. Troublée par cette nouvelle venue, Mme Saxo essaie vainement de reprendre sa vision; après une demi-heure d'attente infructueuse, elle y renonce. Mme Darel essaye alors de sa petite table. Au bout de cinq minutes, elle accuse un courant froid sur les mains et une impression intérieure très différente de celle de ses Guides habituels. Malgré son désir de résister à cette influence qui lui déplait et qu'elle trouve « lourde, grossière, matérielle », elle s'y abandonne pour satisfaire à la curiosité des assistants. Presque aussitôt, elle se met à rire, en reconnaissant l'influence de Vogt. La table frappe un coup extrêmement violent; puis, entraînant Mme Darel (qui s'est levée de sa chaise) à travers le salon, elle va se jeter contre Mme Saxo; là elle frappe 4 coups énergiques, suivis d'un silence, puis commence un mouvement rhytmique très rapide (5 à 6 oscillations par seconde), et Mme Darel entend et répète les paroles de Vogt : *Vous ne nous en donnez pas pour notre argent aujourd'hui!... La machine est-elle détraquée?*... Mme Saxo demande si cela s'adresse à elle; la table frappe un coup violent signifiant *oui*, puis exécute un mouvement de rotation et se précipite maintenant contre M. Demole, à qui Vogt dit : *M'n ami... tu te fourvoyes... la science a assez fait de cacadiots comme ça*... (Rires et hésitations de Mme Darel avant de prononcer le mot « cacadiots ».) Nouvelle rotation de la table, qui se transporte vers moi; après un moment d'attente silencieuse, Mme Darel soupire profondément et se plaint de sentir « un fluide tellement lourd »; enfin la table s'agite d'un violent tremblement et Vogt me dit : *Je rengaîne mon compliment... De profundis*... Sur quoi elle se détourne de moi, recule en repoussant Mme Darel jusqu'à sa chaise, et prend subitement une allure d'un tout autre

caractère, extrêmement lente et douce : Vogt est remplacé par un autre désincarné.

Telle fut, à ma connaissance, la dernière manifestation posthume de l'illustre professeur. — Au total, les soi-disant messages de Vogt dont j'ai été gratifié, ne m'ont présenté aucun indice d'identité tant soit peu valable, aucune allusion précise aux rapports variés, toujours intéressants et courtois, que j'avais eus avec lui, soit jadis lorsque je suivais ses cours, soit pendant les dernières années de sa vie, où nous fûmes proches voisins de laboratoire dans ces tristes sous-sols de l'Université qu'il avait si joliment baptisés la « Fosse-aux-Ours ». Ce ne sont manifestement là que de purs produits, peu raffinés, de l'imagination médiumnique. Si je les ai rapportés en détail, c'est à titre d'échantillon qui me dispensera d'insister longuement sur d'autres exemples de mes aventures en ce domaine, lesquelles sont toutes du même ordre.

3. *Autres exemples.*

Il n'est guère, en effet, d'homme marquant et connu du grand public, décédé à Genève à cette époque, qui ne se soit bientôt manifesté à moi par tel ou tel médium ; mais toujours ces manifestations reflétaient les idées que le médium pouvait se faire des défunts plutôt que les rapports réels que j'avais eus avec eux de leur vivant. C'est ainsi que le vieux physiologiste Schiff, d'une conversation philosophique toujours si originale et piquante quand j'allais le trouver à son laboratoire, ne me débita que des balivernes dans le goût de celles de Vogt, lorsqu'il se manifesta, peu après ce dernier, aux séances de Mme Darel. Un feu Conseiller d'Etat, avec qui j'avais eu personnellement affaire en diverses occasions, et qui appartenait à un groupe célèbre à Genève par sa régularité à « troubler » l'absinthe en sortant des bureaux de l'Hôtel de Ville, ne put me donner d'autre preuve d'identité, par le crayon de Mme Saxo, que de dessiner une pendule marquant *midi moins dix*, avec ces mots en grosses capitales : *Allons la prendre;* deux signes auxquels, assurément, tout le monde, chez nous, eût reconnu de qui il s'agissait ! Un autre homme politique, le regretté Et. Dufour, avec qui je n'avais jamais eu de rapports et que je ne connaissais pas même de vue, mais dans le parti duquel on pouvait avec quelque probabilité me classer, vint par la table de Mme Guelt me saluer avec effusion comme une vieille connaissance. Le professeur Aug. Bouvier ne me dicta que de plates banalités ne rappelant en rien nos entretiens passés... Etc.

Bref, je ne trouve rien, dans tout mon dossier, qui soit comparable même de loin à ces stupéfiantes communications où les visiteurs de Mme Piper assurent reconnaître la caractéristique indéniable des parents ou amis qu'ils ont perdus. Bien entendu, si j'avais obtenu des messages présentant de telles apparences d'authenticité, je ne serais pas encore en droit d'en conclure à leur authenticité réelle; mais alors du moins se poserait sérieusement pour moi le problème de l'identité de mes correspondants, tandis qu'il ne se pose pas du tout en l'état actuel des choses. Tous les soi-disant messages spirites que j'ai récoltés ne m'ont apporté que des preuves sans cesse renouvelées, au demeurant toujours instructives psychologiquement, de cette curieuse faculté de pastiche, de personnification dramatique, de reconstitution plus ou moins vraisemblable des défunts — en un mot de cette manie spiritogène — que les séances spirites déclanchent inévitablement dans l'imagination des médiums.

II. Quelques cas récents de la Littérature spirite.

Si je n'ai jamais obtenu de messages d'une authenticité certaine, ni même probable, cela ne prouve évidemment pas qu'il n'y en ait point. Mon insuccès peut être dû soit à la simple malchance, soit à ce que mon tempérament est antipathique aux vrais Esprits, de sorte que ma présence les met en fuite et ne provoque les facultés des médiums qu'à de grossières imitations de désincarnés. Et il reste la littérature du Spiritisme et sa presse périodique, où il n'y a, semble-t-il, qu'à puiser au hasard pour en retirer les mains pleines de « preuves d'identité ». Malheureusement, quand on y regarde de plus près, on reste confondu de la légèreté avec laquelle souvent les écrivains spirites accueillent les histoires les plus fantastiques pour peu qu'elles leur paraissent en faveur de leur thèse (témoin Aksakof avec le cas de Dickens!), et de leur complet défaut de sens psychologique dans l'interprétation des phénomènes réellement constatés. Il est regrettable que ces auteurs se rendent si peu compte du tort qu'ils font à leur cause aux yeux des savants, dont ils sont toujours à réclamer l'attention, par cette publication à jet continu d'observations absolument dénuées de toute valeur scientifique. J'en donnerai deux exemples récents, les cas de Nancy et de Hasdeu.

1. Les cas de Nancy.

Sous le titre alléchant de « Preuves de l'identité de personnalités psychiques », la Revue de M. Delanne a publié dernièrement une série de communications typtologiques obtenues dans un groupe de Nancy et remarquables par leur précision et leur exactitude[1]. L'auteur anonyme de ce travail, et M. Delanne lui-même, ne mettent pas en doute l'identité des désincarnés qui se sont ainsi révélés. En effet, depuis Bertolf de Ghistelles — un seigneur flamand du onzième siècle qui tua sa femme[2] et se fit moine pour expier son forfait — jusqu'à d'obscurs particuliers de notre époque (dont la plupart périrent d'accidents tragiques, qui ont forcément défrayé les conversations et la chronique des journaux locaux), tous ces revenants ont pris soin de donner sur leur carrière terrestre des indications qu'on a pu contrôler de point en point au moyen de dictionnaires, de documents d'état-civil, etc.

Pour le psychologue, cette série de messages véridiques constitue à l'évidence une magnifique collection de phénomènes de cryptomnésie (la bonne foi du médium étant supposée admise). Le narrateur lui-même a parfaitement prévu cette impression : On me dira, remarque-t-il à propos du cas de Bertolf, que « une des personnes présentes avait déjà lu cette histoire quelque part et s'en est ressouvenue en mettant les mains sur la table; alors, par des pressions inconscientes, elle a dirigé les mouvements de cette table et répondu sans le savoir aux questions. » Mais il objecte aussitôt : « Il faudrait pour cela que cette personne eût été en état de somnambulisme, ce qui n'était le cas d'aucun d'entre nous » ; et plus loin : « Aucun des assistants n'avait jamais ouvert le Larousse, moi excepté, et j'ai la certitude de n'y avoir jamais lu ces notices biographiques antérieurement. » Ces objections à l'hypothèse si naturelle des souvenirs latents, sont typiques : ce sont celles auxquelles on se heurte sans cesse dans les groupes d'expérimentation médianimiques, et qui montrent quelle ignorance y règne généralement au sujet des phénomènes courants de subconscience et de dissociation psychologique. Quand donc réussira-t-on à inculquer au public spirite (ou au moins à ses rédacteurs de journaux) ces deux vérités élémentaires :

1° Qu'on ne peut jamais avoir la certitude de n'avoir pas emmagasiné distraitement, en feuilletant un dictionnaire, une foule de renseignements autres que ceux qu'on y cherchait expressément, et que personne de nous ne sait tout ce qu'il a absorbé sans s'en douter, par la vue et l'ouïe, au cours de sa vie.

---

[1] Revue scientifique et morale du Spiritisme, janvier 1907 et mois suivants. — Sur la personnalité du médium en titre dans ce groupe, M. Delanne a reçu les meilleurs renseignements de M. A. Thomas, secrétaire de la Société d'Etudes Psychiques de Nancy : « ... le médium est une jeune fille de 19 ans, modeste, timide même, d'excellente famille, de parfaite éducation... je puis affirmer que tout soupçon de fraude consciente ou inconsciente doit être absolument écarté sur ces réunions, où règne l'absolue loyauté. » (Ibid., janv. 1907, p. 407.)

[2] Sainte Godeleine de Bruges. Voir Larousse, à *Godelire*.

2° Qu'il n'est point nécessaire qu'une personne, prenant part à une séance spirite, soit ou paraisse être en somnambulisme pour que le contenu de sa mémoire ou de ses préoccupations latentes se traduise en tremblements inaperçus de ses mains ou en d'autres phénomènes d'expression inconscients.

Mais passons, et nous plaçant un instant, par hypothèse, au point de vue spirite, demandons-nous quelle raison il y aurait de croire, dans les cas de Nancy, à la présence personnelle de Bertolf de Ghistelles et de tant d'autres désincarnés différents, plutôt qu'à celle d'une individualité unique jouant successivement tous ces rôles ? Je n'en vois aucune, si ce n'est que tous ces soi-disant communicateurs parlent à la 1re personne, ce qui ne prouve rien quant à leur véracité, puisqu'au dire des spirites eux-mêmes l'Au-delà est plein d'Esprits trompeurs capables de simuler à la perfection la personnalité d'autrui et de parler comme si c'était lui. Et la supposition de beaucoup la plus simple, c'est que derrière tous ces prétendus désincarnés des époques les plus diverses depuis le XIme siècle — qui n'ont d'autre trait commun que de donner des renseignements exactement vérifiables par les membres du groupe de Nancy — il y a un seul et même Esprit trompeur, lequel trompe, probablement, dans l'excellente intention de donner à ce groupe des preuves convaincantes de la survivance (tout comme Mme Blavatski et bien d'autres n'ont pas hésité à tromper leur entourage pour lui mieux faire accepter le bienfait de leurs doctrines !). Quant à dire au juste qui est l'auteur de cette fraude pieuse, c'est une autre question ; mais avant de l'aller chercher dans l'Au-delà selon la coutume spirite, il faudrait d'abord prouver que ce n'est pas simplement une sous-personnalité du médium lui-même.

J'ajoute que dans cette hypothèse purement psychologique, les gros mots de tromperie et de fraude n'ont plus de raison d'être, puisqu'il s'agit sans doute d'un jeu parfaitement innocent, que seuls les crédules habitués des séances spirites ont la sottise de prendre au sérieux. Tout nous porte à admettre, en effet, que l'état d'âme du médium en fonction est un état de régression infantile qu'il ne faut pas comparer à la rouerie savante des grands imposteurs, mais bien plutôt à la candeur des enfants qui s'amusent. De même que ceux-ci, lorsqu'ils jouent au voleur ou à la marchande, y vont de tout leur cœur et de toutes les ressources de leur imagination, mais ne s'attendent point à être traités en vrais voleurs ou en vraies marchandes par les grandes personnes ; de même la subconscience puérile du médium, à qui les circonstances et l'entourage suggèrent de jouer au désincarné, s'ingénie à ramasser dans les tréfonds de la mémoire latente ou les marges de la perception extérieure tout ce qui lui permettra de fabriquer des messages véridiques épatants; mais cela ne veut pas dire que cette subconscience croie elle-même à leur authenticité ni veuille y faire sérieusement croire les assistants. Ne confondons pas le dualisme du *moi-fictif* et du *moi-réel* dans « l'illusion esthétique » de l'acteur sur les planches ou du jeune âge en train de s'ébattre, avec la duplicité du faussaire qui cherche à se faire passer pour quelqu'un d'autre : c'est de la première de ces rubriques, non de la seconde, qu'il convient à mon avis de rapprocher la conscience médiumnique.

Pour en finir avec les cas de Nancy, ce que leur publication met le mieux en évidence — à défaut de l'identité des prétendus communicateurs — c'est une fois de plus l'étonnante incapacité des reporters spirites à comprendre où gît le vrai nœud de la question. Car quelle garantie le narrateur nous donne-t-il de l'authenticité de ces révélations ? C'est que, nous dit-il, en interviewant les invisibles par la table ou l'écriture, « nous avons obtenu des résultats surprenants qui, dix-neuf fois sur vingt, ont été contrôlés[1]. » Contrôlés de quelle façon ? On a contrôlé, à coups d'archives et de dictionnaires, l'exactitude des renseignements fournis par le médium sur Bertolf de Ghistelles et Cie. Comme si c'était là l'important ! Ce qu'il s'agissait de contrôler avant tout, c'était que ces renseignements, imprimés ou inscrits quelque part, n'avaient pas pu parvenir par les moyens les plus ordinaires aux oreilles ou aux yeux du médium ni des assistants. Cela, naturellement, les témoins ne l'ont aucunement contrôlé. Je ne leur en fais pas un reproche, car à l'impossible nul n'est tenu. Mais il ne faut pas, alors, jeter de la poudre aux yeux des lecteurs en parlant de « contrôle » là où il n'y a point eu de contrôle du tout sur le point essentiel.

2. *Le cas de Hasdeu* [2].

Le grand écrivain roumain Hasdeu avait 53 ans, lorsqu'un soir de mars 1889, comme il rêvassait à sa table de travail, sa main traça automatiquement le message suivant, de l'écriture et avec la signature parfaitement reconnaissable de sa fille unique, morte depuis six mois : *Je suis heureuse ; je t'aime ; nous nous reverrons ; cela doit te suffire. Julie Hasdeu.*

---

[1] Revue scientifique et morale du Spiritisme, loc. cit., p. 410.

[2] Hasdeu est mort le 7 septembre 1907. Deux mois plus tard son compatriote M. Craiovan lui consacra un très intéressant article, dont M. Delanne a reproduit les principaux passages concernant les convictions et expériences spirites de Hasdeu. Voir : Craiovan, *B. P. Hasdeu, poète, historien, savant et spirite*, Mercure de France du 16 novembre 1907, p. 251 ; Delanne, *Recherches sur l'identité des Esprits*, Revue scientifique et morale du Spiritisme, mars 1908, p. 521.

Cette communication, qui fut dès lors suivie de messages à peu près journaliers de la défunte à son pauvre père, fit de Hasdeu un spirite convaincu. A vrai dire, il l'avait toujours été virtuellement, d'après ses propres déclarations ultérieures: « Il en est qui soutiennent que je ne suis devenu spirite qu'à la suite de la mort de ma fille... Il est vrai que c'est seulement alors que sont venus s'ajouter des *phénomènes* à mon immuable *croyance* spirite, ce qui signifie que l'arbre a commencé à fructifier, et il n'aurait pas donné de fruits si, au lieu d'être un arbre à fruit, il eût été un arbre athée auquel serait venue plus tard se greffer une branche spirite... » — Mais comment prouver alors que les communications de sa fille soient réellement autre chose que de touchantes reconstitutions de la défunte par l'imagination de Hasdeu lui-même, qui avait, nous dit son biographe, « l'intelligence extrêmement tendue et suggestionnable » ?

Une fois que les communications de sa fille l'eurent rendu spirite conscient et pratiquant, il interpréta rétrospectivement d'une façon analogue — à savoir par une intervention directe de son père, décédé longtemps auparavant (le 9 novembre 1872) — certains phénomènes d'inspiration subite qui l'avaient frappé au cours de ses travaux, et surtout un curieux changement survenu dans sa mentalité et la direction de ses études peu de jours après la mort de son père. Il faut savoir que celui-ci, Alexandre Hasdeu, était un fervent amateur de linguistique et avait conçu le projet d'un grand dictionnaire de la langue roumaine. Or, à peine fut-il décédé que son fils, qui était alors en train d'écrire un ouvrage historique et l'avait poussé jusqu'à la page 221, « paraît être entré soudain dans une nouvelle voie », nous dit son biographe; car, dès la p. 224 « ce n'est plus l'histoire des Roumains qu'il construit, mais la science de la langue roumaine; cela ne fait que s'accentuer à mesure que l'on avance dans l'ouvrage... l'histoire proprement dite est sacrifiée à la linguistique. » Bref, « Alexandre Hasdeu à peine mort à Hotin, en Bessarabie, la linguistique absorbe complètement son fils, l'engloutit, l'ensevelit. » Le résultat en fut qu'au lieu de poursuivre son œuvre historique, Hasdeu ne tarda pas à entreprendre un immense dictionnaire étymologique de la langue roumaine.

De ce changement d'orientation, on nous dit qu'il ne s'aperçut lui-même que seize ans plus tard (c'est-à-dire après la mort de sa fille). Est-ce que ce changement, se demanda-t-il alors, fut « une inspiration posthume de la part de mon père, dont l'Esprit désirait réaliser son plan d'un grand dictionnaire de la langue roumaine? Je l'ignorais alors, je ne le soupçonnais même pas, mais je sentais cependant quelque chose que je n'avais jamais senti au cours de mes études historiques. Et ici je fais appel au témoignage des professeurs Bianu et Saineanu qui, s'intéressant beaucoup à la marche de l'*Etymologicum*, me demandaient souvent comment j'avais fait pour trouver telle ou telle étymologie difficile d'un mot. Je leur répondais systématiquement, non une seule fois mais à maintes reprises, et cela *avant même la maladie et la mort de ma fille:* Je ne sais, *ce n'est pas moi qui l'ai trouvée,* quelqu'un *d'invisible m'aide*... On peut sans doute m'objecter qu'entre la mort de mon père et ma subite passion pour l'étude des langues il n'y a eu qu'une coïncidence, une conjoncture un hasard. Est-ce donc un simple hasard que le changement à vue d'œil de ma nature au cours du mois de novembre 1872 ? »

Evidemment, cette transformation de Hasdeu d'historien en linguiste, immédiatement après la mort de son père, n'est pas une simple coïncidence. Mais il n'en résulte point qu'il faille y voir un coup de théâtre dû à l'intervention posthume du défunt. Car, comment établir que chez une nature aussi richement douée et suggestible que l'était Hasdeu, le sentiment filial avivé par le deuil, et le souvenir du projet paternel irréalisé, n'ait pas suffi à déclancher les aptitudes linguistiques héréditaires et à aiguiller subconsciemment toute l'activité intellectuelle du côté de l'élaboration du fameux dictionnaire ? Que Hasdeu ait ensuite interprété ses expériences personnelles dans le sens de sa croyance spirite, cela se comprend psychologiquement, mais cela ne prouve rien quant à la valeur objective de cette interprétation.

Une preuve d'identité plus décisive encore pour Hasdeu vint s'ajouter aux précédentes l'année suivante (novembre 1890). Dans une séance spirite tenue avec quelques amis, un médium moldave, qui ne savait pas un mot de russe, écrivit en trance, dans cette langue, l'ordre suivant où Hasdeu reconnut certains traits de l'écriture paternelle et plusieurs termes particuliers au défunt : *En qualité de dernier descendant de la famille, tu dois continuer le trésor de la langue moldave, Etymologicum magnum Romaniae.* Hasdeu ne mit pas en doute que son père désincarné ne fût l'auteur de cette communication, d'autant plus qu'elle se rapportait à des circonstances actuelles ignorées du médium et des autres assistants : Hasdeu était bien le dernier représentant de sa famille ; les jours précédents, il avait beaucoup pensé à son père (à propos de domaines qu'il en avait hérités et qu'il voulait vendre) ; surtout, depuis plusieurs semaines, il n'avait guère touché à son *Etymologicum*, et il songeait même à en abandonner la publication, ce que naturellement son père n'eût pas approuvé, etc. Mais ces détails mêmes ne nous permettent-ils pas d'expliquer le message, sans intervention réelle du défunt, comme exprimant les hésitations et scrupules que Hasdeu devait subconsciemment éprouver à l'idée de laisser inachevée cette grande œuvre scientifique, dont son père lui avait pour ainsi dire légué le projet et à laquelle se trouvait attaché le nom de sa famille ? Que le résultat de ces préoccupations latentes se soit traduit, sous forme automatique, par l'ordre paternel de continuer le dictionnaire, il n'y a rien là d'étonnant dans un tempérament comme le sien.

Une difficulté toutefois se présente. Rien ne s'opposerait à cette origine purement endogène du message si c'était Hasdeu lui-même qui l'eût reçu en rêve ou par sa propre écriture automatique ; mais il l'a reçu par l'intermédiaire d'un médium étranger, dont il touchait seulement la main de temps en temps (lorsqu'elle dépassait le papier en écrivant), et dans une langue ignorée de ce médium ! Cette complication fut naturellement pour Hasdeu une preuve éclatante de plus que le message venait bien de l'Au-delà. Mais cette preuve n'est pas péremptoire. Nous savons assez qu'un bon médium peut servir de miroir pour ainsi dire, ou de canal, aux complexus subconscients des assistants ; et si l'on s'étonne que cette transmission mentale puisse aller jusqu'à faire écrire le médium intrancé dans une langue inconnue de lui (ce qui d'ailleurs est toujours sujet à caution, à cause des tours que nous joue la cryptomnésie), il ne faut pas oublier que le mystère reste le même dans l'hypothèse spirite : l'envahissement ou la subjugation de l'organisme du médium par un complexus psychique appartenant à une individualité étrangère, n'est pas plus aisé à concevoir si cette individualité est l'Esprit d'un mort que si elle est simplement l'un des assistants en chair et en os. Et à difficulté égale, il n'y a pas de raison pour attribuer au monde désincarné ce qui peut tout aussi bien provenir de notre monde empirique.

Au total donc, le cas du savant roumain, que M. Delanne nous donne pour un bel exemple de l'identité des Esprits qui prétendent se communiquer à nous, n'est aucunement probant à cet égard, les soi-disant messages de la fille et du père de Hasdeu pouvant parfaitement s'expliquer comme des produits autochtones, chez Hasdeu lui-même, de processus spiritogènes bien connus.

3. *Les manifestations d'Hodgson par Mme Piper.* [1]

Le cas de Mme Piper n'est pas nouveau ; il a donné lieu à une littéra-

[1] Voir sur ce sujet dans le numéro de juin 1909 des Proceed. S. P. R. (vol. XXIII, part. LVIII), les trois mémoires de M. W. James, de Mrs. Sidgwick et J. Piddington, et de Sir O. Lodge.

ture considérable au cours de ce dernier quart de siècle[1]. Mais ce qu'il nous offre de récent, ce sont les manifestations posthumes de Hodgson par son médium prédestiné. On sait en effet que cet excellent observateur s'était spécialement consacré, depuis plusieurs années, à l'étude de la fameuse pythonisse de Boston, dont les phénomènes l'avaient converti au spiritisme : il en avait fait sa chose, pour ainsi dire, et était devenu absolument familier avec la nature de sa trance et les complications ou difficultés qui semblent s'y opposer à la libre transmission des messages de désincarnés. Aussi disait-il souvent, en riant, que s'il mourait le premier il saurait bien, de l'autre monde, tirer un meilleur parti de ce médium qu'on ne l'avait fait jusqu'alors, pour se manifester par son intermédiaire!

Cela n'a pas manqué d'arriver. Hodgson étant décédé subitement, en pleine vigueur physique et mentale, le 20 décembre 1905, huit jours s'étaient à peine écoulés qu'il commençait déjà à « revenir » dans les trances de Mme Piper, et il n'a cessé dès lors de se présenter à la plupart de ses séances, d'une façon parfaitement reconnaissable pour ceux qui avaient eu affaire avec lui. Mais est-ce bien lui, ou serait-ce seulement un sosie fabriqué par le subconscient de Mme Piper, lequel avait eu certes tout le temps de s'imbiber du caractère de Hodgson pendant les longues années de leur commerce journalier? Cruelle énigme! Dans l'espoir de la résoudre, les procès-verbaux complets des communications de Hodgson, de sa mort jusqu'au 1er janvier 1908, furent remis au professeur William James, mieux qualifié que personne pour les apprécier, lui qui connaissait également bien le médium (dont on lui doit la découverte et la première investigation il y a vingt-cinq ans) et le défunt, qui était un de ses intimes.

Je ne sais si les spirites seront très satisfaits des conclusions de l'illustre psychologue dont ils ont coutume de citer le nom, un peu à la légère, parmi leurs autorités de marque. Le rapport de M. James, en effet, reconnaît bien que, si l'on admet déjà la réalité des interventions de l'Au-delà en se basant sur la multitude des phénomènes supranormaux qui remplissent l'histoire de l'humanité, rien n'empêche de considérer aussi les communications de Hodgson comme venant de lui... en gros et à la condition de ne pas oublier que l'organisme de Mme Piper a beaucoup de peine à transmettre les influences des Esprits et y mêle ses propres tendances automatiques de la façon la plus perturbatrice. Mais M. James

[1] Voir en français, sur Mme Piper, l'excellent exposé de M. Sage, *Mme Piper et la Société anglo-américaine pour les recherches psychiques*. Paris, 1902, Leymarie.

insiste également sur le fait que, considérés en eux-mêmes, les messages du prétendu Hodgson ne fournissent aucune preuve décisive de leur authenticité, car ils peuvent tous s'expliquer, dans le menu détail, par un mélange de fraude, de personnification subconsciente, de hasards heureux, et de télépathie. — Autrement dit, ce cas ne prouve rien en faveur du spiritisme à qui n'en est pas déjà convaincu!

La note de Mme Sidgwick et de M. Piddington sur les essais tentés, pendant un séjour de Mme Piper à Londres, pour voir si le soi-disant Hodgson qui se manifeste par elle se souvenait des amis qu'il avait connus en Angleterre et s'il les reconnaîtrait, est encore moins favorable, ces essais n'ayant donné qu'un résultat négatif. Et les observations personnelles de Sir O. Lodge, qui est pourtant un spirite convaincu, ne lui ont pas non plus paru démonstratives en faveur de l'authenticité des messages de Hodgson par Mme Piper.

On voit en résumé que ce cas, dont il semblait qu'on pût attendre beaucoup pour la solution du problème spirite — puisqu'il réalisait le concours absolument exceptionnel d'un médium hors pair et d'un défunt d'une compétence sans égale, décidé à se manifester si cela était possible — n'a pas fait avancer la question d'un pas. Il faut s'armer de patience, nous dit M. James, et accumuler les faits pendant peut-être encore un siècle, ou davantage, avant de pouvoir se flatter d'y voir clair!

4. *Autres cas.*

Les publications spirites, livres et revues, se sont tellement multipliées ces dernières années qu'il est très difficile de se tenir au courant de ce mouvement quand on a encore d'autres affaires. Je reconnais humblement mon insuffisance et je concède qu'il peut y avoir dans cette copieuse littérature des cas magnifiques.

Le prof. Falcomer, un des plus distingués protagonistes du spiritisme italien, m'en a signalé un auquel il a consacré une étude approfondie, ne négligeant aucun moyen de contrôle et de vérification [1]. C'est celui de son ami G. Capsoni, ancien député provincial, mort le 25 octobre 1903, et qui a fourni de bien curieuses manifestations. Pendant sa dernière maladie déjà, et au moment de sa mort, il a essayé de se communiquer à distance à M. Falcomer, et paraît y avoir réussi en ce sens que ce dernier a éprouvé des phénomènes étranges, auditifs et visuels (coups frap-

---

[1] M. T. Falcomer, *Manifestazioni metapsicofisiche spontanee e provocate.* Luce e Ombra, mars à août 1906.

pés, apparitions de lumière, etc.), qui ont coïncidé avec les événements encore ignorés de lui. Ceci, toutefois, ne prouve pas encore la survivance, mais seulement une action télépathique de la part du moribond. Mais il y a plus. Dès la fin de janvier 1904, soit trois mois après la mort de Capsoni, une famille romaine qui pratiquait la table eut un jour un message d'un Esprit absolument inconnu d'elle, qui déclara être Capsoni et donna diverses preuves d'identité qui furent vérifiées, entre autres les noms et l'adresse de sa veuve, puis d'un de ses amis, etc. M. Falcomer nous rapporte toute une série de ses communications ultérieures par la table, même par l'écriture directe, etc. Il y en eut en vers, où l'on reconnaissait parfaitement son caractère et ses idées. Le point faible de ce cas est naturellement l'impossibilité de prouver que les membres de la famille chez qui Capsoni fit sa première apparition, n'avaient aucune notion à son sujet. Il n'y a pas à soupçonner leur bonne foi ; mais puisqu'ils se livraient à des expériences spirites, il devait bien y avoir chez tel ou tel d'entre eux une tendance plus ou moins développée aux phénomènes de subconscience ; comment alors établir que pendant les trois mois d'intervalle entre la mort de Capsoni et son retour en Esprit, cette subconscience n'a pas eu l'occasion d'absorber des renseignements sur l'ancien député provincial, soit par l'ouïe (conversations, etc.), soit par la vue (annonces mortuaires, notices nécrologiques, etc.) ? C'est toujours le même spectre de la cryptomnésie qui plane, menaçant, sur les plus beaux cas, et dont on ne sait comment se débarrasser.

En Amérique, le prof. Hyslop s'est entièrement voué à l'étude des phénomènes métapsychiques et y déploie une activité considérable. Les « Proceedings » et le « Journal » de l'American Soc. for psychical Research (fondée en 1906), qui paraissent sous sa direction, constituent déjà une riche mine de matériaux où l'on trouverait peut-être de sérieux indices d'identité spirite ; mais le triage, d'avec ce qui n'a pas de valeur « évidentielle » sous ce rapport, est très difficile, et je ne suis pas à la hauteur. Personne ne serait plus compétent que M. Hyslop lui-même, qui est à la fois, si je ne me trompe, un spirite convaincu et un logicien de profession, pour extraire de cette demi-douzaine de gros volumes ce qu'ils contiennent de plus probant à cet égard.

Il se peut enfin que l'office spécial de correspondance avec l'autre monde que vient d'ouvrir M. Stead, son fameux « Bureau de Julia » [1], soit

[1] [W. T. Stead]. *Julia's Bureau and the Borderland Library*, Londres, 1909. Borderland Library, Mowbray House, Norfolk Street, London W. C. (Je donne l'adresse complète pour ceux de mes lecteurs qui seraient désireux d'obtenir de plus amples renseignements sur cette institution, d'où on leur enverra sur demande des prospectus et formulaires.)

une source assurée de communications spirites authentiques; mais je manque encore de renseignements sur les résultats de son activité.

III. Perspectives nouvelles. Les Messages complémentaires.

A moins d'un parti pris négatif, aussi indéfendable que le parti pris positif des spirites, il faut bien laisser la porte ouverte à l'éventualité de faits nouveaux, ou de nouvelles méthodes, capables d'établir la réalité de l'intervention des désincarnés dans notre univers et leur identité véritable. On ne saurait, en effet, tracer à priori des bornes, ni à la nature dans la production de phénomènes inédits, ni à l'ingéniosité humaine dans la mise en œuvre des observations passées.

Qui sait si en réunissant et triturant convenablement les matériaux déjà existants, on n'arriverait pas à leur faire proclamer avec une évidence irrésistible ce qu'ils n'ont pas réussi à prouver jusqu'ici? Cette méthode de comparaison et de sériation des cas pour prouver l'identité des Esprits, a déjà été employée par Aksakof, sans grand succès d'ailleurs à cause de son défaut de critique, et par Myers avec plus de génie. M. Delanne l'a reprise dernièrement en collectionnant les plus beaux exemples qu'il ait pu trouver [1]; mais le fait qu'il a accepté dans sa collection des cas comme ceux de Nancy, de Dickens, et de Hasdeu, dont j'ai montré plus haut l'inanité, n'est pas pour inspirer grande confiance; et il m'a bien semblé que tous ses autres spécimens de prétendue identité sont aussi faibles, soit par l'absence de garanties proportionnées à leur étrangeté, soit par la facilité de les expliquer au moyen des processus spiritogènes coutumiers (cryptomnésie, incubation et personnification subliminale, télépathie, etc.). Un choix qui semble promettre d'être plus sévère et plus impressionnant est celui que vient de commencer M. Bozzano [2], et il se pourrait qu'en se perfectionnant, cette classification méthodique des cas réussît un jour à faire saillir certains types de phénomènes bien difficilement explicables autrement que par l'hypothèse spirite. Mon scepticisme instinctif à l'endroit de ces tentatives d'exploiter la littérature spirite d'une façon vraiment convaincante, ne doit pas m'empêcher de leur faire crédit du temps nécessaire.

Beaucoup plus importante et féconde me paraît être l'innovation qui s'est produite, il y a peu d'années, dans les faits eux-mêmes, et dont nous

---

[1] Delanne, *De l'identité des Esprits*. Revue scientifique et morale du Spiritisme, juin 1907 et mois suivants.

[2] Bozzano, *Des cas d'identification spirite*. Annales des sciences psychiques, juin 1909.

devons la découverte à miss Alice Johnson, l'infatigable secrétaire de la Soc. f. Psych. Research de Londres[1]. En étudiant des documents provenant de divers médiums à écriture automatique, elle fut frappée d'y trouver des points de contact consistant en ressemblances voilées ou en phrases énigmatiques, plus ou moins incompréhensibles prises isolément, mais qui, rapprochées les unes des autres, s'éclairaient ou se complétaient mutuellement comme les fragments d'un tout ou les ramifications d'un même thème fondamental. Ce singulier phénomène de « cross-correspondence » ou de *messages complémentaires* fournis par des médiums différents, parut à miss Johnsòn un indice sérieux de l'action d'intelligences désincarnées, indépendantes de ces médiums et qui se seraient avisées de cette ingénieuse méthode pour nous prouver leur existence distincte. En effet, les traits de ressemblance entre ces dictées, reçues à peu près simultanément par des sujets souvent très éloignés les uns des autres, ne pouvaient s'expliquer ni par une pure coïncidence, les analogies dépassant ce qu'on peut raisonnablement attendre du hasard; ni par la collusion, toujours possible en théorie, mais pratiquement inadmissible de la part des médiums en cause; ni par des influences générales d'éducation, de milieu, etc. L'hypothèse d'une interaction télépathique semblait également exclue par le fait que les points communs ne consistaient pas en termes identiques qui auraient passé d'un médium à l'autre, mais en une parenté d'idées ou de tendances dissimulée sous des expressions très différentes.

Cette raison, toutefois, n'est pas à elle seule péremptoire contre la télépathie; car le caprice de l'association des idées suffirait à expliquer qu'une même notion ou une même impression, en passant d'un individu à d'autres, ne jaillisse pas telle quelle chez ces derniers, mais y éveille des synonymes, des comparaisons, des associations par contiguïté ou par ressemblance, qu'on pourrait prendre pour des déguisements voulus, alors que c'est un simple résultat du mécanisme psycho-physiologique. Les phénomènes de ce genre abondent dans la psychologie tant normale que supranormale. Par exemple, un mot prononcé à l'oreille d'un dormeur, ou une impression olfactive ou tactile qu'on lui procure, au lieu de franchir le seuil de son rêve, pourra rester au-dessous, mais en y suscitant des images ou des souvenirs correspondants. Et dans les observations de télépathie, soit spontanée, soit expérimentale, on voit souvent la repré-

[1] Alice Johnson, *Automatic Writing of Mrs. Holland.* Proc. S. P. R. Vol. XXI, p. 166-391 (juin 1908). Voir aussi J. G. Piddington, *A series of concordant Automatisms*, Proc. S. P. R. Vol. XXII, p. 19-416 (octobre 1908); ainsi que les articles de G. W. Balfour et de J. Graham dans Hibbert Journal, de janvier 1909.

sentation initiale consciente, chez l'agent, aboutir chez le percipient à des associés ou des équivalents souvent très différents d'elle[1], sans d'ailleurs qu'on puisse dire dans laquelle des deux subconsciences s'est opérée cette traduction.

Mais il y a dans les messages complémentaires un autre trait qui semble bien exclure cette explication par la simple télépathie et le jeu passif de l'association des idées. C'est leur caractère nettement intentionnel. Ils s'accompagnent, en effet, souvent de phrases indiquant qu'ils sont l'œuvre d'une volonté, l'effort d'une intelligence qui recourt exprès à ces procédés de devinette ou de logogryphe et qui pousse les lecteurs à en chercher la clef. En voici un exemple, que je choisis à cause de sa brièveté et que j'abrège encore[2]. Le 11 avril 1906, Mme Holland, dans une de ses communications automatiques, écrit les mots *Eheu fugaces* (qui sont le début d'une ode d'Horace). Or, il se trouva qu'une demi-heure avant, dans une autre localité d'Angleterre, Mme Verrall avait reçu, également par l'écriture mécanique, une série de citations de poésies exprimant toutes la même idée de *fuite*, et suivies de cette phrase : *Il y a eu répétition ; on s'efforce d'avoir les mêmes mots, cette fois.* (« That has been repeated. There is an effort to have the same words this time. ») Cet avertissement semble bien indiquer que la similitude d'idée renfermée dans les textes si différents des deux dames-écrivains, est le résultat d'un dessein prémédité par une intelligence qui se sert d'elles comme d'instruments pour ses expériences.

L'exemple suivant est encore plus net[3]. Le 8 avril 1907, à Londres, Mme Piper prononce en trance les mots *Lumière à l'Occident.* Le même jour, trois heures plus tard, Mme Verrall, à Cambridge, écrit automatiquement un message disant entre autres : *Rosé est l'Orient, etc. Vous trouverez que vous avez écrit un message pour M. Piddington, message que vous n'avez pas compris, mais que lui a compris. Dites-le lui.* Et le même jour encore, un peu plus tard, Mme Holland, alors à Calcutta, reçoit par son crayon une communication où il est question de *ce ciel exquis où le crépuscule rendit l'Orient aussi beau et éclatant que l'Occident : Marthe devint comme Marie et Lea comme Rachel.* On a bien l'im-

[1] Dans un récent et excellent article sur les messages complémentaires, M. Pigou insiste avec raison sur ce point et en rappelle entre autres un joli exemple : Lors des expériences de transmission de pensée à grande distance entre miss Miles et miss Ramsden, la première ayant tâché de transmettre l'image d'un *Sphynx*, ce qui jaillit chez la seconde fut, entre autres choses, la phrase *Louxor en Egypte.* (Proc. S. P. R., vol. XXI, p. 62.) Voir PIGOU, *Psychical Research and Survival*, Proc. S. P. R., vol. XXIII (juin 1909), p. 295.

[2] Alice JOHNSON, *loc. cit.*, p. 368 suiv.

[3] J. G. PIDDINGTON, *loc. cit.*, p. 241-281.

pression que ce troisième message, exprimant l'union des extrêmes opposés, vise les deux premiers qu'il embrasse de sa synthèse ; et le second marque de la façon la plus claire le caractère intentionnel de cette sorte de rébus polymédiumnique destiné à la perspicacité de M. Piddington ! J'ajoute qu'en réduisant ce cas au squelette ci-dessus, par motif de simplification, je lui fais tort d'une grande partie de sa valeur, à savoir de toutes les ramifications qu'il prolonge dans bien d'autres automatismes de Mmes Piper, Holland, et Verrall à la même époque (printemps 1907) et qui font des messages de ces trois médiums un singulier tissu de pensées communes, d'allusions réciproques, de subtils entrelacements, dont le débrouillement — une merveille d'analyse — ne tient pas moins de quarante pages dans le travail de M. Piddington.

Quand on prend dans leur ensemble tous les cas de messages complémentaires publiés par Miss Johnson et M. Piddington, on ne peut se défendre de l'impression qu'on est bien en présence d'une méthode neuve et originale, délibérément adoptée par quelque intelligence supérieure pour prouver son existence indépendante des médiums qu'elle emploie. Cette intelligence, au reste, n'a point gardé l'incognito : elle n'a cessé de déclarer qu'elle est Myers lui-même, flanqué parfois d'autres Esprits, surtout de ses anciens amis et collaborateurs qui le sont restés dans l'Au-delà, Hodgson, Sidgwick et Gurney. Comment donc douter encore que ces hardis pionniers de la métapsychique, trop tôt enlevés à leur œuvre terrestre, n'aient conservé de l'autre côté de la tombe leur sens des méthodes scientifiques, leur caractère, leur volonté inébranlable, et ne continuent, selon leurs promesses d'autrefois, à travailler avec toute la puissance de leur génie au percement du mur qui nous sépare d'eux ! — Quelle tristesse, seulement, de constater la lenteur de leur progrès, la peine qu'ils éprouvent à se manifester clairement ! On dirait parfois qu'ils rêvassent, ou divaguent, ou pataugent dans la confusion et l'effacement de leurs souvenirs, tant leur conversation ressemble à un galimatias incohérent et leurs réponses à de maladroits tâtonnements ! — Au total cependant, il paraît incontestable que le Myers qui hante les trances de Mme Piper est bien le même que celui qui inspire le crayon de Mme Verrall ou de Mme Holland, car chacun de ces trois Myers sait plus ou moins ce que disent ou font les autres ; et, de plus, la tournure de leur esprit, leur érudition littéraire, la connaissance intime qu'ils dénotent des œuvres de feu Frédéric Myers, le fondateur de la psychologie subliminale, obligent vraiment à les identifier avec ce dernier.

A moins que pourtant... Jusqu'où le démon du doute ne va-t-il pas s'insinuer ? Si ce Myers qui revient se manifester par plusieurs médiums n'était pas du tout Myers lui-même, mais seulement un produit collectif de leurs subconsciences, ou plus simplement encore la création spéciale de l'une d'elles ? On sait à quel degré d'indépendance apparente, de personnalisation concrète et autonome, atteignent parfois les fantoches somnambuliques. Et l'on sait aussi que tous les médiums à l'œuvre dans les messages complémentaires dont il s'agit, ont plus ou moins intimement connu Myers de son vivant ou se sont pénétrés de ses œuvres. Est-ce que le regret de son départ, le souvenir indélébile de son caractère si saillant, la connaissance de ses doctrines et de ses intentions, l'attente de ses manifestations possibles, le désir subconscient presque inévitable de lui servir d'intermédiaire le cas échéant — bref tout un ensemble de préoccupations très naturelles — n'ont pas pu, dans chacun de ces tempéraments d'automatistes et par ces processus spiritogènes que j'ai maintes fois rappelés, engendrer peu à peu un sosie plus ou moins parfait du défunt ? Ces sosies, numériquement différents, mais d'une grande similitude intellectuelle et émotive puisqu'ils sont tous inspirés par les mêmes tendances et calqués sur le même modèle, n'ont-ils pas dû constituer, chez les divers médiums où ils ont pris naissance, comme des points ou des facettes particulièrement accessibles à une influence télépathique réciproque ? Et qui sait si chez l'une de ces dames, mieux douée peut-être que les autres et d'un grain psychologique plus semblable à celui de Myers, le sosie subconscient n'a pas fini par ressembler tellement à l'original qu'il en aura reproduit les plis intellectuels et la façon de raisonner, jusqu'à élaborer peu à peu cette méthode des messages complémentaires, dont les premiers germes assurément se trouvent déjà dans les œuvres du grand métapsychiste ? Dès lors, cette contrefaçon mieux frappée du vrai Myers aura pris le pas sur les autres exemplaires moins énergiques, et les dominant dans leurs relations télépathiques mutuelles, elle les façonne plus complètement à son image, les plie à son service, et leur dicte leur rôle...

Au moment de livrer ce chapitre à l'impression, je rencontre, dans deux travaux récents, des considérations qui viennent à l'appui de ce qui précède, et qui me semblent indiquer que c'est particulièrement à la subconscience de Mme Verrall que revient l'honneur d'avoir inventé les messages complémentaires et donné naissance au pseudo-Myers.

Ce sont d'abord les remarques suivantes de M. Marcel Mangin, qui se demande quel est le cerveau où s'élaborent les messages complémentaires et qui répond : « C'est certainement le cerveau d'une personne extrêmement érudite en littérature. Et il est infiniment probable que c'est, sinon toujours, au moins la plupart du temps, celui du distingué professeur au collège de Newnham qu'est Mrs. Verrall, auteur d'écrits en latin et en grec, passionnée pour les études psychiques et grande admiratrice de Myers. Voilà deux esprits que leur érudition en littérature classique et leur goût commun pour le métapsychisme rendent pour ainsi dire de la même famille. Et dès lors il est naturel qu'en lisant les œuvres de Myers et particulièrement *Human Personality*, Mrs. Verrall se les soit de suite profondément assimilées. Elle partage donc la foi de son maître, et quand celui-ci meurt (janvier 1901) elle doit certainement ne voir dans cet événement qu'un éloignement. Le désir de communiquer avec lui la hante. Il faut un certain temps, cependant, pour que le travail subliminal s'accomplisse : ce n'est que le 8 mai que la médiumnité s'est assez développée pour que les communications commencent... »[1]

C'est d'autre part le point suivant mis en lumière par M. Pigou.[2] — Le Dr Verrall, mari très vivant de Mme Verrall, avait, par manière d'expérience, tenté de lui transmettre mentalement une citation grecque qui se rattachait pour lui à des souvenirs d'enfance inconnus d'elle. Le résultat en fut l'apparition, dans les écritures automatiques de Mme Verrall pendant les mois suivants, de divers fragments qui se rapportaient à cette suggestion. Or M. Pigou montre que — en comparant cet ensemble de fragments avec les messages complémentaires obtenus par les divers médiums dans des cas où l'on avait proposé au prétendu Myers une citation analogue pour voir ce qu'il en dirait — on ne trouve aucune différence de forme, de style, d'allure générale, entre le premier groupe, dû à une suggestion d'un agent *incarné*, et le second groupe soi-disant dû à l'intervention d'un *désincarné*. M. Pigou en conclut que tous les messages complémentaires du prétendu Myers sont probablement d'origine incarnée ; à quoi l'on peut ajouter que cette origine se trouve probablement chez Mme Verrall, puisque tous ces messages semblent présenter sa facture.

Hypothèses que tout cela, cela va de soi, mais hypothèses ayant déjà pour elles, en psychopathologie, tant de faits analogues (à l'intensité près), qu'on ne peut pas les dire dépourvues de tout fondement, et qu'elles sont bien en état de rivaliser, au point de vue de la vraisemblance, avec l'hypothèse spirite de l'identité véritable de Myers et consorts derrière leurs prétendues manifestations médianimiques. Mais je reconnais volontiers qu'il serait ridicule de prétendre trancher déjà une question aussi complexe. Trop d'obscurités enveloppent encore le problème.

En tout cas, qu'elle soit l'œuvre réfléchie d'Esprits désincarnés, ou un ingénieux amusement d'imaginations subliminales très incarnées, la méthode des messages complémentaires est une nouveauté fort intéressante, dont nous ne prévoyons pas tout ce qu'elle pourra donner, et qui servira peut-être de point de départ ou de stimulant pour l'invention d'autres méthodes encore.

---

[1] M. Mangin. *Les « Communications croisées »*. Annales des Sc. psychiques, octobre 1909, p. 297.

[2] A.-C. Pigou. *loc. cit.* (Proc. S. P. R., juin 1909), p. 300-302.

Conclusion.

Ce qui ressort de plus clair de tout ce qui précède, quant à la confiance que l'on peut avoir dans l'authenticité des messages médianimiques et l'identité véritable de leurs auteurs, c'est le contraste saisissant qui existe, sur ce point, entre le jugement des savants les plus versés dans la question et l'opinion courante des milieux spirites ordinaires.

Pour ceux-ci, rien de plus facile et de plus commun que de converser avec les désincarnés. Il suffit d'un médium — or tout le monde le devient peu ou prou moyennant quelque entraînement — pour obtenir leurs réponses par la table ou le crayon; et, abstraction faite du risque de rencontrer des Esprits trompeurs (car il y a des gens malhonnêtes dans l'Au-delà comme ici-bas), il n'y a aucune raison de douter, en général, que les communications ne proviennent bien de leurs signataires.

Pour les spécialistes de la Soc. f. ps. Res., au contraire, même s'ils sont spirites de conviction comme Hodgson ou M. Hyslop, rien de plus rare que de trouver un vrai médium et de plus difficile que de distinguer ce qu'il peut y avoir d'authentique dans ses élucubrations. Car les meilleurs sujets mêlent constamment leurs rêves et leurs pastiches subliminaux à ce qui leur vient de l'Au-delà, sans parler des perturbations dues à l'influence des vivants; et chez les désincarnés eux-mêmes, il semble qu'il y ait de telles difficultés à vaincre pour communiquer avec ce côté-ci de la tombe, qu'on ne peut jamais être sûr de l'exactitude d'aucun message en particulier.

Hodgson comparait le commerce qu'il soutenait avec les défunts par le canal du médium sans pareil qu'est pourtant Mme Piper, à la conversation que pourraient avoir entre elles, sur notre globe, deux personnes éloignées qui devraient échanger leurs paroles par l'intermédiaire de deux messagers complètement ivres! Et M. Graham, convaincu que c'est bien Myers qui se révèle dans les messages complémentaires dont j'ai parlé, déclare néanmoins que de tenter d'en obtenir une réponse équivaut à peu près à « écrire une lettre dans l'obscurité et la remettre à un facteur tombant de sommeil qui la portera à travers un pays inconnu, hérissé d'obstacles et de bureaux d'octroi, à une adresse temporaire et changeante, et en rapportera des réponses dictées à un secrétaire illettré qui ne comprend pas toujours le sens de ce qu'il écrit »[1]. On conviendra

[1] J. W. GRAHAM, *New facts on our survival of death*. Hibbert Journal, jan. 1909, p. 265.

que c'est vraiment merveille si la correspondance aboutit, dans de telles conditions! S'il en est ainsi dans le cas du plus extraordinaire médium intellectuel de notre génération et d'un défunt qui avait voué sa vie à la solution de ce problème et était résolu à tout faire après sa mort pour se manifester à nous, — qu'en doit-il être dans les cas ordinaires, et de quelles illusions ne doivent pas se rendre dupes ces innombrables médiums, professionnels ou amateurs, qui s'imaginent que les belles communications obtenues par leur moyen viennent tout de go des auteurs qu'elles affichent! J'en conclus que — même supposée établie la possibilité de rapports avec les désincarnés (et je rappelle que nous n'en sommes pas là, puisque, pour quelques savants qui l'admettent, bien d'autres, tout aussi compétents en ce domaine, en doutent fort ou la nient) — on n'a pratiquement aucune chance appréciable, dans les séances spirites courantes, de tomber sur un message venant réellement de l'Esprit prétendu, plutôt que sur des compositions apocryphes issues de l'officine subliminale du médium et des assistants. C'est pourquoi les innombrables groupes dits « d'études psychiques » ou « d'expérimentation » qui se réunissent en catimini autour d'un guéridon, dans toutes les classes de nos sociétés civilisées, ne subsistent que grâce à leur ignorance des faits élémentaires de notre nature. Le jour où ils se rendront compte qu'ils ne font que de l'ouvrage de singes (c'est le cas de le dire), — et qu'en croyant interroger l'Invisible ils soulèvent simplement la poussière de leur passé ou les nuages de leurs rêvasseries, et sont en voie de détraquement mental, — il est probable qu'ils cesseront de fonctionner. A moins qu'ils ne se transforment en sociétés d'analyse psychologique sérieuse, mais c'est bien improbable, car leurs réunions y perdraient ce qui en fait le principal attrait, à savoir le piquant du mystère et la titillation du flirt avec l'Au-delà. Mais je m'aperçois que je vais ressassant ce que j'ai dit ailleurs en meilleurs termes (*Des Indes,* p. 395-396), et je ne puis mieux faire que de le reproduire pour clore ce chapitre :

« ...Il est à craindre, pour les médiums et les spirites pratiquants, que lorsque leur hypothèse aura été scientifiquement démontrée, le résultat n'en soit fort différent de ce que beaucoup s'imaginent. Il pourrait bien arriver que le culte du guéridon, l'écriture mécanique, les séances et tous autres exercices médianimiques reçussent précisément leur coup de mort de la reconnaissance officielle des Esprits par la science. Supposons, en effet, que les recherches contemporaines aient enfin prouvé clair comme le jour qu'il y a des messages venant réellement des désincarnés : il ressort déjà de ces mêmes recherches, avec non moins d'évidence, que dans les cas les plus favorables les messages véritables sont terriblement difficiles à démêler de ce qui n'est pas authentique. Ils se présentent noyés dans une si formidable mixture de confusions, d'erreurs, d'apparences illusoires de toutes sortes, que vraiment c'est une folle prétention que de vouloir, dans un cas donné, assigner ce qui proviendrait véritablement des désincarnés, et le discerner avec certitude au milieu de ce qui doit être au contraire attribué aux souvenirs latents du médium, à son imagination subconsciente, aux suggestions involontaires et insoupçonnées des assistants, à l'influence télépathique de vivants plus ou moins éloignés, etc. Quand les gens auront compris que ce triage est presque toujours au-dessus de notre pouvoir, ils se dégoûteront peut-être d'expériences où ils ont quatre-vingt-dix-neuf chances contre une d'être dupes d'eux-mêmes ou d'autrui, et où, chose encore plus vexante, même s'ils avaient le bonheur de tomber sur la centième chance, ils n'auraient aucun moyen certain de le savoir!

On ne voit guère de gens chercher de l'or dans les sables de l'Arve, où il y en a pourtant, parce que le jeu ne vaut pas la chandelle et que nul ne se soucie de remuer tant de boues pour une paillette problématique; et cependant nous possédons des pierres de touche et des réactifs permettant de reconnaître à coup sûr le précieux métal de ce qui n'est pas lui! Pareillement — à moins que les désincarnés ne daignent nous octroyer un réactif commode, une pierre de touche magique, pour distinguer leur présence réelle de toutes les admirables contrefaçons auxquelles les facultés subliminales exposent sans cesse les médiums et leur entourage, — il me paraît probable que les pratiques spirites perdront de plus en plus de leurs charmes à mesure que la science mettra mieux en lumière la rareté des purs messages authentiques et la quasi-impossibilité de les reconnaître en fait. Il est vrai qu'aux enfants le similor et le strass feront toujours le même effet que des bijoux véritables... »

CHAPITRE X

Esprits et Médiums.

Conférence faite à l'Institut général Psychologique, à Paris, le 24 mars 1909.

[Cette Conférence a paru dans le Bulletin de l'Institut général Psychologique, t. IX, p. 357-390 (juin 1909). Quelques spirites de l'étranger [1] ont vu, dans certains passages de ce discours, surtout dans les dernières pages, une preuve de ma « conversion au spiritisme » ! On croit facilement ce qu'on désire, dit le proverbe. Il faut pourtant, ce me semble, une fameuse dose de bonne volonté — ou de distraction — pour trouver une profession de foi spirite dans le simple fait de reconnaître que la question n'est pas scientifiquement tranchée, et d'insister sur la nécessité logique de laisser la porte ouverte aux recherches futures. Afin que le lecteur que cela intéresserait puisse en juger par lui-même, je reproduis textuellement ici cette Conférence, bien qu'elle fasse en plusieurs points double emploi avec d'autres paragraphes du présent volume.]

Mesdames, Messieurs,

A mesure que ce jour approchait, j'ai plus vivement senti l'imprudence que j'avais commise en cédant aux instances trop flatteuses de notre vice-président, M. Youriévitch, et en m'engageant à vous entretenir d'un sujet aussi épineux que les Esprits et les Médiums. En cet instant, je réalise tout le ridicule de ma situation et me demande comment j'ose aborder un pareil domaine dans une capitale qui compte tant de maîtres experts en la matière, savants illustres ou simples amateurs, tous infiniment mieux qualifiés que moi pour en parler à cette place. Si encore je vous apportais quelques faits inédits, une théorie originale, ou de nouveaux aperçus puisés dans des expériences personnelles; mais non, j'en suis réduit à la banalité de mon impression générale fondée sur le peu que j'ai vu, lu, ou entendu raconter; impression bien incertaine, dont je ne serais

[1] Voir par exemple G. Senigaglia, *Il caso Flournoy.* Filosofia della Scienza, rivista mensile (Palermo), du 15 décembre 1909, p. 11.

nullement étonné qu'elle soit très fausse au bout du compte ; et, qui pis est, impression superficielle et tout extérieure, car je ne connais que du dehors, hélas! les choses dont il s'agit, n'étant pas moi-même médium pour un liard... Mais l'heure n'est plus aux hésitations. Me voici sur la sellette, il faut m'exécuter.

I

Lorsque, ignorant des phénomènes d'automatisme et introduit par curiosité dans quelque groupe spirite, l'on assiste pour la première fois à une séance de table ou d'écriture, on y éprouve d'ordinaire le sentiment désagréable de quelque chose de louche, le soupçon que parmi les assistants doit se trouver un mauvais plaisant qui remue la table sans en avoir l'air, ou que le prétendu médium écrivain se moque du monde en disant n'être pour rien dans les griffonnages de son crayon. Bientôt cependant, par la répétition des séances, la connaissance plus complète des participants et de leur indubitable sincérité, l'étrangeté des messages obtenus — peut-être aussi par un commencement d'expérience personnelle en essayant de tenir soi-même le crayon ou de s'asseoir seul au guéridon — on arrive à la certitude qu'il n'y a ni feinte ni supercherie en tout cela. Et comme ces phénomènes ont un sens, expriment des idées, manifestent des sentiments et des intentions, bref, révèlent la présence d'intelligences ou personnalités comme la nôtre, il faut bien se rendre à l'évidence qu'on a affaire à des esprits, et à des esprits différents de toutes les personnes présentes, puisqu'aucune de celles-ci ne se reconnaît pour l'auteur de ces communications graphiques ou typtologiques inattendues.

C'est ainsi que se reproduit presque inévitablement, chez ceux qui commencent à s'occuper de médianimisme, une phase de croyance qui fut brillamment représentée sur notre continent, il y a deux générations à peine, par la philosophie et les écrits d'Allan Kardec, le fondateur du spiritisme français.

On peut dire qu'en son essence la doctrine de cet auteur — l'attribution des messages médiumniques aux « Esprits » — est la conclusion parfaitement logique de deux prémisses très simples, à savoir : 1° que tout phénomène intelligent a une cause intelligente ; et 2° que les messages fournis par un médium ne peuvent pas provenir du médium lui-même, ou des autres personnes présentes, ni lui ni elles n'ayant conscience d'en être les auteurs. Chose curieuse, de ces deux prémisses Allan Kardec crut nécessaire d'insister sur la première comme sur un principe qu'il fallait proclamer envers et contre tous[1], alors qu'elle n'est qu'une sorte de truisme, la vérité la moins discutée du monde, puisque c'est par elle que nous justifions notre foi instinctive à l'existence psychique de nos semblables derrière leurs paroles et leurs phénomènes d'expression; au contraire il passa la seconde sous silence, tant elle lui semblait allant de soi et impossible à mettre en doute un seul instant. Cela montre à quel point régnait alors sans conteste, dans le grand public comme dans les hautes sphères de la philosophie spiritualiste officielle, le dogme de l'unité et de la simplicité indéfectibles du Moi, ou de la complète adéquation entre l'individu humain et sa personnalité consciente.

Ce dogme supposé admis, on ne peut qu'admirer le parfait bon sens d'Allan Kardec et approuver sa logique, qui est encore celle de tous les groupes spirites. Le seul point obscur serait de savoir *qui* sont ces Esprits indépendants auxquels le médium ne fait que servir d'intermédiaire passif. Pour Kardec et ses disciples, ce sont les Esprits des morts, les désincarnés. Pour les diverses écoles théologiques, théosophiques, occultistes, etc., ce peuvent être d'autres habitants encore de l'Au-delà, tantôt supérieurs, tantôt inférieurs, ou même étrangers à notre règne humain, des anges ou des démons, des élémentals et des élémentaires, des coques et larves astrales, etc. Aucune secte n'a songé à en faire des Esprits éphémères, naissant juste pour la circonstance et ne préexistant ni ne survivant à la durée même de leur manifestation effective; car d'où viendraient-ils? Ce serait trop irrationnel de les faire surgir du néant, par une création spontanée bientôt suivie d'annihilation; et quant à les faire surgir du médium lui-même, par des processus *spiritogènes* pour ainsi dire, dont il serait le siège à son insu, ce serait contraire précisément à cet axiome sous-entendu, que nous ne pouvons être l'auteur de choses dont nous n'avons aucun sentiment d'être l'auteur.

Malheureusement pour le raisonnement constitutif du spiritisme, cette supposition — de la simplicité de l'individu psychique et de son identité avec la conscience qu'il a de lui-même — est passée de mode aujourd'hui. Depuis le temps où Allan Kardec tablait sur elle sans même songer à la mentionner, les découvertes de la science positive l'ont cruellement battue en brèche, en montrant que notre Moi, quelle que soit au demeurant son essence métaphysique, présente une multiplicité empirique, une puissance de métamorphoses observables, une richesse de coulisses et de

[1] Voir l'épigraphe qu'il mit en tête de sa *Revue Spirite* et qui y figure encore aujourd'hui : « Tout effet a une cause. Tout effet intelligent a une cause intelligente. La puissance de la cause intelligente est en raison de la grandeur de l'effet. »

doubles fonds, dont le grand prophète du spiritisme n'avait aucune idée et qui rendent ses démonstrations bien caduques maintenant.

Rappelons brièvement, en les groupant sous deux ou trois chefs d'ailleurs connexes, les progrès que nous avons faits depuis un demi-siècle dans l'étude de la nature humaine et de son étonnante complexité; et notons à ce propos, comme un de ces piquants contrastes dont l'histoire nous offre tant d'exemples, que la plupart de ces progrès ont été accomplis dans la patrie même d'Allan Kardec, grâce à cette incomparable école française de psychologie expérimentale et pathologique, née des Taine et des Charcot, et où brillent tant de vivants illustres que je n'en nomme aucun, le temps me faisant défaut pour les nommer tous.

1° Ce sont d'abord les expériences d'hypnotisme. Elles nous ont appris qu'un sujet parfaitement sain d'apparence, mis dans un certain état spécial, peut, sans en garder aucun souvenir une fois revenu à son état normal, jouer les rôles les plus variés, et les plus différents de son caractère ordinaire, avec une aisance et une perfection qu'on n'eût point attendues de lui. A la moindre suggestion qui lui en est faite, il devient tour à tour petite fille s'amusant avec sa poupée, Napoléon Ier donnant des ordres de bataille, nourrice allaitant un bébé, voire lapin broutant l'herbe ou lion rugissant et prêt à bondir, etc. Tout cela est maintenant trop connu pour qu'il soit besoin d'insister. Or, personne, que je sache, même parmi les sectateurs les plus obstinés d'Allan Kardec, n'a jamais soutenu que l'autre monde fût impliqué dans ces phénomènes de personnification (ou d'« objectivation des types », suivant l'expression de Richet), et que ce soit vraiment l'esprit désincarné de Napoléon, d'une nourrice, ou d'un lapin, qui revienne inspirer les paroles et la mimique du sujet hypnotisé.

Mais alors, comment être sûr que tant de prétendues incarnations spirites, tant de soi-disant messages de l'Au-delà qui remplissent les séances de table et d'écriture, ne sont pas simplement des phénomènes du même ordre, des produits de l'imagination du médium, suggestionné par le milieu même où il fonctionne et où règne l'attente de ces manifestations extra-terrestres? Serait-il psychologiquement plus difficile, à cette curieuse faculté « histrionique » que nous possédons tous au moins en germe, de simuler l'esprit d'un défunt revenant consoler ou prêcher les vivants de sa connaissance, que d'imiter tel autre type concevable et jusqu'à des animaux?

Je ne prétends certes pas d'emblée que tout le spiritisme se ramène à cette fabrication de pastiches, et que les désincarnés ne puissent peut-être se servir de la suggestibilité ou de la passivité des médiums pour se communiquer à nous. Je dis seulement que les interprétations des spirites ne sauraient plus être acceptées telles quelles, sans critique, et avec la même confiance imperturbable qu'à une époque où l'on ne soupçonnait point encore cette diversité d'aspects que l'individu peut revêtir sous l'influence des suggestions extérieures ou de sa propre imagination.

2° A leur tour, les phénomènes spontanés de dissociation psychique, de personnalités multiples, etc., que la pathologie mentale a signalés en ces dernières années, nous montrent sous une nouvelle face cette aptitude de notre nature à prendre l'apparence illusoire d'entités foncièrement différentes se traduisant par un même organisme matériel.

Rappelez-vous, par exemple, le fameux cas des demoiselles Beauchamp si bien étudié par Morton Prince[1]. Pour l'état civil comme pour la zoologie, il n'y avait là qu'une seule et unique Miss Beauchamp; mais pour l'observation psychologique et la pratique de la vie, c'était bien réellement, en dépit de l'identité physique, une collection de personnes différentes animant successivement ou se disputant simultanément le même corps. Jamais gens vivant sous le même toit n'eurent, je crois, de caractères et de tempéraments plus disparates, n'offrirent un plus criant antagonisme, éclatant en conflits parfois tragiques, que les membres de cette singulière famille, où le Dr Prince nous dépeint une véritable Sainte, un Démon quasi infernal, et une jeune Femme qui n'est ni l'une ni l'autre, sans parler de figures secondaires moins accusées. L'hypothèse d'une pluralité d'âmes distinctes pourrait, à la lettre, se soutenir dans ce cas, n'étaient deux points indiquant bien qu'au fond c'est encore un seul et même individu qui est en jeu et qui sert de support à tous ces rôles opposés:

C'est d'une part l'analyse psychologique de ces divers caractères, qui nous les montre en quelque sorte complémentaires, trahissant ainsi une unité fondamentale, comme les fragments épars d'une statue brisée.

C'est d'un autre côté l'histoire et la psychogenèse du cas, où l'on voit en effet la personnalité primitive de Mlle Beauchamp se rompre en morceaux pour ainsi dire, sous l'action de chocs moraux trop rudes pour elle, puis se reconstituer lentement au cours des années, grâce aux soins ha-

[1] *The Dissociation of a Personnality*. New-York et Londres, 1906. Voir, en français, la communication préliminaire de Morton Prince au Congrès de Psychologie de Paris en 1900 (Comptes rendus, p. 194). — Je renonce naturellement à entrer dans le détail des faits d'hypnotisme, d'hystérie, d'altérations de la personnalité, etc., pour lesquels je renvoie aux ouvrages classiques de Binet, Janet, Ribot, Richet, etc.

biles du Dr Prince, et finir par retrouver son individualité totale, conciliant dans une synthèse supérieure tous ces éléments si longtemps disjoints.

Comme un cristal se fend sous le marteau suivant certains plans de clivage déterminés, de même l'être humain, sous le coup d'émotions excessives, se fractionne parfois suivant certains champs de moindre résistance ou les grandes lignes structurales de son tempérament : une scission se produit entre les virtualités opposées dont l'harmonieux équilibre constituerait l'état normal idéal, le sérieux et la gaieté, les tendances optimistes et les pessimistes, la bonté et l'égoïsme, les instincts de pudeur ou de lascivité, le goût de la solitude et la passion de la nature ou le besoin de la société et l'attrait de la civilisation, etc., etc. Or ces phénomènes de contraste, de polarisation psychique, sont précisément ce qui souvent nous frappe dans les manifestations médianimiques comparées au tempérament habituel du médium ; en sorte que les différences où les spirites voient la preuve éclatante d'une distinction absolue entre les Esprits et leur soi-disant instrument, éveillent au contraire chez le psychologue le soupçon irrésistible que ces prétendus Esprits pourraient bien n'être que des produits de division du médium lui-même.

3° Enfin, même à l'état normal, la complexité de l'âme humaine s'impose à nous chaque jour davantage dans cette région, si captivante, qui entoure notre moi pleinement conscient comme d'un clair-obscur ou d'une pénombre aux limites flottantes, où s'agite une masse de pensées confuses, de souvenirs effacés et de vagues rêveries, de désirs, soucis, regrets, préoccupations et penchants contradictoires, refoulés par les affaires du moment, mais prêts à surgir au moindre appel de l'association des idées, et se manifestant souvent au dehors à notre insu, pour peu que notre attention se relâche. Que de menus faits d'automatisme émaillant notre vie journalière — petites inadvertances, confusions de noms, oublis, lapsus *linguæ* et *calami*, intonations de voix singulières ou gestes déplacés, etc., — qui passent généralement inaperçus ou sont tenus pour fortuits, mais où une analyse plus attentive peut découvrir les symptômes significatifs de processus à peine conscients se déroulant dans la profondeur ! C'est le domaine de ce que Freud de Vienne et son école ont si bien baptisé « la psychopathologie de la vie quotidienne »[1].

Il se peut que ces savants poussent parfois l'ingéniosité trop loin dans leur façon d'expliquer les moindres incidents ou accidents physiologi-

[1] Freud, *Zur Psychopathologie des Alltagsleben*, Berlin, 1904.

ques. — Par exemple, si la langue vous fourche en parlant d'une connaissance éloignée, et que vous lui attribuiez à tort le prénom d'une autre personne de son entourage, c'est évidemment que vous avez gardé de cette dernière une impression inavouée, sinon inavouable, tout au fond de vous-même! Si votre valet de chambre, en époussetant le salon, casse un bibelot qu'il sait vous être particulièrement cher, il sera sans doute sincère en disant qu'il l'a fait « sans le vouloir », mais cela n'empêche pas que sa maladresse ne soit l'expression de quelque sourd mécontentement, qui a profité d'un instant de distraction de sa part pour imprimer trop d'énergie au plumeau, une petite vengeance sociale subconsciemment bien calculée du serviteur contre le maître... — Je ne sais si de telles explications sont toujours vraies dans les cas particuliers, mais leur principe général est certainement juste, à savoir qu'il faut autant que possible interpréter psychologiquement, par le contenu multiple de notre esprit, les phénomènes automatiques qu'une vue plus superficielle serait facilement portée à considérer comme de simples caprices du hasard, ou parfois — pour en revenir à nos moutons — comme des interventions de désincarnés.

Mais peut-être, en songeant aux communications spirites, trouverez-vous étrange que je prétende les ramener à ce méli-mélo d'éléments de toutes sortes qui grouillent confusément dans les marges de notre conscience. Comment ce fouillis chaotique pourrait-il engendrer des messages précis, clairement formulés, parlant à la première personne, exprimant des idées et des volontés propres, manifestant en un mot, avec la dernière évidence, des Esprits distincts et différents du médium, au point qu'ils le contredisent et lui tiennent tête parfois de la façon la plus obstinée? — Si incroyable que la chose paraisse, c'est pourtant là un fait d'expérience dont je pourrais citer maints exemples. Laissez-moi m'en tenir à un seul, que j'ai déjà publié il y a quelques années, mais qui est assez typique et instructif pour que je vous le rappelle sommairement.

[Il s'agit du cas de M. Michel Til; voir plus haut, p. 276-280.].

Vous voyez par ce petit exemple que chez les gens qui s'adonnent aux exercices spirites — traduisez : qui s'abandonnent à un certain état de passivité dans l'idée de servir d'instruments aux Esprits — l'amas subconscient de souvenirs et de préoccupations de tout genre, accumulé au cours de la vie, suffit à engendrer des messages qui ont tout l'air de venir de personnalités étrangères. Quant à expliquer le phénomène, et à dire comment il se fait que, moyennant un peu de laisser-aller de notre part, les vagues tendances flottant dans les marges de notre moi en viennent à se « personnaliser » séparément, au point de constituer de véritables Esprits momentanés possédant un Je distinct du nôtre, quitte à le perdre l'instant d'après et à se fondre de nouveau dans le brouillard de nos arrières-plans, — c'est un autre problème dont l'examen m'entraînerait trop loin maintenant. Nous pouvons, si vous voulez, dire avec M. W. James que « toute conscience tend vers la forme personnelle », ou faire du caractère de *Ichheit* (suivant l'expression allemande) ou de *Moi-ité,* le trait inaliénable, universel, de toute réalité; en sorte que les éléments que nous cessons de maintenir sous le spectre de notre attention tendent aussitôt, comme dans le rêve, à former une personne indépendante et un *Moi* pour eux-mêmes. Quoi qu'il en soit des explications ultimes, le fait est qu'il y a en nous des fonctions ou processus spiritogènes (ou spiritoïdes, comme dit Boirac[1]) dont les produits éphémères sont singulièrement difficiles à distinguer des prétendus Esprits permanents du spiritisme!

Ce qui contribue encore à l'illusion, c'est que, pour peu qu'on les questionne sur leur identité, ces soi-disant personnalités étrangères ne manquent pas, conformément à l'attente du médium et de son entourage, de se donner pour des défunts, ce qui naturellement ne saurait, la plupart du temps, être vérifié ni réfuté en toute certitude. Je pourrais toutefois vous citer bien des cas où les prétendus morts se trouvaient contre toute prévision encore parfaitement vivants. On sait que les spirites expliquent ces communications trompeuses en les mettant au compte d'Esprits farceurs; mais une analyse un peu attentive montre bientôt, comme dans l'aventure de M. Til, qu'il n'y a pas là d'autre Esprit farceur que le médium lui-même: ce sont ses émotions, ses désirs ou ses craintes, ses raisonnements, etc., bref des éléments bien reconnaissables de sa propre nature, qui font tout le contenu des messages, en dépit de leur forme personnelle où semble se révéler quelqu'un d'autre parlant par son intermédiaire.

En résumé, au cours de ce dernier demi-siècle, les expériences d'hypnotisme, l'étude des altérations spontanées de la personnalité, et l'observation même de nos processus psychologiques courants, ont révélé dans l'âme humaine une complexité de nature, et des possibilités de dissociation intérieure ou de polymorphisme, dont on ne se doutait guère à l'époque d'Allan Kardec, et qui ont totalement ruiné l'axiome servant tacitement de pilier principal à sa théorie. Il ne suffit plus qu'un individu n'ait pas conscience d'être l'auteur des manifestations surprenantes dont

[1] E. Boirac, *La Psychologie inconnue*, Paris 1908.

il est le théâtre, pour en conclure qu'il sert vraiment de canal ou d'instrument à des Esprits indépendants. L'attitude passive, sorte d'abdication de soi-même, qu'adopte le médium dans l'espoir de favoriser l'arrivée des Esprits, tend tout naturellement à abolir le sentiment d'*initiative*, de causalité personnelle, d'activité productrice, de contrôle volontaire — appelez comme vous voudrez cette donnée immédiate de l'expérience interne — qui normalement accompagne l'exercice de notre pensée et jusqu'à un certain point les créations de notre fantaisie. Mais la perte de ce sentiment n'empêche pas le moins du monde les processus psychiques inférieurs de continuer leur train, même de plus belle, à l'insu du sujet, et d'engendrer des produits qui semblent s'imposer à lui du dehors, alors qu'ils sortent de son propre fonds et n'ont pas d'autre auteur que lui-même.

De-là la nécessité d'une grande prudence avant d'attribuer aux désincarnés les messages qui ont tout l'air d'en provenir, et la légitimité, chez l'observateur impartial des phénomènes de médiumnité, d'une attitude critique dont s'offusquent bien à tort les partisans du spiritisme vraiment désireux que la science s'occupe d'eux.

II

Tous les cas, il est vrai, ne sont pas aussi simples et transparents que celui de M. Til. Les créations médiumniques paraissent souvent en telle contradiction avec les capacités naturelles du médium, qu'il semble absurde de l'en rendre responsable sans la collaboration des Esprits désincarnés. Et après tout, je ne vois aucune nécessité de nier à priori la *possibilité* d'interventions spirites dans les messsages stupéfiants qu'on voit parfois se produire aux séances. Seulement, avant de passer de la possibilité de la chose à l'affirmation de sa *réalité*, il faudrait d'abord avoir tenu compte, plus que ne le font généralement les habitués de ces séances, des illusions et complications pouvant jaillir de diverses sources purement terrestres, dont les principales sont, d'une part, nos processus de mémoire et d'imagination subconscientes, et d'autre part la transmission au médium de renseignements provenant, non point des désincarnés, mais tout bonnement des vivants de son entourage plus ou moins étendu. Je reprends rapidement ces deux points.

1° A peine ai-je besoin d'insister sur les tours si connus que la mémoire latente, la *cryptomnésie*, peut jouer aux médiums. Le stock de souvenirs dont nous disposons librement est bien maigre auprès du trésor d'impressions recueillies au cours des années et dormant au fond de nous-mêmes. Ne voit-on pas en certaines circonstances — intoxications, maladies fébriles, accidents cérébraux, états d'hypnose ou de somnambulisme spontané, etc. — remonter des profondeurs mystérieuses de l'individu des choses lointaines qu'on eût crues mortes depuis longtemps, et qui, reprenant vie tout à coup, ne sont parfois pas du tout reconnues par le patient lui-même ni par les assistants ?

Vous savez le cas de cette vieille dame qui, prise de délire au cours d'une pneumonie, se mit à parler soudain un idiome inconnu, lequel après enquête se trouva être de l'hindoustani, qu'elle n'avait plus parlé ni entendu autour d'elle depuis qu'on l'avait amenée des Indes en Angleterre, à l'âge de quatre ans, deux tiers de siècle auparavant[1]. Supposez que cette personne, prenant part à une réunion spirite, eût présenté le même phénomène en trance, n'eût-on pas crié au miracle, je veux dire à l'incarnation momentanée en elle de quelque brahme défunt ? Et que de visions médiumniques, de dictées typtologiques ou graphiques, d'abord prises pour d'authentiques révélations de l'Au-delà, et qui ensuite se sont trouvées n'être que la reproduction de récits entendus d'une oreille distraite quelques jours auparavant, d'avis mortuaires ou de faits divers aperçus du coin de l'œil dans les journaux et subconsciemment enregistrés ?

Un médium peut être de la meilleure foi du monde en déclarant que le contenu de tel message lui était absolument inconnu, et il paraîtra invraisemblable, en effet, qu'il en ait jamais eu connaissance : ces arguments négatifs ne sont point une preuve péremptoire que le message en question soit autre chose qu'un cliché, jadis absorbé par la vue ou l'ouïe du médium en quelque circonstance qu'il ne remarqua même pas. Rien n'est plus difficile que d'établir que tel fait déterminé n'a pas pu, une fois ou l'autre, parvenir à la connaissance de telle personne donnée, qui l'a ensuite totalement oublié et le reproduit sans le savoir dans un accès d'automatisme médiumnique. Le public spirite, malheureusement, ignore en général ces vérités élémentaires, et prend candidement pour une manifestation de l'Au-delà ce qui n'est bien souvent qu'un vulgaire phénomène de cryptomnésie.

L'imagination à son tour vient joindre ses fantasmagories à l'enchevêtrement des souvenirs oubliés. La folle du logis, même à l'état de veille et chez les personnes les moins médiums, se tient rarement tranquille. Que de gens, surtout dans l'enfance et la jeunesse, quelquefois toute la

[1] H. Freeborn, *Temporary reminiscence of a long-forgotten language during the delirium of bronchopneumonia.* Lancet, du 14 juin 1902, I, p. 1685. — Reproduit en abrégé dans Journal S. P. R., oct. 1902, p. 279.

vie, ont la manie de se « raconter des histoires » dès que les choses du dehors leur en laissent le loisir, surtout le soir avant de s'endormir ou le matin au réveil avant de se lever. Dans la journée également, on sait combien les occupations routinières, le fait de faire sa toilette, de s'habiller et de se déshabiller, d'être en route pour aller à ses affaires, bref toutes les fonctions quotidiennes que l'habitude a rendues plus ou moins mécaniques, laissent le champ libre à la rêverie. Cela est particulièrement le cas chez les écoliers pendant l'ennui des heures de classe interminables, chez les jeunes filles et les femmes livrées à la monotonie des travaux domestiques. Rien ne facilite autant que ces états d'attention extérieure relâchée, l'élaboration intérieure de ces « romans personnels » où l'on joue ordinairement le beau rôle et où l'on se dédommage, dans les enchantements du rêve à demi éveillé, des ternes ou pénibles réalités de l'existence courante.

Chez les médiums, l'imagination devient fréquemment une puissance créatrice de premier ordre, en fait d'abondance, sinon de qualité. Qu'il me soit permis de rappeler à ce propos le cas de Mlle Smith qui, outre ses romans d'existences antérieures, aussi incontrôlables qu'invraisemblables, dans la peau d'une princesse hindoue, puis de la reine Marie-Antoinette, a créé de toutes pièces de prétendues langues planétaires, extraterrestres, lesquelles, analysées d'un peu près, ne sont que d'amusants travestissements du français [1]. Les mystères de l'astronomie, comme jadis l'astrologie, sont un des sujets les plus aptes à mettre en branle l'imagination populaire. Songez aux maisons de Jupiter dessinées par Sardou lorsqu'il était médium ; et au cas récent, observé par Hyslop en Amérique [2], de Mme Smead qui a fabriqué, elle aussi, un roman martien, dessiné les gens et les bâtiments de la planète Mars et écrit (mais non encore traduit) la langue qui s'y parle, tout cela indépendamment, paraît-il, de l'exemple de Mlle Smith.

Ce qui frappe surtout dans ces jeux de la fantaisie créatrice des médiums, c'est leur caractère enfantin, puéril, et, pour tout dire, terriblement niais si l'on y voit l'œuvre d'une grande personne raisonnable et posée. On s'étonne vraiment qu'un sujet adulte, bien portant, intelligent et remplissant ses fonctions sociales d'une manière normale, puisse perdre son temps à inventer les langues en usage sur les autres astres ! Mme Smead, femme très cultivée et distinguée d'un clergyman anglican, et Mlle Smith,

---

[1] Voir *Des Indes à la Planète Mars*, Genève, 1900, et *Nouvelles observations sur un cas de somnambulisme avec glossolalie*, Genève, 1902 ; ainsi que V. Henry, *Le langage martien*, Paris, Maisonneuve, 1901.

[2] Voir plus haut, p. 388.

modeste employée gagnant humblement sa vie par son travail journalier, appartiennent certes à des milieux assez différents; et cependant leurs deux romans martiens, sans offrir la moindre correspondance dans les détails, présentent exactement la même tonalité enfantine, le même cachet de naïveté ou de niaiserie puérile. On dirait que le médium qui écrit ou compose n'est plus la personnalité évoluée et sérieuse que nous trouvons en lui à l'état de veille normale, mais une personnalité inférieure, arriérée, comme si l'état de médiumnité constituait un amoindrissement mental, une sorte de régression de tout l'être ou de rechute à un niveau depuis longtemps dépassé.

Cette particularité est peut-être ce que les productions médianimiques nous ont révélé de plus instructif au point de vue psychologique, par le jour que cela jette sur notre constitution et son mode de formation. De même que les tumeurs organiques résultent probablement de cellules restées ou revenues à l'état embryonnaire et qui se mettent à proliférer indûment, de même les romans somnambuliques semblent être des excroissances anormales de la personnalité du médium, retombée à un stade primitif où elle retrouve tout l'entrain au jeu, l'exubérance d'imagination, qui est le propre du jeune âge. Ces beaux déploiements de vitalité désordonnée, qui seraient normaux et de saison pendant la période de l'enfance, cessent de l'être et deviennent facilement morbides quand ils se produisent hors de temps, à un moment où l'individu déjà spécialisé aurait besoin de toutes ses forces pour poursuivre le développement réfléchi de sa personnalité morale au milieu des réalités de la vie.

2° La seconde source de complications que j'ai en vue est la *télépathie* ou transmission mentale, qui fournit au médium des informations qu'il ne possédait point, et dont l'entourage spirite fait naturellement honneur aux désincarnés alors qu'elles viennent en réalité de personnes vivantes.

Je prends ici le terme de télépathie, en dehors de toute hypothèse explicative, comme simple désignation pour le fait brut que bien des révélations automatiques qui sont stupéfiantes de la part du médium, cessent de l'être lorsqu'on tient compte des assistants. Quant à dire si la transmission de ces derniers au premier a lieu par des moyens normaux fonctionnant inaperçus (chuchotements involontaires, pressions inconscientes des assistants sur la table, phénomènes d'expression divers), ou par des ondulations ignorées allant directement d'un cerveau à l'autre comme une sorte de télégraphie sans fil (télépathie physique), ou par une communication purement psychique d'âme à âme (télépathie mystique), ou par l'intermédiaire d'agents occultes, etc., — c'est une autre question que je n'aborde pas ici. Je ferai comme M. Bourget qui, ayant présenté sa petite pendule de voyage à Mme Piper, l'illustre médium bostonien, dont il était inconnu, en reçut des renseignements exacts sur la provenance de cette pendule et la mort tragique de son précédent propriétaire : comme ces renseignements ne dépassaient pas ce qu'il savait déjà, il ne se crut pas autorisé à y voir la présence du défunt lui-même, et il conclut simplement que « l'esprit a des procédés de connaître non soupçonnés par notre analyse ».

Sans doute, si les révélations médiumniques n'avaient jamais lieu que pour des faits concernant les désincarnés, on serait en droit d'inférer que ceux-ci y sont bien pour quelque chose, et le spiritisme aurait gain de cause; mais il existe nombre de cas tout semblables où il ne s'agit aucunement de morts ni de mourants. M. Andrew Lang, entre autres, a publié des cas où une personne pratiquant la cristalloscopie voit apparaître dans sa boule de verre des scènes ou des localités inconnues d'elle, mais auxquelles pensent, ou que du moins connaissent, d'autres personnes présentes dans le même salon; et il a même observé des exemples de télépathie indirecte ou « télépathie à trois » [1], qui montrent que les phénomènes de conscience d'un individu vivant peuvent se transmettre à la subconscience d'un autre, lequel ne s'en doute même pas, et par cette sorte de pont atteindre une troisième personne chez qui ils surgissent en visions, dictées par la table, écriture automatique, etc. Or nous ne savons pas jusqu'où s'étend ce mystérieux domaine de la télépathie entre vivants, et quelles sont les limites, s'il y en a, au delà desquelles nous cesserions de pouvoir agir les uns sur les autres.

Les spirites, il est vrai, ont imaginé un expédient fort ingénieux pour introduire les Esprits là même où l'on n'y eût point songé : c'est de dire que la télépathie entre vivants, n'étant assurément pas encore expliquée (non plus que la gravitation universelle), aurait lieu grâce aux bons offices des désincarnés, qui serviraient ainsi de pigeons voyageurs, de facteurs postaux ou d'intermédiaires mystiques quelconques entre les incarnés.

On ne saurait réfuter absolument cette hypothèse, qui n'a rien d'impossible en soi, mais qui présente le grave défaut méthodologique de « multiplier les causes sans nécessité », en ne faisant que reculer la difficulté. Car si l'intervention des désincarnés est nécessaire pour expliquer les faits de télépathie entre gens incarnés, comment expliquera-t-on les rapports des désincarnés eux-mêmes soit entre eux, soit avec les incarnés, sinon en invoquant derechef entre tous ces esprits une faculté de

---

[1] Andrew Lang. *Miss Piper and Telepathy*, Proc. S. P. R., vol. XV, p. 50.

télépathie (soit physique, par des vibrations éthérées ou fluidiques; soit mystique, par communion immédiate des âmes, etc.), télépathie qu'il est alors plus économique de statuer directement entre les vivants, sans faire ce détour superflu par les Esprits des morts. Bref, quand on explique la télépathie par l'action des désincarnés, il faut bien expliquer cette action elle-même par une sorte de télépathie, et nous voilà dans un cercle.

Le meilleur moyen d'en sortir est de se borner, selon l'habitude de nos sciences, à formuler des lois empiriques. Nous pouvons dire, je crois, que la télépathie entre vivants, particulièrement entre les membres d'un groupe spirite et le médium, est une de ces lois, quoique bien vague jusqu'ici quant à ses conditions déterminantes. Le seul point qui me paraisse digne d'être relevé, parce qu'il s'observe souvent, c'est que les idées des assistants qui ont le plus de chance de se transmettre au médium sont celles qui se trouvent en quelque sorte à l'état naissant ou évanescent, je veux dire sur la limite entre la conscience et l'inconscience, en train de passer de l'une à l'autre. Bien des gens, allant consulter un médium, s'étonnent que le médium, qui ne leur dit rien des choses occupant le plus fortement leur pensée, leur révèle des détails auxquels ils ne songeaient absolument pas; cependant, en analysant de plus près leurs récits, on se rend compte que les circonstances du moment devaient précisément tendre à réveiller par association ces souvenirs endormis. De même qu'en chimie les corps « à l'état naissant » ont souvent des affinités plus puissantes, une tendance plus marquée à former de nouvelles combinaisons, qu'à l'état stable, de même on dirait que les processus psychiques en train d'éclore ou de s'éteindre dans la pénombre de la personnalité, ont plus de facilité de s'irradier à d'autres cerveaux que ceux qui se trouvent quasi immobilisés, soit au foyer de l'attention, soit dans les bas-fonds de la subconscience.

Ce n'est pas le lieu de m'étendre davantage sur les problèmes de la télépathie. Mon seul but, en y touchant, était de signaler une cause d'erreur trop souvent oubliée dans les séances spirites. Un médium personnifie un défunt, qu'il n'a jamais connu, d'une façon si admirable que cela emporte la conviction des assistants : ils ne songent pas que peut-être tel d'entre eux porte en lui tout un ensemble de souvenirs qui, à l'instant même où l'occasion les réveille et les fait s'organiser en un portrait du trépassé, se reflètent télépathiquement dans la subconscience du médium comme dans un miroir vivant, lequel traduit aussitôt en paroles et en gestes cette image d'emprunt, frappante sans doute de ressemblance, mais où le défunt n'est actuellement pour rien!

Combinez maintenant les caprices de la transmission mentale avec les produits auxquels la mémoire et l'imagination subconscientes peuvent donner naissance chez les assistants, et vous comprendrez à quelles complications imprévues on doit toujours s'attendre dans les séances spirites. Si extraordinaires que paraissent les révélations obtenues, il est terriblement difficile d'exclure la possibilité qu'elles soient simplement dues à un jeu d'actions et de réactions s'exerçant entre le médium en titre et les autres personnes présentes (qui sont souvent un peu médiums elles-mêmes sans qu'on s'en doute). Une certaine dose de scepticisme à l'endroit des interventions de désincarnés est assez pardonnable, dans ces conditions!

III

Mais voici venir une bien autre difficulté. — « Vous prétendez, me dira-t-on, que les soi-disant messages spirites peuvent se ramener, sans intervention réelle des désincarnés, à des processus spiritogènes plus ou moins compliqués, mais inhérents à notre nature et auxquels s'ajoute parfois tout au plus la télépathie des vivants. Passe encore pour les faits de médiumnité psychique ou intellectuelle dont chacun de nous, en s'observant bien, peut en effet découvrir les rudiments en lui-même, dans les jeux de ses rêves ou de son imagination. Mais que faites-vous des phénomènes de médiumnité dite physique : mouvements d'objets sans contact, lévitations, apparitions lumineuses, matérialisations de fantômes, etc.? Aucun de nous ne s'est jamais aperçu qu'il possédât la moindre trace de pouvoirs supranormaux de ce genre, ni ne se chargerait de remuer fût-ce une épingle sans le secours de ses doigts ou de son souffle. Si donc ce qu'on raconte dans ce domaine est vrai (et comment le mettre en doute en présence de tant de témoignages autorisés!), il faut bien que dans ces phénomènes au moins interviennent les Esprits désincarnés, ou des agents occultes quelconques, différents du médium lui-même. »

Je suis loin de méconnaître cette objection, et je n'essaierai pas d'y échapper en alléguant, selon la coutume, qu'aucun homme sérieux ne croit à ces billevesées, que tous les prétendus médiums à effets physiques sont des charlatans, que l'authenticité de tels phénomènes n'a jamais été scientifiquement établie, ni ne saurait l'être, étant contraire aux fondements mêmes et aux résultats les plus certains de nos sciences, et patati et patata. Ce n'est pas que je me porte garant d'emblée de toutes les histoires à dormir debout, ou à faire dresser les cheveux sur la tête, que les revues spirito-occultistes servent sans sourciller à un public avide de surnaturel. Mais je me rappelle le principe de méthode déjà formulé par Laplace à propos des faits du magnétisme animal, tenus pour incroyables par la plupart des savants de son temps, et qui, sous le nom d'hypnotisme, font aujourd'hui partie intégrante de notre science officielle :

« Nous sommes si éloignés de connaître tous les agents de la nature et leurs divers modes d'action, qu'il ne serait pas philosophique de nier les phénomènes uniquement parce qu'ils sont inexplicables dans l'état actuel de nos connaissances. Seulement, nous devons les examiner avec une attention d'autant plus scrupuleuse qu'il paraît plus difficile de les admettre. »

Je ne serais pas étonné que d'ici peu il n'en advienne, des faits de télécinésie et même de matérialisation, comme de la suggestion hypnotique : si difficile que cela nous semble d'admettre ces phénomènes parce que nous n'en entrevoyons guère l'explication, il sera bientôt plus difficile encore de les rejeter en traitant d'imposteurs, d'hallucinés ou d'imbéciles, les savants officiels toujours plus nombreux qui déclarent les avoir examinés avec la plus scrupuleuse attention et s'être convaincus de leur réalité. Il semble même que nous nous trouvions déjà, à cet égard, à un tournant bien curieux de ce que M. Grasset appelle les opinions préscientifiques. Vous devinez que je fais allusion à cette merveilleuse Eusapia Palladino, si bien étudiée il y a quelque vingt ans déjà par M. Richet, puis disqualifiée comme frauduleuse par les expérimentateurs anglais en 1895, et qui dès lors a pris une éclatante revanche en suivant les savants jusque dans leurs propres laboratoires, et en les mettant au défi, soit de deviner ses trucs, soit d'expliquer par la physique et la physiologie traditionnelles la production de ses inimitables performances.

Sans remonter plus haut que cette dernière année, faut-il vous rappeler tant de faits significatifs d'un changement complet d'attitude en train de s'effectuer dans le monde scientifique à l'endroit de la « phénoménologie palladinienne » ?

C'est tout d'abord le gros ouvrage de Morselli, professeur de psychiatrie à Gênes et l'un des grands chefs du positivisme italien, que ses études professionnelles et ses tendances philosophiques ne prédisposaient certes guère à tolérer des infractions aux cadres établis de la biologie, et qui, vaincu par l'évidence, se constitue un défenseur ardent des exploits d'Eusapia, y compris les matérialisations de fantômes![1] — Puis M. Barrett, le physicien irlandais, qui, à la suite de l'échec de la Palladino à Cambridge,

[1] Morselli, *Psicologia e Spiritismo*, 2 vol. Turin, 1908.

avait suspendu la publication d'un ouvrage basé en partie sur ses phénomènes, et qui, après douze ans d'attente, se hasarde à le faire enfin paraître, jugeant que les temps ont décidément changé[1]. — Et encore la Société psychique de Londres, laquelle, en dérogation à son principe de ne plus s'occuper des médiums qui ont été une fois pris en faute, se ravise tout à coup et délègue ses plus habiles observateurs auprès d'Eusapia pour l'étudier à nouveau (et le bruit court déjà qu'ils sont sortis convaincus de cet examen, ainsi que M. Carrington, le terrible pourfendeur des médiums d'outre-mer!). — Enfin, et pour ne pas allonger davantage, le remarquable rapport de M. Courtier sur les séances d'Eusapia à l'Institut général Psychologique; rapport si mesuré et si instructif, où l'on constate que des savants du premier ordre, tout en réservant avec une prudence académique leur verdict final, ont assisté dans d'excellentes conditions de contrôle à maints phénomènes absolument inexplicables pour eux.

Tous ces indices ne constituent assurément pas encore une preuve décisive de la réalité des phénomènes physiques supranormaux, et il se peut que ce soit l'explication par la fraude ou l'hallucination qui finisse un jour par l'emporter; mais en ce moment du moins, il semble que le vent souffle assez fort en faveur de ces faits pour qu'il ne paraisse pas trop déplacé de les prendre provisoirement en considération.

Admettons donc un instant, par hypothèse, la réalité des phénomènes de médiumnité physique, y compris les matérialisations. Ils nous posent aussitôt un double problème : celui de leur nature matérielle et celui des phénomènes intellectuels dont ils sont l'expression. D'une part, par exemple, en présence d'un fantôme authentique, il s'agirait de déterminer s'il a une anatomie, des tissus, des fonctions physiologiques, semblables aux nôtres; puis comment il est constitué au point de vue physico-chimique; enfin d'où tout cela est tiré, jusqu'à quel point cette création éphémère satisfait aux exigences de notre mécanique actuelle et se concilie avec le principe de la conservation de l'énergie, etc. D'autre part il y aurait à scruter le caractère, les facultés mentales, toute la manière de sentir ou de penser de cet être mystérieux, et à fixer leurs rapports possibles avec la personnalité du médium et des assistants.

De ces deux problèmes ou groupes de problèmes, le premier est du ressort des physiciens et physiologistes, et je le leur abandonne volontiers. Le second, qui relève de la psychologie, m'intéresse davantage, d'autant plus qu'il l'emporte finalement sur l'autre et domine toute la question

[1] Barrett, *On the treshold of a new World of Thought.* London, 1908.

de savoir ce que sont au fond, et d'où jaillissent en dernière analyse, ces mystérieux phénomènes.

En effet, — quand on aurait prouvé que toutes les forces ou les substances matérielles qui constituent l'apparition proviennent de l'organisme du médium (dont le poids et les ressources énergétiques diminueraient, je suppose, de tout ce que représente le corps du fantôme), — si la mentalité de ce fantôme était absolument différente de celle du médium et des assistants, cela appuierait la théorie théosophico-spirite, selon laquelle les phénomènes physiques sont dus à des entités de l'Au-delà qui ne font qu'emprunter au médium les matériaux nécessaires à leur manifestation. Au contraire,— quand bien même il serait établi que les fantômes ne prennent pas un atome d'énergie ou de matière au médium et sont des précipitations ou condensations directes du milieu ambiant, pondérable ou impondérable, — si leur individualité psychologique pouvait se ramener à celle du médium, on devrait en bonne méthode les regarder comme des créations ou des métamorphoses de ce dernier, sans aucune intervention de l'Au-delà. Bref, quel que soit le verdict de la physique et de la physiologie sur les phénomènes de matérialisation, télécinésie, etc., c'est en somme à la psychologie qu'appartiendra, je pense, le dernier mot sur la véritable origine et la genèse de ces phénomènes. (A plus forte raison si ce ne sont que des produits de fraude ou d'hallucination !) Inutile d'ajouter que nous sommes encore loin de ce dernier mot, puisque le premier, à savoir si ces faits sont réels ou non, n'est pas même définitivement prononcé. Mais encore une fois, supposons qu'ils soient réels, et voyons ce que nous pouvons inférer, quant à l'origine psychologique de ces manifestations, des deux ou trois cas les mieux attestés et qui ont fait le plus de bruit, j'ai nommé ceux de Crookes, de Richet et de Morselli.

A. Le cas de Katie King. — Faute de renseignements psychologiques détaillés, je serai bref sur le fantôme de Katie King, qui se manifesta en chair et en os à sir William Crookes à l'aide de son médium Miss Florence Cook.

L'apparition était si réelle que le savant chimiste se promena avec elle bras dessus bras dessous dans son laboratoire, la photographia à maintes reprises, et constata qu'elle différait du médium par sa taille plus grande, sa peau plus lisse, l'absence d'une cicatrice au cou, des battements cardiaques plus réguliers et des poumons plus sains à l'auscultation, etc. Bref, Crookes se porte garant que le fantôme était autre que le médium au point de vue physique, mais il est moins affirmatif au point de vue psychologique : « J'ai la certitude la plus absolue que Mlle Cook et Katie sont deux individualités distinctes, *du moins en ce qui concerne leurs corps*[1]. » Cette réserve, où se révèle la sage prudence d'un vrai savant, m'a paru digne d'être soulignée.

Malheureusement l'illustre observateur, n'étant pas entré dans une comparaison aussi détaillée entre la mentalité du médium et celle de l'Esprit qu'entre leurs organismes, il est impossible de se prononcer rétrospectivement sur ce point. Pour autant que j'en juge, rien n'empêche de voir dans Katie King un pur produit de l'imagination créatrice de Mlle Florence Cook. Que cette jeune fille de 15 ans, honnête et sincère comme on nous la représente alors, ait conçu l'idéal, et le guide spirituel qu'elle rêvait, sous une figure aussi pure, noble, et pour tout dire angélique, que l'apparition qui nous est dépeinte en traits enthousiastes par Crookes, c'est parfaitement compréhensible ; et quant à la biographie de cet Esprit désincarné et à son roman d'aventures (aux Indes, naturellement !), il n'y a rien là non plus que de très conforme au genre habituel de ces créations hypnoïdes. Nous devons, il est vrai, renoncer à en expliquer les menus détails, d'abord parce que Crookes ne nous les a pas donnés, ensuite parce que, les connussions-nous, notre ignorance de la vie quotidienne de Mlle Cook et de tout ce qu'elle a lu ou entendu nous empêcherait de reconstituer les suggestions et autosuggestions d'où ces détails ont pu procéder ; mais ce n'est pas une raison pour y voir quoi que ce soit de supranormal.

En résumé — abstraction faite du gros mystère physique de la matérialisation objective (si on la suppose authentique, et non due à la supercherie d'un compère) — je n'aperçois rien dans la personnalité psychique de Katie King, pour le peu que nous en savons, qui oblige à y voir une entité de l'Au-delà plutôt qu'une division de conscience, ou une élaboration hypnoïde, de Mlle Florence Cook elle-même.

B. Le Fantôme de la villa Carmen[2]. — Tout en admettant qu'il ait pu être trompé, M. Richet croit à l'authenticité de cette apparition, qu'il a photographiée et fait souffler dans de l'eau de baryte, laquelle s'est troublée, preuve que le fantôme Bien-Boa, comme Katie King, a les mêmes fonctions respiratoires que nous. Laissant de côté, comme je l'ai dit, le problème de sa réalité corporelle, demandons-nous quelles peuvent bien être sa nature et son origine mentales.

---

[1] Crookes, *Recherches sur les phénomènes du Spiritualisme*, trad. franç. d'Alidel, 10me édition, Paris 1907, p. 194.
[2] Voir ci-dessus, p. 219-229.

Pour les spirites de la villa Carmen, Bien-Boa est un habitant véritable de l'Au-delà, un brahme hindou désincarné depuis trois siècles et devenu le guide spirituel de la famille Noël. Bien qu'il se matérialise, dit-on, grâce au fluide de Mlle Marthe B..., cette dernière n'est pourtant pas indispensable à l'opération, car avant elle plusieurs autres médiums s'étaient déjà succédé chez Mme la Générale Noël sans que ledit brahme cessât de se manifester, toujours avec les mêmes attributs intellectuels et moraux. Les spirites y voient naturellement une éclatante confirmation de leur thèse, et cela semble en effet prouver à l'évidence que Bien-Boa est réellement une entité distincte et permanente, qui ne fait qu'emprunter à des médiums occasionnels la force nécessaire à ses matérialisations temporaires. Pourtant, avant d'adopter cette conclusion, nous souhaiterions de connaître un peu les relations de mentalité et de caractère qui peuvent exister entre cet Esprit et les divers membres du groupe où il se prodigue. Dans le but de m'éclairer si possible sur ce point, j'ai feuilleté les comptes rendus des séances publiés par Mme la Générale Carmencita Noël elle-même[1], et j'ai été bien étonné des curieux traits de ressemblance que j'y ai rencontrés entre la physionomie de Bien-Boa et celle de Léopold, le guide de Mlle Smith. Comme ce dernier n'est certainement, ainsi que je l'ai montré, qu'une formation psychique du médium, et non pas une entité séparée, je ne puis me défendre de l'impression qu'il en est de même de Bien-Boa.

Permettez-moi de relever rapidement les principales analogies qui m'ont frappé entre ces deux soi-disant Esprits de l'autre monde.

1° *Leur dépendance du médium.* — Léopold, qui prétend exister indépendamment de Mlle Smith, son médium de prédilection, devrait pouvoir se manifester en son absence, par d'autres médiums, et c'est bien ce qu'il affirme théoriquement ; mais en pratique ni lui ni Mlle Smith n'ont jamais admis les prétendus messages que d'autres gens disaient en avoir reçus, de sorte qu'en fait il dépend absolument et uniquement d'elle pour ses communications. Bien-Boa, lui, reconnaît franchement son entière dépendance de la Générale Noël : c'est elle qui est le véritable médium du cercle, et dont la santé physique et mentale influe d'une manière toute puissante sur les apparitions de son guide. Quelques citations en feront foi :

Bien-Boa, dit Mme Noël, « nous a toujours déclaré, soit par la table, soit par l'écriture, comme plus tard de sa propre bouche matérialisée, que le véritable médium de ces séances n'était pas Vincente Garcia [médium antérieur à

[1] CARMENCITA NOËL, *Les Matérialisations de la villa Carmen*. Revue scientifique et morale du Spiritisme, novembre 1902 et mois suivants.

Mlle Marthe B...], mais bien moi-même la Présidente... Il ne cesse de me répéter : Tout dépend de vous, ménagez-vous, reposez-vous, ne vous fatiguez pas, car vous êtes le pivot sur lequel tout tourne ; sans vous je ne peux rien ; pas d'idées noires, pas de tristesses, votre gaieté m'est nécessaire. Aussi, contrairement aux habitudes ordinaires, il me force toujours de magnétiser le médium, au moins une demi-heure dans le cabinet, au début des séances, afin de lui passer mon fluide... » — « La santé de Mme la Présidente est de première importance pour le succès désiré. » — Le 22 janvier 1902, Bien-Boa apparut « très reconnaissable à sa tournure et à ses vêtements, mais voilé malheureusement, fait dû sans doute à une indisposition de la Présidente. Le Guide a toujours rappelé à la Présidente l'importance de sa santé sur les résultats... » Etc. (Voir Revue scientifique et morale du Spiritisme, année 1902-1903, p. 341-342, 594, 597.)

2° *Leurs rapports affectifs avec le médium.* — Si l'on analyse le lien spirituel, les rapports émotifs qui unissent Bien-Boa à la Générale Noël, on les trouve identiques à ceux qui règnent entre Léopold et Mlle Smith. Comme Léopold, Bien-Boa est un guide de la plus haute élévation morale, en même temps qu'un consolateur, un soutien, un conseiller pratique, et surtout... un adorateur platonique follement épris de sa protégée : il l'entoure de ses soins constants, la couvre de baisers et lui prodigue les déclarations les plus enflammées [1]. Autant de traits pathognomoniques qui le rapprochent de ces créations psychosexuelles d'imagination, dont on connaît aujourd'hui tant d'autres cas typiques. — Cette interprétation du caractère psychologique de Bien-Boa se trouve encore corroborée par la façon dont a pris naissance ce Mentor amoureux de la Générale Noël.

3° *Leur psychogenèse.* — On va voir en effet, par la citation ci-dessous, que dans son origine visible et ses premières manifestations Bien-Boa est un produit d'antagonisme, ou de conflit psychique au cours de séances spirites dans un milieu très mélangé, le résultat évident d'une sorte de clivage entre des dispositions ou tendances d'ordre inférieur et la meilleure nature du médium en révolte contre ces influences grossières. Exactement comme Léopold (voir *Des Indes,* p. 79 et suiv., Psychogenèse de Léopold). J'ai montré que ce dernier plongeait ses racines jusque dans l'enfance de Mlle Smith ; je ne puis, faute de renseignements, établir

[1] Bien-Boa « ne perd jamais une occasion de nous prêcher une morale des plus élevées, insistant surtout sur l'union, l'harmonie, la concorde et la pureté des mœurs. » — « De lui-même le Guide dit : Je viens ici pour ma Carmencita. Je l'aime, je l'aime. » — « Carmencita, je t'aime, je t'aime, je t'aime. » — « Ma Carmencita bien-aimée, je vous adore... » (Revue du Spiritisme, 1902-1903, p. 415, 594 ; 1903-1904, p. 156, etc. Les passages où l'on voit Bien-Boa baiser la Générale au visage ou aux mains sont innombrables.)

qu'il en ait été de même chez Mme Noël, mais cela est bien vraisemblable en présence de la frappante similitude d'apparition de ces deux guides : tous deux sont manifestement une réaction de défense féminine, une personnification des sentiments de pudeur morale et physique provoqués par le milieu ambiant.

C'est dans une petite ville de province, où le Général Noël avait été envoyé en garnison, que la Générale, pour se distraire, organisa des séances de table avec son mari et quelques autres personnes, dont trois officiers. Or, sans médire en rien de l'armée, il est permis de croire que le subconscient de la plupart des militaires n'est pas précisément bourré des mêmes souvenirs ou préoccupations que celui d'une dame très éprise d'idéal... Aussi, de même que les deux électricités contraires, jusque-là fondues dans l'état neutre du sol, se séparent tout à coup à l'approche d'une nuée chargée d'orage, on conçoit que l'introduction de ces mentalités d'officiers à la séance ait amené dans l'atmosphère de la table une polarisation des courants psychiques, qui se sont condensés en deux personnifications caractéristiques, aussi nettement opposées et complémentaires que le démon et la sainte dans le cas de Mlle Beauchamp, ce qui ne laisse guère de doute sur leur genèse par division psychologique. On en jugera d'ailleurs par le récit, admirablement clair à cet égard, de Mme Noël elle-même (j'y souligne quelques passages typiques) :

« ... Un beau soir il nous prit la fantaisie de faire tourner des tables... Au bout de fort peu de temps, la table remua et on apprit que deux entités se présentaient. La première était, disait-elle, l'ancien maître de la maison, le commandant Brauhauban, officier d'artillerie, désincarné depuis une douzaine d'années... L'autre s'annonçait comme étant le guide et contrôle personnel de Mme la Générale, Présidente du groupe. C'était le brahme indien Bien-Boa. Il nous apprit, *plus tard*, avoir été grand-prêtre à Golconde et s'être désincarné il y avait environ 300 ans. Ces deux entités ne nous ont plus quittés; *elles représentent pour nous les deux principes contraires*, Ormuz et Ahriman. Leurs personnalités sont dissemblables au plus haut point. Autant l'un (le brahme) est *noble*, *réservé*, *correct*, *un mentor de la plus haute moralité*, autant l'autre (l'officier) se montre, tel qu'il était, paraît-il, de son vivant, brusque, taquin, original, *farceur de mauvais goût*, *surtout auprès des femmes*. » (Revue du Spiritisme, année 1902-1903, p. 269.)

On ne saurait mieux peindre, en quelques traits ramassés et précis, le phénomène de contraste par dissociation qui se produisit aux séances mixtes de la Générale, et qui y prit aussitôt l'aspect d'une dualité de désincarnés, conformément à la tendance bien connue des automatismes médiumniques à simuler des personnalités défuntes.

Avec les changements ultérieurs de résidence et d'entourage de

Mme Noël, le commandant d'artillerie paraît avoir cessé de se manifester à elle ; tandis qu'une fois formé, son guide Bien-Boa, issu de ses aspirations intimes et tenant aux fibres les plus profondes de son être, comme le Léopold de Mlle Smith, lui resta désormais toujours attaché.

4. *L'élaboration ultérieure de leur roman.* — Ce n'est qu'après coup, à la suite de divers incidents et suggestions du dehors (où une gravure d'un roman d'Alexandre Dumas paraît avoir joué un certain rôle), que Léopold s'est donné pour être réellement l'esprit désincarné de Cagliostro et pour avoir déjà adoré Mlle Smith dans une existence antérieure, lorsqu'elle était Marie-Antoinette. Pareillement le guide de Mme Noël (qui se matérialise costumé comme le personnage d'une gravure connue) : ce n'est pas d'emblée, mais seulement plus tard, que l'on apprit qu'en réalité, sous le pseudonyme de Bien-Boa, se cachait un brahme d'un tout autre nom, qui avait eu un roman des plus curieux avec la Générale dans une existence antérieure [1].

On pourrait pousser plus loin ces analogies entre les deux guides en question, et montrer par exemple que les figures accessoires qui vinrent plus tard s'ajouter aux manifestations de Bien-Boa (sa sœur Bergoglia, etc.), sont l'équivalent des autres personnages affiliés à Léopold (Astané, etc.) dans les romans somnambuliques de Mlle Smith. Mais les points que je viens de relever suffisent, je pense, à justifier ma thèse que — sauf le pouvoir de se matérialiser que posséderait Bien-Boa, tandis que Léopold n'en a jamais donné le moindre indice — il y a une complète similitude de nature entre ces deux prétendus désincarnés. J'en conclus, jusqu'à preuve du contraire, que le fantôme de la villa Carmen n'était certainement, au point de vue mental, qu'une élaboration imaginative de la Générale Noël, un produit de sa fantaisie créatrice, une sorte de ramification hypnoïde ou d'excroissance de sa propre individualité.

C. Les matérialisations d'Eusapia. — Nous passerons rapidement sur ce sujet, qui a été excellemment traité par Morselli. Il faut distinguer, dans les phénomènes de la Palladino, ceux qui dépendent de John King, et les cas beaucoup plus rares où l'on a vu apparaître d'autres fantômes reconnaissables (par exemple la mère défunte de Morselli lui-même). Ces

[1] Quand Bien-Boa se matérialisa, « la coiffure était celle de l'esprit indien représenté dans la fameuse gravure de M. Tissot : le costume aussi était à peu près semblable. » — « L'Entité [Bergoglia] nous raconta un véritable roman des plus curieux expliquant les liens qui, selon elle, attachaient Carmen [Mme Noël] à Bien-Boa. Ce nom, continua-t-elle, n'est pas le sien, c'est un nom de guerre sous lequel il s'est fait connaître à vous... » (Revue du Spiritisme. Années 1902-1903, p. 346, et 1904-1905, p. 538).

derniers sont certes difficiles à expliquer par l'imagination seule d'Eusapia, qui n'avait probablement pas connu de leur vivant les morts en question; mais si l'on songe à la possibilité d'une transmission mentale des assistants au médium, le fait devient intelligible sans recourir aux désincarnés. Il est clair toutefois que cela ne les exclut point nécessairement. Evidemment, on pourra discuter à perte de vue là-dessus; et si ce n'était macabre, ce serait amusant de voir Lombroso s'acharner à prouver que c'est bien Mme Morselli la mère qui s'est manifestée à son fils, alors que Morselli lui-même n'en croit rien et déclare que l'apparition reflétait simplement, par l'intermédiaire plastique d'Eusapia, les souvenirs qu'il avait conservés de la défunte. Le lecteur critique est obligé de s'en tenir ici au principe méthodologique d'économie : on n'est pas scientifiquement autorisé à aller chercher dans l'Au-delà l'origine de faits qui sont déjà suffisamment explicables — jusqu'à preuve du contraire — par les processus conscients ou subconscients des vivants.

Pour ce qui est de John King, un soi-disant corsaire anglais d'il y a trois siècles, dont Mme Palladino serait la fille, Morselli nous retrace l'histoire de ses prétendues manifestations par divers médiums depuis cinquante ans, et montre clairement, ce me semble, combien toutes ces personnifications portent l'empreinte, souvent puérile, d'imaginations mises en branle par les suggestions du milieu. Il faudrait, pour établir que John King est bien un être en soi, indépendant et distinct des médiums par lesquels il prétend se révéler à nous, d'autres preuves que celles qu'on nous en a offertes jusqu'ici.

En somme, lorsqu'on analyse au point de vue purement psychologique les trois cas de matérialisations les plus célèbres et qui présentent les meilleures apparences de garantie scientifique, ils parlent moins en faveur d'une intervention réelle des désincarnés que de l'action de processus spiritogènes, de formations hypnoïdes ou de sous-personnalités faisant partie du médium lui-même. Le phénomène objectif de la matérialisation, supposé réel, dépasse, il est vrai, toutes nos notions physiologiques reçues, et nous obligerait à des hypothèses entièrement nouvelles; mais ici encore, si l'on veut rester fidèle aux principes de la méthode expérimentale, on devra commencer par ne recourir, pour l'explication forcément obscure de faits aussi extraordinaires, qu'à des forces ou des facultés (encore inconnues) d'êtres *empiriquement donnés et observables*, comme le médium et les assistants, plutôt qu'à celles (non moins inconnues) d'agents *purement hypothétiques et insaisissables* tels que les désincarnés.

IV

Comme vous le voyez, les faits de médiumnité tant psychique que physique que j'ai pu serrer d'un peu près, ne m'ont jusqu'ici fourni aucune preuve certaine de l'intervention des désincarnés dans les phénomènes prétendus spirites. Toujours ils m'ont paru explicables par des processus spiritogènes très ordinaires de notre nature, mais que viennent souvent compliquer, d'un côté les enjolivements de la mémoire et de l'imagination subconscientes, de l'autre les apports télépathiques de la part des vivants, enfin, dans des cas plus rares et encore sujets à caution, le déploiement de facultés de télécinésie et de matérialisation dont disposerait notre esprit en certains états ou modes de personnalité fort mal connus.

Est-ce à dire que je considère le spiritisme comme une erreur désormais condamnée? — Une telle conclusion de ma part serait vraiment grotesque. Car d'abord, n'étant point infaillible, j'ai pu me tromper dans l'interprétation des faits que j'ai essayé de tirer au clair; et ensuite ces faits ne constituent qu'un dossier infinitésimal à côté de ceux de la littérature que je n'ai pas examinés, à côté surtout de ceux, bien plus nombreux encore, qui se produisent sans cesse, mais qui pour des raisons quelconques se dérobent à toute investigation sérieuse.

En somme, n'estimant pas que l'hypothèse spirite soit absurde ou antiscientifique par essence, je concède fort bien qu'elle puisse être vraie au fond; mais voilà, il s'agirait de la démontrer! Or j'avoue n'avoir pas encore rencontré de cas qui m'aient paru satisfaire à toutes les exigences de la méthode, laquelle, dans l'espèce et pour parler le langage des logiciens classiques, ne saurait être que la ***Méthode des Résidus.*** Je veux dire qu'avant d'invoquer l'intervention, dans les phénomènes physiques ou psychiques de cet univers, de causes spéciales et nouvelles telles que les désincarnés, il faudrait d'abord avoir fait la part complète de tout ce qui peut ressortir aux causes communes et déjà données, à savoir les agents incarnés que nous sommes. Malheureusement, les découvertes mêmes de ce dernier demi-siècle donnent à penser que nous avons encore beaucoup à apprendre sur notre propre compte. Aussi rien ne nous garantit que dans le résidu qu'Allan Kardec attribuait sans hésiter aux Esprits désincarnés, et que nous avons déjà tellement réduit, il restera encore quelque chose pour eux lorsqu'une science plus avancée aura achevé d'en retrancher tout ce qui peut provenir des ressources — ou des infirmités — encore insoupçonnées de notre constitution psychophysiologique. Rien, il est vrai, ne nous garantit non plus le contraire.

Ce que je me borne donc à dire, c'est qu'à mon avis le spiritisme n'est pas scientifiquement démontré aujourd'hui. Mais peut-être le sera-t-il demain. Et quand ce ne serait que pour faire plaisir aux honorables spirites qui peuvent se trouver dans cette assemblée, je rappellerai ici les deux voies qui semblent, à l'heure présente, tendre le plus directement vers le but auquel ils aspirent.

Ce sont d'abord les phénomènes qu'on pourrait appeler de *synthèse élective,* dont la médiumnité de Mme Piper a fourni jusqu'ici les meilleurs échantillons. Une foule de gens cultivés, même des savants de carrière, sont sortis de ses séances convaincus d'avoir eu affaire, par son intermédiaire, avec des défunts qu'ils avaient intimement connus. Sans doute, beaucoup de ces cas frappants peuvent s'expliquer par la transmission mentale, le médium n'ayant fait que renvoyer aux assistants l'image du désincarné telle qu'ils la portaient en eux-mêmes. Mais il y a des faits plus complexes, où il faudrait admettre une télépathie active et sélectrice, par laquelle l'imagination hypnoïde de Mme Piper s'en irait choisir, chez beaucoup de vivants présents ou absents, les souvenirs concernant précisément tel désincarné, et les réunirait de façon à reconstituer une image totale plus complète qu'aucune des images partielles qu'il a laissées chez les diverses personnes de sa connaissance. Or comment expliquer ce pouvoir de choix et de synthèse exacte chez un médium qui n'a pas connu le défunt, si ce n'est par l'intervention de ce dernier, qui dirige et coordonne lui-même ce travail de reconstitution idéale, ou qui, plus simplement, se manifeste en personne à travers le médium ?

A moins cependant (il faut penser à tout) que le sosie partiel du défunt, que l'un des assistants aurait transmis télépathiquement à Mme Piper, ne se fût ensuite complété graduellement chez celle-ci, en attirant à lui, par quelque obscure affinité psychologique, les autres sosies fragmentaires épars chez d'autres personnes. Car n'y a-t-il pas entre les portraits, si différents soient-ils, qu'un même individu a laissés chez ses diverses relations, un certain air de famille, une certaine analogie fondamentale de caractère et de tonalité émotive, qui pourrait constituer entre eux comme un lien positif ou un principe d'attraction, grâce auquel il leur arriverait de se rejoindre télépathiquement et de se fusionner dans la subconscience du médium ? « Qui se ressemble s'assemble » ; si ce proverbe était vrai des souvenirs de personnes défuntes conservés par les vivants et transmis de toutes parts à l'imagination de Mme Piper, on comprendrait que ces souvenirs, se triant et se classant d'eux-mêmes en elle, pourraient donner lieu à des reconstitutions exactes et reconnaissables, bien que la personne même qu'elles représentent n'y soit actuellement pour rien.

Je ne sais si une telle hypothèse cadrerait mieux ou plus mal que celle des Esprits avec le détail des faits; ceux-ci sont si embrouillés qu'il est très difficile d'en juger à la lecture. Ce qu'il y a certainement de déconcertant, c'est que M. William James, qui a découvert et lancé Mme Piper il y a vingt ans, et qui est aujourd'hui l'homme le mieux au courant de l'histoire détaillée et de toute la phénoménologie de ce médium, déclare qu'il faut attendre de nouveaux faits, plus clairs et plus précis, avant de pouvoir dire avec certitude si ce sont vraiment les désincarnés, ou seulement leurs contrefaçons subliminales, qui peuplent les trances de cette dame extraordinaire!

Une seconde voie qui semble s'ouvrir pleine de promesses pour l'hypothèse spirite, est celle des *messages complémentaires (cross-correspondence* des Anglais).

Supposez, par exemple, que trois médiums, en trois continents différents, fournissent simultanément des communications insistant (sans autre explication et sans que les spectateurs comprennent au monde pourquoi) l'une sur *lundi* et *mercredi*, l'autre sur *dimanche* et *jeudi*, la dernière sur *vendredi* et *samedi;* et que par un quatrième médium, tout aussi éloigné des premiers, on reçoive l'indication suivante: *mardi complète la série; j'ai fait cela pour prouver mon indépendance des instruments que j'emploie;* — il serait, avouons-le, bien difficile de résister à cette démonstration de l'existence réelle, au-dessus des quatre médiums, d'une cinquième individualité dont la pensée directrice a intentionnellement conçu et réalisé ce moyen ingénieux de nous prouver sa réalité séparée et distincte. Ce sera encore plus frappant si au lieu d'une notion aussi élémentaire que celle des jours de la semaine, c'est, je suppose, une poésie, un épisode célèbre de l'histoire, une idée philosophique, qui est le mot de l'énigme et qui apparaît tout à coup par le rapprochement de messages fragmentaires, ou d'allusions inintelligibles tant qu'elles restent isolées. Eh bien, il semble que les désincarnés se soient récemment avisés de ce curieux procédé pour nous convaincre irréfutablement de leur existence. En effet, les membres de la Society for psychical Research ont déjà recueilli toute une collection de ces messages complémentaires, obtenus à peu près au même moment par l'écriture automatique d'excellents médiums, Mme Holland aux Indes, MM^mes^ Forbes et Verrall dans des villes différentes d'Angleterre, et Mme Piper en Amérique; et d'après les dictées de cette dernière, qui renferment ordinairement la solution du rébus, ce ne serait rien de moins que l'Esprit désincarné de Myers lui-même qui aurait inventé et qui pratiquerait cette admirable méthode![1]

Malheureusement — pourquoi faut-il que la réflexion critique découvre toujours des pailles dans les plus belles démonstrations! — les cinquante ou soixante cas de *cross-correspondence* publiés jusqu'ici sont loin d'avoir la netteté et la précision de l'exemple schématique que j'ai fabriqué tout à l'heure, et les révélations du soi-disant Myers par ses divers médiums sont si nébuleuses ou si imparfaitement concordantes qu'un doute subsiste sur l'ensemble. Et puis, même incontestable dans sa réalité, cette personnalité indépendante qui plane sur les quatre médiums ne pourrait-elle pas être elle-même un pur produit de l'un d'eux, qui, par transmission et suggestion mentales à grande distance, s'amuserait à influer sur les trois autres, pour nous berner une fois de plus dans nos chimériques entreprises à la poursuite des désincarnés? — Souhaitons que Myers ou d'autres Esprits, s'ils sont vraiment en jeu dans tout cela, nous révèlent bientôt le moyen d'éliminer de leurs apparentes manifestations l'action combinée de *l'imagination subliminale,* dont on n'a que trop souvent déjà constaté la malice, et de la *télépathie* des vivants, dont on ne connaît pas du tout les limites. Et en attendant, laissons la porte ouverte à toutes les possibilités de l'avenir!

V

Je me suis soigneusement abstenu, dans cette conférence, de toucher aux problèmes philosophiques, moraux, religieux, et même sociaux, qu'on a si souvent coutume de mêler à la question de la médiumnité. Ce n'est certes pas que je les ignore ou que je m'en désintéresse. Mais, parlant ici sous les auspices de l'Institut général Psychologique, il m'a paru que je devais me maintenir, comme lui, sur le terrain purement scientifique.

J'estime d'ailleurs que c'est une erreur que d'identifier, selon la mode anglaise, le « spiritisme » et le « spiritualisme », ou d'ériger le premier en condition *nécessaire* et *suffisante* du second. De magnifiques exemples, dans l'histoire de la pensée humaine, prouvent que la croyance à l'intervention des désincarnés chez les médiums n'est point indispensable à

[1] Les phénomènes de *cross-correspondence* ont été l'objet de plusieurs travaux importants dans les Proc. S. P. R., vol. XXI (1906) et suivants. Voir aussi les récents articles de discussion dans Hibbert Journal (janv. 1909) et Journal S. P. R., (id.).

une conception profondément morale et spirituelle du fond des choses et du dernier mot de l'évolution cosmique. Et d'autre part, quand les désincarnés et leurs manifestations seraient universellement reconnus pour des réalités empiriques, le monisme matérialiste ne se trouverait certainement pas plus embarrassé de les interpréter à sa façon, comme d'éphémères et fortuites combinaisons de la matière pondérable ou impondérable, que lorsqu'il s'agit de nos personnalités conscientes, à nous autres incarnés. La question de la vérité ou de la fausseté *scientifique* du spiritisme n'est donc pas, à mon avis, d'une essentielle importance pour un choix réfléchi entre les diverses attitudes que l'on peut adopter vis-à-vis des mystères derniers de l'Univers et de la Vie.

Le problème scientifique du spiritisme eût-il d'ailleurs la portée métaphysique que tant de gens lui prêtent, ce serait, me semble-t-il, une raison de plus pour le traiter avec toute la rigueur désirable, et sans y mêler des considérations étrangères, car rien n'est plus préjudiciable à l'établissement de la vérité que cette confusion des genres. Aussi ne saurait-on trop approuver les sociétés d'investigation sans parti pris, qui se placent résolument, pour l'étude des phénomènes les plus obscurs de la nature humaine, au point de vue désintéressé et objectif de la science expérimentale et de ses méthodes rigoureuses. C'est pourquoi je me permets de clore cette trop longue causerie en recommandant chaleureusement à la sympathie, aux encouragements et à l'appui effectif de tous mes aimables auditeurs — quelle que soit d'ailleurs leur opinion de derrière la tête sur les Incarnés et les Désincarnés — l'œuvre strictement scientifique entreprise par notre Institut général Psychologique, et particulièrement par sa Section des recherches psychiques et physiologiques, à qui l'on doit déjà tant.

CHAPITRE XI

Spiritisme et Spiritualisme [1].

Lettre à un néophyte converti du Matérialisme au Spiritisme.

Monsieur,

J'ai été fort intéressé par le récit que vous m'avez fait de votre conversion du Matérialisme au Spiritisme, et je regrette qu'une réserve exagérée vous empêche de livrer à la publicité, même sous le voile de l'anonyme, ce tableau si vivant de votre évolution, car il représente, d'une façon pittoresque et typique, celle d'une foule de gens.

Né et élevé dans le catholicisme romain — comme d'autres dans l'orthodoxie protestante — vous n'avez pas conservé longtemps la foi de votre enfance. Au collège déjà, les premières notions d'histoire naturelle et de cosmographie lui furent fatales. Le pot de terre des dogmes et le pot de fer de la science essayèrent bien de faire bon ménage dans votre intérieur, mais il ne fut pas besoin de beaucoup d'entrechocs pour qu'il ne restât bientôt plus rien du premier. Vous n'en aviez pas même conservé ce qu'on appelait autrefois la religion naturelle : la croyance en Dieu et à l'immortalité s'était évaporée de votre âme en même temps que les notions spécifiquement chrétiennes; et vous vous êtes trouvé, dès avant l'âge ordinaire de la réflexion, tout à fait mûr pour le matérialisme, où vous ne tardâtes pas à entrer de plain-pied par la lecture de « Force et

[1] Ce chapitre, qui vise certains cas particuliers de ma connaissance, est écrit à un point de vue plutôt populaire et sans prétentions philosophiques proprement dites. Toutes les doctrines métaphysiques ou religieuses y sont confondues en deux blocs opposés, selon qu'elles admettent ou n'admettent pas l'immortalité personnelle : le Spiritualisme ou les Philosophies de la Personne, et les Philosophies de la Chose (matérialisme, monisme, idéalisme, scepticisme, etc.). Le terme de *spiritualisme* ne désigne donc pas ici la vieille théorie « de l'âme et de ses facultés », mais simplement la croyance à la vie future. J'aurais adopté les néologismes de *Athanisme* (immortalisme) et *Thanatisme* (mortalisme) employés par Hæckel, n'était leur aspect encore bien barbare.

Matière » de Büchner. De cette doctrine un peu fruste et aujourd'hui démodée, vous avez tout naturellement passé ensuite à son équivalent actuel plus raffiné, le Monisme évolutionniste de Hæckel, qui resta dès lors pour vous le *nec plus ultra* de la pensée humaine... jusqu'au soir où un coup de théâtre inattendu se produisit dans votre vie, au cours d'une séance spirite à laquelle un ami vous avait entraîné.

Là, dans un salon plein d'une douce et mystérieuse pénombre, assis à une table ronde sur laquelle vos mains reposaient en contact par l'extrémité du petit doigt avec celles de vos voisins, vous aviez d'abord assisté, incrédule et moqueur au dedans de vous-même, à des réponses plus ou moins insipides frappées par le pied du meuble et épelées par le président du groupe. Il n'y avait aucun doute pour vous que tout cela était de la frime, quelque sotte plaisanterie de l'un des assistants, lorsque soudain l'idée vous vint de faire, à tout hasard, un *experimentum crucis :* dans un intervalle de silence de la table, vous invoquâtes mentalement le souvenir vénéré de votre père, mort depuis vingt ans et que personne, certes, n'avait pu connaître dans ce milieu ; et voilà qu'aussitôt — ô merveille inouïe — la table répondit ! Lentement, et comme solennellement, elle frappa, lettre après lettre, à votre stupéfaction croissante, le nom complet de votre père, y compris un de ses prénoms dont on ne se servait point d'habitude et qui était sorti de votre mémoire. Puis elle vous adressa une parole touchante d'affection, en vous appelant vous-même par le petit nom familier que votre père aimait à vous donner jadis, lorsque, encore enfant, vous grimpiez sur ses genoux... Comme votre cœur palpita, à ce moment-là ! Comme vous avez béni l'obscurité qui empêchait l'assistance d'apercevoir votre trouble, et quel effort il vous fallut pour vaincre l'émotion de votre voix en affectant l'indifférence d'un simple curieux ! Vous êtes sorti de cette soirée ne sachant que penser, ébranlé dans votre scepticisme et impatient de recommencer l'expérience à la séance suivante...

Près d'un an s'est écoulé depuis lors, et votre transformation est un fait accompli : sans être médium proprement dit, malgré l'espoir plus d'une fois caressé de le devenir, vous avez souvent obtenu par la table, aux séances des groupes que vous fréquentiez, des messages d'outre-tombe, non seulement de votre père, mais d'autres défunts de votre parenté, et même de divers personnages illustres. A côté de l'expérimentation, vous vous êtes plongé dans la lecture des ouvrages spirites. De Hæckel ou de Büchner, plus question ; avec tous leurs coreligionnaires, ils sont aujourd'hui aussi profondément honnis de vous qu'ils étaient admirés autrefois ! Comme un rescapé de quelque geôle infernale, vous exultez d'être sorti de leur atmosphère; et tout votre être s'épanouit dans la joie et la liberté de la vraie vie enfin découverte, des perspectives éternelles grandes ouvertes devant vous, du contact rétabli avec vos chers disparus, bref, de toutes les certitudes spirituelles enfin reconquises, non plus sur la base factice d'une foi toujours chancelante à des dogmes absurdes ou révoltants, mais sur le roc inébranlable de la méthode expérimentale et des démonstrations scientifiques.

Et vous déplorez que tout le monde n'en soit pas au même point que vous. Vous m'avez en particulier témoigné, l'autre jour, votre double étonnement, mêlé de beaucoup de pitié et d'un peu d'irritation, qu'après avoir, moi aussi, assisté à tant de belles séances et lu tant de récits merveilleux, je ne me sois pas encore rallié au Spiritisme, et que, d'autre part, j'ose prétendre croire à la vie future et n'être pas « néantiste » (suivant votre expression), du moment que je rejette comme illusoires les preuves qu'on nous offre de l'intervention des désincarnés dans notre monde. En un mot, vous ne comprenez pas qu'on puisse repousser le Spiritisme et conserver néanmoins le Spiritualisme. C'est là-dessus, Monsieur, que je voudrais essayer de vous apporter quelques éclaircissements en reprenant certains points que je n'ai pu qu'effleurer dans notre dernier entretien.

I. — Contre le Spiritisme.

Et d'abord, Monsieur, j'ai cru m'apercevoir, à certains détails de votre conversation, que vous n'êtes déjà plus dans le feu de votre premier enthousiasme. Vous avez dépassé ce stade où les novices du Spiritisme rêvent de développer en eux-mêmes une médiumnité positive et où, tout à l'ardeur de leur découverte, ils ne vivent que pour leurs expériences de table ou d'écriture, qui les tiennent « au-dessus de la terre, prêts pour la future existence », en commerce continu avec les Esprits. [Comp. n° 236, p. 108.] Vos convictions nouvelles, au cours de ces derniers mois, se sont affermies, je le veux bien, mais assagies aussi, et vous n'êtes plus très loin de vous ranger parmi ces spirites raisonnables, j'allais dire à demi-désabusés, qui éprouvent une méfiance ou répugnance instinctive à l'endroit des *phénomènes,* auxquels ils préfèrent prudemment la *doctrine;* ce qui signifie qu'au fond ils sont en chemin de lâcher le Spiritisme proprement dit et d'en revenir, sous une forme ou une autre, à cette simple foi spiritualiste pour laquelle ils n'avaient pas assez de dédain aux grands jours de leur illumination médianimique! Permettez-moi, Monsieur, d'analyser rapidement quelques-uns des motifs obscurs qu'il m'a semblé entrevoir chez vous, sous cette sorte de lassitude à l'endroit des séances d'expérimentation dont vous étiez si enchanté au début. Ces motifs, rendus plus clairs, vous feront peut-être mieux comprendre ce qui vous étonne dans mon attitude ; qui sait même si, avec le temps, ils ne vous amèneront pas à la partager ?

1° Il y a, en premier lieu, le fait que vous n'avez, en somme, jamais obtenu d'exemple absolument irréprochable d'un message venant authentiquement des désincarnés. Même ces communications si émouvantes de votre père, dont vous fûtes tant frappé à votre première séance et qui se sont multipliées dans les semaines suivantes, même ces soi-disant preuves d'identité d'un caractère si personnel, vous ont, à la réflexion, inspiré quelques doutes : il vous a paru qu'elles pouvaient bien sortir de vous-même. Elles ne contenaient rien, en effet, qui ne se trouvât déjà dans les replis cachés de votre mémoire ; et vous vous êtes parfois demandé, sans oser répondre, si vous n'aviez pas été la dupe de votre imagination et le propre auteur de ces messages, par un de ces phénomènes de duplicité et de comédie intérieures dont il nous arrive d'être le théâtre sous l'influence du désir, de l'émotion, de la rêverie... Eh bien, Monsieur, ayez une fois le courage d'envisager plus attentivement cette hypothèse. Examinez les jeux nocturnes de votre fantaisie, étudiez un peu tout ce que la psychologie pathologique nous a appris sur les faits de subconscience, de dédoublement, d'automatisme, et sur le rôle que les complexus émotifs sous-jacents jouent jusque dans notre vie normale ; et je crois qu'alors vous ne serez plus surpris que ce qui n'est chez vous qu'un vague soupçon, aussitôt écarté avec horreur, puisse, chez les observateurs impartiaux et mieux au courant, se monter jusqu'à une évidence irrésistible : c'est que, de ces phénomènes typtologiques et autres qui semblent si convaincants au profane, la plupart, et peut-être tous, s'expliquent aisément, sans intervention de l'Au-delà, par des processus psychologiques internes du médium et des assistants.

Il est vrai que la preuve de cette origine purement endogène des messages médiumniques est souvent impossible à fournir, à cause de la complexité et de l'obscurité des cas, en sorte qu'il vous restera ordinairement la ressource de spéculer sur les lacunes de nos démonstrations psychologiques pour leur préférer l'hypothèse spirite. Je vous concède même, qu'au point de vue strictement logique vous pouvez avoir raison dans le fond, et cela de deux façons.

En premier lieu, il vous est toujours loisible d'espérer que les minutieuses investigations de spécialistes comme M. Hyslop finiront par déceler la présence des désincarnés dans les automatismes des médiums, de même que l'analyse chimique a fini par révéler, dans notre atmosphère, de nouveaux gaz insoupçonnés jusqu'alors.

Et secondement, même si les méthodes expérimentales n'arrivent jamais à établir l'intervention des Esprits en nos affaires, cela ne prouvera point qu'elle n'ait pas lieu, car cet échec persistant pourrait provenir de ce que cette intervention est trop légère pour être scientifiquement reconnue ; ou encore de ce que les intrusions des désincarnés dans le cours de nos événements terrestres sont peut-être relativement aussi rares que le sont, dans l'histoire d'une fourmilière perdue au fond des bois, les coups de bâton de promeneurs égarés ; auquel cas il est probable que les savants resteront incapables de les constater, parce qu'ils trouveront toujours plus simple de mettre ces accidents exceptionnels et imprévisibles sur le compte du « hasard » ou des erreurs d'observation, que de forger à leur propos une hypothèse nouvelle dépourvue de toute attache avec les hypothèses déjà admises. Bref, à supposer que les êtres ou les forces de l'Au-delà agissent sur notre monde physique ou psychologique, il se pourrait que jamais la science humaine ne fût à même de s'en apercevoir, soit parce que ces actions, quoique considérables, seraient trop espacées et capricieuses pour compter, soit parce que, quoique continuelles, elles seraient chacune si faible qu'elles resteraient au-dessous de la limite de nos procédés de mensuration.

Vous voyez, Monsieur, que je suis bon prince, puisque je vous fournis moi-même des moyens de conserver votre précieuse croyance à l'intervention des Esprits, en face du mutisme ou des dénégations de la science actuelle sur ce point. Rendez-moi donc la pareille, en reconnaissant à votre tour que ceux qui ne veulent pas se laisser leurrer par de simples apparences, sont pleinement en droit de repousser, comme non probantes jusqu'ici, les prétendues démonstrations expérimentales du Spiritisme, et de dénier à ce dernier l'épithète de « scientifique » que ses partisans lui octroient d'une manière si inconsidérée.

2° Une autre chose qui vous a déçu dans les séances spirites, c'est la triste idée que l'ensemble des communications obtenues nous donnent de l'état mental des désincarnés. On ne sait s'il faut rire ou pleurer devant la trivialité, la niaiserie, l'incohérence de la plupart de leurs messages. C'est vraiment un soulagement pour les psychologues que de pouvoir mettre toutes ces turpitudes intellectuelles au compte d'une sous-personnalité enfantine du médium, ou d'une sorte de régression puérile due à la passivité de sa trance, plutôt que d'y voir un indice du niveau des âmes après la mort. Vous-même, Monsieur, n'avez-vous pas sursauté désagréablement en lisant l'autre jour, dans une revue sérieuse[1], que Mélanchton et Catherine von Bora, l'ami et l'épouse du grand réformateur Luther, étaient personnellement apparus dans une séance et y avaient approuvé le Spiritisme, en excellent allemand. C'est bien la peine d'avoir déjà trois siècles et demi de séjour dans l'Au-delà pour revenir dire des platitudes aux côtés du médium Miller! Aussi m'excuserez-vous certainement si je préfère chercher l'origine de cette manifestation dans les rêvasseries subconscientes de l'un des assistants imbibé de l'histoire de la Réforme, par exemple de M. le pasteur Bénézech à qui s'adressaient ces revenants illustres, plutôt que d'admettre la présence réelle de ces derniers!

Même lorsque le contenu des messages est « de toute moralité », cette excellence du fond est ordinairement compensée par une si fâcheuse négligence de la forme, que les spirites en sont réduits à invoquer un état momentanément comateux ou délirant des prétendus Esprits. Mais on peut tout aussi bien attribuer aux propres divagations hypnoïdes du médium ce galimatias éthico-religieux, indigeste concoction soit de passages bibliques tronqués ou répétés à satiété, soit de fragments d'éloquence maçonnique, ou de lambeaux de conférences théosophiques et occultistes, ou encore de banales et filandreuses exhortations à la charité, au perfectionnement spirituel, etc. Et je préfère considérer ces automatismes prêcheurs comme un exutoire à tous les résidus de sermons et autres discours d'édification absorbés d'une oreille somnolente ou distraite, plutôt que de devoir prêter aux désincarnés, lorsqu'ils sont censés nous révéler leurs plus hauts enseignements, un état de torpeur et de confusion mentale vraiment désolant. — Vous avez également remarqué, Monsieur, que les dessins et peintures médianimiques se distinguent généralement, en tous pays, par un caractère tantôt flou et voilé, tantôt énigmatique et bizarre, ou encore archaïque et enfantin, qui rappelle à certains égards les œuvres graphiques des aliénés, et qui ferait peu d'honneur à la clarté de conception des artistes de l'Au-delà, s'il ne s'expliquait tout bonnement par l'état onirique et régressif où le médium engendre ces curieux produits[2].

---

[1] LETORT, *Les séances du médium Miller*. Revue scientifique et morale du Spiritisme. Août 1908, p. 91.

[2] On en peut dire autant des phénomènes de glossolalie religieuse, si souvent interprétés comme des manifestations spirites, mais qui s'expliquent parfaitement par l'état d'infantilisme et d'émotivité du sujet; voir à ce propos le bel ouvrage de E. LOMBARD : *De la Glossolalie chez les premiers chrétiens et des phénomènes similaires,* Lausanne et Paris, 1910. Sur le « *hwyl* » gallois, v. H. BOIS, *Le Réveil au pays de Galles,* ch. VI.

Quant aux cas vraiment hors ligne, où les créations médianimiques touchent à l'apogée de leur perfection, est-on bien sûr que ces prodiges devant lesquels s'extasient les spirites, dépassent réellement les facultés latentes du médium ou des assistants? Les étonnantes poésies, par exemple, qui alimentaient les fameuses séances typtologiques de Marine-Terrace [1], réclamaient-elles vraiment la collaboration de l'autre monde, et n'est-ce pas faire injure au génie de Victor Hugo que de le déclarer à priori incapable d'avoir, en se jouant, préparé ou improvisé subliminalement ces prestigieuses fantaisies [2]? — J'en dirai autant des autres cas, en somme assez rares, d'œuvres médianimiques présentant quelque valeur littéraire, musicale, pittoresque, etc. (Je ne connais pas encore d'exemples de sculpture exécutée en trance.) Bien entendu, je ne prétends point que tout soit élucidé dans ces phénomènes d'éclosion automatique, qui nous révèlent soudain de réels talents, endormis jusque-là, chez des sujets où l'on ne s'y serait guère attendu. Mais autre chose est de reconnaître qu'il y a encore beaucoup de mystères au fond de notre nature et d'obscurités dans le jeu de nos facultés, autre chose d'attribuer d'emblée tout ce qui nous étonne à des intrusions de désincarnés, sans seulement examiner les questions d'hérédité et d'incubation latentes, etc. Le *deus ex machina* du Spiritisme est vraiment un procédé par trop expéditif et contraire à toute méthode scientifique.

Au total, Monsieur, vous avouerez qu'il est bien arbitraire et superflu de mêler les Esprits à des productions qui peuvent parfaitement s'expliquer, dans ce qu'elles ont de remarquable, par les ressources inhérentes au médium, et dans ce qu'elles ont d'incohérent ou d'inepte, par la désorganisation ou l'abaissement psychique où le plonge l'état de trance.

3° Un dernier trait qui a contribué à vous refroidir à l'endroit des séances d'expérimentation habituelles, c'est, au fond, leur caractère malsain, tant au point de vue moral que physiologique. Dans la plupart des groupes spirites, il règne une sorte de religiosité équivoque, de

[1] Voir sur ces séances de la famille Hugo à Jersey, les très intéressants chapitres de J. Bois, *Le miracle moderne*, Paris 1907, p. 106-139.

[2] On objectera sans doute à cette explication que V. Hugo ne touchait pas le guéridon, qui était aux mains de son fils Charles. C'est oublier le rôle toujours possible de la transmission télépathique entre les assistants et le médium en titre. D'ailleurs qui sait si le réel auteur de ces poésies automatiques n'était pas Charles Hugo lui-même, déployant à son insu, dans la demi-trance des séances de typtologie, quelque faculté versificatrice héréditaire engourdie pendant l'état de veille? Ces choses-là se voient, témoin les aptitudes linguistiques que Mlle Smith manifeste en somnambulisme et dont elle est privée à l'état normal. (V. *Des Indes*, p. 242-244.)

mysticisme d'une qualité douteuse. Les réunions y commencent par une prière du président, mais elles finissent dans le badinage des assistants ou les crises d'hystérie du médium, les bons Esprits pieusement invoqués au début ne tardant pas à céder la place aux Esprits farceurs ou mauvais. Il est manifeste que sous couleur d'« études psychiques » et d'expériences soi-disant scientifiques, trop souvent les habitués viennent y chercher le merveilleux, l'occulte, le surnaturel, la sensation rare et le petit frisson délicieux que leur donne l'attente de l'inconnu ou le contact direct de l'autre monde.

Vous me direz que je ne parle que des groupes, malheureusement trop nombreux, qui font du Spiritisme pour s'amuser, mais que dans les milieux sérieux et convaincus c'est autre chose. Hélas oui, c'est autre chose, et bien pis au point de vue de la santé physique et mentale! Car là où les expériences tournent à la gaieté, celle-ci du moins est une issue très hygiénique aux tensions intérieures « pour ce que rire est le propre de l'homme » : elle réveille la conscience normale de son engourdissement et met fin à l'automatisme en rappelant l'individu à lui-même. Mais dans les séances vraiment sérieuses, où cette soupape de sûreté fait défaut, rien ne s'oppose à la désagrégation mentale du médium, et aussi des assistants pour peu qu'ils y soient prédisposés, ce qui ne manque guère chez ces tempéraments attirés par l'occulte comme les papillons de nuit par la lumière où ils se consumeront. Vous m'avez dit vous-même, Monsieur, combien, après les plus belles séances, vous vous étiez parfois senti nerveux, excité, poursuivi par une insomnie semée d'impressions étranges, de commencements d'hallucinations et de mouvements involontaires, etc.[1] Pourtant vous n'êtes pas ce qui s'appelle un névropathe. Mais songez donc à ceux qui le sont, ou encore à ces natures sensibles de jeunes filles ou de jeunes gens que des parents insensés (j'en connais plus d'un cas) entraînent eux-mêmes à faire de la typtologie ou de l'écriture automatique dans le cercle de famille, et qui le paieront toute leur vie par un déséquilibre mental plus ou moins prononcé. Et pour vous faire une idée des ravages dus aux pratiques spirites, consultez donc un peu les annales de la médecine[2], en vous rappelant qu'elles ne contiennent que le

---

[1] Comp. plus haut les nos 227 (p. 100), 313 (p. 152), etc.; et ce qui a été dit p. 196-197 sur les accidents nerveux dus aux séances.

[2] Voir entre autres : Marie et Viollet, *Spiritisme et folie*, Journal de Psychologie normale et pathologique, t. I (1904), p. 332. — Henneberg, *Ueber die Beziehungen zwischen Spiritismus und Geistesstörung*, Berlin, 1902. — Margulies, *Ueber graphischkinæsthetische Halluzinationen*, Neurologisches Centralblatt, 1906, p. 651-654. (Il s'agit d'un cas psychologiquement très analogue à celui de M. Til, mais où les obsessions graphomotrices finirent par ordonner au sujet, comme il passait un pont,

dessus du panier, je veux dire le très petit choix de cas où le détraquement du médium présentait, à la fois, une gravité telle qu'il fallut appeler un spécialiste, et des symptômes assez curieux pour que celui-ci se décidât à publier son observation; puis pensez aux cas innombrables qui, restés dans l'ombre faute de cette double condition, n'en font pas moins le malheur de l'individu ou de sa famille en réalisant à la lettre le mot de Jules Bois : « Les imprudents qui courent après les Esprits perdent leur propre esprit.[1] »

Lorsque j'ai attiré votre attention sur ces funestes conséquences du Spiritisme, vous m'avez répondu que l'on exagérait beaucoup : les aliénistes ayant, suivant vous, la manie de voir de la folie dans tout ce qui sort de l'ordinaire, il suffirait de quelque phénomène psychologique dépassant la moyenne, ou de convictions autres que le plus plat matérialisme, pour être taxé par eux d'hallucination ou de délire systématisé. — Je reconnais que la psychiatrie pas plus que les autres métiers, ne met ses représentants à l'abri de la déformation professionnelle et du rétrécissement d'esprit, lorsqu'il leur manque ce grain de compréhension qui est l'antidote indispensable de la spécialisation bornée. Mais ici non plus il ne faut rien exagérer. Qu'il y ait eu des aliénistes à œillères, assez peu au courant de ce qui se passait en dehors de leur clientèle ordinaire pour déclarer à priori que tous les médiums sont des paranoïaques et la doctrine spirite une conception délirante, c'est possible; mais ces exemples d'ignorance sont aujourd'hui des exceptions de plus en plus rares, sur lesquels on ne doit pas juger une classe de savants praticiens mieux qualifiés que qui que ce soit, au bout du compte, pour apprécier les anomalies de la vie mentale quand ils veulent bien les observer sans parti pris. Et je pourrais vous citer maints psychiatres contemporains qui reconnaissent que la philosophie spirite ne constitue point par elle-même un trait de folie; mais ils n'en insistent que plus fortement sur le danger qu'elle offre aux tempéraments morbides et aux esprits faibles ou superstitieux, enclins à donner une interprétation et une valeur surnaturelles à tout phénomène obscur ou à chercher des révélations de l'Au-delà dans des pratiques menant tout droit à la désorganisation mentale.

Le Dr Viollet, par exemple, l'un des plus récents auteurs sur ce sujet,

---

de se jeter dans la rivière. Ce qu'il fit. Repêché à temps, huit jours de repos dans la clinique du prof. Pick le remirent dans son état normal, d'où l'avaient sorti ses séances spirites et ses essais d'écriture médianimique.) — VIOLLET. *Le Spiritisme dans ses rapports avec la folie*, Paris, 1908. (Contient une bibliographie des principaux travaux en français sur ce sujet.)

[1] *Le miracle moderne*, p. 401.

déclare qu'il lui est « impossible de considérer la doctrine spirite comme un délire », car alors il devrait logiquement en dire autant de toutes les opinions humaines, mais que, d'autre part « elle constitue un vaste bouillon de culture pour tous les errements, pour toutes les déséquilibrations, pour toutes les folies[1] ». Ce jugement du savant aliéniste s'appuie sur une classification et une étude détaillées des « folies spirites », dont on ne saurait trop recommander la lecture à tous les organisateurs et présidents de séances médianimiques.

Au reste, Monsieur, loin de contester les effets si souvent pernicieux du Spiritisme, vous avez fini par me dire que les spirites ont été les premiers à les signaler, et qu'ils n'ont pas attendu le jugement, toujours en retard, de la Faculté, pour attirer l'attention des novices sur les troubles mentaux auxquels on s'expose en s'adonnant sans discernement aux exercices médianimiques. Seulement, ces troubles mentaux, le Spiritisme les attribue à l'obsession ou à la possession des médiums inexpérimentés et imprudents par les mauvais Esprits dont l'espace serait plein. Comme les ombres d'Homère toujours à l'affût d'une occasion de reprendre contact avec la vie en s'abreuvant au sang des sacrifices, les désincarnés inférieurs et grossiers, en quête d'aventures, rôderaient sans cesse autour des groupes spirites, prêts à s'incarner dans les sujets de complexion maladive et peu résistante. Et c'est ainsi que les dangers mêmes du Spiritisme seraient une preuve de plus de sa vérité! — Cependant votre simple bon sens, Monsieur, et l'analyse de quelques exemples particuliers, vous ont déjà montré que bien souvent ces prétendus Esprits malfaisants ne viennent pas de l'Au-delà, mais qu'ils sommeillent en nous-mêmes : ce sont nos impulsions inférieures, nos instincts ataviques, nos peurs ou nos remords, nos idées folles, nos émotions « rentrées », toutes ces hordes d'éléments indisciplinés, normalement tenues en bride et refoulées dans la pénombre de nos arrière-plans par la suprématie du Moi conscient, qui soudain se réveillent et se déchaînent lorsque celui-ci abdique; en sorte qu'en s'imaginant donner accès aux désincarnés, c'est réellement à cette tourbe intérieure que le médium laisse libre carrière. L'idée qu'il en est ainsi dans *tous* les cas de troubles mentaux dus au Spiritisme, n'est assurément qu'une hypothèse, comme toute généralisation de faits particuliers, mais une hypothèse que les observations psychopathologiques confirment chaque jour davantage, et qui vaut bien, jusqu'à preuve du contraire, celle de mauvais Esprits ou de véritables démons assaillant le médium du dehors.

[1] VIOLLET. *Le Spiritisme dans ses rapports avec la folie*, p. 87-88.

Je n'ai pas besoin de vous dire que ces côtés malsains du Spiritisme ne sont guère faits pour me prédisposer en sa faveur et me donner envie de devenir spirite!

* * *

Mais suivant vous, Monsieur, toutes les considérations précédentes — la *puérilité* des messages, qui ne donne guère à penser ni surtout à souhaiter qu'ils soient l'œuvre des désincarnés prétendus; leur *explicabilité* aisée par des processus spiritogènes autochtones; les *dangers* enfin des exercices médiumniques — tout cela peut bien nous enseigner la prudence dans l'interprétation des faits, et justifier l'aversion que tant de spirites éprouvent, eux aussi, à l'endroit des séances et des phénomènes: cela ne prouve point encore qu'on puisse se passer de l'hypothèse spirite quand on considère l'ensemble des faits observés. Car si la plupart des manifestations médianimiques, peut-être toutes prises chacune en particulier, restent d'une authenticité incertaine et discutable, cela n'empêche pas, m'avez-vous dit, que l'intervention des désincarnés ne soit d'une certitude absolue, garantie par deux faits généraux inexplicables autrement, à savoir l'unanimité de ces manifestations à se donner comme venant des Esprits des Morts, et le caractère si souvent supranormal de leur contenu. — Permettez-moi de reprendre ces deux arguments et de les examiner de plus près.

1. Je n'ignore pas, Monsieur, que les spirites ont souvent invoqué, à l'appui de leur thèse, le fait que partout et toujours les communications médiumniques prétendraient provenir du monde désincarné. Suivant eux, la constance de ce trait ne pourrait s'expliquer s'il ne correspondait à rien de réel; car, de même qu'il n'y aurait pas de fausse monnaie sans la vraie, et que l'existence des contrefaçons implique forcément celle du modèle qu'elles imitent, de même on ne conçoit pas comment les créations de notre subconscient revêtiraient sans cesse l'apparence des défunts s'il n'y avait jamais là qu'une apparence. Et vous m'avez cité à ce propos l'opinion particulièrement compétente de M. Denis, le grand apôtre actuel du Spiritisme français, qui réfute de la façon suivante l'explication psychologique de la médiumnité par les phénomènes de subconscience[1] :

« On peut se demander en vertu de quel accord universel ces inconscients

[1] L. Denis, *Christianisme et Spiritisme*. Paris, 1898, p. 261-262.

cachés dans l'homme, qui s'ignorent entre eux et s'ignorent eux-mêmes, sont unanimes, au cours des manifestations occultes, à se dire les esprits des morts. C'est du moins ce que nous avons pu constater dans les innombrables expériences auxquelles nous avons pris part, durant trente années, sur tant de points divers, en France et à l'étranger. Nulle part, les êtres invisibles ne se sont présentés comme les inconscients ou *moi* supérieurs des médiums et autres personnes présentes, mais toujours comme des personnalités différentes, jouissant de la plénitude de leur conscience, comme des individualités libres, ayant vécu sur la terre... »

Mais en dépit de l'autorité de M. Denis, il me semble qu'il faut faire une distinction entre le caractère *personnel* des communications et leur attribution à un *défunt*. Il est exact que leur source mystérieuse se donne toujours (d'elle-même ou quand on la questionne) pour être QUELQU'UN[1] qui parle de soi à la première personne du singulier ou du pluriel; mais il est inexact que ce quelqu'un se donne toujours pour l'Esprit d'un mort : dans nombre de cas, il affirme être un ange, ou un démon, quand ce n'est pas le diable ou Dieu lui-même[2], ou un individu encore vivant sur terre, ou encore — n'en déplaise à M. Denis — le second moi du médium. Des premiers de ces divers cas, vous trouverez assez d'illustrations dans l'histoire des possédés de tous les temps et de tous les pays : démonopathes, théomanes, etc. Mais permettez-moi de vous donner un petit exemple de chacune des deux dernières catégories, certainement moins fréquentes.

Voici d'abord un incident qui se passa dans un groupe spirite de notre ville et dont le récit m'a été communiqué par un témoin oculaire[3] :

« Nous avons eu un jour une communication très bizarre. La table dicte : *Mon nom commence par x et finit par x.* — Bon, disons-nous, c'est un farceur : il ne peut pas exister un nom commençant et finissant par X. — Ma surprise fut extrême quand la table, continuant son épellation, nomma *Xavier Chanaux*. C'est le nom d'un vieux professeur de musique de mon enfance, que j'avais perdu de vue depuis au moins dix ans. Je demandai : « C'est bien vous, Monsieur Chanaux ? Quand êtes-vous mort ? » La table répondit : *Je ne suis pas mort ;* puis suivait une phrase dans laquelle M. Chanaux rappelait qu'il avait pris part à un concours international de musique organisé à Genève, etc. J'ai su, dans la suite, que M. Chanaux n'était pas mort au moment où nous eûmes

---

[1] Ce qui n'est pas bien étonnant si cette source est le médium lui-même; car comment celui-ci pourrait-il s'imaginer dans ses rôles qu'il n'est personne, ou qu'il est un être impersonnel ?

[2] Comp. dans notre enquête, les n°s 247 à 249 (p. 113-114), 313 (p. 152), etc.

[3] Je dois cette observation à l'obligeance de M. le Dr Tondeur, de Dôle (actuellement à Fontenay-sous-Bois, Seine), qui assista à de nombreuses séances de Mlle Dyck (obs. LV, p. 142).

cette communication. Je ne pensais pas le [illegible] du monde à M. Chanaux le jour de cette séance. J'ai toujours eu cette arrière-pensée que Mlle Dyck, qui s'occupait volontiers de musique, qui avait chez elle le Programme du Concours de musique de Genève et qui l'avait au moins parcouru, qui savait que j'étais né à Dôle, avait pu arrêter ses yeux sur le nom de M. X. Chanaux, professeur de musique à Dôle et directeur d'une société musicale qui avait pris part au concours. »

Il ressort de là que l'imagination subliminale d'un médium (ou d'un assistant), alimentée par la cryptomnésie, peut parfaitement, à l'occasion, fabriquer des messages qui ne se réclament point d'un mort, mais d'un vivant. Et il peut aussi lui arriver, dans une sorte d'accès de franchise exceptionnelle, de se donner expressément pour le moi second ou subconscient du sujet, comme le montre la poésie suivante que j'emprunte aux élucubrations automatiques d'un médium-écrivain (non professionnel) de premier ordre [1].

« Puis-je dormir en paix quand je te vois souffrir? Avec ta grande douleur, puis-je aller danser?

« Je suis ta seconde personnalité *(dein zweites Wesen)*, sache-le enfin clairement; je te suis étroitement uni depuis ta première année.

« Je partage tes douleurs et tes joies; ainsi en a-t-il été et en sera-t-il toujours, quand bien même tu n'en as pas conscience.

« Si tu demandes mon nom, je m'appelle exactement comme toi, et quand tu fermes tes yeux, je ferme aussi les miens.

« Que si tu veux néanmoins me nommer, appelle-moi ton cher moi (*so sprich : du liebes Ich*); alors tu auras dit vrai, car je ne suis que par toi. — Otto. »

Vous voyez que M. Denis se trompe quand il prétend que les auteurs des messages médiumniques sont unanimes à se dire les Esprits des morts. Il est vrai que c'est généralement le cas, mais il n'y a rien là d'étonnant, étant donnée l'atmosphère des milieux spirites, où le médium et son entourage sont toujours plus ou moins pénétrés de l'idée et de l'attente que les défunts vont se manifester. La suggestion et l'autosuggestion, en d'autres termes, suffisent amplement à expliquer la forme habituelle des communications; et si M. Denis, au cours de ses trente années d'expériences, n'y a jamais vu d'exception, cela prouve simplement la puissance contagieuse de sa conviction dans les séances aux-

---

[1] Il s'agit de Mme Knorr-Schmidt, de Méran, à qui l'on doit de très intéressantes auto-observations sur sa médiumnité. (Voir Uebersinnliche Welt, t. XII (1904) et suivants). Elle a reçu, entre autres, par l'écriture automatique, un grand nombre de poésies d'un cachet esthétique très particulier, signées de pseudonymes dissimulant, soi-disant, divers auteurs défunts célèbres. Seul, celui qui signe Otto ferait exception et serait le second Moi du médium, d'après la pièce ci-dessus. Voir le curieux recueil de poésies : Marie Knorr-Schmidt, *Evoé! Ein Schritt zur Lichtung des Seelenlebens.* Diessen (Bayern), 1903; p. 17.

quelles il assiste, et cela ne surprendra aucun de ceux qui connaissent sa personnalité si sympathique.

Dans le camp des neurologistes, on a récemment tenté de donner une explication psychophysiologique à cette apparence de défunts que revêtent les sous-personnalités médiumniques. MM. Sidis et Goodhart la rattachent en effet à la structure de nos centres nerveux en neurones relativement indépendants, dont les relations purement fonctionnelles, extrêmement mobiles et variables, constituent des systèmes momentanés, toujours exposés à bientôt se désorganiser pour former de nouveaux groupements, à côté du groupement plus solide et permanent qui sert de base au Moi normal. Au point de vue psychique, ces groupements instables constituent « des personnalités temporaires, qui ont un grand penchant à l'imitation et au jeu : elles se donnent des noms, et simulent les vivants partis de ce monde. Par cette simulation, elles expriment à leur façon le fait qu'elles ne sont pas des personnalités achevées, vraiment réelles et vivantes, mais qu'elles aspirent encore à la vie réelle. En se mettant elles-mêmes dans un autre monde que le moi normal, dans le monde des Esprits désincarnés, les personnalités de trance révèlent donc à leur manière leur véritable nature d'êtres irréels, éphémères, simples candidats à l'existence...[1] » — Comme toutes les traductions anatomo-physiologiques des faits de conscience, cette ingénieuse théorie a l'avantage de nous fournir, pour ces faits de pure observation intérieure, une symbolisation visuelle et spatiale commode, en termes de neurones s'associant et se dissociant; mais elle a aussi le défaut inévitable de ne rien nous apprendre de nouveau sur les phénomènes psychologiques eux-mêmes et de ne nous en donner aucune explication proprement dite. On ne voit pas, en particulier, pourquoi, chez ces sous-personnalités instables et à peine ébauchées, le sentiment de moindre réalité, d'imperfection, d'existence incomplète et précaire, se traduirait par l'idée et l'affirmation d'avoir déjà vécu, plutôt que par celles de n'avoir pas encore vécu, ou d'être le simple reflet d'autre chose, etc. Bref, il me paraît infiniment plus naturel d'attribuer aux suggestions du milieu, et aux désirs latents du médium, le fait que ses créations somnambuliques se donnent ou se prennent elles-mêmes pour des Esprits désincarnés. (Quant à dire quelle a été, dans l'humanité préhistorique, l'origine primitive de la croyance au commerce avec les Esprits des Morts, il semble assez naturel de la chercher, comme on le fait d'or-

---

[1] Sidis and Goodhart, *Multiple Personnality*, New-York 1905, p. 54. (Les passages ci-dessus sont une traduction libre, non une citation textuelle.)

dinaire, dans les phénomènes du rêve et du somnambulisme; mais c'est là une question d'anthropologie que je laisse de côté, ne m'occupant ici que du Spiritisme contemporain.)

2. Après la forme des messages, vous vous êtes rabattu sur le caractère si souvent supranormal de leur contenu, qui impliquerait à vos yeux l'intervention des Esprits. Je ne conteste pas, Monsieur, que — même après élimination de ce qui n'est supranormal qu'en apparence[1] et se laisse ramener à des processus parfaitement normaux soit de fraude ou de malobservation, soit de cryptomnésie ou d'imagination subconsciente, etc., — les phénomènes médiumniques ne restent émaillés de nombreux éléments réfractaires à nos explications scientifiques actuelles. Mais en résulte-t-il nécessairement que les désincarnés y soient pour quelque chose, et n'est-ce pas s'exposer à faire fausse route que d'attribuer d'emblée aux Esprits tous les faits qui nous dépassent? La question est certes loin d'être liquidée. Peut-être les recherches métapsychiques finiront-elles par donner raison aux spirites. Je suis cependant frappé de deux points qui ne parlent guère dans ce sens.

C'est d'abord le fait que dans beaucoup de cas les manifestations supranormales paraissent relever de facultés assurément encore fort mystérieuses, mais appartenant aux êtres vivants [incarnés] et dont ils disposeraient dans certains états spéciaux de leur personnalité, en sorte qu'il n'y aurait nul besoin des désincarnés pour produire ces phénomènes si déconcertants à première vue. Télépathie, extériorisation de la motricité et matérialisations, clairvoyance, lucidité, etc., tout cela semble résulter de pouvoirs inhérents à notre nature, bien que ne se déployant à un degré appréciable que chez certains individus ou sous certaines conditions psychophysiologiques particulières (états seconds, somnambulismes). Cela n'exclut pas la possibilité que les Esprits des morts jouissent, eux aussi, de ces mêmes avantages; seulement, du moment qu'ils n'en ont plus le monopole, il devient beaucoup plus difficile d'affirmer leur présence dans les faits de ce genre. Autrement dit, avant d'oser conclure aux désincarnés, il faudrait connaître beaucoup plus à

---

[1] Comme joli exemple récent de la facon dont souvent le supranormal le plus éclatant en apparence s'évanouit devant une analyse un peu attentive, je rappellerai le cas de Hans, le fameux cheval berlinois qui savait lire, compter, etc. Ces prodiges semblaient impliquer à tout le moins un lien télépathique réel entre ce cheval et son barnum, jusqu'au jour où un psychologue pénétrant, le prof. Stumpf, s'avisa de montrer que tout s'expliquait fort simplement par des phénomènes d'expression inconscients chez le barnum et des associations créées par le dressage chez l'animal. Voir O. Pfungst, *Das Pferd des Herrn von Osten (Einleitung* v. C. Stumpf), Leipzig, Barth, 1907.

fond notre propre constitution actuelle, avec toutes ses ressources et ses pièges possibles; et nous en sommes si loin qu'on peut se demander si cela ne renvoie pas aux calendes grecques l'établissement vraiment scientifique du Spiritisme!

Le second point qui me fait douter que les phénomènes supranormaux doivent nous apporter cette consécration définitive du Spiritisme, c'est que beaucoup des savants qui les ont le mieux étudiés, bien loin d'aboutir à l'hypothèse spirite, semblent s'en écarter d'autant plus qu'ils poussent plus avant leurs investigations. Lisez par exemple, Monsieur, le témoignage le plus récent sur ce sujet, l'espèce de testament métapsychique que vient de publier M. William James[1], où il résume son impres-

---

[1] W. JAMES, *The Confidences of a « Psychical Researcher »*, American Magazine, 1909, p. 580-589.

Dans cet article, M. James esquisse deux théories assez différentes, quoique fort compatibles, sur l'origine des phénomènes supranormaux. La première, à l'occasion d'Eusapia Palladino, concerne les manifestations physiques, qui seraient dues suivant lui à l'intrusion fortuite, dans notre monde scientifiquement organisé, de débris ou vestiges du chaos primordial au sein duquel ce monde et ses lois se sont peu à peu constitués. Ces débris, par essence incohérents et réfractaires à toute espèce de coordination régulière, ne pourront jamais devenir des objets de connaissance scientifique, et resteront par conséquent toujours sans valeur et sans réalité *(pure bosh)* aux yeux des savants.

M. James reconnaît que cette théorie — à laquelle il incline parce qu'elle est dans la ligne de toute sa philosophie tychiste et pluraliste — a peu de chance d'être jamais acceptée par les métapsychistes, qui préféreront naturellement conserver leur foi à la rationalité de ces phénomènes et à la possibilité de les ramener un jour à des lois précises.

La seconde théorie de M. James concerne le fait si répandu (et suivant lui quasi universel, c'est-à-dire qui se produirait chez tout le monde moyennant un peu d'exercice) des dictées automatiques par l'écriture ou la table. Ces messages trahissent un constant désir de communiquer, une volonté et un effort pour se manifester, dont on ne rend pas suffisamment compte lorsqu'on y voit simplement, comme les *scientistes*, une tromperie volontaire du subconscient des médiums. Il y aurait donc là — surtout si l'on songe à tous les éléments supranormaux qui se mêlent à ces messages automatiques — quelque chose de réel et d'objectif, différent du médium lui-même; à savoir une sorte de milieu mental indifférencié, de conscience cosmique diffuse, qui aspire à prendre la forme d'individualités distinctes, mais qui, ne pouvant y arriver de soi-même, se glisse comme un parasite dans les médiums et profite de leurs facultés de personnalisation dramatique pour s'accorder quelques instants d'existence concrète. C'est ce qu'il appelle l'hypothèse des démons parasites.

Au total, ce que James considère comme le plus probable, c'est que les phénomènes médianimiques sont dus à une interaction des facultés latentes du médium avec un milieu cosmique d'autre conscience *(other consciousness)* animé de la volonté de se manifester. Mais quelle est la nature et les diverses sortes de cette volonté, c'est ce qu'on ne saurait dire avec certitude. « La seule chose certaine, c'est que les phénomènes sont d'une énorme complexité, surtout si l'on y comprend les envolées de médiumnité intellectuelle comme celles de Swedenborg et que l'on tente d'y faire rentrer aussi les phénomènes de médiumnité physique. C'est pourquoi jusqu'ici je ne suis personnellement ni partisan convaincu des démons parasites, ni spirite, ni scientiste, mais je reste encore un *psychical researcher* attendant plus de faits avant de conclure. » (*Loc. cit.*, p. 588-589.)

On peut objecter à M. James qu'entre l'hypothèse d'une *tromperie volontaire* du subconscient, et celle d'une *volonté étrangère* cherchant à se manifester, il y a place

sion d'ensemble au bout d'un quart de siècle de recherches en ces matières. Tout en insistant plus que personne sur la nécessité de poursuivre l'étude du supranormal, et absolument convaincu que ce mystérieux domaine renferme des réalités encore insoupçonnées et nous réserve probablement des découvertes capitales sur la constitution de l'univers, M. James conclut en déclarant qu'il n'admet ni l'hypothèse spirite, ni l'hypothèse scientiste (qui dénie à ces faits toute valeur objective), et qu'il n'est pas non plus convaincu de l'hypothèse parasitaire (qu'il a lui-même proposée), mais qu'il reste encore dans l'attente de nouveaux faits. Vous ne récuserez pas, je pense, la compétence et l'impartialité de ce savant : il a si peu d'hostilité contre les désincarnés, qu'il a souvent paru donner des gages aux spirites, lesquels en ont pris l'habitude de le citer — bien imprudemment — parmi leurs autorités de marque. Mais peut-être me répondrez-vous que la conclusion non-spirite de M. James n'est qu'une opinion personnelle, à laquelle on peut opposer les conclusions spirites d'autres savants tout aussi renommés, tels que Lombroso, etc. Sans doute; pourtant, si le propre des vérités scientifiques est de s'imposer à tous les chercheurs suffisamment au courant, cette absence d'unanimité, chez les métapsychistes les mieux qualifiés, prouve à tout le moins que l'hypothèse spirite est loin de résulter des faits avec l'évidence et la certitude que prétendent ses adeptes! Et c'est ce que je tenais à relever.

* * *

Permettez-moi, Monsieur, une réflexion générale au sujet de cette prétention des spirites à la reconnaissance scientifique de leur théorie. Se rendent-ils bien compte de ce qu'ils réclament, et ne se font-ils pas une singulière illusion en croyant que la science positive pourra jamais leur donner satisfaction sur le point qu'ils ont le plus à cœur? Car j'imagine que ce à quoi ils tiennent au fond, l'objet par excellence de leur ardent désir, c'est l'identité psychique véritable, la réalité en soi, la survivance vraiment personnelle et consciente, de ces défunts dont le souve-

---

pour la supposition psychologique, de beaucoup la plus naturelle, d'un simple *jeu* de l'imagination du médium. Lorsqu'on s'abandonne à la passivité des séances de table ou d'écriture, c'est toujours dans l'idée et le désir d'obtenir des communications; quoi d'étonnant par conséquent à ce que la fantaisie subconsciente de l'automatiste, mise en branle dans cet état, fonctionne suivant l'idée dominante et engendre des produits reflétant tous ce désir de communication! — Quant à la conscience cosmique diffuse et aux vestiges du chaos primordial, il n'est pas impossible qu'il y ait du vrai dans ces hypothèses de James et que l'avenir en tire parti pour l'explication de certains phénomènes supranormaux. Mais nous n'en sommes pas encore là!

nir chéri et sacré les poursuit, ou de leur propre individualité quand ils auront à leur tour franchi les portes de la mort. Mais est-ce là une chose que la science pourra jamais leur garantir? Supposons que, conformément à leurs souhaits, la méthode expérimentale nous oblige à admettre la réalité et l'intervention des trépassés pour expliquer les phénomènes médiumniques, comme elle nous oblige à admettre la réalité et l'action des molécules, des atomes, des électrons, des vibrations de l'éther, etc., pour expliquer les phénomènes du monde physique : les spirites eux-mêmes n'en sauraient exiger davantage, en fait de certitude scientifique! Et pourtant, qui ne sait aujourd'hui qu'il y a un abîme entre cette réalité *scientifique* des atomes ou de l'éther, et leur réalité *absolue*, métaphysique, en soi! Des savants qui admettent la première, combien y en a-t-il qui croient à la seconde?

En d'autres termes, si jamais la science devient spirite, ou le Spiritisme scientifique, cela voudra dire que l'hypothèse de la survivance des individualités psychiques aura été trouvée la plus simple, la plus économique, la plus commode pour décrire et systématiser les phénomènes observés; mais cela laissera intacte la question de savoir si cette hypothèse est vraie en soi, ou si la représentation de ces prétendus désincarnés n'est pas, comme celle des atomes et de l'éther, une pure supposition adoptée en vertu de ses avantages pratiques pour la coordination des phénomènes, mais dont c'est à la philosophie, non plus à la science, à décider ce qu'elle vaut absolument. Or ici se présentent toutes les théories métaphysiques qui expliquent l'apparence des désincarnés, et donc leur réalité scientifique, sans leur présence réelle : le grand Trompeur ou l'Inconscient de Hartmann, qui s'amuse à jouer le rôle des défunts quand même ils ont disparu à jamais; la mémoire cosmique, où s'enregistrent et d'où peuvent ressortir tous les incidents des vies individuelles après l'extinction de celles-ci; les plans ou milieux théosophiques et autres[1], conservant l'empreinte mentale des personnalités conscientes

[1] Voici un exemple de théorie séparant la question du Spiritisme de celle de la survivance; je l'emprunte (en la résumant et l'abrégeant beaucoup) à un travail inédit d'un penseur genevois, aussi modeste qu'original et profond, M. Louis Ferrière :

« C'est une erreur de croire que les faits spirites, supposés admis, impliquent forcément la survivance. Ils ouvrent le champ tout grand aux hypothèses. Imaginons que notre Moi réel, notre Ego, soit une monade spirituelle, personnelle, essentiellement *voulante*, dont l'organisme, la sensibilité physique, l'intelligence, ne seraient que des instruments adaptés à une hiérarchie de *milieux* objectifs (dans le genre des « plans » des théosophes). De même que l'eau et l'air constituent un milieu pour l'organisme, et l'ensemble des forces physico-chimiques un milieu pour nos sens, de même il y aurait pour notre intelligence un milieu mental impersonnel, illimité, formé de toutes les idées possibles; et tout comme nos sensations résultent de l'interaction du

lorsqu'elles se sont évanouies, comme les couches géologiques conservent les empreintes fossiles des animaux détruits, etc. Ces diverses hypothèses, qui ne diffèrent au fond que par des nuances, répondraient toutes également bien aux exigences supposées des faits observables, tout en réduisant à néant les espérances de vie future individuelle qui sont le ressort intime du Spiritisme. C'est donc une utopie de la part de ce dernier de croire que jamais la science pourra lui garantir la seule chose à laquelle il tient vraiment, la survivance de l'identité personnelle. Pour passer des concepts scientifiques à cette affirmation métaphysique, il faudra toujours quelque chose de plus que la simple adhésion aux enseignements de la science, à savoir un choix entre les diverses philosophies, un parti pris extrascientifique en faveur de certaines conceptions fondamentales plutôt que d'autres, une décision volontaire et, pour dire le mot, un véritable *acte de foi* élévant à la hauteur d'une conviction personnelle ce qui n'est logiquement qu'une hypothèse interprétative parmi beaucoup d'autres également possibles. C'est pourquoi le Spiritisme, eût-il réussi à faire de la survivance une vérité « scientifique », n'en aurait pas moins échoué dans sa prétention de transformer la *croyance* philosophique ou religieuse à l'immortalité personnelle en une *connaissance* positive. Mais ceci m'amène au second point de ma lettre.

---

milieu physico-chimique avec le Moi, pareillement nos pensées résulteraient du commerce avec ce milieu mental impersonnel, où notre Moi agirait comme un centre de polarisation et où pourraient subsister plus ou moins longtemps ses traces, son empreinte, son système de pensées (comme le cadavre subsiste dans le milieu physique), alors que le Moi lui-même aurait cessé d'exister, ou aurait abandonné ce milieu pour passer à quelque autre plus élevé...

« Les médiums seraient des gens particulièrement réceptifs et accessibles à ces pensées flottant dans le milieu mental, mais ils les subissent passivement, automatiquement (tandis que les hommes de génie y puisent d'une façon active et volontaire). Mais que ces pensées aient appartenu à des personnalités qui se trouvent encore dans le milieu mental ou qui ne s'y trouvent plus, cela ne change rien au processus, dit *télépathique*, par lequel les médiums absorbent et expriment ces pensées étrangères : il n'y a pas de différence entre ce qu'on appelle la télépathie des vivants et la télépathie des morts...

« Dans cette hypothèse, le problème philosophique de la survivance personnelle est absolument indépendant des phénomènes spirites et reste ce qu'il a toujours été, une question que chacun résout en choisissant la croyance qui lui plaît le mieux. Ou bien notre individualité n'est qu'un centre de polarisation éphémère, qui s'évanouit comme un tourbillon liquide ou aérien, un « cyclone mental » qui se dissipe à jamais (ce qui n'empêche pas ses pensées de durer un certain temps dans le milieu mental, où les médiums les recueillent). Ou bien nous sommes des monades personnelles, douées de réalité absolue, qui lorsqu'elles disparaissent du milieu mental ne cessent pas pour cela d'exister, mais s'élèvent à un milieu supérieur où l'instrument intellectuel devient inutile et où se réalise « la paix qui surpasse toute intelligence ». Quoi qu'il en soit, le choix entre ces deux alternatives n'a rien à faire avec le Spiritisme, qui perd de ce chef tout intérêt moral ou religieux et reste une question d'ordre purement scientifique, sans conséquence pour le problème de la survivance réelle. »

II. — Pour le Spiritualisme.

Tel était en effet, Monsieur, votre autre sujet d'étonnement : c'est que des gens raisonnables puissent encore croire à la vie future, quand ils rejettent comme non-concluantes les démonstrations que le Spiritisme prétend leur en donner. — Cette position vous semble intenable. Car pour vous il n'y a pas de milieu : une fois qu'on s'est émancipé de la soumission aveugle aux enseignements dogmatiques du clergé, il ne reste plus qu'à emboîter le pas derrière la science, et celle-ci, d'après votre expérience, ne peut naturellement être que moniste ou spirite! L'idée qu'elle ne serait en réalité ni l'un ni l'autre, et qu'il y a au-dessus d'elle tout un domaine, celui des questions philosophiques ou religieuses, qui lui échappe et qui reste ouvert aux libres convictions et aux croyances individuelles — cette idée ne paraît pas vous avoir abordé, ou du moins elle vous déconcerte et vous scandalise. Cela n'est pas très surprenant après votre longue fréquentation des Büchner et des Hæckel, qui ne vous ont jamais appris à distinguer entre ce qui est du ressort de la science et des vérifications expérimentales, et ce qui relève de la foi personnelle. Ils vous ont fait accroire que leur Monisme était « scientifiquement et expérimentalement » démontré, jusqu'au jour où les dictées d'une table vous en ont apporté la réfutation non moins « expérimentale et scientifique ».

Ce perpétuel souci, je dirais presque cette manie de la démonstration expérimentale et scientifique, est certes infiniment louable en soi : et plaise au ciel que ce trait caractéristique de l'intellect moderne, dont les premières apparitions bien nettes dans l'histoire de l'humanité datent d'il y a trois ou quatre siècles à peine, aille s'étendant et se généralisant le plus rapidement possible! Mais encore ne faut-il pas se payer de mots et prendre pour le véritable esprit scientifique, toujours critique et conscient de ses propres limites, ce qui n'en est que la caricature ou la contrefaçon, à savoir un nouveau déguisement de l'esprit de crédulité paresseuse chez les uns, d'autoritarisme infaillibiliste et dominateur chez les autres. C'est si commode de se mettre à couvert derrière de prétendus verdicts de la science, et de glisser ses petites opinions personnelles sous ce pavillon respecté pour mieux les imposer à autrui! Penchant bien humain et contre lequel nous avons sans cesse à lutter. Il nous semble toujours que nos croyances de prédilection étant pour nous les seules bonnes et les seules vraies, ont des droits spéciaux à se réclamer de la garantie scientifique et devraient jouir d'un monopole exclusif dans l'organisation de la société. Cette naïve fatuité provient sans doute d'un besoin très légitime de sympathie et de conformité sociale, mais en partie aussi d'une certaine faiblesse de nature, d'une sorte de tare psychasthénique, qui fait que nous avons peur des responsabilités, n'osons pas être nous-mêmes, et tâchons de supprimer d'avance toute résistance importune, en présentant nos idées comme seules patronnées par dame Science, la grande divinité du jour.

Mais je m'écarte de mon sujet. Pour en revenir à la croyance à une autre vie, vous redoutez que c'en soit fait d'elle, et qu'elle ne s'effondre définitivement, le jour où il serait bien établi que le Spiritisme s'illusionne en attribuant certains phénomènes métapsychiques à l'intervention des désincarnés.

Il me semble, Monsieur, que vous voyez les choses trop en noir.

Assurément, il faut reconnaître qu'au point de vue de l'instruction publique et obligatoire, vous devrez renoncer à votre rêve actuel de mettre l'immortalité de l'âme — comme vos anciens amis les « libres-penseurs » voudraient mettre sa mortalité — au nombre des connaissances positives que l'Etat fait fourrer d'office dans les jeunes cerveaux, telles que le théorème de Pythagore, la loi de la chute des corps ou l'histoire de la révolution française. Mais au point de vue de tout homme qui réfléchit tant soit peu et qui cherche à se faire une idée du sens de l'Univers et de la Vie, une *Welt- und Lebensanschauung* comme disent les Allemands, je ne crois pas que les métaphysiques ou les religions qui font une place à la conservation des personnalités conscientes se trouveront jamais en état d'infériorité vis-à-vis de celles qui l'excluent.

Je ne veux pas dire qu'on puisse, dans ce domaine des considérations philosophiques, arriver à des démonstrations contraignantes, car alors tous les philosophes seraient depuis longtemps d'accord entre eux, ce qui n'est guère le cas! La réflexion aboutit toujours à des dilemmes, des alternatives, des bifurcations, où l'individu en est finalement réduit à faire son choix, à prendre parti, à se risquer d'un côté ou de l'autre; car rester dans l'indécision, s'asseoir dans le scepticisme ou une prudente expectative, c'est encore en pratique — il n'y a qu'à ouvrir les yeux autour de soi et en soi-même pour le constater — suivre un chemin plutôt que les autres en se laissant aller à la pente de moindre résistance.

Or de toutes ces bifurcations, la principale est celle qui se présente au bout de tous les résultats de nos sciences positives, en face de ces énigmes fondamentales de l'Univers qu'ils sont impuissants à résoudre : l'existence même de la pensée et du monde, l'origine et la nature de la vie, le problème du bien et du mal, etc. Là se séparent et s'opposent d'emblée, irréductiblement, ce que Renouvier a si bien dénommé les Philosophies de la Personne — lesquelles, mettant l'accent sur le sujet conscient et ses valeurs, en viennent tôt ou tard à statuer l'immortalité individuelle comme un postulat rationnel et moral indispensable — et les Philosophies de la Chose, où une telle hypothèse ne trouve aucune place et n'a pas même de sens.

Le type par excellence de ces dernières, c'est ce Monisme que vous connaissez de reste, Monsieur, pour lui avoir donné longtemps votre adhésion, et dont j'ai moi aussi, en lisant quelques-uns de ses plus brillants prophètes de Spinoza à Spencer ou Hartmann, ressenti parfois le charme ensorcelant. Quelle que soit sa nuance particulière, matérialiste, idéaliste, ou autre, et le nom préféré dont il affuble son idole — la Substance, la Force, la Nature naturante, l'Energie cosmique, l'Idée, l'Inconscient, le Vouloir-vivre, l'Absolu, l'Inconnaissable, l'Axiome éternel, etc. — il y a de la grandeur, de la majesté, dans cette doctrine où toute la multiplicité apparente de l'Univers se fond dans une unité dernière indivisible; et l'on éprouve une sorte de mystérieuse fascination devant l'énormité sublime de cette Chose qui déroule impassiblement, sans but et sans terme, dans l'infinité de l'espace et du temps, les avatars de sa masse protéiforme, sorte de protoplasme métaphysique engendrant et résorbant tour à tour, avec une aveugle et implacable nécessité, tous les êtres finis et tous leurs attributs éphémères, les atomes et les nébuleuses, les corps et les consciences, les joies et les douleurs, les amours et les haines... Le spectacle de cette éternelle évolution, où tout arrive et où rien ne subsiste, vous berce et vous endort comme le rythme magique de l'Océan, dont chaque vague ne s'individualise et ne scintille un instant à la lumière du jour que pour retomber l'instant d'après dans l'abîme obscur du grand Tout. C'est splendide!

Seulement, suivant comme l'on est disposé, cela finit par vous agacer ou vous donner la nausée. Je n'ai jamais pu m'y faire. En tâchant de me mettre dans la peau de cette philosophie, j'ai régulièrement senti s'évanouir, avec la valeur réelle et perdurable de nos êtres individuels, toutes les autres valeurs dont ils sont les pivots nécessaires, tous les intérêts qui nous attachent à ce monde, tous les motifs et les raisons de vivre que nos hypothèses philosophiques ont précisément pour but d'expliquer et de légitimer. Car la Chose ou la Substance des monistes a beau être éternelle, si les Personnes qu'elle engendre ne le sont pas, les biens dont elle les illusionne un instant se trouvent également frappés de nullité finale, et comme non-existants. Je ne comprends pas, en effet, comment des valeurs quelconques — que ce soient les valeurs inférieures et purement économiques de la vie matérielle, ou les valeurs plus éthérées de la Vérité et de la Beauté, ou encore les valeurs sociales suprêmes de la Justice et de l'Amour — je ne comprends pas comment elles pourraient subsister dans l'abstrait ou l'impersonnel, après l'extinction des consciences individuelles seules capables de les sentir et de les apprécier.

Je sais bien que les apôtres du Monisme font de louables efforts pour conserver le culte de l'Idéal au milieu du tourbillon dissolvant de leur réalité. Hæckel, par exemple, après avoir exécuté l'Athanisme (c'est ainsi qu'il appelle la croyance à l'immortalité) en détaillant avec complaisance tous les vices qu'il découvre à la vie future — jusqu'au désagrément qu'il y aurait pour beaucoup de gens à « s'y retrouver éternellement à côté de leur meilleure moitié ou de leur belle-mère [1] » — Hæckel n'hésite pas à friser l'éloquence de la chaire et à nous débiter sur la Trinité du Vrai, du Beau et du Bien, des homélies d'une onction parfois touchante [2]. Mais que voulez-vous! pour que ces édifiants discours ne sonnent pas creux à mes oreilles, il me faudrait pouvoir oublier la fameuse Substance, qui sécrète les plus nobles héros comme les pires canailles et les engloutit l'instant d'après avec une égale indifférence. Autrement cette indifférence me gagne à mon tour, ou plutôt un sentiment d'amère ironie en entendant ainsi prêcher la vertu et promettre le bonheur aux pauvres fantoches sans consistance et sans lendemain que nous sommes. « Vanité des vanités, tout est vanité! » Le cri du sage antique me revient, grossi de toutes les amplifications tragiques du pessimisme moderne, à l'ouïe des prédicateurs monistes, et derrière leur silhouette béate je vois se dresser, comme aux danses macabres de Holbein, le spectre de la Substance — pardon, de la Mort — qui s'apprête à couper net et sans espoir de reprise, à peine ébauché en chacun de nous, ce magnifique développement scientifique, artistique, éthique, auquel on nous convie avec un si candide enthousiasme!

Et pour ceux qui ont déjà vu la tombe se refermer sur leurs plus chers trésors, anéantissant d'un coup cette valeur sans prix des affections du cœur qui est le couronnement, la raison d'être, la seule fin concevable de toutes les autres valeurs, — combien la religion et la morale monistes ne doivent-elles pas leur paraître plus ridicules encore, plus lugubrement dérisoires! Car s'il y a quelque chose qu'elles ne nous permet-

[1] Hæckel. *Les Enigmes de l'Univers*, trad. franç., Schleicher éditeur. P. 239.

[2] Id., chap XVIII : « Notre religion moniste. Le triple idéal du culte : le Vrai, le Beau, le Bien. »

tent point d'attendre de leur impersonnelle Substance, c'est assurément la pitié, cette pitié dont parlait récemment Pierre Loti[1]. «... une Pitié suprême, vers qui jeter, à l'heure des grands adieux, le cri de grâce qui s'appelait autrefois la prière; une Pitié capable de nous accorder même ce *revoir*, sans lequel la vie consciente, avec l'amour au sens infini de ce mot, ne serait qu'une cruauté par trop lâche et trop imbécile... »

Il est vrai que « l'amour au sens infini de ce mot » ni le désir du « revoir » ne paraissent tourmenter beaucoup les monistes, à en juger par leurs consolations aux âmes en deuil et les succédanés de vie future qu'ils nous offrent :

« Si la perte de ceux qui vous sont chers vous afflige à ce point — nous laisse clairement entendre un des plus illustres monistes contemporains[2] — c'est bien votre faute: il ne fallait pas les aimer tant! Le moyen fort simple de s'assurer contre de tels chagrins et de vivre toujours heureux, c'est d'éviter les sentiments trop tendres et trop exclusifs, en disséminant son affection sur un cercle de gens assez étendu pour ne plus s'apercevoir des vides que la mort vient y creuser. » — Dommage que tout le monde ne soit pas encore à la hauteur de cette ingénieuse dépersonnalisation du cœur! Je l'aimais, dit Montaigne pleurant son ami La Boëtie, « parce que c'était lui, parce que c'était moi »; qu'aurait-il répondu à qui lui eût reproché d'avoir ainsi concentré son amitié au lieu de l'égaliser sur tous les quidams de sa connaissance?

« D'ailleurs — nous disent les vieux monistes matérialistes — de quoi vous plaignez-vous, comme des enfants qui trouvent que leur tartine n'est pas assez beurrée? Cela ne vous suffit-il pas de survivre, et même triplement, par les moyens que la nature vous assure: par les atomes indestructibles qui vous constituent et qui rentreront dans l'éternelle circulation de la vie, par la répercussion indéfinie de vos moindres actes dans le milieu matériel et social, par le souvenir enfin que vous laisserez à vos amis et à la postérité (tant qu'elle voudra bien ne pas vous oublier)? » — Il y a peut-être en effet des gens que la perspective d'avoir leur statue sur une place publique dédommagerait suffisamment de la perte de tous ceux qu'ils ont connus et aimés; tant mieux pour eux!

« Au surplus — ajoutent les monistes idéalistes — il y a au fond de notre être un principe impérissable, à savoir le Sujet universel et transcendental qui prend conscience en chacun de nous, l'Absolu ou Brahma, dont nous sommes tous des moments, et qui subsiste au-dessus du Temps

---

[1] Discours à l'Académie française. *Le Temps* du 24 décembre 1909.
[2] W. Ostwald, *Vorlesungen über Naturphilosophie*, Leipzig 1902, p. 456-457.

alors que s'éteignent nos misérables personnalités empiriques. N'est-ce pas pour celles-ci assez d'honneur déjà que d'être une pensée ou un moment éphémère de cet Absolu au cours de son déroulement temporel ? » — Et dire qu'il y a de ces « moments » qui se demandent, douloureux et lamentables, pourquoi l'Absolu ne s'est pas tenu tranquille au lieu de se dérouler en eux !

« Mais comment ne comprenez-vous pas — continuent ces subtils dialecticiens — que l'éternité et l'immortalité sont dès maintenant à votre disposition ? Car ces termes ne signifient point, comme un vain peuple pense, une survivance aussi impossible qu'inepte au delà du tombeau, mais simplement une certaine qualité de la vie présente : l'*autre vie* bien entendue ne doit pas être symbolisée par une prolongation de celle-ci sur la ligne du temps, mais par une dimension perpendiculaire à cette ligne. Se perdre soi-même dans le culte de l'art et de la science. s'enivrer d'altruisme, se dévouer à quelque grande cause ou à un idéal sublime, bref, donner à sa petite existence contingente un contenu d'une valeur infinie, c'est proprement posséder la vie éternelle et participer de l'immortalité (bien que, cela va sans dire, chacun de nous n'en doive pas moins s'évanouir à jamais lorsque sonnera sa dernière heure ici-bas). » — Il y a là de nobles pensées, auxquelles je souscris pleinement en ce sens que cela seul qui a de la valeur mérite d'occuper nos vies d'êtres raisonnables. Mais je m'avoue réfractaire à cet idéalisme quintessencié qui nous octroie l'éternité et l'immortalité dans un sens métaphorique impliquant leur négation au sens ordinaire ; car je ne vois pas comment se soustraire au sempiternel « tout est vanité » de l'Ecclésiaste, si aucune conscience individuelle, pas même la plus riche en valeur, ne doit échapper au néant final.

Enfin, comme s'ils sentaient eux-mêmes l'inanité de leurs dissertations en face du fait brutal de la mort et éprouvaient le besoin de quelque compensation plus concrète et vivante, tous les monistes s'évertuent à détourner nos regards de notre propre sort pour les diriger sur les générations futures, qui recueilleront le bénéfice de nos efforts, de nos douleurs, de nos sacrifices. Ils ne doutent pas que la grandiose perspective des progrès de l'espèce humaine en marche ici-bas vers la perfection, ne remplace avec avantage la foi égoïste et mesquine du charbonnier à la vie future des individus dans l'Au-delà. On nous assure en effet que nos lointains descendants réaliseront un jour cet idéal de Beauté, de Vérité, de Bonté, qui passe maintenant par-dessus nos têtes, et entreront dans cette terre promise du Bonheur universel dont l'accès nous est refusé. Acceptons-en l'augure, bien qu'il faille, ce me semble, une foi encore plus robuste et naïve que celle du charbonnier pour s'imaginer que les grincements de l'adaptation iront en s'atténuant, plutôt qu'en augmentant, avec la complexité croissante des conditions de la vie sur cette planète! Et sans discuter non plus le tarif suivant lequel les maux actuels de ceux qui nous entourent pourraient être compensés à nos yeux par le bien-être futur d'arrière-neveux que nous ne connaîtrons pas, supposons enfin atteint cet âge d'or où les existences humaines, devenues presque divines grâce à quelque sérum supprimant toutes les maladies, et même la mort, s'écouleront sans nuages et sans fin dans les jouissances du savoir, les extases de l'art et l'épanouissement de l'amour. Est-il bien sûr que ces heureux immortels seront vraiment heureux, et qu'aucune pensée d'amertume ne viendra empoisonner leur félicité ?

S'ils ont le cœur au bon endroit — comme force est bien de l'admettre chez des êtres arrivés au degré de perfection morale qu'on nous dépeint — ne sera-ce pas pour eux une torture intime de se dire qu'ils recueillent le fruit des souffrances et des luttes de leurs devanciers, qu'ils moissonnent où d'autres ont semé, que le règne de la justice sociale enfin venu est en même temps la consommation de la suprême injustice, puisque ceux qui l'ont préparé ne sont plus là pour en jouir, et que ceux qui en jouissent n'ont rien eu à faire pour le mériter! Alors, de tous les élans, de toutes les prières et les aspirations de leur âme généreuse, ne s'efforceront-ils pas de rappeler à l'existence, afin de les élever peu à peu à la même perfection et au même bonheur qu'eux, ces innombrables générations éteintes, dont ils sont les héritiers involontaires et qu'ils voudraient voir participer au triomphe final du bien, puisqu'elles en furent les véritables ouvrières et l'ont payé de leur vie ? Et si cette palingénésie est impossible, si la nature de la Substance s'oppose à cette restauration de toutes les consciences individuelles, les plus misérables même, qui ont peiné au cours de l'évolution — de quelle incurable mélancolie ne seront-ils pas éternellement poursuivis, ces rejetons ultimes de notre race, et quel enfer moral que leur paradis intellectuel ! A moins que le progrès ne les ait graduellement si bien adaptés, mécanisés, insensibilisés, qu'ils ne soient plus qu'un paquet de réflexes, un système de purs tropismes inconscients. Mais alors à quoi bon nous soucier de ces êtres qui n'auront plus rien de commun avec nous, et comment nous intéresser encore à cette prétendue humanité en formation que le « Thanatisme » de Hæckel, avec ses belles prédications, condamne à n'être en somme qu'une succession indéfinie de zéros en chiffres ou de capucins de cartes qui tombent à la file pour ne plus se relever!

Voilà, Monsieur, grossièrement esquissées, quelques-unes des réflexions que me suggèrent les Philosophies de la Chose, et notamment le Monisme en vogue, dans leur tentative de concilier le respect des valeurs — le culte du Vrai, du Beau et du Bien selon la formule hæckélienne — avec la suppression de toute perspective d'Au-delà. Cette entreprise me paraît chimérique et je m'étonne que des esprits sérieux s'y attardent encore. On peut certes regretter qu'un être aussi borné que l'homme se mêle d'agiter le problème scientifiquement insoluble du sens de l'Univers et de la Vie, au lieu d'aller au jour le jour, tout entier aux tâches ou aux distractions du moment, soutenu par cette foi irraisonnée dans l'importance de ses actes, et par cette vague attente d'un meilleur avenir, que la Substance distille au cœur des simples. Peut-être serait-il préférable, en d'autres termes, que la question de la vie future ne fût jamais explicitement posée. Mais *lorsqu'elle l'est*, du fait des événements ou des philosophes, j'estime que s'y dérober par des faux-fuyants ou la trancher par la négative, comme le font les monistes, c'est fatalement, pour qui réfléchit quelque peu, enlever à la vie présente elle-même toute valeur réelle, toute portée profonde, toute signification raisonnable, et nous acculer au bout du compte à choisir entre deux partis aussi néfastes l'un que l'autre à cette religion de l'Idéal que nous prône Hæckel:

C'est d'un côté le j'm'enfichisme épicurien, si répandu de nos jours jusque derrière certains pessimismes de façade, et auquel il faut bien concéder que, même sans espérances célestes, cette terrestre existence est somme toute fort tolérable[1], moyennant qu'on aìt une bonne santé, quelque revenu, des occupations selon ses goûts, pas de scrupules de conscience, ni de chagrins de cœur, et une belle indifférence aux souffrances d'autrui. C'est d'autre part, pour les malchanceux à qui manque tout ou partie de ces six conditions, le pessimisme vrai, soit morne et résigné comme celui de tant de pauvres âmes qui traînent silencieusement leur chaîne en soupirant après le repos du néant, soit révolté et pathétique comme chez Leopardi, Richepin ou Mme Ackermann.

Que si maintenant cette alternative de l'égoïsme ou du désespoir nous répugne décidément trop, et que nous tenions à pouvoir prendre la vie au sérieux, avec ses douleurs et ses joies, ses devoirs, ses valeurs idéales et ses saintes affections, — au lieu de n'y voir, en bonne logique, qu'une farce tantôt sinistre tantôt grotesque —, alors il ne nous reste plus qu'à donner leur congé à tous les systèmes qui rejettent l'immortalité indivi-

---

[1] « Je prends la vie pour ce qu'elle est, pour une bonne fumisterie. » (H. Lavedan, cité par Larousse.)

duelle, et à nous rallier au Spiritualisme qui l'admet et qui pose la vie éternelle comme le but suprême et la fin dernière du déroulement de cet univers.

De ce déroulement de l'univers et de cette vie éternelle, les spiritualistes se font assurément des conceptions fort diverses, suivant leur mentalité et leur tempérament. Pour les uns, le processus cosmique revêt la signification mystique et religieuse d'un drame rédempteur qui aboutira, par la voie douloureuse du sacrifice et l'élimination tragique du mal, à un état de sainte félicité « où Dieu sera tout en tous [1] ». Pour les autres, d'un tour d'esprit plus intellectualiste et philosophique, l'histoire de l'univers représente une éducation progressive, un développement des consciences, dont le résultat final sera « une société parfaite d'individus parfaits [2] ». Entre ces extrêmes, toutes les nuances se rencontrent. Mais sous cette variété de formules ou d'images eschatologiques, il y a un accord foncier sur le point de la conservation et du perfectionnement des personnes conscientes. Et avec les personnes, toutes les véritables valeurs de leur vie présente se retrouveront agrandies, épanouies, purifiées, transfigurées dans la vie éternelle; les liens affectifs et moraux qui sont la substance de la famille, de l'amitié, de la patrie, de l'humanité même, bien que rompus en apparence par la mort, seront rétablis et accrus en profondeur et en étendue; et rien ne sera perdu de ces petites fleurs de Vérité, de Beauté, de Bonté, qui font déjà tout le prix de nos pauvres existences, et que les perspectives de l'Au-delà nous permettent de cultiver comme les semences, ou de révérer comme les prémices, des moissons éternelles. C'est ainsi que le Spiritualisme restitue au front de l'Idéal cette auréole de gloire dont les prédicateurs monistes l'avaient fatalement dépouillé par leurs replâtrages mêmes. C'est ainsi enfin qu'il nous rend la vie auguste et sacrée, et y répand une atmosphère de gravité sereine et de sublime espérance, contrastant singulièrement avec le dilettantisme léger ou le noir découragement qui sont les seules issues possibles d'un Monisme conséquent.

Vous vous dites sans doute, Monsieur, que depuis longtemps j'enfonce des portes ouvertes, nul n'étant plus convaincu que vous (actuellement) de la nécessité de la vie future pour rendre la vie présente acceptable, et que j'aurais pu me dispenser des considérations précédentes. Vous avez raison ; mais je vous les ai présentées par provision, pour le cas où,

---

[1] I Corinthiens, XV, 28.
[2] Renouvier, *Le Personnalisme*, Paris, 1903. — F. C. S. Schiller, *Riddles of the Sphynx*, Londres, 1910. — Etc.

complètement revenu des prétendues démonstrations spirites, vous seriez tenté de rentrer désespéré à votre ancien bercail. J'espère qu'en y réfléchissant davantage, vous finirez par comprendre que — même si le Spiritisme n'est, comme j'en suis persuadé, qu'une illusion résultant d'une fausse interprétation des phénomènes médiumniques — nous avons des motifs moraux assez puissants pour entretenir notre confiance dans la rationalité de l'univers et la réalité d'une autre existence.

Mais ici je prévois votre réplique. « C'est très bien, quoique un peu banal — me direz-vous — de nous montrer que l'immortalité de l'âme serait chose désirable, indispensable même pour donner à la vie actuelle un sens moralement satisfaisant et l'ennoblir par la perspective de l'éternité. Tout le monde, sauf Hæckel et ses disciples, est d'accord sur ce point et souscrit au mot de Renan, que l'homme qui croit à la vie future vaut plus que celui qui n'y croit pas. Mais là n'est pas la question. Ce qu'il s'agit de savoir, c'est si cette croyance est vraie ou illusoire. Le Monisme démontre qu'elle est illusoire : la conscience n'étant qu'une fonction de l'écorce cérébrale, un épiphénomène sans réalité en soi, le simple reflet des vibrations nerveuses ou, comme le dit savamment le Dr Forel, « le miroitement subjectif du neurocyme », c'en est fait d'elle après la destruction du cerveau. Toutes les spéculations des métaphysiciens et des théologiens ne sauraient prévaloir contre cet argument de fait; il n'y a que l'évidence expérimentale d'un autre fait, j'entends l'intervention des désincarnés, qui puisse en avoir raison et prouver victorieusement que la conscience personnelle survit à la mort de l'organisme. Or c'est justement cette preuve que nous donne le Spiritisme, et cela lui assure l'avenir. Seul il répond à cette double exigence de notre être : d'une part l'éternel cri du cœur qui réclame autre chose qu'un monde où tout périt et où l'amour toujours est vaincu par la mort, d'autre part le besoin intellectuel de certitude scientifique absolue. Tandis que votre Spiritualisme philosophico-religieux, qui tâche de satisfaire au premier de ces besoins, mais qui s'avoue incapable de répondre au second, n'est plus qu'une antiquaille à tout jamais discréditée et radicalement impuissante à lutter contre le Monisme, lequel a pour lui son caractère hautement scientifique et l'appui de la physiologie. Encore une fois, il n'y a que les phénomènes spirites qui soient capables de fermer la bouche aux monistes et de nous donner la certitude de la vie future, en sorte qu'on peut affirmer que *hors du Spiritisme, pas de salut pour le Spiritualisme.* »

Je vous répondrai, Monsieur, que je ne reconnais pas plus la prétendue valeur scientifique du Monisme que du Spiritisme. Pour ce qui est de ce dernier, je vous ai exposé ma façon de voir dans la première partie de ma lettre. Quant au Monisme, permettez-moi de m'y arrêter quelques instants, puisque vous paraissez en être encore tellement féru.

Contre le prétendu caractère « scientifique » du Monisme.

Comprenez-moi bien, Monsieur : ce que je reproche aux monistes, ce n'est point leurs opinions métaphysiques (bien que je ne les partage pas); car chacun est en droit d'avoir la philosophie qui lui plaît et de concevoir le fond de l'univers et de la vie comme bon lui semble. Ce que je leur reproche, c'est de confondre sans cesse la science et la métaphysique, et d'abuser de l'ignorance ordinaire de la masse pour lui faire croire que leur doctrine est la seule légitime au point de vue scientifique, alors qu'à ce point de vue elle n'est qu'un tissu de contradictions, d'arbitraire, et d'inepties. En voici une poignée d'échantillons, concernant surtout ce mystère des rapports du cerveau et de la conscience, que vous me rappelez, et que le Monisme résout toujours au préjudice de la seconde.

1. En disant que la conscience *comme telle* est une fonction cérébrale, mais qui n'exerce aucune action sur le comportement de l'organisme, le Monisme se heurte directement au principe biologique que toute fonction a son utilité dans la lutte pour l'existence, et qu'une fonction ou un organe qui ne sert à rien s'atrophie et tend à disparaître. Si les faits de conscience *comme tels* n'interviennent pas efficacement dans la conduite de l'individu, ils n'auraient jamais dû apparaître, ou, une fois apparus fortuitement par variation spontanée, ils auraient dû s'éteindre promptement par non-usage, ce qui est contraire à l'observation qui nous les montre ne cessant de se développer et de se compliquer au cours de l'évolution.

2. La physiologie, science particulière dont le but est de se représenter et d'expliquer mécaniquement tous les processus dont l'organisme est le théâtre, a parfaitement raison de traiter les phénomènes de conscience d'*épiphénomènes* dont elle n'a pas à tenir compte; car toutes nos sciences, pour se constituer, sont obligées de se limiter à un point de vue spécial ou à une portion restreinte de l'expérience totale, et d'ignorer tout le reste comme si cela n'existait pas. Mais le Monisme, en élevant à l'absolu ce point de vue tout relatif de la physiologie, et en décrétant que les faits de conscience n'ont pas de réalité par eux-mêmes ou que la psychologie rentre dans la physiologie cérébrale, se met en opposition avec la science en général, qui ne doit négliger aucun fait quelconque. C'est exactement comme si un géomètre prétendait nous imposer l'idéalisme, ou condamner la physique, sous prétexte que le poids, la dureté et toutes les propriétés

matérielles des corps, sont des choses inexistantes pour la géométrie. Quoi de plus antiscientifique que cette étroitesse d'esprit qui ne comprend rien en dehors de sa spécialité, et qui voudrait faire passer les conventions préalables de celle-ci pour des vérités métaphysiques absolues!

3. Les monistes, pour donner plus de crédit à leur doctrine, vont répétant sans cesse que la science est forcément moniste puisqu'elle vise à l'unité[1]! Et dire qu'il y a des gens pour se repaître de pareils sophismes! Car quel rapport y a-t-il au fond entre l'unité de SUBSTANCE métaphysique affirmée par le dogme moniste, et l'unité toute FORMELLE ou plutôt la systématisation et la coordination que la science s'efforce d'introduire dans la multiplicité des faits? En réalité, la science est tout autant *pluraliste* que *moniste*, si l'on tient à lui appliquer des épithètes qui ne sont pas faites pour elle; elle pratique l'analyse à l'égal de la synthèse, elle met en lumière la variété qualitative des choses autant que leurs relations quantitatives; et dans l'« unité des forces physiques » qui fut la grande découverte du siècle passé, la diversité des forces qui se transforment les unes dans les autres est certes un élément aussi indispensable que leur coefficient d'équivalence.

Quant à la grandiose doctrine de l'Energétique d'Ostwald, qui est le dernier cri du Monisme dit scientifique, ce n'est qu'en jouant sur le vague ou l'ambiguïté du terme « énergie » pris sans qualificatif, qu'on réussit à y faire rentrer les phénomènes de conscience comme tels. Devant le dualisme du fait *cérébral* et du fait *mental*, que nous n'arrivons pas à réduire ou à transformer l'un dans l'autre, on nous dit : le premier est une manifestation de l'*énergie* [cérébrale], le second une manifestation de l'*énergie* [mentale], donc tous deux sont des manifestations de l'Energie, de même que la chaleur, la lumière, l'électricité, etc., et par conséquent ils se transforment l'un dans l'autre comme ces dernières, c'est-à-dire qu'une certaine quantité de l'un disparait quand l'autre apparait.

---

[1] Un exemple tout récent : « La science cherche à réduire les phénomènes à des éléments simples; elle poursuit l'unité, donc elle est moniste. » P. DUBOIS, *Conception psychologique de l'origine des psychopathies*, Arch. de Psychologie, t. X (sept. 1910), p. 60. Il est à noter toutefois que le Dr Dubois, tout en se déclarant « moniste-matérialiste », distingue nettement entre le métaphysicien et le savant; ce dernier, dit-il très bien, « doit rester *agnostique* vis-à-vis de tout ce qui n'est pas démontré. » Et l'on sait que dans sa pratique, ce maître illustre de la psychothérapie se conduit toujours, non en moniste-matérialiste pour qui la vie consciente ne serait qu'un épiphénomène inerte et passif, mais en spiritualiste de la vieille roche, qui exhorte ses malades comme si leur volonté et leur effort moral étaient vraiment des réalités toutes puissantes : « C'est l'âme saine qui le plus souvent crée la santé corporelle... il faut *vouloir* être en bonne santé... c'est une question de résistance morale... Faites-le claquer au vent, ce drapeau où brille la devise : Maîtrise de soi-même! » etc. (*L Psychonévroses et leur traitement moral*, Paris, 1904, p. 346 et passim.)

Quoi de plus simple et de plus évident? — Je n'ai rien contre cet ingénieux raisonnement (sauf son inintelligibilité pour mon intellect obtus), et je serais même charmé d'apprendre que l'énergie du monde physico-spatial subit des déperditions momentanées toutes les fois que je prends conscience de quelque chose; mais il faut reconnaître que loin d'être démontrée, une telle idée paraît absolument contraire à tous les enseignements de l'expérience.

En fait, à l'heure actuelle on peut dire que la science positive n'est pas moniste, — ni même dualiste, mais plutôt *triadiste*, puisque, outre la Conscience, les savants déclarent que la Vie aussi [1] semble irréductible à la Matière. Que les monistes considèrent ces trois choses comme les manifestations diverses de leur Substance ou Energie unique, ils en sont bien libres en métaphysique, mais qu'ils ne viennent pas nous prétendre que cette conception purement arbitraire a une valeur ou une utilité quelconque en science.

4. Quant à la science particulière de l'homme, la psychologie physiologique, bien loin d'être *moniste*, elle est carrément, radicalement, absolument *dualiste*. Non pas d'un dualisme *métaphysique* qui affirmerait deux Substances, mais d'un dualisme proprement *scientifique* ou expérimental qui admet deux séries de Faits irréductibles, la série corporelle ou physiologique, et la série mentale ou psychologique. Métaphysique pour métaphysique, il est certain que la théorie traditionnelle de deux substances en intime réciprocité d'action l'une avec l'autre, la matière et l'esprit, malgré le mépris ou la terreur vraiment risibles qu'elle inspire à tant de savants petits ou grands, est infiniment plus simple quand on y réfléchit, plus conforme aux données de l'expérience, plus scientifique en un mot, que le Monisme qui identifie tout, brouille tout, confond tout. Mais, encore un coup, la science n'a pas à faire de métaphysique. Seulement il faudrait une bonne fois renoncer à cette légende que la psychophysiologie est moniste, alors qu'en fait elle est dualiste — à telles enseignes que même les fanatiques du Monisme scientifique ne peuvent autrement que de se reconnaître dualistes dans le domaine de l'expérience; contradiction qui n'est pas sans conférer un certain piquant à leurs ouvrages.

En voulez-vous une preuve entre vingt? Prenez le récent volume de notre illustre compatriote M. le Dr Aug. Forel [2], un des plus brillants représentants du dit Monisme « scientifique » contemporain. Dès les pre-

---

[1] Voir entre autres Sv. Arrhenius, *Evolution des Mondes*, Paris, Béranger, 1910, chap. VIII; et Lodge, *La Vie et la Matière*, Paris, Alcan, 1907.

[2] Aug. Forel, *L'âme et le système nerveux;* Paris, 1906. Comparez la préface p. 1, et le chapitre III passim.

mières lignes de la préface, le *métaphysicien* inconscient qui est en lui s'affirme en proclamant le dogme moniste que « l'âme et l'activité du cerveau vivant sont une seule et même chose », et en fulminant contre « les gens qui n'osent regarder les faits en face, de même que ceux qui jurent sur l'autorité », tous ces gens qui se permettent de dire que la liaison de la conscience et du cerveau est « une question métaphysique insoluble » et qui veulent construire la science de l'homme « sur une équivoque appelée le parallélisme psycho-physiologique. » Bon. Tournez maintenant quelques pages, et vous allez voir le *savant*, cette fois, tomber en plein dans la double hérésie qu'il vient de condamner. C'est que, lorsqu'il se met lui-même à regarder les faits en face, il se trouve obligé de constater : — Primo, que « la réduction directe d'un état de conscience à un neurocyme [onde nerveuse] ou inversement est une impossibilité; mieux même, *c'est une question transcendante, c'est-à-dire située absolument en dehors de ce que l'homme peut connaître.* » Il me semble qu'à la longueur près, la phrase que je viens de souligner revient assez joliment à la « question métaphysique insoluble » que M. Forel stigmatisait tout à l'heure! — Secundo, « qu'à toute manifestation psychique correspond une activité neurocymique dans les neurones de notre cerveau [1]. » Ici encore, je n'arrive pas à saisir en quoi le sens de cette phrase diffère du « parallélisme psychophysique » que M. Forel traitait aimablement d'équivoque lorsque c'était ces autres gens qui le formulaient!

Feuilletez un peu plus loin encore, et voilà de nouveau les préoccupations métaphysiques qui reviennent aveugler le savant; dans son souci d'échapper « aux griffes pernicieuses d'un dualisme mystique entre le *corps* et l'*âme* [2] », il tourne le dos aux faits d'expérience et admet sous le nom de *monisme scientifique* (sic) « la supposition que ce sont les mêmes réalités qui nous apparaissent psychologiquement comme âme et physiologiquement comme neurocymes [3] ». Et il s'appuie sur Fechner, le fondateur de la psychophysique, oubliant que celui-ci n'a jamais donné son Monisme philosophique pour une doctrine *scientifique* [4]. Puis le savant et le métaphysicien continuent à se mêler indéfiniment, presque jusque dans la même phrase. Notons entre autres que, de ce que l'âme et le neurocyme sont « inséparables l'un de l'autre » dans notre expérience [5], l'auteur conclut qu'il faut parler d'identité entre eux et non de parallélisme, car « une

---

[1] *Loc. cit.*, p. 67. — [2] *Loc. cit.*, p. 73. — [3] *Loc. cit.*, p. 75.

[4] Le Monisme de Fechner était d'ailleurs essentiellement spiritualiste, car il admettait l'immortalité personnelle, qu'il a défendue avec conviction dans la plupart de ses ouvrages; voir entre autres ses opuscules *Büchlein vom Leben nach dem Tode*, nouv. éd., Hambourg, 1900; et *Die drei Motive und Gründe des Glaubens*, Leipzig, 1863.

[5] *Loc. cit.*, p. 77.

seule et même chose ne peut pas être parallèle avec elle-même ». Evidemment, mais il n'a pas l'air de se douter qu'à ce truisme on peut en opposer un autre non moins évident, c'est que deux choses irréductibles et concomitantes (comme il a déclaré que le sont la conscience et l'onde nerveuse) ne peuvent pas être une seule et même chose. Autant dire que l'aveugle et son chien sont un seul et même être, puisqu'ils ne se montrent jamais l'un sans l'autre et qu'on ne peut pas les réduire l'un à l'autre!

De tout ce galimatias découle à mes yeux une conclusion très nette : c'est que l'*identité métaphysique* cachée, que la doctrine moniste affirme au sein de l'Inconnaissable entre l'âme et le corps, est un pis aller auquel on recourt pour n'en pas rester à leur *dualité expérimentale,* qui éclate au sein des phénomènes. En sorte que poser la première c'est avouer la seconde, et que se déclarer moniste en philosophie équivaut à se reconnaître incapable d'être autre chose que dualiste en science. Il est trop clair, en effet, que si l'on pouvait scientifiquement, par un moyen intelligible quelconque, identifier ou réduire l'une à l'autre la série mentale et la série physique correspondantes, on ne ferait pas de gaîté de cœur ce plongeon désespéré dans le mystère de l' « Unité à deux faces » [1].

5. Lorsque M. Forel, pour expliquer avec le Monisme le mystère de la connexion du cerveau et de la conscience, nous dit que les phénomènes de conscience sont produits par « le miroitement subjectif, la *Selbstspiegelung,* l'introspection du neurocyme », c'est peut-être là une profonde conception métaphysique — et je veux bien l'en croire sur parole — mais c'est en tout cas une ineptie ou une contre-vérité flagrante au point de de vue des faits d'expérience les plus indiscutables. En effet, quand un nègre se regarde au miroir, il y aperçoit généralement une tête de nègre, et non pas un feu d'artifice ou un homme de neige; auquel cas il pourrait à bon droit se croire ensorcelé. Qu'on nous explique donc par suite de quel ensorcellement nos neurocymes, en s'introspectant ou se mirant en eux-mêmes, aperçoivent des arbres, des maisons, des gens, des intérieurs de salons ou de laboratoires, des champs de microscope avec des neurones (d'autrui), des regrets, des projets, des passions politiques, des théories scientifiques ou métaphysiques, etc., etc., bref tout au monde... sauf précisément des neurocymes!! (Ce n'est que chez quelques hystériques que jaillit parfois, dit-on [2], la représentation de leurs propres cellules nerveuses

[1] La meilleure solution de l'énigme ne se trouve pas dans le Monisme qui identifie la conscience avec le cerveau, mais dans le Panpsychisme qui ramène celui-ci à celle-là; encore reste-t-il bien des difficultés! Voir STRONG, *Why the Mind has a body,* New-York, 1903; ainsi que mon article *Sur le Panpsychisme, etc.* (Arch. de Psychol., t. IV, p. 129), et la réplique de Strong (Id. p. 145).

[2] Voir Dr BAIN, *De l'auto-représentation chez les hystériques.* Paris, 1903.

ainsi que de leurs globules sanguins; mais d'abord il n'est point encore prouvé que ce ne soient pas là des tours d'hystériques dus au souvenir latent de quelque figure d'anatomie; et puis, même les cellules corticales sont encore fort éloignées des ondulations nerveuses dont l'autoréfléchissement est censé constituer toute notre vie mentale!)

Cette contradiction de la théorie moniste avec les données immédiates de la conscience est tellement criante — et l'idée même d'un mouvement qui s'introspecte, d'une onde nerveuse qui se reflète et se mire en elle-même, est un tel non-sens — qu'on se demande comment des savants distingués, de tout premier ordre dans leur branche spéciale, peuvent en venir à formuler de pareilles absurdités. La seule explication, c'est que le Monisme n'est pas chez eux affaire d'intelligence et de raisonnement, mais de foi, un dogme excluant toute réflexion, une véritable religion qui a pris la place de celle dont ils furent saturés et dégoûtés dans leur enfance. Ainsi envisagée, cette doctrine n'en serait certes que plus respectable, comme toute croyance sincère, et l'on ne songerait pas à la critiquer, si seulement elle voulait bien renoncer à l'outrecuidance vraiment ridicule de vouloir se faire passer pour scientifique.

Je pourrais, Monsieur, multiplier encore les exemples des difficultés et des objections que le Monisme soulève quand on le transporte du domaine de la métaphysique dans celui des faits positifs. Mais les spécimens précédents suffiront, je pense, à vous convaincre que sa réputation de philosophie conforme aux sciences positives est absolument usurpée, et que point n'est besoin des démonstrations spirites, mais simplement d'un examen un peu attentif, pour réfuter ses vaines prétentions. Il lui reste toutefois deux supériorités pratiques qui lui assureront toujours un certain succès dans la concurrence des systèmes rivaux. C'est d'un côté l'aplomb même avec lequel il se décore de cette étiquette de « scientifique » à laquelle il n'a aucun titre, mais qui ne manque pas d'en imposer à la grande masse ignorante ou peu réfléchie des lecteurs d'ouvrages de vulgarisation. Et c'est d'autre part qu'il répond indubitablement à certains besoins psychologiques et présente ainsi des avantages intimes très réels, à savoir (pour autant que j'en puis juger sans être moniste moi-même) : la satisfaction donnée à notre manie intellectuelle de simplification à outrance et d'unité à tout prix, parce que le multiple et le complexe nous fatiguent; le charme esthétique, le doux bercement, l'espèce d'extase mystique que l'on éprouve à contempler la Substance absolue, nécessaire, unique, infinie, comme cela éclate assez dans les religions panthéistes; le plaisir aussi de prendre le contre-pied de ce dualisme « aux griffes pernicieuses » qui règne dans les milieux orthodoxes rétrécis où l'on a été élevé, et contre lesquels on garde toute sa vie une dent secrète ou déclarée; que sais-je encore, l'apaisement peut-être que le déterminisme absolu découlant de la Substance apporte au sentiment des responsabilités, aux remords du passé, aux scrupules et aux hésitations vis-à-vis de l'avenir (que l'on apprend avec soulagement être déjà fixé dès le sein de la nébuleuse primitive); etc.

Il faut convenir qu'en regard de toutes ces supériorités du Monisme, le Spiritualisme doit sembler à beaucoup de gens faire triste figure, lui qui avoue franchement, comme vous me l'avez dit, Monsieur, ne pas pouvoir apporter des certitudes « scientifiques » à ses adeptes, et qui, chose bien plus grave, réclame d'eux un libre choix et un assentiment tout moral au lieu d'une simple adhésion intellectuelle. Et pourtant ne sont-ce pas des supériorités aussi, quoique d'un autre genre, et un double attrait pour certaines natures, que cette franchise même avec laquelle le Spiritualisme déclare être une philosophie qui se propose, non une science qui s'impose, et ce *sursum corda* qu'il adresse aux esprits lassés du joug de la Substance ou des négations du Monisme? Mais laissons là ce dernier, et revenant à la question de la vie future, comparons un peu, si vous le voulez bien, la position du Spiritualisme et celle du Spiritisme à cet égard.

De quelques caractères du Spiritualisme.

On ne doit pas se dissimuler, en effet, qu'entre la conviction spiritualiste de la vie éternelle et la croyance spirite à la survivance, il y a des différences notables, dont la plus profonde réside dans leur origine et leur nature psychologiques.

Pour les spirites — ils s'en vantent assez — la survivance est une connaissance positive, expérimentalement prouvée par des faits que tout le monde peut aisément contrôler; son admission ne comporte par conséquent aucun choix, aucune décision personnelle, mais c'est l'observation même des phénomènes qui l'impose à l'intelligence, qu'on le veuille ou non, avec la même évidence et la même certitude que toutes les autres vérités scientifiques. Pour le spiritualiste au contraire, l'affirmation de la vie éternelle est une protestation qui jaillit du tréfonds émotif et volitionnel de son individualité, une sorte de défi aux apparences criantes de l'expérience sensible. Cette protestation, basée sur des considérations de valeur parfaitement étrangères à la science, constitue un véritable acte de foi, même de foi *religieuse*, si l'on admet avec Höffding que l'essence de la religion consiste précisément en une réaction de l'être intérieur contre l'iniquité apparente du cours des choses, en un effort pour sauvegarder les biens suprêmes menacés ou condamnés dans la réalité empirique.

Lorsque les faits nous écrasent, lorsque l'observation vulgaire comme les inductions de la science semblent nous montrer la vie consciente, et avec elle toutes les valeurs dont elle est l'indispensable support, inexorablement vouée au néant, c'est alors que, chez certains, l'être intérieur se redresse tout à coup dans une attitude de résistance désespérée et d'espoir quand même, attitude dont l'énergie et la persévérance peuvent varier beaucoup suivant les individus, mais qui a toujours la même direction fondamentale. « Il doit y avoir autre chose, tout n'est pas fini ». murmure sourdement la conscience obtuse de l'ignorant devant le cercueil d'un être aimé. Et un sentiment analogue inspire le penseur aux prises avec certaines généralisations des sciences positives.

Vous savez par exemple, Monsieur, que pour la thermodynamique, l'univers dans sa totalité n'est qu'une vaste machine, dont tous les changements sont dus aux différences de température existant entre certaines de ses parties, à savoir, comme points extrêmes, les nébuleuses incandescentes d'une part, et d'autre part les espaces internébulaires au zéro absolu (— 273° centigrades). C'est au cours du refroidissement (ou de la «dégradation de l'énergie ») d'une de ces limites à l'autre, que se forment les composés chimiques si instables constituant tous les êtres vivants. Mais cette phase favorable au déploiment de la vie n'apparaît que bien tard [1], et elle ne dure que bien peu, puisqu'il suffit d'un nouvel abaissement de quelques dizaines de degrés pour congeler à tout jamais le protoplasme, en sorte qu'on peut conclure, avec M. Henri Poincaré, « que la vie n'est qu'un court épisode entre deux éternités de mort, et que, dans cet épisode même, la pensée consciente n'a duré et ne durera qu'un moment. La pensée n'est qu'un éclair au milieu d'une longue nuit. Mais *c'est cet éclair qui est tout.* » [2]

Je souligne ce mot de la fin, joli pendant moderne au *roseau pensant* de Pascal, parce qu'il marque un des points d'éclosion du Spiritualisme [3]. Les penseurs spiritualistes n'acceptent pas, ils ne veulent pas accepter

[1] Vers 40° centigrades, c'est-à-dire tout près du terme final de cette gigantesque chute de température, lorsqu'on songe aux milliers ou millions de degrés de son point de départ.

[2] H. Poincaré. *La Valeur de la Science*, p. 276, dernières lignes du volume.

[3] Il y en a beaucoup d'autres, de ces points d'éclosion de la conviction spiritualiste. Il y en a surtout dans les expériences et les perplexités de la vie intérieure. Mais je m'en suis tenu ici au cas le plus externe, le plus impersonnel pour ainsi dire, parce qu'il ne rentrait pas dans le propos de cette lettre d'aborder les questions spécialement morales et religieuses. Si je les avais abordées, j'aurais insisté sur l'appui que l'attitude chrétienne et l'attitude Spiritualiste se prêtent mutuellement.

que cette vie consciente, qui est *tout* comme valeur, ne soit qu'un éclair, c'est-à-dire en définitive *rien* comme réalité. Car « valeur » et « réalité » ont beau être des termes disparates, des aspects hétérogènes de notre expérience, ils s'impliquent l'un l'autre devant notre raison, que leur éternel divorce scandaliserait absolument. Aussi, plutôt que de laisser l'univers matériel dissoudre les individualités conscientes au cours de la dégradation de l'énergie, c'est cet univers matériel lui-même, avec son énergie et toutes les réalités physiques, que les spiritualistes vont pour ainsi dire dissoudre dans les individualités conscientes, lesquelles constituent à leurs yeux la seule réalité en soi, véritable et éternelle. Et vous savez que, sans altérer en rien les données de la science positive, qu'ils connaissent et pratiquent parfois eux-mêmes mieux que personne, mais simplement en les interprétant autrement que ne le fait le dogme moniste, ils arrivent à leurs fins, par les voies diverses ou combinées de la critique de la connaissance, de l'induction métaphysique etc., suivant leur tour d'esprit particulier.

Ainsi s'élaborent des systèmes spiritualistes qui répondent à nos exigences intellectuelles (sans parler de nos besoins moraux) aussi bien, pour ne pas dire infiniment mieux, que n'importe quel système matérialiste, moniste, etc.[1]. Mais cet accord avec la raison et l'expérience, obtenu par un long travail de réflexion, ne doit pas faire oublier que le Spiritualisme puise toujours son inspiration première dans une réaction subjective, une décision volontaire, absolument différentes de cette objectivité et de cette pure évidence scientifique dont se targue le Spiritisme.

Cette origine psychologique de toute philosophie spiritualiste lui imprime quelques autres caractères dignes d'être relevés.

1. D'abord le Spiritualisme est essentiellement agnostique sur les détails et le comment de cette eschatologie qu'il affirme comme une nécessité morale. En cela, il contraste avec les enseignements spirites, théosophiques, occultistes et parfois théologiques, qui prétendent nous fournir, sur l'état des âmes après la mort et leurs destinées ultérieures, des connaissances absolument certaines, basées soit sur une *science* positive (encore

[1] Voir entre autres : RENOUVIER, *La nouvelle Monadologie*, Paris 1899 ; *Le Personnalisme*, Paris 1903. — F. C. S. SCHILLER, *Riddles of the Sphynx : a study in the Philosophy of Humanism*, London 1910. (Les premières éditions de ce livre, parues en 1891 et 1894, avaient comme sous-titre : *a study in the Philosophy of Evolution* ; c'est qu'il s'agit en effet d'une métaphysique spiritualiste de l'Evolution, opposée aux théories matérialistes, positivistes, etc.). Il est à souhaiter que cet ouvrage, merveilleusement clair et profond à la fois, soit bientôt mis à la portée du public français par une bonne traduction ; ce sera le meilleur antidote contre le monisme évolutionniste de Hæckel et de son école. — SABATIER, *Essai sur l'immortalité au point de vue du Naturalisme évolutionniste* ; Paris 1895. — Etc.

que non reconnue des savants officiels), soit sur des *révélations* spéciales. Le spiriritualiste, qui n'aime pas prendre des vessies pour des lanternes et qui respecte trop la méthode scientifique pour la confondre avec autre chose, garde une prudente réserve à l'endroit de toutes ces doctrines contradictoires entre elles, et se résigne à ignorer ce que nous ne savons pas et qui d'ailleurs importe peu à l'objet final de sa foi. Il ne décide point si les morts se réveillent immédiatement dans l'Au-delà, ou se reposent plus ou moins longtemps dans un sommeil avec ou sans rêves ; ni s'ils se réincarnent en d'autres existences planétaires, comme le veulent les disciples d'Allan Kardec, ou ne se réincarnent pas, selon l'opinion des spirites américains ; ni s'ils traversent ou non le purgatoire, ou des phases d'erraticité, ou une succession de plans astral-mental-causal, etc. ; ni par quels processus se fait leur épuration morale et leur développement spirituel, le triage entre ce qui est digne et ce qui n'est pas digne de subsister en eux et de s'épanouir dans la vie éternelle ; ni même si celle-ci se réalisera sous la forme temporelle d'une durée sans terme, ou selon quelque mode d'existence intemporel défiant par conséquent notre imagination présente, etc.

Assurément, sur toutes ces questions et bien d'autres, chaque penseur spiritualiste peut avoir ses idées particulières, qu'il expose avec ses raisons à l'appui ; mais il sait assez que ce sont là de pures hypothèses, souvent moins que cela, de simples images ou des symboles de réalités qui nous échappent, et il n'a pas l'outrecuidance de présenter sa manière de voir comme une vérité scientifique ou révélée indiscutable. Aussi se posent-il une parfaite liberté d'esprit pour tout genre de recherches positives, à la différence de tant de savants liés par leurs préjugés doctrinaux. Vous avez constaté à maintes reprises, Monsieur, quelle résistance obstinée les monistes opposent en général à l'étude même des phénomènes métapsychiques, tant ils ont peur d'y rencontrer des faits inconciliables avec leur dogme, et combien les spirites à leur tour se cabrent contre toute explication de ces mêmes phénomènes qui nous dispenserait de l'intervention des désincarnés. Le spiritualiste est affranchi de cette double étroitesse ; il ne redoute aucun fait nouveau ni aucune explication scientifique, et il s'avance en toute tranquillité au-devant des découvertes de l'avenir, sachant bien que, quelles qu'elles puissent être, elles ne toucheront pas à l'objet de sa foi, à cette vie éternelle située au delà ou au dessus du domaine des faits où se meut notre science expérimentale, et qu'elles ne pourront ainsi ni confirmer ni infirmer ses croyances les plus chères. Que lui importe, à ce point de vue suprême, que la survivance empirique, affirmée par le Spiritisme, soit ou non mise hors de doute par les recherches futures ! Si elle ne l'est pas, cela ne prouvera jamais rien contre la signification morale de l'univers et la réalité d'une autre vie ; et si elle l'est, il sera toujours facile au matérialisme de l'interpréter comme une prolongation purement temporaire de la conscience, due à la persistance, pendant quelques temps encore après la mort, de certaines combinaisons de forces organiques ou de formes d'énergie plus lentes à se décomposer que les grossières structures anatomiques tombant sous nos sens. N'était-ce pas en somme l'idée de Lombroso, que certaines observations avaient convaincu de cette survivance momentanée sans modifier, que je sache, ses tendances philosophiques, et qui était devenu spirite sans devenir spiritualiste [1] ? Le Spiritisme, en d'autres termes, n'est une condition ni *nécessaire* ni *suffisante* du Spiritualisme ; et tandis que le premier, par ses prétentions à la démonstration expérimentale, est en lutte constante avec la science positive et ses méthodes de raisonnement, le second, par son caractère agnostique, se trouve à l'abri de tout conflit de ce genre.

2. Le Spiritisme, en se donnant pour une connaissance scientifique, se condamne par là-même à n'accepter que ce que la science est censée avoir établi, à savoir la survivance attestée par les interventions de désincarnés. Le Spiritualisme, issu d'une attitude totale de l'être moral, peut renfermer bien d'autres idées encore, virtuellement contenues dans cette attitude ; et, en fait, vous savez qu'historiquement la croyance à l'immortalité de l'âme s'accompagne presque toujours de celle à l'existence de Dieu et à la liberté de l'homme. C'est qu'au fond ces trois croyances, ou postulats classiques du Spiritualisme, sont étroitement solidaires les unes des autres, ne représentant que les diverses expressions ou traductions intellectuelles de l'attitude fondamentale, de la réaction complexe de l'individu conscient contre un univers empirique qui paraît le menacer. Suivant les aspects de cette menace, la réaction se différencie et se formule intellectuellement dans des notions en apparence séparées. Devant l'anéantissement des personnalités humaines et de leurs valeurs par la mort, le spiritualiste affirme leur conservation ou restauration ultime dans la vie éternelle. Devant le hasard aveugle, l'amoralisme absolu qui semble présider au cours des choses, il affirme une sagesse et une bonté à l'œuvre derrière les événements, une puissance spirituelle qui besogne au fond des âmes, un Dieu personnel et vivant qui s'efforce,

[1] « Les conclusions du Spiritisme sont loin de contredire le Monisme, car l'âme se ramenant à une matière fluidique, visible et palpable en certains cas, continue à appartenir au monde de la matière. » LOMBROSO, *Hypnotisme et Spiritisme*, trad. franç. par Rossigneux, Paris, Flammarion, 1910, p. 6.

à l'aide des hommes de bonne volonté, d'introduire son règne d'amour et de justice dans le chaos de l'univers. Devant la nécessité apparente du mécanisme de la nature, il distingue entre cette suffisante régularité de ses manifestations et une prétendue nécessité métaphysique ; et réduisant le principe du déterminisme absolu de tous les phénomènes, que les monistes érigent en vérité ontologique, à un instrument méthodologique pour l'investigation des faits, il affirme la spontanéité créatrice du sujet moral dans ses décisions petites et grandes, qui vont influer sur l'avenir. On conçoit que l'attitude spiritualiste pourrait impliquer d'autres postulats encore ; mais en s'en tenant à ces trois, il est évident qu'ils dépassent tous infiniment ce que les recherches expérimentales sont capables de démontrer, et que par conséquent le Spiritisme, qui prétend être une pure vérité scientifique, doit, ou renoncer à ces croyances manifestement extrascientifiques, ou convenir qu'il les a empruntées à la philosophie spiritualiste en général.

3. Enfin le Spiritualisme, né d'une révolte contre l'hostilité des choses, se trouve du même coup être essentiellement affaire de résolution intérieure, effort et déploiement d'énergie, direction imprimée à toute la conduite, principe constant d'appréciation et d'action morales. Sans doute il arrive trop souvent que la volonté et le sentiment, venant à faiblir ou même à s'éteindre, laissent vides les formules intellectuelles qu'ils se créèrent et qu'ils remplissaient au début ; alors les idées de Dieu, de la liberté, de la vie future, dépouillées de leur sève propre et étrangères au domaine scientifique, ne représentent plus rien d'efficace et tombent au rang de concepts scolastiques et de dogmes morts. Mais ce sont là des accidents tenant à la misère de notre nature, et ce n'est pas sur ces moments d'apathie ou ces cas de pétrification qu'il faut juger d'une attitude aussi foncièrement dynamique que la foi spiritualiste. Là où elle est vraiment vivante, elle pénètre, inspire, régit l'existence entière, décidant de la façon de prendre et de comprendre les moindres choses comme les plus graves, et dominant toute l'activité de l'individu. De même que, selon la belle expression de Gourd, « affirmer Dieu, c'est poser en soi-même une résolution de sacrifice, et réciproquement [1] », de même on peut dire qu'affirmer la vie éternelle, c'est prendre l'engagement de travailler à sa réalisation, pour autant qu'il dépend de nous, par une option effective de chaque instant en faveur de ce qui nous paraît digne d'y subsister. Et réciproquement : n'avez-vous pas rencontré de ces humbles âmes, rongées de doutes intellectuels, mais cramponnées à leur devoir, et dont l'exis-

[1] J.-J. Gourd, *Les trois dialectiques*. Genève, 1897, p. 92.

tence, toute de dévouement et de consécration au bien, prépare déjà, et affirme en fait mieux que par des paroles, cette éternité à laquelle elles prétendent ne pas oser croire!

On s'est parfois demandé si l'idée de la vie future conserverait la même vertu stimulante, la même efficacité tonique, le jour où sa vérité viendrait à être expérimentalement démontrée comme celle d'une loi de physique ou de chimie, et n'exigerait par conséquent plus aucun effort moral, aucune décision personnelle, pour être maintenue. Autrement dit, n'est-il pas à craindre que le Spiritisme, une fois scientifiquement établi, ne devienne vite un oreiller de paresse, les gens assurés de survivre ne se donnant plus la peine d'entretenir, agissante en eux et dans leur conduite, une croyance qu'ils n'auront pas eu à choisir et qui ne leur coûte rien? Plusieurs auteurs semblent de cet avis. M. Chiapelli, par exemple, se félicite de ce que les phénomènes métapsychiques, tout en fournissant des présomptions en faveur de la survivance, ne nous en apportent cependant aucune preuve rigoureuse; il s'en félicite parce que ces faits alimentent « nos sublimes espérances, toujours renaissantes et bien fondées, sans cependant en faire une chose démontrée, et que l'incertitude même de la foi communique à la vie une force de courage que ne pourrait pas lui donner la certitude scientifique »[1]. M. Zingaropoli par contre, qui estime impossible de mettre encore en doute la démonstration scientifique et la certitude *réelle* (par opposition à la certitude *morale*) de la survivance, ne partage pas l'appréhension que le Spiritisme puisse amener un fléchissement de l'énergie morale de ses adeptes.

La question me paraît oiseuse, n'étant guère susceptible d'une solution générale. Il est vrai que nous tenons souvent aux choses en raison de ce que nous les avons payées, et que nous ne prenons feu et flamme que pour les causes qui ont encore besoin d'être défendues : une fois jugées elles cessent de nous intéresser. Mais cela dépend beaucoup des tempéraments individuels et des dispositions du moment. L'incertitude, le risque à courir, les responsabilités à prendre et l'obligation de se décider par soi-même, tout cela excite les forts, mais paralyse les faibles. D'ailleurs, même si le Spiritisme venait à être prouvé, il y a encore une telle distance entre l'espèce de survivance manifestée par les phénomènes médiumniques et la vie éternelle seule capable de satisfaire aux aspirations les plus profondes de notre être, que pour passer de l'une à l'autre la foi trouvera toujours une marge suffisante pour y déployer ses ailes!

[1] CHIAPELLI, Nuova Antologia du 16 mai 1907; cité dans l'article suivant : ZINGAROPOLI, *La Sopravivenza humana e la psicologia moderna*, Nuova Parola, d'octobre 1907.

Je ne vous conteste pas, Monsieur, qu'en fait les sociétés de spirites sincères et convaincus présentent un niveau moral généralement très élevé; mais comment faire le départ, dans cet heureux résultat, entre ce qui est dû au Spiritisme proprement dit, c'est-à-dire à l'idée que la survivance serait désormais scientifiquement démontrée, et ce qui provient des doctrines spiritualistes embrassées par dessus le marché avec enthousiasme, bien que dépassant de beaucoup la portée des phénomènes eux-mêmes, et impliquant par conséquent toujours un appoint de foi personnelle? En outre, tant que l'intervention des désincarnés n'est pas reconnue par la science officielle, les groupes spirites conservent le caractère de minorités, de petites sectes, ce qui, comme on sait, réchauffe le zèle et entretient l'ardeur des convictions. Mais qu'en resterait-il le jour où, s'élevant (ou chutant) au rang de vérité scientifique, le Spiritisme cesserait d'exister pour lui-même et passerait à l'état de lieu commun, comme la rotation de la terre ou la nocivité de l'absinthe? Je ne me charge pas de le pronostiquer, ni vous non plus, peut-être.

Tels sont, Monsieur, les principaux traits qui me frappent dans le Spiritualisme comparé au Spiritisme. Ils se résument dans la différence d'une attitude essentiellement pratique, morale et volontaire, d'avec un système tout intellectualiste et prétendument scientifique.

Ici, je crois entendre de plus belle votre refrain : — « Fort bien, mais faire dépendre le Spiritualisme de la volonté, c'est avouer de nouveau que sa vérité n'est pas démontrée... » — Eh non, Monsieur, elle n'est pas démontrée. Mais citez-moi donc une philosophie qui le soit! Ce n'est certes pas le Monisme, bien qu'il vive dans l'illusion de l'être; et pas davantage votre Spiritisme, dont les preuves, supposées admises, ne peuvent s'étendre à la *survivance authentique* qu'à l'aide d'un coup de pouce complaisant, et se trouvent si insuffisantes et légères dès qu'il s'agit de la *vie éternelle*, que pour en parfaire le poids il faut, comme Brennus, jeter l'épée dans la balance — l'épée de la foi pour transpercer tous les doutes et déchirer le voile impénétrable du mystère de l'univers! Non, Monsieur, il n'y a, pour aucune doctrine métaphysique, des preuves péremptoires de vérité ou de fausseté, ni même des probabilités (au sens scientifique du mot, c'est-à-dire assignables par le calcul), mais seulement des vraisemblances dont les individus restent les seuls juges. Ce sont eux, en dernier ressort, qui choisissent leur philosophie et leurs croyances, dans le champ, cela va sans dire, de leurs possibilités psychologiques, mais en vertu d'une décision suprême ne relevant que d'eux. Ce n'est point parce qu'une conception métaphysique serait objectivement et rigoureusement démontrée que nous l'embrassons ou la rejettons, mais parce qu'elle nous convient ou nous répugne intérieurement et qu'elle éveille ou n'éveille pas, dans notre nature, des échos favorables qui nous la font juger plausible, raisonnable, évidente [1]. Il y a des gens qui cherchent à dissimuler à autrui et à eux-mêmes cette base subjective de leur philosophie. Mais à quoi bon! Le spiritualiste, lui, ne fait point de façon de reconnaître que s'il est spiritualiste, c'est qu'en adoptant cette attitude il a la satisfaction d'y trouver son assiette, d'y respirer plus librement (tandis qu'il étouffe dans le Monisme), de voir les obscurités du chemin se dissiper peu à peu [2], de se sentir dans le vrai de la vie en un mot. Et cela lui suffit.

Reconnaissons donc qu'en fait, devant l'énigme de l'univers, toutes les hypothèses sont logiquement équivalentes, également irréfutables et indémontrables. Il n'y a rien d'*absurde* (c'est-à-dire de contradictoire) à supposer que ce monde soit *absurde*, c'est-à-dire dénué de tout sens raisonnable, le produit du pur hasard, ou l'œuvre du malin génie de Descartes sans cesse occupé à nous décevoir, ou encore celle d'un imbécile ou d'un fou. Mais il n'y a rien d'absurde non plus à supposer qu'il a un sens, et un sens conforme à nos aspirations d'êtres individuels vers une vie de vérité et de justice, de beauté et de bonté, de sainteté et d'amour — puisque ces aspirations font partie de nous-mêmes qui faisons partie de cet univers, et qu'on ne comprend pas très bien comment la Substance ou l'Absolu s'y seraient pris, dans leur impersonnalité et leur indifférence prétendues, pour accoucher de personnalités conscientes bourrées d'aussi extravagantes marottes! Convenez donc enfin,

---

[1] Voir à ce propos, sur les fondements psychologiques de la croyance à l'immortalité, le livre de Runze, *Die Psychologie des Unsterblichkeitsglaubens und der Unsterblichkeitsleugnung*, Berlin 1894. On y trouve entre autres un intéressant parallèle entre les tendances des grandes religions historiques et celles des principaux courants modernes à l'endroit de la vie future. C'est ainsi que dans le vieux Judaïsme comme dans l'idéalisme romantique allemand (Fichte, Hegel, Schleiermacher, etc.), la question d'une survivance individuelle ne joue aucun rôle, éclipsée qu'elle est par celle de la présence actuelle de Dieu ou l'enthousiasme pour l'idéal. Le Confucianisme et le positivisme ou monisme agnostique (Comte, Spencer, etc.) manifestent un réalisme pratique optimiste où il n'y a aucune place pour la préoccupation de l'Au-delà, les choses de ce monde suffisant à absorber tout leur intérêt et à les satisfaire pleinement. Le Bouddhisme se retrouve dans les pessimismes modernes (Schopenhauer, etc.) où tout désir de vivre est éteint. Enfin, à côté de ces trois courants neutres ou négatifs à l'endroit de l'immortalité personnelle, il y a un grand courant positif (Leibniz, Kant, Herbart, Lotze, Fechner, Krauze, etc.) qui coïncide avec le Christianisme dans son aspiration ardente à la vie, son espérance invincible, sa foi en la valeur indestructible des individus conscients. — Sur la vie éternelle (déjà réelle ici-bas dans l'âme du croyant) comme notion centrale du Christianisme, voir aussi Vorbrodt, *Beiträge zur religiösen Psychologie* (ch. 1 : *Das ewige Leben als Zentrum des Christentums*), Leipzig 1904.

[2] Comp. Jean VIII, 12 : « Celui qui me suit ne marchera pas dans les ténèbres, mais il aura la lumière de la vie. »

Monsieur, qu'il n'est point absurde de croire à la vie éternelle des individus plutôt qu'à leur éternel anéantissement — même si l'on ne croit pas au retour des désincarnés chez les médiums, — en sorte que la position des Spiritualistes non-Spirites est loin d'être aussi intenable que vous vous l'imaginiez.

III. — Conclusion.

Il est temps de terminer cette interminable épître. Permettez-moi, Monsieur, de me résumer et de conclure brièvement.

Sous l'unité apparente de son vocable, le SPIRITISME contemporain est un alliage de deux choses fort différentes : 1° Une philosophie *spiritualiste,* essentiellement morale et religieuse, de l'univers et de la vie; 2° l'antique croyance *spirite* à l'intervention des Esprits des morts dans notre monde.

Cette croyance spirite, que ses adeptes prétendent aujourd'hui ériger en vérité scientifique, est la persistance d'un état mental universellement répandu dans l'enfance de l'humanité, parce qu'il répond à certains phénomènes frappants (somnambulisme, dissociations pathologiques, personnalités multiples, etc.), lesquels semblent en effet, à première vue, ne pouvoir s'expliquer que par l'action d'Esprits différents de celui du patient. Cette interprétation et surtout les pratiques qu'elle suggère, aboutissent à des conséquences déplorables pour la santé physique et mentale. Déjà les législateurs et prophètes hébraïques, avec leur géniale intuition des exigences de l'hygiène sociale et des conditions de la vraie spiritualité, s'efforcèrent, mais sans grand succès, d'extirper de leur peuple ces coutumes funestes en les proscrivant comme une abomination religieuse[1]. Les savants modernes auraient dû reprendre et continuer cette

[1] « Qu'on ne trouve chez toi personne qui exerce le métier de devin, d'astrologue, d'augure, de magicien, d'enchanteur; personne qui consulte les évocateurs d'esprits et les diseurs de bonne aventure; personne qui interroge les morts; car quiconque fait ces choses est en abomination à l'Eternel... » Deut. XVIII, 10-12. Comp. : Lévit., XIX, 31; II Rois, XXIII, 24; I Chron., X, 13-14; I Samuel, ch. XXVIII; Esaïe, VIII, 19-21; XIX, 3. Etc. — Il est curieux de constater que dans l'Ancien Testament, toutes les pratiques de médiumnité et d'occultisme sont condamnées comme étant de l'idolâtrie, sauf la vision en cristal qui y figure au contraire comme le procédé légitime et en quelque sorte officiel pour interroger l'Eternel (la coupe de Joseph, la divination par *urim* et *thummim,* c'est-à-dire très probablement les pierres précieuses ornant le pectoral du grand-prêtre). Cette distinction répond à la différence psychologique si marquée existant entre la plupart des automatismes sensoriels et moteurs, qui impliquent ou favorisent à un haut degré la désagrégation mentale avec tous ses dangers, et la cristalloscopie, laquelle est tout à fait inoffensive, se bornant à stimuler les facultés naturelles de clairvoyance ou de télépathie du sujet et donnant des visions qui d'ordinaire n'ont pas l'apparence de messages spirites.

œuvre d'assainissement sur une toute autre base, avec l'outil nouvellement découvert de la méthode expérimentale et de l'analyse rigoureuse des faits. Malheureusement, trop souvent infatués de leurs propres conceptions positivistes ou matérialistes, et prévenus contre le Spiritisme par son relent de superstition, ils crurent longtemps qu'il suffirait de lui opposer le silence et le mépris, sans seulement daigner examiner les phénomènes très réels auxquels il s'alimente. Ils ne réfléchirent pas que, de la part d'hommes de science, l'ignorance obstinée ou la négation hautaine des croyances populaires est une politique idiote, qui va juste à fin contraire. Aussi n'est-ce qu'en prenant les phénomènes en sérieuse considération, et en substituant à leur interprétation courante des explications psychologiques plus pénétrantes, que la Métapsychique, l'investigation méthodique enfin commencée de l'occulte et du supranormal, arrivera à tirer la vérité de ce puits ténébreux et pourra à la longue corriger les opinions de la masse en ce domaine. Pour l'instant, il faut savoir attendre sans parti-pris ce qui sortira de ces recherches et ne pas préjuger le verdict de la science de demain sur les croyances spirites.

Quant à la philosophie spiritualiste qui fait partie intégrante du Spiritisme actuel, elle ne constitue pas un système arrêté, mais un ensemble assez flottant et variable de doctrines dont l'immortalité et l'évolution de l'âme forment le noyau permanent. Comparée aux autres Spiritualismes plus techniques des penseurs de profession, elle représente un type élémentaire et naïf, qui semble parfois confiner au pur matérialisme par son absence de distinction nette entre l'âme et les « fluides », les fonctions mentales et les fonctions spatiales, etc., mais qui s'en sépare absolument par sa foi à la liberté morale et à la vie future. Exempte de toutes les complications et subtilités de la théorie de la connaissance et des problèmes de haute métaphysique, cette philosophie simpliste se trouve par là même assez bien adaptée aux besoins de la masse. On peut répéter d'elle en général ce que Podmore disait du Spiritisme américain à ses débuts : « Ses enseignements n'ont rien de mystérieux... Ils sont le produit du sens commun réfléchissant sur les faits qui se présentent à lui. Il n'y a guère de traces d'intuitions un peu profondes dans cette philosophie : les problèmes de l'Espace et du Temps, de l'Etre et du Connaître, du Bien et du Mal, de la Volonté et de la Loi, y sont à peine soupçonnés. Le sens commun n'est pas compétent en ces questions. Par le fait que la doctrine spirite les ignore, il s'en faut qu'elle atteigne au niveau d'une Théologie, ou même d'une Cosmologie adéquate. Mais telle qu'elle est, ne faisant appel à aucune haute envolée de l'imagination et ignorant les mystères profonds de la vie, elle a, pendant près de deux générations, satisfait aux besoins intellectuels et aux aspirations morales de centaines de milliers d'adhérents[1]. »

C'est par millions ou dizaines de millions, m'avez-vous dit, Monsieur, que se comptent aujourd'hui ceux à qui cette philosophie sert d'abri commode pour leur foi et leurs espérances. Aussi n'en doit-on pas médire. Sans doute ce sont, le plus souvent, les Phénomènes (tables tournantes, écriture automatique et le reste) qui, en faisant littéralement toucher au doigt la réalité de l'Au-delà, ouvrent les portes de la conviction aux doctrines associées ; pourtant, on rencontre des spirites qui n'ont encore jamais assisté à une expérience et n'en éprouvent pas même le désir, mais qui affirment avoir été conquis par la simplicité, la beauté, l'évidence morale et religieuse des enseignements spirites (existences successives, progrès indéfini de l'âme, etc.). Il ne faut donc point dénigrer la valeur de ces croyances, valeur inférieure tant qu'on voudra, comparée à celle d'autres conceptions[2], mais indéniable cependant, puisque de nombreuses âmes déclarent en vivre et y avoir trouvé une échappatoire de salut entre l'orthodoxie d'une part, dont elles ne pouvaient plus accepter certains dogmes répugnants (comme celui des peines éternelles), et, d'autre part, les négations désespérantes du matérialisme athée.

On ne saurait donc nier que le Spiritisme dans son ensemble — Phénomène et Doctrine, l'un portant l'autre — n'ait fait un certain bien. Il

---

[1] Podmore, *Modern Spiritualism*, t. I, p. 302-303. (Traduction abrégée). « Et les spirites — continue M. Podmore — peuvent se vanter d'avoir, pendant cette période, montré une sympathie pour les opinions différentes des leurs, et une tolérance pour leurs adversaires, uniques dans l'histoire des sectes dites religieuses. » De la part d'un historien du Spiritisme aussi sévère et hypercritique que M. Podmore, voilà un éloge qui n'est pas mince ! Pour le peu que j'ai vu, il n'a rien d'exagéré. Certes, les écrivains et rédacteurs spirites font souvent preuve de fanatisme, mais c'est là une tare professionnelle qu'ils partagent avec beaucoup de leurs collègues de tous bords ; le public spirite, lui, se distingue dans sa généralité par une aménité et une modestie qui contrastent singulièrement, pour ne citer qu'un exemple, avec la condescendance hautaine des théosophes. C'est que les spirites ont une doctrine très simple, ouverte à la discussion et accessible à tout le monde, qu'ils appuient sur des faits d'expérience que chacun, pensent-ils, est à même de vérifier facilement s'il veut bien y prêter attention ; aussi se tiennent-ils pour heureux de ce qu'ils ont vu, mais non pour supérieurs à autrui. Les théosophes au contraire, comme la plupart des sectaires, sont des initiés en possession de la vérité absolue, grâce à une science secrète extrêmement profonde, révélée par leurs Grands-Maîtres, et à laquelle ne saurait atteindre sans de longues années de discipline la plèbe des gens inévolues, en sorte que la bienveillance qu'ils témoignent par devoir à ces frères inférieurs se ressent toujours plus ou moins — comme celle des riches pour leurs parents pauvres — de la conviction indéracinable qu'ils ont de leur propre supériorité.

[2] On sait que le Spiritisme est condamné, comme une œuvre diabolique, par l'Eglise catholique. Les théologiens protestants s'en sont peu occupés. Voir cependant, en langue française, les études critiques de E. Lenoir, *Etude sur le Spiritisme*, Genève 1888 ; A. Berthoud, *Le surnaturel chrétien en regard de l'Hypnotisme et du Spiritisme*. Lausanne 1896 ; T. Fallot, *Sur le seuil*, Valence 1902, p. 24-26 ; E. Larroche, *La valeur religieuse du Spiritisme*, Agen 1905.

a sauvé beaucoup de victimes de l'incrédulité; vous en êtes un bel exemple, Monsieur, et vous vous trouvez en docte compagnie, puisque de grands savants ont été, comme vous, conquis de force sur le Matérialisme par la puissance des faits dont ils ont été témoins[1]. Ce sont là les glorieux trophées du Spiritisme; et, dans des sphères plus modestes, ses victoires sont si nombreuses qu'il devient un facteur de l'évolution sociale et religieuse dont l'importance n'est plus négligeable. Il contribue notamment au processus d'émiettement et de décomposition qui ronge aujourd'hui les Eglises d'autorité, le catholicisme romain et certaines formes figées du protestantisme, et il en recueille bien des épaves qui, sans lui, iraient grossir le bloc de la « Libre-Pensée », cette curieuse réplique négative de l'Eglise, aussi dogmatique et intolérante qu'elle. Ainsi se forment ces groupes spirites qui pullulent à notre époque, sortes de petites chapelles laïques et indépendantes, où l'on marie la Science et la Religion sur la base de l'expérience immédiate — une expérience bien grossière et mal interprétée, mais enfin une expérience personnelle, qui déshabitue ses adeptes de la méthode autoritaire et les pousse à réfléchir par eux-mêmes. Si Flaubert récrivait aujourd'hui *Madame Bovary*, où il a si joliment personnifié la lutte du cléricalisme de droite et du doctrinarisme de gauche dans l'opposition du curé Bournisien et du pharmacien Homais, il esquisserait sans doute entre eux, au second plan, la figure bonasse et un peu effacée du spirite crédule; car s'il n'est « peut-être pas un bourg de France qui n'ait son Homais et son Bournisien », comme dit M. Seippel[2], il n'en est guère non plus, je crois, qui ne possède maintenant son cénacle spirite ou sa « Société d'Etudes psychiques. »

On ne pourrait, par conséquent, que se féliciter du mouvement spirite — comme contribuant pour sa part à l'établissement de ce tiers parti vraiment libéral, d'une mentalité ouverte, à la fois scientifique et respectueuse de la religion, auquel aspire l'âme moderne entre les deux fanatismes qui se la disputent — s'il n'y avait aussi dans le Spiritisme

---

[1] Pour ne citer qu'un exemple : « J'étais — dit Wallace — un matérialiste si complet et si convaincu qu'il ne pouvait y avoir dans mon esprit aucune place pour une existence spirituelle, et pour aucun autre agent dans l'univers que la matière et la force. *Les faits cependant sont des choses opiniâtres...* Ces faits me convainquirent. Ils me forcèrent de les accepter comme faits longtemps avant que je pusse admettre l'explication spirite — il n'y avait pas en ce temps, dans ma fabrique de pensées, de place pour cette conception — ; peu à peu, lentement, une place se fit. Elle se fit non par des opinions préconçues ou théoriques, mais par une continuelle action de faits sur faits dont on ne pouvait se débarrasser d'aucune autre façon. » (Cité par LENOIR, *loc. cit.*, p. 167.)

[2] P. SEIPPEL, *Les deux Frances*; Paris 1905, p. 275.

le revers de la médaille, hélas! j'entends le double danger du détraquement mental, qui guette les fervents des pratiques médiumniques, et de la déception presque fatalement réservée aux prosélytes trop enthousiastes du début. J'ai insisté plus haut, Monsieur, sur le premier point; le second, à mon avis, n'est pas moins grave au point de vue de la vie spirituelle. Il est à craindre, en effet, que chez beaucoup de gens attirés par la promesse de relations expérimentales avec les désincarnés, le défaut des preuves convaincantes qu'ils avaient escomptées ne soit pris pour une réfutation de la vie future elle-même, et que nombre de néophytes, qui s'étaient mis à croire à l'Au-delà parce qu'on leur en affirmait les manifestations empiriques, désillusionnés par la faillite de ces dernières, ne retombent dans leur scepticisme et ne finissent par retourner, en désespoir de cause, les uns au giron de l'Eglise, les autres à l'incrédulité complète. C'est jouer gros jeu, de la part des chefs spirites, que de chercher à remplacer la foi religieuse ou philosophique de leur troupeau par de prétendues vérités scientifiques, dont eux-mêmes ne sont au fond jamais bien sûrs, et qui courent sans cesse le risque d'être renversées par des découvertes ultérieures ou des interprétations différentes mieux fondées.

Sans doute, il y aura toujours quelques natures supérieures sur qui les raisons morales auront plus de prise que les phénomènes sensibles, et qui, malgré leurs désillusions, resteront fidèles au Spiritualisme alors qu'elles auront cessé de croire au Spiritisme. Mais elles seront forcément l'exception. C'est à grossir leur nombre, Monsieur, que je voudrais vous encourager par cette lettre, et à travailler à cette disjonction qui me paraît urgente, au sein du Spiritisme, entre la croyance proprement *spirite*, qu'il convient d'abandonner aux investigations et au verdict futur de la Métapsychique, et les convictions *spiritualistes*, qui relèvent de la conscience intime de chacun et n'ont rien à attendre, pas plus qu'à redouter, des résultats toujours limités de nos sciences positives.

Veuillez me croire, Monsieur, etc. Th. F.

CHAPITRE XII

A propos de la Théosophie.

[Il y a quelques années, M. le Dr Pascal, secrétaire de la Société théosophique française, fut appelé à faire deux conférences à l'Aula de l'Université de Genève, dans la série des « Cours publics et gratuits » que le Département de l'Instruction publique y organise chaque hiver [1]. Le succès de ces conférences et le bruit qu'elles firent dans Landerneau engagèrent la Direction de la *Semaine Littéraire*, en janvier 1901, à demander l'opinion de quelques-uns de ses collaborateurs sur les doctrines exposées par le brillant orateur. Les trois réponses qu'elle reçut, de MM. les prof. Ernest Naville et Emile Yung, et de moi-même, quoique écrites à des points de vue fort différents, concordaient dans leur attitude peu favorable aux mérites et à la prétendue valeur scientifique de la Théosophie. Mon article (paru dans la *Semaine Littéraire* du 26 janvier 1901) n'ayant pas été tiré à part, je le reproduis textuellement ici en y ajoutant seulement quelques notes au bas des pages.]

Genève, 17 janvier 1901.

Monsieur le Directeur,

Vous m'avez demandé mon sentiment sur la Théosophie et les séances de M. le Dr Pascal à l'Aula. Je suis fort embarrassé, car le sujet présente trop de faces diverses pour permettre une réponse en quelques lignes, et pas assez de réelle importance pour en encombrer vos colonnes. J'essayerai

---

[1] Dr Th. Pascal. *Conférences théosophiques à l'Aula de l'Université de Genève (novembre-décembre 1900).* Brochure de 52 p. Genève, Eggimann, 1901. — Le regretté Frommel, professeur à la Faculté de Théologie, ayant publié une critique de la Théosophie dans la Semaine Littéraire des 8 et 15 décembre 1900, M. le Dr Pascal lui répliqua par une brochure datée du 27 décembre : *La Théosophie à Genève; réponse de M. le Dr Th. Pascal à M. Gaston Frommel*, 16 p. Genève, 1901. — La question fut reprise plus tard (décembre 1905), également à l'Aula, à un point de vue purement historique et objectif, par M. le prof. Paul Oltramare, dont on connaît la compétence en ces matières; voir son beau volume : P. Oltramare, *Histoire des idées théosophiques dans l'Inde* (Annales du musée Guimet, t. XXIII), Paris, Leroux, 1906.

de prendre un moyen terme en n'y touchant que quelques points. Nous laissons hors de cause, cela va de soi, l'honorable conférencier lui-même; je tiens à dire cependant que tous ceux qui ont eu, comme moi, le privilège de l'approcher de plus près, s'accordent à lui reconnaître une personnalité extrêmement sympathique et une profondeur de conviction admirable.

Pour qui est au courant de l'histoire de la Théosophie dans le dernier quart de siècle, il n'était pas superflu de relever que M. le Dr Pascal, comme le colonel Olcott[1], appartient à la catégorie des croyants sincères.

* * *

1. Dans la mesure où elle est une *religion,* la Théosophie mérite tout notre respect et je crois qu'elle peut faire du bien à certaines personnes.

Il y a en effet beaucoup d'âmes inquiètes qui, révoltées par la manière autoritaire ou les dogmes surannés d'un christianisme dénaturé, finissent par tout jeter par dessus bord (l'enfant avec le bain, comme disent les Allemands) et flottent dès lors désemparées, pitoyables épaves sur l'océan du doute et du désespoir, jusqu'au jour où elles rencontrent un havre de salut dans quelque doctrine plus ou moins excentrique, mais qui a pour elles le charme de la nouveauté et la chance de se présenter au moment psychologique : le bouddhisme, l'islamisme (rappelez-vous certain député français), le spiritisme, l'occultisme, la théosophie, etc. On commence à s'apercevoir aujourd'hui que les doctrines et les systèmes dogmatiques ne sont qu'un élément contingent et secondaire (quoique inévitable) de la vie religieuse proprement dite, laquelle consiste essentiellement en processus émotionnels et volitionnels fort indépendants des représentations intellectuelles que le hasard des circonstances vient souder avec eux; et rien n'empêche de penser que, dans ces conversions insolites, l'âme ne fait que rejoindre par un chemin détourné le Christ vivant, qu'elle n'avait pas su saisir au travers des caricatures que nous en offrent trop souvent les milieux soi-disant chrétiens.

Ne jetons donc pas la pierre à ceux qui déclarent avoir trouvé dans la

---

[1] On sait que, lors de l'enquête de la Soc. f. psych. Res. sur les prétendus miracles de la Théosophie, le colonel Olcott, principal fondateur de la Société théosophique (1875) avec Madame Blavatski, fut d'abord tenu pour un complice évident de cette dernière dans ses fameuses supercheries; mais ensuite il fut mis hors de cause comme étant un homme parfaitement honnête, mais « d'une crédulité extraordinaire ». (Proc. S. P. R. vol. III, p. 205.)

Théosophie la satisfaction des besoins les plus profonds de leur cœur ou de leur conscience, et rappelons-nous que — si les idées sont matière à controverse (ce qui est l'affaire des théologiens) — pas plus que des goûts et des couleurs on ne peut disputer de la religion même, en tant que réalité éprouvée et vécue.

* * *

2. En fait de *morale,* la Théosophie nous prêche l'amour, la paix, la justice, le dévouement, etc. C'est de tous points excellent. Plût à Brahma que nous eussions sur les trônes et les sièges ministériels de l'Europe (pour ne parler que des puissants de ce monde) de vrais théosophes, convaincus et pratiquants, au lieu de tant de faux chrétiens blasphémant par leur politique de cannibales le saint nom qu'ils invoquent des lèvres! Et il est certain que nous autres, simples piétistes-vertuistes engagés chacun à des degrés divers dans la lutte contre les iniquités sociales depuis la guerre jusqu'aux petits-chevaux [1], nous n'aurons jamais de meilleurs alliés que les théosophes sincères.

Mais si l'idéal moral de la Théosophie est admirable, il ne lui appartient point en propre, car on le retrouve identique dans le christianisme, les morales indépendantes (sauf Nietzsche), les systèmes philosophiques modernes (y compris le matérialisme!), etc. En somme c'est le lot commun, dans notre civilisation actuelle, de tout ce qui n'est pas totalement crétin ou dépravé. Les traits distinctifs de la Théosophie, comme de toute autre doctrine, en morale, ne doivent donc pas être cherchés dans le contenu forcément banal de ses préceptes, mais dans le motif ou la justification théorique qu'elle en donne (ce qu'on appelle le *principe* de la morale), et dans la *force* spéciale qu'elle communique à ses adeptes pour la réalisation pratique de ce bel idéal. Sur ces deux points le manque d'idées claires et de renseignements de faits m'empêche de me prononcer. Quelques personnes, paraît-il, ayant trouvé dans le dogme théosophique des existences antérieures la solution du problème du mal qui jusque-là les paralysait comme un cauchemar écrasant, en ont éprouvé un soulagement et une allégresse dont bénéficie maintenant toute leur activité philanthropique. Tant mieux. Mais, abstraction faite de ces cas isolés qui ne constituent point encore une statistique, si l'on juge l'arbre à son fruit il

[1] Allusion aux circonstances locales. Les épithètes de piétiste, vertuiste, etc., sont des qualificatifs par lesquels la presse gouvernementale (qui patronne l'exploitation publique des jeux de hasard, au mépris de la Constitution fédérale qui les interdit) cherche à ridiculiser tous ceux qui se permettent de s'attaquer à ces abus.

ne semble pas que d'une façon générale notre culture occidentale ait grand'chose à attendre de la Théosophie. On ne voit pas en effet que l'enseignement central de celle-ci, la doctrine des Réincarnations et du Karma, ait engendré aux Indes, au bout de trente siècles, un état intellectuel et moral bien supérieur à celui qu'ont atteint en deux fois moins de temps, sous l'influence de l'enseignement chrétien, les hordes barbares qui sont devenues les nations germaniques et anglo-saxonnes actuelles.

* * *

3. En tant que spéculation *métaphysique*, la Théosophie rivalise avec la philosophie de Hégel par sa naïve prétention d'être le dernier cri de la sagesse, et de donner raison à chacun en conciliant tous les contraires dans une vaste synthèse, où les opinions les plus disparates se trouvent justifiées et harmonisées à l'entière satisfaction des esprits assez avancés pour goûter d'aussi exquises macédoines.

Il serait intéressant, si l'on était de loisir, de comparer ces deux tentatives de syncrétisme universel. Comme valeur objective, je ne fais pas plus de cas de l'une que de l'autre, et comme habileté d'escamotage arrivant à dissimuler toutes les difficultés réelles, je les admire également. Mais leurs procédés de prestidigitation sont très différents et reflètent assez bien leurs origines historiques. Chez Hégel, c'est une méthode raisonnée, inflexible et toujours parfaitement consciente d'elle-même; salutaire gymnastique en somme — pourvu précisément qu'on la pratique à titre de gymnastique fortifiante, non comme un travail réellement productif — et bien adaptée à la fermeté virile d'un cerveau occidental. La spéculation théosophique, au contraire, suit les procédés inconscients de l'imagination et vous berce comme un songe; l'expir et le respir de Brahma, et la fulguration éternelle et continue des âmes, et le rythme des existences successives au cours des incommensurables Kalpas, etc., remplacent ici la sèche compensation de l'Être et du Non-Être dans le Devenir; l'image se substitue de la sorte à l'idée abstraite, et le déroulement poétique des intuitions à l'enchaînement logique des concepts. C'est tout l'Orient et toute la femme. — Que si, au lieu de Hégel, on prenait un autre quelconque de nos grands philosophes occidentaux, le contraste serait encore plus criant. Et je ne m'étonne point qu'à un penseur habitué aux sévères exigences de la dialectique européenne[1], la Théosophie, avec

[1] Il s'agit du professeur Gaston Frommel qui, dans ses articles critiques de la *Semaine Littéraire* (décembre 1900), s'était montré d'une juste sévérité vis-à-vis de la Théosophie et de ses procédés de raisonnement.

ses allures de rêve et son ignorance de toute méthode rigoureuse, ait fait l'impression d'une « débauche » de la pensée. Je ne prétends pas que raisonner soit plus fécond que rêvasser quand on dépasse les limites de toute expérience; je dis seulement que ces deux genres d'exercices relèvent de deux tournures d'esprit si opposées, que je ne vois pas comment les partisans de l'un pourraient jamais comprendre ceux de l'autre.

* * *

4. Il y a encore dans la Théosophie tout un appareil de profonde *science*. Grâce à leurs accointances avec les Mahatmas du Thibet et avec les six Grands Réincarnés (dont deux habitant l'Europe) qui président actuellement aux destinées de l'humanité, les théosophes ont sur les secrets de l'univers des tuyaux que ne possède pas le vulgaire non-initié. Ça leur permet de nous octroyer toutes faites une foule de vérités que notre science contemporaine, avec ses lents procédés, ne découvrira que dans un avenir plus ou moins lointain. Malheureusement toutes ces belles choses me paraissent un peu troubles. Je crois que je ne suis pas mûr pour la Théosophie; cela tient sans doute à ma nature encore fruste et peu évoluée. Dans ces conditions, vous comprendrez, Monsieur le Directeur, que je me récuse pour cause d'incompétence.

Je renonce même à vous peindre mon ahurissement lorsque, en pleine Aula de l'Université de Genève et sous le patronage officiel du Département de l'Instruction publique, j'ai entendu exposer sérieusement — avec projections lumineuses à l'appui — la doctrine des quatre corps de l'homme, les propriétés des plans de l'univers déduites de la forme des polyèdres réguliers, la quatrième dimension de l'espace (entendue tout autrement que ne le font nos métagéomètres), les deux sens futurs que les initiés peuvent déjà éveiller en chatouillant un certain point (très dangereux!) de leur cerveau, la constitution dernière des atomes, la puissance cosmique du nombre 7, et autres follichonneries du même acabit. Je me pinçais pour savoir si j'avais perdu le sens, ou si c'était l'honorable conférencier qui déraillait, et, ma foi, je n'ai pas pu résoudre la question. Il est évident que si la Théosophie a raison dans ses révélations et sa façon de les obtenir, c'est nous autres, pauvres petits chercheurs occidentaux, qui sommes fous de nous obstiner dans la pratique terre à terre de la méthode expérimentale. Mais comme on ne saurait être à la fois juge et partie, je ne suis pas qualifié pour me prononcer. Je sens très nettement que la manière d'observer et de raisonner à laquelle je suis accoutumé m'a irrévocablement vacciné contre la Théosophie, et j'ai cru m'apercevoir que la Théosophie, de son côté, immunise assez joliment ses adeptes contre toute atteinte de ce que nous appelons l'esprit scientifique. Il faudrait donc choisir, car je ne vois guère d'entente possible.

Je m'imagine que le Département, en faisant prêcher la Théosophie à l'Aula, a simplement voulu amuser un moment notre curiosité par l'exhibition d'un bibelot exotique, et s'est dit que notre grand public, tout enfant qu'il est, a pourtant déjà assez d'intelligence pour comprendre la plaisanterie. Mais si vraiment, comme d'aucuns le prétendent, le Département a voulu se payer notre tête, ou qu'il tienne la Théosophie pour sérieuse, alors qu'il aille jusqu'au bout : qu'il supprime en bloc la Faculté des sciences et celle de médecine ainsi que l'enseignement actuel de logique et de méthodologie, et qu'il remplace tout cela par une chaire unique de Haute Science Esotérique. Ce sera plus franc, — sans parler de la notable économie qui en résultera pour nos finances cantonales si obérées.

* * *

Un dernier mot, Monsieur le Directeur. Quelques personnes, m'a-t-on dit, se préoccupent des effets des séances théosophiques de l'Aula sur notre population. Avec une égale anxiété, les unes espèrent, les autres redoutent, de voir bientôt Genève gagnée à la Théosophie. Il serait risqué de préjuger l'avenir. Je ne puis toutefois me défendre d'un rapprochement (ou d'un contraste). Tandis qu'un énorme auditoire applaudissait avec enthousiasme M. le Dr Pascal, M. Borgeaud publiait son livre sur l'Académie de Calvin [1]. Lisez-le. Voyez-y ce que fut jusqu'ici, en son essence, la conscience religieuse, morale, et scientifique, de notre petite république, et comparez avec l'enseignement théosophique que nous avons entendu à l'Aula. Puis vous me direz si vous estimez bonnement que ceci entamera cela !

Agréez, etc. Th. Flournoy.

[1] Ch. Borgeaud, *Histoire de l'Université de Genève. I. L'Académie de Calvin.* In-4°, 662 p. Genève, Georg, 1900.

TABLE DES NOMS

(Les pseudonymes sont marqués d'un †.)

ADDITIONS ET CORRECTIONS

P. 4, ligne 6 d'en haut, au lieu de *vice-président*, lire *trésorier*.
P. 11, ligne 4 d'en haut, après *68 ans*, ajouter *(en 1898)*.
P. 125, ligne 9 d'en bas, au lieu de *paternel*, lire *maternel*.
P. 201, ligne 18 d'en haut, au lieu de *les*, lire *des*.
P. 235, ligne 3 d'en haut, lire *grands*.
P. 369, ligne 9 et 11 d'en haut, au lieu de *Fell*, lire *Fel*.
P. 404-405, note 1. Ajoutez : — Il existe de nombreux ouvrages italiens contenant des comptes-rendus de séances d'Eusapia ; voir entre autres VISANI SCOZZI, *La Medianità*, Firenze 1901, et le tout récent volume de SAMONA, *Psyche misteriosa*, Palermo 1910.
P. 495, ligne 12 d'en haut, lire *incontestable*.

TABLE DES MATIÈRES